NOUVEAU
LIVRE DE CUBAGE

OU

Tables Métriques

DE DEUX EN DEUX CENTIMÈTRES

Indiquant en MÈTRES CUBES l'encombrement à bord des Navires des Caisses et des Futailles de toutes dimensions, suivies des Tables de Conversion

EN TONNEAU FRANÇAIS & ANGLAIS OU AMÉRICAIN.

Ouvrage calculé sur les bases posées par

LA CHAMBRE DE COMMERCE DU HAVRE

et publié sous son Patronage

2e ÉDITION

REVUE ET CORRIGÉE AVEC LE PLUS GRAND SOIN

Relié, Répertoire découpé 15 Fr.

HAVRE

Imp. du Commerce — Alph. LEMALE — Éditeur

1849

NOUVEAU
LIVRE DE CUBAGE

OU

Tables Métriques

de deux en deux Centimètres

Chez Alphonse LEMALE, Éditeur au HAVRE.

AVIS IMPORTANT

La vérification des calculs de cet ouvrage ayant fait reconnaître un grand nombre d'erreurs dans la première Édition publiée par M. A. REVILLE, — *il est indispensable, pour éviter les difficultés* qui surgiraient inévitablement de l'emploi simultané des 2 ouvrages que les détenteurs de la première Édition prennent note des corrections indiquées par *l'errata* que nous tenons à leur disposition.

NOUVEAU
LIVRE DE CUBAGE

OU

Tables Métriques

DE DEUX EN DEUX CENTIMÈTRES

Indiquant en MÈTRES CUBES l'encombrement à bord des Navires des Caisses et des Futailles de toutes dimensions, suivies des Tables de Conversion

EN **TONNEAU FRANÇAIS & ANGLAIS** OU **AMÉRICAIN.**

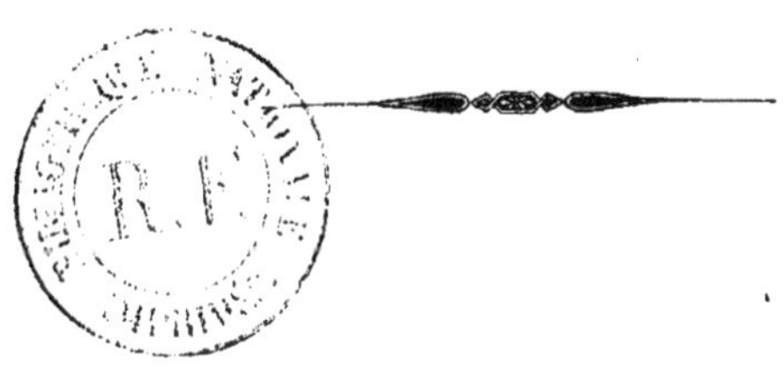

Ouvrage calculé sur les bases posées par

LA CHAMBRE DE COMMERCE DU HAVRE

et publié sous son Patronage

2e ÉDITION

REVUE ET CORRIGÉE AVEC LE PLUS GRAND SOIN

Relié, Répertoire découpé 15 Fr.

HAVRE

Imp. du Commerce — Alph. LEMALE — Editeur

1849

Explication et Usage des Tables.

Le fret des marchandises s'établit assez généralement, non pas d'après le poids des marchandises, mais bien d'après l'encombrement, surtout lorsqu'il s'agit de caisses, ballots ou paniers. Cet encombrebrement cubique s'obtient par la multiplication pure et simple des trois dimensions.

Pour *toiser* les colis, d'après la loi du 4 Juillet 1837, qui a été mise en vigueur au 1er Janvier 1840, on ne peut se servir que du mètre ou d'une toise métrique. On conçoit donc que pour avoir le Cubage des colis, il faudrait opérer pour chacun d'eux des multiplications longues et fatigantes. C'est pour éviter au Commerce des opérations qui l'exposeraient à commettre des erreurs que ces Tables ont été calculées.

Pour faciliter l'usage de ces Tables, on leur a conservé la forme qu'elles avaient dans l'ouvrage anglais. La manière de les employer est toujours la même; il n'y a de changé que le système; le *mètre* et le *centimètre* ont remplacé le *pied* et le *pouce*. Les Tables nouvelles sont construites de *deux* en *deux* centimètres, elles présentent donc plus de précision que les anciennes qui n'étaient établies que de *pouce* en *pouce*. En outre, les calculs ont été poussés jusqu'à la troisième décimale, tandis que les Tables anglaises de W. Norie ne vont pas au-delà des pouces cubes.

EXEMPLE

Pour avoir la solidité d'une caisse de 2[m],60 de longueur sur 1[m],60 de largeur et 0[m],96 centimètres d'épaisseur.

La plus petite dimension étant 0[m],96 centimètres, on la cherche sur l'indicateur placé à la marge (*lorsque le livre est découpé comme un répertoire*), ou au haut des pages à la place ordinaire de la pagination ; on cherche également la moyenne dimension 1[m],60 en tête de cette même page à la 3me colonne sous le titre *largeur*, et descendant dans cette colonne jusques vis-à-vis 2[m],60, on trouve 3[m],994 qui est le Cubage cherché.

Cet exemple suffit pour trouver le cubage de tous les colis dont la plus petite dimension n'excède pas 1[m],30 (4 pieds); les Tables de W. Norie qui n'allaient pas au-delà suffisaient aux besoins du commerce.

Colis dont les dimensions ne se trouvent pas dans les tables.

S'il arrivait que quelque colis dépassât, par l'une de ses dimensions l'étendue des Tables, il y aurait deux moyens de se procurer le Cubage du colis :

1° Prendre la moitié de la dimension la plus forte, puis chercher la solidité pour cette moitié (les autres dimensions restant les mêmes), et doubler le résultat.

EXEMPLE.

Trouver la solidité d'une caisse de 4m,12 *de longueur, sur* 1m,90 *de largeur et* 1m, 20 d'épaisseur.—La plus grande dimension 4m,12 ne se trouvant pas dans les Tables, on prend la moitié de cette dimension, soit 2m,06. —Les dimensions du colis sont alors 2m,06 — 1m,90 — et 1m,20.— On trouve dans la Table pour résultat 4m,697. En doublant, on obtient le Cubage réel de la caisse qui est de 9m,394.

La seconde méthode consiste à faire le calcul qui s'obtient au moyen de la multiplication pure et simple des trois dimensions.

Ainsi dans l'exemple précédent, on aurait obtenu également 9m, 394, en opérant le forcement sur la troisième décimale.

longueur	4 , 12
multipliée par la largeur	1 , 90
	37080
	412
	7 ,8280
multipliée par l'épaisseur	1 ,20
	1565600
	78280
	9m,393600, Cubage cherché.

Il arrive souvent qu'en prenant la moitié d'une dimension, on obtient pour résultat un nombre impair qui ne se rencontre pas dans les Tables. Ainsi, s'il fallait prendre la moitié de 4m,30, on obtiendrait 2m,15 qui ne se trouvent pas dans la Table construite de 2 en 2 cent., et qui ne renferme que des dimensions exprimées en nombres pairs ; on obvierait à cet inconvénient en prenant les deux sommes qui se rapprochent le plus en plus et en moins de ce nombre impair, soit 2m10 et 2m,20, et en les additionnant ensemble, on obtiendrait le résultat cherché.

Les décimales exprimées après les mètres cubes ne sont pas des millimètres cubes ainsi qu'ils seraient nommés dans la numération des mesures de longueur, mais bien de décimètres cubes. Pour se rendre compte de cette désignation, on peut supposer un cube ou un dé ayant les dimensions d'un centimètre cube, c'est-à-dire d'un centimètre sur chacune de ses faces.

10 dés placés soit les uns à côté des autres, soit les uns au-dessus des autres ne pourraient former la figure du décimètre cube qui doit avoir un décimètre sur toute face. Il faudrait dont placer les unes à côté des autres dix lignes de chacune dix dés, pour avoir le décimètre carré, et superposer dix décimètres carrés les uns au-dessus des autres, pour obtenir la figure du décimètre cube. Or les 10 lignes de 10 dés représentent 100 dés, qui multipliés par dix donnent 1000 dés pour le décimètre cube.

Même observation pour le rapport du décimètre cube avec le mètre cube.

BARRIQUES et FUTAILLES.

Mesure de la solidité des Barriques et Futailles.

Les Futailles ou Pièces sont d'une forme cylindrique, et généralement elles vont en diminuant depuis la bonde jusqu'aux deux bouts. Dans le Commerce, pour mesurer leur solidité, on les considère comme un solide carré dont la largeur égale l'épaisseur, et pour obtenir l'encombrement cubique de la Futaille, on déduit un *cinquième* du résultat obtenu pour le solide carré.

EXEMPLE.

Soit une futaille dont le plus grand diamètre est de 1^{m},22 *et la longueur de* 2^{m},44. En considérant cette futaille comme un solide à arête droite, on trouvera son encombrement cubique dans la Table qui porte 1^{m},22 sur l'Indicateur placé à la marge, vis-à-vis la longueur 2^{m},44 et dans la colonne commençant en tête par 1^{m},22. Cet encombrement est de 3^{m},632; en retranchant le cinquième de ce produit, on obtient 2^{m},905 pour le Cubage de la futaille. C'est précisément le chiffre que l'on trouve dans la *colonne des futailles*, colonne dans laquelle la déduction du cinquième a été faite.

Dans les Paquebots Américains on ne fait point la déduction du cinquième; alors, c'est dans la colonne qui suit celle des futailles que se trouve l'encombrement. Pour les autres navires, on tient compte de la déduction du 5me. Dans l'un et l'autre cas les Tables peuvent servir.

DES TABLES DE RÉDUCTION.

Notre ouvrage est terminé par des Tables de réduction dans lesquelles tous les résultats qui se trouvent dans les Tables de Cubage correspondent aux tonneaux et millièmes de tonneau de mer français, anglais ou américain. C'est un avantage que n'avaient pas les anciennes Tables : en effet, les Tables anglaises de W. Norie présentaient la réduction des pieds et pouces cubes en *Tonneaux anglais ou américains*, et les Tables françaises publiées à Bordeaux donnaient cette réduction en *tonneaux français*. Il fallait donc se servir de l'une ou de l'autre de ces Tables, suivant la nature du chargement. Les nôtres peuvent servir, soit qu'on charge sur les navires français ou sur les anglais, puisque nous avons donné la *Réduction des Cubages métriques en tonneau français et anglais ou américain.*

Pour construire ces Tables, nous avons employé les rapports suivants:

Le tonneau français est de 42 pieds cubes correspondant à 1^{m},43955.

En faisant cette proportion :

Si 1^{m},43955, forment 1 *tonneau de mer français*, 1 mètre cube donnera.. 0T,6946.

Le tonneau anglais ou américain est de 40 pieds cubes anglais; en adoptant le rapport donné dans l'Annuaire du Bureau des Longitudes, 1 pied anglais =0^{m}3048; on trouve donc pour 40 pieds cubes, ou un tonneau, 1^{m},13267.

Si 1^{m},13267 forment 1 *tonneau de mer anglais*, 1 mètre cube donnera.. 0T,8829.

Lorsque le résultat d'un cubage ne se trouve pas dans la table, ce qui ne peut se présenter que rarement, voici la manière dont on doit opérer :

En supposant que le cubage à convertir en tonneau soit de 12 mètres cubes 357 millièmes.

	tonneaux français	tonneaux anglais
Pour 10 mètres cubes la table donne	6 947	8 829
Pour 2 mètres cubes	2 084	2 648
Pour 357 millièmes ou décimètres cubes	0 248	0 315
Tonnage cherché	9 279	10 972

Cet exemple sert à démontrer qu'il sera toujours facile de trouver, par une simple addition, le nombre de tonneaux de mer correspondant au cubage obtenu.

Nota. Les tables de Cubage peuvent servir non seulement pour trouver l'encombrement cubique des colis, mais encore pour trouver le cube de tous les corps réguliers en connaissant les dimensions exprimées en nombres pairs.

Quand le *Livre de Cubage* est découpé en marge *comme un répertoire*, on peut voir d'un coup d'œil la page qui contient la Table dont on a besoin ; mais les divisions de cet ouvrage étant beaucoup plus nombreuses que dans l'ancien Barême, il devient très difficile de découper exactement le répertoire ; pour obvier autant que possible à cet inconvénient, nous avons répété, au haut de chaque page, le chiffre déjà imprimé en marge, en sorte qu'en feuilletant le livre on trouvera de suite *la plus petite dimension* cherchée.

AVERTISSEMENT.

Ces Tables sont dressées de 2 en 2 centimètres.

La plus grande dimension est toujours la *Longueur ;*

La moyenne est la *Largeur ;*

La plus petite l'*Épaisseur*.

L'*Épaisseur* se trouve sur l'Indicateur de la marge ;

La *Largeur*, en tête des Tableaux ;

La *Longueur*, dans la première colonne à gauche de chaque Tableau.

Le Cubage cherché se trouve au point de rencontre des deux plus grandes dimensions.

Le Cubage est exprimé en millièmes de mètre cube ; les calculs ont été poussés jusqu'à la quatrième décimale; la 3e a été augmentée d'une unité toutes les fois que la quatrième a dépassé le nombre 5.

Epaisseur : 0m 20 centimètres

Longueur	Futailles	0 20	0 22	0 24	0 26	0 28	0 30	0 32	0 34	0 36	0 38
		Largeur en Centimètres									
m 0 20		0 008									
22		0 009	0 010								
24		0 010	0 011	0 012							
26		0 010	0 011	0 012	0 014						
28		0 011	0 012	0 013	0 015	0 016					
0 30		0 012	0 013	0 014	0 016	0 017	0 018				
32		0 013	0 014	0 015	0 017	0 018	0 019	0 020			
34		0 014	0 015	0 016	0 018	0 019	0 020	0 022	0 023		
36		0 014	0 016	0 017	0 019	0 020	0 022	0 023	0 024	0 026	
38		0 015	0 017	0 018	0 020	0 021	0 023	0 024	0 026	0 027	0 029
0 40		0 016	0 018	0 019	0 021	0 022	0 024	0 026	0 027	0 029	0 030
42		0 017	0 018	0 020	0 022	0 024	0 025	0 027	0 029	0 030	0 032
44		0 018	0 019	0 021	0 023	0 025	0 026	0 028	0 030	0 032	0 033
46		0 018	0 020	0 022	0 024	0 026	0 028	0 029	0 031	0 033	0 035
48		0 019	0 021	0 023	0 025	0 027	0 029	0 030	0 033	0 035	0 036
0 50		0 020	0 022	0 024	0 026	0 028	0 030	0 032	0 034	0 036	0 038
52		0 021	0 023	0 025	0 027	0 029	0 031	0 033	0 035	0 037	0 039
54		0 022	0 024	0 026	0 028	0 030	0 032	0 034	0 037	0 039	0 041
56		0 022	0 025	0 027	0 029	0 031	0 034	0 035	0 038	0 040	0 043
58		0 023	0 026	0 028	0 030	0 032	0 035	0 037	0 039	0 042	0 044
0 60		0 024	0 026	0 029	0 031	0 034	0 036	0 038	0 041	0 043	0 046
62		0 025	0 027	0 030	0 032	0 035	0 037	0 040	0 042	0 045	0 047
64		0 026	0 028	0 031	0 033	0 036	0 038	0 041	0 044	0 046	0 049
66		0 026	0 029	0 032	0 034	0 037	0 040	0 042	0 045	0 048	0 050
68		0 027	0 030	0 033	0 035	0 038	0 041	0 044	0 046	0 049	0 052
0 70		0 028	0 031	0 034	0 036	0 039	0 042	0 045	0 048	0 050	0 053
72		0 029	0 032	0 035	0 037	0 040	0 043	0 046	0 049	0 052	0 055
74		0 030	0 033	0 036	0 038	0 041	0 044	0 047	0 050	0 053	0 056
76		0 030	0 033	0 036	0 040	0 043	0 046	0 049	0 052	0 055	0 058
78		0 031	0 034	0 037	0 041	0 044	0 047	0 050	0 053	0 056	0 059
0 80		0 032	0 035	0 038	0 042	0 045	0 048	0 051	0 054	0 058	0 061
82		0 033	0 036	0 039	0 043	0 046	0 049	0 052	0 056	0 059	0 062
84		0 034	0 037	0 040	0 044	0 047	0 050	0 054	0 057	0 060	0 064
86		0 034	0 038	0 041	0 045	0 048	0 052	0 055	0 058	0 062	0 065
88		0 035	0 039	0 042	0 046	0 049	0 053	0 056	0 060	0 063	0 067
0 90		0 036	0 040	0 043	0 047	0 050	0 054	0 058	0 061	0 065	0 068
92		0 037	0 040	0 044	0 048	0 052	0 055	0 059	0 063	0 066	0 070
94		0 038	0 041	0 045	0 049	0 053	0 056	0 060	0 064	0 068	0 071
96		0 038	0 042	0 046	0 050	0 054	0 058	0 061	0 065	0 069	0 073
98		0 039	0 043	0 047	0 051	0 055	0 059	0 063	0 067	0 071	0 074
1 —		0 040	0 044	0 048	0 052	0 056	0 060	0 064	0 068	0 072	0 076
02		0 041	0 045	0 049	0 053	0 057	0 061	0 065	0 069	0 073	0 078
04		0 042	0 046	0 050	0 054	0 058	0 062	0 067	0 071	0 075	0 079
06		0 042	0 047	0 051	0 055	0 059	0 064	0 068	0 072	0 076	0 081
08		0 043	0 048	0 052	0 056	0 060	0 065	0 069	0 073	0 078	0 082
1 10		0 044	0 048	0 053	0 057	0 062	0 066	0 070	0 075	0 079	0 084
12		0 045	0 049	0 054	0 058	0 063	0 067	0 072	0 076	0 081	0 085
14		0 046	0 050	0 055	0 059	0 064	0 068	0 073	0 078	0 082	0 087
16		0 046	0 051	0 056	0 060	0 065	0 070	0 074	0 079	0 084	0 088
18		0 047	0 052	0 057	0 061	0 066	0 071	0 076	0 080	0 085	0 090
1 20		0 048	0 053	0 058	0 062	0 067	0 072	0 077	0 082	0 086	0 091
22		0 049	0 054	0 059	0 063	0 068	0 073	0 078	0 083	0 088	0 093
24		0 050	0 055	0 060	0 064	0 069	0 074	0 079	0 084	0 089	0 094
26		0 050	0 055	0 060	0 066	0 071	0 076	0 081	0 086	0 091	0 096
28		0 051	0 056	0 061	0 067	0 072	0 077	0 082	0 087	0 092	0 097
1 30		0 052	0 057	0 062	0 068	0 073	0 078	0 083	0 088	0 094	0 099
32		0 053	0 058	0 063	0 069	0 074	0 079	0 084	0 090	0 095	0 100
34		0 054	0 059	0 064	0 070	0 075	0 080	0 086	0 091	0 096	0 102
36		0 054	0 060	0 065	0 071	0 076	0 082	0 087	0 092	0 098	0 103
38		0 055	0 061	0 066	0 072	0 077	0 083	0 088	0 094	0 099	0 105
1 40		0 056	0 062	0 067	0 073	0 078	0 084	0 090	0 095	0 101	0 106
42		0 057	0 062	0 068	0 074	0 080	0 085	0 091	0 097	0 102	0 108
44		0 058	0 063	0 069	0 075	0 081	0 086	0 092	0 098	0 104	0 109
46		0 058	0 064	0 070	0 076	0 082	0 088	0 093	0 099	0 105	0 111
48		0 059	0 065	0 071	0 077	0 083	0 089	0 095	0 101	0 107	0 112
1 50		0 060	0 066	0 072	0 078	0 084	0 090	0 096	0 102	0 108	0 114
52		0 061	0 067	0 073	0 079	0 085	0 091	0 097	0 103	0 109	0 116
54		0 062	0 068	0 074	0 080	0 086	0 092	0 099	0 105	0 111	0 117
56		0 062	0 069	0 075	0 081	0 087	0 094	0 100	0 106	0 112	0 119
58		0 063	0 070	0 076	0 082	0 088	0 095	0 101	0 107	0 114	0 120

Epaisseur : 0m 20 centimètres

Longueur	0 40	0 42	0 44	0 46	0 48	0 50	0 52	0 54	0 56	0 58
	Largeur en Centimètres									
m 0 40	0 032									
42	0 034	0 035								
44	0 035	0 037	0 039							
46	0 037	0 039	0 040	0 042						
48	0 038	0 040	0 042	0 044	0 046					
0 50	0 040	0 042	0 044	0 046	0 048	0 050				
52	0 042	0 044	0 046	0 048	0 050	0 052	0 054			
54	0 043	0 045	0 048	0 050	0 052	0 054	0 056	0 058		
56	0 045	0 047	0 049	0 052	0 054	0 056	0 058	0 060	0 063	
58	0 046	0 049	0 051	0 053	0 056	0 058	0 060	0 063	0 065	0 067
0 60	0 048	0 050	0 053	0 055	0 058	0 060	0 062	0 065	0 067	0 070
62	0 050	0 052	0 055	0 057	0 059	0 062	0 064	0 067	0 069	0 072
64	0 051	0 054	0 056	0 059	0 061	0 064	0 067	0 069	0 072	0 074
66	0 053	0 055	0 058	0 061	0 063	0 066	0 069	0 071	0 074	0 077
68	0 054	0 057	0 060	0 063	0 065	0 068	0 071	0 073	0 076	0 079
0 70	0 056	0 059	0 062	0 064	0 067	0 070	0 073	0 076	0 078	0 081
72	0 058	0 060	0 063	0 066	0 069	0 072	0 075	0 078	0 081	0 084
74	0 060	0 062	0 065	0 068	0 071	0 074	0 077	0 080	0 083	0 086
76	0 061	0 064	0 067	0 070	0 073	0 076	0 079	0 082	0 085	0 088
78	0 062	0 066	0 069	0 072	0 075	0 078	0 081	0 084	0 087	0 090
0 80	0 064	0 067	0 070	0 074	0 077	0 080	0 083	0 086	0 090	0 093
82	0 066	0 069	0 072	0 075	0 079	0 082	0 085	0 089	0 092	0 095
84	0 067	0 071	0 074	0 077	0 081	0 084	0 087	0 091	0 094	0 097
86	0 069	0 072	0 076	0 079	0 083	0 086	0 089	0 093	0 096	0 100
88	0 070	0 074	0 077	0 081	0 084	0 088	0 092	0 095	0 099	0 102
0 90	0 072	0 076	0 079	0 083	0 086	0 090	0 094	0 097	0 101	0 104
92	0 073	0 077	0 081	0 085	0 088	0 092	0 096	0 099	0 103	0 107
94	0 075	0 079	0 083	0 086	0 090	0 094	0 098	0 101	0 105	0 109
96	0 077	0 081	0 084	0 088	0 092	0 096	0 100	0 104	0 108	0 111
98	0 078	0 082	0 086	0 090	0 094	0 098	0 102	0 106	0 110	0 114
1 —	0 080	0 084	0 088	0 092	0 096	0 100	0 104	0 108	0 112	0 116
02	0 082	0 086	0 090	0 094	0 098	0 102	0 106	0 110	0 114	0 118
04	0 083	0 087	0 092	0 096	0 100	0 104	0 108	0 112	0 116	0 121
06	0 085	0 089	0 093	0 098	0 102	0 106	0 110	0 114	0 119	0 123
08	0 086	0 091	0 095	0 099	0 104	0 108	0 112	0 117	0 121	0 125
1 10	0 088	0 092	0 097	0 101	0 106	0 110	0 114	0 119	0 123	0 128
12	0 090	0 094	0 099	0 103	0 107	0 112	0 116	0 121	0 125	0 130
14	0 091	0 096	0 100	0 105	0 109	0 114	0 119	0 123	0 128	0 132
16	0 093	0 097	0 102	0 107	0 111	0 116	0 121	0 125	0 130	0 135
18	0 094	0 099	0 104	0 100	0 113	0 118	0 123	0 127	0 132	0 137
1 20	0 096	0 101	0 106	0 110	0 115	0 120	0 125	0 130	0 134	0 139
22	0 098	0 102	0 107	0 112	0 117	0 122	0 127	0 132	0 137	0 142
24	0 099	0 104	0 109	0 114	0 119	0 124	0 129	0 134	0 139	0 144
26	0 101	0 106	0 111	0 116	0 121	0 126	0 131	0 136	0 141	0 146
28	0 102	0 108	0 113	0 118	0 123	0 128	0 133	0 138	0 143	0 148
1 30	0 104	0 109	0 114	0 120	0 125	0 130	0 135	0 140	0 146	0 151
32	0 106	0 111	0 116	0 121	0 127	0 132	0 137	0 143	0 148	0 153
34	0 107	0 113	0 118	0 123	0 129	0 134	0 139	0 145	0 150	0 155
36	0 109	0 114	0 120	0 125	0 131	0 136	0 141	0 147	0 152	0 158
38	0 110	0 116	0 121	0 127	0 132	0 138	0 144	0 149	0 155	0 160
1 40	0 112	0 118	0 123	0 129	0 134	0 140	0 146	0 151	0 157	0 162
42	0 114	0 119	0 125	0 131	0 136	0 142	0 148	0 153	0 159	0 165
44	0 115	0 121	0 127	0 132	0 138	0 144	0 150	0 156	0 161	0 167
46	0 117	0 123	0 128	0 134	0 140	0 146	0 152	0 158	0 164	0 169
48	0 118	0 124	0 130	0 136	0 142	0 148	0 154	0 160	0 166	0 172
1 50	0 120	0 126	0 132	0 138	0 144	0 150	0 156	0 162	0 168	0 174
52	0 122	0 128	0 134	0 140	0 146	0 152	0 158	0 164	0 170	0 176
54	0 123	0 129	0 136	0 142	0 148	0 154	0 160	0 166	0 172	0 179
56	0 125	0 131	0 137	0 144	0 150	0 156	0 162	0 168	0 175	0 181
58	0 126	0 133	0 139	0 145	0 152	0 158	0 164	0 171	0 177	0 183

Epaisseur : 0^{m} 20 centimètres

LONGUEUR	FUTAILLES	LARGEUR EN CENTIMÈTRES.									
		0 60	0 62	0 64	0 66	0 68	0 70	0 72	0 74	0 76	0 78
m 0 60		0 072									
62		0 074	0 077								
64		0 077	0 079	0 082							
66		0 079	0 082	0 084	0 087						
68		0 082	0 084	0 087	0 090	0 092					
0 70		0 084	0 087	0 090	0 092	0 095	0 098				
72		0 086	0 089	0 092	0 095	0 098	0 101	0 104			
74		0 089	0 092	0 095	0 098	0 101	0 104	0 107	0 110		
76		0 091	0 094	0 097	0 100	0 103	0 106	0 109	0 112	0 116	
78		0 094	0 097	0 100	0 103	0 106	0 109	0 112	0 115	0 119	0 122
0 80		0 096	0 099	0 102	0 106	0 109	0 112	0 115	0 118	0 122	0 125
82		0 098	0 102	0 105	0 108	0 112	0 115	0 118	0 121	0 125	0 128
84		0 101	0 104	0 108	0 111	0 114	0 118	0 121	0 124	0 128	0 131
86		0 103	0 107	0 110	0 114	0 117	0 120	0 124	0 127	0 131	0 134
88		0 106	0 109	0 113	0 116	0 120	0 123	0 127	0 130	0 134	0 137
0 90		0 108	0 112	0 115	0 119	0 122	0 126	0 130	0 133	0 137	0 140
92		0 110	0 114	0 118	0 121	0 125	0 129	0 132	0 136	0 140	0 144
94		0 113	0 117	0 120	0 124	0 128	0 132	0 135	0 139	0 143	0 147
96		0 115	0 119	0 122	0 127	0 131	0 134	0 138	0 142	0 146	0 150
98		0 118	0 122	0 125	0 129	0 133	0 137	0 141	0 145	0 149	0 153
1 —		0 120	0 124	0 128	0 132	0 136	0 140	0 144	0 148	0 152	0 156
02		0 122	0 136	0 131	0 135	0 139	0 143	0 147	0 151	0 155	0 159
04		0 125	0 129	0 133	0 137	0 141	0 146	0 150	0 154	0 158	0 162
06		0 127	0 131	0 136	0 140	0 144	0 148	0 153	0 157	0 161	0 165
08		0 130	0 134	0 138	0 143	0 147	0 151	0 156	0 160	0 164	0 168
1 10		0 132	0 136	0 141	0 145	0 150	0 154	0 158	0 163	0 167	0 172
12		0 134	0 139	0 143	0 148	0 152	0 157	0 161	0 166	0 170	0 175
14		0 137	0 141	0 146	0 151	0 155	0 160	0 164	0 169	0 173	0 178
16		0 139	0 144	0 148	0 153	0 158	0 162	0 167	0 172	0 176	0 181
18		0 142	0 146	0 151	0 156	0 160	0 165	0 170	0 175	0 179	0 184
1 20		0 144	0 149	0 154	0 158	0 163	0 168	0 173	0 178	0 182	0 187
22		0 146	0 151	0 156	0 161	0 166	0 171	0 176	0 181	0 185	0 190
24		0 149	0 154	0 159	0 164	0 169	0 174	0 179	0 184	0 188	0 193
26		0 151	0 156	0 161	0 166	0 171	0 176	0 181	0 186	0 192	0 197
28		0 154	0 159	0 164	0 169	0 174	0 179	0 184	0 189	0 195	0 200
1 30		0 156	0 161	0 166	0 172	0 177	0 182	0 187	0 192	0 198	0 203
32		0 158	0 164	0 169	0 174	0 180	0 185	0 190	0 195	0 201	0 206
34		0 161	0 166	0 172	0 177	0 182	0 188	0 193	0 198	0 204	0 209
36		0 163	0 169	0 174	0 180	0 185	0 190	0 196	0 201	0 207	0 212
38		0 166	0 171	0 177	0 182	0 188	0 193	0 199	0 204	0 210	0 215
1 40		0 168	0 174	0 179	0 185	0 190	0 196	0 202	0 207	0 213	0 218
42		0 170	0 176	0 182	0 187	0 193	0 199	0 204	0 210	0 216	0 222
44		0 173	0 179	0 184	0 190	0 196	0 202	0 207	0 213	0 219	0 225
46		0 175	0 181	0 187	0 193	0 199	0 204	0 210	0 216	0 222	0 228
48		0 178	0 184	0 180	0 195	0 201	0 207	0 213	0 219	0 225	0 231
1 50		0 180	0 186	0 192	0 198	0 204	0 210	0 216	0 222	0 228	0 234
52		0 182	0 188	0 195	0 201	0 207	0 213	0 219	0 225	0 231	0 237
54		0 185	0 191	0 197	0 203	0 209	0 216	0 222	0 228	0 234	0 240
56		0 187	0 193	0 200	0 206	0 212	0 218	0 225	0 231	0 237	0 243
58		0 190	0 196	0 202	0 209	0 215	0 221	0 228	0 234	0 240	0 247
1 60		0 192	0 198	0 205	0 211	0 218	0 224	0 230	0 237	0 243	0 250
62		0 194	0 201	0 207	0 214	0 220	0 227	0 233	0 240	0 246	0 253
64		0 197	0 203	0 210	0 216	0 223	0 230	0 236	0 243	0 249	0 256
66		0 199	0 206	0 212	0 219	0 226	0 232	0 239	0 246	0 252	0 259
68		0 202	0 208	0 215	0 222	0 228	0 235	0 242	0 249	0 255	0 262
1 70		0 204	0 211	0 218	0 224	0 231	0 238	0 245	0 252	0 258	0 265
72		0 200	0 213	0 220	0 227	0 234	0 241	0 248	0 255	0 261	0 268
74		0 209	0 216	0 223	0 230	0 237	0 244	0 251	0 258	0 264	0 271
76		0 211	0 218	0 225	0 232	0 239	0 246	0 253	0 260	0 268	0 275
78		0 214	0 221	0 228	0 235	0 242	0 249	0 256	0 263	0 271	0 278
1 80		0 216	0 223	0 230	0 238	0 245	0 252	0 259	0 266	0 274	0 281
82		0 218	0 226	0 233	0 240	0 248	0 255	0 262	0 269	0 277	0 284
84		0 221	0 228	0 236	0 243	0 250	0 258	0 265	0 272	0 280	0 287
86		0 225	0 231	0 238	0 246	0 253	0 260	0 268	0 275	0 283	0 290
88		0 226	0 233	0 241	0 248	0 256	0 263	0 271	0 278	0 288	0 293
1 90		0 228	0 236	0 243	0 251	0 258	0 266	0 274	0 281	0 289	0 296
92		0 230	0 238	0 246	0 254	0 261	0 269	0 276	0 284	0 292	0 300
94		0 233	0 241	0 248	0 256	0 264	0 272	0 279	0 287	0 295	0 303
96		0 235	0 243	0 251	0 259	0 267	0 274	0 282	0 290	0 298	0 306
98		0 238	0 246	0 253	0 261	0 269	0 277	0 285	0 293	0 301	0 309

Epaisseur : 0^{m} 20 centimètres

0,20

LONGUEUR	LARGEUR EN CENTIMÈTRES									
	0 80	0 82	0 84	0 86	0 88	0 90	0 92	0 94	0 96	0 98
0 80	0 128									
82	0 131	0 134								
84	0 134	0 138	0 141							
86	0 138	0 141	0 144	0 148						
88	0 141	0 144	0 148	0 151	0 155					
0 90	0 144	0 148	0 151	0 155	0 158	0 162				
92	0 147	0 151	0 155	0 158	0 162	0 166	0 169			
94	0 150	0 154	0 158	0 162	0 165	0 169	0 173	0 177		
96	0 154	0 157	0 161	0 165	0 169	0 173	0 177	0 180	0 184	
98	0 157	0 161	0 165	0 169	0 172	0 176	0 180	0 184	0 188	0 192
1 —	0 160	0 164	0 168	0 172	0 176	0 180	0 184	0 188	0 192	0 196
02	0 163	0 167	0 171	0 175	0 180	0 184	0 188	0 191	0 196	0 200
04	0 166	0 171	0 175	0 179	0 183	0 187	0 191	0 195	0 200	0 204
06	0 170	0 174	0 178	0 182	0 187	0 191	0 195	0 199	0 204	0 208
08	0 173	0 177	0 181	0 186	0 190	0 194	0 199	0 203	0 207	0 212
1 10	0 176	0 180	0 185	0 189	0 194	0 198	0 202	0 207	0 211	0 216
12	0 179	0 184	0 188	0 193	0 197	0 202	0 206	0 211	0 215	0 220
14	0 182	0 187	0 192	0 196	0 201	0 205	0 210	0 214	0 219	0 223
16	0 186	0 190	0 195	0 200	0 204	0 209	0 213	0 218	0 223	0 227
18	0 189	0 194	0 198	0 203	0 208	0 212	0 217	0 222	0 227	0 231
1 20	0 192	0 197	0 202	0 206	0 211	0 216	0 221	0 226	0 230	0 235
22	0 195	0 200	0 205	0 210	0 215	0 220	0 224	0 229	0 234	0 239
24	0 198	0 203	0 208	0 213	0 218	0 223	0 228	0 233	0 238	0 243
26	0 202	0 207	0 212	0 217	0 222	0 227	0 232	0 237	0 242	0 247
28	0 205	0 210	0 215	0 220	0 225	0 230	0 236	0 241	0 246	0 251
1 30	0 208	0 213	0 218	0 224	0 229	0 234	0 239	0 244	0 250	0 255
32	0 211	0 216	0 222	0 227	0 232	0 238	0 242	0 248	0 253	0 259
34	0 214	0 220	0 225	0 230	0 236	0 241	0 247	0 252	0 257	0 263
36	0 218	0 223	0 228	0 234	0 239	0 245	0 250	0 256	0 261	0 267
38	0 221	0 226	0 232	0 237	0 243	0 248	0 251	0 259	0 265	0 270
1 40	0 224	0 230	0 235	0 241	0 246	0 252	0 258	0 263	0 269	0 274
42	0 227	0 233	0 239	0 244	0 250	0 256	0 261	0 267	0 273	0 278
44	0 230	0 236	0 242	0 248	0 253	0 259	0 265	0 271	0 276	0 282
46	0 234	0 239	0 245	0 251	0 257	0 263	0 269	0 274	0 280	0 286
48	0 237	0 243	0 249	0 255	0 260	0 266	0 272	0 278	0 284	0 290
1 50	0 240	0 246	0 252	0 258	0 264	0 270	0 276	0 282	0 288	0 294
52	0 243	0 249	0 255	0 261	0 268	0 274	0 280	0 286	0 292	0 298
54	0 246	0 253	0 259	0 265	0 271	0 277	0 283	0 290	0 296	0 302
56	0 250	0 256	0 262	0 268	0 275	0 281	0 287	0 293	0 300	0 306
58	0 253	0 259	0 265	0 272	0 278	0 284	0 291	0 297	0 303	0 310
1 60	0 256	0 262	0 269	0 275	0 282	0 288	0 294	0 301	0 307	0 314
62	0 259	0 266	0 272	0 279	0 285	0 292	0 298	0 305	0 311	0 318
64	0 262	0 269	0 276	0 282	0 289	0 295	0 302	0 308	0 315	0 321
66	0 266	0 272	0 279	0 286	0 292	0 299	0 305	0 312	0 319	0 325
68	0 269	0 276	0 282	0 289	0 296	0 302	0 309	0 316	0 323	0 329
1 70	0 272	0 279	0 286	0 292	0 299	0 306	0 313	0 320	0 326	0 332
72	0 275	0 282	0 289	0 296	0 303	0 310	0 316	0 323	0 330	0 336
74	0 278	0 285	0 292	0 299	0 306	0 313	0 320	0 327	0 334	0 240
76	0 282	0 289	0 296	0 303	0 310	0 317	0 324	0 331	0 338	0 344
78	0 285	0 292	0 299	0 306	0 313	0 320	0 328	0 335	0 342	0 348
1 80	0 288	0 295	0 302	0 310	0 317	0 324	0 331	0 338	0 346	0 352
82	0 291	0 298	0 306	0 313	0 320	0 328	0 335	0 342	0 349	0 356
84	0 294	0 302	0 309	0 316	0 324	0 331	0 339	0 346	0 353	0 360
86	0 298	0 305	0 312	0 320	0 327	0 335	0 342	0 350	0 357	0 365
88	0 301	0 308	0 316	0 323	0 331	0 338	0 346	0 353	0 361	0 368
1 90	0 304	0 312	0 319	0 327	0 334	0 342	0 350	0 357	0 365	0 372
92	0 307	0 315	0 323	0 330	0 338	0 346	0 353	0 361	0 369	0 376
94	0 310	0 318	0 326	0 334	0 341	0 349	0 357	0 365	0 372	0 380
96	0 314	0 321	0 329	0 337	0 345	0 353	0 361	0 368	0 376	0 384
98	0 317	0 325	0 333	0 341	0 348	0 356	0 364	0 372	0 380	0 388

Longueur	Futailles	0 22	0 24	0 26	0 28	0 30	0 32	0 34	0 36	0 38	0 40
m		Largeur en Centimètres									
0 22		0 011									
24		0 012	0 013								
26		0 013	0 014	0 015							
28		0 014	0 015	0 016	0 017						
0 30		0 015	0 016	0 017	0 018	0 020					
32		0 015	0 017	0 018	0 020	0 021	0 023				
34		0 016	0 018	0 019	0 021	0 022	0 024	0 025			
36		0 017	0 019	0 021	0 022	0 024	0 025	0 027	0 029		
38		0 018	0 020	0 022	0 023	0 025	0 027	0 028	0 030	0 032	
0 40		0 019	0 021	0 023	0 025	0 026	0 028	0 030	0 032	0 033	0 035
42		0 020	0 022	0 024	0 026	0 028	0 030	0 031	0 033	0 035	0 037
44		0 021	0 023	0 025	0 027	0 029	0 031	0 033	0 035	0 037	0 039
46		0 022	0 024	0 026	0 028	0 030	0 032	0 034	0 036	0 038	0 040
48		0 023	0 025	0 027	0 030	0 032	0 034	0 036	0 038	0 040	0 042
0 50		0 024	0 026	0 029	0 031	0 033	0 035	0 037	0 040	0 042	0 044
52		0 025	0 027	0 030	0 032	0 034	0 037	0 039	0 041	0 043	0 046
54		0 026	0 029	0 031	0 033	0 036	0 038	0 040	0 043	0 045	0 048
56		0 027	0 030	0 032	0 035	0 037	0 039	0 042	0 044	0 047	0 049
58		0 028	0 031	0 033	0 036	0 038	0 041	0 043	0 046	0 048	0 051
0 60		0 029	0 032	0 034	0 037	0 040	0 042	0 045	0 048	0 050	0 053
62		0 030	0 033	0 035	0 038	0 041	0 044	0 046	0 049	0 052	0 055
64		0 031	0 034	0 037	0 039	0 042	0 045	0 048	0 051	0 054	0 056
66		0 032	0 035	0 038	0 041	0 044	0 046	0 049	0 052	0 055	0 058
68		0 033	0 036	0 039	0 042	0 045	0 048	0 051	0 054	0 057	0 060
0 70		0 034	0 037	0 040	0 043	0 046	0 049	0 052	0 055	0 059	0 062
72		0 035	0 038	0 041	0 044	0 048	0 051	0 054	0 057	0 060	0 063
74		0 036	0 039	0 042	0 046	0 049	0 052	0 055	0 059	0 062	0 065
76		0 037	0 040	0 043	0 047	0 050	0 054	0 057	0 060	0 064	0 067
78		0 038	0 041	0 045	0 048	0 051	0 055	0 058	0 062	0 065	0 069
0 80		0 039	0 042	0 046	0 049	0 053	0 056	0 060	0 063	0 067	0 070
82		0 040	0 043	0 047	0 051	0 054	0 058	0 061	0 065	0 069	0 072
84		0 041	0 044	0 048	0 052	0 055	0 059	0 063	0 067	0 070	0 074
86		0 042	0 045	0 049	0 053	0 057	0 061	0 064	0 068	0 072	0 076
88		0 043	0 047	0 050	0 054	0 058	0 062	0 066	0 070	0 074	0 077
0 90		0 044	0 048	0 051	0 055	0 059	0 063	0 067	0 071	0 075	0 079
92		0 045	0 049	0 053	0 057	0 061	0 065	0 069	0 073	0 077	0 081
94		0 045	0 050	0 054	0 058	0 062	0 066	0 070	0 074	0 079	0 083
96		0 046	0 051	0 055	0 059	0 063	0 068	0 072	0 076	0 080	0 084
98		0 047	0 052	0 056	0 060	0 065	0 069	0 073	0 078	0 082	0 086
1 —		0 048	0 053	0 057	0 061	0 066	0 070	0 075	0 079	0 084	0 088
02		0 049	0 054	0 058	0 063	0 067	0 072	0 076	0 081	0 085	0 090
04		0 050	0 055	0 059	0 064	0 069	0 073	0 078	0 082	0 087	0 092
06		0 051	0 056	0 061	0 065	0 070	0 075	0 079	0 084	0 089	0 093
08		0 052	0 057	0 062	0 067	0 071	0 076	0 081	0 086	0 090	0 095
1 10		0 053	0 058	0 063	0 068	0 073	0 077	0 082	0 087	0 092	0 097
12		0 054	0 059	0 064	0 069	0 074	0 079	0 084	0 089	0 094	0 099
14		0 055	0 060	0 065	0 070	0 075	0 080	0 085	0 090	0 095	0 100
16		0 056	0 061	0 066	0 071	0 077	0 082	0 087	0 092	0 097	0 102
18		0 057	0 062	0 067	0 073	0 078	0 083	0 088	0 093	0 099	0 104
1 20		0 058	0 063	0 069	0 074	0 079	0 084	0 090	0 095	0 100	0 106
22		0 059	0 064	0 070	0 075	0 081	0 086	0 091	0 097	0 102	0 107
24		0 060	0 065	0 071	0 076	0 082	0 087	0 093	0 098	0 104	0 109
26		0 061	0 067	0 072	0 078	0 083	0 089	0 094	0 100	0 105	0 111
28		0 062	0 068	0 073	0 079	0 084	0 090	0 096	0 101	0 107	0 113
1 30		0 063	0 069	0 074	0 080	0 086	0 092	0 097	0 103	0 109	0 114
32		0 064	0 070	0 076	0 081	0 087	0 093	0 099	0 105	0 110	0 116
34		0 065	0 071	0 077	0 083	0 088	0 094	0 100	0 106	0 112	0 118
36		0 066	0 072	0 078	0 084	0 090	0 096	0 102	0 108	0 114	0 120
38		0 067	0 073	0 079	0 085	0 091	8 097	0 103	0 109	0 115	0 121
1 40		0 068	0 074	0 080	0 086	0 092	0 099	0 105	0 111	0 117	0 123
42		0 069	0 075	0 081	0 087	0 094	0 100	0 106	0 112	0 119	0 125
44		0 070	0 076	0 082	0 089	0 095	0 101	0 108	0 114	0 120	0 127
46		0 071	0 077	0 084	0 090	0 096	0 103	0 109	0 116	0 122	0 128
48		0 072	0 078	0 085	0 091	0 098	0 104	0 111	0 117	0 124	0 130
1 50		0 073	0 079	0 086	0 092	0 099	0 106	0 112	0 119	0 125	0 132
52		0 074	0 080	0 087	0 094	0 100	0 107	0 114	0 120	0 127	0 134
54		0 075	0 081	0 088	0 095	0 102	0 108	0 115	0 122	0 129	0 136
56		0 075	0 082	0 089	0 096	0 103	0 110	0 117	0 124	0 130	0 137
58		0 076	0 083	0 090	0 097	0 104	0 111	0 118	0 125	0 132	0 139
1 60		0 077	0 084	0 092	0 099	0 106	0 113	0 120	0 127	0 134	0 141

Longueur	0 42	0 44	0 46	0 48	0 50	0 52	0 54	0 56	0 58	0 60
m	Largeur en Centimètres									
0 42	0 039									
44	0 041	0 043								
46	0 043	0 045	0 047							
48	0 044	0 046	0 049	0 051						
0 50	0 046	0 048	0 051	0 053	0 055					
52	0 048	0 050	0 053	0 055	0 057	0 059				
54	0 050	0 052	0 055	0 057	0 059	0 062	0 064			
56	0 052	0 054	0 057	0 059	0 062	0 064	0 067	0 069		
58	0 054	0 056	0 059	0 061	0 064	0 066	0 069	0 071	0 074	
0 60	0 055	0 058	0 061	0 063	0 066	0 069	0 071	0 074	0 077	0 079
62	0 057	0 060	0 063	0 065	0 068	0 071	0 074	0 076	0 079	0 082
64	0 059	0 062	0 065	0 068	0 070	0 073	0 076	0 079	0 082	0 084
66	0 061	0 064	0 067	0 070	0 073	0 076	0 078	0 081	0 084	0 087
68	0 063	0 066	0 069	0 072	0 075	0 078	0 081	0 084	0 087	0 090
0 70	0 065	0 068	0 071	0 074	0 077	0 080	0 083	0 086	0 089	0 092
72	0 067	0 070	0 073	0 076	0 079	0 082	0 086	0 089	0 092	0 095
74	0 068	0 072	0 075	0 078	0 081	0 085	0 088	0 091	0 094	0 098
76	0 070	0 074	0 077	0 080	0 084	0 087	0 090	0 094	0 097	0 100
78	0 072	0 076	0 079	0 082	0 086	0 089	0 093	0 096	0 100	0 103
0 80	0 074	0 078	0 081	0 084	0 088	0 092	0 095	0 099	0 102	0 106
82	0 076	0 079	0 083	0 087	0 090	0 094	0 097	0 101	0 105	0 108
84	0 078	0 081	0 085	0 089	0 092	0 096	0 100	0 103	0 107	0 111
86	0 079	0 083	0 087	0 091	0 095	0 098	0 102	0 106	0 110	0 114
88	0 081	0 085	0 089	0 093	0 097	0 101	0 105	0 108	0 112	0 116
0 90	0 083	0 087	0 091	0 095	0 099	0 103	0 107	0 111	0 115	0 119
92	0 085	0 089	0 093	0 097	0 101	0 105	0 109	0 113	0 117	0 121
94	0 087	0 091	0 095	0 099	0 103	0 108	0 112	0 116	0 120	0 124
96	0 089	0 093	0 097	0 101	0 106	0 110	0 114	0 118	0 122	0 127
98	0 091	0 095	0 099	0 103	0 108	0 112	0 116	0 121	0 125	0 129
1 —	0 092	0 097	0 101	0 106	0 110	0 114	0 119	0 123	0 128	0 132
02	0 094	0 099	0 103	0 108	0 112	0 117	0 121	0 126	0 130	0 135
04	0 096	0 101	0 105	0 110	0 114	0 119	0 124	0 128	0 133	0 137
06	0 098	0 103	0 107	0 112	0 117	0 121	0 126	0 131	0 135	0 140
08	0 100	0 105	0 109	0 114	0 119	0 124	0 128	0 133	0 138	0 143
1 10	0 102	0 107	0 111	0 116	0 121	0 126	0 131	0 136	0 140	0 145
12	0 103	0 109	0 113	0 118	0 123	0 128	0 133	0 138	0 143	0 148
14	0 105	0 110	0 115	0 120	0 126	0 130	0 135	0 140	0 145	0 151
16	0 107	0 112	0 117	0 122	0 128	0 133	0 138	0 143	0 148	0 153
18	0 109	0 114	0 119	0 125	0 130	0 135	0 140	0 145	0 151	0 156
1 20	0 111	0 116	0 121	0 127	0 132	0 137	0 143	0 148	0 153	0 158
22	0 113	0 118	0 123	0 129	0 134	0 140	0 145	0 150	0 156	0 161
24	0 115	0 120	0 125	0 131	0 136	0 142	0 147	0 153	0 158	0 164
26	0 116	0 122	0 128	0 133	0 139	0 144	0 150	0 155	0 161	0 166
28	0 118	0 124	0 130	0 135	0 141	0 146	0 152	0 158	0 163	0 169
1 30	0 120	0 126	0 132	0 137	0 143	0 149	0 154	0 160	0 166	0 172
32	0 122	0 128	0 134	0 139	0 145	0 151	0 157	0 163	0 168	0 174
34	0 124	0 130	0 136	0 142	0 147	0 153	0 159	0 165	0 171	0 177
36	0 126	0 132	0 138	0 144	0 150	0 156	0 162	0 168	0 174	0 180
38	0 128	0 134	0 140	0 146	0 152	0 158	0 164	0 170	0 176	0 182
1 40	0 129	0 136	0 142	0 148	0 154	0 160	0 166	0 172	0 179	0 185
42	0 131	0 138	0 144	0 150	0 156	0 162	0 169	0 175	0 181	0 187
44	0 133	0 139	0 146	0 152	0 158	0 165	0 171	0 177	0 184	0 190
46	0 135	0 141	0 148	0 154	0 161	0 167	0 173	0 180	0 186	0 193
48	0 137	0 143	0 150	0 156	0 163	0 169	0 176	0 182	0 189	0 195
1 50	0 139	0 145	0 152	0 158	0 165	0 172	0 178	0 185	0 191	0 198
52	0 140	0 147	0 154	0 161	0 167	0 174	0 181	0 187	0 194	0 201
54	0 142	0 149	0 156	0 163	0 169	0 176	0 183	0 190	0 197	0 203
56	0 144	0 151	0 158	0 165	0 172	0 178	0 185	0 192	0 199	0 206
58	0 146	0 153	0 160	0 167	0 174	0 181	0 188	0 195	0 202	0 209
60	0 148	0 155	0 162	0 169	0 176	0 183	0 190	0 197	0 204	0 211

0,22

Epaisseur : 0m 22 centimètres

Longueur	Futailles	Largeur en Centimètres									
m		0 62	0 64	0 66	0 68	0 70	0 72	0 74	0 76	0 78	0 80
0 62		0 085									
64		0 087	0 090								
66		0 090	0 093	0 096							
68		0 093	0 096	0 099	0 102						
0 70		0 095	0 099	0 102	0 105	0 108					
72		0 098	0 101	0 105	0 108	0 111	0 114				
74		0 101	0 104	0 107	0 111	0 114	0 117	0 120			
76		0 104	0 107	0 110	0 114	0 117	0 120	0 124	0 127		
78		0 106	0 110	0 113	0 117	0 120	0 124	0 127	0 130	0 134	
0 80		0 109	0 113	0 116	0 120	0 123	0 127	0 130	0 134	0 137	0 141
82		0 112	0 115	0 119	0 123	0 126	0 130	0 133	0 137	0 141	0 144
84		0 115	0 118	0 122	0 126	0 129	0 133	0 137	0 140	0 144	0 148
86		0 117	0 121	0 125	0 129	0 132	0 136	0 140	0 144	0 148	0 151
88		0 120	0 124	0 128	0 132	0 136	0 139	0 143	0 147	0 151	0 155
0 90		0 123	0 127	0 131	0 135	0 139	0 143	0 147	0 151	0 154	0 158
92		0 125	0 130	0 134	0 138	0 142	0 146	0 150	0 155	0 158	0 162
94		0 128	0 132	0 136	0 141	0 145	0 149	0 153	0 158	0 161	0 165
96		0 131	0 135	0 139	0 144	0 148	0 152	0 156	0 161	0 165	0 169
98		0 134	0 138	0 142	0 147	0 151	0 155	0 160	0 165	0 168	0 172
1 —		0 136	0 141	0 145	0 150	0 154	0 158	0 163	0 167	0 171	0 176
02		0 139	0 144	0 148	0 153	0 157	0 162	0 166	0 171	0 175	0 180
04		0 142	0 146	0 151	0 156	0 160	0 165	0 169	0 174	0 178	0 183
06		0 145	0 149	0 154	0 159	0 163	0 168	0 173	0 177	0 182	0 187
08		0 147	0 152	0 157	0 162	0 166	0 171	0 176	0 181	0 185	0 190
1 10		0 150	0 155	0 160	0 165	0 169	0 174	0 179	0 184	0 189	0 194
12		0 153	0 158	0 163	0 168	0 172	0 177	0 182	0 187	0 192	0 197
14		0 155	0 161	0 166	0 171	0 176	0 181	0 186	0 191	0 196	0 201
16		0 158	0 163	0 168	0 174	0 179	0 184	0 189	0 194	0 199	0 204
18		0 161	0 166	0 171	0 177	0 182	0 187	0 192	0 197	0 202	0 208
1 20		0 164	0 169	0 174	0 180	0 185	0 190	0 195	0 200	0 206	0 211
22		0 166	0 172	0 177	0 183	0 188	0 193	0 199	0 204	0 209	0 215
24		0 169	0 175	0 180	0 186	0 191	0 196	0 202	0 207	0 213	0 218
26		0 172	0 177	0 183	0 188	0 194	0 200	0 205	0 211	0 216	0 222
28		0 175	0 180	0 186	0 191	0 197	0 203	0 208	0 214	0 220	0 225
1 30		0 177	0 183	0 189	0 194	0 200	0 206	0 212	0 217	0 223	0 229
32		0 180	0 186	0 192	0 197	0 203	0 209	0 215	0 221	0 226	0 232
34		0 183	0 189	0 195	0 200	0 206	0 212	0 218	0 224	0 230	0 236
36		0 186	0 191	0 197	0 203	0 209	0 215	0 221	0 227	0 233	0 239
38		0 188	0 194	0 200	0 206	0 213	0 219	0 225	0 231	0 237	0 243
1 40		0 191	0 197	0 203	0 209	0 216	0 222	0 228	0 234	0 240	0 246
42		0 194	0 200	0 206	0 212	0 219	0 225	0 231	0 237	0 244	0 250
44		0 196	0 203	0 209	0 215	0 222	0 228	0 234	0 241	0 247	0 253
46		0 199	0 206	0 212	0 218	0 225	0 231	0 238	0 244	0 251	0 257
48		0 202	0 208	0 215	0 221	0 228	0 234	0 241	0 247	0 254	0 260
1 50		0 205	0 211	0 218	0 224	0 231	0 238	0 244	0 251	0 257	0 264
52		0 207	0 214	0 221	0 227	0 234	0 241	0 247	0 254	0 261	0 268
54		0 210	0 217	0 224	0 230	0 237	0 244	0 251	0 257	0 264	0 271
56		0 213	0 220	0 227	0 233	0 240	0 247	0 254	0 261	0 268	0 275
58		0 216	0 222	0 229	0 236	0 243	0 250	0 257	0 264	0 271	0 278
1 60		0 218	0 225	0 232	0 239	0 246	0 253	0 260	0 268	0 275	0 282
62		0 221	0 228	0 235	0 242	0 249	0 257	0 264	0 271	0 278	0 285
64		0 224	0 231	0 238	0 245	0 253	0 260	0 267	0 274	0 281	0 289
66		0 226	0 234	0 241	0 248	0 256	0 263	0 270	0 278	0 285	0 292
68		0 229	0 237	0 244	0 251	0 259	0 266	0 274	0 281	0 288	0 296
1 70		0 232	0 239	0 247	0 254	0 262	0 269	0 277	0 284	0 292	0 299
72		0 235	0 242	0 250	0 257	0 265	0 272	0 280	0 288	0 295	0 303
74		0 237	0 245	0 253	0 260	0 268	0 276	0 283	0 291	0 299	0 306
76		0 240	0 248	0 256	0 263	0 271	0 279	0 287	0 294	0 302	0 310
78		0 243	0 251	0 258	0 266	0 274	0 282	0 290	0 298	0 305	0 313
1 80		0 246	0 253	0 261	0 269	0 277	0 285	0 293	0 301	0 309	0 317
82		0 248	0 256	0 264	0 272	0 280	0 288	0 296	0 304	0 312	0 320
84		0 251	0 259	0 267	0 275	0 283	0 291	0 300	0 308	0 316	0 324
86		0 254	0 262	0 270	0 278	0 286	0 295	0 303	0 311	0 319	0 327
88		0 256	0 265	0 273	0 281	0 290	0 298	0 306	0 314	0 323	0 331
1 90		0 259	0 268	0 276	0 284	0 293	0 301	0 309	0 318	0 326	0 334
92		0 262	0 270	0 279	0 287	0 298	0 304	0 313	0 321	0 329	0 338
94		0 265	0 273	0 282	0 290	0 299	0 307	0 316	0 324	0 333	0 341
96		0 267	0 276	0 285	0 293	0 302	0 310	0 319	0 328	0 336	0 345
98		0 270	0 279	0 287	0 296	0 305	0 314	0 322	0 331	0 340	0 348
2 —		0 273	0 282	0 290	0 299	0 308	0 317	0 326	0 334	0 343	0 352

Epaisseur : 0m 22 centimètres

Longueur	Largeur en Centimètres									
m	0 82	0 84	0 86	0 88	0 90	0 92	0 94	0 96	0 98	1 00
0 82	0 148									
84	0 152	0 155								
86	0 155	0 159	0 163							
88	0 159	0 163	0 166	0 170						
0 90	0 162	0 166	0 170	0 174	0 178					
92	0 166	0 170	0 174	0 178	0 182	0 186				
94	0 170	0 174	0 178	0 182	0 186	0 190	0 194			
96	0 173	0 177	0 182	0 186	0 190	0 194	0 199	0 203		
98	0 177	0 181	0 185	0 190	0 194	0 198	0 203	0 207	0 211	
1 —	0 180	0 185	0 189	0 194	0 198	0 202	0 207	0 211	0 216	0 220
02	0 184	0 188	0 193	0 197	0 202	0 206	0 211	0 215	0 220	0 224
04	0 187	0 192	0 197	0 201	0 206	0 210	0 215	0 220	0 224	0 229
06	0 191	0 196	0 201	0 205	0 210	0 215	0 219	0 224	0 229	0 233
08	0 195	0 200	0 204	0 209	0 214	0 219	0 223	0 228	0 233	0 238
1 10	0 198	0 203	0 208	0 213	0 218	0 223	0 227	0 232	0 237	0 242
12	0 202	0 207	0 212	0 217	0 222	0 227	0 232	0 237	0 241	0 246
14	0 206	0 211	0 216	0 221	0 226	0 231	0 236	0 241	0 246	0 251
16	0 209	0 214	0 219	0 225	0 230	0 235	0 240	0 245	0 250	0 255
18	0 213	0 218	0 223	0 228	0 234	0 239	0 244	0 249	0 254	0 260
1 20	0 216	0 222	0 227	0 232	0 238	0 243	0 248	0 253	0 259	0 264
22	0 220	0 225	0 231	0 236	0 242	0 247	0 252	0 258	0 263	0 268
24	0 224	0 229	0 235	0 240	0 246	0 251	0 256	0 262	0 267	0 273
26	0 227	0 233	0 238	0 244	0 249	0 255	0 261	0 266	0 272	0 277
28	0 231	0 237	0 242	0 248	0 253	0 259	0 265	0 270	0 276	0 282
1 30	0 235	0 240	0 246	0 252	0 257	0 263	0 269	0 275	0 280	0 286
32	0 238	0 244	0 250	0 256	0 261	0 267	0 273	0 279	0 285	0 290
34	0 242	0 248	0 254	0 259	0 265	0 271	0 277	0 283	0 289	0 295
36	0 245	0 251	0 257	0 263	0 269	0 275	0 281	0 287	0 293	0 299
38	0 249	0 255	0 261	0 267	0 273	0 279	0 285	0 292	0 298	0 304
1 40	0 253	0 259	0 265	0 271	0 277	0 283	0 290	0 296	0 302	0 308
42	0 256	0 262	0 269	0 275	0 281	0 287	0 294	0 300	0 306	0 312
44	0 260	0 266	0 272	0 279	0 285	0 291	0 298	0 304	0 310	0 317
46	0 263	0 270	0 276	0 283	0 289	0 296	0 302	0 308	0 315	0 321
48	0 267	0 274	0 280	0 286	0 293	0 300	0 306	0 313	0 319	0 326
1 50	0 271	0 277	0 284	0 290	0 297	0 304	0 310	0 317	0 323	0 330
52	0 274	0 281	0 288	0 294	0 301	0 308	0 314	0 321	0 328	0 334
54	0 278	0 285	0 291	0 298	0 305	0 312	0 318	0 325	0 332	0 339
56	0 281	0 288	0 295	0 302	0 309	0 316	0 323	0 330	0 336	0 343
58	0 285	0 292	0 299	0 306	0 313	0 320	0 327	0 334	0 341	0 348
1 60	0 289	0 296	0 303	0 310	0 317	0 324	0 331	0 338	0 345	0 352
62	0 292	0 299	0 307	0 314	0 321	0 328	0 335	0 342	0 349	0 356
64	0 296	0 303	0 310	0 318	0 325	0 332	0 339	0 346	0 354	0 361
66	0 299	0 307	0 314	0 321	0 329	0 336	0 343	0 351	0 358	0 365
68	0 303	0 310	0 318	0 325	0 333	0 340	0 347	0 355	0 362	0 370
1 70	0 307	0 314	0 322	0 329	0 337	0 344	0 352	0 359	0 367	0 374
72	0 310	0 318	0 325	0 333	0 341	0 348	0 356	0 363	0 371	0 378
74	0 314	0 322	0 329	0 337	0 345	0 352	0 360	0 368	0 375	0 383
76	0 318	0 325	0 333	0 341	0 348	0 356	0 364	0 372	0 379	0 387
78	0 321	0 329	0 337	0 345	0 352	0 360	0 368	0 376	0 384	0 392
1 80	0 325	0 333	0 341	0 348	0 356	0 364	0 372	0 380	0 388	0 396
82	0 328	0 336	0 344	0 352	0 360	0 368	0 376	0 384	0 392	0 400
84	0 332	0 340	0 348	0 356	0 364	0 372	0 381	0 389	0 397	0 405
86	0 336	0 344	0 352	0 359	0 368	0 376	0 385	0 393	0 401	0 409
88	0 339	0 347	0 356	0 363	0 372	0 381	0 389	0 397	0 405	0 414
1 90	0 343	0 351	0 359	0 368	0 376	0 385	0 393	0 401	0 410	0 418
92	0 346	0 355	0 363	0 372	0 380	0 389	0 397	0 406	0 414	0 422
94	0 350	0 359	0 367	0 376	0 384	0 393	0 401	0 410	0 418	0 427
96	0 354	0 362	0 371	0 379	0 388	0 397	0 405	0 414	0 423	0 431
98	0 357	0 366	0 375	0 383	0 392	0 401	0 409	0 418	0 427	0 436
2 —	0 360	0 370	0 378	0 387	0 396	0 405	0 414	0 422	0 431	0 440

Epaisseur : 0m 24 centimètres

Longueur	Futailles	Largeur en Centimètres 0 24	0 26	0 28	0 30	0 32	0 34	0 36	0 38	0 40	0 42
0 24		0 014									
26		0 015	0 016								
28		0 016	0 017	0 019							
0 30		0 017	0 019	0 020	0 022						
32		0 018	0 020	0 022	0 023	0 025					
34		0 020	0 021	0 023	0 024	0 026	0 028				
36		0 021	0 022	0 024	0 026	0 028	0 029	0 031			
38		0 022	0 024	0 026	0 027	0 029	0 031	0 033	0 035		
0 40		0 023	0 025	0 027	0 029	0 031	0 033	0 035	0 036	0 038	
42		0 024	0 026	0 028	0 030	0 032	0 034	0 036	0 038	0 040	0 042
44		0 025	0 027	0 030	0 032	0 034	0 036	0 038	0 040	0 042	0 044
46		0 026	0 029	0 031	0 033	0 035	0 038	0 040	0 042	0 044	0 046
48		0 028	0 030	0 032	0 035	0 037	0 039	0 041	0 044	0 046	0 048
0 50		0 029	0 031	0 034	0 036	0 038	0 041	0 043	0 046	0 048	0 050
52		0 030	0 032	0 035	0 037	0 040	0 042	0 045	0 047	0 050	0 052
54		0 031	0 034	0 036	0 039	0 041	0 044	0 047	0 049	0 052	0 054
56		0 032	0 035	0 038	0 040	0 043	0 046	0 048	0 051	0 054	0 056
58		0 033	0 036	0 039	0 042	0 045	0 047	0 050	0 053	0 056	0 058
0 60		0 035	0 037	0 040	0 043	0 046	0 050	0 052	0 055	0 058	0 060
62		0 036	0 039	0 042	0 045	0 048	0 051	0 054	0 057	0 060	0 062
64		0 037	0 040	0 043	0 046	0 049	0 052	0 055	0 058	0 061	0 065
66		0 038	0 041	0 044	0 048	0 051	0 054	0 057	0 060	0 063	0 067
68		0 039	0 042	0 046	0 049	0 052	0 055	0 059	0 062	0 065	0 069
0 70		0 040	0 044	0 047	0 050	0 054	0 057	0 060	0 064	0 067	0 071
72		0 041	0 045	0 048	0 052	0 055	0 059	0 062	0 066	0 069	0 073
74		0 043	0 046	0 050	0 053	0 057	0 060	0 064	0 067	0 071	0 075
76		0 044	0 047	0 051	0 055	0 058	0 062	0 066	0 069	0 073	0 077
78		0 045	0 049	0 052	0 056	0 060	0 064	0 067	0 071	0 075	0 079
0 80		0 046	0 050	0 054	0 058	0 061	0 065	0 069	0 073	0 077	0 081
82		0 047	0 051	0 056	0 059	0 063	0 067	0 071	0 075	0 079	0 083
84		0 048	0 052	0 056	0 060	0 065	0 069	0 073	0 077	0 081	0 085
86		0 050	0 054	0 058	0 062	0 066	0 070	0 074	0 078	0 083	0 087
88		0 051	0 055	0 059	0 063	0 068	0 072	0 076	0 080	0 084	0 089
0 90		0 052	0 056	0 060	0 065	0 069	0 073	0 078	0 082	0 086	0 091
92		0 053	0 057	0 062	0 066	0 071	0 075	0 079	0 084	0 088	0 093
94		0 054	0 059	0 063	0 068	0 072	0 077	0 081	0 086	0 090	0 095
96		0 055	0 060	0 064	0 069	0 074	0 078	0 083	0 088	0 092	0 097
98		0 056	0 061	0 066	0 071	0 075	0 080	0 085	0 089	0 094	0 099
1 —		0 058	0 062	0 067	0 072	0 077	0 082	0 086	0 091	0 096	0 101
02		0 059	0 064	0 069	0 073	0 078	0 083	0 088	0 093	0 098	0 103
04		0 060	0 065	0 070	0 075	0 080	0 085	0 090	0 095	0 100	0 105
06		0 061	0 066	0 071	0 076	0 081	0 086	0 092	0 097	0 102	0 107
08		0 062	0 067	0 073	0 078	0 083	0 088	0 093	0 098	0 104	0 109
1 10		0 063	0 069	0 074	0 079	0 084	0 090	0 095	0 100	0 106	0 111
12		0 065	0 070	0 075	0 081	0 086	0 091	0 097	0 102	0 108	0 113
14		0 066	0 071	0 077	0 082	0 088	0 093	0 099	0 104	0 109	0 115
16		0 067	0 072	0 078	0 084	0 089	0 095	0 100	0 106	0 111	0 117
18		0 068	0 074	0 079	0 085	0 091	0 096	0 102	0 108	0 113	0 119
1 20		0 069	0 075	0 081	0 086	0 092	0 098	0 104	0 109	0 115	0 121
22		0 070	0 076	0 082	0 088	0 094	0 100	0 105	0 111	0 117	0 123
24		0 071	0 077	0 083	0 089	0 095	0 101	0 107	0 113	0 119	0 125
26		0 073	0 079	0 085	0 091	0 097	0 103	0 109	0 115	0 121	0 127
28		0 074	0 080	0 086	0 092	0 098	0 104	0 111	0 117	0 123	0 129
1 30		0 075	0 081	0 087	0 094	0 100	0 106	0 112	0 119	0 125	0 131
32		0 076	0 082	0 089	0 095	0 101	0 108	0 114	0 120	0 127	0 133
34		0 077	0 084	0 090	0 096	0 103	0 109	0 116	0 122	0 129	0 135
36		0 078	0 085	0 091	0 098	0 104	0 111	0 118	0 124	0 131	0 137
38		0 079	0 086	0 093	0 099	0 106	0 113	0 119	0 126	0 132	0 139
1 40		0 081	0 087	0 094	0 101	0 108	0 114	0 121	0 128	0 134	0 141
42		0 082	0 089	0 095	0 102	0 109	0 116	0 123	0 130	0 136	0 143
44		0 083	0 090	0 097	0 104	0 111	0 118	0 124	0 131	0 138	0 145
46		0 084	0 091	0 098	0 105	0 112	0 119	0 126	0 133	0 140	0 147
48		0 085	0 092	0 099	0 107	0 114	0 121	0 128	0 135	0 142	0 149
1 50		0 086	0 094	0 101	0 108	0 115	0 122	0 130	0 137	0 144	0 151
52		0 088	0 095	0 102	0 109	0 117	0 124	0 131	0 139	0 146	0 153
54		0 089	0 096	0 103	0 111	0 118	0 126	0 133	0 140	0 148	0 155
56		0 090	0 097	0 105	0 112	0 120	0 127	0 135	0 142	0 150	0 157
58		0 091	0 099	0 106	0 114	0 121	0 129	0 137	0 144	0 152	0 159
1 60		0 092	0 100	0 108	0 115	0 123	0 131	0 138	0 146	0 154	0 161
62		0 093	0 101	0 109	0 117	0 124	0 132	0 140	0 148	0 156	0 163

Epaisseur : 0m 24 centimètres

Longueur	Largeur en Centimètres 0 44	0 46	0 48	0 50	0 52	0 54	0 56	0 58	0 60	0 62
0 44	0 046									
46	0 049	0 051								
48	0 051	0 053	0 055							
0 50	0 053	0 055	0 058	0 060						
52	0 055	0 057	0 060	0 062	0 065					
54	0 057	0 060	0 062	0 065	0 067	0 070				
56	0 059	0 062	0 065	0 067	0 070	0 073	0 075			
58	0 061	0 064	0 067	0 070	0 072	0 075	0 078	0 081		
0 60	0 063	0 066	0 069	0 072	0 075	0 078	0 081	0 084	0 086	
62	0 065	0 068	0 071	0 074	0 077	0 080	0 083	0 086	0 089	0 092
64	0 068	0 071	0 074	0 077	0 080	0 083	0 086	0 089	0 092	0 095
66	0 070	0 073	0 076	0 079	0 082	0 086	0 089	0 092	0 095	0 098
68	0 072	0 075	0 078	0 082	0 085	0 088	0 091	0 095	0 098	0 101
0 70	0 074	0 077	0 081	0 084	0 087	0 091	0 094	0 097	0 101	0 104
72	0 076	0 079	0 083	0 086	0 090	0 093	0 097	0 100	0 104	0 107
74	0 078	0 082	0 085	0 089	0 092	0 096	0 099	0 103	0 107	0 110
76	0 080	0 084	0 088	0 091	0 095	0 098	0 102	0 106	0 109	0 113
78	0 082	0 086	0 090	0 094	0 097	0 101	0 105	0 109	0 112	0 116
0 80	0 084	0 088	0 092	0 096	0 100	0 104	0 108	0 111	0 115	0 119
82	0 087	0 091	0 094	0 098	0 102	0 106	0 110	0 114	0 118	0 122
84	0 089	0 093	0 097	0 101	0 105	0 109	0 113	0 117	0 121	0 125
86	0 091	0 095	0 099	0 103	0 107	0 111	0 116	0 120	0 124	0 128
88	0 093	0 097	0 101	0 106	0 110	0 114	0 118	0 122	0 127	0 131
0 90	0 095	0 099	0 104	0 108	0 112	0 117	0 121	0 125	0 130	0 134
92	0 097	0 102	0 106	0 110	0 115	0 119	0 124	0 128	0 132	0 137
94	0 099	0 104	0 108	0 113	0 117	0 122	0 126	0 131	0 135	0 140
96	0 101	0 106	0 111	0 115	0 120	0 124	0 129	0 134	0 138	0 143
98	0 103	0 108	0 113	0 118	0 122	0 127	0 132	0 136	0 141	0 146
1 —	0 106	0 110	0 115	0 120	0 125	0 130	0 134	0 139	0 144	0 149
02	0 108	0 113	0 118	0 122	0 127	0 132	0 137	0 142	0 147	0 152
04	0 110	0 115	0 120	0 125	0 130	0 135	0 140	0 145	0 150	0 155
06	0 112	0 117	0 122	0 127	0 132	0 137	0 142	0 148	0 153	0 158
08	0 114	0 119	0 124	0 130	0 135	0 140	0 145	0 150	0 156	0 161
1 10	0 116	0 121	0 127	0 132	0 137	0 143	0 148	0 153	0 158	0 164
12	0 118	0 124	0 129	0 134	0 140	0 145	0 151	0 156	0 161	0 167
14	0 120	0 126	0 131	0 137	0 142	0 148	0 153	0 159	0 164	0 170
16	0 122	0 128	0 134	0 139	0 145	0 150	0 156	0 161	0 167	0 173
18	0 125	0 130	0 136	0 142	0 147	0 153	0 159	0 164	0 170	0 176
1 20	0 127	0 132	0 138	0 144	0 150	0 156	0 161	0 167	0 173	0 179
22	0 129	0 135	0 141	0 146	0 152	0 158	0 164	0 170	0 176	0 182
24	0 131	0 137	0 143	0 149	0 155	0 161	0 167	0 173	0 179	0 185
26	0 133	0 139	0 145	0 151	0 157	0 163	0 169	0 175	0 181	0 187
28	0 135	0 141	0 147	0 154	0 160	0 166	0 172	0 178	0 184	0 190
1 30	0 137	0 144	0 150	0 156	0 162	0 168	0 175	0 181	0 187	0 193
32	0 139	0 146	0 152	0 158	0 165	0 171	0 177	0 184	0 190	0 196
34	0 142	0 148	0 154	0 161	0 167	0 174	0 180	0 187	0 193	0 199
36	0 144	0 150	0 157	0 163	0 170	0 176	0 183	0 189	0 196	0 202
38	0 146	0 152	0 159	0 166	0 172	0 179	0 185	0 192	0 199	0 205
1 40	0 148	0 155	0 161	0 168	0 175	0 181	0 188	0 195	0 202	0 208
42	0 150	0 157	0 164	0 170	0 177	0 184	0 191	0 198	0 204	0 211
44	0 152	0 159	0 166	0 173	0 180	0 187	0 194	0 200	0 207	0 214
46	0 154	0 161	0 168	0 175	0 182	0 189	0 196	0 203	0 210	0 217
48	0 156	0 163	0 170	0 178	0 185	0 192	0 199	0 206	0 213	0 220
1 50	0 158	0 166	0 173	0 180	0 187	0 194	0 202	0 209	0 216	0 223
52	0 161	0 168	0 175	0 182	0 190	0 197	0 204	0 212	0 219	0 226
54	0 163	0 170	0 177	0 185	0 192	0 200	0 207	0 214	0 222	0 229
56	0 165	0 172	0 180	0 187	0 195	0 202	0 210	0 217	0 225	0 232
58	0 167	0 174	0 182	0 190	0 197	0 205	0 212	0 220	0 228	0 235
1 60	0 169	0 177	0 184	0 192	0 200	0 207	0 215	0 223	0 230	0 238
62	0 171	0 179	0 187	0 194	0 202	0 210	0 218	0 226	0 233	0 241

0,24

Epaisseur : 0m 24 centimètres

Longueur	Futailles	Largeur en Centimètres									
		0 64	0 66	0 68	0 70	0 72	0 74	0 76	0 78	0 80	0 82
m 0 64		0 098									
66		0 101	0 105								
68		0 104	0 108	0 111							
0 70		0 108	0 111	0 114	0 118						
72		0 111	0 114	0 118	0 121	0 124					
74		0 114	0 117	0 121	0 124	0 128	0 131				
76		0 117	0 120	0 124	0 128	0 131	0 135	0 139			
78		0 120	0 124	0 127	0 131	0 135	0 139	0 142	0 146		
0 80		0 123	0 127	0 131	0 134	0 138	0 142	0 146	0 150	0 154	
82		0 126	0 130	0 134	0 138	0 142	0 146	0 150	0 154	0 157	0 161
84		0 129	0 133	0 137	0 141	0 145	0 149	0 153	0 157	0 161	0 165
86		0 132	0 136	0 140	0 144	0 149	0 153	0 157	0 161	0 165	0 169
88		0 135	0 139	0 144	0 148	0 152	0 156	0 161	0 165	0 169	0 173
0 90		0 138	0 143	0 147	0 151	0 156	0 160	0 164	0 168	0 173	0 177
92		0 141	0 146	0 150	0 154	0 159	0 163	0 168	0 172	0 177	0 181
94		0 144	0 149	0 153	0 158	0 162	0 167	0 171	0 176	0 180	0 185
96		0 147	0 152	0 157	0 161	0 166	0 170	0 175	0 180	0 184	0 189
98		0 151	0 155	0 160	0 165	0 169	0 174	0 179	0 183	0 188	0 193
1 —		0 154	0 158	0 163	0 168	0 173	0 178	0 182	0 187	0 192	0 197
02		0 157	0 162	0 166	0 171	0 176	0 181	0 186	0 191	0 196	0 201
04		0 160	0 165	0 170	0 175	0 180	0 185	0 190	0 195	0 200	0 205
06		0 163	0 168	0 173	0 178	0 183	0 188	0 193	0 198	0 204	0 209
08		0 166	0 171	0 176	0 181	0 187	0 192	0 197	0 202	0 207	0 213
1 10		0 169	0 174	0 180	0 185	0 190	0 195	0 201	0 206	0 211	0 216
12		0 172	0 177	0 183	0 188	0 194	0 199	0 204	0 210	0 215	0 220
14		0 175	0 181	0 186	0 191	0 197	0 202	0 208	0 213	0 219	0 224
16		0 178	0 184	0 189	0 195	0 200	0 206	0 212	0 217	0 223	0 228
18		0 181	0 187	0 193	0 198	0 204	0 210	0 215	0 221	0 227	0 232
1 20		0 184	0 190	0 196	0 202	0 207	0 213	0 219	0 225	0 230	0 236
22		0 187	0 193	0 199	0 205	0 211	0 217	0 223	0 228	0 234	0 240
24		0 190	0 196	0 202	0 208	0 214	0 220	0 226	0 232	0 238	0 244
26		0 194	0 200	0 206	0 212	0 218	0 224	0 230	0 236	0 242	0 248
28		0 197	0 203	0 209	0 215	0 221	0 227	0 233	0 240	0 246	0 252
1 30		0 200	0 206	0 212	0 218	0 225	0 231	0 237	0 243	0 250	0 256
32		0 203	0 209	0 215	0 222	0 228	0 234	0 241	0 247	0 253	0 260
34		0 206	0 212	0 219	0 225	0 232	0 238	0 244	0 251	0 257	0 264
36		0 209	0 215	0 222	0 228	0 235	0 242	0 248	0 255	0 261	0 268
38		0 212	0 219	0 225	0 232	0 238	0 245	0 252	0 258	0 265	0 272
1 40		0 215	0 222	0 228	0 235	0 242	0 249	0 255	0 262	0 269	0 276
42		0 218	0 225	0 232	0 239	0 245	0 252	0 259	0 266	0 273	0 279
44		0 221	0 228	0 235	0 242	0 249	0 256	0 263	0 270	0 276	0 283
46		0 224	0 231	0 238	0 245	0 252	0 259	0 266	0 273	0 280	0 287
48		0 227	0 234	0 242	0 249	0 256	0 263	0 270	0 277	0 284	0 291
1 50		0 230	0 238	0 245	0 252	0 259	0 266	0 274	0 281	0 288	0 295
52		0 233	0 241	0 248	0 255	0 263	0 270	0 277	0 285	0 292	0 299
54		0 237	0 244	0 251	0 259	0 266	0 274	0 281	0 288	0 296	0 303
56		0 240	0 247	0 255	0 262	0 270	0 277	0 285	0 292	0 300	0 307
58		0 243	0 250	0 258	0 265	0 273	0 281	0 288	0 296	0 303	0 311
1 60		0 246	0 253	0 261	0 269	0 276	0 284	0 292	0 300	0 307	0 315
62		0 249	0 257	0 264	0 272	0 280	0 288	0 295	0 303	0 311	0 319
64		0 252	0 260	0 268	0 276	0 283	0 291	0 299	0 307	0 315	0 323
66		0 255	0 263	0 271	0 279	0 287	0 295	0 303	0 311	0 319	0 327
68		0 258	0 266	0 274	0 282	0 290	0 298	0 306	0 314	0 323	0 331
1 70		0 261	0 269	0 277	0 286	0 294	0 302	0 310	0 318	0 326	0 335
72		0 264	0 272	0 281	0 289	0 297	0 305	0 314	0 322	0 330	0 338
74		0 267	0 276	0 284	0 292	0 301	0 309	0 317	0 326	0 334	0 342
76		0 270	0 279	0 287	0 296	0 304	0 313	0 321	0 329	0 338	0 346
78		0 273	0 282	0 290	0 299	0 308	0 316	0 325	0 333	0 342	0 350
1 80		0 276	0 285	0 294	0 302	0 311	0 320	0 328	0 337	0 346	0 354
82		0 280	0 288	0 297	0 306	0 314	0 323	0 332	0 341	0 349	0 358
84		0 283	0 291	0 300	0 309	0 318	0 327	0 336	0 344	0 353	0 362
86		0 286	0 295	0 304	0 312	0 321	0 330	0 339	0 348	0 357	0 366
88		0 289	0 298	0 307	0 316	0 325	0 334	0 343	0 352	0 361	0 370
1 90		0 292	0 301	0 310	0 319	0 328	0 337	0 347	0 356	0 365	0 374
92		0 295	0 304	0 313	0 323	0 332	0 341	0 350	0 359	0 369	0 378
94		0 298	0 307	0 317	0 326	0 335	0 344	0 354	0 363	0 372	0 382
96		0 301	0 310	0 320	0 329	0 339	0 348	0 358	0 367	0 376	0 386
98		0 304	0 314	0 323	0 333	0 342	0 352	0 361	0 371	0 380	0 390
2 —		0 307	0 317	0 326	0 336	0 346	0 355	0 365	0 374	0 384	0 394
02		0 310	0 320	0 330	0 339	0 349	0 359	0 368	0 378	0 388	0 398

0,24

Epaisseur : 0m 24 centimètres

Longueur	Largeur en Centimètres									
	0 84	0 86	0 88	0 90	0 92	0 94	0 96	0 98	1 00	1 02
m 0 84	0 169									
86	0 173	0 178								
88	0 177	0 182	0 186							
0 90	0 181	0 186	0 190	0 194						
92	0 185	0 190	0 194	0 199	0 203					
94	0 190	0 194	0 199	0 203	0 208	0 212				
96	0 194	0 198	0 203	0 207	0 212	0 217	0 221			
98	0 198	0 202	0 207	0 212	0 216	0 221	0 226	0 230		
1 —	0 202	0 206	0 211	0 216	0 221	0 226	0 230	0 235	0 240	
02	0 206	0 211	0 215	0 220	0 225	0 230	0 235	0 240	0 245	0 250
04	0 210	0 215	0 220	0 225	0 230	0 235	0 240	0 245	0 250	0 255
06	0 214	0 219	0 224	0 229	0 234	0 239	0 244	0 249	0 254	0 259
08	0 218	0 223	0 228	0 233	0 238	0 244	0 249	0 254	0 259	0 264
1 10	0 222	0 227	0 232	0 238	0 243	0 248	0 253	0 259	0 264	0 269
12	0 226	0 231	0 237	0 242	0 247	0 253	0 258	0 263	0 269	0 274
14	0 230	0 235	0 241	0 246	0 252	0 257	0 263	0 268	0 274	0 279
16	0 234	0 239	0 245	0 251	0 256	0 262	0 267	0 273	0 278	0 284
18	0 238	0 244	0 249	0 255	0 261	0 266	0 272	0 278	0 283	0 289
1 20	0 242	0 248	0 253	0 259	0 265	0 271	0 276	0 282	0 288	0 294
22	0 246	0 252	0 258	0 264	0 269	0 275	0 281	0 287	0 293	0 299
24	0 250	0 256	0 262	0 268	0 274	0 280	0 286	0 292	0 298	0 304
26	0 254	0 260	0 266	0 272	0 278	0 284	0 290	0 296	0 302	0 308
28	0 258	0 264	0 270	0 276	0 283	0 289	0 295	0 301	0 307	0 313
1 30	0 262	0 268	0 275	0 281	0 287	0 293	0 300	0 306	0 312	0 318
32	0 266	0 272	0 279	0 285	0 291	0 298	0 304	0 310	0 317	0 323
34	0 270	0 277	0 283	0 289	0 296	0 302	0 309	0 315	0 322	0 328
36	0 274	0 281	0 287	0 294	0 300	0 307	0 313	0 320	0 326	0 333
38	0 278	0 285	0 291	0 298	0 305	0 311	0 318	0 325	0 331	0 338
1 40	0 282	0 289	0 296	0 302	0 309	0 316	0 323	0 329	0 336	0 343
42	0 286	0 293	0 300	0 307	0 314	0 320	0 327	0 334	0 341	0 348
44	0 290	0 297	0 304	0 311	0 318	0 325	0 332	0 339	0 346	0 353
46	0 294	0 301	0 308	0 315	0 322	0 329	0 336	0 343	0 350	0 357
48	0 298	0 305	0 313	0 320	0 327	0 334	0 341	0 348	0 355	0 362
1 50	0 302	0 310	0 317	0 324	0 331	0 338	0 346	0 353	0 360	0 367
52	0 306	0 314	0 321	0 328	0 336	0 343	0 350	0 358	0 365	0 372
54	0 310	0 318	0 325	0 333	0 340	0 347	0 355	0 362	0 370	0 377
56	0 314	0 322	0 329	0 337	0 344	0 352	0 359	0 367	0 374	0 382
58	0 319	0 326	0 334	0 341	0 349	0 356	0 364	0 372	0 379	0 387
1 60	0 323	0 330	0 338	0 346	0 353	0 361	0 369	0 376	0 384	0 392
62	0 327	0 334	0 342	0 350	0 358	0 365	0 373	0 381	0 389	0 397
64	0 331	0 338	0 346	0 354	0 362	0 370	0 378	0 386	0 394	0 401
66	0 335	0 343	0 351	0 359	0 367	0 374	0 382	0 390	0 398	0 406
68	0 339	0 347	0 355	0 363	0 371	0 379	0 387	0 395	0 403	0 411
1 70	0 343	0 351	0 359	0 367	0 375	0 384	0 392	0 400	0 408	0 416
72	0 347	0 355	0 363	0 372	0 380	0 388	0 396	0 405	0 413	0 421
74	0 351	0 359	0 367	0 376	0 384	0 393	0 401	0 409	0 418	0 426
76	0 355	0 363	0 372	0 380	0 389	0 397	0 406	0 414	0 422	0 431
78	0 359	0 367	0 376	0 384	0 393	0 402	0 410	0 419	0 427	0 436
1 80	0 363	0 372	0 380	0 389	0 397	0 406	0 415	0 423	0 432	0 441
82	0 367	0 376	0 384	0 393	0 402	0 411	0 419	0 428	0 437	0 446
84	0 371	0 380	0 389	0 397	0 406	0 415	0 424	0 433	0 442	0 450
86	0 375	0 384	0 393	0 402	0 411	0 420	0 429	0 437	0 446	0 455
88	0 379	0 388	0 397	0 406	0 415	0 424	0 433	0 442	0 451	0 460
1 90	0 383	0 392	0 401	0 410	0 420	0 429	0 438	0 447	0 456	0 465
92	0 387	0 396	0 406	0 415	0 424	0 433	0 442	0 452	0 461	0 470
94	0 391	0 400	0 410	0 419	0 428	0 438	0 447	0 456	0 466	0 475
96	0 395	0 405	0 414	0 423	0 433	0 442	0 452	0 461	0 470	0 480
98	0 399	0 409	0 418	0 428	0 437	0 447	0 456	0 466	0 475	0 485
2 —	0 403	0 413	0 422	0 432	0 442	0 451	0 461	0 470	0 480	0 490
02	0 407	0 417	0 427	0 436	0 446	0 456	0 465	0 475	0 485	0 495

Epaisseur : 0m 26 centimètres

Longueur	Futailles	Largeur en Centimètres. 0 26	0 28	0 30	0 32	0 34	0 36	0 38	0 40	0 42	0 44
m 0 26		0 018									
28		0 019	0 020								
0 30		0 020	0 022	0 023							
32		0 022	0 023	0 025	0 027						
34		0 023	0 025	0 027	0 028	0 030					
36		0 024	0 026	0 028	0 030	0 032	0 034				
38		0 026	0 028	0 030	0 032	0 034	0 036	0 038			
0 40		0 027	0 029	0 031	0 033	0 035	0 037	0 040	0 042		
42		0 028	0 031	0 033	0 034	0 037	0 039	0 042	0 044	0 046	
44		0 030	0 032	0 034	0 037	0 039	0 041	0 044	0 046	0 048	0 050
46		0 031	0 033	0 036	0 038	0 041	0 043	0 045	0 048	0 050	0 053
48		0 032	0 035	0 037	0 040	0 042	0 045	0 047	0 050	0 052	0 055
0 50		0 034	0 036	0 039	0 042	0 044	0 047	0 049	0 052	0 055	0 057
52		0 035	0 038	0 041	0 043	0 046	0 049	0 051	0 054	0 057	0 059
54		0 037	0 039	0 042	0 045	0 048	0 051	0 053	0 056	0 059	0 062
56		0 038	0 041	0 044	0 047	0 050	0 052	0 055	0 058	0 061	0 064
58		0 039	0 042	0 045	0 048	0 051	0 054	0 057	0 060	0 063	0 066
0 60		0 041	0 044	0 047	0 050	0 053	0 056	0 059	0 062	0 066	0 069
62		0 042	0 045	0 048	0 052	0 055	0 058	0 061	0 064	0 068	0 071
64		0 043	0 047	0 050	0 053	0 057	0 060	0 063	0 066	0 070	0 073
66		0 045	0 048	0 051	0 055	0 058	0 062	0 065	0 069	0 072	0 075
68		0 046	0 050	0 053	0 057	0 060	0 064	0 067	0 071	0 074	0 078
0 70		0 047	0 051	0 055	0 058	0 062	0 066	0 069	0 073	0 076	0 080
72		0 049	0 052	0 056	0 060	0 064	0 068	0 071	0 075	0 078	0 082
74		0 050	0 054	0 058	0 062	0 065	0 069	0 073	0 077	0 080	0 085
76		0 051	0 055	0 059	0 063	0 067	0 071	0 075	0 079	0 083	0 087
78		0 053	0 057	0 061	0 065	0 069	0 073	0 077	0 081	0 085	0 089
0 80		0 054	0 058	0 062	0 067	0 071	0 075	0 079	0 083	0 087	0 092
82		0 055	0 060	0 064	0 068	0 072	0 077	0 081	0 085	0 089	0 094
84		0 057	0 061	0 066	0 070	0 074	0 079	0 083	0 087	0 091	0 096
86		0 058	0 063	0 067	0 072	0 076	0 080	0 085	0 089	0 094	0 098
88		0 059	0 064	0 069	0 073	0 078	0 082	0 087	0 092	0 096	0 101
0 90		0 061	0 066	0 070	0 075	0 080	0 084	0 089	0 094	0 098	0 103
92		0 062	0 067	0 072	0 077	0 081	0 086	0 091	0 096	0 100	0 105
94		0 064	0 068	0 073	0 078	0 083	0 088	0 093	0 098	0 102	0 107
96		0 065	0 070	0 075	0 080	0 085	0 090	0 095	0 100	0 105	0 110
98		0 066	0 071	0 076	0 082	0 087	0 092	0 097	0 102	0 107	0 112
1 —		0 068	0 073	0 078	0 083	0 088	0 094	0 099	0 104	0 109	0 114
02		0 069	0 074	0 080	0 085	0 090	0 096	0 101	0 106	0 111	0 117
04		0 070	0 076	0 081	0 087	0 092	0 098	0 103	0 108	0 113	0 119
06		0 072	0 077	0 083	0 088	0 094	0 099	0 105	0 110	0 116	0 121
08		0 073	0 079	0 084	0 090	0 095	0 101	0 107	0 112	0 118	0 124
1 10		0 074	0 080	0 086	0 092	0 097	0 103	0 109	0 114	0 120	0 126
12		0 076	0 082	0 087	0 093	0 099	0 105	0 111	0 116	0 122	0 128
14		0 077	0 083	0 089	0 095	0 101	0 107	0 113	0 118	0 124	0 130
16		0 078	0 084	0 090	0 097	0 103	0 109	0 115	0 121	0 127	0 133
18		0 080	0 086	0 092	0 098	0 104	0 110	0 117	0 123	0 129	0 135
1 20		0 081	0 087	0 094	0 100	0 106	0 112	0 119	0 125	0 131	0 137
22		0 082	0 089	0 095	0 102	0 108	0 114	0 121	0 127	0 133	0 140
24		0 084	0 090	0 097	0 103	0 110	0 116	0 123	0 129	0 135	0 142
26		0 085	0 092	0 098	0 105	0 111	0 118	0 124	0 131	0 138	0 144
28		0 087	0 093	0 100	0 106	0 113	0 120	0 126	0 133	0 140	0 146
1 30		0 088	0 095	0 101	0 108	0 115	0 122	0 128	0 135	0 142	0 149
32		0 089	0 096	0 103	0 110	0 117	0 124	0 130	0 137	0 144	0 151
34		0 091	0 098	0 105	0 111	0 118	0 126	0 132	0 139	0 146	0 153
36		0 092	0 099	0 106	0 113	0 120	0 127	0 134	0 141	0 149	0 156
38		0 093	0 100	0 108	0 115	0 122	0 129	0 136	0 144	0 151	0 158
1 40		0 095	0 102	0 109	0 116	0 124	0 131	0 138	0 146	0 153	0 160
42		0 096	0 103	0 111	0 118	0 126	0 133	0 140	0 148	0 155	0 162
44		0 097	0 105	0 112	0 120	0 127	0 135	0 142	0 150	0 157	0 165
46		0 099	0 106	0 114	0 121	0 129	0 137	0 144	0 152	0 159	0 167
48		0 100	0 108	0 115	0 123	0 131	0 139	0 146	0 154	0 162	0 169
1 50		0 101	0 109	0 117	0 125	0 133	0 140	0 148	0 156	0 164	0 172
52		0 103	0 111	0 119	0 126	0 134	0 142	0 150	0 158	0 166	0 174
54		0 104	0 112	0 120	0 128	0 136	0 144	0 152	0 160	0 168	0 176
56		0 105	0 114	0 122	0 130	0 138	0 146	0 154	0 162	0 170	0 178
58		0 107	0 115	0 123	0 131	0 140	0 148	0 156	0 164	0 173	0 181
1 60		0 108	0 116	0 125	0 133	0 141	0 150	0 158	0 166	0 175	0 183
62		0 110	0 118	0 126	0 135	0 143	0 152	0 160	0 168	0 177	0 185
64		0 111	0 119	0 128	0 136	0 145	0 154	0 162	0 171	0 179	0 188

Epaisseur : 0m 26 centimètres

Longueur	Largeur en Centimètres 0 46	0 48	0 50	0 52	0 54	0 56	0 58	0 60	0 62	0 64
m 0 46	0 055									
48	0 057	0 060								
0 50	0 060	0 062	0 065							
52	0 062	0 065	0 068	0 070						
54	0 065	0 067	0 070	0 073	0 076					
56	0 067	0 070	0 073	0 076	0 079	0 082				
58	0 069	0 072	0 075	0 078	0 081	0 084	0 087			
0 60	0 072	0 075	0 078	0 081	0 084	0 087	0 090	0 094		
62	0 074	0 077	0 081	0 084	0 087	0 090	0 093	0 097	0 100	
64	0 077	0 080	0 083	0 087	0 090	0 093	0 097	0 100	0 103	0 106
66	0 079	0 082	0 086	0 089	0 093	0 096	0 100	0 103	0 106	0 110
68	0 081	0 085	0 088	0 092	0 095	0 099	0 103	0 106	0 110	0 113
0 70	0 084	0 087	0 091	0 095	0 098	0 102	0 106	0 109	0 113	0 116
72	0 086	0 090	0 094	0 097	0 101	0 105	0 109	0 112	0 116	0 120
74	0 089	0 092	0 096	0 100	0 104	0 108	0 112	0 115	0 119	0 123
76	0 091	0 095	0 099	0 103	0 107	0 111	0 115	0 119	0 123	0 126
78	0 093	0 097	0 101	0 105	0 110	0 114	0 118	0 122	0 126	0 130
0 80	0 096	0 100	0 104	0 108	0 112	0 116	0 121	0 125	0 129	0 133
82	0 098	0 102	0 107	0 111	0 115	0 119	0 124	0 128	0 132	0 136
84	0 100	0 105	0 109	0 114	0 118	0 122	0 127	0 131	0 135	0 140
86	0 103	0 107	0 112	0 116	0 121	0 125	0 130	0 134	0 139	0 143
88	0 105	0 110	0 114	0 119	0 124	0 128	0 133	0 137	0 142	0 146
0 90	0 108	0 112	0 117	0 122	0 126	0 131	0 136	0 140	0 145	0 150
92	0 110	0 115	0 120	0 124	0 129	0 134	0 139	0 144	0 148	0 153
94	0 112	0 117	0 122	0 127	0 132	0 137	0 142	0 147	0 152	0 156
96	0 115	0 120	0 125	0 130	0 135	0 140	0 145	0 150	0 155	0 160
98	0 117	0 122	0 127	0 132	0 138	0 143	0 148	0 153	0 158	0 163
1 —	0 120	0 125	0 130	0 135	0 140	0 146	0 151	0 156	0 161	0 166
02	0 122	0 127	0 133	0 138	0 143	0 149	0 154	0 159	0 164	0 170
04	0 124	0 130	0 135	0 141	0 146	0 151	0 157	0 162	0 168	0 173
06	0 127	0 132	0 138	0 143	0 149	0 154	0 160	0 165	0 171	0 176
08	0 129	0 135	0 140	0 146	0 152	0 157	0 163	0 168	0 174	0 180
1 10	0 132	0 137	0 143	0 149	0 154	0 160	0 166	0 172	0 177	0 183
12	0 134	0 140	0 146	0 151	0 157	0 163	0 169	0 175	0 181	0 186
14	0 136	0 142	0 148	0 154	0 160	0 166	0 172	0 178	0 184	0 190
16	0 139	0 145	0 151	0 157	0 163	0 169	0 175	0 181	0 187	0 193
18	0 141	0 147	0 153	0 160	0 166	0 172	0 178	0 184	0 190	0 196
1 20	0 144	0 150	0 156	0 162	0 168	0 175	0 181	0 187	0 193	0 200
22	0 146	0 152	0 159	0 165	0 171	0 178	0 184	0 190	0 197	0 203
24	0 148	0 155	0 161	0 168	0 174	0 181	0 187	0 193	0 200	0 206
26	0 151	0 157	0 164	0 170	0 177	0 183	0 190	0 197	0 203	0 210
28	0 153	0 160	0 166	0 173	0 180	0 186	0 193	0 200	0 206	0 213
1 30	0 155	0 162	0 169	0 176	0 183	0 189	0 196	0 203	0 210	0 216
32	0 158	0 165	0 172	0 178	0 185	0 192	0 199	0 206	0 213	0 220
34	0 160	0 167	0 174	0 181	0 188	0 195	0 202	0 209	0 216	0 223
36	0 163	0 170	0 177	0 184	0 191	0 198	0 205	0 212	0 219	0 226
38	0 165	0 172	0 179	0 187	0 194	0 201	0 208	0 215	0 222	0 230
1 40	0 167	0 175	0 182	0 189	0 197	0 204	0 211	0 218	0 226	0 234
42	0 170	0 177	0 185	0 192	0 199	0 207	0 214	0 222	0 229	0 236
44	0 172	0 180	0 187	0 195	0 202	0 210	0 217	0 225	0 232	0 240
46	0 175	0 182	0 190	0 197	0 205	0 213	0 220	0 228	0 235	0 243
48	0 177	0 185	0 192	0 200	0 208	0 215	0 223	0 231	0 239	0 246
1 50	0 179	0 187	0 195	0 203	0 211	0 218	0 226	0 234	0 242	0 250
52	0 182	0 190	0 198	0 206	0 213	0 221	0 229	0 237	0 245	0 253
54	0 184	0 192	0 200	0 208	0 216	0 224	0 232	0 240	0 248	0 256
56	0 187	0 195	0 203	0 211	0 219	0 227	0 235	0 243	0 251	0 260
58	0 189	0 197	0 205	0 214	0 222	0 230	0 238	0 247	0 255	0 263
1 60	0 191	0 200	0 208	0 216	0 225	0 233	0 241	0 250	0 258	0 266
62	0 194	0 202	0 211	0 219	0 227	0 236	0 244	0 253	0 261	0 270
64	0 196	0 205	0 213	0 222	0 230	0 239	0 247	0 256	0 264	0 273

Epaisseur : 0m 26 centimètres

Longueur	Futailles	0 66	0 68	0 70	0 72	0 74	0 76	0 78	0 80	0 82	0 84
		Largeur en Centimètres									
0 66		0 113									
68		0 117	0 120								
0 70		0 120	0 124	0 127							
72		0 124	0 127	0 131	0 135						
74		0 127	0 131	0 135	0 139	0 142					
76		0 130	0 134	0 138	0 142	0 146	0 150				
78		0 134	0 138	0 142	0 146	0 150	0 154	0 158			
0 80		0 137	0 141	0 146	0 150	0 154	0 158	0 162	0 166		
82		0 141	0 145	0 149	0 154	0 158	0 162	0 166	0 170	0 175	
84		0 144	0 149	0 153	0 157	0 162	0 166	0 170	0 174	0 179	0 183
86		0 148	0 152	0 157	0 161	0 165	0 170	0 174	0 179	0 183	0 188
88		0 151	0 156	0 160	0 165	0 169	0 174	0 178	0 183	0 188	0 192
0 90		0 154	0 159	0 164	0 168	0 173	0 178	0 183	0 187	0 192	0 197
92		0 158	0 163	0 167	0 172	0 177	0 182	0 187	0 191	0 196	0 201
94		0 161	0 166	0 171	0 176	0 181	0 186	0 191	0 195	0 200	0 205
96		0 165	0 170	0 175	0 180	0 185	0 190	0 195	0 200	0 205	0 210
98		0 168	0 173	0 178	0 183	0 189	0 194	0 199	0 204	0 209	0 214
1 —		0 172	0 177	0 182	0 187	0 192	0 198	0 203	0 208	0 213	0 218
02		0 175	0 180	0 186	0 191	0 196	0 202	0 207	0 212	0 217	0 223
04		0 178	0 184	0 189	0 195	0 200	0 206	0 211	0 216	0 222	0 227
06		0 182	0 187	0 193	0 198	0 204	0 209	0 215	0 220	0 226	0 232
08		0 185	0 191	0 197	0 202	0 208	0 213	0 219	0 225	0 230	0 236
1 10		0 189	0 194	0 200	0 206	0 212	0 217	0 223	0 229	0 235	0 240
12		0 192	0 198	0 204	0 210	0 216	0 221	0 227	0 233	0 239	0 245
14		0 196	0 202	0 207	0 213	0 219	0 225	0 231	0 237	0 243	0 249
16		0 199	0 205	0 211	0 217	0 223	0 229	0 235	0 241	0 247	0 253
18		0 202	0 209	0 215	0 221	0 227	0 233	0 239	0 245	0 252	0 258
1 20		0 206	0 212	0 218	0 224	0 231	0 237	0 243	0 250	0 256	0 262
22		0 209	0 216	0 222	0 228	0 235	0 241	0 247	0 254	0 260	0 266
24		0 213	0 219	0 226	0 232	0 239	0 245	0 251	0 258	0 264	0 271
26		0 216	0 223	0 229	0 236	0 242	0 249	0 256	0 262	0 269	0 275
28		0 220	0 227	0 233	0 240	0 246	0 253	0 260	0 266	0 273	0 280
1 30		0 223	0 230	0 237	0 243	0 250	0 257	0 264	0 270	0 277	0 284
32		0 227	0 234	0 240	0 247	0 254	0 260	0 268	0 274	0 281	0 288
34		0 230	0 237	0 244	0 251	0 258	0 265	0 272	0 278	0 285	0 293
36		0 233	0 241	0 248	0 255	0 262	0 269	0 276	0 283	0 290	0 297
38		0 237	0 244	0 251	0 258	0 266	0 273	0 280	0 287	0 294	0 301
1 40		0 240	0 248	0 255	0 262	0 269	0 277	0 284	0 291	0 298	0 306
42		0 244	0 251	0 258	0 266	0 273	0 281	0 288	0 295	0 303	0 310
44		0 247	0 255	0 262	0 270	0 277	0 285	0 292	0 299	0 307	0 314
46		0 251	0 258	0 266	0 273	0 281	0 288	0 296	0 304	0 311	0 319
48		0 254	0 262	0 269	0 277	0 285	0 292	0 300	0 308	0 316	0 323
1 50		0 257	0 265	0 273	0 281	0 289	0 296	0 304	0 312	0 320	0 328
52		0 261	0 269	0 277	0 285	0 292	0 300	0 308	0 316	0 324	0 332
54		0 264	0 272	0 280	0 288	0 296	0 304	0 312	0 320	0 328	0 336
56		0 268	0 276	0 284	0 292	0 300	0 308	0 316	0 324	0 333	0 341
58		0 271	0 280	0 288	0 296	0 304	0 312	0 320	0 329	0 337	0 345
1 60		0 275	0 283	0 291	0 300	0 308	0 316	0 324	0 333	0 341	0 349
62		0 278	0 287	0 295	0 303	0 312	0 320	0 328	0 337	0 345	0 354
64		0 281	0 290	0 298	0 307	0 316	0 324	0 332	0 341	0 349	0 358
66		0 285	0 294	0 302	0 311	0 319	0 328	0 337	0 345	0 354	0 363
68		0 288	0 297	0 306	0 314	0 323	0 332	0 341	0 349	0 358	0 367
1 70		0 292	0 301	0 309	0 318	0 327	0 336	0 345	0 354	0 362	0 371
72		0 295	0 304	0 313	0 322	0 331	0 340	0 349	0 358	0 367	0 376
74		0 299	0 308	0 317	0 326	0 335	0 344	0 353	0 362	0 371	0 380
76		0 302	0 311	0 320	0 329	0 339	0 348	0 357	0 366	0 375	0 384
78		0 305	0 315	0 324	0 333	0 342	0 352	0 361	0 370	0 379	0 389
1 80		0 309	0 318	0 328	0 337	0 346	0 356	0 365	0 374	0 384	0 393
82		0 312	0 322	0 331	0 341	0 350	0 360	0 369	0 379	0 388	0 397
84		0 316	0 326	0 335	0 345	0 354	0 364	0 373	0 383	0 392	0 402
86		0 319	0 329	0 339	0 348	0 358	0 368	0 377	0 387	0 397	0 406
88		0 323	0 333	0 342	0 352	0 362	0 371	0 381	0 391	0 401	0 411
1 90		0 326	0 336	0 346	0 356	0 366	0 375	0 385	0 395	0 405	0 415
92		0 329	0 340	0 349	0 359	0 369	0 379	0 389	0 399	0 409	0 419
94		0 333	0 343	0 353	0 363	0 373	0 383	0 393	0 403	0 413	0 424
96		0 336	0 347	0 357	0 367	0 377	0 387	0 397	0 408	0 418	0 428
98		0 340	0 350	0 360	0 371	0 381	0 391	0 402	0 412	0 422	0 432
2 —		0 343	0 354	0 364	0 374	0 385	0 395	0 406	0 416	0 426	0 437
02		0 347	0 357	0 368	0 378	0 389	0 399	0 410	0 420	0 431	0 441
04		0 350	0 361	0 371	0 382	0 392	0 403	0 414	0 424	0 435	0 446

0,26

Epaisseur : 0m 26 centimètres

Longueur	0 86	0 88	0 90	0 92	0 94	0 96	0 98	1 00	1 02	1 04
	Largeur en Centimètres									
0 86	0 192									
88	0 197	0 201								
0 90	0 201	0 206	0 211							
92	0 206	0 210	0 215	0 220						
94	0 210	0 215	0 220	0 225	0 230					
96	0 215	0 220	0 225	0 230	0 235	0 240				
98	0 219	0 224	0 229	0 234	0 240	0 245	0 250			
1 —	0 224	0 229	0 234	0 239	0 244	0 250	0 255	0 260		
02	0 228	0 233	0 239	0 244	0 249	0 255	0 260	0 265	0 271	
04	0 233	0 238	0 243	0 249	0 254	0 260	0 265	0 270	0 276	0 281
06	0 237	0 243	0 248	0 254	0 259	0 265	0 270	0 276	0 281	0 287
08	0 241	0 247	0 253	0 258	0 264	0 270	0 275	0 281	0 286	0 292
1 10	0 246	0 252	0 257	0 263	0 269	0 275	0 280	0 286	0 292	0 297
12	0 250	0 256	0 262	0 268	0 274	0 280	0 285	0 291	0 297	0 303
14	0 255	0 261	0 267	0 273	0 279	0 285	0 290	0 296	0 302	0 308
16	0 259	0 265	0 271	0 277	0 284	0 290	0 296	0 302	0 308	0 314
18	0 264	0 270	0 276	0 282	0 288	0 295	0 301	0 307	0 313	0 319
1 20	0 268	0 275	0 281	0 287	0 293	0 300	0 306	0 312	0 318	0 324
22	0 273	0 279	0 285	0 292	0 298	0 305	0 311	0 317	0 324	0 330
24	0 277	0 284	0 290	0 297	0 303	0 310	0 316	0 322	0 329	0 335
26	0 282	0 288	0 295	0 301	0 308	0 315	0 321	0 328	0 334	0 341
28	0 286	0 293	0 300	0 306	0 313	0 320	0 326	0 333	0 339	0 346
1 30	0 291	0 297	0 304	0 311	0 318	0 325	0 331	0 338	0 345	0 352
32	0 295	0 302	0 309	0 316	0 323	0 329	0 336	0 343	0 350	0 357
34	0 300	0 307	0 314	0 320	0 327	0 334	0 341	0 348	0 355	0 362
36	0 304	0 311	0 318	0 325	0 332	0 339	0 347	0 354	0 361	0 368
38	0 309	0 316	0 323	0 330	0 337	0 344	0 352	0 359	0 366	0 373
1 40	0 313	0 320	0 328	0 335	0 342	0 349	0 357	0 364	0 371	0 379
42	0 318	0 325	0 332	0 340	0 347	0 354	0 362	0 369	0 377	0 384
44	0 322	0 329	0 337	0 344	0 352	0 359	0 367	0 374	0 382	0 389
46	0 326	0 334	0 342	0 349	0 357	0 364	0 372	0 380	0 387	0 395
48	0 331	0 339	0 346	0 354	0 362	0 369	0 377	0 385	0 392	0 400
1 50	0 335	0 343	0 351	0 359	0 367	0 374	0 382	0 390	0 398	0 406
52	0 340	0 348	0 356	0 364	0 371	0 379	0 387	0 395	0 403	0 411
54	0 344	0 352	0 360	0 368	0 376	0 384	0 392	0 400	0 408	0 416
56	0 349	0 357	0 365	0 373	0 381	0 389	0 397	0 406	0 414	0 422
58	0 353	0 362	0 370	0 378	0 386	0 394	0 403	0 411	0 419	0 427
1 60	0 358	0 366	0 374	0 383	0 391	0 399	0 408	0 416	0 424	0 433
62	0 362	0 371	0 379	0 388	0 396	0 404	0 413	0 421	0 430	0 438
64	0 367	0 375	0 384	0 392	0 401	0 409	0 418	0 426	0 435	0 443
66	0 371	0 380	0 388	0 397	0 406	0 414	0 423	0 432	0 440	0 449
68	0 376	0 384	0 393	0 402	0 411	0 419	0 428	0 437	0 446	0 454
1 70	0 280	0 389	0 398	0 407	0 415	0 424	0 433	0 442	0 451	0 460
72	0 385	0 394	0 402	0 411	0 420	0 429	0 438	0 447	0 456	0 465
74	0 389	0 398	0 407	0 416	0 425	0 434	0 443	0 452	0 461	0 470
76	0 394	0 403	0 412	0 421	0 430	0 439	0 448	0 458	0 467	0 476
78	0 398	0 407	0 417	0 426	0 435	0 444	0 454	0 463	0 472	0 481
1 80	0 402	0 412	0 421	0 431	0 440	0 449	0 459	0 468	0 477	0 487
82	0 407	0 416	0 426	0 435	0 445	0 454	0 464	0 473	0 483	0 492
84	0 411	0 421	0 431	0 440	0 450	0 459	0 469	0 478	0 488	0 498
86	0 416	0 426	0 435	0 445	0 455	0 464	0 474	0 484	0 493	0 503
88	0 420	0 430	0 440	0 450	0 459	0 469	0 479	0 489	0 499	0 508
1 90	0 425	0 435	0 445	0 454	0 464	0 474	0 484	0 494	0 504	0 514
92	0 429	0 439	0 449	0 459	0 469	0 479	0 489	0 499	0 509	0 519
94	0 434	0 444	0 454	0 464	0 474	0 484	0 494	0 504	0 514	0 525
96	0 438	0 448	0 459	0 469	0 479	0 489	0 499	0 510	0 520	0 530
98	0 443	0 453	0 463	0 474	0 484	0 494	0 505	0 515	0 525	0 535
2 —	0 447	0 458	0 468	0 478	0 489	0 499	0 510	0 520	0 530	0 541
02	0 452	0 462	0 473	0 483	0 494	0 504	0 515	0 525	0 536	0 546
04	0 456	0 467	0 477	0 488	0 499	0 509	0 520	0 530	0 541	0 552

Epaisseur : 0m 28 centimètres

Longueur	Futailles	Largeur en centimètres: 0 28	0 30	0 32	0 34	0 36	0 38	0 40	0 42	0 44	0 46
m 0 28		0 022									
0 30		0 024	0 025								
32		0 025	0 027	0 029							
34		0 027	0 029	0 030	0 032						
36		0 028	0 030	0 032	0 034	0 036					
38		0 030	0 032	0 034	0 036	0 038	0 040				
0 40		0 031	0 034	0 036	0 038	0 040	0 043	0 045			
42		0 033	0 035	0 038	0 040	0 042	0 045	0 047	0 049		
44		0 034	0 037	0 039	0 042	0 044	0 047	0 049	0 052	0 054	
46		0 036	0 039	0 041	0 044	0 046	0 049	0 052	0 054	0 057	0 059
48		0 038	0 040	0 043	0 046	0 048	0 051	0 054	0 056	0 059	0 062
0 50		0 039	0 042	0 045	0 048	0 050	0 053	0 056	0 059	0 062	0 064
52		0 041	0 044	0 047	0 050	0 052	0 055	0 058	0 061	0 064	0 067
54		0 042	0 045	0 048	0 051	0 054	0 057	0 060	0 064	0 067	0 070
56		0 044	0 047	0 050	0 053	0 056	0 060	0 063	0 066	0 069	0 072
58		0 045	0 049	0 052	0 055	0 058	0 062	0 065	0 068	0 071	0 075
0 60		0 047	0 050	0 054	0 057	0 060	0 064	0 067	0 071	0 074	0 077
62		0 049	0 052	0 056	0 059	0 062	0 066	0 069	0 073	0 076	0 080
64		0 050	0 054	0 057	0 061	0 065	0 068	0 071	0 075	0 079	0 082
66		0 052	0 055	0 059	0 063	0 067	0 070	0 074	0 078	0 081	0 085
68		0 053	0 057	0 061	0 065	0 069	0 072	0 076	0 080	0 084	0 088
0 70		0 055	0 059	0 063	0 067	0 071	0 074	0 078	0 082	0 086	0 090
72		0 056	0 060	0 065	0 069	0 073	0 076	0 081	0 085	0 089	0 093
74		0 058	0 062	0 066	0 070	0 075	0 078	0 083	0 087	0 091	0 095
76		0 060	0 064	0 068	0 072	0 077	0 081	0 085	0 089	0 094	0 098
78		0 061	0 066	0 070	0 074	0 079	0 083	0 087	0 092	0 096	0 100
0 80		0 063	0 067	0 072	0 076	0 081	0 085	0 090	0 094	0 099	0 103
82		0 064	0 069	0 073	0 078	0 083	0 087	0 092	0 096	0 101	0 106
84		0 066	0 071	0 075	0 080	0 085	0 089	0 094	0 099	0 103	0 108
86		0 067	0 072	0 077	0 082	0 087	0 092	0 096	0 101	0 106	0 111
88		0 069	0 074	0 079	0 084	0 089	0 094	0 099	0 103	0 108	0 113
0 90		0 071	0 076	0 081	0 086	0 091	0 096	0 101	0 106	0 111	0 116
92		0 072	0 077	0 082	0 088	0 093	0 098	0 103	0 108	0 113	0 118
94		0 074	0 079	0 084	0 089	0 095	0 100	0 105	0 111	0 116	0 121
96		0 075	0 081	0 086	0 091	0 097	0 102	0 108	0 113	0 118	0 124
98		0 077	0 082	0 088	0 093	0 099	0 104	0 110	0 115	0 121	0 126
1 —		0 078	0 084	0 090	0 095	0 101	0 106	0 112	0 118	0 123	0 129
02		0 080	0 086	0 091	0 097	0 103	0 108	0 114	0 120	0 126	0 131
04		0 082	0 087	0 093	0 099	0 105	0 110	0 116	0 122	0 128	0 134
06		0 083	0 089	0 095	0 101	0 107	0 113	0 119	0 125	0 131	0 137
08		0 085	0 091	0 097	0 103	0 109	0 115	0 121	0 127	0 133	0 139
1 10		0 086	0 092	0 099	0 105	0 111	0 117	0 123	0 129	0 136	0 142
12		0 088	0 094	0 100	0 107	0 113	0 119	0 125	0 132	0 138	0 144
14		0 089	0 096	0 102	0 109	0 115	0 121	0 127	0 134	0 140	0 147
16		0 091	0 097	0 104	0 110	0 117	0 123	0 130	0 136	0 143	0 149
18		0 093	0 099	0 106	0 112	0 119	0 126	0 132	0 139	0 145	0 152
1 20		0 094	0 101	0 108	0 114	0 121	0 128	0 134	0 141	0 148	0 155
22		0 096	0 102	0 109	0 116	0 123	0 130	0 137	0 143	0 150	0 157
24		0 097	0 104	0 111	0 118	0 125	0 132	0 139	0 146	0 153	0 160
26		0 099	0 106	0 113	0 120	0 127	0 134	0 141	0 148	0 155	0 162
28		0 100	0 108	0 115	0 122	0 129	0 136	0 143	0 151	0 158	0 165
1 30		0 102	0 109	0 116	0 124	0 131	0 138	0 146	0 153	0 160	0 167
32		0 103	0 111	0 118	0 126	0 133	0 140	0 148	0 155	0 163	0 170
34		0 105	0 113	0 120	0 128	0 135	0 142	0 150	0 158	0 165	0 173
36		0 107	0 114	0 122	0 129	0 137	0 145	0 152	0 160	0 168	0 175
38		0 108	0 116	0 124	0 131	0 139	0 147	0 155	0 162	0 170	0 178
1 40		0 110	0 118	0 125	0 133	0 141	0 149	0 157	0 165	0 172	0 180
42		0 111	0 119	0 127	0 135	0 143	0 151	0 159	0 167	0 175	0 183
44		0 113	0 121	0 129	0 137	0 145	0 153	0 161	0 169	0 177	0 185
46		0 114	0 123	0 131	0 139	0 147	0 155	0 164	0 172	0 180	0 188
48		0 116	0 124	0 133	0 141	0 149	0 157	0 166	0 174	0 182	0 191
1 50		0 118	0 126	0 134	0 143	0 151	0 160	0 168	0 176	0 185	0 193
52		0 119	0 128	0 136	0 145	0 153	0 162	0 170	0 179	0 187	0 196
54		0 121	0 129	0 138	0 147	0 155	0 164	0 172	0 181	0 190	0 198
56		0 122	0 131	0 140	0 149	0 157	0 166	0 175	0 183	0 192	0 201
58		0 124	0 133	0 142	0 150	0 159	0 168	0 177	0 186	0 195	0 204
1 60		0 125	0 134	0 143	0 152	0 161	0 170	0 179	0 188	0 197	0 206
62		0 127	0 136	0 145	0 154	0 163	0 172	0 181	0 191	0 200	0 209
64		0 129	0 138	0 147	0 156	0 165	0 174	0 184	0 193	0 202	0 211
66		0 130	0 139	0 149	0 158	0 167	0 177	0 186	0 195	0 205	0 214

Epaisseur : 0m 28 centimètres

Longueur	Largeur en centimètres: 0 48	0 50	0 52	0 54	0 56	0 58	0 60	0 62	0 64	0 66
m 0 48	0 065									
0 50	0 067	0 070								
52	0 070	0 073	0 076							
54	0 073	0 076	0 079	0 082						
56	0 075	0 078	0 082	0 085	0 088					
58	0 078	0 081	0 084	0 088	0 091	0 094				
0 60	0 081	0 084	0 087	0 091	0 094	0 097	0 101			
62	0 083	0 087	0 090	0 094	0 097	0 101	0 104	0 108		
64	0 086	0 090	0 093	0 097	0 100	0 104	0 108	0 111	0 115	
66	0 089	0 092	0 096	0 100	0 103	0 107	0 111	0 115	0 118	0 122
68	0 091	0 095	0 099	0 103	0 107	0 110	0 114	0 118	0 122	0 126
0 70	0 094	0 098	0 102	0 106	0 110	0 114	0 118	0 122	0 125	0 129
72	0 097	0 101	0 105	0 109	0 113	0 117	0 121	0 125	0 129	0 133
74	0 099	0 104	0 108	0 112	0 116	0 120	0 124	0 128	0 133	0 137
76	0 102	0 106	0 111	0 115	0 119	0 123	0 128	0 132	0 136	0 140
78	0 105	0 109	0 114	0 118	0 122	0 127	0 131	0 135	0 140	0 144
0 80	0 108	0 112	0 116	0 121	0 125	0 130	0 134	0 139	0 143	0 148
82	0 110	0 115	0 119	0 124	0 129	0 133	0 138	0 142	0 147	0 152
84	0 113	0 118	0 122	0 127	0 132	0 136	0 141	0 146	0 151	0 155
86	0 116	0 120	0 125	0 130	0 135	0 140	0 144	0 149	0 154	0 159
88	0 118	0 123	0 128	0 133	0 138	0 143	0 148	0 153	0 158	0 163
0 90	0 121	0 126	0 131	0 136	0 141	0 146	0 151	0 156	0 161	0 166
92	0 124	0 129	0 134	0 139	0 144	0 149	0 155	0 160	0 165	0 170
94	0 126	0 132	0 137	0 142	0 147	0 153	0 158	0 163	0 168	0 174
96	0 129	0 134	0 140	0 145	0 151	0 156	0 161	0 167	0 172	0 177
98	0 132	0 137	0 143	0 148	0 154	0 159	0 165	0 170	0 176	0 181
1 —	0 134	0 140	0 146	0 151	0 157	0 162	0 168	0 174	0 179	0 185
02	0 137	0 143	0 149	0 154	0 160	0 166	0 171	0 177	0 183	0 188
04	0 140	0 146	0 152	0 157	0 163	0 169	0 175	0 181	0 186	0 192
06	0 142	0 148	0 154	0 160	0 166	0 172	0 178	0 184	0 190	0 196
08	0 145	0 151	0 157	0 163	0 169	0 175	0 181	0 187	0 194	0 200
1 10	0 148	0 154	0 160	0 166	0 172	0 179	0 185	0 191	0 197	0 203
12	0 151	0 157	0 163	0 169	0 176	0 182	0 188	0 194	0 201	0 207
14	0 153	0 160	0 166	0 172	0 179	0 185	0 192	0 198	0 204	0 211
16	0 156	0 162	0 169	0 175	0 182	0 188	0 195	0 201	0 208	0 214
18	0 159	0 165	0 172	0 178	0 185	0 192	0 198	0 205	0 211	0 218
1 20	0 161	0 168	0 175	0 181	0 188	0 195	0 202	0 208	0 215	0 222
22	0 164	0 171	0 178	0 184	0 191	0 198	0 205	0 212	0 219	0 225
24	0 167	0 174	0 181	0 187	0 194	0 201	0 208	0 215	0 222	0 229
26	0 169	0 176	0 183	0 191	0 198	0 205	0 212	0 219	0 226	0 233
28	0 172	0 179	0 186	0 194	0 201	0 208	0 215	0 222	0 229	0 237
1 30	0 175	0 182	0 189	0 197	0 204	0 211	0 218	0 226	0 233	0 240
32	0 177	0 185	0 192	0 200	0 207	0 214	0 222	0 229	0 237	0 244
34	0 180	0 188	0 195	0 203	0 210	0 218	0 225	0 233	0 240	0 248
36	0 183	0 190	0 198	0 206	0 213	0 221	0 228	0 236	0 244	0 251
38	0 185	0 193	0 201	0 209	0 216	0 224	0 232	0 240	0 247	0 255
1 40	0 188	0 196	0 204	0 212	0 220	0 227	0 235	0 243	0 251	0 259
42	0 191	0 199	0 207	0 215	0 223	0 231	0 239	0 247	0 254	0 262
44	0 194	0 202	0 210	0 218	0 226	0 234	0 242	0 250	0 258	0 266
46	0 196	0 204	0 213	0 221	0 229	0 237	0 245	0 253	0 262	0 270
48	0 199	0 207	0 215	0 224	0 232	0 240	0 249	0 257	0 265	0 274
1 50	0 202	0 210	0 218	0 227	0 235	0 244	0 252	0 260	0 269	0 277
52	0 204	0 213	0 221	0 230	0 238	0 247	0 255	0 264	0 272	0 281
54	0 207	0 216	0 224	0 233	0 241	0 250	0 259	0 267	0 276	0 285
56	0 210	0 218	0 227	0 236	0 245	0 253	0 262	0 271	0 280	0 288
58	0 212	0 221	0 230	0 239	0 248	0 257	0 265	0 274	0 283	0 292
1 60	0 215	0 224	0 233	0 242	0 251	0 260	0 269	0 278	0 287	0 296
62	0 218	0 227	0 236	0 245	0 254	0 263	0 272	0 281	0 290	0 299
64	0 220	0 230	0 239	0 248	0 257	0 266	0 276	0 285	0 294	0 303
66	0 223	0 232	0 242	0 251	0 260	0 270	0 279	0 288	0 297	0 307

Epaisseur : 0m 28 centimètres

Longueur	Futailles	0 68	0 70	0 72	0 74	0 76	0 78	0 80	0 82	0 84	0 86
m 0 68		0 129									
0 70		0 133	0 137								
72		0 137	0 141	0 145							
74		0 141	0 145	0 149	0 153						
76		0 145	0 149	0 153	0 157	0 162					
78		0 149	0 153	0 157	0 162	0 166	0 170				
0 80		0 152	0 157	0 161	0 166	0 170	0 175	0 179			
82		0 156	0 161	0 165	0 170	0 174	0 179	0 184	0 188		
84		0 160	0 165	0 169	0 174	0 179	0 183	0 188	0 193	0 198	
86		0 164	0 169	0 173	0 178	0 183	0 188	0 193	0 197	0 202	0 207
88		0 168	0 172	0 177	0 182	0 187	0 192	0 197	0 202	0 207	0 212
0 90		0 171	0 176	0 181	0 186	0 192	0 197	0 202	0 207	0 212	0 217
92		0 175	0 180	0 185	0 191	0 196	0 201	0 206	0 211	0 216	0 222
94		0 179	0 184	0 190	0 195	0 200	0 205	0 211	0 216	0 221	0 227
96		0 183	0 188	0 194	0 199	0 204	0 210	0 215	0 220	0 226	0 231
98		0 187	0 192	0 198	0 203	0 209	0 214	0 220	0 225	0 230	0 236
1 —		0 190	0 196	0 202	0 207	0 213	0 218	0 224	0 230	0 235	0 241
02		0 194	0 200	0 206	0 211	0 217	0 223	0 228	0 234	0 240	0 246
04		0 198	0 204	0 210	0 215	0 221	0 227	0 233	0 239	0 245	0 251
06		0 202	0 208	0 214	0 220	0 226	0 232	0 237	0 243	0 249	0 255
08		0 206	0 212	0 218	0 224	0 230	0 236	0 242	0 248	0 254	0 260
1 10		0 209	0 216	0 222	0 228	0 234	0 240	0 246	0 253	0 259	0 265
12		0 213	0 220	0 226	0 232	0 238	0 245	0 251	0 257	0 263	0 270
14		0 217	0 223	0 330	0 236	0 243	0 249	0 255	0 262	0 268	0 275
16		0 221	0 227	0 234	0 240	0 247	0 253	0 260	0 266	0 273	0 279
18		0 225	0 231	0 238	0 244	0 251	0 258	0 264	0 271	0 278	0 284
1 20		0 228	0 235	0 242	0 249	0 255	0 262	0 269	0 276	0 282	0 289
22		0 232	0 239	0 246	0 253	0 260	0 266	0 273	0 280	0 287	0 294
24		0 236	0 243	0 250	0 257	0 264	0 271	0 278	0 285	0 292	0 299
26		0 240	0 247	0 254	0 261	0 268	0 275	0 282	0 289	0 296	0 303
28		0 244	0 251	0 258	0 265	0 272	0 280	0 287	0 294	0 301	0 308
1 30		0 248	0 255	0 262	0 269	0 277	0 284	0 291	0 298	0 306	0 313
32		0 251	0 259	0 266	0 274	0 281	0 288	0 296	0 303	0 310	0 318
34		0 255	0 263	0 270	0 278	0 285	0 293	0 300	0 308	0 315	0 323
36		0 259	0 267	0 274	0 282	0 289	0 297	0 305	0 312	0 320	0 327
38		0 263	0 270	0 278	0 286	0 294	0 301	0 309	0 317	0 325	0 332
1 40		0 267	0 274	0 282	0 290	0 298	0 306	0 314	0 321	0 329	0 337
42		0 270	0 278	0 286	0 294	0 302	0 310	0 318	0 326	0 334	0 342
44		0 274	0 282	0 290	0 298	0 306	0 314	0 323	0 331	0 339	0 347
46		0 278	0 286	0 294	0 303	0 311	0 319	0 327	0 335	0 343	0 352
48		0 282	0 290	0 298	0 307	0 315	0 323	0 332	0 340	0 348	0 356
1 50		0 286	0 294	0 302	0 311	0 319	0 328	0 336	0 344	0 353	0 361
52		0 289	0 298	0 306	0 315	0 323	0 332	0 340	0 349	0 358	0 366
54		0 293	0 302	0 310	0 319	0 328	0 336	0 345	0 354	0 362	0 371
56		0 297	0 306	0 314	0 323	0 332	0 341	0 349	0 358	0 367	0 376
58		0 301	0 310	0 319	0 327	0 336	0 345	0 354	0 363	0 372	0 380
1 60		0 305	0 314	0 323	0 332	0 340	0 349	0 358	0 367	0 376	0 385
62		0 308	0 318	0 327	0 336	0 345	0 354	0 363	0 372	0 381	0 390
64		0 312	0 321	0 331	0 340	0 349	0 358	0 367	0 377	0 386	0 395
66		0 316	0 325	0 335	0 344	0 353	0 363	0 372	0 381	0 390	0 400
68		0 320	0 329	0 339	0 348	0 358	0 367	0 376	0 386	0 395	0 405
1 70		0 324	0 333	0 343	0 352	0 362	0 371	0 381	0 390	0 400	0 409
72		0 327	0 337	0 347	0 356	0 366	0 376	0 385	0 395	0 405	0 414
74		0 331	0 341	0 351	0 360	0 370	0 380	0 390	0 400	0 409	0 419
76		0 335	0 345	0 355	0 365	0 374	0 384	0 394	0 404	0 414	0 424
78		0 339	0 349	0 359	0 369	0 379	0 389	0 399	0 409	0 419	0 429
1 80		0 343	0 353	0 363	0 373	0 383	0 393	0 403	0 413	0 423	0 433
82		0 347	0 357	0 367	0 377	0 387	0 397	0 408	0 418	0 428	0 438
84		0 350	0 361	0 371	0 381	0 391	0 402	0 412	0 422	0 433	0 443
86		0 354	0 365	0 375	0 385	0 396	0 406	0 417	0 427	0 437	0 448
88		0 358	0 368	0 379	0 390	0 400	0 411	0 422	0 432	0 442	0 453
1 90		0 362	0 372	0 383	0 394	0 404	0 415	0 426	0 436	0 447	0 458
92		0 366	0 376	0 387	0 398	0 409	0 419	0 430	0 441	0 452	0 462
94		0 369	0 380	0 391	0 402	0 413	0 424	0 435	0 445	0 456	0 467
96		0 373	0 384	0 395	0 406	0 417	0 428	0 439	0 450	0 461	0 472
98		0 377	0 388	0 399	0 410	0 421	0 432	0 444	0 455	0 466	0 477
2 —		0 381	0 392	0 403	0 414	0 426	0 437	0 448	0 459	0 470	0 482
02		0 385	0 396	0 407	0 419	0 430	0 441	0 452	0 464	0 475	0 486
04		0 388	0 400	0 411	0 423	0 434	0 446	0 457	0 468	0 480	0 491
06		0 392	0 404	0 415	0 427	0 438	0 450	0 461	0 473	0 485	0 496

Largeur en centimètres

Epaisseur : 0m 28 centimètres

0,28

Longueur	0 88	0 90	0 92	0 94	0 96	0 98	1 00	1 02	1 04	1 06
m 0 88	0 217									
0 90	0 222	0 227								
92	0 227	0 232	0 237							
94	0 232	0 237	0 242	0 247						
96	0 237	0 242	0 247	0 253	0 258					
98	0 241	0 247	0 252	0 258	0 263	0 269				
1 —	0 246	0 252	0 258	0 263	0 269	0 274	0 280			
02	0 251	0 257	0 263	0 268	0 274	0 280	0 286	0 291		
04	0 256	0 262	0 268	0 274	0 280	0 285	0 291	0 297	0 303	
06	0 261	0 267	0 273	0 279	0 285	0 291	0 297	0 303	0 309	0 315
08	0 266	0 272	0 278	0 284	0 290	0 296	0 302	0 308	0 314	0 321
1 10	0 271	0 277	0 283	0 290	0 296	0 302	0 308	0 314	0 320	0 326
12	0 276	0 282	0 288	0 295	0 301	0 307	0 314	0 320	0 326	0 332
14	0 281	0 287	0 293	0 300	0 306	0 313	0 319	0 326	0 332	0 338
16	0 286	0 292	0 298	0 305	0 312	0 318	0 325	0 331	0 338	0 344
18	0 291	0 297	0 304	0 311	0 317	0 324	0 330	0 337	0 344	0 350
1 20	0 296	0 302	0 309	0 316	0 323	0 329	0 336	0 343	0 349	0 356
22	0 301	0 307	0 314	0 321	0 328	0 335	0 342	0 348	0 355	0 362
24	0 306	0 312	0 319	0 326	0 333	0 340	0 347	0 354	0 361	0 368
26	0 310	0 318	0 325	0 332	0 339	0 346	0 353	0 360	0 367	0 374
28	0 315	0 323	0 330	0 337	0 344	0 351	0 358	0 366	0 373	0 380
1 30	0 320	0 328	0 335	0 342	0 349	0 357	0 364	0 371	0 379	0 386
32	0 325	0 333	0 340	0 347	0 355	0 362	0 370	0 377	0 384	0 392
34	0 330	0 338	0 345	0 353	0 360	0 368	0 375	0 383	0 390	0 398
36	0 335	0 343	0 350	0 358	0 366	0 373	0 381	0 388	0 396	0 404
38	0 340	0 348	0 355	0 363	0 371	0 379	0 386	0 394	0 402	0 410
1 40	0 345	0 353	0 361	0 368	0 376	0 384	0 392	0 400	0 408	0 416
42	0 350	0 358	0 366	0 374	0 382	0 390	0 398	0 406	0 414	0 421
44	0 355	0 363	0 371	0 379	0 387	0 395	0 403	0 411	0 419	0 427
46	0 360	0 368	0 376	0 384	0 392	0 401	0 409	0 417	0 425	0 433
48	0 365	0 373	0 381	0 390	0 398	0 406	0 414	0 423	0 431	0 439
1 50	0 370	0 378	0 386	0 395	0 403	0 412	0 420	0 428	0 437	0 445
52	0 375	0 383	0 391	0 400	0 409	0 417	0 426	0 434	0 443	0 451
54	0 380	0 388	0 396	0 405	0 414	0 423	0 431	0 440	0 448	0 457
56	0 384	0 393	0 401	0 411	0 419	0 428	0 437	0 446	0 454	0 463
58	0 389	0 398	0 407	0 416	0 425	0 434	0 442	0 451	0 460	0 469
1 60	0 394	0 403	0 412	0 421	0 430	0 439	0 448	0 457	0 466	0 475
62	0 399	0 408	0 417	0 426	0 435	0 445	0 454	0 463	0 472	0 481
64	0 404	0 413	0 422	0 431	0 441	0 450	0 459	0 469	0 478	0 487
66	0 409	0 418	0 427	0 437	0 446	0 456	0 465	0 474	0 483	0 493
68	0 414	0 423	0 433	0 442	0 452	0 461	0 470	0 480	0 489	0 499
1 70	0 419	0 428	0 438	0 447	0 457	0 466	0 476	0 486	0 495	0 505
72	0 424	0 433	0 443	0 453	0 462	0 472	0 482	0 491	0 501	0 510
74	0 429	0 438	0 448	0 458	0 468	0 477	0 487	0 497	0 507	0 516
76	0 434	0 444	0 453	0 463	0 473	0 483	0 493	0 503	0 513	0 522
78	0 439	0 449	0 459	0 468	0 478	0 488	0 498	0 508	0 518	0 528
1 80	0 444	0 454	0 464	0 474	0 484	0 494	0 504	0 514	0 524	0 534
82	0 449	0 459	0 469	0 479	0 489	0 499	0 510	0 520	0 530	0 540
84	0 454	0 464	0 474	0 484	0 495	0 505	0 515	0 526	0 536	0 546
86	0 458	0 469	0 479	0 490	0 500	0 510	0 521	0 531	0 542	0 552
88	0 463	0 474	0 484	0 495	0 505	0 516	0 526	0 537	0 547	0 558
1 90	0 468	0 479	0 489	0 500	0 511	0 521	0 532	0 543	0 553	0 564
92	0 473	0 484	0 494	0 505	0 516	0 527	0 538	0 548	0 559	0 570
94	0 478	0 489	0 499	0 510	0 521	0 532	0 543	0 554	0 565	0 576
96	0 483	0 494	0 504	0 516	0 527	0 538	0 549	0 560	0 571	0 582
98	0 488	0 499	0 510	0 521	0 532	0 543	0 554	0 565	0 577	0 588
2 —	0 493	0 504	0 515	0 526	0 538	0 549	0 560	0 571	0 582	0 594
02	0 498	0 509	0 520	0 532	0 543	0 554	0 566	0 577	0 588	0 600
04	0 503	0 514	0 526	0 537	0 548	0 560	0 571	0 583	0 594	0 605
06	0 508	0 519	0 531	0 542	0 554	0 565	0 577	0 588	0 600	0 611

Largeur en centimètres

Epaisseur : 0^{m} 30 centimètres

Longueur	Futailles	Largeur en Centimètres									
		0 30	0 32	0 34	0 36	0 38	0 40	0 42	0 44	0 46	0 48
0 30	0 022	0 027									
32	0 023	0 029	0 031								
34	0 024	0 031	0 033	0 035							
36	0 026	0 032	0 035	0 037	0 039						
38	0 027	0 034	0 036	0 039	0 041	0 043					
0 40	0 029	0 036	0 038	0 041	0 043	0 046	0 048				
42	0 030	0 038	0 040	0 043	0 045	0 048	0 050	0 053			
44	0 032	0 040	0 042	0 045	0 047	0 050	0 053	0 055	0 058		
46	0 033	0 041	0 044	0 047	0 050	0 052	0 055	0 058	0 061	0 063	
48	0 035	0 043	0 046	0 049	0 052	0 055	0 058	0 060	0 063	0 066	0 069
0 50	0 036	0 045	0 048	0 051	0 054	0 057	0 060	0 063	0 066	0 069	0 072
52	0 037	0 047	0 050	0 053	0 056	0 059	0 062	0 066	0 069	0 072	0 075
54	0 039	0 049	0 052	0 055	0 058	0 062	0 065	0 068	0 071	0 075	0 078
56	0 040	0 050	0 054	0 057	0 060	0 064	0 067	0 071	0 074	0 077	0 081
58	0 042	0 052	0 056	0 059	0 063	0 066	0 070	0 074	0 077	0 080	0 084
0 60	0 043	0 054	0 058	0 061	0 065	0 068	0 072	0 076	0 079	0 083	0 086
62	0 045	0 056	0 060	0 063	0 067	0 071	0 074	0 078	0 082	0 086	0 089
64	0 046	0 058	0 061	0 065	0 069	0 073	0 077	0 081	0 084	0 088	0 092
66	0 048	0 059	0 063	0 067	0 071	0 075	0 079	0 083	0 087	0 091	0 095
68	0 049	0 061	0 065	0 069	0 073	0 078	0 082	0 086	0 090	0 094	0 098
0 70	0 050	0 063	0 067	0 071	0 076	0 080	0 084	0 088	0 092	0 097	0 101
72	0 052	0 065	0 069	0 073	0 078	0 082	0 086	0 091	0 095	0 099	0 104
74	0 053	0 067	0 071	0 075	0 080	0 084	0 089	0 093	0 098	0 102	0 107
76	0 055	0 068	0 073	0 078	0 082	0 087	0 091	0 096	0 100	0 105	0 109
78	0 056	0 070	0 075	0 080	0 084	0 089	0 094	0 098	0 103	0 108	0 112
0 80	0 058	0 072	0 077	0 082	0 086	0 091	0 096	0 101	0 106	0 110	0 115
82	0 059	0 074	0 079	0 084	0 089	0 093	0 098	0 103	0 108	0 113	0 118
84	0 060	0 076	0 081	0 086	0 091	0 096	0 101	0 106	0 111	0 116	0 121
86	0 062	0 077	0 083	0 088	0 093	0 098	0 103	0 108	0 114	0 119	0 124
88	0 063	0 079	0 084	0 090	0 095	0 100	0 106	0 111	0 116	0 121	0 127
0 90	0 065	0 081	0 086	0 092	0 097	0 103	0 108	0 113	0 119	0 124	0 130
92	0 066	0 083	0 088	0 094	0 099	0 105	0 110	0 116	0 121	0 127	0 132
94	0 068	0 085	0 090	0 096	0 102	0 107	0 113	0 118	0 124	0 130	0 135
96	0 069	0 086	0 092	0 098	0 104	0 109	0 115	0 121	0 127	0 132	0 138
98	0 071	0 088	0 094	0 100	0 106	0 112	0 118	0 123	0 129	0 135	0 141
1 —	0 072	0 090	0 096	0 102	0 108	0 114	0 120	0 126	0 132	0 138	0 144
02	0 073	0 092	0 098	0 104	0 110	0 116	0 122	0 129	0 135	0 141	0 147
04	0 075	0 094	0 100	0 106	0 112	0 119	0 125	0 131	0 137	0 144	0 150
06	0 076	0 095	0 102	0 108	0 114	0 121	0 127	0 134	0 140	0 146	0 153
08	0 078	0 097	0 104	0 110	0 117	0 123	0 130	0 136	0 143	0 149	0 156
1 10	0 079	0 099	0 106	0 112	0 119	0 125	0 132	0 139	0 145	0 152	0 158
12	0 081	0 101	0 108	0 114	0 121	0 128	0 134	0 141	0 148	0 155	0 161
14	0 082	0 103	0 109	0 116	0 123	0 130	0 137	0 144	0 150	0 157	0 164
16	0 084	0 104	0 111	0 118	0 125	0 132	0 139	0 146	0 153	0 160	0 167
18	0 085	0 106	0 113	0 120	0 127	0 135	0 142	0 149	0 156	0 163	0 170
1 20	0 086	0 108	0 115	0 122	0 130	0 137	0 144	0 151	0 158	0 166	0 173
22	0 088	0 110	0 117	0 124	0 132	0 139	0 146	0 154	0 161	0 168	0 176
24	0 089	0 112	0 119	0 126	0 134	0 141	0 149	0 156	0 164	0 171	0 179
26	0 091	0 113	0 121	0 129	0 136	0 144	0 151	0 159	0 166	0 174	0 181
28	0 092	0 115	0 123	0 131	0 138	0 146	0 154	0 161	0 169	0 177	0 184
1 30	0 094	0 117	0 125	0 133	0 140	0 148	0 156	0 164	0 172	0 179	0 187
32	0 095	0 119	0 127	0 135	0 143	0 150	0 158	0 166	0 174	0 182	0 190
34	0 096	0 121	0 129	0 137	0 145	0 153	0 161	0 169	0 177	0 185	0 193
36	0 098	0 122	0 131	0 139	0 147	0 155	0 163	0 171	0 180	0 188	0 196
38	0 099	0 124	0 132	0 141	0 149	0 157	0 166	0 174	0 182	0 190	0 199
1 40	0 101	0 126	0 134	0 143	0 151	0 160	0 168	0 176	0 185	0 193	0 202
42	0 102	0 128	0 136	0 145	0 153	0 162	0 170	0 179	0 187	0 196	0 204
44	0 104	0 130	0 138	0 147	0 156	0 164	0 173	0 181	0 190	0 199	0 207
46	0 105	0 131	0 140	0 149	0 158	0 166	0 175	0 184	0 193	0 201	0 210
48	0 107	0 133	0 142	0 151	0 160	0 169	0 178	0 186	0 195	0 204	0 213
1 50	0 108	0 135	0 144	0 153	0 162	0 171	0 180	0 189	0 198	0 207	0 216
52	0 109	0 137	0 146	0 155	0 164	0 173	0 182	0 192	0 201	0 210	0 219
54	0 111	0 139	0 148	0 157	0 166	0 176	0 185	0 194	0 203	0 213	0 222
56	0 112	0 140	0 150	0 159	0 168	0 178	0 187	0 197	0 206	0 215	0 225
58	0 114	0 142	0 152	0 161	0 171	0 180	0 190	0 199	0 209	0 218	0 228
1 60	0 115	0 144	0 154	0 163	0 173	0 182	0 192	0 202	0 211	0 221	0 230
62	0 117	0 146	0 156	0 165	0 175	0 185	0 194	0 204	0 214	0 224	0 233
64	0 118	0 148	0 157	0 167	0 177	0 187	0 197	0 207	0 216	0 226	0 236
66	0 120	0 149	0 159	0 169	0 179	0 189	0 199	0 209	0 219	0 229	0 239
68	0 121	0 151	0 161	0 171	0 181	0 192	0 202	0 212	0 222	0 232	0 242

Epaisseur : 0^{m} 30 centimètres

Longueur	Largeur en Centimètres									
	0 50	0 52	0 54	0 56	0 58	0 60	0 62	0 64	0 66	0 68
0 50	0 075									
52	0 078	0 081								
54	0 081	0 084	0 087							
56	0 084	0 087	0 091	0 094						
58	0 087	0 090	0 094	0 097	0 101					
0 60	0 090	0 094	0 097	0 101	0 104	0 108				
62	0 093	0 097	0 100	0 104	0 108	0 112	0 115			
64	0 096	0 100	0 104	0 108	0 111	0 115	0 119	0 123		
66	0 099	0 103	0 107	0 111	0 115	0 119	0 123	0 127	0 131	
68	0 102	0 106	0 110	0 114	0 118	0 122	0 126	0 131	0 135	0 139
0 70	0 105	0 109	0 113	0 118	0 122	0 126	0 130	0 134	0 139	0 143
72	0 108	0 112	0 117	0 121	0 125	0 130	0 134	0 138	0 143	0 147
74	0 111	0 115	0 120	0 124	0 129	0 133	0 138	0 142	0 147	0 151
76	0 114	0 119	0 123	0 128	0 132	0 137	0 141	0 146	0 150	0 155
78	0 117	0 122	0 126	0 131	0 136	0 140	0 145	0 150	0 154	0 159
0 80	0 120	0 125	0 130	0 134	0 139	0 144	0 149	0 154	0 158	0 163
82	0 123	0 128	0 133	0 138	0 143	0 148	0 153	0 157	0 162	0 167
84	0 126	0 131	0 136	0 141	0 146	0 151	0 156	0 161	0 166	0 171
86	0 129	0 134	0 139	0 144	0 150	0 155	0 160	0 165	0 170	0 175
88	0 132	0 137	0 143	0 148	0 153	0 158	0 164	0 169	0 174	0 180
0 90	0 135	0 140	0 146	0 151	0 157	0 162	0 167	0 173	0 178	0 184
92	0 138	0 144	0 149	0 155	0 160	0 166	0 171	0 177	0 182	0 188
94	0 141	0 147	0 152	0 158	0 164	0 169	0 175	0 180	0 186	0 192
96	0 144	0 150	0 156	0 161	0 167	0 173	0 179	0 184	0 190	0 196
98	0 147	0 153	0 159	0 165	0 171	0 176	0 182	0 188	0 194	0 200
1 —	0 150	0 156	0 162	0 168	0 174	0 180	0 186	0 192	0 198	0 204
02	0 153	0 159	0 165	0 171	0 177	0 184	0 190	0 196	0 202	0 208
04	0 156	0 162	0 168	0 175	0 181	0 187	0 193	0 200	0 206	0 212
06	0 159	0 165	0 172	0 178	0 184	0 191	0 197	0 204	0 210	0 216
08	0 162	0 168	0 175	0 181	0 188	0 194	0 201	0 207	0 214	0 220
1 10	0 165	0 172	0 178	0 185	0 191	0 198	0 205	0 211	0 218	0 224
12	0 168	0 175	0 181	0 188	0 195	0 202	0 208	0 215	0 222	0 228
14	0 171	0 178	0 185	0 192	0 198	0 205	0 212	0 219	0 226	0 233
16	0 174	0 181	0 188	0 195	0 202	0 209	0 216	0 223	0 230	0 237
18	0 177	0 184	0 191	0 198	0 205	0 212	0 219	0 227	0 234	0 241
1 20	0 180	0 187	0 194	0 202	0 209	0 216	0 223	0 230	0 238	0 245
22	0 183	0 190	0 198	0 205	0 212	0 220	0 227	0 234	0 242	0 249
24	0 186	0 193	0 201	0 208	0 216	0 223	0 231	0 238	0 246	0 253
26	0 189	0 197	0 204	0 212	0 219	0 227	0 234	0 242	0 249	0 257
28	0 192	0 200	0 207	0 215	0 223	0 230	0 238	0 246	0 253	0 261
1 30	0 195	0 203	0 211	0 218	0 226	0 234	0 242	0 250	0 257	0 265
32	0 198	0 206	0 214	0 222	0 230	0 238	0 246	0 253	0 261	0 269
34	0 201	0 209	0 217	0 225	0 233	0 241	0 249	0 257	0 265	0 273
36	0 204	0 212	0 220	0 228	0 237	0 245	0 253	0 261	0 269	0 277
38	0 207	0 215	0 224	0 232	0 240	0 248	0 257	0 265	0 273	0 282
1 40	0 210	0 218	0 227	0 235	0 244	0 252	0 260	0 269	0 277	0 286
42	0 213	0 222	0 230	0 239	0 247	0 256	0 264	0 273	0 281	0 290
44	0 216	0 225	0 233	0 242	0 251	0 259	0 268	0 276	0 285	0 294
46	0 219	0 228	0 237	0 245	0 254	0 263	0 272	0 280	0 289	0 298
48	0 222	0 231	0 240	0 249	0 258	0 266	0 275	0 284	0 293	0 302
1 50	0 225	0 234	0 243	0 252	0 261	0 270	0 279	0 288	0 297	0 306
52	0 228	0 237	0 246	0 255	0 264	0 274	0 283	0 292	0 301	0 310
54	0 231	0 240	0 249	0 259	0 268	0 277	0 286	0 296	0 305	0 314
56	0 234	0 243	0 253	0 262	0 271	0 281	0 290	0 300	0 309	0 318
58	0 237	0 246	0 256	0 265	0 275	0 284	0 294	0 303	0 313	0 322
1 60	0 240	0 250	0 259	0 269	0 278	0 288	0 298	0 307	0 317	0 326
62	0 243	0 253	0 262	0 272	0 282	0 292	0 301	0 311	0 321	0 330
64	0 246	0 256	0 266	0 276	0 285	0 295	0 305	0 315	0 325	0 335
66	0 249	0 259	0 269	0 279	0 289	0 299	0 309	0 319	0 329	0 339
68	0 252	0 262	0 272	0 282	0 292	0 302	0 312	0 323	0 333	0 343

Epaisseur : 0^{m} 30 centimètres

Longueur	Futailles	Largeur en Centimètres									
		0 70	0 72	0 74	0 76	0 78	0 80	0 82	0 84	0 86	0 88
0 70		0 147									
72		0 151	0 156								
74		0 155	0 160	0 164							
76		0 160	0 164	0 169	0 173						
78		0 164	0 168	0 173	0 178	0 183					
0 80		0 168	0 173	0 178	0 182	0 187	0 192				
82		0 172	0 177	0 182	0 187	0 192	0 197	0 202			
84		0 176	0 181	0 186	0 192	0 197	0 202	0 207	0 212		
86		0 181	0 186	0 191	0 196	0 201	0 206	0 212	0 217	0 222	
88		0 185	0 190	0 195	0 201	0 206	0 211	0 216	0 222	0 227	0 232
0 90		0 189	0 194	0 200	0 205	0 211	0 216	0 221	0 227	0 232	0 238
92		0 193	0 199	0 204	0 210	0 215	0 221	0 226	0 232	0 237	0 243
94		0 197	0 203	0 209	0 214	0 220	0 226	0 231	0 237	0 243	0 248
96		0 202	0 207	0 213	0 219	0 225	0 230	0 236	0 242	0 248	0 253
98		0 206	0 212	0 218	0 223	0 229	0 235	0 241	0 247	0 253	0 259
1 —		0 210	0 216	0 222	0 228	0 234	0 240	0 246	0 252	0 258	0 264
02		0 214	0 220	0 226	0 233	0 239	0 245	0 251	0 257	0 263	0 269
04		0 218	0 225	0 231	0 237	0 243	0 250	0 256	0 262	0 268	0 275
06		0 223	0 229	0 235	0 242	0 248	0 254	0 261	0 267	0 273	0 280
08		0 227	0 233	0 240	0 246	0 253	0 259	0 266	0 272	0 279	0 285
1 10		0 231	0 238	0 244	0 251	0 257	0 264	0 271	0 277	0 284	0 290
12		0 235	0 242	0 249	0 255	0 262	0 269	0 276	0 282	0 289	0 296
14		0 239	0 246	0 253	0 260	0 267	0 274	0 280	0 287	0 294	0 301
16		0 244	0 251	0 258	0 264	0 271	0 278	0 285	0 292	0 299	0 306
18		0 248	0 255	0 262	0 269	0 276	0 283	0 290	0 297	0 304	0 312
1 20		0 252	0 259	0 266	0 274	0 281	0 288	0 295	0 302	0 310	0 317
22		0 256	0 264	0 271	0 278	0 285	0 293	0 300	0 307	0 315	0 322
24		0 260	0 268	0 275	0 283	0 290	0 298	0 305	0 312	0 320	0 327
26		0 265	0 272	0 280	0 287	0 295	0 302	0 310	0 318	0 325	0 333
28		0 269	0 276	0 284	0 292	0 300	0 307	0 315	0 323	0 330	0 338
1 30		0 273	0 281	0 289	0 296	0 304	0 312	0 320	0 328	0 335	0 343
32		0 277	0 285	0 293	0 301	0 309	0 317	0 325	0 333	0 341	0 348
34		0 781	0 289	0 297	0 306	0 314	0 322	0 330	0 338	0 346	0 354
36		0 286	0 294	0 302	0 310	0 318	0 326	0 335	0 343	0 351	0 359
38		0 290	0 298	0 306	0 315	0 323	0 331	0 339	0 348	0 356	0 364
1 40		0 294	0 302	0 311	0 319	0 328	0 336	0 344	0 353	0 361	0 370
42		0 298	0 307	0 315	0 324	0 332	0 341	0 349	0 358	0 366	0 375
44		0 302	0 311	0 320	0 328	0 337	0 346	0 354	0 363	0 372	0 380
46		0 307	0 315	0 324	0 333	0 342	0 350	0 359	0 368	0 377	0 385
48		0 311	0 320	0 329	0 337	0 346	0 355	0 364	0 373	0 382	0 391
1 50		0 315	0 324	0 333	0 342	0 351	0 360	0 369	0 378	0 387	0 396
52		0 319	0 328	0 337	0 347	0 356	0 365	0 374	0 383	0 392	0 401
54		0 323	0 333	0 342	0 351	0 360	0 371	0 379	0 388	0 397	0 407
56		0 328	0 337	0 346	0 356	0 365	0 374	0 384	0 393	0 402	0 412
58		0 332	0 341	0 351	0 360	0 370	0 379	0 389	0 398	0 408	0 417
1 60		0 336	0 346	0 355	0 365	0 374	0 384	0 394	0 403	0 413	0 422
62		0 340	0 350	0 360	0 369	0 379	0 389	0 399	0 408	0 418	0 428
64		0 344	0 354	0 364	0 374	0 384	0 394	0 403	0 413	0 423	0 433
66		0 349	0 359	0 369	0 378	0 388	0 398	0 408	0 418	0 428	0 438
68		0 353	0 363	0 373	0 383	0 393	0 403	0 413	0 423	0 433	0 444
1 70		0 357	0 367	0 377	0 388	0 398	0 408	0 418	0 428	0 439	0 449
72		0 361	0 372	0 382	0 392	0 402	0 413	0 423	0 433	0 444	0 454
74		0 365	0 376	0 386	0 397	0 407	0 418	0 428	0 438	0 449	0 459
76		0 370	0 380	0 391	0 401	0 412	0 422	0 433	0 444	0 454	0 465
78		0 374	0 384	0 395	0 406	0 417	0 427	0 438	0 449	0 459	0 470
1 80		0 378	0 389	0 400	0 410	0 421	0 432	0 443	0 454	0 464	0 475
82		0 382	0 393	0 404	0 415	0 420	0 437	0 448	0 459	0 470	0 480
84		0 386	0 397	0 408	0 420	0 431	0 442	0 453	0 464	0 475	0 486
86		0 391	0 402	0 413	0 424	0 435	0 446	0 458	0 469	0 480	0 491
88		0 395	0 406	0 417	0 429	0 440	0 451	0 462	0 474	0 485	0 496
1 90		0 399	0 410	0 422	0 433	0 445	0 456	0 467	0 479	0 490	0 502
92		0 403	0 415	0 426	0 438	0 449	0 461	0 472	0 484	0 495	0 507
94		0 407	0 419	0 431	0 442	0 454	0 466	0 477	0 489	0 501	0 512
96		0 412	0 423	0 435	0 447	0 459	0 470	0 482	0 494	0 506	0 517
98		0 416	0 428	0 440	0 451	0 463	0 475	0 487	0 499	0 511	0 523
2 —		0 420	0 432	0 444	0 456	0 468	0 480	0 492	0 504	0 516	0 528
02		0 424	0 436	0 448	0 461	0 473	0 485	0 497	0 509	0 521	0 533
04		0 428	0 441	0 453	0 465	0 477	0 490	0 502	0 514	0 526	0 539
06		0 433	0 445	0 457	0 470	0 482	0 494	0 507	0 519	0 531	0 544
08		0 437	0 449	0 462	0 474	0 487	0 499	0 512	0 524	0 537	0 549

Epaisseur : 0^{m} 30 centimètres

Longueur	Largeur en Centimètres									
	0 90	0 92	0 94	0 96	0 98	1 00	1 02	1 04	1 06	1 08
0 90	0 243									
92	0 248	0 254								
94	0 254	0 259	0 265							
96	0 259	0 265	0 271	0 276						
98	0 265	0 270	0 276	0 282	0 288					
1 —	0 270	0 276	0 282	0 288	0 294	0 300				
02	0 275	0 282	0 288	0 294	0 300	0 306	0 312			
04	0 281	0 287	0 293	0 300	0 306	0 312	0 318	0 324		
06	0 286	0 293	0 299	0 305	0 312	0 318	0 324	0 331	0 337	
08	0 292	0 298	0 305	0 311	0 318	0 324	0 330	0 337	0 343	0 350
1 10	0 297	0 304	0 310	0 317	0 323	0 330	0 337	0 343	0 350	0 356
12	0 302	0 309	0 316	0 323	0 329	0 336	0 343	0 349	0 356	0 363
14	0 308	0 315	0 321	0 328	0 335	0 342	0 349	0 356	0 363	0 369
16	0 313	0 320	0 327	0 334	0 341	0 348	0 355	0 362	0 369	0 376
18	0 319	0 326	0 333	0 340	0 347	0 354	0 361	0 368	0 375	0 382
1 20	0 324	0 331	0 338	0 346	0 353	0 360	0 367	0 374	0 382	0 389
22	0 329	0 337	0 344	0 351	0 359	0 366	0 373	0 381	0 388	0 395
24	0 335	0 342	0 350	0 357	0 365	0 372	0 379	0 387	0 394	0 402
26	0 340	0 348	0 355	0 363	0 370	0 378	0 386	0 393	0 401	0 408
28	0 346	0 353	0 361	0 369	0 376	0 384	0 392	0 399	0 407	0 415
1 30	0 351	0 359	0 367	0 374	0 382	0 390	0 398	0 406	0 413	0 421
32	0 356	0 364	0 372	0 380	0 388	0 396	0 404	0 412	0 420	0 428
34	0 362	0 370	0 378	0 386	0 394	0 402	0 410	0 418	0 426	0 434
36	0 367	0 375	0 384	0 392	0 400	0 408	0 416	0 424	0 432	0 441
38	0 373	0 381	0 389	0 397	0 406	0 414	0 422	0 431	0 439	0 447
1 40	0 378	0 386	0 395	0 403	0 412	0 420	0 428	0 437	0 445	0 454
42	0 383	0 392	0 400	0 409	0 417	0 426	0 435	0 443	0 452	0 460
44	0 389	0 397	0 406	0 415	0 423	0 432	0 441	0 449	0 458	0 466
46	0 394	0 403	0 412	0 420	0 429	0 438	0 447	0 456	0 464	0 473
48	0 400	0 408	0 417	0 426	0 435	0 444	0 453	0 462	0 471	0 480
1 50	0 405	0 414	0 423	0 432	0 441	0 450	0 459	0 468	0 477	0 486
52	0 410	0 420	0 429	0 438	0 447	0 456	0 465	0 474	0 483	0 492
54	0 416	0 425	0 434	0 444	0 453	0 462	0 471	0 480	0 490	0 499
56	0 421	0 431	0 440	0 449	0 459	0 468	0 477	0 487	0 496	0 505
58	0 427	0 436	0 446	0 455	0 465	0 474	0 483	0 493	0 502	0 512
1 60	0 432	0 442	0 451	0 461	0 470	0 480	0 490	0 499	0 509	0 518
62	0 437	0 447	0 457	0 467	0 476	0 486	0 496	0 505	0 515	0 525
64	0 443	0 453	0 462	0 472	0 482	0 492	0 502	0 512	0 522	0 531
66	0 448	0 458	0 468	0 478	0 488	0 498	0 508	0 518	0 528	0 538
68	0 454	0 464	0 474	0 484	0 494	0 504	0 514	0 524	0 534	0 544
1 70	0 459	0 469	0 479	0 490	0 500	0 510	0 520	0 530	0 541	0 551
72	0 464	0 475	0 485	0 495	0 506	0 516	0 526	0 537	0 547	0 557
74	0 470	0 480	0 491	0 501	0 512	0 522	0 532	0 543	0 553	0 564
76	0 475	0 486	0 496	0 507	0 517	0 528	0 539	0 549	0 560	0 570
78	0 481	0 491	0 502	0 513	0 523	0 534	0 545	0 555	0 566	0 577
1 80	0 486	0 497	0 508	0 518	0 529	0 540	0 551	0 562	0 572	0 583
82	0 491	0 502	0 513	0 524	0 535	0 546	0 557	0 568	0 579	0 590
84	0 497	0 508	0 519	0 530	0 541	0 552	0 563	0 574	0 585	0 596
86	0 502	0 513	0 525	0 536	0 547	0 558	0 569	0 580	0 591	0 603
88	0 508	0 519	0 530	0 541	0 553	0 564	0 575	0 587	0 598	0 609
1 90	0 513	0 524	0 536	0 547	0 559	0 570	0 581	0 593	0 604	0 616
92	0 518	0 530	0 541	0 553	0 564	0 576	0 588	0 599	0 611	0 622
94	0 524	0 535	0 547	0 559	0 570	0 582	0 594	0 605	0 617	0 628
96	0 529	0 541	0 553	0 564	0 576	0 588	0 600	0 612	0 623	0 635
98	0 535	0 546	0 558	0 570	0 582	0 594	0 606	0 618	0 630	0 641
2 —	0 540	0 552	0 564	0 576	0 588	0 600	0 612	0 624	0 636	0 648
02	0 545	0 558	0 570	0 582	0 594	0 606	0 618	0 630	0 642	0 654
04	0 551	0 563	0 575	0 588	0 600	0 612	0 624	0 636	0 649	0 661
06	0 556	0 569	0 581	0 593	0 606	0 618	0 630	0 643	0 655	0 667
08	0 562	0 574	0 587	0 599	0 612	0 624	0 636	0 649	0 661	0 674

0,30

Epaisseur : 0^m 32 centimètres

Longueur	Futailles	Largeur en Centimètres: 0 32	0 34	0 36	0 38	0 40	0 42	0 44	0 46	0 48	0 50
0 32	0 026	0 033									
34	0 028	0 035	0 037								
36	0 029	0 037	0 039	0 041							
38	0 031	0 039	0 041	0 044	0 046						
0 40	0 033	0 041	0 044	0 046	0 049	0 051					
42	0 034	0 043	0 046	0 048	0 051	0 054	0 056				
44	0 036	0 045	0 048	0 051	0 054	0 056	0 059	0 062			
46	0 038	0 047	0 050	0 053	0 056	0 059	0 062	0 065	0 068		
48	0 039	0 049	0 052	0 055	0 058	0 061	0 065	0 068	0 071	0 074	
0 50	0 041	0 051	0 054	0 058	0 061	0 064	0 067	0 070	0 074	0 077	0 080
52	0 043	0 053	0 057	0 060	0 063	0 067	0 070	0 073	0 077	0 080	0 083
54	0 044	0 055	0 059	0 062	0 066	0 069	0 073	0 076	0 079	0 083	0 086
56	0 046	0 057	0 061	0 065	0 068	0 072	0 075	0 079	0 082	0 086	0 090
58	0 048	0 059	0 063	0 067	0 071	0 074	0 078	0 082	0 085	0 089	0 093
0 60	0 049	0 061	0 065	0 069	0 073	0 077	0 081	0 084	0 088	0 092	0 096
62	0 051	0 063	0 067	0 071	0 075	0 079	0 083	0 087	0 091	0 095	0 099
64	0 052	0 066	0 070	0 074	0 078	0 082	0 086	0 090	0 094	0 098	0 102
66	0 054	0 068	0 072	0 076	0 080	0 084	0 089	0 093	0 097	0 101	0 106
68	0 056	0 070	0 074	0 078	0 083	0 087	0 091	0 096	0 100	0 104	0 109
0 70	0 057	0 072	0 076	0 081	0 085	0 090	0 094	0 099	0 103	0 108	0 112
72	0 059	0 074	0 078	0 083	0 088	0 092	0 097	0 101	0 106	0 111	0 115
74	0 061	0 076	0 081	0 085	0 090	0 095	0 099	0 104	0 109	0 114	0 118
76	0 062	0 078	0 083	0 088	0 092	0 097	0 102	0 107	0 113	0 117	0 122
78	0'064	0 080	0 085	0 090	0 095	0 100	0 105	0 110	0 115	0 120	0 125
0 80	0 066	0 082	0 087	0 092	0 097	0 103	0 108	0 113	0 118	0 123	0 128
82	0 067	0 084	0 089	0 094	0 100	0 105	0 110	0 115	0 121	0 126	0 131
84	0 069	0 086	0 091	0 097	0 102	0 108	0 113	0 118	0 124	0 129	0 134
86	0 070	0 088	0 094	0 099	0 105	0 110	0 116	0 121	0 127	0 132	0 138
88	0 072	0 090	0 096	0 101	0 107	0 113	0 118	0 124	0 130	0 135	0 141
0 90	0 074	0 092	0 008	0 104	0 109	0 115	0 121	0 127	0 132	0 138	0 144
92	0 075	0 094	0 100	0 106	0 112	0 118	0 124	0 130	0 135	0 141	0 147
94	0 077	0 096	0 102	0 108	0 114	0 120	0 126	0 132	0 138	0 144	0 150
96	0 079	0 098	0 104	0 111	0 117	0 123	0 129	0 135	0 141	0 147	0 154
98	0 080	0 100	0 107	0 113	0 119	0 125	0 132	0 138	0 144	0 151	0 157
1 —	0 082	0 102	0 109	0 115	0 122	0 128	0 134	0 141	0 147	0 154	0 160
02	0 084	0 104	0 111	0 118	0 124	0 131	0 137	0 144	0 150	0 157	0 163
04	0 085	0 106	0 113	0 120	0 126	0 133	0 140	0 146	0 153	0 160	0 166
06	0 087	0 109	0 115	0 122	0 129	0 136	0 142	0 149	0 156	0 163	0 170
08	0 088	0 111	0 118	0 124	0 131	0 138	0 143	0 152	0 159	0 166	0 173
1 10	0 090	0 113	0 120	0 127	0 134	0 141	0 148	0 155	0 162	0 169	0 176
12	0 092	0 115	0 122	0 129	0 136	0 143	0 151	0 158	0 165	0 172	0 179
14	0 093	0 117	0 124	0 131	0 139	0 146	0 153	0 161	0 168	0 175	0 182
16	0 095	0 119	0 126	0 134	0 141	0 148	0 156	0 164	0 171	0 178	0 186
18	0 097	0 121	0 128	0 136	0 143	0 151	0 159	0 167	0 174	0 181	0 189
1 20	0 098	0 123	0 131	0 138	0 146	0 154	0 161	0 169	0 177	0 184	0 192
22	0 100	0 125	0 133	0 141	0 148	0 156	0 164	0 172	0 180	0 187	0 195
24	0 102	0 127	0 135	0 143	0 151	0 159	0 167	0 175	0 183	0 190	0 198
26	0 103	0 129	0 137	0 145	0 153	0 161	0 169	0 177	0 185	0 194	0 202
28	0 105	0 131	0 139	0 147	0 156	0 164	0 172	0 180	0 188	0 197	0 205
1 30	0 106	0 133	0 141	0 150	0 158	0 166	0 175	0 183	0 191	0 200	0 208
32	0 108	0 135	0 144	0 152	0 161	0 169	0 177	0 186	0 194	0 203	0 211
34	0 110	0 137	0 146	0 154	0 163	0 172	0 180	0 189	0 197	0 206	0 214
36	0 111	0 139	0 148	0 157	0 165	0 174	0 183	0 191	0 200	0 209	0 218
38	0 113	0 141	0 150	0 159	0 168	0 177	0 185	0 194	0 203	0 212	0 221
1 40	0 115	0 143	0 152	0 161	0 170	0 179	0 188	0 197	0 206	0 215	0 224
42	0 116	0 145	0 154	0 164	0 173	0 182	0 191	0 200	0 209	0 218	0 227
44	0 118	0 147	0 157	0 166	0 175	0 184	0 194	0 203	0 212	0 221	0 230
46	0 120	0 150	0 159	0 168	0 178	0 187	0 196	0 206	0 215	0 224	0 234
48	0 121	0 153	0 161	0 170	0 180	0 189	0 199	0 208	0 218	0 227	0 237
1 50	0 123	0 154	0 163	0 173	0 182	0 192	0 202	0 211	0 221	0 230	0 240
52	0 125	0 156	0 165	0 175	0 185	0 195	0 204	0 214	0 224	0 233	0 243
54	0 126	0 158	0 168	0 177	0 187	0 197	0 207	0 217	0 227	0 237	0 246
56	0 128	0 160	0 170	0 180	0 190	0 200	0 210	0 220	0 230	0 240	0 250
58	0 129	0 162	0 172	0 182	0 192	0 202	0 212	0 222	0 233	0 243	0 253
1 60	0 131	0 164	0 174	0 184	0 195	0 205	0 215	0 225	0 236	0 246	0 256
62	0 133	0 166	0 176	0 187	0 197	0 207	0 218	0 228	0 238	0 249	0 259
64	0 134	0 168	0 178	0 189	0 199	0 210	0 220	0 231	0 241	0 252	0 262
66	0 136	0 170	0 181	0 191	0 202	0 212	0 223	0 234	0 244	0 255	0 266
68	0 138	0 172	0 183	0 194	0 204	0 215	0 226	0 237	0 247	0 258	0 269
1 70	0 139	0 174	0 185	0 196	0 207	0 218	0 228	0 239	0 250	0 261	0 272

Epaisseur : 0^m 32 centimètres

0,32

Longueur	Largeur en Centimètres: 0 52	0 54	0 56	0 58	0 60	0 62	0 64	0 66	0 68	0 70
0 52	0 087									
54	0 090	0 093								
56	0 093	0 097	0 100							
58	0 097	0 100	0 104	0 108						
0 60	0 100	0 104	0 107	0 111	0 115					
62	0 103	0 107	0 111	0 115	0 119	0 123				
64	0 106	0 111	0 115	0 119	0 123	0 127	0 131			
66	0 110	0 114	0 118	0 122	0 127	0 131	0 135	0 139		
68	0 113	0 117	0 122	0 126	0 131	0 135	0 139	0 144	0 148	
0 70	0 116	0 121	0 125	0 130	0 134	0 139	0 143	0 148	0 152	0 157
72	0 120	0 124	0 129	0 134	0 138	0 143	0 147	0 152	0 157	0 161
74	0 123	0 128	0 133	0 137	0 142	0 147	0 152	0 156	0 161	0 166
76	0 126	0 131	0 136	0 141	0 146	0 151	0 156	0 161	0 165	0 170
78	0 130	0 135	0 140	0 145	0 150	0 155	0 160	0 165	0 170	0 175
0 80	0 133	0 138	0 143	0 148	0 154	0 159	0 164	0 169	0 174	0 179
82	0 136	0 142	0 147	0 152	0 157	0 163	0 168	0 173	0 178	0 184
84	0 140	0 145	0 151	0 156	0 161	0 167	0 172	0 177	0 183	0 188
86	0 143	0 149	0 154	0 160	0 165	0 171	0 176	0 182	0 187	0 193
88	0 146	0 152	0 158	0 163	0 169	0 175	0 180	0 186	0 192	0 197
0 90	0 150	0 156	0 161	0 167	0 173	0 179	0 184	0 190	0 196	0 202
92	0 153	0 159	0 165	0 171	0 177	0 183	0 188	0 194	0 200	0 206
94	0 156	0 162	0 168	0 174	0 180	0 186	0 193	0 199	0 205	0 211
96	0 160	0 166	0 172	0 178	0 184	0 190	0 197	0 203	0 209	0 215
98	0 163	0 169	0 176	0 182	0 188	0 194	0 201	0 207	0 213	0 220
1 —	0 166	0 173	0 179	0 186	0 192	0 198	0 205	0 211	0 218	0 224
02	0 170	0 176	0 183	0 189	0 196	0 202	0 209	0 215	0 222	0 228
04	0 173	0 180	0 186	0 193	0 200	0 206	0 213	0 220	0 226	0 233
06	0 176	0 183	0 190	0 197	0 204	0 210	0 217	0 224	0 231	0 237
08	0 180	0 187	0 194	0 200	0 207	0 214	0 221	0 228	0 235	0 242
1 10	0 183	0 190	0 197	0 204	0 211	0 218	0 225	0 232	0 239	0 246
12	0 186	0 194	0 201	0 208	0 215	0 222	0 229	0 237	0 244	0 251
14	0 190	0 197	0 204	0 212	0 219	0 226	0 233	0 241	0 248	0 255
16	0 193	0 200	0 208	0 215	0 223	0 230	0 238	0 245	0 252	0 260
18	0 196	0 204	0 211	0 219	0 227	0 234	0 242	0 249	0 257	0 264
1 20	0 200	0 207	0 215	0 223	0 230	0 238	0 246	0 253	0 261	0 269
22	0 203	0 211	0 219	0 226	0 234	0 242	0 250	0 258	0 265	0 273
24	0 206	0 214	0 222	0 230	0 238	0 246	0 254	0 262	0 270	0 278
26	0 210	0 218	0 226	0 234	0 242	0 250	0 258	0 266	0 274	0 282
28	0 213	0 221	0 229	0 238	0 246	0 254	0 262	0 270	0 279	0 287
1 30	0 216	0 225	0 233	0 241	0 250	0 258	0 266	0 275	0 283	0 291
32	0 220	0 228	0 237	0 245	0 253	0 262	0 270	0 279	0 287	0 296
34	0 223	0 232	0 240	0 249	0 257	0 266	0 274	0 283	0 292	0 300
36	0 226	0 235	0 244	0 252	0 261	0 270	0 279	0 287	0 296	0 305
38	0 230	0 238	0 247	0 256	0 265	0 274	0 283	0 291	0 300	0 309
1 40	0 233	0 242	0 251	0 260	0 269	0 278	0 287	0 296	0 305	0 314
42	0 236	0 245	0 254	0 264	0 273	0 282	0 291	0 300	0 309	0 318
44	0 240	0 249	0 258	0 267	0 276	0 286	0 295	0 304	0 313	0 323
46	0 243	0 252	0 262	0 271	0 280	0 290	0 299	0 308	0 318	0 327
48	0 246	0 256	0 265	0 275	0 284	0 294	0 303	0 313	0 322	0 332
1 50	0 250	0 259	0 269	0 278	0 288	0 298	0 307	0 317	0 326	0 336
52	0 253	0 263	0 272	0 282	0 292	0 302	0 311	0 321	0 331	0 340
54	0 256	0 266	0 276	0 286	0 296	0 306	0 315	0 325	0 335	0 345
56	0 260	0 270	0 280	0 290	0 300	0 310	0 319	0 329	0 339	0 349
58	0 263	0 273	0 283	0 293	0 303	0 313	0 324	0 334	0 344	0 354
1 60	0 266	0 276	0 287	0 297	0 307	0 317	0 328	0 338	0 348	0 358
62	0 270	0 280	0 290	0 301	0 311	0 321	0 332	0 342	0 353	0 363
64	0 273	0 283	0 294	0 304	0 315	0 325	0 336	0 346	0 357	0 367
66	0 276	0 287	0 297	0 308	0 319	0 329	0 340	0 351	0 361	0 372
68	0 280	0 290	0 301	0 312	0 323	0 333	0 344	0 355	0 366	0 376
1 70	0 283	0 294	0 305	0 316	0 326	0 337	0 348	0 359	0 370	0 381

Epaisseur : 0m 32 centimètres

Longueur	Futailles	Largeur en Centimètres 0 72	0 74	0 76	0 78	0 80	0 82	0 84	0 86	0 88	0 90
0 72		0 166									
74		0 170	0 175								
76		0 175	0 180	0 185							
78		0 180	0 185	0 190	0 195						
0 80		0 184	0 189	0 195	0 200	0 205					
82		0 189	0 194	0 199	0 205	0 210	0 215				
84		0 194	0 199	0 204	0 210	0 215	0 220	0 226			
86		0 198	0 204	0 209	0 215	0 220	0 226	0 231	0 237		
88		0 203	0 208	0 214	0 220	0 225	0 231	0 237	0 242	0 248	
0 90		0 207	0 213	0 219	0 225	0 230	0 236	0 242	0 248	0 253	0 259
92		0 212	0 218	0 224	0 230	0 236	0 241	0 247	0 253	0 259	0 265
94		0 217	0 222	0 279	0 235	0 241	0 247	0 253	0 259	0 265	0 271
96		0 221	0 227	0 233	0 240	0 246	0 252	0 258	0 264	0 270	0 276
98		0 226	0 232	0 238	0 245	0 251	0 257	0 263	0 270	0 276	0 282
1 —		0 230	0 237	0 243	0 250	0 256	0 262	0 269	0 275	0 282	0 288
02		0 235	0 242	0 248	0 255	0 261	0 268	0 274	0 281	0 287	0 294
04		0 240	0 246	0 253	0 260	0 266	0 273	0 280	0 286	0 293	0 300
06		0 244	0 251	0 258	0 265	0 271	0 278	0 285	0 292	0 298	0 305
08		0 249	0 256	0 263	0 270	0 276	0 283	0 290	0 297	0 304	0 311
1 10		0 253	0 260	0 268	0 275	0 282	0 289	0 296	0 303	0 310	0 317
12		0 258	0 265	0 272	0 280	0 287	0 294	0 301	0 308	0 315	0 323
14		0 263	0 270	0 277	0 285	0 292	0 299	0 306	0 314	0 321	0 328
16		0 267	0 275	0 282	0 290	0 297	0 304	0 312	0 319	0 327	0 334
18		0-272	0 279	0 287	0 295	0 302	0 310	0 317	0 325	0 332	0 340
1 20		0 276	0 284	0 292	0 300	0 307	0 315	0 323	0 330	0 338	0 346
22		0 281	0 289	0 297	0 305	0 312	0 320	0 328	0 336	0 344	0 351
24		0 286	0 294	0 302	0 310	0 317	0 325	0 333	0 341	0 349	0 357
26		0 290	0 298	0 306	0 314	0 323	0 331	0 339	0 347	0 355	0 363
28		0 295	0 303	0 311	0 319	0 328	0 336	0 344	0 352	0 360	0 369
1 30		0 300	0 308	0 316	0 324	0 333	0 341	0 349	0 358	0 366	0 374
32		0 304	0 313	0 321	0 329	0 338	0 346	0 355	0 363	0 372	0 380
34		0 309	0 317	0 326	0 334	0 343	0 352	0 360	0 369	0 377	0 386
36		0 313	0 322	0 331	0 339	0 348	0 357	0 366	0 374	0 383	0 392
38		0 318	0 327	0 336	0 344	0 353	0 362	0 371	0 380	0 389	0 397
1 40		0 323	0 332	0 340	0 349	0 358	0 367	0 376	0 385	0 394	0 403
42		0 327	0 336	0 345	0 354	0 364	0 373	0 382	0 391	0 400	0 409
44		0 332	0 341	0 350	0 359	0 369	0 378	0 387	0 396	0 405	0 415
46		0 336	0 346	0 355	0 364	0 374	0 383	0 392	0 402	0 411	0 420
48		0 341	0 350	0 360	0 369	0 379	0 388	0 398	0 407	0 417	0 426
1 50		0 346	0 355	0 365	0 374	0 384	0 394	0 403	0 413	0 422	0 432
52		0 350	0 360	0 370	0 379	0 389	0 399	0 409	0 418	0 428	0 438
54		0 355	0 365	0 375	0 384	0 394	0 404	0 414	0 424	0 434	0 444
56		0 359	0 369	0 379	0 389	0 399	0 409	0 419	0 429	0.439	0 449
58		0 364	0 374	0 384	0 394	0 404	0 415	0 425	0 435	0 445	0 455
1 60		0 369	0 379	0 389	0 399	0 410	0 420	0 430	0 440	0 451	0 461
62		0 373	0 384	0 394	0 404	0 415	0 425	0 435	0 446	0 456	0 467
64		0 378	0 388	0 399	0 409	0 420	0 430	0 441	0 451	0 462	0 472
66		0 382	0 393	0 404	0 414	0 425	0 436	0 446	0 457	0 467	0 478
68		0 387	0 398	0 409	0 419	0 430	0 441	0 452	0 462	0,473	0 484
1 70		0 392	0 403	0 413	0 424	0 435	0 446	0 457	0 468	0 479	0 490
72		0 396	0 407	0 418	0 429	0 440	0 451	0 462	0 473	0 484	0 495
74		0 401	0 412	0 423	0 434	0 445	0 457	0 468	0 479	0 490	0 501
76		0 406	0 417	0 428	0 439	0 451	0 462	0 473	0 484	0 496	0 507
78		0 410	0 421	0 433	0 444	0 456	0 467	0 478	0 490	0 501	0 513
1 80		0 415	0 426	0 438	0 449	0 461	0 472	0 484	0 495	0 507	0 518
82		0 419	0 431	0 443	0 454	0 466	0 478	0 489	0 501	0 513	0 524
84		0 424	0 436	0 447	0 459	0 471	0 483	0 495	0 506	0 518	0 530
86		0 429	0 440	0 452	0 464	0 476	0 488	0 500	0 512	0 524	0 536
88		0 433	0 445	0 457	0 469	0 481	0 493	0 505	0 517	0 529	0 541
1 90		0 438	0 450	0 462	0 474	0 486	0 499	0 511	0 523	0 535	0 547
92		0 442	0 455	0 467	0 479	0 492	0 504	0 516	0 528	0 541	0 553
94		0 447	0 459	0 472	0 484	0 497	0 509	0 521	0 534	0 546	0 559
96		0 452	0 464	0 477	0 489	0 502	0 514	0 527	0 539	0 552	0 564
98		0 456	0 469	0 482	0 494	0 507	0 520	0 532	0 545	0 558	0 570
2 —		0 461	0 474	0 486	0 499	0 512	0 525	0 538	0 550	0 563	0 576
02		0 465	0 478	0 491	0 504	0 517	0 530	0 543	0 556	0 569	0 582
04		0 470	0 483	0 496	0 509	0 522	0 535	0 548	0 561	0 574	0 588
06		0 475	0 483	0 501	0 514	0 527	0 541	0 554	0 567	0 580	0 593
08		0 479	0 493	0 506	0 519	0 533	0 546	0 559	0 572	0 586	0 599
2 10		0 484	0 497	0 511	0 524	0 538	0 551	0 564	0 578	0 591	0 605

Epaisseur : 0m 32 centimètres

Longueur	Largeur en Centimètres 0 92	0 94	0 96	0 98	1 00	1 02	1 04	1 06	1 08	1 10
0 92	0 271									
94	0 277	0 283								
96	0 283	0 289	0 295							
98	0 289	0 295	0 301	0 307						
1 —	0 294	0 301	0 307	0 314	0 320					
02	0 300	0 307	0 313	0 320	0 326	0 333				
04	0 306	0 313	0 319	0 326	0 333	0 339	0 346			
06	0 312	0 319	0 326	0 332	0 339	0 346	0 353	0 360		
08	0 318	0 325	0 332	0 339	0 346	0 353	0 359	0 366	0 373	
1 10	0 324	0 331	0 338	0 345	0 352	0 359	0 366	0 373	0 380	0 387
12	0 330	0 337	0 344	0 351	0 358	0 366	0 373	0 380	0 387	0 394
14	0 336	0 343	0 350	0 358	0 365	0 372	0 379	0 387	0 394	0 401
16	0 342	0 349	0 356	0 364	0 371	0 379	0 386	0 393	0 401	0 408
18	0 347	0 355	0 362	0 370	0 378	0 385	0 393	0 400	0 408	0 415
1 20	0 353	0 361	0 369	0 376	0 384	0 392	0 399	0 407	0 415	0 422
22	0 359	0 367	0 375	0 383	0 390	0 398	0 406	0 414	0 422	0 429
24	0 365	0 373	0 381	0 389	0 397	0 405	0 413	0 421	0 429	0 436
26	0 371	0 379	0 387	0 395	0 403	0 411	0 419	0 427	0 435	0 444
28	0 377	0 385	0 393	0 401	0 410	0 418	0 426	0 434	0 442	0 451
1 30	0 383	0 391	0 399	0 408	0 416	0 424	0 433	0 441	0 449	0 458
32	0 389	0 397	0 406	0 414	0 422	0 431	0 439	0 448	0 456	0 465
34	0 394	0 403	0 412	0 420	0 429	0 437	0 446	0 455	0 463	0 472
36	0 400	0 409	0 418	0 426	0 435	0 444	0 453	0 461	0 470	0 479
38	0 406	0 415	0 424	0 433	0 442	0 450	0 459	0 468	0 477	0 486
1 40	0 412	0 421	0 430	0 439	0 448	0 457	0 466	0 475	0 484	0 493
42	0 418	0 427	0 436	0 445	0 454	0 463	0 473	0 482	0 491	0 500
44	0 424	0 433	0 442	0 452	0 461	0 470	0 479	0 488	0 498	0 507
46	0 430	0 439	0 449	0 458	0 467	0 477	0 486	0 495	0 505	0 514
48	0 436	0 445	0 455	0 464	0 474	0 483	0 493	0 502	0 511	0 521
1 50	0 442	0 451	0 461	0 470	0 480	0 490	0 499	0 509	0 518	0 528
52	0 447	0 457	0 467	0 477	0 486	0 496	0 506	0 516	0 525	0 535
54	0 453	0 463	0 473	0 483	0 493	0 503	0 513	0 522	0 532	0 542
56	0 459	0 469	0 479	0 489	0 499	0 509	0 519	0 529	0 539	0 549
58	0 465	0 475	0 485	0 495	0 506	0 516	0 526	0 536	0 546	0 556
1 60	0 471	0 481	0 492	0 502	0 512	0 522	0 532	0 543	0 553	0 563
62	0 477	0 487	0 498	0 508	0 518	0 529	0 539	0 550	0 560	0 570
64	0 483	0 493	0 504	0 514	0 525	0 535	0 546	0 556	0 567	0 577
66	0 489	0 499	0 510	0 521	0 531	0 542	0 552	0 563	0 574	0 584
68	0 495	0 505	0 516	0 527	0 538	0 548	0 559	0 570	0 581	0 591
1 70	0 500	0 511	0 522	0 533	0 544	0 555	0 566	0 577	0 588	0 598
72	0 506	0 517	0 528	0 539	0 550	0 561	0 572	0 583	0 594	0 605
74	0 512	0 523	0 535	0 546	0 557	0 568	0 579	0 590	0 601	0 612
76	0 518	0 529	0 541	0 552	0 563	0 574	0 586	0 597	0 608	0 620
78	0 524	0 535	0 547	0 558	0 570	0 581	0 592	0 604	0 615	0 627
1 80	0 530	0 541	0 553	0 564	0 576	0 588	0 599	0 611	0 622	0 634
82	0 536	0 547	0 559	0 571	0 582	0 594	0 606	0 617	0 629	0 641
84	0 542	0 553	0 565	0 577	0 589	0 601	0 612	0 624	0 636	0 648
86	0 548	0 559	0 571	0 583	0 595	0 607	0 619	0 631	0 643	0 655
88	0 553	0 566	0 578	0 590	0 602	0 614	0 626	0 638	0 650	0 662
1,90	0 559	0 572	0 584	0 596	0 608	0 620	0 632	0 644	0 657	0 669
92	0 565	0 578	0 590	0 602	0 614	0 627	0 639	0 651	0 664	0 676
94	0 571	0 584	0 596	0 608	0 621	0 633	0 646	0 658	0 670	0 683
96	0 577	0 590	0 602	0 615	0 627	0 640	0 652	0 665	0 677	0 690
98	0 583	0 596	0 608	0 621	0 634	0 646	0 659	0 672	0 684	0 697
2 —	0 589	0 602	0 614	0 627	0 640	0 653	0 666	0 678	0 691	0 704
02	0 595	0 608	0 621	0 633	0 646	0 659	0 672	0 685	0 698	0 711
04	0 601	0 614	0 627	0 640	0 653	0 666	0 679	0 692	0 705	0 718
06	0 606	0 620	0 633	0 646	0 659	0 672	0 686	0 699	0 712	0 725
08	0 612	0 626	0 639	0 652	0 666	0 679	0 692	0 706	0 719	0 732
2 10	0 618	0 632	0 645	0 659	0 672	0 685	0 699	0 712	0 726	0 739

0,32

Epaisseur : 0^{m} 34 centimètres

Longueur	Futailles	Largeur en Centimètres.									
		0 34	0 36	0 38	0 40	0 42	0 44	0 46	0 48	0 50	0 52
m											
0 34	0 031	0 039									
36	0 033	0 042	0 044								
38	0 035	0 044	0 047	0 049							
0 40	0 037	0 046	0 049	0 052	0 054						
42	0 039	0 049	0 051	0 054	0 057	0 060					
44	0 041	0 051	0 054	0 057	0 060	0 063	0 066				
46	0 043	0 053	0 056	0 059	0 063	0 066	0 069	0 072			
48	0 044	0 055	0 059	0 062	0 065	0 069	0 072	0 075	0 078		
0 50	0 046	0 058	0 061	0 065	0 068	0 071	0 075	0 078	0 082	0 085	
52	0 048	0 060	0 064	0 067	0 071	0 074	0 078	0 081	0 085	0 088	0 092
54	0 050	0 062	0 066	0 070	0 073	0 077	0 081	0 084	0 088	0 092	0 095
56	0 052	0 065	0 069	0 072	0 076	0 080	0 084	0 087	0 091	0 095	0 099
58	0 054	0 067	0 071	0 075	0 079	0 083	0 087	0 091	0 095	0 099	0 103
0 60	0 055	0 069	0 073	0 078	0 082	0 086	0 090	0 094	0 098	0 102	0 106
62	0 057	0 072	0 076	0 080	0 084	0 089	0 093	0 097	0 101	0 105	0 110
64	0 059	0 074	0 078	0 083	0 087	0 091	0 096	0 100	0 104	0 109	0 113
66	0 061	0 076	0 081	0 085	0 090	0 094	0 099	0 103	0 108	0 112	0 117
68	0 063	0 079	0 083	0 088	0 092	0 097	0 102	0 106	0 111	0 116	0 120
0 70	0 065	0 081	0 086	0 090	0 095	0 100	0 105	0 109	0 114	0 119	0 124
72	0 067	0 083	0 088	0 093	0 098	0 103	0 108	0 113	0 118	0 122	0 127
74	0 068	0 086	0 091	0 096	0 101	0 106	0 111	0 116	0 121	0 126	0 131
76	0 070	0 088	0 093	0 098	0 103	0 109	0 114	0 119	0 124	0 129	0 134
78	0 072	0 090	0 095	0 101	0 106	0 111	0 117	0 122	0 127	0 133	0 138
0 80	0 074	0 092	0 098	0 103	0 109	0 114	0 120	0 125	0 131	0 136	0 141
82	0 076	0 095	0 100	0 106	0 112	0 117	0 123	0 128	0 134	0 139	0 145
84	0 078	0 097	0 103	0 109	0 114	0 120	0 126	0 131	0 137	0 143	0 149
86	0 080	0 099	0 105	0 111	0 117	0 123	0 129	0 135	0 140	0 146	0 152
88	0 081	0 102	0 108	0 114	0 120	0 126	0 132	0 138	0 144	0 150	0 156
0 90	0 083	0 104	0 110	0 116	0 122	0 129	0 135	0 141	0 147	0 153	0 159
92	0 085	0 106	0 113	0 119	0 125	0 131	0 138	0 144	0 150	0 156	0 163
94	0 087	0 109	0 115	0 121	0 128	0 134	0 141	0 147	0 153	0 160	0 166
96	0 089	0 111	0 118	0 124	0 131	0 137	0 144	0 150	0 157	0 163	0 170
98	0 091	0 113	0 120	0 127	0 133	0 140	0 147	0 153	0 160	0 167	0 173
1 —	0 093	0 116	0 122	0 129	0 136	0 143	0 150	0 156	0 163	0 170	0 177
02	0 094	0 118	0 125	0 132	0 139	0 146	0 153	0 160	0 166	0 173	0 180
04	0 096	0 120	0 127	0 134	0 141	0 149	0 156	0 163	0 170	0 177	0 184
06	0 098	0 123	0 130	0 137	0 144	0 151	0 159	0 166	0 173	0 180	0 187
08	0 100	0 125	0 132	0 140	0 147	0 154	0 162	0 169	0 176	0 184	0 191
1 10	0 102	0 127	0 135	0 142	0 150	0 157	0 165	0 172	0 180	0 187	0 194
12	0 104	0 129	0 137	0 145	0 152	0 160	0 168	0 175	0 183	0 190	0 198
14	0 105	0 132	0 140	0 147	0 155	0 163	0 171	0 178	0 186	0 194	0 202
16	0 107	0 134	0 142	0 150	0 158	0 166	0 174	0 181	0 189	0 197	0 205
18	0 109	0 136	0 144	0 152	0 160	0 169	0 177	0 185	0 193	0 201	0 209
1 20	0 111	0 139	0 147	0 155	0 163	0 171	0 180	0 188	0 196	0 204	0 212
22	0 113	0 141	0 149	0 158	0 166	0 174	0 183	0 191	0 199	0 207	0 216
24	0 115	0 143	0 152	0 160	0 169	0 177	0 186	0 194	0 202	0 211	0 219
26	0 117	0 146	0 154	0 163	0 171	0 180	0 188	0 197	0 206	0 214	0 223
28	0 118	0 148	0 157	0 165	0 174	0 183	0 191	0 200	0 209	0 218	0 226
1 30	0 120	0 150	0 159	0 168	0 177	0 186	0 194	0 203	0 212	0 221	0 230
32	0 122	0 153	0 162	0 171	0 180	0 188	0 197	0 206	0 215	0 224	0 233
34	0 124	0 155	0 164	0 173	0 182	0 191	0 200	0 210	0 219	0 228	0 237
36	0 126	0 157	0 166	0 176	0 185	0 194	0 203	0 213	0 222	0 231	0 240
38	0 128	0 160	0 169	0 178	0 188	0 197	0 206	0 216	0 225	0 235	0 244
1 40	0 129	0 162	0 171	0 181	0 190	0 200	0 209	0 219	0 228	0 238	0 248
42	0 131	0 164	0 174	0 183	0 193	0 203	0 212	0 222	0 232	0 241	0 251
44	0 133	0 166	0 176	0 186	0 196	0 206	0 215	0 225	0 235	0 245	0 255
46	0 135	0 169	0 179	0 189	0 199	0 209	0 218	0 228	0 238	0 248	0 258
48	0 137	0 171	0 181	0 191	0 201	0 211	0 221	0 231	0 241	0 252	0 262
1 50	0 139	0 173	0 184	0 194	0 204	0 214	0 224	0 235	0 245	0 255	0 265
52	0 141	0 176	0 186	0 196	0 207	0 217	0 227	0 238	0 248	0 258	0 269
54	0 142	0 178	0 188	0 199	0 209	0 220	0 230	0 241	0 251	0 262	0 272
56	0 144	0 180	0 191	0 202	0 212	0 223	0 233	0 244	0 255	0 265	0 276
58	0 146	0 183	0 193	0 204	0 215	0 226	0 236	0 247	0 258	0 269	0 279
1 60	0 148	0 185	0 196	0 207	0 218	0 228	0 239	0 250	0 261	0 272	0 283
62	0 150	0 187	0 198	0 209	0 220	0 231	0 242	0 253	0 264	0 275	0 286
64	0 152	0 190	0 201	0 212	0 223	0 234	0 245	0 256	0 268	0 279	0 290
66	0 154	0 192	0 203	0 214	0 226	0 237	0 248	0 260	0 271	0 282	0 293
68	0 155	0 194	0 206	0 217	0 228	0 240	0 251	0 263	0 274	0 286	0 297
1 70	0 157	0 197	0 208	0 220	0 231	0 243	0 254	0 266	0 277	0 289	0 301
72	0 159	0 199	0 211	0 222	0 234	0 246	0 257	0 269	0 281	0 292	0 304

Epaisseur : 0^{m} 34 centimètres

Longueur	Largeur en Centimètres									
	0 54	0 56	0 58	0 60	0 62	0 64	0 66	0 68	0 70	0 72
m										
0 54	0 099									
56	0 103	0 107								
58	0 106	0 110	0 114							
0 60	0 110	0 114	0 118	0 122						
62	0 114	0 118	0 122	0 126	0 131					
64	0 118	0 122	0 126	0 131	0 135	0 139				
66	0 121	0 126	0 130	0 135	0 139	0 144	0 148			
68	0 125	0 129	0 134	0 139	0 143	0 148	0 153	0 157		
0 70	0 129	0 133	0 138	0 143	0 148	0 152	0 157	0 162	0 167	
72	0 132	0 137	0 142	0 147	0 152	0 157	0 162	0 166	0 171	0 176
74	0 136	0 141	0 146	0 151	0 156	0 161	0 166	0 171	0 176	0 181
76	0 140	0 145	0 150	0 155	0 160	0 165	0 171	0 176	0 181	0 186
78	0 143	0 149	0 154	0 159	0 164	0 170	0 175	0 180	0 185	0 191
0 80	0 147	0 152	0 158	0 163	0 169	0 174	0 180	0 185	0 190	0 196
82	0 151	0 156	0 162	0 167	0 173	0 178	0 184	0 190	0 195	0 201
84	0 154	0 160	0 166	0 171	0 177	0 183	0 188	0 194	0 200	0 206
86	0 158	0 164	0 170	0 175	0 181	0 187	0 193	0 199	0 204	0 211
88	0 162	0 168	0 174	0 180	0 186	0 191	0 197	0 203	0 209	0 215
0 90	0 165	0 171	0 177	0 184	0 190	0 196	0 202	0 208	0 214	0 220
92	0 169	0 175	0 181	0 188	0 194	0 200	0 206	0 213	0 219	0 225
94	0 173	0 179	0 185	0 192	0 198	0 205	0 211	0 217	0 224	0 230
96	0 176	0 183	0 189	0 196	0 202	0 209	0 215	0 222	0 228	0 235
98	0 180	0 187	0 193	0 200	0 207	0 213	0 220	0 227	0 233	0 240
1 —	0 184	0 190	0 197	0 204	0 211	0 218	0 224	0 231	0 238	0 245
02	0 187	0 194	0 201	0 208	0 215	0 222	0 229	0 236	0 243	0 250
04	0 191	0 198	0 205	0 212	0 219	0 226	0 233	0 240	0 248	0 255
06	0 195	0 202	0 209	0 216	0 224	0 231	0 238	0 245	0 252	0 259
08	0 198	0 206	0 213	0 220	0 228	0 235	0 242	0 250	0 257	0 264
1 10	0 202	0 209	0 217	0 224	0 232	0 239	0 247	0 254	0 262	0 269
12	0 206	0 213	0 221	0 228	0 236	0 244	0 251	0 259	0 267	0 274
14	0 209	0 217	0 225	0 233	0 240	0 248	0 256	0 264	0 271	0 279
16	0 213	0 221	0 229	0 237	0 244	0 252	0 260	0 268	0 276	0 284
18	0 217	0 225	0 233	0 241	0 249	0 257	0 265	0 273	0 281	0 289
1 20	0 220	0 228	0 237	0 245	0 253	0 261	0 269	0 277	0 286	0 294
22	0 224	0 232	0 241	0 249	0 257	0 265	0 274	0 282	0 290	0 299
24	0 228	0 236	0 245	0 253	0 261	0 270	0 278	0 287	0 295	0 304
26	0 231	0 240	0 248	0 257	0 266	0 274	0 283	0 291	0 300	0 308
28	0 235	0 244	0 252	0 261	0 270	0 279	0 287	0 296	0 305	0 313
1 30	0 239	0 248	0 256	0 265	0 274	0 283	0 292	0 301	0 309	0 318
32	0 242	0 251	0 260	0 269	0 279	0 287	0 296	0 305	0 314	0 323
34	0 246	0 255	0 264	0 273	0 283	0 292	0 301	0 310	0 319	0 328
36	0 250	0 259	0 268	0 277	0 287	0 296	0 305	0 314	0 324	0 333
38	0 253	0 263	0 272	0 282	0 291	0 300	0 310	0 319	0 328	0 338
1 40	0 257	0 267	0 276	0 286	0 295	0 305	0 314	0 324	0 333	0 343
42	0 261	0 270	0 280	0 290	0 299	0 309	0 319	0 328	0 338	0 348
44	0 264	0 274	0 284	0 294	0 304	0 313	0 323	0 333	0 343	0 353
46	0 268	0 278	0 288	0 298	0 308	0 318	0 328	0 338	0 347	0 357
48	0 272	0 282	0 292	0 302	0 312	0 322	0 332	0 342	0 352	0 362
1 50	0 275	0 286	0 296	0 306	0 316	0 326	0 337	0 347	0 357	0 367
52	0 279	0 289	0 300	0 310	0 320	0 331	0 341	0 351	0 362	0 372
54	0 283	0 293	0 304	0 314	0 325	0 335	0 346	0 356	0 367	0 377
56	0 286	0 297	0 308	0 318	0 329	0 339	0 350	0 361	0 371	0 382
58	0 290	0 301	0 312	0 322	0 333	0 344	0 355	0 365	0 376	0 387
1 60	0 294	0 305	0 316	0 326	0 337	0 348	0 359	0 370	0 381	0 392
62	0 297	0 308	0 319	0 330	0 341	0 353	0 364	0 375	0 386	0 397
64	0 301	0 312	0 323	0 335	0 346	0 357	0 368	0 379	0 390	0 401
66	0 305	0 316	0 327	0 339	0 350	0 361	0 373	0 384	0 395	0 406
68	0 308	0 320	0 331	0 343	0 354	0 366	0 377	0 388	0 400	0 411
1 70	0 312	0 324	0 335	0 347	0 358	0 370	0 381	0 393	0 405	0 416
72	0 316	0 327	0 339	0 351	0 363	0 374	0 386	0 398	0 409	0 421

0,34

Epaisseur : 0m 34 centimètres

Longueur	Futailles	0 74	0 76	0 78	0 80	0 82	0 84	0 86	0 88	0 90	0 92
		Largeur en Centimètres									
0 74		0 186									
76		0 191	0 196								
78		0 196	0 202	0 207							
0 80		0 201	0 207	0 212	0 218						
82		0 206	0 212	0 218	0 223	0 229					
84		0 211	0 217	0 223	0 228	0 234	0 240				
86		0 216	0 222	0 228	0 234	0 240	0 246	0 251			
88		0 221	0 227	0 233	0 239	0 245	0 251	0 257	0 263		
0 90		0 226	0 233	0 239	0 245	0 251	0 257	0 263	0 269	0 275	
92		0 231	0 238	0 244	0 250	0 257	0 263	0 269	0 276	0 282	0 288
94		0 237	0 243	0 249	0 256	0 262	0 268	0 275	0 281	0 288	0 294
96		0 242	0 248	0 255	0 261	0 268	0 274	0 281	0 287	0 294	0 300
98		0 247	0 253	0 260	0 267	0 273	0 280	0 287	0 293	0 300	0 307
1 —		0 252	0 258	0 265	0 272	0 279	0 286	0 292	0 299	0 306	0 313
02		0 257	0 264	0 271	0 277	0 284	0 291	0 298	0 305	0 312	0 319
04		0 262	0 269	0 276	0 283	0 290	0 297	0 304	0 311	0 318	0 325
06		0 267	0 274	0 281	0 288	0 296	0 303	0 310	0 317	0 324	0 332
08		0 272	0 279	0 286	0 294	0 301	0 308	0 316	0 323	0 331	0 338
1 10		0 277	0 284	0 292	0 299	0 307	0 314	0 322	0 329	0 337	0 344
12		0 282	0 289	0 297	0 305	0 312	0 320	0 327	0 335	0 343	0 350
14		0 287	0 295	0 302	0 310	0 318	0 326	0 333	0 341	0 349	0 357
16		0 292	0 300	0 308	0 316	0 323	0 331	0 339	0 347	0 355	0 363
18		0 297	0 305	0 313	0 321	0 329	0 337	0 345	0 353	0 361	0 369
1 20		0 302	0 310	0 318	0 326	0 335	0 343	0 351	0 359	0 367	0 375
22		0 307	0 315	0 324	0 332	0 340	0 348	0 357	0 365	0 373	0 382
24		0 312	0 320	0 329	0 337	0 346	0 354	0 363	0 371	0 379	0 388
26		0 317	0 326	0 334	0 343	0 351	0 360	0 368	0 377	0 386	0 394
28		0 322	0 331	0 339	0 348	0 357	0 366	0 374	0 383	0 392	0 400
1 30		0 327	0 336	0 345	0 354	0 362	0 371	0 380	0 389	0 398	0 407
32		0 332	0 341	0 350	0 359	0 368	0 377	0 386	0 395	0 404	0 413
34		0 337	0 346	0 355	0 364	0 374	0 383	0 392	0 401	0 410	0 419
36		0 342	0 351	0 361	0 370	0 379	0 388	0 398	0 407	0 416	0 425
38		0 347	0 357	0 366	0 375	0 385	0 394	0 404	0 413	0 422	0 432
1 40		0 352	0 362	0 371	0 381	0 390	0 400	0 409	0 419	0 428	0 438
42		0 357	0 367	0 377	0 386	0 396	0 406	0 415	0 425	0 435	0 444
44		0 362	0 372	0 382	0 392	0 401	0 411	0 421	0 431	0 441	0 450
46		0 367	0 377	0 387	0 397	0 407	0 417	0 427	0 437	0 447	0 457
48		0 372	0 382	0 392	0 403	0 413	0 423	0 433	0 443	0 453	0 463
1 50		0 377	0 388	0 398	0 408	0 418	0 428	0 439	0 449	0 459	0 469
52		0 382	0 393	0 403	0 413	0 424	0 434	0 445	0 455	0 465	0 475
54		0 387	0 398	0 408	0 419	0 429	0 440	0 451	0 461	0 471	0 482
56		0 392	0 403	0 414	0 424	0 435	0 446	0 457	0 467	0 477	0 488
58		0 398	0 408	0 419	0 430	0 441	0 451	0 463	0 473	0 483	0 494
1 60		0 403	0 413	0 424	0 435	0 446	0 457	0 469	0 479	0 490	0 500
62		0 408	0 419	0 430	0 441	0 452	0 463	0 474	0 485	0 496	0 507
64		0 413	0 424	0 435	0 446	0 457	0 469	0 480	0 491	0 502	0 513
66		0 418	0 429	0 440	0 452	0 463	0 474	0 485	0 497	0 508	0 519
68		0 423	0 434	0 446	0 457	0 468	0 480	0 491	0 503	0 514	0 526
1 70		0 428	0 439	0 451	0 462	0 474	0 486	0 497	0 509	0 520	0 532
72		0 433	0 444	0 456	0 468	0 480	0 491	0 503	0 515	0 526	0 538
74		0 438	0 450	0 461	0 473	0 485	0 497	0 509	0 521	0 532	0 544
76		0 443	0 455	0 467	0 479	0 491	0 503	0 515	0 527	0 539	0 551
78		0 448	0 460	0 472	0 484	0 496	0 508	0 520	0 533	0 545	0 557
1 80		0 453	0 465	0 477	0 490	0 502	0 514	0 526	0 539	0 551	0 563
82		0 458	0 470	0 483	0 495	0 507	0 520	0 532	0 545	0 557	0 569
84		0 463	0 475	0 488	0 500	0 513	0 526	0 538	0 551	0 563	0 576
86		0 468	0 481	0 493	0 506	0 519	0 531	0 544	0 557	0 569	0 582
88		0 473	0 486	0 499	0 511	0 524	0 537	0 550	0 562	0 575	0 588
1 90		0 478	0 491	0 504	0 517	0 530	0 543	0 556	0 568	0 581	0 594
92		0 483	0 496	0 509	0 522	0 535	0 548	0 561	0 574	0 588	0 601
94		0 488	0 501	0 514	0 528	0 541	0 554	0 567	0 580	0 594	0 607
96		0 493	0 506	0 520	0 533	0 546	0 560	0 573	0 586	0 600	0 613
98		0 498	0 512	0 525	0 539	0 552	0 565	0 579	0 592	0 606	0 619
2 —		0 503	0 517	0 530	0 544	0 558	0 571	0 585	0 598	0 612	0 626
02		0 508	0 522	0 536	0 549	0 563	0 577	0 591	0 604	0 618	0 632
04		0 513	0 527	0 541	0 555	0 569	0 583	0 596	0 610	0 624	0 638
06		0 518	0 532	0 546	0 560	0 574	0 588	0 602	0 616	0 630	0 644
08		0 523	0 537	0 552	0 566	0 580	0 594	0 608	0 622	0 636	0 651
2 10		0 528	0 543	0 557	0 571	0 585	0 600	0 614	0 628	0 643	0 657
12		0 533	0 548	0 562	0 577	0 591	0 605	0 620	0 634	0 649	0 663

Epaisseur : 0m 34 centimètres

Longueur	0 94	0 96	0 98	1 00	1 02	1 04	1 06	1 08	1 10	1 12
	Largeur en Centimètres									
0 94	0 300									
96	0 307	0 313								
98	0 313	0 320	0 327							
1 —	0 320	0 326	0 333	0 340						
02	0 326	0 333	0 340	0 347	0 354					
04	0 332	0 339	0 347	0 354	0 361	0 368				
06	0 339	0 346	0 353	0 360	0 368	0 375	0m 382			
08	0 345	0 353	0 360	0 367	0 375	0 382	0 389	0 397		
1 10	0 352	0 359	0 367	0 374	0 381	0 389	0 396	0 404	0 411	
12	0 358	0 366	0 373	0 381	0 388	0 396	0 404	0 411	0 419	0 426
14	0 364	0 372	0 380	0 388	0 395	0 403	0 411	0 419	0 426	0 434
16	0 371	0 379	0 387	0 394	0 402	0 410	0 418	0 426	0 434	0 442
18	0 377	0 385	0 393	0 401	0 409	0 417	0 425	0 433	0 441	0 449
1 20	0 384	0 392	0 400	0 408	0 416	0 424	0 432	0 441	0 449	0 457
22	0 390	0 398	0 407	0 415	0 423	0 431	0 440	0 448	0 456	0 465
24	0 396	0 405	0 413	0 422	0 430	0 438	0 447	0 455	0 464	0 472
26	0 403	0 411	0 420	0 428	0 437	0 446	0 454	0 463	0 471	0 480
28	0 409	0 418	0 426	0 435	0 444	0 453	0 461	0 470	0 479	0 487
1 30	0 415	0 424	0 433	0 442	0 451	0 460	0 469	0 477	0 486	0 495
32	0 422	0 431	0 440	0 449	0 458	0 467	0 476	0 485	0 494	0 503
34	0 428	0 437	0 446	0 456	0 465	0 474	0 483	0 492	0 501	0 510
36	0 435	0 444	0 453	0 462	0 472	0 481	0 490	0 499	0 509	0 518
38	0 441	0 450	0 460	0 469	0 479	0 488	0 497	0 507	0 516	0 526
1 40	0 447	0 457	0 466	0 476	0 486	0 495	0 505	0 514	0 524	0 533
42	0 454	0 463	0 473	0 483	0 492	0 502	0 512	0 521	0 531	0 541
44	0 460	0 470	0 480	0 490	0 499	0 509	0 519	0 529	0 539	0 548
46	0 467	0 477	0 486	0 496	0 506	0 516	0 526	0 536	0 546	0 556
48	0 473	0 483	0 493	0 503	0 513	0 523	0 533	0 543	0 554	0 564
1 50	0 479	0 490	0 500	0 510	0 520	0 530	0 541	0 551	0 561	0 571
52	0 486	0 496	0 506	0 517	0 527	0 537	0 548	0 558	0 568	0 579
54	0 492	0 503	0 513	0 524	0 534	0 545	0 555	0 565	0 576	0 586
56	0 499	0 509	0 520	0 530	0 541	0 552	0 562	0 573	0 583	0 594
58	0 505	0 516	0 526	0 537	0 548	0 559	0 569	0 580	0 591	0 602
1 60	0 511	0 522	0 533	0 544	0 555	0 566	0 577	0 588	0 598	0 609
62	0 518	0 529	0 540	0 551	0 562	0 573	0 584	0 595	0 606	0 617
64	0 524	0 535	0 546	0 558	0 569	0 580	0 591	0 602	0 613	0 625
66	0 531	0 542	0 553	0 564	0 576	0 587	0 598	0 610	0 621	0 632
68	0 537	0 548	0 560	0 571	0 583	0 594	0 605	0 617	0 628	0 640
1 70	0 543	0 555	0 566	0 578	0 590	0 601	0 613	0 624	0 636	0 647
72	0 550	0 561	0 573	0 585	0 596	0 608	0 620	0 632	0 643	0 655
74	0 556	0 568	0 580	0 592	0 603	0 615	0 627	0 639	0 651	0 663
76	0 562	0 574	0 586	0 598	0 610	0 622	0 634	0 646	0 658	0 670
78	0 569	0 581	0 593	0 605	0 617	0 629	0 642	0 654	0 666	0 678
1 80	0 575	0 588	0 600	0 612	0 624	0 636	0 649	0 661	0 673	0 685
82	0 582	0 594	0 606	0 619	0 631	0 644	0 656	0 668	0 681	0 693
84	0 588	0 601	0 613	0 626	0 638	0 651	0 663	0 676	0 688	0 701
86	0 594	0 607	0 620	0 632	0 645	0 658	0 670	0 683	0 696	0 708
88	0 601	0 614	0 626	0 639	0 652	0 665	0 678	0 690	0 703	0 716
1 90	0 607	0 620	0 633	0 646	0 659	0 672	0 685	0 698	0 711	0 724
92	0 614	0 627	0 640	0 653	0 666	0 679	0 692	0 705	0 718	0 731
94	0 620	0 633	0 646	0 660	0 673	0 686	0 699	0 712	0 726	0 739
96	0 626	0 640	0 653	0 666	0 680	0 693	0 706	0 720	0 733	0 746
98	0 633	0 646	0 660	0 673	0 687	0 700	0 714	0 727	0 741	0 754
2 —	0 639	0 653	0 666	0 680	0 694	0 707	0 721	0 734	0 748	0 762
02	0 646	0 659	0 673	0 687	0 701	0 714	0 728	0 742	0 755	0 769
04	0 652	0 666	0 680	0 694	0 707	0 721	0 735	0 749	0 763	0 777
06	0 658	0 672	0 686	0 700	0 714	0 728	0 742	0 756	0 770	0 784
08	0 665	0 679	0 693	0 707	0 721	0 735	0 750	0 764	0 778	0 792
2 10	0 671	0 685	0 700	0 714	0 728	0 743	0 757	0 771	0 785	0 800
12	0 678	0 692	0 706	0 721	0 735	0 750	0 764	0 778	0 793	0 807

Epaisseur : 0m 36 centimètres

Longueur	Futailles	Largeur en centimètres: 0 36	0 38	0 40	0 42	0 44	0 46	0 48	0 50	0 52	0 54
m 0 36	0 037	0 047									
38	0 039	0 049	0 052								
0 40	0 041	0 052	0 055	0 058							
42	0 044	0 054	0 057	0 060	0 064						
44	0 046	0 057	0 060	0 063	0 067	0 070					
46	0 048	0 060	0 063	0 066	0 070	0 073	0 076				
48	0 050	0 062	0 066	0 069	0 073	0 076	0 079	0 083			
0 50	0 052	0 065	0 068	0 072	0 076	0 079	0 083	0 086	0 090		
52	0 054	0 067	0 071	0 075	0 079	0 082	0 086	0 090	0 094	0 097	
54	0 056	0 070	0 074	0 078	0 082	0 086	0 089	0 093	0 097	0 101	0 105
56	0 058	0 073	0 077	0 081	0 085	0 089	0 093	0 097	0 101	0 105	0 109
58	0 060	0 075	0 079	0 084	0 088	0 092	0 096	0 100	0 104	0 109	0 113
0 60	0 062	0 078	0 082	0 086	0 091	0 095	0 099	0 104	0 108	0 112	0 117
62	0 064	0 080	0 085	0 089	0 094	0 098	0 103	0 107	0 112	0 116	0 121
64	0 066	0 083	0 088	0 092	0 097	0 101	0 106	0 111	0 115	0 120	0 124
66	0 068	0 086	0 090	0 095	0 100	0 105	0 109	0 114	0 119	0 124	0 128
68	0 071	0 088	0 093	0 098	0 103	0 108	0 113	0 118	0 122	0 127	0 132
0 70	0 073	0 091	0 096	0 101	0 106	0 111	0 116	0 121	0 126	0 131	0 136
72	0 075	0 093	0 098	0 104	0 109	0 114	0 119	0 124	0 130	0 135	0 140
74	0 077	0 096	0 101	0 107	0 112	0 117	0 123	0 128	0 133	0 139	0 144
76	0 079	0 098	0 104	0 109	0 115	0 120	0 126	0 131	0 137	0 142	0 148
78	0 081	0 101	0 107	0 112	0 118	0 124	0 129	0 135	0 140	0 146	0 152
0 80	0 083	0 104	0 109	0 115	0 121	0 127	0 132	0 138	0 144	0 150	0 156
82	0 085	0 106	0 112	0 118	0 124	0 130	0 135	0 142	0 148	0 154	0 159
84	0 087	0 109	0 115	0 121	0 127	0 133	0 139	0 145	0 151	0 157	0 163
86	0 089	0 111	0 118	0 124	0 130	0 136	0 142	0 149	0 155	0 161	0 167
88	0 091	0 114	0 120	0 127	0 133	0 139	0 146	0 152	0 158	0 165	0 171
0 90	0 093	0 117	0 123	0 130	0 136	0 143	0 149	0 156	0 162	0 168	0 175
92	0 095	0 119	0 126	0 132	0 139	0 146	0 152	0 159	0 166	0 172	0 179
94	0 097	0 122	0 129	0 135	0 142	0 149	0 156	0 162	0 169	0 176	0 183
96	0 100	0 124	0 131	0 138	0 145	0 152	0 159	0 166	0 173	0 180	0 187
98	0 102	0 127	0 134	0 141	0 148	0 155	0 162	0 169	0 176	0 183	0 191
1 —	0 104	0 130	0 137	0 144	0 151	0 158	0 166	0 173	0 180	0 187	0 194
02	0 106	0 132	0 140	0 147	0 154	0 162	0 169	0 176	0 184	0 191	0 198
04	0 108	0 135	0 142	0 150	0 157	0 165	0 172	0 179	0 187	0 195	0 202
06	0 110	0 137	0 145	0 153	0 160	0 168	0 176	0 183	0 191	0 198	0 206
08	0 112	0 140	0 148	0 156	0 163	0 171	0 179	0 186	0 194	0 202	0 210
1 10	0 114	0 143	0 150	0 158	0 166	0 174	0 182	0 190	0 198	0 206	0 214
12	0 116	0 145	0 153	0 161	0 169	0 177	0 185	0 193	0 202	0 210	0 218
14	0 118	0 148	0 156	0 164	0 172	0 181	0 189	0 197	0 205	0 213	0 222
16	0 120	0 150	0 159	0 167	0 175	0 184	0 192	0 200	0 209	0 217	0 226
18	0 122	0 153	0 161	0 170	0 178	0 187	0 195	0 204	0 212	0 221	0 229
1 20	0 124	0 156	0 164	0 173	0 181	0 190	0 199	0 207	0 216	0 225	0 233
22	0 126	0 158	0 167	0 176	0 184	0 193	0 202	0 211	0 220	0 228	0 237
24	0 129	0 161	0 170	0 179	0 187	0 196	0 205	0 214	0 223	0 232	0 241
26	0 131	0 163	0 172	0 181	0 191	0 200	0 209	0 218	0 227	0 236	0 245
28	0 133	0 166	0 175	0 184	0 194	0 203	0 212	0 221	0 230	0 240	0 249
1 30	0 135	0 168	0 178	0 187	0 197	0 206	0 215	0 225	0 234	0 243	0 253
32	0 137	0 171	0 181	0 190	0 200	0 209	0 219	0 228	0 238	0 247	0 257
34	0 139	0 174	0 183	0 193	0 203	0 212	0 222	0 232	0 241	0 251	0 260
36	0 141	0 176	0 186	0 196	0 206	0 215	0 225	0 235	0 245	0 255	0 264
38	0 143	0 179	0 189	0 199	0 209	0 219	0 229	0 238	0 248	0 258	0 268
1 40	0 145	0 181	0 192	0 202	0 212	0 222	0 232	0 242	0 252	0 262	0 272
42	0 147	0 184	0 194	0 204	0 215	0 225	0 235	0 245	0 256	0 266	0 276
44	0 149	0 187	0 197	0 207	0 218	0 228	0 238	0 249	0 259	0 270	0 280
46	0 151	0 189	0 200	0 210	0 221	0 231	0 242	0 252	0 263	0 273	0 284
48	0 153	0 192	0 202	0 213	0 224	0 234	0 245	0 256	0 266	0 277	0 288
1 50	0 156	0 194	0 205	0 216	0 227	0 238	0 248	0 259	0 270	0 281	0 292
52	0 158	0 197	0 208	0 219	0 230	0 241	0 252	0 263	0 274	0 285	0 295
54	0 160	0 199	0 211	0 222	0 233	0 244	0 255	0 266	0 277	0 288	0 299
56	0 162	0 202	0 213	0 225	0 236	0 247	0 258	0 270	0 281	0 292	0 303
58	0 164	0 205	0 216	0 228	0 239	0 250	0 262	0 273	0 284	0 296	0 307
1 60	0 166	0 207	0 219	0 230	0 242	0 253	0 265	0 276	0 288	0 300	0 311
62	0 168	0 210	0 222	0 233	0 245	0 257	0 268	0 280	0 292	0 303	0 315
64	0 170	0 212	0 224	0 236	0 248	0 260	0 272	0 283	0 295	0 307	0 319
66	0 172	0 215	0 227	0 239	0 251	0 263	0 275	0 287	0 299	0 311	0 323
68	0 174	0 218	0 230	0 242	0 254	0 266	0 278	0 290	0 302	0 315	0 327
1 70	0 176	0 220	0 233	0 245	0 257	0 269	0 282	0 294	0 306	0 318	0 330
72	0 178	0 223	0 235	0 248	0 260	0 272	0 285	0 297	0 310	0 322	0 334
74	0 180	0 226	0 238	0 251	0 263	0 276	0 288	0 301	0 313	0 326	0 338

Epaisseur : 0m 36 centimètres

Longueur	Largeur en centimètres: 0 56	0 58	0 60	0 62	0 64	0 66	0 68	0 70	0 72	0 74
m 0 56	0 113									
58	0 117	0 121								
0 60	0 121	0 125	0 130							
62	0 125	0 129	0 134	0 138						
64	0 129	0 134	0 138	0 143	0 147					
66	0 133	0 138	0 143	0 147	0 152	0 157				
68	0 137	0 142	0 147	0 152	0 157	0 162	0 166			
0 70	0 141	0 146	0 151	0 156	0 161	0 166	0 171	0 176		
72	0 145	0 150	0 156	0 161	0 166	0 171	0 176	0 181	0 187	
74	0 149	0 155	0 160	0 165	0 170	0 176	0 181	0 186	0 192	0 197
76	0 153	0 159	0 164	0 170	0 175	0 181	0 186	0 192	0 197	0 202
78	0 157	0 163	0 168	0 174	0 180	0 185	0 191	0 197	0 202	0 208
0 80	0 161	0 167	0 173	0 179	0 184	0 190	0 196	0 202	0 207	0 213
82	0 165	0 171	0 177	0 183	0 189	0 195	0 201	0 207	0 213	0 218
84	0 169	0 175	0 181	0 187	0 194	0 200	0 206	0 212	0 218	0 224
86	0 173	0 180	0 186	0 192	0 198	0 204	0 211	0 217	0 223	0 229
88	0 177	0 184	0 190	0 196	0 203	0 209	0 215	0 222	0 228	0 234
0 90	0 181	0 188	0 194	0 201	0 207	0 214	0 220	0 227	0 233	0 240
92	0 185	0 192	0 199	0 205	0 212	0 219	0 225	0 232	0 238	0 245
94	0 190	0 196	0 203	0 210	0 217	0 223	0 230	0 237	0 244	0 250
96	0 194	0 200	0 207	0 214	0 221	0 228	0 235	0 242	0 249	0 256
98	0 198	0 205	0 212	0 219	0 226	0 233	0 240	0 247	0 254	0 261
1 —	0 202	0 209	0 216	0 223	0 230	0 238	0 245	0 252	0 259	0 266
02	0 206	0 213	0 220	0 228	0 235	0 242	0 250	0 257	0 264	0 272
04	0 210	0 217	0 225	0 232	0 240	0 247	0 255	0 262	0 270	0 277
06	0 214	0 221	0 229	0 237	0 244	0 252	0 259	0 267	0 275	0 282
08	0 218	0 226	0 233	0 241	0 249	0 257	0 264	0 272	0 280	0 288
1 10	0 222	0 230	0 238	0 246	0 253	0 261	0 269	0 277	0 285	0 293
12	0 226	0 234	0 242	0 250	0 258	0 266	0 274	0 282	0 290	0 298
14	0 230	0 238	0 246	0 254	0 263	0 271	0 279	0 287	0 295	0 304
16	0 234	0 242	0 251	0 259	0 267	0 276	0 284	0 292	0 301	0 309
18	0 238	0 246	0 255	0 263	0 272	0 280	0 289	0 297	0 306	0 314
1 20	0 242	0 251	0 259	0 268	0 276	0 285	0 294	0 302	0 311	0 320
22	0 246	0 255	0 264	0 272	0 281	0 290	0 299	0 307	0 316	0 325
24	0 250	0 259	0 268	0 277	0 286	0 295	0 304	0 312	0 321	0 330
26	0 254	0 263	0 272	0 281	0 290	0 299	0 308	0 313	0 327	0 336
28	0 258	0 267	0 276	0 286	0 295	0 304	0 313	0 32	0 332	0 341
1 30	0 262	0 271	0 281	0 290	0 300	0 309	0 318	0 328	0 337	0 346
32	0 266	0 276	0 285	0 295	0 304	0 314	0 323	0 333	0 342	0 352
34	0 270	0 280	0 289	0 299	0 309	0 318	0 328	0 338	0 347	0 357
36	0 274	0 284	0 294	0 304	0 313	0 323	0 333	0 343	0 352	0 362
38	0 278	0 288	0 298	0 308	0 318	0 328	0 338	0 348	0 358	0 368
1 40	0 282	0 292	0 302	0 312	0 323	0 333	0 343	0 353	0 363	0 373
42	0 286	0 296	0 307	0 317	0 327	0 337	0 348	0 358	0 368	0 378
44	0 290	0 301	0 311	0 321	0 332	0 342	0 353	0 363	0 373	0 384
46	0 294	0 305	0 315	0 326	0 336	0 347	0 357	0 368	0 378	0 389
48	0 298	0 309	0 320	0 330	0 341	0 352	0 362	0 373	0 384	0 394
1 50	0 302	0 313	0 324	0 335	0 346	0 356	0 367	0 378	0 389	0 400
52	0 306	0 317	0 328	0 339	0 350	0 361	0 372	0 383	0 394	0 405
54	0 310	0 322	0 333	0 344	0 355	0 366	0 377	0 388	0 399	0 410
56	0 314	0 326	0 337	0 348	0 359	0 371	0 382	0 393	0 404	0 416
58	0 319	0 330	0 341	0 353	0 364	0 375	0 387	0 398	0 410	0 421
1 60	0 323	0 334	0 346	0 357	0 369	0 380	0 392	0 403	0 415	0 426
62	0 327	0 338	0 350	0 362	0 373	0 385	0 397	0 408	0 420	0 432
64	0 331	0 342	0 354	0 366	0 378	0 390	0 401	0 413	0 425	0 437
66	0 335	0 347	0 359	0 371	0 382	0 394	0 406	0 418	0 430	0 442
68	0 339	0 351	0 363	0 375	0 387	0 399	0 411	0 423	0 435	0 448
1 70	0 343	0 355	0 367	0 379	0 392	0 404	0 416	0 428	0 441	0 453
72	0 347	0 359	0 372	0 384	0 396	0 409	0 421	0 433	0 446	0 458
74	0 351	0 363	0 376	0 388	0 401	0 413	0 426	0 438	0 451	0 464

Epaisseur : 0m 36 centimètres

Longueur	Largeur en centimètres 0 76	0 78	0 80	0 82	0 84	0 86	0 88	0 90	0 92	0 94
0 76	0 208									
78	0 213	0 219								
0 80	0 219	0 225	0 230							
82	0 224	0 230	0 236	0 242						
84	0 230	0 236	0 242	0 248	0 254					
86	0 235	0 241	0 248	0 254	0 260	0 266				
88	0 241	0 247	0 253	0 260	0 266	0 272	0 279			
0 90	0 246	0 253	0 259	0 266	0 272	0 279	0 285	0 292		
92	0 252	0 258	0 265	0 272	0 278	0 285	0 291	0 298	0 305	
94	0 257	0 264	0 271	0 277	0 284	0 291	0 298	0 305	0 311	0 318
96	0 263	0 270	0 276	0 283	0 290	0 297	0 304	0 311	0 318	0 325
98	0 268	0 275	0 282	0 289	0 296	0 303	0 310	0 318	0 325	0 332
1 —	0 274	0 281	0 288	0 295	0 302	0 310	0 317	0 324	0 331	0 338
02	0 279	0 286	0 294	0 301	0 308	0 316	0 323	0 330	0 338	0 345
04	0 285	0 292	0 300	0 307	0 314	0 322	0 329	0 337	0 344	0 352
06	0 290	0 298	0 305	0 313	0 321	0 328	0 336	0 343	0 351	0 359
08	0 295	0 303	0 311	0 319	0 327	0 334	0 342	0 350	0 358	0 365
1 10	0 301	0 309	0 317	0 325	0 333	0 341	0 348	0 356	0 364	0 372
12	0 306	0 314	0 323	0 331	0 339	0 347	0 355	0 363	0 371	0 379
14	0 312	0 320	0 328	0 337	0 345	0 353	0 361	0 369	0 378	0 386
16	0 317	0 326	0 334	0 342	0 351	0 359	0 367	0 376	0 384	0 393
18	0 323	0 331	0 340	0 348	0 357	0 365	0 374	0 382	0 391	0 399
1 20	0 328	0 337	0 346	0 354	0 363	0 372	0 380	0 389	0 397	0 406
22	0 334	0 343	0 351	0 360	0 369	0 378	0 386	0 395	0 404	0 413
24	0 339	0 348	0 357	0 366	0 375	0 384	0 393	0 402	0 411	0 420
26	0 345	0 354	0 363	0 372	0 381	0 390	0 399	0 408	0 417	0 426
28	0 350	0 359	0 369	0 378	0 387	0 396	0 406	0 415	0 424	0 433
1 30	0 356	0 365	0 374	0 384	0 393	0 402	0 412	0 421	0 431	0 440
32	0 361	0 371	0 380	0 390	0 399	0 409	0 418	0 428	0 437	0 447
34	0 367	0 376	0 386	0 396	0 405	0 415	0 425	0 434	0 444	0 453
36	0 372	0 382	0 392	0 401	0 411	0 421	0 431	0 441	0 450	0 460
38	0 378	0 388	0 397	0 407	0 417	0 427	0 437	0 447	0 457	0 467
1 40	0 383	0 393	0 403	0 413	0 423	0 433	0 444	0 454	0 464	0 474
42	0 389	0 399	0 409	0 419	0 429	0 440	0 450	0 460	0 470	0 481
44	0 394	0 404	0 415	0 425	0 435	0 446	0 456	0 467	0 477	0 487
46	0 399	0 410	0 420	0 431	0 442	0 452	0 463	0 473	0 484	0 494
48	0 405	0 416	0 426	0 437	0 448	0 458	0 469	0 480	0 490	0 501
1 50	0 410	0 421	0 432	0 443	0 454	0 464	0 475	0 486	0 497	0 508
52	0 416	0 427	0 438	0 449	0 460	0 471	0 482	0 492	0 503	0 514
54	0 421	0 432	0 444	0 455	0 466	0 477	0 488	0 499	0 510	0 521
56	0 427	0 438	0 449	0 461	0 472	0 483	0 494	0 505	0 517	0 528
58	0 432	0 444	0 455	0 466	0 478	0 489	0 501	0 512	0 523	0 535
1 60	0 438	0 449	0 461	0 472	0 484	0 495	0 507	0 518	0 530	0 541
62	0 443	0 455	0 467	0 478	0 490	0 502	0 513	0 525	0 537	0 548
64	0 449	0 461	0 472	0 484	0 496	0 508	0 520	0 531	0 543	0 555
66	0 454	0 466	0 478	0 490	0 502	0 514	0 526	0 538	0 550	0 562
68	0 460	0 472	0 484	0 496	0 508	0 520	0 532	0 544	0 556	0 569
1 70	0 465	0 477	0 490	0 502	0 514	0 526	0 539	0 551	0 563	0 575
72	0 471	0 483	0 495	0 508	0 520	0 533	0 545	0 557	0 570	0 582
74	0 476	0 489	0 501	0 514	0 526	0 539	0 551	0 564	0 576	0 589
76	0 482	0 494	0 507	0 520	0 532	0 545	0 558	0 570	0 583	0 596
78	0 487	0 500	0 513	0 525	0 538	0 551	0 564	0 577	0 590	0 602
1 80	0 492	0 505	0 518	0 531	0 544	0 557	0 570	0 583	0 596	0 609
82	0 498	0 511	0 524	0 537	0 550	0 563	0 577	0 590	0 603	0 616
84	0 503	0 517	0 530	0 543	0 556	0 570	0 583	0 596	0 609	0 623
86	0 509	0 522	0 536	0 549	0 562	0 576	0 589	0 603	0 616	0 629
88	0 514	0 528	0 541	0 555	0 569	0 582	0 596	0 609	0 623	0 636
1 90	0 520	0 534	0 547	0 561	0 575	0 588	0 602	0 616	0 629	0 643
92	0 525	0 539	0 553	0 567	0 581	0 594	0 608	0 622	0 636	0 650
94	0 531	0 545	0 559	0 573	0 587	0 601	0 615	0 629	0 643	0 656
96	0 536	0 550	0 564	0 579	0 593	0 607	0 621	0 635	0 649	0 663
98	0 542	0 556	0 570	0 585	0 599	0 613	0 627	0 642	0 656	0 670
2 —	0 547	0 562	0 576	0 590	0 605	0 619	0 634	0 648	0 662	0 677
02	0 553	0 567	0 582	0 596	0 611	0 625	0 640	0 654	0 669	0 684
04	0 558	0 573	0 588	0 602	0 617	0 632	0 646	0 661	0 676	0 690
06	0 564	0 578	0 593	0 608	0 623	0 638	0 653	0 667	0 682	0 697
08	0 569	0 584	0 599	0 614	0 629	0 644	0 659	0 674	0 689	0 704
2 10	0 575	0 590	0 605	0 620	0 635	0 650	0 665	0 680	0 695	0 711
12	0 580	0 595	0 611	0 626	0 641	0 656	0 672	0 687	0 702	0 717
14	0 585	0 601	0 616	0 632	0 647	0 663	0 678	0 693	0 709	0 724

Epaisseur : 0m 36 centimètres

Longueur	Largeur en centimètres 0 96	0 98	1 00	1 02	1 04	1 06	1 08	1 10	1 12	1 14
0 96	0 332									
98	0 339	0 346								
1 —	0 346	0 353	0 360							
02	0 353	0 360	0 367	0 375						
04	0 359	0 367	0 374	0 382	0 389					
06	0 366	0 374	0 382	0 389	0 397	0 404				
08	0 373	0 381	0 389	0 397	0 404	0 412	0 420			
1 10	0 380	0 388	0 396	0 404	0 412	0 420	0 428	0 436		
12	0 387	0 395	0 403	0 411	0 419	0 427	0 435	0 444	0 452	
14	0 394	0 402	0 410	0 419	0 427	0 435	0 443	0 451	0 460	0 468
16	0 401	0 409	0 418	0 426	0 434	0 443	0 451	0 459	0 468	0 476
18	0 408	0 416	0 425	0 433	0 442	0 450	0 459	0 467	0 476	0 484
1 20	0 415	0 423	0 432	0 441	0 449	0 458	0 467	0 475	0 484	0 492
22	0 422	0 430	0 439	0 448	0 457	0 466	0 474	0 483	0 492	0 501
24	0 429	0 437	0 446	0 455	0 464	0 473	0 482	0 491	0 500	0 509
26	0 435	0 445	0 454	0 463	0 472	0 481	0 490	0 499	0 508	0 517
28	0 442	0 452	0 461	0 470	0 479	0 488	0 498	0 507	0 516	0 525
1 30	0 449	0 459	0 468	0 477	0 487	0 496	0 505	0 515	0 524	0 534
32	0 456	0 466	0 475	0 485	0 494	0 504	0 513	0 523	0 532	0 542
34	0 463	0 473	0 482	0 492	0 502	0 511	0 521	0 531	0 540	0 550
36	0 470	0 480	0 490	0 499	0 509	0 519	0 529	0 539	0 548	0 558
38	0 477	0 487	0 497	0 507	0 517	0 527	0 537	0 546	0 556	0 566
1 40	0 484	0 494	0 504	0 514	0 524	0 534	0 544	0 554	0 564	0 575
42	0 491	0 501	0 511	0 521	0 532	0 542	0 552	0 562	0 573	0 583
44	0 498	0 508	0 518	0 529	0 539	0 549	0 560	0 570	0 581	0 591
46	0 505	0 515	0 526	0 536	0 547	0 557	0 568	0 578	0 589	0 599
48	0 511	0 522	0 533	0 543	0 554	0 565	0 575	0 586	0 597	0 607
1 50	0 518	0 529	0 540	0 551	0 562	0 572	0 583	0 594	0 605	0 616
52	0 525	0 536	0 547	0 558	0 569	0 580	0 591	0 602	0 613	0 624
54	0 532	0 543	0 554	0 566	0 577	0 588	0 599	0 610	0 621	0 632
56	0 539	0 550	0 562	0 573	0 584	0 595	0 607	0 618	0 629	0 640
58	0 546	0 557	0 569	0 580	0 592	0 603	0 614	0 626	0 637	0 648
1 60	0 553	0 564	0 576	0 588	0 599	0 611	0 622	0 634	0 645	0 657
62	0 560	0 572	0 583	0 595	0 607	0 618	0 630	0 642	0 653	0 665
64	0 567	0 579	0 590	0 602	0 614	0 626	0 638	0 649	0 661	0 673
66	0 574	0 586	0 598	0 610	0 622	0 633	0 645	0 657	0 669	0 681
68	0 581	0 593	0 605	0 617	0 629	0 641	0 653	0 665	0 677	0 689
1 70	0 588	0 600	0 612	0 624	0 636	0 649	0 661	0 673	0 685	0 698
72	0 594	0 607	0 619	0 632	0 644	0 656	0 669	0 681	0 694	0 706
74	0 601	0 614	0 626	0 639	0 651	0 664	0 677	0 689	0 702	0 714
76	0 608	0 621	0 634	0 646	0 659	0 672	0 684	0 697	0 710	0 722
78	0 615	0 628	0 641	0 654	0 666	0 679	0 692	0 705	0 718	0 731
1 80	0 622	0 635	0 648	0 661	0 674	0 687	0 700	0 713	0 726	0 739
82	0 629	0 642	0 655	0 668	0 681	0 695	0 708	0 721	0 734	0 747
84	0 636	0 649	0 662	0 676	0 689	0 702	0 715	0 729	0 742	0 755
86	0 643	0 656	0 670	0 683	0 696	0 710	0 723	0 737	0 750	0 763
88	0 650	0 663	0 677	0 690	0 704	0 717	0 731	0 744	0 758	0 772
1 90	0 657	0 670	0 684	0 698	0 711	0 725	0 739	0 752	0 766	0 780
92	0 664	0 677	0 691	0 705	0 719	0 733	0 746	0 760	0 774	0 788
94	0 670	0 684	0 698	0 712	0 726	0 740	0 754	0 768	0 782	0 796
96	0 677	0 691	0 706	0 720	0 734	0 748	0 762	0 776	0 790	0 804
98	0 684	0 699	0 713	0 727	0 741	0 756	0 770	0 784	0 798	0 813
2 —	0 691	0 706	0 720	0 734	0 749	0 763	0 778	0 792	0 806	0 821
02	0 698	0 713	0 727	0 742	0 756	0 771	0 785	0 800	0 814	0 829
04	0 705	0 720	0 734	0 749	0 764	0 778	0 793	0 808	0 823	0 838
06	0 712	0 727	0 742	0 756	0 771	0 786	0 801	0 816	0 831	0 846
08	0 719	0 734	0 749	0 764	0 779	0 794	0 809	0 824	0 839	0 854
2 10	0 726	0 741	0 756	0 771	0 786	0 801	0 816	0 832	0 847	0 862
12	0 733	0 748	0 763	0 778	0 794	0 809	0 824	0 840	0 855	0 870
14	0 740	0 755	0 770	0 786	0 801	0 817	0 832	0 847	0 863	0 878

Epaisseur : 0^{m} 38 centimètres

Longueur	Futailles	0 38	0 40	0 42	0 44	0 46	0 48	0 50	0 52	0 54	0 56
		Largeur en centimètres									
0 38	0 044	0 055									
0 40	0 046	0 058	0 061								
42	0 049	0 061	0 064	0 067							
44	0 051	0 064	0 067	0 070	0 074						
46	0 053	0 066	0 070	0 073	0 077	0 080					
48	0 055	0 069	0 073	0 077	0 080	0 084	0 088				
0 50	0 058	0 072	0 076	0 080	0 084	0 087	0 091	0 095			
52	0 060	0 075	0 079	0 083	0 087	0 091	0 095	0 099	0 103		
54	0 062	0 078	0 082	0 086	0 090	0 094	0 098	0 103	0 107	0 111	
56	0 065	0 081	0 085	0 089	0 094	0 098	0 102	0 106	0 111	0 115	0 119
58	0 067	0 084	0 088	0 093	0 097	0 101	0 106	0 110	0 115	0 119	0 123
0 60	0 069	0 087	0 091	0 096	0 100	0 105	0 109	0 114	0 119	0 123	0 128
62	0 072	0 090	0 094	0 099	0 104	0 108	0 113	0 118	0 123	0 127	0 132
64	0 074	0 092	0 097	0 102	0 107	0 112	0 117	0 122	0 126	0 131	0 136
66	0 076	0 095	0 100	0 105	0 110	0 115	0 120	0 125	0 130	0 135	0 140
68	0 079	0 098	0 103	0 109	0 114	0 119	0 124	0 129	0 134	0 140	0 145
0 70	0 081	0 101	0 106	0 112	0 117	0 122	0 128	0 133	0 138	0 144	0 149
72	0 083	0 104	0 109	0 115	0 120	0 126	0 131	0 137	0 142	0 148	0 153
74	0 085	0 107	0 112	0 118	0 124	0 129	0 135	0 141	0 146	0 152	0 157
76	0 088	0 110	0 116	0 121	0 127	0 133	0 139	0 144	0 150	0 156	0 162
78	0 090	0 113	0 119	0 124	0 130	0 136	0 142	0 148	0 154	0 160	0 166
0 80	0 092	0 116	0 122	0 128	0 134	0 140	0 146	0 152	0 158	0 164	0 170
82	0 095	0 118	0 125	0 131	0 137	0 143	0 150	0 156	0 162	0 168	0 174
84	0 097	0 121	0 128	0 134	0 140	0 147	0 153	0 160	0 166	0 172	0 179
86	0 099	0 124	0 131	0 137	0 144	0 150	0 157	0 163	0 170	0 176	0 183
88	0 102	0 127	0 134	0 140	0 147	0 154	0 160	0 167	0 174	0 181	0 187
0 90	0 104	0 130	0 137	0 144	0 150	0 157	0 164	0 171	0 178	0 185	0 192
92	0 106	0 133	0 140	0 147	0 154	0 161	0 168	0 175	0 182	0 189	0 196
94	0 109	0 136	0 143	0 150	0 157	0 164	0 171	0 179	0 186	0 193	0 200
96	0 111	0 139	0 146	0 153	0 161	0 168	0 175	0 182	0 190	0 197	0 204
98	0 113	0 142	0 149	0 156	0 164	0 171	0 179	0 186	0 194	0 201	0 209
1 —	0 116	0 144	0 152	0 160	0 167	0 175	0 182	0 190	0 198	0 205	0 213
02	0 118	0 147	0 155	0 163	0 171	0 178	0 186	0 194	0 202	0 209	0 217
04	0 120	0 150	0 158	0 166	0 174	0 182	0 190	0 198	0 206	0 213	0 221
06	0 122	0 153	0 161	0 169	0 177	0 185	0 193	0 201	0 209	0 218	0 226
08	0 125	0 156	0 164	0 172	0 181	0 189	0 197	0 205	0 213	0 222	0 230
1 10	0 127	0 159	0 167	0 176	0 184	0 192	0 201	0 209	0 217	0 226	0 234
12	0 129	0 162	0 170	0 179	0 187	0 196	0 204	0 213	0 221	0 230	0 238
14	0 132	0 165	0 173	0 182	0 191	0 199	0 208	0 217	0 225	0 234	0 243
16	0 134	0 168	0 176	0 185	0 194	0 203	0 212	0 220	0 229	0 238	0 247
18	0 136	0 170	0 179	0 188	0 197	0 206	0 215	0 224	0 233	0 242	0 251
1 20	0 139	0 173	0 182	0 192	0 201	0 210	0 219	0 228	0 337	0 246	0 255
22	0 141	0 176	0 185	0 195	0 204	0 213	0 223	0 232	0 241	0 250	0 260
24	0 143	0 179	0 188	0 198	0 207	0 217	0 226	0 236	0 245	0 254	0 264
26	0 146	0 182	0 192	0 201	0 211	0 220	0 230	0 239	0 249	0 259	0 268
28	0 148	0 185	0 195	0 204	0 214	0 224	0 233	0 243	0 253	0 263	0 272
1 30	0 150	0 188	0 198	0 207	0 217	0 227	0 237	0 247	0 257	0 267	0 277
32	0 152	0 191	0 201	0 211	0 221	0 231	0 241	0 251	0 261	0 271	0 281
34	0 155	0 193	0 204	0 214	0 224	0 234	0 244	0 255	0 265	0 275	0 285
36	0 157	0 196	0 207	0 217	0 227	0 238	0 248	0 258	0 269	0 279	0 289
38	0 159	0 199	0 210	0 220	0 231	0 241	0 252	0 262	0 273	0 283	0 294
1 40	0 162	0 202	0 213	0 223	0 234	0 245	0 255	0 266	0 277	0 287	0 298
42	0 164	0 205	0 216	0 227	0 237	0 248	0 259	0 270	0 281	0 291	0 302
44	0 166	0 208	0 219	0 230	0 241	0 252	0 263	0 274	0 285	0 295	0 306
46	0 169	0 211	0 222	0 233	0 244	0 255	0 266	0 277	0 288	0 300	0 311
48	0 171	0 214	0 225	0 236	0 247	0 259	0 270	0 281	0 292	0 304	0 315
1 50	0 173	0 217	0 228	0 239	0 251	0 262	0 274	0 285	0 296	0 308	0 319
52	0 176	0 219	0 231	0 243	0 254	0 266	0 277	0 289	0 300	0 312	0 323
54	0 178	0 222	0 234	0 246	0 257	0 269	0 281	0 293	0 304	0 316	0 328
56	0 180	0 225	0 237	0 249	0 261	0 273	0 285	0 296	0 308	0 320	0 332
58	0 183	0 228	0 240	0 252	0 264	0 276	0 288	0 300	0 312	0 324	0 336
1 60	0 185	0 231	0 243	0 255	0 268	0 280	0 292	0 304	0 316	0 328	0 340
62	0 187	0 234	0 246	0 259	0 271	0 283	0 295	0 308	0 320	0 332	0 345
64	0 189	0 237	0 249	0 262	0 274	0 287	0 299	0 312	0 324	0 337	0 349
66	0 192	0 240	0 252	0 265	0 278	0 290	0 303	0 315	0 328	0 341	0 353
68	0 194	0 243	0 255	0 268	0 281	0 294	0 306	0 319	0 332	0 345	0 358
1 70	0 196	0 245	0 258	0 271	0 284	0 297	0 310	0 323	0 336	0 349	0 362
72	0 199	0 248	0 261	0 275	0 288	0 301	0 314	0 327	0 340	0 353	0 366
74	0 201	0 251	0 264	0 278	0 291	0 304	0 317	0 331	0 344	0 357	0 370
76	0 203	0 254	0 268	0 281	0 294	0 308	0 321	0 334	0 348	0 361	0 375

Epaisseur : 0^{m} 38 centimètres

Longueur	0 58	0 60	0 62	0 64	0 66	0 68	0 70	0 72	0 74	0 76
	Largeur en centimètres									
0 58	0 128									
0 60	0 132	0 137								
62	0 137	0 141	0 146							
64	0 141	0 146	0 151	0 156						
66	0 145	0 150	0 155	0 161	0 166					
68	0 150	0 155	0 160	0 165	0 171	0 176				
0 70	0 154	0 160	0 165	0 170	0 176	0 181	0 186			
72	0 159	0 164	0 170	0 175	0 181	0 186	0 192	0 197		
74	0 163	0 169	0 174	0 180	0 186	0 191	0 197	0 202	0 208	
76	0 168	0 173	0 179	0 185	0 191	0 196	0 202	0 208	0 214	0 219
78	0 172	0 178	0 184	0 190	0 196	0 202	0 207	0 213	0 219	0 225
0 80	0 176	0 182	0 188	0 195	0 201	0 207	0 213	0 219	0 225	0 231
82	0 181	0 187	0 193	0 199	0 206	0 212	0 218	0 224	0 231	0 237
84	0 185	0 192	0 198	0 204	0 211	0 217	0 223	0 230	0 236	0 243
86	0 190	0 196	0 203	0 209	0 216	0 222	0 229	0 235	0 242	0 248
88	0 194	0 201	0 207	0 214	0 221	0 227	0 234	0 241	0 247	0 254
0 90	0 198	0 205	0 212	0 219	0 226	0 233	0 239	0 246	0 253	0 260
92	0 203	0 210	0 217	0 224	0 231	0 238	0 245	0 252	0 259	0 266
94	0 207	0 214	0 221	0 229	0 236	0 243	0 250	0 257	0 264	0 271
96	0 212	0 219	0 226	0 233	0 241	0 248	0 255	0 263	0 270	0 277
98	0 216	0 223	0 231	0 238	0 246	0 253	0 261	0 268	0 276	0 283
1 —	0 220	0 228	0 236	0 243	0 251	0 258	0 266	0 274	0 281	0 289
02	0 225	0 233	0 240	0 248	0 256	0 264	0 271	0 279	0 287	0 295
04	0 229	0 237	0 245	0 253	0 261	0 269	0 277	0 285	0 292	0 300
06	0 234	0 242	0 250	0 258	0 266	0 274	0 282	0 290	0 298	0 306
08	0 238	0 246	0 254	0 263	0 271	0 279	0 287	0 295	0 304	0 312
1 10	0 242	0 251	0 259	0 268	0 276	0 284	0 293	0 301	0 309	0 318
12	0 247	0 255	0 264	0 272	0 281	0 289	0 298	0 306	0 315	0 323
14	0 251	0 260	0 269	0 277	0 286	0 295	0 303	0 312	0 321	0 329
16	0 256	0 264	0 273	0 282	0 291	0 300	0 309	0 317	0 326	0 335
18	0 260	0 269	0 278	0 287	0 296	0 305	0 314	0 323	0 332	0 341
1 20	0 264	0 274	0 283	0 292	0 301	0 310	0 319	0 328	0 337	0 347
22	0 269	0 278	0 287	0 297	0 306	0 315	0 325	0 334	0 343	0 352
24	0 273	0 283	0 292	0 302	0 311	0 320	0 330	0 339	0 349	0 358
26	0 278	0 287	0 297	0 306	0 316	0 325	0 335	0 345	0 354	0 364
28	0 282	0 292	0 302	0 311	0 321	0 330	0 340	0 350	0 360	0 370
1 30	0 287	0 296	0 306	0 316	0 326	0 336	0 346	0 356	0 366	0 375
32	0 291	0 301	0 311	0 321	0 331	0 341	0 351	0 361	0 371	0 381
34	0 295	0 306	0 316	0 326	0 336	0 346	0 356	0 367	0 377	0 387
36	0 300	0 310	0 321	0 331	0 341	0 351	0 362	0 372	0 382	0 393
38	0 304	0 315	0 325	0 336	0 346	0 357	0 367	0 378	0 388	0 399
1 40	0 309	0 319	0 330	0 340	0 351	0 362	0 372	0 383	0 394	0 404
42	0 313	0 324	0 335	0 345	0 356	0 367	0 378	0 389	0 399	0 410
44	0 317	0 328	0 339	0 350	0 361	0 372	0 383	0 394	0 405	0 416
46	0 322	0 333	0 344	0 355	0 366	0 377	0 388	0 399	0 411	0 421
48	0 326	0 337	0 349	0 360	0 371	0 382	0 394	0 405	0 416	0 427
1 50	0 331	0 342	0 353	0 365	0 376	0 388	0 399	0 410	0 422	0 433
52	0 335	0 347	0 358	0 370	0 381	0 393	0 404	0 416	0 427	0 439
54	0 339	0 351	0 363	0 375	0 386	0 398	0 410	0 421	0 433	0 445
56	0 344	0 356	0 368	0 379	0 391	0 403	0 415	0 427	0 439	0 451
58	0 348	0 360	0 372	0 384	0 396	0 408	0 420	0 432	0 444	0 456
1 60	0 353	0 365	0 377	0 389	0 401	0 413	0 426	0 438	0 450	0 462
62	0 357	0 369	0 382	0 394	0 406	0 419	0 431	0 443	0 456	0 468
64	0 361	0 374	0 386	0 399	0 411	0 424	0 436	0 449	0 461	0 474
66	0 366	0 378	0 391	0 404	0 416	0 429	0 442	0 454	0 467	0 479
68	0 370	0 383	0 396	0 409	0 421	0 434	0 447	0 459	0 472	0 485
1 70	0 375	0 388	0 401	0 413	0 426	0 439	0 452	0 465	0 478	0 491
72	0 379	0 392	0 405	0 418	0 431	0 444	0 458	0 471	0 484	0 497
74	0 383	0 397	0 410	0 423	0 436	0 450	0 463	0 476	0 489	0 503
76	0 388	0 401	0 415	0 428	0 441	0 455	0 468	0 481	0 495	0 508

Epaisseur : 0m 38 centimètres

Longueur	Futailles	Largeur en Centimètres									
		0 78	0 80	0 82	0 84	0 86	0 88	0 90	0 92	0 94	0 96
0 78		0 231									
0 80		0 237	0 243								
82		0 243	0 249	0 256							
84		0 249	0 255	0 262	0 268						
86		0 255	0 261	0 268	0 275	0 281					
88		0 261	0 268	0 274	0 281	0 288	0 294				
0 90		0 267	0 274	0 280	0 287	0 294	0 301	0 308			
92		0 273	0 280	0 287	0 294	0 301	0 308	0 315	0 322		
94		0.279	0 286	0 293	0 300	0 307	0 314	0 321	0 329	0 336	
96		0 285	0 292	0 299	0 306	0 314	0 321	0 328	0 336	0 343	0 350
98		0 290	0 298	0 305	0 313	0 320	0 328	0 335	0 343	0 350	0 358
1 —		0 296	0 304	0 312	0 319	0 327	0 334	0 342	0 350	0 357	0 385
02		0 302	0 310	0 318	0 326	0 333	0 341	0 349	0 367	0 364	0 372
04		0 308	0 316	0 324	0 332	0 340	0 348	0 356	0 364	0 371	0 379
06		0 314	0 322	0 330	0 338	0 346	0 354	0 363	0 371	0 379	0 387
08		0 320	0 328	0 337	0 345	0 353	0 361	0 369	0 378	0 386	0 394
1 10		0 326	0 334	0 343	0 351	0 359	0 368	0 376	0 385	0 393	0 401
12		0 332	0 340	0 349	0 358	0 366	0 375	0 383	0 392	0 400	0 409
14		0 338	0 347	0 355	0 364	0 373	0 381	0 390	0 399	0 407	0 416
16		0 344	0 353	0 361	0 370	0 379	0 388	0 397	0 406	0 414	0 423
18		0 350	0 359	0 368	0 377	0 386	0 395	0 404	0 413	0 421	0 430
1 20		0 356	0 365	0 374	0 383	0 392	0 401	0 410	0 420	0 429	0 438
22		0 362	0 371	0 380	0 389	0 399	0 408	0 417	0 427	0 436	0 445
24		0 368	0 377	0 386	0 396	0 405	0 415	0 424	0 434	0 443	0 452
26		0 373	0 383	0 393	0 402	0 412	0 421	0 431	0 440	0 450	0 460
28		0 379	0 389	0 399	0 409	0 418	0 428	0 438	0 447	0 457	0 467
1 30		0 385	0 395	0 405	0 415	0 425	0 435	0 445	0 454	0 464	0 474
32		0 391	0 401	0 411	0 421	0 431	0 441	0 451	0 461	0 472	0 482
34		0 397	0 407	0 418	0 428	0 438	0 448	0 458	0 468	0 479	0 489
36		0 403	0 413	0 424	0 434	0 444	0 455	0 465	0 475	0 486	0 496
38		0 409	0 419	0 430	0 440	0 451	0 461	0 472	0 482	0 493	0 503
1 40		0 415	0 426	0 436	0 447	0 458	0 468	0 479	0 489	0 500	0 511
42		0 421	0 432	0 442	0 453	0 464	0 475	0 486	0 496	0 507	0 518
44		0 427	0 438	0 449	0 460	0 471	0 481	0 492	0 503	0 514	0 525
46		0 433	0 444	0 455	0 466	0 477	0 488	0 499	0 510	0 522	0 533
48		0 439	0 450	0 461	0 472	0 484	0 495	0 506	0 517	0 529	0 540
1 50		0 445	0 456	0 467	0 479	0 490	0 502	0 513	0 524	0 536	0 547
52		0 451	0 462	0 474	0 485	0 497	0 508	0 520	0 531	0 543	0 554
54		0 456	0 468	0 480	0 491	0 503	0 515	0 527	0 538	0 550	0 562
56		0 462	0 474	0 486	0 498	0 510	0 522	0 534	0 545	0 557	0 569
58		0 468	0 480	0 492	0 504	0 516	0 528	0 540	0 552	0 564	0 576
1 60		0 474	0 486	0 499	0 511	0 523	0 535	0 547	0 559	0 572	0 584
62		0 480	0 492	0 505	0 517	0 529	0 542	0 554	0 566	0 579	0 591
64		0 486	0 498	0 511	0 523	0 536	0 548	0 561	0 573	0 586	0 598
66		0 492	0 504	0 517	0 530	0 542	0 555	0 568	0 580	0 593	0 606
68		0 498	0 510	0 523	0 536	0 549	0 562	0 575	0 587	0 600	0 613
1 70		0 504	0 517	0 530	0 543	0 556	0 568	0 581	0 594	0 607	0 620
72		0 510	0 523	0 536	0 549	0 562	0 675	0 588	0 601	0 614	0 627
74		0 516	0 529	0 542	0 555	0 569	0 582	0 595	0 608	0 622	0 635
76		0 522	0 535	0 548	0 562	0 575	0 588	0 602	0 615	0 629	0 642
78		0 528	0 541	0 555	0 568	0 582	0 595	0 609	0 622	0 636	0 649
1 80		0 534	0 547	0 561	0 575	0 588	0 602	0 616	0 629	0 643	0 657
82		0 539	0 553	0 567	0 581	0 595	0 609	0 622	0 636	0 650	0 664
84		0 545	0 559	0 573	0 587	0 601	0 615	0 629	0 643	0 657	0 671
86		0 551	0 565	0 580	0 594	0 608	0 622	0 636	0 650	0 664	0 679
88		0 557	0 572	0 586	0 600	0 614	0 629	0 643	0 657	0 672	0 686
1 90		0 563	0 578	0 592	0 606	0 621	0 635	0 650	0 664	0 679	0 693
92		0 569	0 584	0 598	0 613	0 627	0 642	0 657	0 671	0 686	0 700
94		0 575	0 590	0 605	0 619	0 634	0 649	0 663	0 678	0 693	0 708
96		0 581	0 596	0 611	0 626	0 641	0 655	0 670	0 685	0 700	0 715
98		0 587	0 602	0 617	0 632	0 647	0 662	0 677	0 692	0 707	0 722
2 —		0 593	0 608	0 623	0 638	0 654	0 669	0 684	0 699	0 714	0 730
02		0 599	0 614	0 629	0 645	0 660	0 675	0 691	0 706	0 722	0 737
04		0 605	0 620	0 636	0 651	0 667	0 682	0 698	0 713	0 729	0 744
06		0 611	0 626	0 642	0 658	0 673	0 689	0 705	0 720	0 736	0 751
08		0 617	0 632	0 648	0 664	0 680	0 696	0 711	0 727	0 743	0 759
2 10		0 622	0 638	0 654	0 670	0 686	0 702	0 718	0 734	0 750	0 766
12		0 628	0 644	0 661	0 677	0 693	0 709	0 725	0 741	0 757	0 773
14		0 634	0 651	0 667	0 683	0 699	0 716	0 732	0 748	0 764	0 781
16		0 640	0 657	0 673	0 689	0 706	0 722	0 739	0 755	0 772	0 788

Epaisseur : 0m 38 centimètres

0,38

Longueur	Largeur en Centimètres									
	0 98	1 00	1 02	1 04	1 06	1 08	1 10	1 12	1 14	1 16
0 98	0 365									
1 —	0 372	0 380								
02	0 380	0 388	0 395							
04	0 387	0 395	0 403	0 411						
06	0 395	0 403	0 411	0 419	0 427					
08	0 402	0 410	0 419	0 427	0 435	0 443				
1 10	0 410	0 418	0 426	0 435	0 443	0 451	0 460			
12	0 417	0 426	0 434	0 443	0 451	0 460	0 468	0 477		
14	0 425	0 433	0 442	0 451	0 459	0 468	0 477	0 485	0 494	
16	0 432	0 441	0 450	0 458	0 467	0 476	0 485	0 494	0 503	0 511
18	0 439	0 448	0 457	0 466	0 475	0 484	0 493	0 502	0 511	0 520
1 20	0 447	0 456	0 465	0 474	0 483	0 492	0 502	0 511	0 520	0 529
22	0 454	0 464	0 473	0 482	0 491	0 501	0 510	0 519	0 529	0 538
24	0 462	0 471	0 481	0 490	0 499	0 509	0 518	0 528	0 537	0 547
26	0 469	0 479	0 488	0 498	0 508	0 517	0 527	0 536	0 546	0 555
28	0 477	0 486	0 496	0 506	0 516	0 525	0 535	0 545	0 554	0 564
1 30	0 484	0 494	0 504	0 514	0 524	0 534	0 543	0 553	0 563	0 573
32	0 492	0 502	0 512	0 522	0 532	0 542	0 552	0 562	0 571	0 582
34	0 499	0 509	0 519	0 530	0 540	0 550	0 560	0 570	0 580	0 591
36	0 506	0 517	0 527	0 537	0 548	0 558	0 568	0 579	0 589	0 599
38	0 514	0 524	0 535	0 545	0 556	0 566	0 577	0 587	0 598	0 608
1 40	0 521	0 532	0 543	0 553	0 564	0 575	0 585	0 596	0 606	0 617
42	0 529	0 540	0 550	0 561	0 572	0 583	0 594	0 604	0 615	0 626
44	0 536	0 547	0 558	0 569	0 580	0 591	0 602	0 613	0 624	0 635
46	0 544	0 555	0 566	0 577	0 588	0 599	0 610	0 621	0 632	0 644
48	0 551	0 562	0 574	0 585	0 596	0 607	0 619	0 630	0 641	0 652
1 50	0 559	0 570	0 581	0 593	0 604	0 616	0 627	0 638	0 650	0 661
52	0 566	0 578	0 589	0 601	0 612	0 624	0 635	0 647	0 658	0 670
54	0 573	0 585	0 597	0 609	0 620	0 632	0 644	0 655	0 667	0 679
56	0 581	0 593	0 605	0 617	0 628	0 640	0 652	0 664	0 676	0 688
58	0 588	0 600	0 612	0 624	0 636	0 648	0 660	0 672	0 684	0 696
1 60	0 596	0 608	0 620	0 632	0 644	0 657	0 669	0 681	0 693	0 705
62	0 603	0 616	0 628	0 640	0 653	0 665	0 677	0 689	0 702	0 714
64	0 611	0 623	0 636	0 648	0 661	0 673	0 686	0 698	0 710	0 723
66	0 618	0 631	0 643	0 656	0 669	0 681	0 694	0 706	0 719	0 732
68	0 626	0 638	0 651	0 664	0 677	0 689	0 702	0 715	0 728	0 741
1 70	0 633	0 646	0 659	0 672	0 685	0 698	0 711	0 724	0 736	0 749
72	0 641	0 654	0 667	0 680	0 693	0 706	0 719	0 732	0 745	0 758
74	0 648	0 661	0 674	0 688	0 701	0 714	0 727	0 741	0 754	0 767
76	0 655	0 669	0 682	0 696	0 709	0 722	0 736	0 749	0 762	0 776
78	0 663	0 676	0 690	0 703	0 717	0 731	0 744	0 758	0 771	0 785
1 80	0 670	0 684	0 698	0 711	0 725	0 739	0 752	0 766	0 780	0 793
82	0 678	0 692	0 705	0 719	0 733	0 747	0 761	0 775	0 788	0 802
84	0 685	0 699	0 713	0 727	0 741	0 755	0 769	0 783	0 797	0 811
86	0 693	0 707	0 721	0 735	0 749	0 763	0 777	0 792	0 806	0 820
88	0 700	0 714	0 729	0 743	0 757	0 772	0 786	0 800	0 814	0 829
1 90	0 708	0 722	0 736	0 751	0 765	0 780	0 794	0 809	0 823	0 838
92	0 715	0 730	0 744	0 759	0 773	0 788	0 803	0 817	0 832	0 846
94	0 722	0 737	0 752	0 767	0 781	0 796	0 811	0 826	0 840	0 855
96	0 730	0 745	0 760	0 775	0 789	0 804	0 819	0 834	0 849	0 864
98	0 737	0 752	0 767	0 782	0 798	0 813	0 828	0 843	0 858	0 873
2 —	0 745	0 760	0 775	0 790	0 806	0 821	0 836	0 851	0 866	0 882
02	0 752	0 768	0 783	0 798	0 814	0 829	0 844	0 860	0 875	0 890
04	0 760	0 775	0 791	0 806	0 822	0 837	0 853	0 868	0 884	0 899
06	0 767	0 783	0 798	0 814	0 830	0 845	0 861	0 877	0 892	0 908
08	0 775	0 790	0 806	0 822	0 838	0 854	0 869	0 885	0 901	0 917
2 10	0 782	0 798	0 814	0 830	0 846	0 862	0 878	0 894	0 910	0 926
12	0 789	0 806	0 822	0 838	0 854	0 870	0 886	0 902	0 918	0 934
14	0 797	0 813	0 829	0 846	0 862	0 878	0 895	0 911	0 927	0 943
16	0 804	0 821	0 837	0 854	0 870	0 886	0 903	0 919	0 936	0 952

Epaisseur : 0m 40 centimètres

Longueur	Futailles	Largeur en centimètres. 0 40	0 42	0 44	0 46	0 48	0 50	0 52	0 54	0 56	0 58
m 0 40	0 051	0 064									
42	0 054	0 067	0 071								
44	0 056	0 070	0 074	0 077							
46	0 059	0 074	0 077	0 081	0 085						
48	0 061	0 077	0 081	0 084	0 088	0 092					
0 50	0 064	0 080	0 084	0 088	0 092	0 096	0 100				
52	0 067	0 083	0 087	0 092	0 096	0 100	0 104	0 108			
54	0 069	0 086	0 091	0 095	0 099	0 104	0 108	0 112	0 117		
56	0 072	0 090	0 094	0 099	0 103	0 108	0 112	0 116	0 121	0 125	
58	0 074	0 093	0 097	0 102	0 107	0 111	0 116	0 121	0 125	0 130	0 135
0 60	0 077	0 096	0 101	0 106	0 110	0 115	0 120	0 125	0 130	0 134	0 139
62	0 079	0 099	0 104	0 109	0 114	0 119	0 124	0 129	0 134	0 139	0 144
64	0 082	0 102	0 108	0 113	0 118	0 123	0 128	0 133	0 138	0 143	0 148
66	0 084	0 106	0 111	0 116	0 121	0 127	0 132	0 137	0 143	0 148	0 153
68	0 087	0 109	0 114	0 120	0 125	0 131	0 136	0 141	0 147	0 152	0 158
0 70	0 090	0 112	0 118	0 123	0 129	0 134	0 140	0 146	0 151	0 157	0 162
72	0 092	0 115	0 121	0 127	0 132	0 138	0 144	0 150	0 156	0 161	0 167
74	0 095	0 118	0 124	0 130	0 136	0 142	0 148	0 154	0 160	0 166	0 172
76	0 097	0 122	0 128	0 134	0 140	0 146	0 152	0 158	0 164	0 170	0 176
78	0 100	0 125	0 131	0 137	0 144	0 150	0 156	0 162	0 168	0 175	0 181
0 80	0 102	0 128	0 134	0 141	0 147	0 154	0 160	0 166	0 173	0 179	0 186
82	0 105	0 131	0 138	0 144	0 151	0 157	0 164	0 171	0 177	0 184	0 190
84	0 108	0 134	0 141	0 148	0 155	0 161	0 168	0 175	0 181	0 188	0 195
86	0 110	0 138	0 144	0 151	0 158	0 165	0 172	0 179	0 186	0 193	0 200
88	0 113	0 141	0 148	0 155	0 162	0 169	0 176	0 183	0 190	0 197	0 204
0 90	0 115	0 144	0 151	0 158	0 166	0 173	0 180	0 187	0 194	0 202	0 209
92	0 118	0 147	0 155	0 162	0 169	0 177	0 184	0 191	0 199	0 206	0 213
94	0 120	0 150	0 158	0 165	0 173	0 180	0 188	0 196	0 203	0 211	0 218
96	0 123	0 154	0 161	0 169	0 177	0 184	0 192	0 200	0 207	0 215	0 223
98	0 125	0 157	0 165	0 172	0 180	0 188	0 196	0 204	0 212	0 220	0 227
1 —	0 128	0 160	0 168	0 176	0 184	0 192	0 200	0 208	0 216	0 224	0 232
02	0 131	0 163	0 171	0 180	0 188	0 196	0 204	0 212	0 220	0 228	0 237
04	0 133	0 166	0 175	0 183	0 191	0 200	0 208	0 216	0 225	0 233	0 241
06	0 136	0 170	0 178	0 187	0 195	0 204	0 212	0 220	0 229	0 237	0 246
08	0 138	0 173	0 181	0 190	0 199	0 207	0 216	0 225	0 233	0 242	0 251
1 10	0 141	0 176	0 185	0 194	0 202	0 211	0 220	0 229	0 238	0 246	0 255
12	0 143	0 179	0 188	0 197	0 206	0 215	0 224	0 233	0 242	0 251	0 259
14	0 146	0 182	0 192	0 201	0 210	0 219	0 228	0 237	0 246	0 255	0 264
16	0 148	0 186	0 195	0 204	0 213	0 223	0 232	0 241	0 251	0 260	0 269
18	0 151	0 189	0 198	0 208	0 217	0 227	0 236	0 245	0 255	0 264	0 274
1 20	0 154	0 192	0 202	0 211	0 221	0 230	0 240	0 250	0 259	0 269	0 278
22	0 156	0 195	0 205	0 215	0 224	0 234	0 244	0 254	0 264	0 273	0 283
24	0 169	0 198	0 208	0 218	0 228	0 238	0 248	0 258	0 268	0 278	0 288
26	0 161	0 202	0 212	0 222	0 232	0 242	0 252	0 262	0 272	0 282	0 292
28	0 164	0 205	0 215	0 225	0 236	0 246	0 256	0 266	0 276	0 287	0 297
1 30	0 166	0 208	0 218	0 229	0 239	0 250	0 260	0 270	0 281	0 291	0 302
32	0 169	0 211	0 222	0 232	0 243	0 253	0 264	0 275	0 285	0 296	0 306
34	0 172	0 214	0 225	0 236	0 247	0 257	0 268	0 279	0 289	0 300	0 311
36	0 174	0 218	0 228	0 239	0 250	0 261	0 272	0 283	0 294	0 305	0 316
38	0 177	0 221	0 232	0 243	0 254	0 265	0 276	0 287	0 298	0 309	0 320
1 40	0 179	0 224	0 235	0 246	0 258	0 269	0 280	0 291	0 302	0 314	0 325
42	0 182	0 227	0 239	0 250	0 261	0 273	0 284	0 295	0 307	0 318	0 329
44	0 184	0 230	0 242	0 253	0 265	0 276	0 288	0 300	0 311	0 323	0 334
46	0 187	0 234	0 245	0 257	0 269	0 280	0 292	0 304	0 315	0 327	0 339
48	0 190	0 237	0 249	0 760	0 272	0 284	0 296	0 308	0 320	0 332	0 343
1 50	0 192	0 240	0 252	0 264	0 276	0 288	0 300	0 312	0 324	0 336	0 348
52	0 195	0 243	0 255	0 268	0 280	0 292	0 304	0 316	0 328	0 340	0 353
54	0 197	0 246	0 259	0 271	0 283	0 296	0 308	0 320	0 333	0 345	0 357
56	0 200	0 250	0 262	0 275	0 287	0 300	0 312	0 324	0 337	0 349	0 362
58	0 202	0 253	0 265	0 278	0 291	0 303	0 316	0 329	0 341	0 354	0 367
1 60	0 205	0 256	0 269	0 282	0 294	0 307	0 320	0 333	0 346	0 358	0 371
62	0 207	0 259	0 272	0 285	0 298	0 311	0 324	0 337	0 350	0 363	0 376
64	0 210	0 262	0 276	0 289	0 302	0 315	0 328	0 341	0 354	0 367	0 380
66	0 212	0 266	0 279	0 292	0 305	0 319	0 332	0 345	0 359	0 372	0 385
68	0 215	0 269	0 282	0 296	0 309	0 223	0 336	0 349	0 363	0 376	0 390
1 70	0 218	0 272	0 286	0 299	0 313	0 326	0 340	0 354	0 367	0 381	0 394
72	0 220	0 275	0 289	0 303	0 316	0 330	0 344	0 358	0 372	0 385	0 399
74	0 223	0 278	0 292	0 306	0 320	0 334	0 348	0 362	0 376	0 390	0 404
76	0 225	0 282	0 296	0 310	0 324	0 338	0 352	0 366	0 380	0 394	0 408
78	0 228	0 285	0 299	0 313	0 328	0 342	0 356	0 370	0 384	0 399	0 413

Epaisseur : 0m 40 centimètres

Longueur	Largeur en centimètres 0 60	0 62	0 64	0 66	0 68	0 70	0 72	0 74	0 76	0 78
m 0 60	0 144									
62	0 149	0 154								
64	0 154	0 159	0 164							
66	0 158	0 164	0 169	0 174						
68	0 163	0 169	0 174	0 180	0 185					
0 70	0 168	0 174	0 179	0 185	0 190	0 196				
72	0 173	0 179	0 184	0 190	0 196	0 202	0 207			
74	0 178	0 184	0 189	0 195	0 201	0 207	0 213	0 219		
76	0 182	0 188	0 195	0 201	0 207	0 213	0 219	0 225	0 231	
78	0 187	0 193	0 200	0 206	0 212	0 218	0 225	0 231	0 237	0 243
0 80	0 192	0 198	0 205	0 211	0 218	0 224	0 230	0 237	0 243	0 250
82	0 197	0 203	0 210	0 216	0 223	0 230	0 236	0 243	0 249	0 256
84	0 202	0 208	0 215	0 222	0 228	0 235	0 242	0 249	0 255	0 262
86	0 206	0 213	0 220	0 227	0 234	0 241	0 248	0 255	0 261	0 268
88	0 211	0 218	0 225	0 232	0 239	0 246	0 253	0 260	0 268	0 275
0 90	0 216	0 223	0 230	0 238	0 245	0 252	0 259	0 266	0 274	0 281
92	0 231	0 228	0 236	0 243	0 250	0 258	0 265	0 272	0 280	0 287
94	0 226	0 233	0 241	0 248	0 256	0 263	0 271	0 278	0 286	0 293
96	0 230	0 238	0 246	0 253	0 261	0 269	0 276	0 284	0 292	0 300
08	0 235	0 243	0 251	0 259	0 267	0 274	0 282	0 290	0 298	0 306
1 —	0 240	0 248	0 256	0 264	0 272	0 280	0 288	0 296	0 304	0 312
02	0 245	0 253	0 261	0 269	0 277	0 286	0 294	0 302	0 310	0 318
04	0 250	0 258	0 266	0 275	0 283	0 291	0 300	0 308	0 316	0 324
06	0 254	0 263	0 271	0 280	0 288	0 297	0 305	0 314	0 322	0 331
08	0 259	0 268	0 276	0 285	0 294	0 302	0 311	0 320	0 328	0 337
1 10	0 264	0 273	0 282	0 290	0 299	0 308	0 317	0 326	0 334	0 343
12	0 269	0 278	0 287	0 296	0 305	0 314	0 323	0 332	0 340	0 349
14	0 274	0 283	0 292	0 301	0 310	0 319	0 328	0 337	0 347	0 356
16	0 278	0 288	0 297	0 306	0 316	0 325	0 334	0 343	0 353	0 362
18	0 283	0 293	0 302	0 312	0 321	0 330	0 340	0 349	0 359	0 368
1 20	0 288	0 298	0 307	0 317	0 326	0 336	0 346	0 355	0 365	0 374
22	0 293	0 303	0 312	0 322	0 332	0 342	0 351	0 361	0 371	0 381
24	0 298	0 308	0 317	0 327	0 337	0 347	0 357	0 367	0 377	0 387
26	0 302	0 312	0 323	0 333	0 343	0 353	0 363	0 373	0 383	0 393
28	0 307	0 317	0 328	0 338	0 348	0 358	0 369	0 379	0 389	0 399
1 30	0 312	0 322	0 333	0 343	0 354	0 364	0 374	0 385	0 395	0 406
32	0 317	0 327	0 338	0 348	0 359	0 370	0 380	0 391	0 401	0 412
34	0 322	0 332	0 343	0 354	0 364	0 375	0 386	0 397	0 407	0 418
36	0 326	0 337	0 348	0 359	0 370	0 381	0 392	0 403	0 413	0 424
38	0 331	0 342	0 353	0 364	0 375	0 386	0 397	0 408	0 420	0 431
1 40	0 336	0 347	0 358	0 370	0 381	0 392	0 403	0 414	0 426	0 437
42	0 341	0 352	0 364	0 375	0 386	0 398	0 409	0 420	0 432	0 443
44	0 346	0 357	0 369	0 380	0 392	0 403	0 415	0 426	0 438	0 449
46	0 350	0 362	0 374	0 385	0 397	0 409	0 420	0 432	0 444	0 456
48	0 355	0 367	0 379	0 391	0 403	0 414	0 426	0 438	0 450	0 462
1 50	0 360	0 372	0 384	0 396	0 408	0 420	0 432	0 444	0 456	0 468
52	0 365	0 377	0 389	0 401	0 413	0 426	0 438	0 450	0 462	0 474
54	0 370	0 382	0 394	0 407	0 419	0 431	0 444	0 456	0 468	0 480
56	0 374	0 387	0 399	0 412	0 424	0 437	0 449	0 462	0 474	0 487
58	0 379	0 392	0 404	0 417	0 430	0 442	0 455	0 468	0 480	0 493
1 60	0 384	0 397	0 410	0 422	0 435	0 448	0 461	0 474	0 486	0 499
62	0 389	0 402	0 415	0 428	0 441	0 454	0 467	0 480	0 492	0 505
64	0 394	0 407	0 420	0 433	0 446	0 459	0 472	0 485	0 499	0 512
66	0 398	0 412	0 425	0 438	0 452	0 465	0 478	0 491	0 505	0 518
68	0 403	0 417	0 430	0 444	0 457	0 470	0 484	0 497	0 511	0 524
1 70	0 408	0 422	0 435	0 449	0 462	0 476	0 490	0 503	0 517	0 530
72	0 413	0 427	0 440	0 454	0 468	0 482	0 495	0 509	0 523	0 537
74	0 418	0 432	0 445	0 459	0 473	0 487	0 501	0 515	0 529	0 543
76	0 422	0 436	0 451	0 465	0 479	0 493	0 507	0 521	0 535	0 549
78	0 427	0 441	0 456	0 470	0 484	0 498	0 513	0 527	0 541	0 555

Epaisseur : 0m 40 centimètres

Longueur	Futailles	Largeur en Centimètres 0 80	0 82	0 84	0 86	0 88	0 90	0 92	0 94	0 96	0 98
0 80		0 256									
82		0 262	0 269								
84		0 269	0 276	0 282							
86		0 275	0 282	0 289	0 296						
88		0 282	0 289	0 296	0 303	0 310					
0 90		0 288	0 295	0 302	0 310	0 317	0 324				
92		0 294	0 302	0 309	0 316	0 324	0 331	0 339			
94		0 301	0 308	0 316	0 323	0 331	0 338	0 346	0 353		
96		0 307	0 315	0 323	0 330	0 338	0 346	0 353	0 361	0 369	
98		0 314	0 321	0 329	0 337	0 345	0 353	0 361	0 368	0 370	0 384
1 —		0 320	0 328	0 336	0 344	0 352	0 360	0 368	0 370	0 384	0 392
02		0 326	0 335	0 343	0 351	0 359	0 367	0 375	0 384	0 392	0 400
04		0 333	0 341	0 349	0 358	0 366	0 374	0 383	0 391	0 399	0 408
06		0 339	0 348	0 356	0 365	0 373	0 382	0 390	0 399	0 407	0 416
08		0 340	0 354	0 363	0 372	0 380	0 389	0 397	0 406	0 415	0 423
1 10		0 352	0 361	0 370	0 378	0 387	0 396	0 405	0 414	0 422	0 431
12		0 358	0 367	0 376	0 385	0 394	0 403	0 412	0 421	0 430	0 439
14		0 365	0 374	0 383	0 392	0 401	0 410	0 420	0 429	0 438	0 447
16		0 371	0 380	0 390	0 399	0 408	0 418	0 427	0 436	0 445	0 455
18		0 378	0 387	0 396	0 406	0 415	0 425	0 434	0 444	0 453	0 463
1 20		0 384	0 394	0 403	0 413	0 422	0 432	0 442	0 451	0 461	0 470
22		0 390	0 400	0 410	0 420	0 429	0 439	0 449	0 459	0 468	0 478
24		0 397	0 407	0 417	0 427	0 436	0 446	0 456	0 466	0 476	0 486
26		0 403	0 413	0 423	0 433	0 444	0 454	0 464	0 474	0 484	0 494
28		0 410	0 420	0 430	0 440	0 451	0 461	0 471	0 481	0 492	0 502
1 30		0 416	0 426	0 437	0 447	0 458	0 468	0 478	0 489	0 499	0 510
32		0 422	0 433	0 444	0 454	0 465	0 475	0 486	0 496	0 507	0 517
34		0 429	0 440	0 450	0 461	0 472	0 482	0 493	0 504	0 515	0 525
36		0 435	0 446	0 457	0 468	0 479	0 490	0 500	0 511	0 522	0 533
38		0 442	0 453	0 464	0 475	0 486	0 497	0 508	0 519	0 530	0 541
1 40		0 448	0 459	0 470	0 482	0 493	0 504	0 515	0 526	0 538	0 549
42		0 454	0 466	0 477	0 488	0 500	0 511	0 523	0 534	0 545	0 557
44		0 461	0 472	0 484	0 495	0 507	0 518	0 530	0 541	0 553	0 564
46		0 467	0 479	0 401	0 502	0 514	0 526	0 537	0 549	0 561	0 572
48		0 474	0 485	0 497	0 509	0 521	0 533	0 545	0 556	0 568	0 580
1 50		0 480	0 492	0 504	0 516	0 528	0 540	0 552	0 564	0 570	0 588
52		0 486	0 499	0 511	0 523	0 535	0 547	0 559	0 572	0 584	0 596
54		0 493	0 505	0 517	0 530	0 542	0 554	0 567	0 579	0 591	0 604
56		0 499	0 512	0 524	0 537	0 549	0 562	0 574	0 587	0 599	0 612
58		0 506	0 518	0 531	0 544	0 556	0 569	0 581	0 594	0 607	0 619
1 60		0 512	0 525	0 538	0 550	0 563	0 576	0 589	0 602	0 614	0 627
62		0 518	0 531	0 544	0 557	0 570	0 583	0 596	0 609	0 622	0 635
64		0 525	0 538	0 551	0 564	0 577	0 590	0 604	0 617	0 630	0 643
66		0 531	0 544	0 558	0 571	0 584	0 598	0 611	0 624	0 637	0 651
68		0 538	0 551	0 564	0 578	0 591	0 605	0 618	0 632	0 645	0 659
1 70		0 544	0 558	0 571	0 585	0 598	0 612	0 626	0 639	0 653	0 660
72		0 550	0 564	0 578	0 592	0 605	0 619	0 633	0 647	0 660	0 674
74		0 557	0 571	0 585	0 599	0 612	0 626	0 640	0 654	0 668	0 682
76		0 563	0 577	0 591	0 605	0 620	0 634	0 648	0 662	0 676	0 690
78		0 570	0 584	0 598	0 612	0 627	0 641	0 655	0 669	0 684	0 698
1 80		0 576	0 590	0 605	0 619	0 634	0 648	0 662	0 677	0 691	0 706
82		0 582	0 597	0 612	0 626	0 641	0 655	0 670	0 685	0 699	0 713
84		0 589	0 604	0 618	0 633	0 648	0 662	0 677	0 692	0 707	0 721
86		0 595	0 610	0 625	0 640	0 655	0 670	0 684	0 699	0 714	0 729
88		0 602	0 617	0 632	0 647	0 662	0 677	0 692	0 707	0 722	0 737
1 90		0 608	0 623	0 638	0 654	0 669	0 684	0 699	0 714	0 730	0 745
92		0 614	0 630	0 645	0 660	0 676	0 691	0 707	0 722	0 737	0 753
94		0 621	0 636	0 652	0 667	0 683	0 698	0 714	0 729	0 745	0 760
96		0 627	0 643	0 659	0 674	0 690	0 706	0 721	0 737	0 753	0 768
98		0 634	0 649	0 665	0 681	0 697	0 713	0 729	0 744	0 760	0 776
2 —		0 640	0 656	0 672	0 688	0 704	0 720	0 736	0 752	0 768	0 784
02		0 646	0 663	0 679	0 695	0 711	0 727	0 743	0 760	0 776	0 792
04		0 653	0 669	0 685	0 702	0 718	0 734	0 751	0 767	0 789	0 800
06		0 659	0 676	0 692	0 709	0 725	0 742	0 758	0 775	0 791	0 808
08		0 686	0 682	0 699	0 716	0 732	0 749	0 765	0 782	0 799	0 815
2 10		0 672	0 689	0 706	0 722	0 739	0 756	0 773	0 790	0 806	0 823
12		0 678	0 695	0 712	0 729	0 746	0 763	0 780	0 797	0 814	0 831
14		0 685	0 702	0 719	0 736	0 753	0 770	0 788	0 805	0 822	0 839
16		0 691	0 708	0 720	0 743	0 760	0 778	0 795	0 812	0 829	0 847
18		0 698	0 715	0 732	0 750	0 767	0 785	0 802	0 820	0 837	0 855

Epaisseur : 0m 40 centimètres

Longueur	Largeur en Centimètres 1 00	1 02	1 04	1 06	1 08	1 10	1 12	1 14	1 16	1 18
1 —	0 400									
02	0 408	0 416								
04	0 416	0 424	0 433							
06	0 424	0 432	0 441	0 449						
08	0 432	0 441	0 449	0 458	0 467					
1 10	0 440	0 449	0 458	0 466	0 475	0 484				
12	0 448	0 457	0 466	0 475	0 484	0 493	0 502			
14	0 456	0 465	0 474	0 483	0 492	0 502	0 511	0 520		
16	0 464	0 473	0 483	0 492	0 501	0 510	0 520	0 529	0 538	
18	0 472	0 481	0 491	0 500	0 510	0 519	0 529	0 538	0 548	0 557
1 20	0 480	0 490	0 499	0 509	0 518	0 528	0 538	0 547	0 557	0 566
22	0 488	0 498	0 508	0 517	0 527	0 537	0 547	0 556	0 566	0 576
24	0 496	0 506	0 516	0 526	0 536	0 546	0 556	0 565	0 575	0 585
26	0 504	0 514	0 524	0 534	0 544	0 554	0 564	0 575	0 585	0 595
28	0 512	0 522	0 532	0 543	0 553	0 563	0 573	0 584	0 594	0 604
1 30	0 520	0 530	0 541	0 551	0 562	0 572	0 582	0 593	0 603	0 614
32	0 528	0 539	0 549	0 560	0 570	0 581	0 591	0 602	0 612	0 623
34	0 536	0 547	0 557	0 568	0 579	0 590	0 600	0 611	0 622	0 632
36	0 544	0 555	0 566	0 577	0 588	0 598	0 609	0 620	0 631	0 642
38	0 552	0 563	0 574	0 585	0 596	0 607	0 618	0 629	0 640	0 651
1 40	0 560	0 571	0 582	0 594	0 605	0 616	0 627	0 638	0 650	0 661
42	0 568	0 579	0 591	0 602	0 613	0 625	0 636	0 648	0 659	0 670
44	0 576	0 588	0 599	0 611	0 622	0 634	0 645	0 657	0 668	0 680
46	0 584	0 596	0 607	0 619	0 631	0 642	0 654	0 666	0 677	0 689
48	0 592	0 604	0 616	0 628	0 639	0 651	0 663	0 675	0 687	0 699
1 50	0 600	0 612	0 624	0 636	0 648	0 660	0 672	0 684	0 696	0 708
52	0 608	0 620	0 632	0 644	0 657	0 669	0 681	0 693	0 705	0 717
54	0 616	0 628	0 641	0 653	0 665	0 678	0 690	0 702	0 715	0 727
56	0 624	0 636	0 649	0 661	0 674	0 686	0 699	0 711	0 724	0 736
58	0 632	0 645	0 657	0 670	0 683	0 695	0 708	0 720	0 733	0 746
1 60	0 640	0 653	0 666	0 678	0 691	0 704	0 717	0 730	0 742	0 755
62	0 648	0 661	0 674	0 687	0 700	0 713	0 726	0 739	0 752	0 765
64	0 656	0 669	0 682	0 695	0 708	0 722	0 735	0 748	0 761	0 774
66	0 664	0 677	0 691	0 704	0 717	0 730	0 744	0 757	0 770	0 784
68	0 672	0 685	0 699	0 712	0 726	0 739	0 753	0 766	0 780	0 793
1 70	0 680	0 694	0 707	0 721	0 734	0 748	0 762	0 775	0 789	0 802
72	0 688	0 702	0 716	0 729	0 743	0 757	0 771	0 784	0 798	0 812
74	0 696	0 710	0 724	0 738	0 752	0 766	0 780	0 793	0 807	0 821
76	0 704	0 718	0 732	0 746	0 760	0 774	0 788	0 803	0 817	0 831
78	0 712	0 726	0 740	0 755	0 769	0 783	0 797	0 812	0 826	0 840
1 80	0 720	0 734	0 749	0 763	0 778	0 792	0 806	0 821	0 835	0 850
82	0 728	0 743	0 757	0 772	0 786	0 801	0 815	0 830	0 844	0 859
84	0 736	0 751	0 765	0 780	0 795	0 810	0 824	0 839	0 854	0 868
86	0 744	0 759	0 774	0 789	0 804	0 818	0 833	0 848	0 863	0 878
88	0 752	0 767	0 782	0 797	0 812	0 827	0 842	0 857	0 872	0 887
1 90	0 760	0 775	0 790	0 806	0 821	0 836	0 851	0 866	0 882	0 897
92	0 768	0 783	0 799	0 814	0 829	0 845	0 860	0 876	0 891	0 906
94	0 776	0 792	0 807	0 823	0 838	0 854	0 869	0 885	0 900	0 916
96	0 784	0 800	0 815	0 831	0 847	0 862	0 878	0 894	0 909	0 925
98	0 792	0 808	0 824	0 840	0 855	0 871	0 887	0 903	0 919	0 935
2 —	0 800	0 816	0 832	0 848	0 864	0 880	0 896	0 912	0 928	0 944
02	0 808	0 824	0 840	0 856	0 872	0 889	0 905	0 921	0 937	0 953
04	0 816	0 832	0 849	0 865	0 881	0 898	0 914	0 930	0 947	0 963
06	0 824	0 840	0 857	0 873	0 889	0 906	0 923	0 939	0 956	0 972
08	0 832	0 849	0 865	0 882	0 898	0 915	0 932	0 948	0 965	0 982
2 10	0 840	0 857	0 874	0 890	0 907	0 924	0 941	0 958	0 974	0 991
12	0 848	0 865	0 882	0 899	0 916	0 933	0 950	0 967	0 984	1 001
14	0 856	0 873	0 890	0 907	0 924	0 942	0 959	0 976	0 993	1 010
16	0 864	0 881	0 899	0 916	0 933	0 950	0 968	0 985	1 002	1 020
18	0 872	0 889	0 907	0 924	0 942	0 959	0 977	0 994	1 012	1 029

Epaisseur : 0m 42 centimètres

Longueur	Futailles	0 42	0 44	0 46	0 48	0 50	0 52	0 54	0 56	0 58	0 60
		Largeur en Centimètres									
0 42	0 059	0 074									
44	0 062	0 078	0 081								
46	0 065	0 081	0 085	0 089							
48	0 068	0 085	0 089	0 093	0 097						
0 50	0 071	0 088	0 092	0 097	0 101	0 105					
52	0 073	0 092	0 096	0 100	0 105	0 109	0 114				
54	0 076	0 095	0 100	0 104	0 109	0 113	0 118	0 122			
56	0 079	0 099	0 103	0 108	0 113	0 118	0 122	0 127	0 132		
58	0 082	0 102	0 107	0 112	0 117	0 122	0 127	0 132	0 136	0 141	
0 60	0 085	0 106	0 111	0 116	0 121	0 126	0 131	0 136	0 141	0 146	0 151
62	0 087	0 109	0 115	0 120	0 125	0 130	0 135	0 141	0 146	0 151	0 156
64	0 090	0 113	0 118	0 124	0 129	0 134	0 140	0 145	0 151	0 156	0 161
66	0 093	0 116	0 122	0 128	0 133	0 139	0 144	0 150	0 155	0 161	0 166
68	0 096	0 120	0 126	0 131	0 137	0 143	0 149	0 154	0 160	0 166	0 171
0 70	0 099	0 123	0 129	0 135	0 141	0 147	0 153	0 159	0 165	0 171	0 176
72	0 102	0 127	0 133	0 139	0 145	0 151	0 157	0 163	0 169	0 175	0 181
74	0 104	0 131	0 137	0 143	0 149	0 155	0 162	0 168	0 174	0 180	0 186
76	0 107	0 134	0 140	0 147	0 153	0 160	0 166	0 172	0 179	0 185	0 192
78	0 110	0 138	0 144	0 151	0 157	0 164	0 170	0 177	0 183	0 190	0 197
0 80	0 113	0 141	0 148	0 155	0 161	0 168	0 175	0 181	0 188	0 195	0 202
82	0 116	0 145	0 152	0 158	0 165	0 172	0 179	0 186	0 193	0 200	0 207
84	0 119	0 148	0 155	0 162	0 169	0 176	0 183	0 191	0 198	0 205	0 212
86	0 121	0 152	0 159	0 166	0 173	0 181	0 188	0 195	0 202	0 209	0 217
88	0 124	0 155	0 163	0 170	0 177	0 185	0 192	0 200	0 207	0 214	0 222
0 90	0 127	0 159	0 166	0 174	0 181	0 189	0 197	0 204	0 212	0 219	0 227
92	0 130	0 162	0 170	0 178	0 185	0 193	0 201	0 209	0 216	0 224	0 232
94	0 133	0 166	0 174	0 182	0 190	0 197	0 205	0 213	0 221	0 229	0 237
96	0 135	0 169	0 177	0 185	0 194	0 202	0 210	0 218	0 226	0 234	0 242
98	0 138	0 173	0 181	0 189	0 198	0 206	0 214	0 222	0 230	0 239	0 247
1 —	0 141	0 176	0 185	0 193	0 202	0 210	0 218	0 227	0 235	0 244	0 252
02	0 144	0 180	0 188	0 197	0 206	0 214	0 223	0 231	0 240	0 248	0 257
04	0 147	0 183	0 192	0 201	0 210	0 218	0 227	0 236	0 245	0 253	0 262
06	0 150	0 187	0 196	0 205	0 214	0 223	0 232	0 240	0 249	0 258	0 267
08	0 152	0 191	0 200	0 209	0 218	0 227	0 236	0 245	0 254	0 263	0 272
1 10	0 155	0 194	0 203	0 213	0 222	0 231	0 240	0 249	0 259	0 268	0 277
12	0 158	0 198	0 207	0 216	0 226	0 235	0 245	0 254	0 263	0 273	0 282
14	0 161	0 201	0 211	0 220	0 230	0 239	0 249	0 259	0 268	0 278	0 287
16	0 164	0 205	0 214	0 224	0 234	0 244	0 253	0 263	0 273	0 283	0 292
18	0 167	0 208	0 218	0 228	0 238	0 248	0 258	0 268	0 278	0 287	0 297
1 20	0 169	0 212	0 222	0 232	0 242	0 252	0 262	0 272	0 282	0 292	0 302
22	0 172	0 215	0 225	0 236	0 246	0 256	0 266	0 277	0 287	0 297	0 307
24	0 175	0 219	0 229	0 240	0 250	0 260	0 271	0 281	0 292	0 302	0 312
26	0 178	0 222	0 233	0 243	0 254	0 265	0 275	0 286	0 296	0 307	0 318
28	0 181	0 226	0 237	0 247	0 258	0 269	0 280	0 290	0 301	0 312	0 323
1 30	0 183	0 229	0 240	0 251	0 262	0 273	0 284	0 295	0 306	0 317	0 328
32	0 186	0 233	0 244	0 255	0 266	0 277	0 288	0 299	0 310	0 322	0 333
34	0 189	0 236	0 248	0 259	0 270	0 281	0 293	0 304	0 315	0 326	0 338
36	0 192	0 240	0 251	0 263	0 274	0 286	0 297	0 308	0 320	0 331	0 343
38	0 195	0 243	0 255	0 267	0 278	0 290	0 301	0 313	0 325	0 336	0 348
1 40	0 198	0 247	0 259	0 270	0 282	0 294	0 306	0 318	0 329	0 341	0 353
42	0 200	0 250	0 262	0 274	0 286	0 298	0 310	0 322	0 334	0 346	0 358
44	0 203	0 254	0 266	0 278	0 290	0 302	0 314	0 327	0 339	0 351	0 363
46	0 206	0 258	0 270	0 282	0 294	0 307	0 319	0 331	0 343	0 356	0 368
48	0 209	0 261	0 274	0 286	0 298	0 311	0 323	0 336	0 348	0 361	0 373
1 50	0 212	0 265	0 277	0 290	0 302	0 315	0 328	0 340	0 353	0 365	0 378
52	0 215	0 268	0 281	0 294	0 306	0 319	0 332	0 345	0 358	0 370	0 383
54	0 217	0 272	0 285	0 298	0 310	0 323	0 336	0 349	0 362	0 375	0 388
56	0 220	0 275	0 288	0 301	0 314	0 328	0 341	0 354	0 367	0 380	0 393
58	0 223	0 279	0 292	0 305	0 319	0 332	0 345	0 358	0 372	0 385	0 398
1 60	0 226	0 282	0 296	0 309	0 323	0 336	0 349	0 363	0 376	0 390	0 403
62	0 229	0 286	0 299	0 313	0 327	0 340	0 354	0 367	0 381	0 395	0 408
64	0 231	0 289	0 303	0 317	0 331	0 344	0 358	0 372	0 386	0 400	0 413
66	0 234	0 293	0 307	0 321	0 335	0 349	0 363	0 376	0 390	0 404	0 418
68	0 237	0 296	0 310	0 325	0 339	0 353	0 367	0 381	0 395	0 409	0 423
1 70	0 240	0 300	0 314	0 328	0 343	0 357	0 371	0 386	0 400	0 414	0 428
72	0 243	0 303	0 318	0 332	0 347	0 361	0 376	0 390	0 405	0 419	0 433
74	0 246	0 307	0 322	0 336	0 351	0 365	0 380	0 395	0 409	0 424	0 438
76	0 248	0 310	0 325	0 340	0 355	0 370	0 384	0 399	0 414	0 429	0 444
78	0 251	0 314	0 329	0 344	0 359	0 374	0 389	0 404	0 419	0 434	0 449
1 80	0 254	0 318	0 333	0 348	0 363	0 378	0 393	0 408	0 423	0 438	0 454

Epaisseur : 0m 42 centimètres

Longueur	0 62	0 64	0 66	0 68	0 70	0 72	0 74	0 76	0 78	0 80
	Largeur en Centimètres									
0 62	0 161									
64	0 167	0 172								
66	0 172	0 177	0 183							
68	0 177	0 183	0 188	0 194						
0 70	0 182	0 188	0 194	0 200	0 206					
72	0 187	0 194	0 200	0 206	0 212	0 218				
74	0 193	0 199	0 205	0 211	0 218	0 224	0 230			
76	0 198	0 204	0 211	0 217	0 223	0 230	0 236	0 243		
78	0 203	0 210	0 216	0 223	0 229	0 236	0 242	0 249	0 256	
0 80	0 208	0 215	0 222	0 228	0 235	0 242	0 249	0 255	0 262	0 269
82	0 214	0 220	0 227	0 234	0 241	0 248	0 255	0 262	0 269	0 276
84	0 219	0 226	0 233	0 240	0 247	0 254	0 261	0 268	0 275	0 282
86	0 224	0 231	0 238	0 246	0 253	0 260	0 267	0 275	0 282	0 289
88	0 229	0 237	0 244	0 251	0 259	0 266	0 274	0 281	0 288	0 296
0 90	0 234	0 242	0 249	0 257	0 265	0 272	0 280	0 287	0 295	0 302
92	0 240	0 247	0 255	0 263	0 270	0 278	0 286	0 294	0 301	0 309
94	0 245	0 253	0 261	0 268	0 276	0 284	0 292	0 300	0 308	0 316
96	0 250	0 258	0 266	0 274	0 282	0 290	0 298	0 306	0 314	0 323
98	0 255	0 263	0 272	0 280	0 288	0 296	0 305	0 313	0 321	0 329
1 —	0 260	0 269	0 277	0 286	0 294	0 302	0 311	0 319	0 328	0 336
02	0 266	0 274	0 283	0 291	0 300	0 308	0 317	0 326	0 334	0 343
04	0 271	0 280	0 288	0 297	0 306	0 314	0 323	0 332	0 341	0 349
06	0 276	0 285	0 294	0 303	0 312	0 321	0 329	0 338	0 347	0 356
08	0 281	0 290	0 299	0 308	0 318	0 327	0 336	0 345	0 354	0 363
1 10	0 286	0 296	0 305	0 314	0 323	0 333	0 342	0 351	0 360	0 370
12	0 292	0 301	0 310	0 320	0 329	0 339	0 348	0 358	0 367	0 376
14	0 297	0 306	0 316	0 326	0 335	0 345	0 354	0 364	0 373	0 383
16	0 302	0 312	0 322	0 331	0 341	0 351	0 361	0 370	0 380	0 390
18	0 307	0 317	0 327	0 337	0 347	0 357	0 367	0 377	0 387	0 396
1 20	0 312	0 323	0 333	0 343	0 353	0 363	0 373	0 383	0 393	0 403
22	0 318	0 328	0 338	0 348	0 359	0 369	0 379	0 389	0 400	0 410
24	0 323	0 333	0 344	0 354	0 365	0 375	0 385	0 396	0 406	0 417
26	0 328	0 339	0 349	0 360	0 370	0 381	0 392	0 402	0 413	0 423
28	0 333	0 344	0 355	0 566	0 376	0 387	0 398	0 409	0 419	0 430
1 30	0 339	0 349	0 360	0 371	0 382	0 393	0 404	0 415	0 426	0 437
32	0 344	0 355	0 366	0 377	0 388	0 399	0 410	0 421	0 432	0 444
34	0 349	0 360	0 371	0 383	0 394	0 405	0 416	0 428	0 439	0 450
36	0 354	0 366	0 377	0 388	0 400	0 411	0 421	0 434	0 446	0 457
38	0 359	0 371	0 383	0 394	0 406	0 417	0 429	0 440	0 452	0 464
1 40	0 365	0 376	0 388	0 400	0 412	0 423	0 435	0 447	0 459	0 470
42	0 370	0 382	0 394	0 406	0 417	0 429	0 441	0 453	0 465	0 477
44	0 375	0 387	0 399	0 411	0 423	0 435	0 448	0 460	0 472	0 484
46	0 380	0 392	0 405	0 417	0 429	0 441	0 454	0 466	0 478	0 491
48	0 385	0 398	0 410	0 423	0 635	0 448	0 460	0 472	0 485	0 497
1 50	0 391	0 403	0 416	0 428	0 441	0 454	0 466	0 479	0 491	0 504
52	0 396	0 409	0 421	0 434	0 447	0 460	0 472	0 485	0 498	0 511
54	0 401	0 414	0 427	0 440	0 453	0 466	0 479	0 492	0 505	0 517
56	0 406	0 419	0 432	0 446	0 459	0 472	0 485	0 498	0 511	0 524
58	0 411	0 425	0 438	0 451	0 465	0 478	0 491	0 504	0 518	0 531
1 60	0 417	0 430	0 444	0 457	0 470	0 484	0 497	0 511	0 524	0 538
62	0 422	0 435	0 449	0 463	0 476	0 490	0 503	0 517	0 531	0 544
64	0 427	0 441	0 455	0 468	0 482	0 496	0 510	0 523	0 537	0 551
66	0 432	0 446	0 460	0 474	0 488	0 502	0 516	0 530	0 544	0 558
68	0 437	0 452	0 466	0 480	0 494	0 508	0 522	0 536	0 550	0 564
1 70	0 443	0 457	0 471	0 486	0 500	0 514	0 528	0 543	0 557	0 571
72	0 448	0 462	0 477	0 491	0 506	0 520	0 534	0 549	0 563	0 578
74	0 453	0 468	0 482	0 497	0 512	0 526	0 540	0 555	0 570	0 585
76	0 458	0 473	0 488	0 503	0 517	0 532	0 547	0 562	0 577	0 591
78	0 464	0 478	0 493	0 508	0 523	0 538	0 553	0 568	0 583	0 598
1 80	0 469	0 484	0 499	0 514	0 529	0 544	0 559	0 575	0 590	0 605

0,42

Epaisseur : 0m 42 centimètres

Longueur	Futailles	0 82	0 84	0 86	0 88	0 90	0 92	0 94	0 96	0 98	1 00
m 0 82		0 282									
84		0 289	0 296								
86		0 296	0 303	0 311							
88		0 303	0 310	0 318	0 325						
0 90		0 310	0 318	0 325	0 333	0 340					
92		0 317	0 325	0 332	0 340	0 348	0 355				
94		0 324	0 332	0 340	0 347	0 355	0 363	0 371			
96		0 331	0 339	0 347	0 355	0 363	0 371	0 379	0 387		
98		0 338	0 346	0 354	0 362	0 370	0 379	0 387	0 395	0 403	
1 —		0 344	0 353	0 361	0 370	0 378	0 386	0 395	0 403	0 412	0 420
02		0 351	0 360	0 368	0 377	0 386	0 394	0 403	0 411	0 420	0 428
04		0 358	0 367	0 376	0 384	0 393	0 402	0 411	0 419	0 428	0 437
06		0 365	0 374	0 383	0 392	0 401	0 410	0 418	0 427	0 436	0 445
08		0 372	0 381	0 390	0 399	0 408	0 417	0 426	0 435	0 445	0 454
1 10		0 379	0 388	0 397	0 407	0 416	0 425	0 434	0 444	0 453	0 462
12		0 386	0 395	0 405	0 414	0 423	0 433	0 442	0 452	0 461	0 470
14		0 393	0 402	0 412	0 421	0 431	0 440	0 450	0 460	0 469	0 479
16		0 400	0 409	0 419	0 429	0 438	0 448	0 458	0 468	0 478	0 487
18		0 406	0 416	0 426	0 436	0 446	0 456	0 466	0 476	0 486	0 496
1 20		0 413	0 423	0 433	0 444	0 454	0 464	0 474	0 484	0 494	0 504
22		0 420	0 430	0 441	0 451	0 461	0 471	0 482	0 492	0 502	0 512
24		0 427	0 437	0 448	0 458	0 469	0 479	0 490	0 500	0 510	0 521
26		0 434	0 445	0 455	0 466	0 476	0 487	0 497	0 508	0 519	0 529
28		0 441	0 452	0 462	0 473	0 484	0 495	0 505	0 516	0 527	0 538
1 30		0 448	0 459	0 470	0 480	0 491	0 502	0 513	0 524	0 535	0 546
32		0 455	0 466	0 477	0 488	0 499	0 510	0 521	0 532	0 543	0 554
34		0 461	0 473	0 484	0 495	0 507	0 518	0 529	0 540	0 552	0 563
36		0 468	0 480	0 491	0 503	0 514	0 526	0 537	0 548	0 560	0 571
38		0 475	0 487	0 498	0 510	0 522	0 533	0 545	0 556	0 568	0 580
1 40		0 482	0 494	0 506	0 517	0 529	0 541	0 553	0 564	0 576	0 588
42		0 489	0 501	0 513	0 525	0 537	0 549	0 561	0 573	0 584	0 596
44		0 496	0 508	0 520	0 532	0 544	0 556	0 569	0 581	0 593	0 605
46		0 503	0 515	0 527	0 540	0 552	0 564	0 576	0 589	0 601	0 613
48		0 510	0 522	0 535	0 547	0 559	0 572	0 584	0 597	0 609	0 622
1 50		0 517	0 529	0 542	0 554	0 567	0 580	0 592	0 605	0 617	0 630
52		0 523	0 536	0 549	0 562	0 575	0 587	0 600	0 613	0 626	0 638
54		0 530	0 543	0 556	0 569	0 582	0 595	0 608	0 621	0 634	0 647
56		0 537	0 550	0 563	0 577	0 590	0 603	0 616	0 629	0 642	0 655
58		0 544	0 557	0 571	0 584	0 597	0 611	0 624	0 637	0 650	0 664
1 60		0 551	0 564	0 578	0 591	0 605	0 618	0 632	0 645	0 659	0 672
62		0 558	0 572	0 585	0 599	0 612	0 626	0 640	0 653	0 667	0 680
64		0 565	0 579	0 592	0 606	0 620	0 634	0 647	0 661	0 675	0 689
66		0 572	0 586	0 600	0 614	0 627	0 641	0 655	0 669	0 683	0 697
68		0 579	0 593	0 607	0 621	0 635	0 649	0 663	0 677	0 691	0 706
1 70		0 585	0 600	0 614	0 628	0 643	0 657	0 671	0 685	0 700	0 714
72		0 592	0 607	0 621	0 636	0 650	0 665	0 679	0 694	0 708	0 722
74		0 599	0 614	0 628	0 643	0 658	0 672	0 687	0 702	0 716	0 731
76		0 606	0 621	0 636	0 650	0 665	0 680	0 695	0 710	0 724	0 739
78		0 613	0 628	0 643	0 658	0 673	0 688	0 703	0 718	0 733	0 748
1 80		0 620	0 635	0 650	0 665	0 680	0 696	0 711	0 726	0 741	0 756
82		0 617	0 642	0 657	0 673	0 688	0 703	0 719	0 734	0 749	0 764
84		0 634	0 649	0 665	0 680	0 696	0 711	0 726	0 742	0 757	0 773
86		0 641	0 656	0 672	0 687	0 703	0 719	0 734	0 750	0 766	0 781
88		0 647	0 663	0 679	0 695	0 711	0 726	0 742	0 758	0 774	0 790
1 90		0 654	0 670	0 686	0 702	0 718	0 734	0 750	0 766	0 782	0 798
92		0 661	0 677	0 694	0 710	0 726	0 742	0 758	0 774	0 790	0 806
94		0 668	0 684	0 701	0 717	0 733	0 750	0 766	0 782	0 799	0 815
96		0 675	0 691	0 708	0 724	0 741	0 757	0 774	0 790	0 807	0 823
98		0 682	0 699	0 715	0 732	0 748	0 765	0 782	0 798	0 815	0 832
2 —		0 689	0 706	0 722	0 739	0 756	0 773	0 790	0 806	0 823	0 840
02		0 696	0 713	0 730	0 747	0 764	0 781	0 797	0 814	0 831	0 848
04		0 703	0 720	0 737	0 754	0 771	0 788	0 805	0 823	0 840	0 857
06		0 709	0 727	0 744	0 761	0 779	0 796	0 813	0 831	0 848	0 865
08		0 716	0 734	0 751	0 769	0 786	0 804	0 821	0 839	0 856	0 874
2 10		0 723	0 741	0 759	0 776	0 794	0 811	0 829	0 847	0 864	0 882
12		0 730	0 748	0 766	0 784	0 801	0 819	0 837	0 855	0 873	0 890
14		0 737	0 755	0 773	0 791	0 809	0 827	0 845	0 863	0 881	0 899
16		0 744	0 762	0 780	0 798	0 816	0 835	0 853	0 871	0 889	0 907
18		0 751	0 769	0 787	0 806	0 824	0 842	0 861	0 879	0 897	0 916
2 20		0 758	0 776	0 795	0 813	0 832	0 850	0 869	0 887	0 906	0 924

Epaisseur : 0m 42 centimètres

Longueur	1 02	1 04	1 06	1 08	1 10	1 12	1 14	1 16	1 18	1 20
m 1 02	0 437									
04	0 446	0 454								
06	0 454	0 463	0 472							
08	0 463	0 472	0 481	0 490						
1 10	0 471	0 480	0 490	0 499	0 508					
12	0 480	0 489	0 499	0 508	0 517	0 527				
14	0 488	0 498	0 508	0 517	0 527	0 536	0 546			
16	0 497	0 507	0 516	0 526	0 536	0 546	0 555	0 565		
18	0 506	0 515	0 525	0 535	0 545	0 555	0 565	0 575	0 585	
1 20	0 514	0 524	0 534	0 544	0 554	0 564	0 575	0 585	0 595	0 605
22	0 523	0 533	0 543	0 553	0 564	0 574	0 584	0 594	0 605	0 615
24	0 531	0 542	0 552	0 562	0 573	0 583	0 594	0 604	0 615	0 625
26	0 540	0 550	0 561	0 572	0 582	0 593	0 603	0 614	0 624	0 635
28	0 548	0 559	0 570	0 581	0 591	0 602	0 613	0 624	0 634	0 645
1 30	0 557	0 568	0 579	0 590	0 601	0 612	0 622	0 633	0 644	0 655
32	0 565	0 577	0 588	0 599	0 610	0 621	0 632	0 643	0 654	0 665
34	0 574	0 585	0 597	0 608	0 619	0 630	0 642	0 653	0 664	0 675
36	0 583	0 594	0 605	0 617	0 628	0 640	0 651	0 663	0 674	0 685
38	0 591	0 603	0 614	0 626	0 638	0 649	0 661	0 672	0 684	0 696
1 40	0 600	0 612	0 623	0 635	0 647	0 659	0 670	0 682	0 694	0 706
42	0 608	0 620	0 632	0 644	0 656	0 668	0 680	0 692	0 704	0 716
44	0 617	0 629	0 641	0 653	0 665	0 677	0 689	0 702	0 714	0 726
46	0 625	0 638	0 650	0 662	0 675	0 687	0 699	0 711	0 724	0 736
48	0 634	0 646	0 659	0 671	0 684	0 696	0 709	0 721	0 733	0 746
1 50	0 643	0 655	0 668	0 680	0 693	0 706	0 718	0 731	0 743	0 756
52	0 651	0 664	0 677	0 689	0 702	0 715	0 728	0 741	0 753	0 766
54	0 660	0 673	0 686	0 699	0 711	0 724	0 737	0 750	0 763	0 776
56	0 668	0 681	0 695	0 708	0 721	0 734	0 747	0 760	0 773	0 786
58	0 677	0 690	0 703	0 717	0 730	0 743	0 757	0 770	0 783	0 796
1 60	0 685	0 699	0 712	0 726	0 739	0 753	0 766	0 780	0 793	0 806
62	0 694	0 708	0 721	0 735	0 748	0 762	0 776	0 789	0 803	0 816
64	0 703	0 716	0 730	0 744	0 758	0 771	0 785	0 799	0 813	0 827
66	0 711	0 725	0 739	0 753	0 767	0 781	0 795	0 809	0 823	0 837
68	0 720	0 734	0 748	0 762	0 776	0 790	0 804	0 819	0 833	0 847
1 70	0 728	0 743	0 757	0 771	0 785	0 800	0 814	0 828	0 843	0 857
72	0 737	0 751	0 766	0 780	0 795	0 809	0 824	0 838	0 852	0 867
74	0 745	0 760	0 775	0 789	0 804	0 818	0 833	0 848	0 862	0 877
76	0 754	0 769	0 784	0 798	0 813	0 828	0 843	0 858	0 872	0 887
78	0 763	0 778	0 792	0 807	0 822	0 837	0 852	0 867	0 882	0 897
1 80	0 771	0 786	0 801	0 816	0 832	0 847	0 862	0 877	0 892	0 907
82	0 780	0 795	0 810	0 826	0 841	0 856	0 871	0 887	0 902	0 917
84	0 788	0 804	0 819	0 835	0 850	0 866	0 881	0 896	0 912	0 927
86	0 797	0 812	0 828	0 844	0 859	0 875	0 891	0 906	0 922	0 937
88	0 805	0 821	0 837	0 853	0 869	0 884	0 900	0 916	0 932	0 948
1 90	0 814	0 830	0 846	0 862	0 878	0 894	0 910	0 926	0 942	0 958
92	0 823	0 839	0 855	0 871	0 887	0 903	0 919	0 935	0 952	0 968
94	0 831	0 847	0 864	0 880	0 896	0 913	0 929	0 945	0 961	0 978
96	0 840	0 856	0 873	0 889	0 906	0 922	0 938	0 955	0 971	0 988
98	0 848	0 865	0 881	0 898	0 915	0 931	0 948	0 965	0 981	0 998
2 —	0 857	0 874	0 890	0 907	0 924	0 941	0 958	0 975	0 991	1 008
02	0 865	0 882	0 899	0 916	0 933	0 950	0 967	0 984	1 001	1 018
04	0 874	0 891	0 908	0 925	0 942	0 960	0 977	0 994	1 011	1 028
06	0 883	0 900	0 917	0 934	0 952	0 969	0 986	1 004	1 021	1 038
08	0 891	0 909	0 926	0 943	0 961	0 978	0 996	1 014	1 031	1 048
2 10	0 900	0 917	0 935	0 953	0 970	0 988	1 005	1 023	1 041	1 058
12	0 908	0 926	0 944	0 962	0 979	0 997	1 015	1 033	1 051	1 068
14	0 917	0 935	0 953	0 971	0 989	1 007	1 025	1 043	1 061	1 079
16	0 925	0 943	0 962	0 980	0 998	1 016	1 034	1 052	1 070	1 089
18	0 934	0 952	0 971	0 989	1 007	1 025	1 044	1 062	1 080	1 099
2 20	0 942	0 961	0 979	0 998	1 016	1 035	1 053	1 072	1 090	1 109

Epaisseur : 0m 44 centimètres

Longueur	Futailles	Largeur en centimètres. 0 44	0 46	0 48	0 50	0 52	0 54	0 56	0 58	0 60	0 62
m 0 44	0 068	0 085									
46	0 071	0 089	0 093								
48	0 074	0 093	0 097	0 101							
0 50	0 077	0 097	0 101	0 106	0 110						
52	0 081	0 101	0 105	0 110	0 114	0 119					
54	0 084	0 105	0 109	0 114	0 119	0 124	0 128				
56	0 087	0 108	0 113	0 118	0 123	0 128	0 133	0 138			
58	0 090	0 112	0 117	0 122	0 128	0 133	0 138	0 143	0 148		
0 60	0 093	0 116	0 121	0 127	0 132	0 137	0 143	0 148	0 153	0 158	
62	0 096	0 120	0 125	0 131	0 136	0 142	0 147	0 153	0 158	0 164	0 169
64	0 099	0 124	0 130	0 135	0 141	0 146	0 152	0 158	0 163	0 169	0 175
66	0 102	0 128	0 134	0 139	0 145	0 151	0 157	0 163	0 168	0 174	0 180
68	0 105	0 132	0 138	0 144	0 150	0 156	0 162	0 168	0 174	0 180	0 186
0 70	0 108	0 136	0 142	0 148	0 154	0 160	0 166	0 172	0 179	0 185	0 191
72	0 112	0 139	0 146	0 152	0 158	0 165	0 171	0 177	0 184	0 190	0 196
74	0 115	0 143	0 150	0 156	0 163	0 169	0 176	0 182	0 189	0 195	0 202
76	0 118	0 147	0 154	0 161	0 167	0 174	0 181	0 187	0 194	0 201	0 207
78	0 121	0 151	0 158	0 165	0 172	0 178	0 185	0 192	0 199	0 206	0 213
0 80	0 124	0 155	0 162	0 169	0 176	0 183	0 190	0 197	0 204	0 211	0 218
82	0 127	0 159	0 166	0 173	0 180	0 188	0 195	0 202	0 209	0 216	0 224
84	0 130	0 163	0 170	0 177	0 185	0 192	0 200	0 207	0 214	0 222	0 229
86	0 133	0 166	0 174	0 182	0 189	0 197	0 204	0 212	0 219	0 227	0 235
88	0 136	0 170	0 178	0 186	0 194	0 201	0 209	0 217	0 225	0 232	0 240
0 90	0 139	0 174	0 182	0 190	0 198	0 206	0 214	0 222	0 230	0 238	0 246
92	0 142	0 178	0 186	0 194	0 202	0 210	0 219	0 227	0 235	0 243	0 251
94	0 146	0 182	0 190	0 199	0 207	0 215	0 223	0 232	0 240	0 248	0 256
96	0 149	0 186	0 194	0 203	0 211	0 220	0 228	0 237	0 245	0 253	0 262
98	0 152	0 190	0 198	0 207	0 216	0 224	0 233	0 241	0 250	0 259	0 267
1 —	0 155	0 194	0 202	0 211	0 220	0 229	0 238	0 246	0 255	0 264	0 273
02	0 158	0 197	0 206	0 215	0 224	0 233	0 242	0 251	0 260	0 269	0 278
04	0 161	0 201	0 210	0 220	0 229	0 238	0 247	0 256	0 265	0 275	0 284
06	0 164	0 205	0 215	0 224	0 233	0 243	0 252	0 261	0 271	0 280	0 289
08	0 167	0 209	0 219	0 228	0 238	0 247	0 257	0 266	0 276	0 285	0 295
1 10	0 170	0 213	0 223	0 232	0 242	0 252	0 261	0 271	0 281	0 290	0 300
12	0 173	0 217	0 227	0 237	0 246	0 256	0 266	0 276	0 286	0 296	0 306
14	0 177	0 221	0 231	0 241	0 251	0 261	0 271	0 281	0 291	0 301	0 311
16	0 180	0 225	0 235	0 245	0 255	0 265	0 276	0 286	0 296	0 306	0 316
18	0 183	0 228	0 239	0 249	0 260	0 270	0 280	0 291	0 301	0 312	0 322
1 20	0 186	0 232	0 243	0 253	0 264	0 275	0 285	0 296	0 306	0 317	0 327
22	0 189	0 236	0 247	0 258	0 268	0 279	0 290	0 301	0 311	0 322	0 333
24	0 192	0 240	0 251	0 262	0 273	0 284	0 295	0 306	0 316	0 327	0 338
26	0 195	0 244	0 255	0 266	0 277	0 288	0 299	0 310	0 322	0 333	0 344
28	0 198	0 248	0 259	0 270	0 282	0 293	0 304	0 315	0 327	0 338	0 349
1 30	0 201	0 252	0 263	0 275	0 286	0 297	0 309	0 320	0 332	0 343	0 355
32	0 204	0 256	0 267	0 279	0 290	0 302	0 314	0 325	0 337	0 348	0 360
34	0 208	0 259	0 271	0 283	0 295	0 307	0 318	0 330	0 342	0 354	0 366
36	0 211	0 263	0 275	0 287	0 299	0 311	0 323	0 335	0 347	0 359	0 371
38	0 214	0 267	0 279	0 291	0 304	0 316	0 328	0 340	0 352	0 364	0 376
1 40	0 217	0 271	0 283	0 296	0 308	0 320	0 333	0 345	0 357	0 370	0 382
42	0 220	0 275	0 287	0 300	0 312	0 325	0 337	0 350	0 362	0 375	0 387
44	0 223	0 279	0 291	0 304	0 317	0 329	0 342	0 355	0 367	0 380	0 393
46	0 226	0 283	0 296	0 308	0 321	0 334	0 347	0 360	0 373	0 385	0 398
48	0 229	0 287	0 300	0 313	0 326	0 339	0 352	0 365	0 378	0 391	0 404
1 50	0 232	0 290	0 304	0 317	0 330	0 343	0 356	0 370	0 383	0 396	0 409
52	0 235	0 294	0 308	0 321	0 334	0 348	0 361	0 375	0 388	0 401	0 415
54	0 239	0 298	0 312	0 325	0 339	0 352	0 366	0 379	0 393	0 406	0 420
56	0 242	0 302	0 316	0 329	0 343	0 357	0 371	0 384	0 398	0 412	0 426
58	0 245	0 306	0 320	0 334	0 348	0 362	0 375	0 389	0 403	0 417	0 431
1 60	0 248	0 310	0 324	0 338	0 352	0 366	0 380	0 394	0 408	0 422	0 436
62	0 251	0 314	0 328	0 342	0 356	0 371	0 385	0 399	0 413	0 428	0 442
64	0 254	0 318	0 332	0 346	0 361	0 375	0 390	0 404	0 419	0 233	0 447
66	0 257	0 321	0 336	0 351	0 365	0 380	0 394	0 409	0 424	0 438	0 453
68	0 260	0 325	0 340	0 355	0 370	0 384	0 399	0 414	0 429	0 443	0 458
1 70	0 263	0 329	0 344	0 359	0 374	0 389	0 404	0 419	0 434	0 449	0 464
72	0 266	0 333	0 348	0 363	0 378	0 394	0 409	0 424	0 439	0 454	0 469
74	0 269	0 337	0 352	0 367	0 383	0 398	0 413	0 429	0 444	0 459	0 475
76	0 273	0 341	0 356	0 372	0 387	0 403	0 418	0 434	0 449	0 465	0 480
78	0 276	0 345	0 360	0 376	0 392	0 407	0 423	0 439	0 454	0 470	0 486
1 80	0 279	0 318	0 364	0 380	0 396	0 412	0 428	0 444	0 459	0 475	0 491
82	0 282	0 352	0 368	0 384	0 400	0 416	0 432	0 448	0 464	0 480	0 496

Epaisseur : 0m 44 centimètres

Longueur	Largeur en centimètres 0 64	0 66	0 68	0 70	0 72	0 74	0 76	0 78	0 80	0 82
m 0 64	0 180									
66	0 186	0 192								
68	0 191	0 197	0 203							
0 70	0 197	0 203	0 209	0 216						
72	0 203	0 209	0 215	0 222	0 228					
74	0 208	0 215	0 221	0 228	0 234	0 241				
76	0 214	0 221	0 227	0 234	0 241	0 247	0 254			
78	0 220	0 227	0 233	0 240	0 247	0 254	0 261	0 268		
0 80	0 225	0 232	0 239	0 246	0 253	0 260	0 268	0 275	0 282	
82	0 231	0 238	0 245	0 253	0 260	0 267	0 274	0 281	0 289	0 296
84	0 237	0 244	0 251	0 259	0 266	0 274	0 281	0 288	0 296	0 304
86	0 242	0 250	0 257	0 265	0 272	0 280	0 288	0 295	0 303	0 311
88	0 248	0 256	0 263	0 271	0 279	0 287	0 294	0 302	0 310	0 318
0 90	0 253	0 261	0 269	0 277	0 285	0 293	0 301	0 309	0 317	0 325
92	0 259	0 267	0 275	0 283	0 291	0 300	0 308	0 316	0 324	0 332
94	0 265	0 273	0 281	0 290	0 298	0 306	0 314	0 323	0 331	0 339
96	0 270	0 279	0 287	0 296	0 304	0 313	0 321	0 329	0 338	0 346
98	0 276	0 285	0 293	0 302	0 310	0 319	0 328	0 336	0 345	0 354
1 —	0 282	0 290	0 299	0 308	0 317	0 326	0 334	0 343	0 352	0 361
02	0 287	0 296	0 305	0 314	0 323	0 332	0 341	0 350	0 359	0 368
04	0 293	0 302	0 311	0 320	0 329	0 339	0 348	0 357	0 366	0 375
06	0 298	0 308	0 317	0 326	0 336	0 345	0 354	0 364	0 373	0 382
08	0 304	0 314	0 323	0 333	0 342	0 352	0 361	0 371	0 380	0 390
1 10	0 310	0 319	0 329	0 339	0 348	0 358	0 368	0 378	0 387	0 397
12	0 315	0 325	0 335	0 345	0 355	0 365	0 375	0 384	0 394	0 404
14	0 321	0 331	0 341	0 351	0 361	0 371	0 381	0 391	0 401	0 411
16	0 327	0 337	0 347	0 357	0 367	0 378	0 388	0 398	0 408	0 419
18	0 332	0 343	0 353	0 363	0 374	0 384	0 395	0 405	0 415	0 426
1 20	0 338	0 348	0 359	0 370	0 380	0 391	0 401	0 412	0 422	0 433
22	0 344	0 354	0 365	0 376	0 386	0 397	0 408	0 419	0 429	0 440
24	0 349	0 360	0 371	0 382	0 393	0 404	0 415	0 426	0 436	0 447
26	0 355	0 366	0 377	0 388	0 399	0 410	0 421	0 432	0 444	0 455
28	0 360	0 372	0 383	0 394	0 406	0 417	0 428	0 439	0 451	0 462
1 30	0 366	0 378	0 389	0 400	0 412	0 423	0 435	0 446	0 458	0 469
32	0 372	0 383	0 395	0 407	0 418	0 430	0 441	0 453	0 465	0 476
34	0 377	0 389	0 401	0 413	0 425	0 436	0 448	0 460	0 472	0 483
36	0 383	0 395	0 407	0 419	0 431	0 443	0 455	0 467	0 479	0 491
38	0 389	0 401	0 413	0 425	0 437	0 449	0 461	0 474	0 486	0 498
1 40	0 394	0 407	0 419	0 431	0 444	0 456	0 468	0 480	0 493	0 505
42	0 400	0 412	0 425	0 437	0 450	0 462	0 475	0 487	0 500	0 512
44	0 406	0 418	0 431	0 444	0 456	0 469	0 482	0 494	0 507	0 520
46	0 411	0 424	0 437	0 450	0 463	0 475	0 488	0 501	0 514	0 527
48	0 417	0 430	0 443	0 456	0 469	0 482	0 495	0 508	0 521	0 534
1 50	0 422	0 436	0 449	0 462	0 475	0 488	0 502	0 515	0 528	0 541
52	0 428	0 441	0 455	0 468	0 482	0 495	0 508	0 522	0 535	0 548
54	0 434	0 447	0 461	0 474	0 488	0 501	0 515	0 529	0 542	0 556
56	0 439	0 453	0 467	0 480	0 494	0 508	0 522	0 535	0 549	0 563
58	0 445	0 459	0 473	0 487	0 531	0 514	0 528	0 542	0 556	0 570
1 60	0 451	0 465	0 479	0 493	0 507	0 521	0 535	0 549	0 563	0 577
62	0 456	0 470	0 485	0 499	0 513	0 527	0 542	0 556	0 570	0 584
64	0 462	0 476	0 491	0 505	0 520	0 534	0 548	0 563	0 577	0 592
66	0 467	0 482	0 497	0 511	0 526	0 540	0 555	0 570	0 584	0 599
68	0 373	0 488	0 503	0 517	0 532	0 547	0 562	0 577	0 591	0 606
1 70	0 479	0 494	0 509	0 524	0 539	0 554	0 568	0 583	0 598	0 613
72	0 484	0 499	0 515	0 530	0 545	0 560	0 575	0 590	0 605	0 621
74	0 490	0 505	0 521	0 536	0 551	0 567	0 582	0 597	0 612	0 628
76	0 496	0 511	0 527	0 542	0 558	0 573	0 589	0 604	0 620	0 635
78	0 501	0 517	0 533	0 518	0 564	0 580	0 595	0 611	0 627	0 642
1 80	0 507	0 523	0 539	0 554	0 570	0 586	0 602	0 618	0 634	0 649
82	0 513	0 529	0 545	0 561	0 577	0 593	0 609	0 625	0 641	0 657

Epaisseur : 0m 44 centimètres

Longueur	Futailles	0 84	0 86	0 88	0 90	0 92	0 94	0 96	0 98	1 00	1 02
		Largeur en Centimètres									
0 84		0 310									
86		0 318	0 325								
88		0 325	0 333	0 341							
0 90		0 333	0 341	0 348	0 356						
92		0 340	0 348	0 356	0 364	0 372					
94		0 347	0 356	0 364	0 372	0 381	0 389				
96		0 355	0 363	0 372	0 380	0 389	0 397	0 406			
98		0 362	0 371	0 379	0 388	0 397	0 405	0 414	0 423		
1 —		0 370	0 378	0 387	0 396	0 405	0 414	0 422	0 431	0 440	
02		0 377	0 386	0 395	0 404	0 413	0 422	0 431	0 440	0 449	0 458
04		0 384	0 394	0 403	0 412	0 421	0 430	0 439	0 448	0 458	0 467
06		0 392	0 401	0 410	0 420	0 429	0 438	0 448	0 457	0 466	0 476
08		0 399	0 409	0 418	0 428	0 437	0 447	0 456	0 466	0 475	0 485
1 10		0 407	0 416	0 426	0 436	0 445	0 455	0 465	0 474	0 484	0 494
12		0 414	0 424	0 434	0 444	0 453	0 463	0 473	0 483	0 493	0 503
14		0 421	0 431	0 441	0 451	0 461	0 472	0 482	0 493	0 502	0 512
16		0 429	0 439	0 449	0 459	0 470	0 480	0 490	0 500	0 510	0 521
18		0 436	0 447	0 457	0 467	0 478	0 488	0 498	0 509	0 519	0 530
1 20		0 444	0 454	0 465	0 475	0 486	0 496	0 507	0 517	0 528	0 539
22		0 451	0 462	0 472	0 483	0 494	0 505	0 515	0 526	0 537	0 548
24		0 458	0 469	0 480	0 491	0 502	0 513	0 524	0 535	0 546	0 557
26		0 466	0 477	0 488	0 499	0 510	0 521	0 532	0 543	0 554	0 565
28		0 473	0 484	0 496	0 507	0 518	0 529	0 541	0 552	0 563	0 574
1 30		0 480	0 492	0 503	0 515	0 526	0 538	0 549	0 561	0 572	0 583
32		0 488	0 499	0 511	0 523	0 534	0 546	0 558	0 569	0 581	0 592
34		0 495	0 507	0 519	0 531	0 542	0 554	0 566	0 578	0 590	0 601
36		0 503	0 515	0 527	0 539	0 551	0 562	0 574	0 586	0 598	0 610
38		0 510	0 522	0 534	0 546	0 559	0 571	0 583	0 595	0 607	0 619
1 40		0 517	0 530	0 542	0 554	0 567	0 579	0 591	0 604	0 616	0 628
42		0 525	0 537	0 550	0 562	0 575	0 587	0 600	0 612	0 625	0 637
44		0 532	0 545	0 558	0 570	0 583	0 596	0 608	0 621	0 634	0 646
46		0 540	0 552	0 565	0 578	0 591	0 604	0 617	0 630	0 642	0 655
48		0 547	0 560	0 573	0 586	0 599	0 612	0 625	0 638	0 651	0 664
1 50		0 554	0 568	0 581	0 594	0 607	0 620	0 634	0 647	0 660	0 673
52		0 562	0 575	0 589	0 602	0 615	0 629	0 642	0 655	0 669	0 682
54		0 569	0 483	0 596	0 610	0 623	0 637	0 650	0 664	0 678	0 691
56		0 577	0 590	0 604	0 618	0 631	0 645	0 659	0 673	0 686	0 700
58		0 584	0 598	0 612	0 626	0 640	0 653	0 667	0 681	0 695	0 709
1 60		0 591	0 605	0 620	0 634	0 648	0 662	0 676	0 690	0 704	0 718
62		0 599	0 613	0 627	0 642	0 656	0 670	0 684	0 699	0 713	0 727
64		0 606	0 621	0 635	0 649	0 664	0 678	0 693	0 707	0 722	0 736
66		0 614	0 628	0 643	0 657	0 672	0 687	0 701	0 716	0 730	0 745
68		0 621	0 636	0 650	0 665	0 680	0 695	0 710	0 724	0 739	0 754
1 70		0 628	0 643	0 658	0 673	0 688	0 703	0 718	0 733	0 748	0 763
72		0 636	0 651	0 666	0 681	0 696	0 711	0 727	0 742	0 757	0 772
74		0 643	0 658	0 674	0 689	0 704	0 720	0 735	0 750	0 766	0 781
76		0 650	0 666	0 681	0 697	0 712	0 728	0 743	0 759	0 774	0 790
78		0 658	0 674	0 689	0 705	0 721	0 736	0 752	0 768	0 783	0 799
1 80		0 665	0 681	0 697	0 713	0 729	0 744	0 760	0 776	0 792	0 808
82		0 673	0 689	0 705	0 721	0 737	0 753	0 769	0 785	0 801	0 817
84		0 680	0 696	0 712	0 729	0 745	0 761	0 777	0 793	0 810	0 826
86		0 687	0 704	0 720	0 737	0 753	0 769	0 786	0 802	0 818	0 835
88		0 695	0 711	0 728	0 744	0 761	0 778	0 794	0 811	0 827	0 844
1 90		0 702	0 719	0 736	0 752	0 769	0 786	0 803	0 819	0 836	0 853
92		0 710	0 727	0 743	0 760	0 777	0 794	0 811	0 828	0 845	0 862
94		0 717	0 734	0 751	0 768	0 785	0 802	0 819	0 837	0 854	0 871
96		0 724	0 742	0 759	0 776	0 793	0 811	0 828	0 845	0 862	0 880
98		0 732	0 749	0 767	0 784	0 802	0 819	0 836	0 854	0 871	0 889
2 —		0 739	0 757	0 774	0 792	0 810	0 827	0 845	0 862	0 880	0 898
02		0 747	0 764	0 782	0 800	0 818	0 835	0 853	0 871	0 889	0 907
04		0 754	0 772	0 790	0 808	0 826	0 844	0 862	0 880	0 898	0 916
06		0 761	0 780	0 798	0 816	0 834	0 852	0 870	0 888	0 906	0 925
08		0 769	0 787	0 805	0 824	0 842	0 860	0 879	0 897	0 915	0 934
2 10		0 776	0 795	0 813	0 812	0 850	0 869	0 887	0 906	0 924	0 942
12		0 784	0 802	0 831	0 840	0 858	0 877	0 895	0 914	0 933	0 951
14		0 791	0 810	0 820	0 847	0 866	0 885	0 904	0 923	0 942	0 960
16		0 798	0 817	0 836	0 855	0 874	0 893	0 912	0 931	0 950	0 968
18		0 806	0 825	0 844	0 863	0 882	0 902	0 921	0 940	0 959	0 978
2 20		0 813	0 832	0 852	0 871	0 891	0 910	0 929	0 949	0 968	0 987
22		0 821	0 840	0 860	0 879	0 899	0 918	0 938	0 957	0 977	0 996

Epaisseur : 0m 44 centimètres

Longueur	1 04	1 06	1 08	1 10	1 12	1 14	1 16	1 18	1 20	1 22
	Largeur en Centimètres									
1 04	0 476									
06	0 485	0 494								
08	0 494	0 504	0 513							
1 10	0 503	0 513	0 523	0 532						
12	0 513	0 522	0 532	0 542	0 552					
14	0 522	0 532	0 542	0 552	0 562	0 572				
16	0 531	0 541	0 551	0 561	0 572	0 582	0 592			
18	0 540	0 550	0 561	0 571	0 582	0 592	0 602	0 613		
1 20	0 549	0 560	0 570	0 581	0 591	0 602	0 612	0 623	0 634	
22	0 558	0 569	0 580	0 590	0 601	0 612	0 623	0 633	0 644	0 655
24	0 567	0 578	0 589	0 600	0 611	0 622	0 633	0 644	0 655	0 666
26	0 577	0 588	0 599	0 610	0 621	0 632	0 643	0 654	0 665	0 676
28	0 586	0 597	0 608	0 619	0 631	0 642	0 653	0 665	0 676	0 687
1 30	0 595	0 606	0 618	0 629	0 641	0 652	0 664	0 675	0 686	0 698
32	0 604	0 616	0 627	0 639	0 650	0 662	0 674	0 685	0 697	0 709
34	0 613	0 625	0 637	0 648	0 660	0 672	0 684	0 696	0 708	0 719
36	0 622	0 634	0 646	0 658	0 670	0 682	0 694	0 706	0 718	0 730
38	0 631	0 644	0 656	0 668	0 680	0 692	0 704	0 716	0 729	0 741
1 40	0 641	0 653	0 665	0 678	0 690	0 702	0 715	0 727	0 739	0 752
42	0 650	0 662	0 675	0 687	0 700	0 712	0 725	0 737	0 750	0 762
44	0 659	0 672	0 684	0 697	0 710	0 722	0 735	0 748	0 760	0 773
46	0 668	0 681	0 694	0 707	0 719	0 732	0 745	0 758	0 771	0 784
48	0 677	0 690	0 703	0 716	0 729	0 742	0 755	0 768	0 781	0 794
1 50	0 686	0 700	0 713	0 726	0 739	0 752	0 766	0 779	0 792	0 805
52	0 696	0 709	0 722	0 736	0 749	0 762	0 776	0 789	0 803	0 816
54	0 705	0 718	0 732	0 745	0 759	0 772	0 786	0 800	0 813	0 827
56	0 714	0 728	0 741	0 755	0 769	0 782	0 796	0 810	0 824	0 837
58	0 723	0 737	0 751	0 765	0 779	0 793	0 806	0 820	0 834	0 848
1 60	0 732	0 746	0 760	0 774	0 788	0 803	0 817	0 831	0 845	0 859
62	0 741	0 756	0 770	0 784	0 798	0 813	0 827	0 841	0 855	0 870
64	0 750	0 765	0 779	0 794	0 808	0 823	0 837	0 851	0 866	0 880
66	0 760	0 774	0 789	0 803	0 818	0 833	0 847	0 862	0 876	0 891
68	0 769	0 784	0 798	0 813	0 828	0 843	0 857	0 872	0 887	0 902
1 70	0 778	0 793	0 808	0 823	0 838	0 853	0 868	0 883	0 898	0 913
72	0 787	0 802	0 817	0 832	0 848	0 863	0 878	0 893	0 908	0 923
74	0 796	0 812	0 827	0 842	0 857	0 873	0 888	0 903	0 919	0 934
76	0 805	0 821	0 836	0 852	0 867	0 883	0 898	0 914	0 929	0 945
78	0 815	0 030	0 846	0 862	0 877	0 893	0 909	0 924	0 940	0 956
1 80	0 824	0 840	0 855	0 871	0 887	0 903	0 919	0 935	0 950	0 966
82	0 833	0 849	0 865	0 881	0 897	0 913	0 929	0 945	0 961	0 977
84	0 842	0 858	0 874	0 891	0 907	0 923	0 939	0 955	0 972	0 988
86	0 851	0 868	0 884	0 900	0 917	0 933	0 949	0 966	0 982	0 998
88	0 860	0 877	0 893	0 910	0 926	0 943	0 960	0 976	0 993	1 009
1 90	0 869	0 886	0 903	0 920	0 936	0 953	0 970	0 986	1 003	1 020
92	0 879	0 895	0 912	0 929	0 946	0 963	0 980	0 997	1 014	1 031
94	0 888	0 905	0 922	0 939	0 956	0 973	0 990	1 007	1 024	1 041
96	0 897	0 914	0 931	0 949	0 966	0 983	1 000	1 018	1 035	1 052
98	0 906	0 923	0 941	0 958	0 976	0 993	1 011	1 028	1 045	1 063
2 —	0 915	0 933	0 950	0 968	0 986	1 003	1 021	1 038	1 056	1 074
02	0 924	0 942	0 960	0 978	0 995	1 013	1 031	1 049	1 067	1 084
04	0 934	0 951	0 969	0 987	1 005	1 023	1 041	1 059	1 077	1 095
06	0 943	0 961	0 979	0 997	1 015	1 033	1 051	1 070	1 088	1 106
08	0 952	0 970	0 988	1 007	1 025	1 043	1 062	1 080	1 098	1 117
2 10	0 961	0 979	0 998	1 016	1 035	1 053	1 072	1 090	1 109	1 127
12	0 970	0 989	1 007	1 026	1 045	1 063	1 082	1 101	1 119	1 138
14	0 979	0 998	1 017	1 036	1 055	1 073	1 092	1 111	1 130	1 149
16	0 988	1 007	1 026	1 045	1 064	1 083	1 102	1 121	1 140	1 159
18	0 998	1 017	1 036	1 055	1 074	1 093	1 112	1 132	1 151	1 170
2 20	1 007	1 026	1 045	1 065	1 084	1 104	1 123	1 142	1 162	1 181
22	1 016	1 035	1 055	1 074	1 094	1 114	1 133	1 153	1 172	1 192

Epaisseur : 0m 46 centimètres

Longueur	Futailles	Largeur en Centimètres 0 46	0 48	0 50	0 52	0 54	0 56	0 58	0 60	0 62	0 64
0 46	0 078	0 097									
48	0 081	0 102	0 106								
0 50	0 085	0 106	0 110	0 115							
52	0 088	0 110	0 115	0 120	0 124						
54	0 091	0 114	0 119	0 124	0 129	0 134					
56	0 095	0 118	0 124	0 129	0 134	0 139	0 144				
58	0 098	0 123	0 128	0 133	0 139	0 144	0 149	0 155			
0 60	0 102	0 127	0 132	0 138	0 144	0 149	0 155	0 160	0 166		
62	0 105	0 131	0 137	0 143	0 148	0 154	0 160	0 165	0 171	0 177	
64	0 108	0 135	0 141	0 147	0 153	0 159	0 165	0 171	0 177	0 183	0 188
66	0 112	0 140	0 146	0 152	0 158	0 164	0 170	0 176	0 182	0 188	0 194
68	0 115	0 144	0 150	0 156	0 163	0 169	0 175	0 181	0 188	0 194	0 200
0 70	0 118	0 148	0 155	0 161	0 167	0 174	0 180	0 187	0 193	0 200	0 206
72	0 122	0 152	0 159	0 166	0 172	0 179	0 185	0 192	0 199	0 205	0 212
74	0 125	0 157	0 163	0 170	0 177	0 184	0 191	0 197	0 204	0 211	0 218
76	0 129	0 161	0 168	0 175	0 182	0 189	0 196	0 203	0 210	0 217	0 224
78	0 132	0 165	0 172	0 179	0 187	0 194	0 201	0 208	0 215	0 222	0 230
0 80	0 135	0 169	0 177	0 184	0 191	0 199	0 206	0 213	0 221	0 228	0 236
82	0 139	0 174	0 181	0 189	0 196	0 204	0 211	0 219	0 226	0 234	0 241
84	0 142	0 178	0 185	0 193	0 201	0 209	0 216	0 224	0 232	0 240	0 247
86	0 146	0 182	0 190	0 198	0 206	0 214	0 222	0 229	0 237	0 245	0 253
88	0 149	0 186	0 194	0 202	0 210	0 219	0 227	0 235	0 243	0 251	0 259
0 90	0 152	0 190	0 199	0 207	0 215	0 224	0 232	0 240	0 248	0 257	0 265
92	0 156	0 195	0 203	0 212	0 220	0 229	0 237	0 245	0 254	0 262	0 271
94	0 159	0 199	0 208	0 216	0 225	0 233	0 242	0 251	0 259	0 268	0 277
96	0 163	0 203	0 212	0 221	0 230	0 238	0 247	0 256	0 265	0 274	0 283
98	0 166	0 207	0 216	0 225	0 234	0 243	0 252	0 261	0 270	0 279	0 289
1 —	0 169	0 212	0 221	0 230	0 239	0 248	0 258	0 267	0 276	0 285	0 294
02	0 173	0 216	0 225	0 235	0 244	0 253	0 263	0 272	0 282	0 291	0 300
04	0 176	0 220	0 230	0 239	0 249	0 258	0 268	0 277	0 287	0 297	0 306
06	0 179	0 224	0 234	0 244	0 254	0 263	0 273	0 283	0 293	0 302	0 312
08	0 183	0 229	0 238	0 248	0 258	0 268	0 278	0 288	0 298	0 308	0 318
1 10	0 186	0 233	0 243	0 253	0 263	0 273	0 283	0 293	0 304	0 314	0 324
12	0 190	0 237	0 247	0 258	0 268	0 278	0 289	0 299	0 309	0 319	0 330
14	0 193	0 241	0 252	0 262	0 273	0 283	0 294	0 304	0 315	0 325	0 336
16	0 196	0 245	0 256	0 267	0 277	0 288	0 299	0 309	0 320	0 331	0 342
18	0 200	0 250	0 261	0 271	0 282	0 293	0 304	0 315	0 326	0 337	0 347
1 20	0 203	0 254	0 265	0 276	0 287	0 298	0 309	0 320	0 331	0 342	0 353
22	0 206	0 258	0 269	0 281	0 292	0 303	0 314	0 325	0 337	0 348	0 359
24	0 210	0 262	0 274	0 285	0 297	0 308	0 319	0 331	0 342	0 354	0 365
26	0 213	0 267	0 278	0 290	0 301	0 313	0 325	0 336	0 348	0 359	0 371
28	0 217	0 271	0 283	0 294	0 306	0 318	0 330	0 342	0 353	0 365	0 377
1 30	0 220	0 275	0 287	0 299	0 311	0 323	0 335	0 347	0 359	0 371	0 383
32	0 223	0 279	0 291	0 304	0 316	0 328	0 340	0 352	0 364	0 376	0 389
34	0 227	0 284	0 296	0 308	0 321	0 333	0 345	0 358	0 370	0 382	0 394
36	0 230	0 288	0 300	0 313	0 325	0 338	0 350	0 363	0 375	0 388	0 400
38	0 234	0 292	0 305	0 317	0 330	0 343	0 355	0 368	0 381	0 394	0 406
1 40	0 237	0 296	0 309	0 322	0 335	0 348	0 361	0 374	0 386	0 399	0 412
42	0 240	0 300	0 314	0 327	0 340	0 353	0 366	0 379	0 392	0 405	0 418
44	0 244	0 305	0 318	0 331	0 344	0 358	0 371	0 384	0 397	0 411	0 424
46	0 247	0 309	0 322	0 336	0 349	0 363	0 376	0 390	0 403	0 416	0 430
48	0 251	0 313	0 327	0 340	0 354	0 368	0 381	0 395	0 408	0 422	0 436
1 50	0 254	0 317	0 331	0 345	0 359	0 373	0 386	0 400	0 414	0 428	0 442
52	0 257	0 322	0 336	0 350	0 364	0 378	0 392	0 406	0 420	0 434	0 447
54	0 261	0 326	0 340	0 354	0 368	0 383	0 397	0 411	0 425	0 439	0 453
56	0 264	0 330	0 344	0 359	0 373	0 388	0 402	0 416	0 431	0 445	0 459
58	0 267	0 334	0 349	0 363	0 378	0 392	0 407	0 422	0 436	0 451	0 465
1 60	0 271	0 339	0 353	0 368	0 383	0 397	0 412	0 427	0 442	0 456	0 471
62	0 274	0 343	0 358	0 373	0 388	0 402	0 417	0 432	0 447	0 462	0 477
64	0 278	0 347	0 362	0 377	0 392	0 407	0 422	0 438	0 453	0 468	0 483
66	0 281	0 351	0 367	0 382	0 397	0 412	0 428	0 443	0 458	0 473	0 489
68	0 284	0 355	0 371	0 386	0 402	0 417	0 433	0 448	0 464	0 479	0 495
1 70	0 288	0 360	0 375	0 391	0 407	0 422	0 438	0 454	0 469	0 485	0 500
72	0 291	0 364	0 380	0 396	0 411	0 427	0 443	0 459	0 475	0 491	0 506
74	0 295	0 368	0 384	0 400	0 416	0 432	0 448	0 464	0 480	0 496	0 512
76	0 298	0 372	0 389	0 405	0 421	0 437	0 453	0 470	0 486	0 502	0 518
78	0 301	0 377	0 393	0 409	0 426	0 442	0 459	0 475	0 491	0 508	0 524
1 80	0 305	0 381	0 397	0 414	0 431	0 447	0 464	0 480	0 497	0 513	0 530
82	0 308	0 385	0 402	0 419	0 435	0 452	0 469	0 486	0 502	0 519	0 536
84	0 311	0 389	0 406	0 423	0 440	0 457	0 474	0 491	0 508	0 525	0 542

Epaisseur : 0m 46 centimètres

Longueur	Largeur en Centimètres 0 66	0 68	0 70	0 72	0 74	0 76	0 78	0 80	0 82	0 84
0,66	0 200									
68	0 206	0 213								
0 70	0 213	0 219	0 225							
72	0 219	0 225	0 232	0 238						
74	0 225	0 231	0 238	0 245	0 252					
76	0 231	0 238	0 245	0 252	0 259	0 266				
78	0 237	0 244	0 251	0 258	0 266	0 273	0 280			
0 80	0 243	0 250	0 258	0 265	0 272	0 280	0 287	0 294		
82	0 249	0 256	0 264	0 272	0 279	0 287	0 294	0 302	0 309	
84	0 255	0 263	0 270	0 278	0 286	0 294	0 301	0 309	0 317	0 325
86	0 261	0 269	0 277	0 285	0 293	0 301	0 309	0 316	0 324	0 332
88	0 267	0 275	0 283	0 291	0 300	0 308	0 316	0 324	0 332	0 340
0 90	0 273	0 282	0 290	0 298	0 306	0 315	0 323	0 331	0 339	0 348
92	0 279	0 288	0 296	0 305	0 313	0 322	0 330	0 339	0 347	0 355
94	0 285	0 294	0 303	0 311	0 320	0 329	0 337	0 346	0 355	0 363
96	0 291	0 300	0 309	0 318	0 327	0 336	0 344	0 353	0 362	0 371
98	0 298	0 307	0 316	0 325	0 334	0 343	0 352	0 361	0 370	0 379
1 —	0 304	0 313	0 322	0 331	0 340	0 350	0 359	0 368	0 377	0 386
02	0 310	0 319	0 328	0 338	0 347	0 357	0 366	0 375	0 385	0 394
04	0 316	0 325	0 335	0 344	0 354	0 364	0 373	0 383	0 392	0 402
06	0 322	0 332	0 341	0 351	0 361	0 371	0 380	0 390	0 400	0 410
08	0 328	0 338	0 348	0 358	0 368	0 378	0 388	0 397	0 407	0 417
1 10	0 334	0 344	0 354	0 364	0 374	0 385	0 395	0 405	0 415	0 425
12	0 340	0 350	0 361	0 371	0 381	0 392	0 402	0 412	0 422	0 433
14	0 346	0 357	0 367	0 378	0 388	0 399	0 409	0 420	0 430	0 440
16	0 352	0 363	0 374	0 384	0 395	0 406	0 416	0 427	0 438	0 448
18	0 358	0 369	0 380	0 391	0 402	0 413	0 423	0 434	0 445	0 456
1 20	0 364	0 375	0 386	0 397	0 408	0 420	0 431	0 442	0 453	0 464
22	0 370	0 382	0 393	0 404	0 415	0 427	0 438	0 449	0 460	0 471
24	0 376	0 388	0 399	0 411	0 422	0 434	0 445	0 456	0 468	0 479
26	0 383	0 394	0 406	0 417	0 429	0 440	0 452	0 464	0 475	0 487
28	0 389	0 400	0 412	0 424	0 436	0 447	0 459	0 471	0 483	0 495
1 30	0 395	0 407	0 419	0 431	0 443	0 454	0 466	0 478	0 490	0 502
32	0 401	0 413	0 425	0 437	0 449	0 461	0 474	0 486	0 498	0 510
34	0 407	0 419	0 431	0 444	0 456	0 468	0 481	0 493	0 505	0 518
36	0 413	0 425	0 438	0 450	0 463	0 475	0 488	0 500	0 513	0 526
38	0 419	0 432	0 444	0 457	0 470	0 482	0 495	0 508	0 521	0 333
1 40	0 425	0 438	0 451	0 464	0 477	0 489	0 502	0 515	0 528	0 541
42	0 431	0 444	0 457	0 470	0 483	0 496	0 509	0 523	0 536	0 549
44	0 437	0 450	0 464	0 477	0 490	0 503	0 517	0 530	0 543	0 556
46	0 443	0 457	0 470	0 484	0 497	0 510	0 524	0 537	0 551	0 564
48	0 449	0 463	0 477	0 490	0 504	0 517	0 531	0 545	0 558	0 572
1 50	0 455	0 469	0 483	0 497	0 511	0 524	0 538	0 552	0 566	0 580
52	0 461	0 475	0 489	0 503	0 517	0 531	0 545	0 559	0 573	0 587
54	0 468	0 482	0 496	0 510	0 524	0 538	0 553	0 567	0 581	0 595
56	0 474	0 488	0 502	0 517	0 531	0 545	0 560	0 574	0 588	0 603
58	0 480	0 494	0 509	0 523	0 538	0 552	0 567	0 581	0 596	0 611
1 60	0 486	0 500	0 515	0 530	0 545	0 559	0 574	0 589	0 604	0 618
62	0 492	0 507	0 522	0 537	0 551	0 566	0 581	0 596	0 611	0 626
64	0 498	0 513	0 528	0 543	0 558	0 573	0 588	0 604	0 619	0 634
66	0 504	0 519	0 535	0 550	0 565	0 580	0 596	0 611	0 626	0 641
68	0 510	0 526	0 541	0 556	0 572	0 587	0 603	0 618	0 634	0 649
1 70	0 516	0 532	0 547	0 563	0 579	0 594	0 610	0 626	0 641	0 657
72	0 522	0 538	0 554	0 570	0 585	0 601	0 617	0 633	0 649	0 665
74	0 528	0 544	0 560	0 576	0 592	0 608	0 624	0 640	0 656	0 672
76	0 534	0 551	0 567	0 583	0 599	0 615	0 631	0 648	0 664	0 680
78	0 540	0 557	0 573	0 590	0 606	0 622	0 639	0 655	0 671	0 688
1 80	0 546	0 563	0 580	0 596	0 613	0 629	0 646	0 662	0 679	0 696
82	0 553	0 569	0 586	0 603	0 620	0 636	0 653	0 670	0 687	0 703
84	0 559	0 576	0 592	0 609	0 626	0 643	0 660	0 677	0 694	0 711

Longueur	Futailles	Largeur en Centimètres: 0 86	0 88	0 90	0 92	0 94	0 96	0 98	1 00	1 02	1 04
m 0 86		0 340									
88		0 348	0 356								
0 90		0 356	0 364	0 373							
92		0 364	0 372	0 381	0 389						
94		0 372	0 381	0 389	0 398	0 406					
96		0 380	0 389	0 397	0 406	0 415	0 424				
98		0 388	0 397	0 406	0 415	0 424	0 433	0 442			
1 —		0 396	0 405	0 414	0 423	0 432	0 442	0 451	0 460		
02		0 404	0 413	0 422	0 432	0 441	0 450	0 460	0 469	0 479	
04		0 411	0 421	0 431	0 440	0 450	0 459	0 469	0 478	0 488	0 498
06		0 419	0 429	0 439	0 449	0 458	0 468	0 478	0 488	0 497	0 507
08		0 427	0 437	0 447	0 457	0 467	0 477	0 487	0 497	0 507	0 517
1 10		0 435	0 445	0 455	0 466	0 476	0 486	0 496	0 506	0 516	0 526
12		0 443	0 453	0 464	0 474	0 484	0 495	0 505	0 515	0 526	0 536
14		0 451	0 461	0 472	0 482	0 493	0 503	0 514	0 524	0 535	0 545
16		0 459	0 470	0 480	0 491	0 502	0 512	0 523	0 534	0 544	0 555
18		0 467	0 478	0 489	0 499	0 510	0 521	0 532	0 543	0 554	0 585
1 20		0 475	0 486	0 497	0 508	0 519	0 530	0 541	0 552	0 563	0 574
22		0 483	0 494	0 505	0 516	0 528	0 539	0 550	0 561	0 572	0 584
24		0 491	0 502	0 513	0 525	0 536	0 518	0 559	0 570	0 582	0 593
26		0 498	0 510	0 522	0 533	0 545	0 556	0 568	0 580	0 591	0 603
28		0 506	0 518	0 530	0 512	0 553	0 585	0 577	0 589	0 601	0 612
1 30		0 514	0 526	0 538	0 550	0 562	0 574	0 586	0 598	0 610	0 622
32		0 522	0 534	0 546	0 559	0 571	0 583	0 595	0 607	0 619	0 631
34		0 530	0 542	0 555	0 567	0 579	0 592	0 604	0 616	0 629	0 641
36		0 538	0 551	0 563	0 576	0 588	0 601	0 613	0 626	0 638	0 651
38		0 546	0 559	0 571	0 584	0 597	0 609	0 622	0 635	0 647	0 660
1 40		0 554	0 567	0 580	0 592	0 605	0 618	0 631	0 644	0 657	0 670
42		0 562	0 575	0 588	0 601	0 614	0 627	0 640	0 653	0 666	0 679
44		0 570	0 583	0 596	0 609	0 623	0 636	0 649	0 662	0 676	0 689
46		0 578	0 591	0 604	0 618	0 631	0 645	0 658	0 672	0 685	0 698
48		0 585	0 599	0 613	0 626	0 640	0 654	0 667	0 681	0 694	0 708
1 50		0 593	0 607	0 621	0 635	0 649	0 662	0 676	0 690	0 704	0 718
52		0 601	0 615	0 629	0 643	0 657	0 671	0 685	0 699	0 713	0 727
54		0 609	0 623	0 638	0 652	0 666	0 680	0 694	0 708	0 723	0 737
56		0 617	0 631	0 646	0 660	0 675	0 689	0 703	0 718	0 732	0 746
58		0 625	0 640	0 654	0 669	0 683	0 698	0 712	0 727	0 741	0 756
1 60		0 633	0 648	0 662	0 677	0 692	0 707	0 721	0 736	0 751	0 765
62		0 641	0 656	0 671	0 686	0 700	0 715	0 730	0 745	0 700	0 775
64		0 649	0 664	0 679	0 694	0 709	0 724	0 739	0 754	0 769	0 785
66		0 657	0 672	0 687	0 703	0 718	0 733	0 748	0 764	0 779	0 794
68		0 665	0 680	0 696	0 711	0 726	0 742	0 757	0 773	0 788	0 804
1 70		0 673	0 688	0 704	0 719	0 735	0 751	0 766	0 782	0 798	0 813
72		0 681	0 696	0 712	0 728	0 744	0 760	0 775	0 791	0 807	0 823
74		0 688	0 704	0 720	0 736	0 752	0 768	0 784	0 800	0 816	0 832
76		0 696	0 712	0 729	0 745	0 761	0 777	0 793	0 810	0 826	0 842
78		0 704	0 721	0 737	0 753	0 770	0 786	0 802	0 819	0 835	0 852
1 80		0 712	0 729	0 745	0 762	0 778	0 795	0 811	0 828	0 845	0 861
82		0 720	0 737	0 753	0 770	0 787	0 804	0 820	0 837	0 854	0 871
84		0 728	0 745	0 762	0 779	0 796	0 813	0 829	0 846	0 863	0 880
86		0 736	0 753	0 770	0 787	0 804	0 821	0 838	0 856	0 873	0 890
88		0 744	0 761	0 778	0 796	0 813	0 830	0 848	0 865	0 882	0 899
1 90		0 752	0 769	0 787	0 804	0 832	0 839	0 857	0 874	0 891	0 909
92		0 760	0 777	0 795	0 813	0 830	0 848	0 866	0 883	0 901	0 919
94		0 767	0 785	0 803	0 821	0 839	0 857	0 875	0 892	0 910	0 928
96		0 775	0 793	0 811	0 829	0 848	0 866	0 884	0 902	0 920	0 938
98		0 783	0 802	0 820	0 838	0 856	0 874	0 893	0 911	0 929	0 947
2 —		0 791	0 810	0 828	0 846	0 865	0 883	0 902	0 920	0 938	0 957
02		0 799	0 818	0 836	0 855	0 873	0 892	0 911	0 929	0 948	0 966
04		0 807	0 826	0 845	0 863	0 882	0 901	0 920	0 938	0 957	0 976
06		0 815	0 834	0 853	0 872	0 891	0 910	0 929	0 948	0 967	0 986
08		0 823	0 842	0 861	0 880	0 899	0 919	0 938	0 957	0 976	0 995
2 10		0 831	0 850	0 869	0 889	0 908	0 927	0 947	0 966	0 985	1 005
12		0 839	0 858	0 878	0 897	0 917	0 936	0 956	0 975	0 995	1 014
14		0 847	0 866	0 886	0 906	0 925	0 945	0 965	0 984	1 004	1 024
16		0 854	0 874	0 894	0 914	0 934	0 954	0 974	0 994	1 013	1 033
18		0 862	0 882	0 903	0 923	0 943	0 963	0 983	1 003	1 023	1 043
2 20		0 870	0 891	0 911	0 931	0 951	0 972	0 992	1 012	1 032	1 052
22		0 878	0 899	0 919	0 940	0 960	0 980	1 001	1 021	1 042	1 062
24		0 886	0 907	0 927	0 948	0 969	0 989	1 010	1 030	1 051	1 072

Epaisseur : 0m 46 centimètres

0,46

Longueur	Largeur en Centimètres: 1 06	1 08	1 10	1 12	1 14	1 16	1 18	1 20	1 22	1 24
m 1 06	0 517									
08	0 527	0 537								
1 10	0 536	0 546	0 557							
12	0 546	0 556	0 567	0 577						
14	0 556	0 566	0 577	0 587	0 598					
16	0 565	0 576	0 587	0 598	0 608	0 619				
18	0 575	0 586	0 597	0 608	0 619	0 630	0 641			
1 20	0 585	0 596	0 607	0 618	0 629	0 640	0 651	0 662		
22	0 595	0 606	0 617	0 629	0 640	0 651	0 662	0 673	0 685	
24	0 605	0 616	0 627	0 639	0 650	0 662	0 673	0 684	0 696	0 707
26	0 614	0 626	0 638	0 649	0 661	0 672	0 684	0 696	0 707	0 719
28	0 624	0 636	0 648	0 659	0 671	0 683	0 695	0 707	0 718	0 730
1 30	0 634	0 646	0 658	0 670	0 682	0 694	0 706	0 718	0 730	0 742
32	0 644	0 656	0 668	0 680	0 692	0 704	0 716	0 729	0 741	0 753
34	0 653	0 666	0 678	0 690	0 703	0 715	0 727	0 740	0 752	0 764
36	0 663	0 676	0 688	0 701	0 713	0 726	0 738	0 751	0 764	0 776
38	0 673	0 686	0 698	0 711	0 724	0 736	0 749	0 762	0 775	0 787
1 40	0 683	0 696	0 708	0 721	0 734	0 747	0 760	0 773	0 786	0 799
42	0 692	0 705	0 719	0 732	0 745	0 758	0 771	0 784	0 797	0 810
44	0 702	0 715	0 729	0 742	0 755	0 768	0 782	0 795	0 808	0 821
46	0 712	0 725	0 739	0 752	0 766	0 779	0 792	0 806	0 819	0 833
48	0 722	0 735	0 749	0 762	0 776	0 790	0 803	0 817	0 831	0 844
1 50	0 731	0 745	0 759	0 773	0 787	0 800	0 814	0 828	0 842	0 856
52	0 741	0 755	0 769	0 783	0 797	0 811	0 825	0 839	0 853	0 867
54	0 751	0 765	0 779	0 793	0 808	0 822	0 836	0 850	0 864	0 878
56	0 761	0 775	0 789	0 804	0 818	0 832	0 847	0 861	0 875	0 890
58	0 770	0 785	0 799	0 814	0 829	0 843	0 858	0 872	0 887	0 901
1 60	0 780	0 795	0 810	0 824	0 839	0 854	0 868	0 883	0 898	0 913
62	0 790	0 805	0 820	0 835	0 850	0 864	0 879	0 894	0 909	0 924
64	0 800	0 815	0 830	0 845	0 860	0 875	0 890	0 905	0 920	0 935
66	0 809	0 825	0 840	0 855	0 871	0 886	0 901	0 916	0 932	0 947
68	0 819	0 835	0 850	0 866	0 881	0 896	0 912	0 927	0 943	0 958
1 70	0 829	0 845	0 860	0 870	0 891	0 907	0 923	0 938	0 954	0 970
72	0 839	0 854	0 870	0 886	0 902	0 918	0 934	0 949	0 965	0 981
74	0 848	0 864	0 880	0 896	0 912	0 928	0 944	0 960	0 976	0 992
76	0 858	0 874	0 891	0 907	0 923	0 939	0 955	0 972	0 988	1 004
78	0 868	0 884	0 901	0 917	0 933	0 950	0 966	0 983	0 999	1 015
1 80	0 878	0 894	0 911	0 927	0 944	0 960	0 977	0 994	1 010	1 027
82	0 887	0 904	0 921	0 938	0 954	0 971	0 988	1 005	1 021	1 038
84	0 897	0 914	0 931	0 948	0 965	0 982	0 999	1 016	1 033	1 050
86	0 907	0 924	0 941	0 958	0 975	0 992	1 010	1 027	1 044	1 061
88	0 917	0 934	0 951	0 969	0 986	1 003	1 020	1 038	1 055	1 072
1 90	0 926	0 944	0 961	0 979	0 996	1 014	1 031	1 049	1 066	1 084
92	0 936	0 954	0 972	0 989	1 007	1 025	1 042	1 060	1 078	1 095
94	0 946	0 964	0 982	0 999	1 017	1 035	1 053	1 071	1 089	1 107
96	0 956	0 974	0 992	1 010	1 028	1 046	1 064	1 082	1 100	1 118
98	0 965	0 984	1 002	1 020	1 038	1 057	1 075	1 093	1 111	1 129
2 —	0 975	0 994	1 012	1 030	1 049	1 067	1 086	1 104	1 122	1 141
02	0 985	1 004	1 022	1 041	1 059	1 078	1 096	1 115	1 134	1 152
04	0 995	1 013	1 032	1 051	1 070	1 089	1 107	1 126	1 145	1 164
06	1 004	1 023	1 042	1 061	1 080	1 099	1 118	1 137	1 156	1 175
08	1 014	1 033	1 052	1 072	1 091	1 110	1 129	1 148	1 167	1 186
2 10	1 024	1 043	1 063	1 082	1 101	1 121	1 140	1 159	1 179	1 198
12	1 034	1 053	1 073	1 092	1 112	1 131	1 151	1 170	1 190	1 209
14	1 043	1 063	1 083	1 103	1 122	1 142	1 162	1 181	1 201	1 221
16	1 053	1 073	1 093	1 113	1 133	1 153	1 172	1 192	1 212	1 232
18	1 063	1 083	1 103	1 123	1 143	1 163	1 183	1 203	1 223	1 243
2 20	1 073	1 093	1 113	1 133	1 154	1 174	1 194	1 214	1 235	1 255
22	1 082	1 103	1 123	1 144	1 164	1 185	1 205	1 225	1 246	1 266
24	1 092	1 113	1 133	1 154	1 175	1 195	1 216	1 236	1 257	1 278

Epaisseur : 0m 48 centimètres

Longueur	Futailles	Largeur en Centimètres. 0 48	0 50	0 52	0 54	0 56	0 58	0 60	0 62	0 64	0 66
m 0 48	0 088	0 111									
0 50	0 092	0 115	0 120								
52	0 096	0 120	0 125	0 130							
54	0 100	0 124	0 130	0 135	0 140						
56	0 103	0 129	0 134	0 140	0 145	0 151					
58	0 107	0 134	0 139	0 145	0 150	0 156	0 161				
0 60	0 111	0 138	0 144	0 150	0 156	0 161	0 167	0 173			
62	0 114	0 143	0 149	0 155	0 161	0 167	0 173	0 179	0 185		
64	0 118	0 147	0 154	0 160	0 166	0 172	0 178	0 184	0 190	0 197	
66	0 122	0 152	0 158	0 165	0 171	0 177	0 184	0 190	0 196	0 203	0 209
68	0 125	0 157	0 163	0 170	0 176	0 183	0 189	0 196	0 202	0 209	0 215
0 70	0 129	0 161	0 168	0 175	0 181	0 188	0 195	0 202	0 208	0 215	0 222
72	0 133	0 166	0 173	0 180	0 187	0 194	0 200	0 207	0 214	0 221	0 228
74	0 136	0 170	0 178	0 185	0 192	0 199	0 206	0 213	0 220	0 227	0 234
76	0 140	0 175	0 182	0 190	0 197	0 204	0 212	0 219	0 226	0 233	0 241
78	0 144	0 180	0 187	0 195	0 202	0 210	0 217	0 225	0 232	0 240	0 247
0 80	0 147	0 184	0 192	0 200	0 207	0 215	0 223	0 230	0 238	0 246	0 253
82	0 151	0 189	0 197	0 205	0 213	0 220	0 228	0 236	0 244	0 252	0 260
84	0 155	0 194	0 202	0 210	0 218	0 226	0 234	0 242	0 250	0 258	0 266
86	0 159	0 198	0 206	0 215	0 223	0 231	0 239	0 248	0 256	0 264	0 272
88	0 162	0 203	0 211	0 220	0 228	0 237	0 245	0 253	0 262	0 270	0 279
0 90	0 166	0 207	0 216	0 225	0 233	0 242	0 251	0 259	0 268	0 276	0 285
92	0 170	0 212	0 221	0 230	0 238	0 247	0 256	0 265	0 274	0 283	0 291
94	0 173	0 217	0 226	0 235	0 244	0 253	0 262	0 271	0 280	0 289	0 298
96	0 177	0 221	0 230	0 240	0 249	0 258	0 267	0 276	0 286	0 295	0 304
98	0 181	0 226	0 235	0 245	0 254	0 263	0 273	0 282	0 292	0 301	0 310
1 —	0 184	0 230	0 240	0 250	0 259	0 269	0 278	0 288	0 298	0 307	0 317
02	0 188	0 235	0 245	0 255	0 264	0 274	0 284	0 294	0 304	0 313	0 323
04	0 192	0 240	0 250	0 260	0 270	0 280	0 290	0 300	0 310	0 319	0 329
06	0 195	0 244	0 254	0 265	0 275	0 285	0 295	0 305	0 315	0 326	0 336
08	0 199	0 249	0 259	0 270	0 280	0 290	0 301	0 311	0 321	0 332	0 342
1 10	0 203	0 253	0 264	0 275	0 285	0 296	0 306	0 317	0 327	0 338	0 348
12	0 206	0 258	0 269	0 280	0 290	0 301	0 312	0 323	0 333	0 344	0 355
14	0 210	0 263	0 274	0 285	0 295	0 306	0 317	0 328	0 339	0 350	0 361
16	0 214	0 267	0 278	0 290	0 301	0 312	0 323	0 334	0 345	0 356	0 367
18	0 217	0 272	0 283	0 295	0 306	0 317	0 320	0 340	0 351	0 362	0 374
1 20	0 221	0 276	0 288	0 300	0 311	0 323	0 334	0 346	0 357	0 369	0 380
22	0 225	0 281	0 293	0 305	0 316	0 328	0 340	0 351	0 363	0 375	0 386
24	0 229	0 286	0 298	0 310	0 321	0 333	0 345	0 357	0 369	0 381	0 393
26	0 232	0 290	0 302	0 314	0 327	0 339	0 351	0 363	0 375	0 387	0 399
28	0 236	0 295	0 307	0 319	0 332	0 344	0 356	0 369	0 381	0 393	0 406
1 30	0 240	0 300	0 312	0 324	0 337	0 349	0 362	0 374	0 387	0 399	0 412
32	0 243	0 304	0 317	0 329	0 342	0 355	0 367	0 380	0 393	0 406	0 418
34	0 247	0 309	0 322	0 334	0 347	0 360	0 373	0 386	0 399	0 412	0 425
36	0 251	0 313	0 326	0 339	0 353	0 366	0 379	0 392	0 405	0 418	0 431
38	0 254	0 318	0 331	0 344	0 358	0 371	0 384	0 397	0 411	0 424	0 437
1 40	0 258	0 323	0 336	0 349	0 363	0 376	0 390	0 403	0 417	0 430	0 444
42	0 262	0 327	0 341	0 354	0 368	0 382	0 395	0 409	0 423	0 436	0 450
44	0 265	0 332	0 346	0 359	0 373	0 387	0 401	0 415	0 429	0 442	0 456
46	0 269	0 336	0 350	0 364	0 378	0 392	0 406	0 420	0 434	0 449	0 463
48	0 273	0 341	0 355	0 369	0 384	0 398	0 412	0 426	0 440	0 455	0 469
1 50	0 276	0 346	0 360	0 374	0 389	0 403	0 418	0 432	0 446	0 461	0 475
52	0 280	0 350	0 365	0 379	0 394	0 409	0 423	0 438	0 452	0 467	0 482
54	0 284	0 355	0 370	0 384	0 399	0 414	0 429	0 444	0 458	0 473	0 488
56	0 288	0 359	0 374	0 389	0 404	0 419	0 434	0 449	0 464	0 479	0 494
58	0 291	0 364	0 379	0 394	0 410	0 425	0 440	0 455	0 470	0 485	0 501
1 60	0 295	0 369	0 384	0 399	0 415	0 430	0 445	0 461	0 476	0 492	0 507
62	0 299	0 373	0 389	0 404	0 420	0 435	0 451	0 467	0 482	0 498	0 513
64	0 302	0 378	0 394	0 409	0 425	0 441	0 457	0 472	0 488	0 504	0 520
66	0 306	0 382	0 398	0 414	0 430	0 446	0 462	0 478	0 494	0 510	0 526
68	0 310	0 387	0 403	0 419	0 435	0 452	0 468	0 484	0 500	0 516	0 532
1 70	0 313	0 392	0 408	0 424	0 441	0 457	0 473	0 490	0 506	0 522	0 539
72	0 317	0 396	0 413	0 429	0 446	0 462	0 479	0 495	0 512	0 528	0 545
74	0 321	0 401	0 418	0 434	0 451	0 468	0 485	0 501	0 518	0 535	0 551
76	0 324	0 406	0 422	0 439	0 456	0 473	0 490	0 507	0 524	0 541	0 558
78	0 328	0 410	0 427	0 444	0 461	0 478	0 496	0 513	0 530	0 547	0 564
1 80	0 332	0 415	0 432	0 449	0 467	0 484	0 501	0 518	0 536	0 553	0 570
82	0 335	0 419	0 437	0 454	0 472	0 489	0 507	0 524	0 542	0 559	0 577
84	0 339	0 424	0 442	0 459	0 477	0 495	0 512	0 530	0 548	0 565	0 583
86	0 343	0 429	0 446	0 464	0 482	0 500	0 518	0 536	0 554	0 571	0 589

Epaisseur : 0m 48 centimètres

Longueur	Largeur en Centimètres 0 68	0 70	0 72	0 74	0 76	0 78	0 80	0 82	0 84	0 86
m 0 68	0 222									
0 70	0 228	0 235								
72	0 235	0 242	0 249							
74	0 242	0 249	0 256	0 263						
76	0 248	0 255	0 263	0 270	0 277					
78	0 255	0 262	0 270	0 277	0 285	0 292				
0 80	0 261	0 269	0 276	0 284	0 292	0 300	0 307			
82	0 268	0 276	0 283	0 291	0 299	0 307	0 315	0 323		
84	0 274	0 282	0 290	0 298	0 306	0 314	0 323	0 331	0 339	
86	0 281	0 289	0 297	0 305	0 314	0 322	0 330	0 338	0 347	0 355
88	0 287	0 296	0 304	0 313	0 321	0 329	0 338	0 346	0 355	0 363
0 90	0 294	0 302	0 311	0 320	0 328	0 337	0 346	0 354	0 363	0 372
92	0 300	0 309	0 318	0 327	0 336	0 344	0 353	0 362	0 371	0 380
94	0 307	0 316	0 325	0 334	0 343	0 352	0 361	0 370	0 379	0 388
96	0 313	0 323	0 332	0 341	0 350	0 359	0 369	0 378	0 387	0 396
98	0 320	0 329	0 339	0 348	0 358	0 367	0 376	0 386	0 395	0 405
1 —	0 326	0 336	0 346	0 355	0 365	0 374	0 384	0 394	0 403	0 413
02	0 333	0 343	0 353	0 362	0 372	0 382	0 392	0 401	0 411	0 421
04	0 339	0 349	0 359	0 369	0 379	0 389	0 399	0 409	0 419	0 429
06	0 346	0 356	0 366	0 377	0 387	0 397	0 407	0 417	0 427	0 438
08	0 353	0 363	0 373	0 384	0 394	0 404	0 415	0 425	0 435	0 446
1 10	0 359	0 370	0 380	0 391	0 401	0 412	0 422	0 433	0 444	0 454
12	0 366	0 376	0 387	0 398	0 409	0 419	0 430	0 441	0 452	0 462
14	0 372	0 383	0 394	0 405	0 416	0 427	0 438	0 449	0 460	0 471
16	0 379	0 390	0 401	0 412	0 423	0 434	0 445	0 457	0 468	0 479
18	0 385	0 396	0 408	0 419	0 430	0 442	0 453	0 464	0 476	0 487
1 20	0 392	0 403	0 415	0 426	0 438	0 449	0 461	0 472	0 484	0 495
22	0 398	0 410	0 422	0 433	0 445	0 457	0 468	0 480	0 492	0 504
24	0 405	0 417	0 429	0 440	0 452	0 464	0 476	0 488	0 500	0 512
26	0 411	0 423	0 435	0 448	0 460	0 472	0 484	0 496	0 508	0 520
28	0 418	0 430	0 442	0 455	0 467	0 479	0 492	0 504	0 516	0 528
1 30	0 424	0 437	0 449	0 462	0 474	0 487	0 499	0 512	0 524	0 537
32	0 431	0 444	0 456	0 469	0 482	0 494	0 507	0 520	0 532	0 545
34	0 437	0 450	0 463	0 476	0 489	0 502	0 515	0 527	0 540	0 553
36	0 444	0 457	0 470	0 483	0 496	0 509	0 522	0 535	0 548	0 561
38	0 450	0 464	0 477	0 490	0 503	0 517	0 530	0 543	0 556	0 570
1 40	0 457	0 470	0 484	0 497	0 511	0 524	0 538	0 551	0 564	0 578
42	0 463	0 477	0 491	0 504	0 518	0 532	0 545	0 559	0 573	0 586
44	0 470	0 484	0 498	0 511	0 525	0 539	0 553	0 567	0 581	0 594
46	0 477	0 491	0 505	0 519	0 533	0 547	0 561	0 575	0 589	0 603
48	0 483	0 497	0 511	0 526	0 540	0 554	0 568	0 583	0 597	0 611
1 50	0 490	0 504	0 518	0 533	0 547	0 562	0 576	0 590	0 605	0 619
52	0 496	0 511	0 525	0 540	0 554	0 569	0 584	0 598	0 613	0 627
54	0 503	0 517	0 532	0 547	0 562	0 577	0 591	0 606	0 621	0 636
56	0 509	0 524	0 539	0 554	0 569	0 584	0 599	0 614	0 629	0 644
58	0 516	0 531	0 546	0 561	0 576	0 592	0 607	0 622	0 637	0 652
1 60	0 522	0 538	0 553	0 568	0 584	0 599	0 614	0 630	0 645	0 660
62	0 529	0 544	0 560	0 575	0 591	0 607	0 622	0 638	0 653	0 669
64	0 535	0 551	0 567	0 583	0 598	0 614	0 630	0 646	0 661	0 677
66	0 542	0 558	0 574	0 590	0 606	0 622	0 637	0 653	0 669	0 685
68	0 548	0 564	0 581	0 597	0 613	0 629	0 645	0 661	0 677	0 694
1 70	0 555	0 571	0 588	0 604	0 620	0 636	0 653	0 669	0 685	0 702
72	0 561	0 578	0 594	0 611	0 627	0 644	0 660	0 677	0 694	0 710
74	0 568	0 585	0 601	0 618	0 635	0 651	0 668	0 685	0 702	0 718
76	0 574	0 591	0 608	0 625	0 642	0 659	0 676	0 693	0 710	0 727
78	0 581	0 598	0 615	0 632	0 649	0 666	0 684	0 701	0 718	0 735
1 80	0 588	0 605	0 622	0 639	0 657	0 674	0 691	0 708	0 726	0 743
82	0 594	0 612	0 629	0 646	0 664	0 681	0 699	0 716	0 734	0 751
84	0 601	0 618	0 636	0 654	0 671	0 689	0 707	0 724	0 742	0 760
86	0 607	0 625	0 643	0 661	0 679	0 696	0 714	0 732	0 750	0 768

0,48

Epaisseur : 0m 48 centimètres

Longueur	Futailles	0 88	0 90	0 92	0 94	0 96	0 98	1 00	0 02	1 04	1 06
		Largeur en Centimètres									
0 88		0 372									
0 90		0 380	0 389								
92		0 389	0 397	0 406							
94		0 397	0 406	0 415	0 424						
96		0 406	0 415	0 424	0 433	0 442					
98		0 414	0 423	0 433	0 442	0 452	0 461				
1 —		0 422	0 432	0 442	0 451	0 461	0 470	0 480			
02		0 431	0 441	0 450	0 460	0 470	0 480	0 490	0 499		
04		0 439	0 449	0 459	0 469	0 479	0 489	0 499	0 509	0 519	
06		0 448	0 458	0 468	0 478	0 488	0 499	0 509	0 519	0 529	0 539
08		0 456	0 466	0 477	0 487	0 498	0 508	0 518	0 529	0 539	0 550
1 10		0 465	0 475	0 486	0 496	0 507	0 517	0 528	0 539	0 549	0 560
12		0 473	0 484	0 495	0 505	0 516	0 527	0 537	0 548	0 559	0 570
14		0 482	0 492	0 503	0 514	0 525	0 536	0 547	0 558	0 569	0 580
16		0 490	0 501	0 512	0 523	0 535	0 546	0 557	0 568	0 579	0 590
18		0 498	0 510	0 521	0 532	0 544	0 555	0 566	0 578	0 589	0 600
1 20		0 507	0 518	0 530	0 541	0 553	0 564	0 576	0 588	0 599	0 611
22		0 515	0 527	0 539	0 550	0 562	0 574	0 586	0 597	0 609	0 621
24		0 524	0 536	0 548	0 559	0 571	0 583	0 595	0 607	0 619	0 631
26		0 532	0 544	0 556	0 569	0 581	0 593	0 605	0 617	0 629	0 641
28		0 541	0 553	0 565	0 578	0 590	0 602	0 614	0 627	0 639	0 651
1 30		0 549	0 562	0 574	0 587	0 599	0 612	0 624	0 636	0 649	0 661
32		0 558	0 570	0 583	0 596	0 608	0 621	0 634	0 646	0 659	0 672
34		0 566	0 579	0 592	0 605	0 617	0 630	0 643	0 656	0 669	0 682
36		0 574	0 588	0 601	0 614	0 627	0 640	0 653	0 666	0 679	0 692
38		0 583	0 596	0 609	0 623	0 636	0 649	0 662	0 676	0 689	0 702
1 40		0 591	0 605	0 618	0 632	0 645	0 659	0 672	0 685	0 699	0 712
42		0 599	0 613	0 627	0 641	0 654	0 668	0 682	0 695	0 709	0 722
44		0 608	0 622	0 636	0 650	0 664	0 677	0 691	0 705	0 719	0 733
46		0 617	0 631	0 645	0 659	0 673	0 687	0 701	0 715	0 729	0 743
48		0 625	0 639	0 654	0 668	0 682	0 696	0 710	0 725	0 739	0 753
1 50		0 634	0 648	0 662	0 677	0 691	0 706	0 720	0 734	0 749	0 763
52		0 642	0 657	0 671	0 686	0 700	0 715	0 730	0 744	0 759	0 773
54		0 650	0 665	0 680	0 695	0 710	0 724	0 739	0 754	0 769	0 784
56		0 659	0 674	0 689	0 704	0 719	0 734	0 749	0 764	0 779	0 794
58		0 667	0 683	0 698	0 713	0 728	0 743	0 758	0 774	0 789	0 804
1 60		0 676	0 691	0 707	0 722	0 737	0 753	0 768	0 783	0 799	0 814
62		0 684	0 700	0 715	0 731	0 746	0 762	0 778	0 793	0 809	0 824
64		0 693	0 708	0 724	0 740	0 756	0 771	0 787	0 803	0 819	0 834
66		0 701	0 717	0 733	0 749	0 765	0 781	0 797	0 813	0 829	0 845
68		0 710	0 726	0 742	0 758	0 774	0 790	0 806	0 823	0 839	0 855
1 70		0 718	0 734	0 751	0 767	0 783	0 800	0 816	0 832	0 849	0 865
72		0 727	0 743	0 760	0 776	0 793	0 809	0 826	0 842	0 859	0 875
74		0 735	0 752	0 768	0 785	0 802	0 818	0 835	0 852	0 869	0 885
76		0 743	0 760	0 777	0 794	0 811	0 828	0 845	0 862	0 879	0 895
78		0 752	0 769	0 786	0 803	0 820	0 837	0 854	0 871	0 889	0 906
1 80		0 760	0 778	0 795	0 812	0 829	0 847	0 864	0 881	0 899	0 916
82		0 769	0 786	0 804	0 821	0 839	0 856	0 874	0 891	0 909	0 926
84		0 777	0 795	0 813	0 830	0 848	0 866	0 883	0 901	0 919	0 936
86		0 786	0 804	0 821	0 839	0 857	0 875	0 893	0 911	0 929	0 946
88		0 794	0 812	0 830	0 848	0 866	0 884	0 902	0 920	0 938	0 957
1 90		0 803	0 821	0 839	0 857	0 876	0 894	0 912	0 930	0 948	0 967
92		0 811	0 829	0 848	0 866	0 885	0 903	0 922	0 940	0 958	0 977
94		0 819	0 838	0 857	0 875	0 894	0 913	0 931	0 950	0 968	0 987
96		0 828	0 847	0 866	0 884	0 903	0 922	0 941	0 960	0 978	0 997
98		0 836	0 855	0 874	0 893	0 912	0 931	0 950	0 969	0 988	1 007
2 —		0 845	0 864	0 883	0 902	0 922	0 941	0 960	0 979	0 998	1 018
02		0 853	0 873	0 892	0 911	0 931	0 950	0 970	0 989	1 008	1 028
04		0 862	0 881	0 901	0 920	0 940	0 960	0 979	0 999	1 018	1 038
06		0 870	0 890	0 910	0 929	0 949	0 969	0 989	1 009	1 028	1 048
08		0 879	0 899	0 919	0 938	0 958	0 978	0 998	1 018	1 038	1 058
2 10		0 887	0 907	0 927	0 948	0 968	0 988	1 008	1 028	1 048	1 068
12		0 895	0 916	0 936	0 957	0 977	0 997	1 018	1 038	1 058	1 079
14		0 904	0 924	0 945	0 966	0 986	1 007	1 027	1 048	1 068	1 089
16		0 912	0 933	0 954	0 975	0 995	1 016	1 037	1 058	1 078	1 099
18		0 921	0 942	0 963	0 984	1 005	1 025	1 046	1 067	1 088	1 109
2 20		0 929	0 950	0 972	0 993	1 014	1 035	1 056	1 077	1 098	1 119
22		0 938	0 959	0 980	1 002	1 023	1 044	1 066	1 087	1 108	1 130
24		0 946	0 968	0 989	1 011	1 032	1 054	1 075	1 097	1 118	1 140
26		0 955	0 976	0 998	1 020	1 041	1 063	1 085	1 106	1 128	1 150

Epaisseur : 0m 48 centimètres

Longueur	1 08	1 10	1 12	1 14	1 16	1 18	1 20	1 22	1 24	1 26
	Largeur en Centimètres									
1 08	0 560									
1 10	0 570	0 581								
12	0 581	0 591	0 602							
14	0 591	0 602	0 613	0 624						
16	0 601	0 612	0 624	0 635	0 646					
18	0 612	0 623	0 634	0 646	0 657	0 668				
1 20	0 622	0 634	0 645	0 657	0 668	0 680	0 691			
22	0 632	0 644	0 656	0 668	0 679	0 691	0 703	0 714		
24	0 643	0 655	0 667	0 679	0 690	0 702	0 714	0 726	0 738	
26	0 653	0 665	0 677	0 689	0 702	0 714	0 726	0 738	0 750	0 762
28	0 664	0 676	0 688	0 700	0 713	0 725	0 737	0 750	0 762	0 774
1 30	0 674	0 686	0 699	0 711	0 724	0 736	0 749	0 761	0 774	0 786
32	0 684	0 697	0 710	0 722	0 735	0 748	0 760	0 773	0 786	0 798
34	0 695	0 708	0 720	0 733	0 746	0 759	0 772	0 785	0 798	0 810
36	0 705	0 718	0 731	0 744	0 757	0 770	0 783	0 796	0 809	0 823
38	0 715	0 729	0 742	0 755	0 768	0 782	0 795	0 808	0 821	0 835
1 40	0 726	0 739	0 753	0 766	0 780	0 793	0 806	0 820	0 833	0 847
42	0 736	0 750	0 763	0 777	0 791	0 804	0 818	0 832	0 845	0 859
44	0 746	0 760	0 774	0 788	0 802	0 816	0 829	0 843	0 857	0 871
46	0 757	0 771	0 785	0 799	0 813	0 827	0 841	0 855	0 869	0 883
48	0 767	0 781	0 796	0 810	0 824	0 838	0 852	0 867	0 881	0 895
1 50	0 778	0 792	0 806	0 821	0 835	0 850	0 864	0 878	0 893	0 907
52	0 788	0 803	0 817	0 832	0 846	0 861	0 876	0 890	0 905	0 919
54	0 798	0 813	0 828	0 843	0 857	0 872	0 887	0 902	0 917	0 931
56	0 809	0 824	0 839	0 854	0 869	0 884	0 899	0 914	0 929	0 943
58	0 819	0 834	0 849	0 865	0 880	0 895	0 910	0 925	0 940	0 956
1 60	0 829	0 845	0 860	0 876	0 891	0 906	0 922	0 937	0 952	0 968
62	0 840	0 855	0 871	0 886	0 902	0 918	0 933	0 949	0 964	0 980
64	0 850	0 866	0 882	0 897	0 913	0 929	0 945	0 960	0 976	0 992
66	0 861	0 876	0 892	0 908	0 924	0 940	0 956	0 972	0 988	1 004
68	0 871	0 887	0 903	0 919	0 935	0 952	0 968	0 984	1 000	1 016
1 70	0 881	0 898	0 914	0 930	0 947	0 963	0 979	0 996	1 012	1 028
72	0 892	0 908	0 925	0 941	0 958	0 974	0 991	1 007	1 024	1 040
74	0 902	0 919	0 935	0 952	0 969	0 986	1 002	1 019	1 036	1 052
76	0 912	0 929	0 946	0 963	0 980	0 997	1 014	1 031	1 048	1 064
78	0 923	0 940	0 957	0 974	0 991	1 008	1 025	1 042	1 059	1 077
1 80	0 933	0 950	0 968	0 985	1 002	1 020	1 037	1 054	1 071	1 089
82	0 943	0 961	0 978	0 996	1 013	1 031	1 048	1 066	1 083	1 101
84	0 954	0 972	0 989	1 007	1 025	1 042	1 060	1 078	1 095	1 113
86	0 964	0 982	1 000	1 018	1 036	1 054	1 071	1 089	1 107	1 125
88	0 975	0 993	1 011	1 029	1 047	1 065	1 083	1 101	1 119	1 137
1 90	0 985	1 003	1 021	1 040	1 058	1 076	1 094	1 113	1 131	1 149
92	0 995	1 014	1 032	1 051	1 069	1 087	1 106	1 124	1 143	1 161
94	1 006	1 024	1 043	1 062	1 080	1 099	1 117	1 136	1 155	1 173
96	1 016	1 035	1 054	1 073	1 091	1 110	1 129	1 148	1 167	1 185
98	1 026	1 045	1 064	1 083	1 102	1 121	1 140	1 159	1 178	1 198
2 —	1 037	1 056	1 075	1 094	1 114	1 133	1 152	1 171	1 190	1 210
02	1 047	1 067	1 086	1 105	1 125	1 144	1 164	1 183	1 202	1 222
04	1 058	1 077	1 097	1 116	1 136	1 155	1 175	1 195	1 214	1 234
06	1 068	1 088	1 107	1 127	1 147	1 167	1 187	1 206	1 226	1 246
08	1 078	1 098	1 118	1 138	1 158	1 178	1 198	1 218	1 238	1 258
2 10	1 089	1 109	1 129	1 149	1 169	1 189	1 210	1 230	1 250	1 270
12	1 099	1 119	1 140	1 160	1 180	1 201	1 221	1 241	1 262	1 282
14	1 109	1 130	1 150	1 171	1 192	1 212	1 233	1 253	1 274	1 294
16	1 120	1 140	1 161	1 182	1 203	1 223	1 244	1 265	1 286	1 307
18	1 130	1 151	1 172	1 193	1 214	1 235	1 256	1 277	1 298	1 319
2 20	1 140	1 162	1 183	1 204	1 225	1 246	1 267	1 288	1 309	1 331
22	1 151	1 172	1 193	1 215	1 236	1 257	1 279	1 300	1 321	1 343
24	1 161	1 183	1 204	1 226	1 247	1 269	1 290	1 312	1 333	1 354
26	1 172	1 193	1 215	1 237	1 258	1 280	1 302	1 323	1 345	1 367

Epaisseur : 0^{m} 50 centimètres

Longueur	Futailles	Largeur en Centimètres 0 50	0 52	0 54	0 56	0 58	0 60	0 62	0 64	0 66	0 68
0 50	0 100	0 125									
52	0 104	0 130	0 135								
54	0 108	0 135	0 140	0 146							
56	0 112	0 140	0 146	0 151	0 157						
58	0 116	0 145	0 151	0 157	0 162	0 168					
0 60	0 120	0 150	0 156	0 162	0 168	0 174	0 180				
62	0 124	0 155	0 161	0 167	0 174	0 180	0 186	0 192			
64	0 128	0 160	0 166	0 173	0 179	0 186	0 192	0 198	0 205		
66	0 132	0 165	0 172	0 178	0 185	0 191	0 198	0 205	0 211	0 218	
68	0 136	0 170	0 177	0 184	0 190	0 197	0 204	0 211	0 218	0 224	0 231
0 70	0 140	0 175	0 182	0 189	0 196	0 203	0 210	0 217	0 224	0 231	0 238
72	0 144	0 180	0 187	0 194	0 202	0 209	0 216	0 223	0 230	0 238	0 245
74	0 148	0 185	0 192	0 200	0 207	0 215	0 222	0 229	0 237	0 244	0 252
76	0 152	0 190	0 198	0 205	0 213	0 220	0 228	0 236	0 243	0 251	0 258
78	0 156	0 195	0 203	0 211	0 218	0 226	0 234	0 242	0 250	0 257	0 265
0 80	0 160	0 200	0 208	0 216	0 224	0 232	0 240	0 248	0 256	0 264	0 272
82	0 164	0 205	0 213	0 221	0 230	0 238	0 246	0 254	0 262	0 271	0 279
84	0 168	0 210	0 218	0 227	0 235	0 244	0 252	0 260	0 269	0 277	0 286
86	0 172	0 215	0 224	0 232	0 241	0 249	0 258	0 267	0 275	0 284	0 292
88	0 176	0 220	0 229	0 238	0 246	0 255	0 264	0 273	0 282	0 290	0 299
0 90	0 180	0 225	0 234	0 243	0 252	0 261	0 270	0 279	0 288	0 297	0 306
92	0 184	0 230	0 239	0 248	0 258	0 267	0 276	0 285	0 294	0 304	0 313
94	0 188	0 235	0 244	0 254	0 263	0 273	0 282	0 291	0 301	0 310	0 320
96	0 192	0 240	0 250	0 259	0 269	0 278	0 288	0 298	0 307	0 317	0 326
98	0 196	0 245	0 255	0 265	0 274	0 284	0 294	0 304	0 314	0 323	0 333
1 —	0 200	0 250	0 260	0 270	0 280	0 290	0 300	0 310	0 320	0 330	0 340
02	0 204	0 255	0 265	0 275	0 286	0 296	0 306	0 316	0 326	0 337	0 347
04	0 208	0 260	0 270	0 281	0 291	0 302	0 312	0 322	0 333	0 343	0 354
06	0 212	0 265	0 276	0 286	0 297	0 307	0 318	0 329	0 339	0 350	0 360
08	0 216	0 270	0 281	0 292	0 302	0 313	0 324	0 335	0 346	0 356	0 367
1 10	0 220	0 275	0 286	0 297	0 308	0 319	0 330	0 341	0 352	0 363	0 374
12	0 224	0 280	0 291	0 302	0 314	0 325	0 336	0 347	0 358	0 370	0 381
14	0 228	0 285	0 296	0 308	0 319	0 331	0 342	0 353	0 365	0 376	0 388
16	0 232	0 290	0 302	0 313	0 325	0 336	0 348	0 360	0 371	0 383	0 394
18	0 236	0 295	0 307	0 319	0 330	0 342	0 354	0 366	0 378	0 389	0 401
1 20	0 240	0 300	0 312	0 324	0 336	0 348	0 360	0 372	0 384	0 396	0 408
22	0 244	0 305	0 317	0 329	0 342	0 354	0 366	0 378	0 390	0 403	0 415
24	0 248	0 310	0 322	0 335	0 317	0 360	0 372	0 384	0 397	0 409	0 422
26	0 252	0 315	0 328	0 340	0 353	0 365	0 378	0 391	0 403	0 416	0 428
28	0 256	0 320	0 333	0 346	0 358	0 371	0 384	0 397	0 410	0 422	0 435
1 30	0 260	0 325	0 338	0 351	0 364	0 377	0 390	0 403	0 416	0 429	0 442
32	0 264	0 330	0 343	0 356	0 370	0 383	0 396	0 409	0 422	0 436	0 449
34	0 268	0 335	0 348	0 362	0 375	0 389	0 402	0 415	0 429	0 442	0 456
36	0 272	0 340	0 354	0 367	0 381	0 394	0 408	0 422	0 435	0 449	0 462
38	0 276	0 345	0 359	0 373	0 386	0 400	0 414	0 428	0 442	0 455	0 469
1 40	0 280	0 350	0 364	0 378	0 392	0 406	0 420	0 434	0 448	0 462	0 476
42	0 284	0 355	0 369	0 383	0 398	0 412	0 426	0 440	0 454	0 469	0 483
44	0 288	0 360	0 374	0 389	0 403	0 418	0 432	0 446	0 461	0 475	0 490
46	0 292	0 365	0 380	0 394	0 409	0 423	0 438	0 453	0 467	0 482	0 496
48	0 296	0 370	0 385	0 400	0 414	0 429	0 444	0 459	0 474	0 488	0 503
1 50	0 300	0 375	0 390	0 405	0 420	0 435	0 450	0 465	0 480	0 495	0 510
52	0 304	0 380	0 395	0 410	0 426	0 441	0 456	0 471	0 486	0 502	0 517
54	0 308	0 385	0 400	0 416	0 431	0 447	0 462	0 477	0 493	0 508	0 524
56	0 312	0 390	0 406	0 421	0 437	0 452	0 468	0 484	0 499	0 515	0 530
58	0 316	0 395	0 411	0 427	0 442	0 458	0 474	0 490	0 506	0 521	0 537
1 60	0 320	0 400	0 416	0 432	0 448	0 464	0 480	0 496	0 512	0 528	0 544
62	0 324	0 405	0 421	0 437	0 454	0 470	0 486	0 502	0 518	0 535	0 551
64	0 328	0 410	0 426	0 443	0 459	0 476	0 492	0 508	0 525	0 541	0 558
66	0 332	0 415	0 432	0 448	0 465	0 481	0 498	0 515	0 531	0 548	0 564
68	0 336	0 420	0 437	0 454	0 470	0 487	0 504	0 521	0 538	0 554	0 571
1 70	0 340	0 425	0 442	0 459	0 476	0 493	0 510	0 527	0 544	0 561	0 578
72	0 344	0 430	0 447	0 464	0 482	0 499	0 516	0 533	0 550	0 568	0 585
74	0 348	0 435	0 452	0 470	0 487	0 505	0 522	0 539	0 557	0 574	0 592
76	0 352	0 440	0 458	0 475	0 493	0 510	0 528	0 546	0 563	0 581	0 598
78	0 356	0 445	0 463	0 481	0 498	0 516	0 534	0 552	0 570	0 587	0 605
1 80	0 360	0 450	0 468	0 486	0 504	0 522	0 540	0 558	0 576	0 594	0 612
82	0 364	0 455	0 473	0 491	0 510	0 528	0 546	0 564	0 582	0 601	0 619
84	0 368	0 460	0 478	0 497	0 515	0 534	0 552	0 570	0 589	0 607	0 626
86	0 372	0 465	0 484	0 502	0 521	0 539	0 558	0 577	0 595	0 614	0 632
88	0 376	0 470	0 489	0 508	0 526	0 545	0 564	0 583	0 602	0 620	0 639

Epaisseur : 0^{m} 50 centimètres

Longueur	Largeur en Centimètres 0 70	0 72	0 74	0 76	0 78	0 80	0 82	0 84	0 86	0 88
m 0 70	0 245									
72	0 252	0 259								
74	0 259	0 266	0 274							
76	0 266	0 274	0 281	0 289						
78	0 273	0 281	0 289	0 296	0 304					
0 80	0 280	0 288	0 296	0 304	0 312	0 320				
82	0 287	0 295	0 303	0 312	0 320	0 328	0 336			
84	0 294	0 302	0 311	0 319	0 328	0 336	0 344	0 353		
86	0 301	0 310	0 318	0 327	0 335	0 344	0 353	0 361	0 370	
88	0 308	0 317	0 326	0 334	0 343	0 352	0 361	0 370	0 378	0 387
0 90	0 315	0 324	0 333	0 342	0 351	0 360	0 370	0 378	0 387	0 396
92	0 322	0 331	0 340	0 350	0 359	0 368	0 377	0 386	0 396	0 405
94	0 329	0 338	0 348	0 357	0 367	0 376	0 385	0 395	0 404	0 414
96	0 336	0 346	0 355	0 365	0 374	0 384	0 394	0 403	0 413	0 422
98	0 343	0 353	0 363	0 372	0 382	0 392	0 402	0 412	0 421	0 431
1 —	0 350	0 360	0 370	0 380	0 390	0 400	0 410	0 420	0 430	0 440
02	0 357	0 367	0 377	0 388	0 398	0 408	0 418	0 428	0 439	0 449
04	0 364	0 374	0 385	0 395	0 406	0 416	0 426	0 437	0 447	0 458
06	0 371	0 382	0 392	0 403	0 413	0 424	0 435	0 445	0 456	0 466
08	0 378	0 389	0 400	0 410	0 421	0 432	0 443	0 454	0 464	0 475
1 10	0 385	0 396	0 407	0 418	0 429	0 440	0 451	0 462	0 473	0 484
12	0 392	0 403	0 414	0 426	0 437	0 448	0 459	0 470	0 482	0 493
14	0 399	0 410	0 422	0 433	0 445	0 456	0 467	0 479	0 490	0 502
16	0 406	0 418	0 429	0 441	0 452	0 464	0 476	0 487	0 499	0 510
18	0 413	0 425	0 437	0 448	0 460	0 472	0 484	0 496	0 507	0 519
1 20	0 420	0 432	0 444	0 456	0 468	0 480	0 492	0 504	0 516	0 528
22	0 427	0 439	0 451	0 464	0 476	0 488	0 500	0 512	0 525	0 537
24	0 434	0 446	0 459	0 471	0 484	0 496	0 508	0 521	0 533	0 546
26	0 441	0 454	0 466	0 479	0 491	0 504	0 517	0 529	0 542	0 554
28	0 448	0 461	0 474	0 486	0 499	0 512	0 525	0 538	0 550	0 563
1 30	0 455	0 468	0 481	0 494	0 507	0 520	0 533	0 546	0 559	0 572
32	0 462	0 475	0 488	0 502	0 515	0 528	0 541	0 554	0 568	0 581
34	0 469	0 482	0 496	0 509	0 523	0 536	0 549	0 563	0 576	0 590
36	0 476	0 490	0 503	0 517	0 530	0 544	0 558	0 571	0 585	0 598
38	0 483	0 497	0 511	0 524	0 538	0 552	0 566	0 580	0 593	0 607
1 40	0 490	0 504	0 518	0 532	0 546	0 560	0 574	0 588	0 602	0 616
42	0 497	0 511	0 525	0 540	0 554	0 568	0 582	0 596	0 611	0 625
44	0 504	0 518	0 533	0 547	0 562	0 576	0 590	0 605	0 619	0 634
46	0 511	0 526	0 540	0 555	0 569	0 584	0 599	0 613	0 628	0 642
48	0 518	0 533	0 548	0 562	0 577	0 592	0 607	0 622	0 636	0 651
1 50	0 525	0 540	0 555	0 570	0 585	0 600	0 615	0 630	0 645	0 660
52	0 532	0 547	0 562	0 578	0 593	0 608	0 623	0 638	0 654	0 669
54	0 539	0 554	0 570	0 585	0 601	0 616	0 631	0 647	0 662	0 678
56	0 546	0 562	0 577	0 593	0 608	0 624	0 640	0 655	0 671	0 686
58	0 553	0 569	0 585	0 600	0 616	0 632	0 648	0 664	0 679	0 695
1 60	0 560	0 576	0 592	0 608	0 624	0 640	0 656	0 672	0 688	0 704
62	0 567	0 583	0 599	0 616	0 632	0 648	0 664	0 680	0 697	0 713
64	0 574	0 590	0 607	0 623	0 640	0 656	0 672	0 689	0 705	0 722
66	0 581	0 598	0 614	0 631	0 647	0 664	0 681	0 697	0 714	0 730
68	0 588	0 605	0 622	0 638	0 655	0 672	0 689	0 706	0 722	0 739
1 70	0 595	0 612	0 629	0 646	0 663	0 680	0 697	0 714	0 731	0 748
72	0 602	0 619	0 636	0 654	0 671	0 688	0 705	0 722	0 740	0 757
74	0 609	0 626	0 644	0 661	0 679	0 696	0 713	0 731	0 748	0 766
76	0 616	0 634	0 651	0 669	0 686	0 704	0 722	0 739	0 757	0 774
78	0 623	0 641	0 659	0 676	0 694	0 712	0 730	0 748	0 765	0 783
1 80	0 630	0 648	0 666	0 684	0 702	0 720	0 738	0 756	0 774	0 792
82	0 637	0 655	0 673	0 692	0 710	0 728	0 746	0 764	0 783	0 801
84	0 644	0 662	0 681	0 699	0 718	0 736	0 754	0 773	0 791	0 810
86	0 651	0 670	0 688	0 707	0 725	0 744	0 763	0 781	0 800	0 818
88	0 658	0 677	0 696	0 714	0 733	0 752	0 771	0 790	0 808	0 827

Epaisseur : 0m 50 centimètres

Longueur	Futailles	0 90	0 92	0 94	0 96	0 98	1 00	0 02	1 04	1 06	1 08
		Largeur en Centimètres									
0 90		0 405									
92		0 414	0 423								
94		0 423	0 432	0 442							
96		0 432	0 442	0 451	0 461						
98		0 441	0 451	0 461	0 470	0 480					
1 —		0 450	0 460	0 470	0 480	0 490	0 500				
02		0 459	0 469	0 479	0 490	0 500	0 510	0 520			
04		0 468	0 478	0 489	0 499	0 510	0 520	0 530	0 541		
06		0 477	0 488	0 498	0 509	0 519	0 530	0 541	0 551	0 562	
08		0 486	0 497	0 508	0 518	0 529	0 540	0 551	0 562	0 572	0 583
1 10		0 495	0 506	0 517	0 528	0 539	0 550	0 561	0 572	0 583	0 594
12		0 504	0 515	0 526	0 538	0 549	0 560	0 571	0 582	0 594	0 605
14		0 513	0 524	0 536	0 547	0 559	0 570	0 581	0 593	0 604	0 616
16		0 522	0 534	0 545	0 557	0 568	0 580	0 592	0 603	0 615	0 626
18		0 531	0 543	0 555	0 566	0 578	0 590	0 602	0 614	0 625	0 637
1 20		0 540	0 552	0 564	0 576	0 588	0 600	0 612	0 624	0 636	0 648
22		0 549	0 561	0 573	0 586	0 598	0 610	0 622	0 634	0 647	0 659
24		0 558	0 570	0 583	0 595	0 608	0 620	0 632	0 645	0 657	0 670
26		0 567	0 580	0 592	0 605	0 617	0 630	0 643	0 655	0 668	0 680
28		0 576	0 589	0 602	0 614	0 627	0 640	0 653	0 666	0 678	0 691
1 30		0 585	0 598	0 611	0 624	0 637	0 650	0 663	0 676	0 689	0 702
32		0 594	0 607	0 620	0 634	0 647	0 660	0 673	0 686	0 700	0 713
34		0 603	0 616	0 630	0 643	0 657	0 670	0 683	0 697	0 710	0 724
36		0 612	0 626	0 639	0 653	0 666	0 680	0 694	0 707	0 721	0 734
38		0 621	0 635	0 649	0 662	0 676	0 690	0 704	0 718	0 731	0 745
1 40		0 630	0 644	0 658	0 672	0 686	0 700	0 714	0 728	0 742	0 756
42		0 639	0 653	0 667	0 682	0 696	0 710	0 724	0 738	0 753	0 767
44		0 648	0 662	0 677	0 691	0 700	0 720	0 734	0 749	0 763	0 778
46		0 657	0 672	0 686	0 701	0 715	0 730	0 745	0 759	0 774	0 788
48		0 666	0 681	0 696	0 710	0 725	0 740	0 755	0 770	0 784	0 799
1 50		0 675	0 690	0 705	0 720	0 735	0 750	0 765	0 780	0 795	0 810
52		0 684	0 699	0 714	0 730	0 745	0 760	0 775	0 790	0 806	0 821
54		0 693	0 708	0 724	0 739	0 755	0 770	0 785	0 801	0 816	0 832
56		0 702	0 718	0 733	0 749	0 764	0 780	0 796	0 811	0 827	0 842
58		0 711	0 727	0 743	0 758	0 774	0 790	0 806	0 822	0 837	0 853
1 60		0 720	0 736	0 752	0 768	0 784	0 800	0 816	0 832	0 848	0 864
62		0 729	0 745	0 761	0 778	0 794	0 810	0 826	0 842	0 859	0 875
64		0 738	0 754	0 771	0 787	0 804	0 820	0 836	0 853	0 869	0 886
66		0 747	0 764	0 780	0 797	0 813	0 830	0 847	0 863	0 880	0 896
68		0 756	0 773	0 790	0 806	0 823	0 840	0 857	0 874	0 890	0 907
1 70		0 765	0 782	0 799	0 816	0 833	0 850	0 867	0 884	0 901	0 918
72		0 774	0 791	0 808	0 826	0 843	0 860	0 877	0 894	0 911	0 928
74		0 783	0 800	0 818	0 835	0 853	0 870	0 887	0 905	0 922	0 940
76		0 792	0 810	0 828	0 845	0 862	0 880	0 898	0 915	0 933	0 950
78		0 801	0 819	0 837	0 854	0 872	0 890	0 908	0 926	0 943	0 961
1 80		0 810	0 828	0 846	0 864	0 882	0 900	0 918	0 936	0 954	0 972
82		0 819	0 837	0 856	0 874	0 892	0 910	0 928	0 946	0 965	0 983
84		0 828	0 846	0 865	0 883	0 902	0 920	0 938	0 957	0 975	0 994
86		0 837	0 856	0 875	0 893	0 911	0 930	0 949	0 967	0 986	1 004
88		0 846	0 865	0 884	0 902	0 921	0 940	0 959	0 978	0 996	1 015
1 90		0 855	0 874	0 893	0 912	0 931	0 950	0 969	0 988	1 007	1 026
92		0 864	0 883	0 903	0 922	0 941	0 960	0 979	0 998	1 018	1 037
94		0 873	0 892	0 912	0 931	0 951	0 970	0 989	1 009	1 028	1 048
96		0 882	0 902	0 922	0 941	0 960	0 980	1 000	1 019	1 039	1 058
98		0 891	0 911	0 931	0 950	0 970	0 990	1 010	1 030	1 049	1 069
2 —		0 900	0 920	0 940	0 960	0 980	1 000	1 020	1 040	1 060	1 080
02		0 909	0 929	0 950	0 970	0 990	1 010	1 030	1 050	1 071	1 091
04		0 918	0 938	0 959	0 979	1 000	1 020	1 040	1 061	1 081	1 102
06		0 927	0 948	0 969	0 989	1 009	1 030	1 051	1 071	1 092	1 112
08		0 936	0 957	0 978	0 998	1 019	1 040	1 061	1 082	1 102	1 123
2 10		0 945	0 966	0 987	1 008	1 029	1 050	1 071	1 092	1 113	1 134
12		0 954	0 975	0 997	1 018	1 039	1 060	1 081	1 102	1 124	1 145
14		0 963	0 984	1 006	1 027	1 049	1 070	1 091	1 113	1 134	1 156
16		0 972	0 994	1 016	1 037	1 058	1 080	1 102	1 123	1 145	1 166
18		0 981	1 003	1 025	1 046	1 068	1 090	1 112	1 134	1 155	1 177
2 20		0 990	1 012	1 034	1 056	1 078	1 100	1 122	1 144	1 166	1 188
22		0 999	1 021	1 043	1 066	1 088	1 110	1 132	1 154	1 177	1 199
24		1 008	1 030	1 053	1 075	1 098	1 120	1 142	1 165	1 187	1 210
26		1 017	1 040	1 062	1 085	1 107	1 130	1 153	1 175	1 198	1 220
28		1 026	1 049	1 072	1 094	1 117	1 140	1 163	1 186	1 208	1 231

Epaisseur : 0m 50 centimètres

Longueur	1 10	1 12	1 14	1 16	1 18	1 20	1 22	1 24	1 26	1 28
	Largeur en Centimètres									
1 10	0 605									
12	0 616	0 627								
14	0 627	0 638	0 650							
16	0 638	0 650	0 661	0 673						
18	0 649	0 661	0 673	0 684	0 696					
1 20	0 660	0 672	0 684	0 696	0 708	0 720				
22	0 671	0 683	0 695	0 708	0 720	0 732	0 744			
24	0 682	0 694	0 707	0 719	0 732	0 744	0 756	0 769		
26	0 693	0 706	0 718	0 731	0 743	0 756	0 769	0 781	0 794	
28	0 704	0 717	0 730	0 742	0 755	0 768	0 781	0 794	0 806	0 819
1 30	0 715	0 728	0 741	0 754	0 767	0 780	0 793	0 806	0 819	0 832
32	0 726	0 739	0 752	0 766	0 779	0 792	0 805	0 818	0 832	0 845
34	0 737	0 750	0 764	0 777	0 791	0 804	0 817	0 831	0 844	0 858
36	0 748	0 762	0 775	0 789	0 802	0 816	0 830	0 843	0 857	0 870
38	0 759	0 773	0 787	0 800	0 814	0 828	0 842	0 856	0 869	0 883
1 40	0 770	0 784	0 798	0 812	0 826	0 840	0 854	0 868	0 882	0 896
42	0 781	0 795	0 809	0 824	0 838	0 852	0 866	0 880	0 894	0 909
44	0 792	0 806	0 821	0 835	0 850	0 864	0 878	0 893	0 907	0 922
46	0 803	0 818	0 833	0 847	0 861	0 876	0 891	0 905	0 920	0 934
48	0 814	0 829	0 844	0 858	0 873	0 888	0 903	0 918	0 932	0 947
1 50	0 825	0 840	0 855	0 870	0 885	0 900	0 915	0 930	0 945	0 960
52	0 836	0 851	0 866	0 882	0 897	0 912	0 927	0 942	0 958	0 973
54	0 847	0 862	0 878	0 893	0 909	0 924	0 939	0 955	0 970	0 986
56	0 858	0 874	0 889	0 905	0 920	0 936	0 952	0 967	0 983	0 998
58	0 869	0 885	0 901	0 916	0 932	0 948	0 964	0 980	0 995	1 011
1 60	0 880	0 896	0 912	0 928	0 944	0 960	0 976	0 992	1 008	1 024
62	0 891	0 907	0 923	0 940	0 956	0 972	0 988	1 004	1 021	1 037
64	0 902	0 918	0 935	0 951	0 968	0 984	1 000	1 017	1 033	1 050
66	0 913	0 930	0 946	0 963	0 979	0 996	1 013	1 029	1 046	1 062
68	0 924	0 941	0 958	0 974	0 991	1 008	1 025	1 042	1 058	1 075
1 70	0 935	0 952	0 969	0 986	1 003	1 020	1 037	1 054	1 071	1 088
72	0 946	0 963	0 980	0 998	1 015	1 032	1 049	1 066	1 084	1 101
74	0 957	0 974	0 992	1 009	1 027	1 044	1 061	1 079	1 096	1 114
76	0 968	0 986	1 003	1 021	1 038	1 056	1 074	1 091	1 109	1 126
78	0 979	0 997	1 015	1 032	1 050	1 068	1 086	1 104	1 121	1 139
1 80	0 990	1 008	1 026	1 044	1 062	1 080	1 098	1 116	1 134	1 152
82	1 001	1 019	1 037	1 056	1 074	1 092	1 110	1 128	1 147	1 165
84	1 012	1 030	1 049	1 067	1 086	1 104	1 122	1 141	1 159	1 178
86	1 023	1 042	1 060	1 079	1 097	1 116	1 135	1 153	1 172	1 190
88	1 034	1 053	1 072	1 090	1 109	1 128	1 147	1 166	1 184	1 203
1 90	1 045	1 064	1 083	1 102	1 121	1 140	1 159	1 178	1 197	1 216
92	1 056	1 075	1 094	1 114	1 133	1 152	1 171	1 190	1 210	1 229
94	1 067	1 086	1 106	1 125	1 145	1 164	1 183	1 203	1 222	1 242
96	1 078	1 098	1 117	1 137	1 156	1 176	1 196	1 215	1 235	1 254
98	1 089	1 109	1 129	1 148	1 168	1 188	1 208	1 228	1 247	1 267
2 —	1 100	1 120	1 140	1 160	1 180	1 200	1 220	1 240	1 260	1 280
02	1 111	1 131	1 151	1 172	1 192	1 212	1 232	1 252	1 273	1 293
04	1 122	1 142	1 163	1 183	1 204	1 224	1 244	1 265	1 285	1 306
06	1 133	1 154	1 174	1 196	1 215	1 236	1 257	1 277	1 298	1 318
08	1 144	1 165	1 186	1 206	1 227	1 248	1 269	1 290	1 310	1 331
2 10	1 155	1 176	1 197	1 218	1 239	1 260	1 281	1 302	1 323	1 344
12	1 166	1 187	1 208	1 230	1 251	1 272	1 293	1 314	1 336	1 357
14	1 177	1 198	1 220	1 241	1 263	1 284	1 305	1 327	1 348	1 370
16	1 188	1 210	1 231	1 253	1 274	1 296	1 318	1 339	1 361	1 382
18	1 199	1 221	1 243	1 264	1 286	1 308	1 330	1 352	1 373	1 395
2 20	1 210	1 232	1 254	1 276	1 298	1 320	1 342	1 364	1 386	1 408
22	1 221	1 243	1 265	1 288	1 310	1 332	1 354	1 376	1 399	1 421
24	1 232	1 254	1 277	1 299	1 322	1 344	1 366	1 389	1 411	1 434
26	1 243	1 266	1 288	1 311	1 333	1 356	1 379	1 401	1 424	1 446
28	1 254	1 277	1 300	1 322	1 345	1 368	1 391	1 414	1 436	1 459

0,50

Epaisseur : 0m 52 centimètres

Longueur	Futailles	0 52	0 54	0 56	0 58	0 60	0 62	0 64	0 66	0 68	0 70
		Largeur en centimètres									
m 0 52	0 112	0 141									
54	0 117	0 146	0 152								
56	0 121	0 151	0 157	0 163							
58	0 125	0 157	0 163	0 169	0 175						
0 60	0 130	0 162	0 168	0 175	0 181	0 187					
62	0 134	0 168	0 174	0 181	0 187	0 193	0 200				
64	0 138	0 173	0 180	0 186	0 193	0 200	0 206	0 213			
66	0 143	0 178	0 185	0 192	0 199	0 206	0 213	0 220	0 227		
68	0 147	0 184	0 191	0 198	0 205	0 212	0 219	0 226	0 233	0 240	
0 70	0 151	0 189	0 197	0 204	0 211	0 218	0 226	0 233	0 240	0 248	0 255
72	0 156	0 195	0 202	0 210	0 217	0 225	0 232	0 240	0 247	0 255	0 262
74	0 160	0 200	0 208	0 215	0 223	0 231	0 239	0 246	0 254	0 262	0 269
76	0 164	0 206	0 213	0 221	0 229	0 237	0 245	0 253	0 261	0 269	0 277
78	0 169	0 211	0 219	0 227	0 235	0 243	0 251	0 260	0 268	0 276	0 284
0 80	0 173	0 216	0 225	0 233	0 241	0 250	0 258	0 266	0 275	0 283	0 291
82	0 177	0 222	0 230	0 239	0 247	0 256	0 264	0 273	0 281	0 290	0 298
84	0 182	0 227	0 236	0 245	0 253	0 262	0 271	0 280	0 288	0 297	0 306
86	0 186	0 233	0 241	0 250	0 259	0 268	0 277	0 286	0 295	0 304	0 313
88	0 190	0 238	0 247	0 256	0 265	0 275	0 284	0 293	0 302	0 311	0 320
0 90	0 195	0 243	0 253	0 262	0 271	0 281	0 290	0 300	0 309	0 318	0 328
92	0 199	0 249	0 258	0 268	0 277	0 287	0 297	0 306	0 316	0 325	0 335
94	0 203	0 254	0 264	0 274	0 284	0 293	0 303	0 313	0 323	0 332	0 342
96	0 208	0 260	0 270	0 280	0 290	0 300	0 310	0 319	0 329	0 339	0 349
98	0 212	0 265	0 275	0 285	0 296	0 306	0 316	0 326	0 336	0 347	0 357
1 —	0 216	0 270	0 281	0 291	0 302	0 312	0 322	0 333	0 343	0 354	0 364
02	0 221	0 276	0 286	0 297	0 308	0 318	0 329	0 339	0 350	0 361	0 371
04	0 225	0 281	0 292	0 303	0 314	0 324	0 335	0 346	0 357	0 368	0 379
06	0 229	0 287	0 298	0 309	0 320	0 331	0 342	0 353	0 364	0 375	0 386
08	0 234	0 292	0 303	0 314	0 326	0 337	0 348	0 359	0 371	0 382	0 393
1 10	0 238	0 297	0 309	0 320	0 332	0 343	0 355	0 366	0 378	0 389	0 400
12	0 242	0 303	0 314	0 326	0 338	0 349	0 361	0 373	0 384	0 396	0 408
14	0 247	0 308	0 320	0 332	0 344	0 356	0 368	0 379	0 391	0 403	0 415
16	0 251	0 314	0 326	0 338	0 350	0 362	0 374	0 386	0 398	0 410	0 422
18	0 255	0 319	0 331	0 344	0 356	0 368	0 380	0 393	0 405	0 417	0 430
1 20	0 260	0 324	0 337	0 349	0 362	0 374	0 387	0 399	0 412	0 424	0 437
22	0 264	0 330	0 343	0 355	0 368	0 381	0 393	0 406	0 419	0 431	0 444
24	0 268	0 335	0 348	0 361	0 374	0 387	0 400	0 413	0 426	0 438	0 451
26	0 273	0 341	0 354	0 367	0 380	0 393	0 406	0 419	0 432	0 446	0 459
28	0 277	0 346	0 359	0 373	0 386	0 399	0 413	0 426	0 439	0 453	0 466
1 30	0 281	0 352	0 365	0 379	0 392	0 406	0 419	0 433	0 446	0 460	0 473
32	0 286	0 357	0 371	0 384	0 398	0 412	0 426	0 439	0 453	0 467	0 480
34	0 290	0 362	0 376	0 390	0 404	0 418	0 432	0 446	0 460	0 474	0 488
36	0 294	0 368	0 382	0 396	0 410	0 424	0 438	0 453	0 467	0 481	0 495
38	0 299	0 373	0 388	0 402	0 416	0 431	0 445	0 459	0 474	0 488	0 502
1 40	0 303	0 379	0 393	0 408	0 422	0 437	0 451	0 466	0 480	0 495	0 510
42	0 307	0 384	0 399	0 414	0 428	0 443	0 458	0 473	0 487	0 502	0 517
44	0 312	0 389	0 404	0 419	0 434	0 449	0 464	0 479	0 494	0 509	0 524
46	0 316	0 395	0 410	0 425	0 440	0 456	0 471	0 486	0 501	0 516	0 531
48	0 320	0 400	0 416	0 431	0 446	0 462	0 477	0 493	0 508	0 523	0 539
1 50	0 324	0 406	0 421	0 437	0 452	0 468	0 484	0 499	0 515	0 530	0 546
52	0 329	0 411	0 427	0 443	0 458	0 474	0 490	0 506	0 522	0 537	0 553
54	0 333	0 416	0 432	0 448	0 464	0 480	0 496	0 513	0 529	0 545	0 561
56	0 337	0 422	0 438	0 454	0 470	0 487	0 503	0 519	0 535	0 552	0 568
58	0 342	0 427	0 444	0 460	0 477	0 493	0 509	0 526	0 542	0 560	0 575
1 60	0 346	0 433	0 449	0 466	0 483	0 499	0 516	0 532	0 549	0 566	0 582
62	0 350	0 438	0 455	0 472	0 489	0 505	0 522	0 539	0 556	0 573	0 590
64	0 355	0 443	0 461	0 478	0 495	0 512	0 529	0 546	0 563	0 580	0 597
66	0 359	0 449	0 466	0 483	0 501	0 518	0 535	0 552	0 570	0 587	0 604
68	0 363	0 454	0 472	0 489	0 507	0 524	0 542	0 559	0 577	0 594	0 612
1 70	0 368	0 460	0 477	0 495	0 513	0 530	0 548	0 566	0 583	0 601	0 619
72	0 372	0 465	0 483	0 501	0 519	0 537	0 555	0 572	0 590	0 608	0 626
74	0 376	0 470	0 489	0 507	0 525	0 543	0 561	0 579	0 597	0 615	0 633
76	0 381	0 476	0 494	0 513	0 531	0 549	0 567	0 586	0 604	0 622	0 641
78	0 385	0 481	0 500	0 518	0 537	0 555	0 574	0 592	0 611	0 629	0 648
1 80	0 389	0 487	0 505	0 524	0 543	0 562	0 580	0 599	0 618	0 636	0 655
82	0 394	0 492	0 511	0 530	0 549	0 568	0 587	0 606	0 625	0 644	0 662
84	0 398	0 498	0 517	0 536	0 555	0 574	0 593	0 612	0 631	0 651	0 670
86	0 402	0 503	0 522	0 542	0 561	0 580	0 600	0 619	0 638	0 658	0 677
88	0 407	0 508	0 528	0 547	0 567	0 587	0 606	0 626	0 645	0 665	0 684
1 90	0 411	0 514	0 534	0 553	0 573	0 593	0 613	0 632	0 652	0 672	0 692

Epaisseur : 0m 52 centimètres

Longueur	0 72	0 74	0 76	0 78	0 80	0 82	0 84	0 86	0 88	0 90
	Largeur en centimètres									
m 0 72	0 270									
74	0 277	0 285								
76	0 285	0 292	0 300							
78	0 292	0 300	0 308	0 316						
0 80	0 300	0 308	0 316	0 324	0 333					
82	0 307	0 316	0 324	0 333	0 341	0 350				
84	0 314	0 323	0 332	0 341	0 349	0 358	0 367			
86	0 322	0 331	0 340	0 349	0 358	0 367	0 376	0 385		
88	0 329	0 339	0 348	0 357	0 366	0 375	0 384	0 394	0 403	
0 90	0 337	0 346	0 356	0 365	0 374	0 384	0 393	0 402	0 412	0 421
92	0 344	0 354	0 364	0 373	0 383	0 392	0 402	0 411	0 421	0 431
94	0 352	0 362	0 371	0 381	0 391	0 401	0 411	0 420	0 430	0 440
96	0 359	0 369	0 379	0 389	0 399	0 409	0 419	0 429	0 439	0 449
98	0 367	0 377	0 387	0 397	0 408	0 418	0 428	0 438	0 448	0 459
1 —	0 374	0 385	0 395	0 406	0 416	0 426	0 437	0 447	0 458	0 468
02	0 382	0 392	0 403	0 414	0 424	0 435	0 446	0 456	0 467	0 477
04	0 389	0 400	0 411	0 422	0 433	0 443	0 454	0 465	0 476	0 487
06	0 397	0 408	0 419	0 430	0 441	0 452	0 463	0 474	0 485	0 496
08	0 404	0 416	0 427	0 438	0 449	0 461	0 472	0 483	0 494	0 505
1 10	0 412	0 423	0 435	0 446	0 458	0 469	0 480	0 492	0 503	0 515
12	0 419	0 431	0 443	0 454	0 466	0 478	0 489	0 501	0 513	0 524
14	0 427	0 439	0 451	0 462	0 474	0 486	0 498	0 510	0 522	0 534
16	0 434	0 446	0 458	0 470	0 483	0 495	0 507	0 519	0 531	0 543
18	0 442	0 454	0 466	0 479	0 491	0 503	0 515	0 528	0 540	0 552
1 20	0 449	0 462	0 474	0 487	0 499	0 512	0 524	0 537	0 549	0 562
22	0 457	0 469	0 482	0 495	0 508	0 520	0 533	0 546	0 558	0 571
24	0 464	0 477	0 490	0 503	0 516	0 529	0 542	0 555	0 567	0 580
26	0 472	0 485	0 498	0 511	0 524	0 537	0 550	0 563	0 577	0 590
28	0 479	0 493	0 506	0 519	0 532	0 546	0 559	0 572	0 586	0 599
1 30	0 487	0 500	0 514	0 527	0 541	0 554	0 568	0 581	0 595	0 608
32	0 494	0 508	0 522	0 535	0 549	0 563	0 577	0 590	0 604	0 618
34	0 502	0 516	0 530	0 544	0 557	0 571	0 585	0 599	0 613	0 627
36	0 509	0 523	0 537	0 552	0 566	0 580	0 594	0 608	0 622	0 636
38	0 517	0 531	0 545	0 560	0 574	0 588	0 603	0 617	0 631	0 646
1 40	0 524	0 539	0 553	0 568	0 582	0 597	0 612	0 626	0 641	0 655
42	0 532	0 546	0 561	0 576	0 591	0 605	0 620	0 635	0 650	0 665
44	0 539	0 554	0 569	0 584	0 599	0 614	0 629	0 644	0 659	0 674
46	0 547	0 562	0 577	0 592	0 607	0 623	0 638	0 653	0 668	0 683
48	0 554	0 570	0 585	0 600	0 616	0 631	0 646	0 662	0 677	0 693
1 50	0 562	0 577	0 593	0 608	0 624	0 640	0 655	0 671	0 686	0 702
52	0 569	0 585	0 601	0 617	0 632	0 648	0 664	0 680	0 696	0 711
54	0 577	0 593	0 609	0 625	0 641	0 657	0 673	0 689	0 705	0 721
56	0 584	0 600	0 617	0 633	0 649	0 665	0 681	0 698	0 714	0 730
58	0 592	0 608	0 624	0 641	0 657	0 674	0 690	0 707	0 723	0 739
1 60	0 599	0 616	0 632	0 649	0 666	0 682	0 699	0 716	0 732	0 749
62	0 607	0 623	0 640	0 657	0 674	0 691	0 708	0 724	0 741	0 758
64	0 614	0 631	0 648	0 665	0 682	0 699	0 716	0 733	0 750	0 768
66	0 622	0 639	0 656	0 673	0 691	0 708	0 725	0 742	0 760	0 777
68	0 629	0 646	0 664	0 681	0 699	0 716	0 734	0 751	0 769	0 786
1 70	0 636	0 654	0 672	0 690	0 707	0 725	0 743	0 760	0 778	0 796
72	0 644	0 662	0 680	0 698	0 716	0 733	0 751	0 769	0 787	0 805
74	0 651	0 670	0 688	0 706	0 724	0 742	0 760	0 778	0 796	0 814
76	0 659	0 677	0 695	0 714	0 732	0 750	0 769	0 787	0 805	0 824
78	0 666	0 685	0 703	0 722	0 740	0 759	0 778	0 796	0 815	0 833
1 80	0 674	0 693	0 711	0 730	0 749	0 768	0 786	0 805	0 824	0 842
82	0 681	0 700	0 719	0 738	0 757	0 776	0 795	0 814	0 833	0 852
84	0 689	0 708	0 727	0 746	0 765	0 785	0 804	0 823	0 842	0 861
86	0 696	0 716	0 735	0 754	0 774	0 793	0 812	0 832	0 851	0 870
88	0 704	0 723	0 743	0 763	0 782	0 802	0 821	0 841	0 860	0 880
1 90	0 711	0 731	0 751	0 771	0 790	0 810	0 830	0 860	0 869	0 889

Epaisseur : 0m 52 centimètres

Longueur	Futailles	Largeur en Centimètres									
		0 92	0 94	0 96	0 98	1 00	1 02	1 04	1 06	1 08	1 10
m 0 92		0 440									
94		0 450	0 459								
96		0 459	0 469	0 479							
98		0 469	0 479	0 489	0 499						
1 —		0 478	0 489	0 499	0 510	0 520					
02		0 488	0 499	0 509	0 520	0 530	0 541				
04		0 498	0 508	0 519	0 530	0 541	0 552	0 562			
06		0 507	0 518	0 529	0 540	0 551	0 562	0 573	0 584		
08		0 517	0 528	0 539	0 550	0 562	0 573	0 584	0 595	0 607	
1 10		0 526	0 538	0 549	0 561	0 572	0 583	0 595	0 606	0 618	0 629
12		0 536	0 547	0 559	0 571	0 582	0 594	0 606	0 617	0 629	0 641
14		0 545	0 557	0 569	0 581	0 593	0 605	0 617	0 628	0 640	0 652
16		0 555	0 567	0 579	0 591	0 603	0 615	0 627	0 639	0 651	0 664
18		0 565	0 577	0 589	0 601	0 614	0 626	0 638	0 650	0 663	0 675
1 20		0 574	0 587	0 599	0 612	0 624	0 636	0 649	0 661	0 674	0 686
22		0 584	0 596	0 609	0 622	0 634	0 647	0 660	0 672	0 685	0 698
24		0 593	0 606	0 619	0 632	0 645	0 658	0 671	0 683	0 696	0 709
26		0 603	0 616	0 629	0 642	0 655	0 668	0 681	0 695	0 708	0 721
28		0 612	0 626	0 639	0 652	0 666	0 679	0 692	0 706	0 719	0 732
1 30		0 622	0 635	0 649	0 662	0 676	0 690	0 703	0 717	0 730	0 744
32		0 631	0 645	0 659	0 673	0 686	0 700	0 714	0 728	0 741	0 755
34		0 641	0 655	0 669	0 683	0 697	0 711	0 725	0 739	0 753	0 766
36		0 651	0 665	0 679	0 693	0 707	0 721	0 735	0 750	0 764	0 778
38		0 660	0 675	0 689	0 703	0 718	0 732	0 746	0 761	0 775	0 789
1 40		0 670	0 684	0 699	0 713	0 728	0 743	0 757	0 772	0 786	0 801
42		0 679	0 694	0 709	0 724	0 738	0 753	0 768	0 783	0 797	0 812
44		0 689	0 704	0 719	0 734	0 749	0 764	0 779	0 794	0 809	0 824
46		0 698	0 714	0 729	0 744	0 759	0 774	0 790	0 805	0 820	0 835
48		0 708	0 722	0 740	0 754	0 770	0 785	0 800	0 816	0 831	0 847
1 50		0 718	0 733	0 749	0 764	0 780	0 796	0 811	0 827	0 842	0 858
52		0 727	0 743	0 759	0 775	0 790	0 806	0 822	0 838	0 854	0 869
54		0 737	0 753	0 769	0 785	0 801	0 817	0 833	0 849	0 865	0 881
56		0 746	0 763	0 779	0 795	0 811	0 827	0 844	0 860	0 876	0 892
58		0 756	0 772	0 789	0 805	0 822	0 838	0 854	0 871	0 887	0 904
1 60		0 765	0 782	0 799	0 815	0 832	0 849	0 865	0 882	0 899	0 915
62		0 775	0 792	0 809	0 826	0 842	0 859	0 876	0 893	0 910	0 927
64		0 785	0 802	0 819	0 836	0 853	0 870	0 887	0 904	0 921	0 938
66		0 794	0 811	0 829	0 846	0 863	0 880	0 898	0 915	0 932	0 950
68		0 804	0 821	0 839	0 856	0 874	0 891	0 909	0 926	0 943	0 961
1 70		0 813	0 831	0 849	0 866	0 884	0 902	0 919	0 937	0 955	0 972
72		0 823	0 841	0 859	0 877	0 894	0 912	0 930	0 948	0 966	0 984
74		0 832	0 851	0 869	0 887	0 905	0 923	0 941	0 959	0 977	0 995
76		0 842	0 860	0 879	0 897	0 915	0 934	0 952	0 970	0 988	1 007
78		0 852	0 870	0 889	0 907	0 926	0 944	0 963	0 981	1 000	1 018
1 80		0 861	0 880	0 899	0 917	0 936	0 955	0 973	0 992	1 011	1 030
82		0 871	0 890	0 909	0 927	0 946	0 965	0 984	1 003	1 022	1 041
84		0 880	0 899	0 919	0 938	0 957	0 976	0 995	1 014	1 033	1 052
86		0 890	0 909	0 929	0 948	0 967	0 987	1 006	1 025	1 045	1 064
88		0 899	0 919	0 938	0 958	0 978	0 997	1 017	1 036	1 056	1 075
1 90		0 909	0 929	0 948	0 968	0 988	1 008	1 028	1 047	1 067	1 087
92		0 919	0 938	0 958	0 978	0 998	1 018	1 038	1 058	1 078	1 098
94		0 928	0 948	0 968	0 989	1 009	1 029	1 049	1 069	1 090	1 110
96		0 938	0 958	0 978	0 999	1 019	1 040	1 060	1 080	1 101	1 121
98		0 947	0 968	0 988	1 009	1 030	1 050	1 071	1 091	1 112	1 133
2 —		0 957	0 978	0 998	1 019	1 040	1 061	1 082	1 102	1 123	1 144
02		0 966	0 987	1 008	1 029	1 050	1 071	1 092	1 113	1 134	1 155
04		0 976	0 997	1 018	1 040	1 061	1 082	1 103	1 124	1 146	1 167
06		0 986	1 007	1 028	1 050	1 071	1 093	1 114	1 135	1 157	1 178
08		0 995	1 017	1 038	1 060	1 082	1 103	1 125	1 140	1 168	1 190
2 10		1 005	1 026	1 048	1 070	1 092	1 114	1 136	1 158	1 179	1 201
12		1 014	1 036	1 058	1 080	1 102	1 124	1 146	1 169	1 191	1 213
14		1 024	1 046	1 068	1 091	1 113	1 135	1 157	1 180	1 202	1 224
16		1 033	1 056	1 078	1 101	1 123	1 146	1 168	1 191	1 213	1 236
18		1 043	1 066	1 088	1 111	1 134	1 156	1 179	1 202	1 224	1 247
2 20		1 052	1 075	1 098	1 121	1 144	1 167	1 190	1 213	1 236	1 258
22		1 062	1 085	1 108	1 131	1 154	1 177	1 201	1 224	1 247	1 270
24		1 072	1 095	1 118	1 142	1 165	1 188	1 211	1 235	1 258	1 281
26		1 081	1 105	1 128	1 152	1 175	1 199	1 222	1 246	1 269	1 293
28		1 091	1 114	1 138	1 162	1 186	1 209	1 233	1 257	1 280	1 304
2 30		1 100	1 124	1 148	1 172	1 196	1 220	1 244	1 28	1 292	1 316

Epaisseur : 0m 52 centimètres

Longueur	Largeur en Centimètres									
	1 12	1 14	1 16	1 18	1 20	1 22	1 24	1 26	1 28	1 30
m 1 12	0 652									
14	0 664	0 676								
16	0 676	0 688	0 700							
18	0 687	0 700	0 712	0 724						
1 20	0 699	0 711	0 724	0 736	0 749					
22	0 711	0 723	0 736	0 749	0 761	0 774				
24	0 722	0 735	0 748	0 761	0 774	0 787	0 800			
26	0 734	0 747	0 760	0 773	0 786	0 799	0 812	0 826		
28	0 745	0 759	0 772	0 785	0 799	0 812	0 825	0 839	0 852	
1 30	0 757	0 771	0 784	0 798	0 811	0 825	0 838	0 852	0 865	0 879
32	0 769	0 782	0 796	0 810	0 824	0 837	0 851	0 865	0 879	0 892
34	0 780	0 794	0 808	0 822	0 836	0 850	0 864	0 878	0 892	0 906
36	0 792	0 806	0 820	0 834	0 849	0 863	0 877	0 891	0 905	0 919
38	0 804	0 818	0 832	0 847	0 861	0 875	0 890	0 904	0 919	0 933
1 40	0 815	0 830	0 844	0 859	0 874	0 888	0 903	0 917	0 932	0 946
42	0 827	0 842	0 857	0 871	0 886	0 901	0 916	0 930	0 945	0 960
44	0 839	0 854	0 869	0 884	0 899	0 914	0 929	0 943	0 958	0 973
46	0 850	0 865	0 881	0 896	0 911	0 926	0 941	0 957	0 972	0 987
48	0 862	0 877	0 893	0 908	0 924	0 939	0 954	0 970	0 985	1 000
1 50	0 874	0 889	0 905	0 920	0 936	0 952	0 967	0 983	0 998	1 014
52	0 885	0 901	0 917	0 933	0 948	0 964	0 980	0 996	1 012	1 028
54	0 897	0 913	0 929	0 945	0 961	0 977	0 993	1 009	1 025	1 041
56	0 909	0 925	0 941	0 957	0 973	0 990	1 006	1 022	1 038	1 055
58	0 920	0 937	0 953	0 969	0 986	1 002	1 019	1 035	1 052	1 068
1 60	0 932	0 948	0 965	0 982	0 998	1 015	1 032	1 048	1 065	1 082
62	0 943	0 960	0 977	0 994	1 011	1 028	1 045	1 061	1 078	1 095
64	0 955	0 972	0 989	1 006	1 023	1 040	1 057	1 075	1 092	1 109
66	0 967	0 984	1 001	1 019	1 036	1 053	1 070	1 088	1 105	1 122
68	0 978	0 996	1 013	1 031	1 048	1 066	1 083	1 101	1 118	1 136
1 70	0 990	1 008	1 025	1 043	1 061	1 078	1 096	1 114	1 132	1 149
72	1 002	1 020	1 038	1 055	1 073	1 091	1 109	1 127	1 145	1 163
74	1 013	1 031	1 050	1 068	1 086	1 104	1 122	1 140	1 158	1 176
76	1 025	1 043	1 062	1 080	1 098	1 117	1 135	1 153	1 171	1 190
78	1 037	1 055	1 074	1 092	1 111	1 129	1 148	1 166	1 185	1 203
1 80	1 048	1 067	1 086	1 101	1 123	1 142	1 161	1 179	1 198	1 217
82	1 060	1 079	1 098	1 117	1 136	1 155	1 174	1 192	1 211	1 230
84	1 072	1 091	1 110	1 129	1 148	1 167	1 186	1 206	1 225	1 244
86	1 083	1 103	1 122	1 141	1 161	1 180	1 199	1 219	1 238	1 257
88	1 095	1 114	1 134	1 154	1 173	1 193	1 212	1 232	1 251	1 271
1 90	1 107	1 126	1 146	1 166	1 186	1 205	1 225	1 245	1 265	1 284
92	1 118	1 138	1 158	1 178	1 198	1 218	1 238	1 258	1 278	1 298
94	1 130	1 150	1 170	1 190	1 211	1 231	1 251	1 271	1 291	1 311
96	1 142	1 162	1 182	1 203	1 223	1 243	1 264	1 284	1 305	1 325
98	1 153	1 174	1 194	1 215	1 236	1 256	1 277	1 297	1 318	1 338
2 —	1 165	1 186	1 206	1 227	1 248	1 269	1 290	1 310	1 331	1 352
02	1 176	1 197	1 218	1 239	1 260	1 281	1 302	1 324	1 345	1 366
04	1 188	1 209	1 231	1 252	1 273	1 294	1 315	1 337	1 358	1 379
06	1 200	1 221	1 243	1 264	1 285	1 307	1 328	1 350	1 371	1 393
08	1 211	1 233	1 255	1 276	1 298	1 320	1 341	1 363	1 384	1 406
2 10	1 223	1 245	1 267	1 289	1 310	1 332	1 354	1 376	1 398	1 420
12	1 235	1 257	1 279	1 301	1 323	1 345	1 367	1 389	1 411	1 433
14	1 246	1 269	1 291	1 313	1 335	1 358	1 380	1 402	1 424	1 447
16	1 258	1 280	1 303	1 325	1 348	1 370	1 393	1 415	1 438	1 460
18	1 270	1 292	1 315	1 338	1 361	1 383	1 406	1 428	1 451	1 474
2 20	1 281	1 304	1 327	1 350	1 373	1 396	1 419	1 441	1 464	1 487
22	1 293	1 316	1 339	1 362	1 385	1 408	1 431	1 455	1 478	1 501
24	1 305	1 328	1 351	1 374	1 398	1 421	1 444	1 468	1 491	1 514
26	1 316	1 340	1 363	1 387	1 410	1 434	1 457	1 481	1 504	1 528
28	1 328	1 352	1 375	1 399	1 423	1 446	1 470	1 494	1 518	1 541
2 30	1 340	1 363	1 387	1 411	1 435	1 459	1 483	1 507	1 531	1 555

0,52

Epaisseur : 0^m 54 centimètres

Longueur	Futailles	0 54	0 56	0 58	0 60	0 62	0 64	0 66	0 68	0 70	0 72
		Largeur en Centimètres									
0 54	0 126	0 157									
56	0 131	0 163	0 169								
58	0 135	0 169	0 175	0 182							
0 60	0 140	0 175	0 181	0 188	0 194						
62	0 145	0 181	0 187	0 194	0 201	0 208					
64	0 149	0 187	0 194	0.200	0 207	0 214	0 221				
66	0 154	0 192	0 200	0 207	0 214	0 221	0 228	0 235			
68	0 159	0 198	0 206	0 213	0 220	0 228	0 235	0 242	0 250		
0 70	0 163	0 204	0 212	0 219	0 227	0 234	0 242	0 249	0 257	0 265	
72	0 168	0 210	0 218	0 226	0 233	0 241	0 249	0 257	0 264	0 272	0 280
74	0 173	0 216	0 224	0 232	0 240	0 248	0 256	0 264	0 272	0 280	0 288
76	0 177	0 222	0 230	0 238	0 246	0 254	0 263	0 271	0 279	0 287	0 295
78	0 182	0 227	0 236	0 244	0 253	0 261	0 270	0 278	0 286	0 295	0 303
0 80	0 187	0 233	0 242	0 251	0 259	0 268	0 276	0 285	0 294	0 302	0 311
82	0 191	0 239	0 248	0 257	0 266	0 275	0 283	0 292	0 301	0 310	0 319
84	0 196	0 245	0 254	0 263	0 272	0 281	0 290	0 299	0 308	0 318	0 327
86	0 201	0 251	0 260	0 269	0 279	0 288	0 297	0 307	0 316	0 325	0 334
88	0 205	0 257	0 266	0 276	0 285	0 295	0 304	0 314	0 323	0 333	0 342
0 90	0 210	0 262	0 272	0 282	0 292	0 301	0 311	0 321	0 330	0 340	0 350
92	0 215	0 268	0 278	0 288	0 298	0 308	0 318	0 328	0 338	0 348	0 358
94	0 219	0 274	0 284	0 294	0 305	0 315	0 325	0 335	0 345	0 355	0 365
96	0 224	0 280	0 290	0 301	0 311	0 321	0 332	0 342	0 353	0 363	0 373
98	0 229	0 286	0 296	0 307	0 318	0 328	0 339	0 349	0 360	0 370	0 381
1 —	0 233	0 292	0 302	0 313	0 324	0 335	0 346	0 356	0 367	0 378	0 389
02	0 238	0 297	0 308	0 319	0 330	0 341	0 353	0 364	0 375	0 386	0 397
04	0 243	0 303	0 314	0 326	0 337	0 348	0 359	0 371	0 382	0 393	0 404
06	0 247	0 309	0 321	0 332	0 343	0 355	0 366	0 378	0 389	0 401	0 412
08	0 252	0 315	0 327	0 338	0 350	0 362	0 373	0 385	0 397	0 408	0 420
1 10	0 257	0 321	0 333	0 345	0 356	0 368	0 380	0 392	0 404	0 416	0 428
12	0 261	0 327	0 339	0 351	0 363	0 375	0 387	0 399	0 411	0 423	0 435
14	0 266	0 332	0 345	0 357	0 369	0 382	0 394	0 406	0 419	0 431	0 443
16	0 271	0 338	0 351	0 363	0 376	0 388	0 401	0 413	0 426	0 438	0 451
18	0 275	0 344	0 357	0 370	0 382	0 395	0 408	0 421	0 433	0 446	0 459
1 20	0 280	0 350	0 363	0 376	0 389	0 402	0 415	0 428	0 441	0 454	0 467
22	0 285	0 356	0 369	0 382	0 395	0 408	0 422	0 435	0 448	0 461	0 474
24	0 289	0 362	0 375	0 388	0 402	0 415	0 429	0 442	0 455	0 469	0 483
26	0 294	0 367	0 381	0 395	0 408	0 422	0 435	0 449	0 463	0 476	0 490
28	0 299	0 373	0 387	0 401	0 415	0 429	0 442	0 456	0 470	0 484	0 498
1 30	0 303	0 379	0 393	0 407	0 421	0 435	0 449	0 463	0 477	0 491	0 505
32	0 308	0 385	0 399	0 413	0 428	0 442	0 456	0 470	0 485	0 499	0 513
34	0 313	0 391	0 405	0 420	0 434	0 449	0 463	0 478	0 492	0 507	0 521
36	0 317	0 397	0 411	0 426	0 441	0 455	0 470	0 485	0 499	0 514	0 529
38	0 322	0 402	0 417	0 432	0 447	0 462	0 477	0 492	0 507	0 522	0 537
1 40	0 327	0 408	0 423	0 438	0 454	0 469	0 484	0 499	0 514	0 529	0 544
42	0 331	0 414	0 429	0 445	0 460	0 475	0 491	0 506	0 521	0 537	0 552
44	0 336	0 420	0 435	0 451	0 467	0 482	0 498	0 513	0 529	0 544	0 560
46	0 341	0 426	0 442	0 457	0 473	0 489	0 505	0 520	0 536	0 552	0 568
48	0 345	0 432	0 448	0 464	0 480	0 496	0 511	0 527	0 543	0 559	0 575
1 50	0 350	0 437	0 454	0 470	0 486	0 502	0 518	0 535	0 551	0 567	0 583
52	0 355	0 443	0 460	0 476	0 492	0 509	0 525	0 542	0 558	0 575	0 591
54	0 359	0 449	0 466	0 482	0 499	0 516	0 532	0 549	0 565	0 582	0 599
56	0 364	0 455	0 472	0 489	0 505	0 522	0 539	0 556	0 573	0 590	0 607
58	0 369	0 461	0 478	0 495	0 512	0 529	0 546	0 563	0 580	0 597	0 614
1 60	0 373	0 467	0 484	0 501	0 518	0 536	0 553	0 570	0 588	0 605	0 622
62	0 378	0 472	0 490	0 507	0 525	0 542	0 560	0 577	0 595	0 612	0 630
64	0 383	0 478	0 496	0 514	0 531	0 549	0 567	0 584	0 602	0 620	0 638
66	0 387	0 484	0 502	0 520	0 538	0 556	0 574	0 592	0 610	0 627	0 645
68	0 392	0 490	0 508	0 526	0 544	0 562	0 581	0 599	0 617	0 635	0 653
1 70	0 397	0 496	0 514	0 532	0 551	0 569	0 588	0 606	0 624	0 643	0 661
72	0 401	0 502	0 520	0 539	0 557	0 576	0 594	0 613	0 632	0 650	0 669
74	0 406	0 507	0 526	0 545	0 564	0 583	0 601	0 620	0 639	0 658	0 677
76	0 411	0 513	0 532	0 551	0 570	0 589	0 608	0 627	0 646	0 665	0 684
78	0 415	0 519	0 538	0 557	0 577	0 596	0 615	0 634	0 654	0 673	0 692
1 80	0 420	0 525	0 544	0 564	0 583	0 603	0 622	0 642	0 661	0 680	0 700
82	0 425	0 531	0 550	0 570	0 590	0 609	0 629	0 649	0 668	0 688	0 708
84	0 429	0 537	0 556	0 576	0 596	0 616	0 636	0 656	0 676	0 696	0 715
86	0 434	0 542	0 562	0 583	0 603	0 623	0 643	0 663	0 683	0 703	0 723
88	0 439	0 548	0 568	0 589	0 609	0 629	0 650	0 670	0 690	0 711	0 731
1 90	0 443	0 554	0 574	0 595	0 616	0 636	0 657	0 677	0 698	0 718	0 739
92	0 448	0 560	0 580	0 601	0 622	0 643	0 664	0 684	0 705	0 726	0 746

Epaisseur : 0^m 54 centimètres

Longueur	0 74	0 76	0 78	0 80	0 82	0 84	0 86	0 88	0 90	0 92
	Largeur en Centimètres									
0 74	0 296									
76	0 304	0 312								
78	0 312	0 320	0 329							
0 80	0 320	0 328	0 337	0 346						
82	0 328	0 337	0 345	0 354	0 363					
84	0 336	0 345	0 354	0 363	0 372	0 381				
86	0 344	0 353	0 362	0 372	0 381	0 390	0 399			
88	0 352	0 361	0 371	0 380	0 390	0 399	0 409	0 418		
0 90	0 360	0 369	0 379	0 389	0 399	0 408	0 418	0 428	0 437	
92	0 368	0 378	0 388	0 397	0 407	0 417	0 427	0 437	0 447	0 457
94	0 376	0 386	0 396	0 406	0 416	0 426	0 437	0 447	0 457	0 467
96	0 384	0 394	0 404	0 415	0 425	0 435	0 446	0 456	0 467	0 477
98	0 392	0 402	0 413	0 423	0 434	0 445	0 455	0 466	0 476	0 487
1 —	0 400	0 410	0 421	0 432	0 443	0 454	0 464	0 475	0 486	0 497
02	0 408	0 419	0 430	0 441	0 452	0 463	0 474	0 485	0 496	0 507
04	0 416	0 427	0 438	0 449	0 461	0 472	0 483	0 491	0 505	0 517
06	0 424	0 435	0 446	0 458	0 469	0 481	0 492	0 504	0 515	0 527
08	0 432	0 443	0 455	0 467	0 478	0 490	0 502	0 513	0 525	0 537
1 10	0 440	0 451	0 463	0 475	0 487	0 499	0 511	0 523	0 535	0 546
12	0 448	0 460	0 472	0 484	0 496	0 508	0 520	0 532	0 544	0 556
14	0 456	0 468	0 480	0 492	0 505	0 517	0 529	0 542	0 554	0 566
16	0 464	0 476	0 489	0 501	0 514	0 526	0 539	0 551	0 564	0 576
18	0 472	0 484	0 497	0 510	0 523	0 535	0 548	0 561	0 573	0 586
1 20	0 480	0 492	0 505	0 518	0 531	0 544	0 557	0 570	0 583	0 596
22	0 488	0 501	0 514	0 527	0 540	0 553	0 567	0 580	0 593	0 606
24	0 496	0 509	0 522	0 536	0 549	0 562	0 576	0 589	0 603	0 616
26	0 503	0 517	0 531	0 544	0 558	0 572	0 585	0 599	0 612	0 626
28	0 511	0 525	0 539	0 553	0 567	0 581	0 594	0 608	0 622	0 636
1 30	0 519	0 534	0 548	0 562	0 576	0 590	0 604	0 618	0 632	0 646
32	0 527	0 542	0 556	0 570	0 584	0 599	0 613	0 627	0 642	0 656
34	0 535	0 550	0 564	0 579	0 593	0 608	0 622	0 637	0 651	0 666
36	0 543	0 558	0 573	0 588	0 602	0 617	0 632	0 646	0 661	0 676
38	0 551	0 566	0 581	0 596	0 611	0 626	0 641	0 656	0 671	0 686
1 40	0 559	0 575	0 590	0 605	0 620	0 635	0 650	0 665	0 680	0 696
42	0 567	0 583	0 598	0 613	0 629	0 644	0 659	0 675	0 690	0 705
44	0 575	0 591	0 607	0 622	0 638	0 653	0 669	0 684	0 700	0 715
46	0 583	0 599	0 615	0 631	0 646	0 662	0 678	0 694	0 710	0 725
48	0 591	0 607	0 623	0 639	0 655	0 671	0 687	0 703	0 719	0 735
1 50	0 599	0 616	0 632	0 648	0 664	0 680	0 697	0 713	0 729	0 745
52	0 607	0 624	0 640	0 657	0 673	0 689	0 706	0 722	0 739	0 755
54	0 615	0 632	0 649	0 665	0 682	0 699	0 715	0 732	0 748	0 765
56	0 624	0 640	0 657	0 674	0 691	0 708	0 724	0 741	0 758	0 775
58	0 631	0 649	0 666	0 683	0 700	0 717	0 734	0 751	0 768	0 785
1 60	0 639	0 657	0 674	0 691	0 708	0 726	0 743	0 760	0 778	0 795
62	0 647	0 665	0 682	0 700	0 717	0 735	0 752	0 770	0 787	0 805
64	0 655	0 673	0 691	0 708	0 726	0 744	0 762	0 779	0 797	0 815
66	0 663	0 681	0 699	0 717	0 735	0 753	0 771	0 789	0 807	0 825
68	0 671	0 690	0 708	0 726	0 744	0 762	0 780	0 798	0 816	0 835
1 70	0 679	0 698	0 716	0 734	0 753	0 771	0 789	0 808	0 826	0 846
72	0 687	0 706	0 724	0 743	0 762	0 780	0 799	0 817	0 836	0 854
74	0 695	0 714	0 733	0 752	0 770	0 789	0 808	0 827	0 846	0 864
76	0 703	0 722	0 741	0 760	0 779	0 798	0 817	0 836	0 855	0 874
78	0 711	0 731	0 750	0 769	0 788	0 807	0 827	0 846	0 865	0 884
1 80	0 719	0 739	0 758	0 778	0 797	0 816	0 836	0 855	0 875	0 894
82	0 727	0 747	0 767	0 786	0 806	0 826	0 845	0 865	0 885	0 904
84	0 735	0 755	0 775	0 795	0 815	0 835	0 854	0 874	0 894	0 914
86	0 743	0 763	0 783	0 804	0 824	0 844	0 864	0 884	0 904	0 924
88	0 751	0 772	0 792	0 812	0 832	0 853	0 873	0 893	0 914	0 934
1 90	0 759	0 780	0 800	0 821	0 841	0 862	0 882	0 903	0 923	0 944
92	0 767	0 788	0 809	0 829	0 850	0 871	0 892	0 912	0 933	0 954

Epaisseur : 0m 54 centimètres

Longueurs	Futailles	0 94	0 96	0 98	1 00	1 02	1 04	1 06	1 08	1 10	1 12
		Largeur en Centimètres									
0 94		0 477									
96		0 487	0 498								
98		0 497	0 508	0 519							
1 —		0 508	0 518	0 529	0 540						
02		0 518	0 529	0 540	0 551	0 562					
04		0 528	0 539	0 550	0 562	0 573	0 584				
06		0 538	0 550	0 561	0 572	0 584	0 595	0 607			
08		0 548	0 560	0 572	0 583	0 595	0 606	0 618	0 630		
1 10		0 558	0 570	0 582	0 594	0 606	0 618	0 630	0 642	0 653	
12		0 569	0 581	0 593	0 605	0 617	0 629	0 641	0 653	0 665	0 677
14		0 579	0 591	0 603	0 616	0 628	0 640	0 653	0 665	0 677	0 689
16		0 589	0 601	0 614	0 626	0 639	0 651	0 664	0 677	0 689	0 702
18		0 599	0 612	0 624	0 637	0 650	0 663	0 675	0 688	0 701	0 714
1 20		0 609	0 622	0 635	0 648	0 661	0 674	0 687	0 700	0 713	0 726
22		0 619	0 632	0 646	0 659	0 672	0 685	0 698	0 712	0 725	0 738
24		0 629	0 643	0 656	0 670	0 683	0 696	0 710	0 723	0 737	0 750
26		0 640	0 653	0 667	0 680	0 694	0 708	0 721	0 735	0 748	0 762
28		0 650	0 664	0 677	0 691	0 705	0 719	0 733	0 746	0 760	0 774
1 30		0 660	0 674	0 688	0 702	0 716	0 730	0 744	0 758	0 772	0 786
32		0 670	0 684	0 699	0 713	0 727	0 741	0 756	0 770	0 784	0 798
34		0 680	0 695	0 709	0 724	0 738	0 753	0 767	0 781	0 796	0 810
36		0 690	0 705	0 720	0 734	0 749	0 764	0 778	0 793	0 808	0 823
38		0 700	0 715	0 730	0 745	0 760	0 775	0 790	0 805	0 820	0 835
1 40		0 711	0 726	0 741	0 756	0 771	0 786	0 801	0 816	0 832	0 847
42		0 721	0 736	0 751	0 767	0 782	0 797	0 813	0 828	0 843	0 859
44		0 731	0 746	0 762	0 778	0 793	0 809	0 824	0 840	0 855	0 871
46		0 741	0 757	0 773	0 788	0 804	0 820	0 836	0 851	0 867	0 883
48		0 751	0 767	0 783	0 799	0 815	0 831	0 847	0 863	0 879	0 895
1 50		0 761	0 778	0 794	0 810	0 826	0 842	0 859	0 875	0 891	0 907
52		0 772	0 788	0 804	0 821	0 837	0 854	0 870	0 886	0 903	0 919
54		0 782	0 798	0 815	0 832	0 848	0 865	0 881	0 898	0 915	0 931
56		0 792	0 809	0 826	0 843	0 859	0 876	0 893	0 910	0 927	0 943
58		0 802	0 819	0 836	0 853	0 870	0 887	0 904	0 921	0 939	0 956
1 60		0 812	0 829	0 847	0 864	0 881	0 899	0 916	0 933	0 950	0 968
62		0 822	0 840	0 857	0 875	0 892	0 910	0 927	0 945	0 962	0 980
64		0 832	0 850	0 868	0 886	0 903	0 921	0 939	0 956	0 974	0 992
66		0 843	0 861	0 878	0 896	0 914	0 932	0 950	0 968	0 986	1 004
68		0 853	0 871	0 889	0 907	0 925	0 943	0 962	0 980	0 998	1 016
1 70		0 863	0 881	0 900	0 918	0 936	0 955	0 973	0 991	1 010	1 028
72		0 873	0 892	0 910	0 929	0 947	0 966	0 985	1 003	1 022	1 040
74		0 883	0 902	0 921	0 940	0 958	0 977	0 996	1 015	1 034	1 052
76		0 893	0 912	0 931	0 950	0 969	0 988	1 007	1 026	1 045	1 064
78		0 904	0 923	0 942	0 961	0 980	1 000	1 019	1 038	1 057	1 077
1 80		0 914	0 933	0 953	0 972	0 991	1 011	1 030	1 050	1 069	1 089
82		0 924	0 943	0 963	0 983	1 002	1 022	1 042	1 061	1 081	1 101
84		0 934	0 954	0 974	0 994	1 013	1 033	1 053	1 073	1 093	1 113
86		0 944	0 964	0 984	1 004	1 024	1 045	1 065	1 085	1 105	1 125
88		0 954	0 975	0 995	1 015	1 036	1 056	1 076	1 096	1 117	1 137
1 90		0 964	0 985	1 005	1 026	1 047	1 067	1 088	1 108	1 129	1 140
92		0 975	0 995	1 016	1 037	1 058	1 078	1 099	1 120	1 140	1 161
94		0 985	1 006	1 027	1 048	1 069	1 090	1 111	1 131	1 152	1 173
96		0 995	1 016	1 037	1 058	1 080	1 101	1 122	1 143	1 164	1 185
98		1 005	1 026	1 048	1 069	1 091	1 112	1 133	1 154	1 176	1 198
2 —		1 015	1 037	1 058	1 080	1 102	1 123	1 145	1 166	1 188	1 210
02		1 025	1 047	1 069	1 091	1 113	1 134	1 156	1 178	1 200	1 222
04		1 036	1 058	1 080	1 102	1 124	1 146	1 168	1 190	1 212	1 234
06		1 046	1 068	1 090	1 112	1 135	1 157	1 179	1 201	1 224	1 246
08		1 056	1 078	1 101	1 123	1 146	1 168	1 191	1 213	1 236	1 258
2 10		1 066	1 089	1 111	1 134	1 157	1 179	1 202	1 225	1 247	1 270
12		1 076	1 099	1 122	1 145	1 168	1 191	1 213	1 236	1 259	1 282
14		1 086	1 109	1 132	1 156	1 179	1 202	1 225	1 248	1 271	1 294
16		1 096	1 120	1 143	1 106	1 190	1 213	1 230	1 260	1 283	1 306
18		1 107	1 130	1 154	1 177	1 201	1 224	1 248	1 271	1 295	1 318
2 20		1 117	1 140	1 164	1 188	1 212	1 236	1 259	1 283	1 307	1 331
22		1 127	1 151	1 175	1 199	1 223	1 247	1 271	1 295	1 319	1 343
24		1 137	1 161	1 185	1 210	1 234	1 258	1 282	1 306	1 331	1 355
26		1 147	1 172	1 196	1 220	1 245	1 269	1 294	1 318	1 342	1 367
28		1 157	1 182	1 207	1 231	1 256	1 280	1 305	3 330	1 354	1 379
2 30		1 167	1 192	1 217	1 242	1 267	1 292	1 317	1 341	1 366	1 391
32		1 178	1 203	1 228	1 253	1 278	1 303	1 328	1 353	1 378	1 403

Epaisseur : 0m 54 centimètres

Longueurs	1 14	1 16	1 18	1 20	1 22	1 24	1 26	1 28	1 30	1 32
	Largeur en Centimètres									
1 14	0 702									
16	0 714	0 727								
18	0 726	0 739	0 752							
1 20	0 739	0 752	0 765	0 778						
22	0 751	0 764	0 777	0 791	0 804					
24	0 763	0 777	0 790	0 803	0 817	0 830				
26	0 776	0 789	0 803	0 816	0 830	0 844	0 857			
28	0 788	0 802	0 816	0 829	0 843	0 857	0 871	0 885		
1 30	0 800	0 814	0 828	0 842	0 856	0 870	0 885	0 899	0 913	
32	0 813	0 827	0 841	0 855	0 870	0 884	0 898	0 912	0 927	0 941
34	0 825	0 839	0 854	0 868	0 883	0 897	0 912	0 926	0 941	0 955
36	0 837	0 852	0 867	0 881	0 896	0 911	0 925	0 940	0 955	0 969
38	0 850	0 864	0 879	0 894	0 909	0 924	0 939	0 954	0 969	0 984
1 40	0 862	0 877	0 892	0 907	0 922	0 937	0 953	0 968	0 983	0 998
42	0 874	0 889	0 905	0 920	0 935	0 951	0 966	0 982	0 997	1 012
44	0 886	0 902	0 918	0 933	0 949	0 964	0 980	0 995	1 011	1 026
46	0 899	0 915	0 930	0 946	0 962	0 978	0 993	1 009	1 025	1 041
48	0 911	0 927	0 943	0 959	0 975	0 991	1 007	1 023	1 039	1 055
1 50	0 923	0 940	0 956	0 972	0 988	1 004	1 021	1 037	1 053	1 069
52	0 936	0 952	0 969	0 985	1 001	1 018	1 034	1 051	1 067	1 083
54	0 948	0 965	0 981	0 998	1 015	1 031	1 048	1 064	1 081	1 098
56	0 960	0 977	0 994	1 011	1 028	1 045	1 061	1 078	1 095	1 112
58	0 973	0 990	1 007	1 024	1 041	1 058	1 075	1 092	1 109	1 126
1 60	0 985	1 002	1 020	1 037	1 054	1 071	1 089	1 106	1 123	1 140
62	0 997	1 015	1 032	1 050	1 067	1 085	1 102	1 120	1 137	1 155
64	1 010	1 027	1 045	1 063	1 080	1 098	1 116	1 134	1 151	1 169
66	1 022	1 040	1 058	1 076	1 094	1 112	1 129	1 147	1 165	1 183
68	1 034	1 052	1 070	1 089	1 107	1 125	1 143	1 161	1 179	1 198
1 70	1 047	1 065	1 083	1 102	1 120	1 138	1 157	1 175	1 193	1 212
72	1 059	1 077	1 096	1 115	1 133	1 152	1 170	1 189	1 207	1 226
74	1 071	1 090	1 109	1 128	1 146	1 165	1 184	1 203	1 221	1 240
76	1 083	1 102	1 121	1 140	[illegible]	1 178	1 197	1 217	1 236	1 255
78	1 096	1 115	1 134	1 153	1 173	1 192	1 211	1 230	1 250	1 269
1 80	1 108	1 128	1 147	1 166	1 186	1 205	1 225	1 244	1 264	1 283
82	1 120	1 140	1 160	1 179	1 199	1 219	1 238	1 258	1 278	1 297
84	1 133	1 153	1 172	1 192	1 212	1 232	1 252	1 272	1 292	1 312
86	1 145	1 165	1 185	1 205	1 225	1 245	1 266	1 286	1 306	1 326
88	1 157	1 178	1 198	1 218	1 239	1 259	1 279	1 299	1 320	1 340
1 90	1 170	1 190	1 211	1 231	1 252	1 272	1 293	1 313	1 334	1 354
92	1 182	1 203	1 223	1 244	1 265	1 286	1 306	1 327	1 348	1 369
94	1 194	1 215	1 236	1 257	1 278	1 299	1 320	1 341	1 362	1 383
96	1 207	1 228	1 249	1 270	1 291	1 312	1 334	1 355	1 376	1 397
98	1 219	1 240	1 262	1 283	1 304	1 326	1 347	1 369	1 390	1 411
2 —	1 231	1 253	1 274	1 296	1 318	1 339	1 361	1 382	1 404	1 426
02	1 244	1 265	1 287	1 309	1 331	1 353	1 374	1 396	1 418	1 440
04	1 256	1 278	1 300	1 322	1 344	1 366	1 388	1 410	1 432	1 454
06	1 268	1 290	1 313	1 335	1 357	1 379	1 402	1 424	1 446	1 468
08	1 280	1 303	1 325	1 348	1 370	1 393	1 415	1 438	1 460	1 483
2 10	1 293	1 315	1 338	1 361	1 383	1 406	1 429	1 452	1 474	1 497
12	1 305	1 328	1 351	1 374	1 397	1 420	1 442	1 465	1 488	1 511
14	1 317	1 340	1 364	1 387	1 410	1 433	1 456	1 479	1 502	1 525
16	1 330	1 353	1 376	1 400	1 423	1 446	1 470	1 493	1 516	1 540
18	1 342	1 366	1 389	1 413	1 436	1 460	1 483	1 507	1 530	1 554
2 20	1 354	1 378	1 402	1 426	1 449	1 473	1 497	1 521	1 544	1 568
22	1 367	1 391	1 451	1 439	1 463	1 487	1 510	1 534	1 558	1 582
24	1 379	1 403	1 427	1 452	1 476	1 500	1 524	1 548	1 572	1 597
26	1 391	1 416	1 440	1 464	1 489	1 513	1 538	1 562	1 587	1 611
28	1 404	1 428	1 453	1 477	1 502	1 527	1 551	1 576	1 601	1 625
2 30	1 416	1 441	1 466	1 490	1 515	1 540	1 565	1 590	1 615	1 639
32	1 428	1 453	1 478	1 503	1 528	1 553	1 579	1 604	1 629	1 654

0,54

Epaisseur : 0m 56 centimètres

Longueur	Futailles	Largeur en Centimètres.									
		0 56	0 58	0 60	0 62	0 64	0 66	0 68	0 70	0 72	0 74
m 56	0 140	0 176									
58	0 146	0 182	0 188								
0 60	0 151	0 188	0 195	0 202							
62	0 156	0 194	0 201	0 208	0 215						
64	0 161	0 201	0 208	0 215	0 222	0 229					
66	0 166	0 207	0 214	0 222	0 229	0 237	0 244				
68	0 171	0 213	0 221	0 228	0 236	0 244	0 251	0 259			
0 70	0 176	0 220	0 227	0 235	0 243	0 251	0 259	0 267	0 274		
72	0 181	0 226	0 234	0 242	0 250	0 258	0 266	0 274	0 282	0 290	
74	0 186	0 232	0 240	0 249	0 257	0 265	0 274	0 282	0 290	0 298	0 307
76	0 191	0 238	0 247	0 255	0 264	0 272	0 281	0 289	0 298	0 306	0 315
78	0 196	0 245	0 253	0 262	0 271	0 280	0 288	0 297	0 306	0 314	0 323
0 80	0 201	0 251	0 260	0 269	0 278	0 287	0 296	0 305	0 314	0 323	0 332
82	0 206	0 257	0 266	0 276	0 285	0 294	0 303	0 312	0 321	0 331	0 340
84	0 211	0 263	0 273	0 282	0 292	0 301	0 310	0 320	0 329	0 339	0 348
86	0 216	0 270	0 279	0 289	0 299	0 308	0 318	0 327	0 337	0 347	0 356
88	0 221	0 276	0 286	0 296	0 306	0 315	0 325	0 335	0 345	0 355	0 365
0 90	0 226	0 282	0 292	0 302	0 312	0 323	0 333	0 343	0 353	0 363	0 373
92	0 231	0 289	0 299	0 309	0 319	0 330	0 340	0 350	0 361	0 371	0 381
94	0 236	0 295	0 305	0 316	0 326	0 337	0 347	0 358	0 368	0 379	0 390
96	0 241	0 301	0 312	0 323	0 333	0 344	0 355	0 366	0 376	0 387	0 398
98	0 246	0 307	0 318	0 329	0 340	0 351	0 362	0 373	0 384	0 395	0 406
1 —	0 251	0 314	0 325	0 336	0 347	0 358	0 370	0 381	0 392	0 403	0 414
02	0 256	0 320	0 331	0 343	0 354	0 366	0 377	0 388	0 400	0 411	0 423
04	0 261	0 326	0 338	0 349	0 361	0 373	0 384	0 396	0 408	0 419	0 431
06	0 266	0 332	0 344	0 356	0 368	0 380	0 392	0 404	0 416	0 427	0 439
08	0 271	0 339	0 351	0 363	0 375	0 387	0 399	0 411	0 423	0 435	0 448
1 10	0 276	0 345	0 357	0 370	0 382	0 394	0 407	0 419	0 431	0 444	0 456
12	0 281	0 351	0 364	0 376	0 389	0 401	0 414	0 426	0 439	0 452	0 464
14	0 286	0 358	0 370	0 383	0 396	0 409	0 421	0 434	0 447	0 460	0 472
16	0 291	0 364	0 377	0 390	0 403	0 416	0 429	0 442	0 455	0 468	0 481
18	0 296	0 370	0 383	0 396	0 410	0 423	0 436	0 449	0 463	0 476	0 489
1 20	0 301	0 376	0 390	0 403	0 417	0 430	0 444	0 457	0 470	0 484	0 497
22	0 306	0 383	0 396	0 410	0 424	0 437	0 451	0 465	0 478	0 492	0 506
24	0 311	0 389	0 403	0 417	0 431	0 444	0 458	0 472	0 486	0 500	0 514
26	0 316	0 395	0 409	0 423	0 437	0 452	0 466	0 480	0 494	0 508	0 522
28	0 321	0 401	0 416	0 430	0 444	0 459	0 473	0 487	0 502	0 516	0 530
1 30	0 326	0 408	0 422	0 437	0 451	0 466	0 480	0 495	0 510	0 524	0 539
32	0 331	0 414	0 429	0 444	0 458	0 473	0 488	0 503	0 517	0 532	0 547
34	0 336	0 420	0 435	0 450	0 465	0 480	0 495	0 510	0 525	0 540	0 555
36	0 341	0 426	0 442	0 457	0 472	0 487	0 503	0 518	0 533	0 548	0 564
38	0 346	0 433	0 448	0 464	0 479	0 495	0 510	0 526	0 541	0 556	0 572
1 40	0 351	0 439	0 455	0 470	0 486	0 502	0 517	0 533	0 549	0 564	0 580
42	0 356	0 445	0 461	0 477	0 493	0 509	0 525	0 541	0 557	0 573	0 588
44	0 361	0 452	0 468	0 484	0 500	0 516	0 532	0 548	0 564	0 581	0 597
46	0 366	0 458	0 474	0 491	0 507	0 523	0 540	0 556	0 572	0 589	0 605
48	0 371	0 464	0 481	0 497	0 514	0 530	0 547	0 564	0 580	0 597	0 613
1 50	0 376	0 470	0 487	0 504	0 521	0 538	0 554	0 571	0 588	0 605	0 622
52	0 381	0 477	0 494	0 511	0 528	0 545	0 562	0 579	0 596	0 613	0 630
54	0 386	0 483	0 500	0 517	0 535	0 552	0 569	0 586	0 604	0 621	0 638
56	0 391	0 489	0 507	0 524	0 542	0 559	0 577	0 594	0 612	0 629	0 646
58	0 396	0 495	0 513	0 531	0 549	0 566	0 584	0 602	0 619	0 637	0 655
1 60	0 401	0 502	0 520	0 538	0 556	0 573	0 591	0 609	0 627	0 645	0 663
62	0 406	0 508	0 526	0 544	0 562	0 581	0 599	0 617	0 635	0 653	0 671
64	0 411	0 514	0 533	0 551	0 569	0 588	0 606	0 625	0 643	0 661	0 680
66	0 416	0 521	0 539	0 558	0 576	0 595	0 614	0 632	0 651	0 669	0 688
68	0 421	0 527	0 546	0 564	0 583	0 602	0 621	0 640	0 659	0 677	0 696
1 70	0 426	0 533	0 552	0 571	0 590	0 609	0 628	0 647	0 666	0 685	0 704
72	0 432	0 539	0 559	0 578	0 597	0 616	0 636	0 655	0 674	0 694	0 713
74	0 437	0 546	0 565	0 585	0 604	0 624	0 643	0 663	0 682	0 702	0 721
76	0 442	0 552	0 572	0 591	0 611	0 631	0 650	0 670	0 690	0 710	0 729
78	0 447	0 558	0 578	0 598	0 618	0 638	0 658	0 678	0 698	0 718	0 738
1 80	0 452	0 564	0 585	0 605	0 625	0 645	0 665	0 685	0 706	0 726	0 746
82	0 457	0 571	0 591	0 612	0 632	0 652	0 673	0 693	0 713	0 734	0 754
84	0 462	0 577	0 598	0 618	0 639	0 659	0 680	0 701	0 721	0 742	0 762
86	0 467	0 583	0 604	0 625	0 646	0 667	0 687	0 708	0 729	0 750	0 771
88	0 472	0 590	0 611	0 632	0 653	0 674	0 695	0 716	0 737	0 758	0 779
1 90	0 477	0 596	0 617	0 638	0 660	0 681	0 702	0 724	0 745	0 766	0 787
92	0 482	0 602	0 624	0 645	0 667	0 688	0 710	0 731	0 753	0 774	0 796
94	0 487	0 608	0 630	0 652	0 674	0 695	0 717	0 739	0 760	0 782	0 804

Epaisseur : 0m 56 centimètres

Longueur	Largeur en Centimètres									
	0 76	0 78	0 80	0 82	0 84	0 86	0 88	0 90	0 92	0 94
m 0 76	0 323									
78	0 332	0 341								
0 80	0 340	0 349	0 358							
82	0 349	0 358	0 367	0 377						
84	0 358	0 367	0 376	0 386	0 395					
86	0 366	0 376	0 385	0 395	0 405	0 414				
88	0 375	0 384	0 394	0 404	0 414	0 424	0 434			
0 90	0 383	0 393	0 403	0 413	0 423	0 433	0 444	0 454		
92	0 392	0 402	0 412	0 422	0 433	0 443	0 453	0 464	0 474	
94	0 400	0 411	0 421	0 432	0 442	0 453	0 463	0 474	0 484	0 495
96	0 409	0 419	0 430	0 441	0 452	0 462	0 473	0 484	0 495	0 505
98	0 417	0 428	0 439	0 450	0 461	0 472	0 483	0 494	0 505	0 516
1 —	0 426	0 437	0 448	0 459	0 470	0 482	0 493	0 504	0 515	0 526
02	0 434	0 446	0 457	0 468	0 480	0 491	0 503	0 514	0 526	0 537
04	0 443	0 454	0 466	0 478	0 489	0 501	0 513	0 524	0 536	0 547
06	0 451	0 463	0 475	0 487	0 499	0 510	0 522	0 534	0 546	0 558
08	0 460	0 472	0 484	0 496	0 508	0 520	0 532	0 544	0 556	0 569
1 10	0 468	0 480	0 493	0 505	0 517	0 530	0 542	0 554	0 567	0 579
12	0 477	0 489	0 502	0 514	0 527	0 539	0 552	0 564	0 577	0 590
14	0 485	0 498	0 511	0 523	0 536	0 549	0 562	0 575	0 587	0 600
16	0 494	0 507	0 520	0 533	0 546	0 559	0 572	0 585	0 598	0 611
18	0 502	0 515	0 529	0 542	0 555	0 568	0 582	0 595	0 608	0 621
1 20	0 511	0 524	0 538	0 551	0 564	0 578	0 591	0 605	0 618	0 632
22	0 519	0 533	0 547	0 560	0 574	0 588	0 601	0 615	0 629	0 642
24	0 528	0 542	0 556	0 569	0 583	0 597	0 611	0 625	0 639	0 653
26	0 536	0 550	0 564	0 579	0 593	0 607	0 621	0 635	0 649	0 663
28	0 545	0 559	0 573	0 588	0 602	0 601	0 631	0 645	0 659	0 674
1 30	0 553	0 568	0 582	0 597	0 612	0 626	0 641	0 655	0 670	0 684
32	0 562	0 577	0 591	0 606	0 621	0 636	0 650	0 665	0 680	0 695
34	0 570	0 585	0 600	0 615	0 630	0 645	0 660	0 675	0 690	0 705
36	0 579	0 594	0 609	0 625	0 640	0 655	0 670	0 685	0 701	0 716
38	0 587	0 603	0 618	0 634	0 649	0 665	0 680	0 696	0 711	0 726
1 40	0 596	0 612	0 627	0 643	0 659	0 674	0 690	0 706	0 721	0 737
42	0 604	0 620	0 636	0 652	0 668	0 684	0 700	0 716	0 732	0 747
44	0 613	0 629	0 645	0 661	0 677	0 694	0 710	0 726	0 742	0 758
46	0 621	0 638	0 654	0 670	0 687	0 703	0 719	0 736	0 752	0 769
48	0 630	0 646	0 663	0 680	0 696	0 713	0 729	0 746	0 762	0 779
1 50	0 638	0 655	0 672	0 689	0 706	0 722	0 739	0 756	0 773	0 790
52	0 647	0 664	0 681	0 698	0 715	0 732	0 749	0 766	0 783	0 800
54	0 655	0 673	0 690	0 707	0 724	0 742	0 759	0 776	0 793	0 811
56	0 664	0 681	0 699	0 716	0 734	0 751	0 769	0 786	0 804	0 821
58	0 672	0 690	0 708	0 726	0 743	0 761	0 779	0 796	0 814	0 832
1 60	0 681	0 699	0 717	0 735	0 753	0 771	0 788	0 806	0 824	0 842
62	0 689	0 708	0 726	0 744	0 762	0 780	0 798	0 816	0 835	0 853
64	0 698	0 716	0 735	0 753	0 771	0 790	0 808	0 827	0 845	0 863
66	0 706	0 725	0 744	0 762	0 781	0 799	0 818	0 837	0 855	0 874
68	0 715	0 734	0 753	0 771	0 790	0 809	0 828	0 847	0 866	0 884
1 70	0 724	0 743	0 762	0 781	0 800	0 819	0 838	0 857	0 876	0 895
72	0 732	0 751	0 771	0 790	0 809	0 828	0 848	0 867	0 886	0 905
74	0 741	0 760	0 780	0 799	0 818	0 838	0 857	0 877	0 896	0 916
76	0 749	0 769	0 788	0 808	0 828	0 848	0 867	0 887	0 907	0 926
78	0 758	0 778	0 797	0 817	0 837	0 857	0 877	0 897	0 917	0 937
1 80	0 766	0 786	0 806	0 827	0 847	0 867	0 887	0 907	0 927	0 948
82	0 775	0 795	0 815	0 836	0 856	0 877	0 897	0 917	0 938	0 958
84	0 783	0 804	0 824	0 845	0 866	0 886	0 907	0 927	0 948	0 969
86	0 792	0 812	0 833	0 854	0 875	0 896	0 917	0 937	0 958	0 979
88	0 800	0 821	0 842	0 863	0 884	0 905	0 926	0 948	0 969	0 990
1 90	0 809	0 830	0 851	0 872	0 894	0 915	0 936	0 958	0 979	1 000
92	0 817	0 839	0 860	0 882	0 903	0 925	0 946	0 968	0 989	1 011
94	0 826	0 847	0 869	0 891	0 913	0 934	0 956	0 978	0 999	1 021

Epaisseur : 0m 56 centimètres

Longueur	Futailles	Largeur en Centimètres: 0 96	0 98	1.00	1 02	1 04	1 06	1 08	1 10	1 12	1 14
m 0 96		0 516									
98		0 527	0 538								
1 —		0 538	0 549	0 560							
02		0 548	0 560	0 571	0 583						
04		0 559	0 571	0 582	0 594	0 606					
06		0 570	0 582	0 594	0 605	0 617	0 629				
08		0 581	0 593	0 605	0 617	0 629	0 641	0 653			
1 10		0 591	0 604	0 616	0 628	0 641	0 653	0 665	0 678		
12		0 602	0 615	0 627	0 640	0 652	0 685	0 677	0 690	0 702	
14		0 613	0 626	0 638	0 651	0 664	0 677	0 689	0 702	0 715	0 728
16		0 624	0 637	0 650	0 663	0 676	0 689	0 702	0 715	0 728	0 741
18		0 634	0 648	0 661	0 674	0 687	0 700	0 714	0 727	0 740	0 753
1 20		0 645	0 659	0 672	0 685	0 699	0 712	0 726	0 739	0 753	0 766
22		0 656	0 670	0 683	0 697	0 711	0 724	0 738	0 752	0 765	0 779
24		0 667	0 681	0 694	0 708	0 722	0 736	0 750	0 764	0 778	0 792
26		0 677	0 691	0 706	0 720	0 734	0 748	0 762	0 776	0 790	0 804
28		0 688	0 702	0 717	0 731	0 745	0 760	0 774	0 788	0 803	0 817
1 30		0 699	0 713	0 728	0 743	0 757	0 772	0 786	0 801	0 815	0 830
32		0 710	0 724	0 739	0 754	0 769	0 784	0 798	0 813	0 828	0 843
34		0 720	0 735	0 750	0 765	0 780	0 795	0 810	0 825	0 840	0 855
36		0 731	0 746	0 762	0 777	0 792	0 807	0 823	0 838	0 853	0 868
38		0 742	0 757	0 773	0 788	0 804	0 819	0 835	0 850	0 866	0 881
1 40		0 753	0 768	0 784	0 800	0 815	0 831	0 847	0 862	0 878	0 894
42		0 763	0 779	0 795	0 811	0 827	0 843	0 859	0 875	0 891	0 907
44		0 774	0 790	0 806	0 823	0 839	0 855	0 871	0 887	0 903	0 919
46		0 785	0 801	0 818	0 834	0 850	0 867	0 883	0 899	0 916	0 932
48		0 796	0 812	0 829	0 845	0 862	0 879	0 895	0 912	0 928	0 945
1 50		0 806	0 823	0 840	0 857	0 874	0 890	0 907	0 924	0 941	0 958
52		0 817	0 834	0 851	0 868	0 885	0 902	0 919	0 936	0 953	0 970
54		0 828	0 845	0 862	0 880	0 897	0 914	0 931	0 949	0 966	0 983
56		0 839	0 856	0 874	0 891	0 909	0 926	0 943	0 961	0 978	0 996
58		0 849	0 867	0 885	0 902	0 920	0 938	0 956	0 973	0 991	1 009
1 60		0 860	0 878	0 896	0 914	0 932	0 950	0 968	0 986	1 004	1 021
62		0 871	0 889	0 907	0 925	0 943	0 962	0 980	0 998	1 016	1 034
64		0 882	0 900	0 918	0 937	0 955	0 974	0 992	1 010	1 029	1 047
66		0 892	0 911	0 930	0 948	0 967	0 985	1 004	1 023	1 041	1 060
68		0 903	0 922	0 941	0 960	0 978	0 997	1 016	1 035	1 054	1 073
1 70		0 914	0 933	0 952	0 971	0 990	1 009	1 028	1 047	1 066	1 085
72		0 925	0 944	0 963	0 982	1 002	1 021	1 040	1 060	1 079	1 098
74		0 935	0 955	0 974	0 994	1 013	1 033	1 052	1 072	1 091	1 111
76		0 946	0 966	0 986	1 005	1 025	1 045	1 064	1 084	1 104	1 124
78		0 957	0 977	0 997	1 017	1 037	1 057	1 077	1 096	1 116	1 136
1 80		0 968	0 988	1 008	1 028	1 048	1 068	1 089	1 109	1 129	1 149
82		0 978	0 999	1 019	1 040	1 060	1 080	1 101	1 121	1 142	1 162
84		0 989	1 010	1 030	1 051	1 072	1 092	1 113	1 133	1 154	1 175
86		1 000	1 021	1 042	1 062	1 083	1 104	1 125	1 146	1 167	1 187
88		1 011	1 032	1 053	1 074	1 095	1 116	1 137	1 158	1 179	1 200
1 90		1 021	1 043	1 064	1 085	1 107	1 128	1 149	1 170	1 192	1 213
92		1 032	1 054	1 075	1 097	1 118	1 140	1 161	1 183	1 204	1 226
94		1 043	1 065	1 086	1 108	1 130	1 152	1 173	1 195	1 217	1 238
96		1 054	1 076	1 098	1 120	1 141	1 163	1 185	1 207	1 229	1 251
98		1 064	1 087	1 109	1 131	1 153	1 175	1 198	1 220	1 242	1 264
2 —		1 075	1 098	1 120	1 142	1 165	1 187	1 210	1 232	1 254	1 277
02		1 086	1 109	1 131	1 154	1 176	1 199	1 222	1 244	1 267	1 290
04		1 097	1 120	1 142	1 165	1 188	1 211	1 234	1 257	1 279	1 302
06		1 107	1 131	1 154	1 177	1 200	1 223	1 246	1 269	1 292	1 315
08		1 118	1 142	1 165	1 188	1 211	1 235	1 258	1 281	1 305	1 328
2 10		1 129	1 152	1 176	1 200	1 223	1 247	1 270	1 294	1 317	1 341
12		1 140	1 163	1 187	1 211	1 235	1 258	1 282	1 306	1 330	1 353
14		1 150	1 174	1 198	1 222	1 246	1 270	1 294	1 318	1 342	1 366
16		1 161	1 185	1 210	1 234	1 258	1 282	1 306	1 331	1 355	1 379
18		1 172	1 196	1 221	1 245	1 270	1 294	1 318	1 343	1 367	1 392
2 20		1 183	1 207	1 232	1 257	1 281	1 306	1 331	1 355	1 380	1 404
22		1 193	1 218	1 243	1 268	1 293	1 318	1 343	1 368	1 392	1 417
24		1 204	1 229	1 254	1 279	1 305	1 330	1 355	1 380	1 405	1 430
26		1 215	1 240	1 266	1 291	1 316	1 342	1 367	1 392	1 417	1 443
28		1 226	1 251	1 277	1 302	1 328	1 353	1 379	1 404	1 430	1 456
2 30		1 236	1 262	1 288	1 314	1 340	1 365	1 391	1 417	1 443	1 468
32		1 247	1 273	1 299	1 325	1 351	1 377	1 403	1 429	1 455	1 481
34		1 258	1 284	1 310	1 337	1 363	1 389	1 415	1 441	1 468	1 494

Epaisseur : 0m 56 centimètres

Longueur	Largeur en Centimètres: 1 16	1 18	1 20	1 22	1 24	1 26	1 28	1 30	1 32	1 34
m 1 16	0 754									
18	0 767	0 780								
1 20	0 780	0 793	0 806							
22	0 793	0 806	0 820	0 834						
24	0 806	0 819	0 833	0 847	0 861					
26	0 818	0 833	0 847	0 861	0 875	0 889				
28	0 831	0 846	0 860	0 874	0 889	0 903	0 918			
1 30	0 844	0 859	0 874	0 888	0 903	0 917	0 932	0 946		
32	0 857	0 872	0 887	0 902	0 917	0 931	0 946	0 961	0 976	
34	0 870	0 885	0 900	0 915	0 930	0 946	0 961	0 976	0 991	1 006
36	0 883	0 899	0 914	0 929	0 944	0 960	0 975	0 990	1 005	1 021
38	0 896	0 912	0 927	0 943	0 958	0 974	0 989	1 005	1 020	1 036
1 40	0 909	0 925	0 941	0 956	0 972	0 988	1 004	1 019	1 035	1 051
42	0 922	0 938	0 954	0 970	0 986	1 002	1 018	1 034	1 050	1 066
44	0 935	0 952	0 968	0 984	1 000	1 016	1 032	1 048	1 064	1 081
46	0 948	0 965	0 981	0 997	1 014	1 030	1 047	1 063	1 079	1 096
48	0 961	0 978	0 995	1 011	1 028	1 044	1 061	1 077	1 094	1 111
1 50	0 974	0 991	1 008	1 025	1 042	1 058	1 075	1 092	1 109	1 126
52	0 987	1 004	1 021	1 038	1 055	1 073	1 090	1 107	1 124	1 141
54	1 000	1 018	1 035	1 052	1 069	1 087	1 104	1 121	1 138	1 156
56	1 013	1 031	1 048	1 066	1 083	1 101	1 118	1 136	1 153	1 171
58	1 026	1 044	1 062	1 079	1 097	1 115	1 133	1 150	1 168	1 186
1 60	1 039	1 057	1 075	1 093	1 111	1 129	1 147	1 165	1 183	1 201
62	1 052	1 070	1 089	1 107	1 125	1 143	1 161	1 179	1 198	1 216
64	1 065	1 084	1 102	1 120	1 139	1 157	1 176	1 194	1 212	1 231
66	1 078	1 097	1 115	1 134	1 153	1 171	1 190	1 208	1 227	1 246
68	1 091	1 110	1 129	1 148	1 167	1 185	1 204	1 223	1 242	1 261
1 70	1 104	1 123	1 142	1 161	1 180	1 200	1 219	1 238	1 257	1 276
72	1 117	1 136	1 156	1 175	1 194	1 214	1 233	1 252	1 271	1 291
74	1 130	1 150	1 169	1 189	1 208	1 228	1 247	1 267	1 286	1 306
76	1 143	1 163	1 183	1 202	1 222	1 242	1 262	1 281	1 301	1 321
78	1 156	1 176	1 196	1 216	1 236	1 256	1 276	1 296	1 316	1 336
1 80	1 169	1 189	1 210	1 230	1 250	1 270	1 290	1 310	1 331	1 351
82	1 182	1 203	1 223	1 243	1 264	1 284	1 305	1 325	1 345	1 366
84	1 195	1 216	1 236	1 257	1 278	1 298	1 319	1 340	1 360	1 381
86	1 208	1 229	1 250	1 271	1 292	1 312	1 333	1 354	1 375	1 396
88	1 221	1 242	1 263	1 284	1 305	1 327	1 348	1 369	1 390	1 411
1 90	1 234	1 256	1 277	1 298	1 319	1 341	1 362	1 383	1 404	1 426
92	1 247	1 269	1 290	1 312	1 333	1 355	1 376	1 398	1 419	1 441
94	1 260	1 282	1 304	1 325	1 347	1 369	1 391	1 412	1 434	1 456
96	1 273	1 295	1 317	1 339	1 361	1 383	1 405	1 427	1 449	1 471
98	1 286	1 308	1 331	1 353	1 375	1 397	1 419	1 441	1 464	1 486
2 —	1 299	1 322	1 344	1 366	1 389	1 411	1 434	1 456	1 478	1 501
02	1 312	1 335	1 357	1 380	1 403	1 425	1 448	1 471	1 493	1 516
04	1 325	1 348	1 371	1 394	1 417	1 439	1 462	1 485	1 508	1 531
06	1 338	1 361	1 384	1 407	1 430	1 454	1 477	1 500	1 523	1 546
08	1 351	1 374	1 398	1 421	1 444	1 468	1 491	1 514	1 538	1 561
2 10	1 364	1 388	1 411	1 435	1 458	1 582	1 505	1 529	1 552	1 576
12	1 377	1 401	1 425	1 448	1 472	1 596	1 520	1 543	1 567	1 591
14	1 390	1 414	1 438	1 462	1 486	1 510	1 534	1 558	1 582	1 606
16	1 403	1 427	1 452	1 476	1 500	1 524	1 548	1 572	1 597	1 621
18	1 416	1 441	1 465	1 489	1 514	1 538	1 563	1 587	1 611	1 636
2 20	1 429	1 454	1 478	1 503	1 528	1 552	1 577	1 602	1 626	1 651
22	1 442	1 467	1 492	1 517	1 542	1 566	1 591	1 616	1 641	1 666
24	1 455	1 480	1 505	1 530	1 555	1 581	1 606	1 631	1 656	1 681
26	1 468	1 493	1 519	1 544	1 569	1 595	1 620	1 645	1 671	1 696
28	1 481	1 507	1 532	1 558	1 583	1 609	1 634	1 660	1 685	1 711
2 30	1 494	1 520	1 546	1 571	1 597	1 623	1 649	1 674	1 700	1 726
32	1 507	1 533	1 559	1 585	1 611	1 637	1 663	1 689	1 715	1 741
34	1 520	1 546	1 572	1 599	1 625	1 651	1 677	1 704	1 730	1 756

Epaisseur : 0m 58 centimètres

Longueur	Futailles	0 58	0 60	0 62	0 64	0 66	0 68	0 70	0 72	0 74	0 76
		Largeur en centimètres									
m 0 58	0 156	0 195									
0 60	0 161	0 202	0 209								
62	0 167	0 209	0 216	0 223							
64	0 172	0 215	0 223	0 230	0 238						
66	0 178	0 222	0 230	0 237	0 245	0 253					
68	0 183	0 229	0 237	0 245	0 252	0 260	0 268				
0 70	0 188	0 235	0 244	0 252	0 260	0 268	0 276	0 284			
72	0 194	0 242	0 251	0 259	0 267	0 276	0 284	0 292	0 301		
74	0 199	0 249	0 258	0 266	0 275	0 283	0 292	0 300	0 309	0 318	
76	0 205	0 256	0 264	0 273	0 282	0 291	0 300	0 309	0 317	0 326	0 335
78	0 210	0 262	0 271	0 280	0 290	0 299	0 308	0 317	0 326	0 335	0 344
0 80	0 215	0 269	0 278	0 288	0 297	0 306	0 316	0 325	0 334	0 343	0 353
82	0 221	0 276	0 285	0 295	0 304	0 314	0 323	0 333	0 342	0 352	0 361
84	0 226	0 283	0 292	0 302	0 312	0 322	0 331	0 341	0 351	0 361	0 370
86	0 231	0 289	0 299	0 309	0 319	0 329	0 339	0 349	0 359	0 369	0 379
88	0 237	0 296	0 306	0 316	0 327	0 337	0 347	0 357	0 367	0 378	0 388
0 90	0 242	0 303	0 313	0 324	0 334	0 345	0 355	0 365	0 376	0 386	0 397
92	0 248	0 309	0 320	0 331	0 342	0 352	0 363	0 374	0 384	0 395	0 406
94	0 253	0 316	0 327	0 338	0 349	0 360	0 371	0 382	0 393	0 403	0 414
96	0 258	0 323	0 334	0 345	0 356	0 367	0 379	0 390	0 401	0 412	0 423
98	0 264	0 330	0 341	0 352	0 364	0 375	0 387	0 398	0 409	0 421	0 432
1 —	0 269	0 336	0 348	0 360	0 371	0 383	0 394	0 406	0 418	0 429	0 441
02	0 275	0 343	0 355	0 367	0 379	0 390	0 402	0 414	0 426	0 438	0 450
04	0 280	0 350	0 362	0 374	0 386	0 398	0 410	0 422	0 434	0 446	0 459
06	0 285	0 357	0 369	0 381	0 393	0 406	0 418	0 430	0 443	0 455	0 467
08	0 291	0 363	0 376	0 388	0 401	0 413	0 426	0 438	0 451	0 464	0 476
1 10	0 296	0 370	0 383	0 396	0 408	0 421	0 434	0 447	0 459	0 472	0 485
12	0 301	0 377	0 390	0 403	0 416	0 429	0 442	0 455	0 468	0 481	0 494
14	0 307	0 383	0 397	0 410	0 423	0 436	0 450	0 463	0 476	0 489	0 503
16	0 312	0 390	0 404	0 417	0 431	0 444	0 458	0 471	0 484	0 498	0 511
18	0 318	0 397	0 411	0 424	0 438	0 452	0 465	0 479	0 493	0 506	0 520
1 20	0 323	0 404	0 418	0 432	0 445	0 459	0 473	0 487	0 501	0 515	0 529
22	0 328	0 410	0 425	0 439	0 453	0 467	0 481	0 495	0 509	0 524	0 538
24	0 334	0 417	0 432	0 446	0 460	0 475	0 489	0 503	0 518	0 532	0 547
26	0 339	0 424	0 438	0 453	0 468	0 482	0 497	0 512	0 526	0 541	0 555
28	0 344	0 431	0 445	0 460	0 475	0 490	0 505	0 520	0 535	0 549	0 564
1 30	0 350	0 437	0 452	0 467	0 483	0 498	0 513	0 528	0 543	0 558	0 573
32	0 355	0 444	0 459	0 475	0 490	0 505	0 521	0 536	0 551	0 566	0 582
34	0 361	0 451	0 466	0 482	0 497	0 513	0 528	0 544	0 560	0 575	0 591
36	0 366	0 458	0 473	0 489	0 505	0 521	0 536	0 552	0 568	0 584	0 599
38	0 371	0 464	0 480	0 496	0 512	0 528	0 544	0 560	0 576	0 592	0 608
1 40	0 377	0 471	0 487	0 503	0 520	0 536	0 552	0 568	0 585	0 601	0 617
42	0 382	0 478	0 494	0 511	0 527	0 544	0 560	0 577	0 593	0 609	0 626
44	0 388	0 484	0 501	0 518	0 535	0 551	0 568	0 585	0 601	0 618	0 635
46	0 393	0 491	0 508	0 525	0 542	0 559	0 576	0 593	0 610	0 627	0 644
48	0 398	0 498	0 515	0 532	0 549	0 567	0 584	0 601	0 618	0 635	0 652
1 50	0 404	0 505	0 522	0 539	0 557	0 574	0 592	0 609	0 626	0 644	0 661
52	0 409	0 511	0 529	0 547	0 564	0 582	0 599	0 617	0 635	0 652	0 670
54	0 414	0 518	0 536	0 554	0 572	0 589	0 607	0 625	0 643	0 661	0 679
56	0 420	0 525	0 543	0 561	0 579	0 597	0 615	0 633	0 651	0 670	0 688
58	0 425	0 532	0 550	0 568	0 586	0 605	0 623	0 641	0 660	0 678	0 696
1 60	0 431	0 538	0 557	0 575	0 594	0 612	0 631	0 650	0 668	0 687	0 705
62	0 436	0 545	0 564	0 583	0 601	0 620	0 639	0 658	0 677	0 695	0 714
64	0 441	0 552	0 571	0 590	0 609	0 628	0 647	0 666	0 685	0 704	0 723
66	0 447	0 558	0 578	0 597	0 616	0 635	0 655	0 674	0 693	0 712	0 732
68	0 452	0 565	0 585	0 604	0 624	0 643	0 663	0 682	0 702	0 721	0 741
1 70	0 458	0 572	0 592	0 611	0 631	0 651	0 670	0 690	0 710	0 730	0 749
72	0 463	0 579	0 599	0 619	0 638	0 658	0 678	0 698	0 718	0 738	0 758
74	0 468	0 585	0 606	0 626	0 646	0 666	0 686	0 706	0 727	0 747	0 767
76	0 474	0 592	0 612	0 633	0 653	0 674	0 694	0 715	0 735	0 755	0 776
78	0 479	0 599	0 619	0 640	0 661	0 681	0 702	0 723	0 743	0 764	0 785
1 80	0 484	0 606	0 626	0 647	0 668	0,689	0 710	0 731	0 752	0 773	0 793
82	0 490	0 612	0 633	0 654	0 676	0 697	0 718	0 739	0 760	0 781	0 802
84	0 495	0 619	0 640	0 662	0 683	0 704	0 726	0 747	0 768	0 790	0 811
86	0 501	0 626	0 647	0 669	0 690	0 712	0 734	0 755	0 777	0 798	0 820
88	0 506	0 632	0 654	0 676	0 698	0 720	0 741	0 763	0 785	0 807	0 829
1 90	0 511	0 639	0 661	0 683	0 705	0 727	0 749	0 771	0 793	0 815	0 838
92	0 517	0 646	0 668	0 690	0 713	0 735	0 757	0 780	0 802	0 824	0 846
94	0 522	0 653	0 675	0 698	0 720	0 743	0 765	0 788	0 810	0 833	0 855
96	0 528	0 659	0 682	0 705	0 728	0 750	0 773	0 796	0 818	0 841	0 864

Epaisseur : 0m 58 centimètres

Longueur	0 78	0 80	0 82	0 84	0 86	0 88	0 90	0 92	0 94	0 96
	Largeur en centimètres									
m 0 78	0 353									
0 80	0 362	0 371								
82	0 371	0 380	0 390							
84	0 380	0 390	0 400	0 409						
86	0 389	0 399	0 409	0 419	0 429					
88	0 398	0 408	0 419	0 429	0 439	0 449				
0 90	0 407	0 418	0 428	0 438	0 449	0 459	0 470			
92	0 416	0 427	0 438	0 448	0 459	0 470	0 480	0 491		
94	0 425	0 436	0 447	0 458	0 469	0 480	0 491	0 502	0 512	
96	0 434	0 445	0 457	0 468	0 479	0 490	0 501	0 512	0 523	0 535
98	0 443	0 455	0 466	0 477	0 489	0 500	0 512	0 523	0 534	0 546
1 —	0 452	0 464	0 476	0 487	0 409	0 510	0 522	0 534	0 545	0 557
02	0 461	0 473	0 485	0 497	0 509	0 521	0 532	0 544	0 556	0 568
04	0 470	0 483	0 495	0 507	0 519	0 531	0 543	0 555	0 567	0 579
06	0 480	0 492	0 504	0 516	0 529	0 541	0 553	0 566	0 578	0 590
08	0 489	0 501	0 514	0 526	0 539	0 551	0 564	0 576	0 589	0 601
1 10	0 498	0 510	0 523	0 536	0 549	0 561	0 574	0 587	0 600	0 612
12	0 507	0 520	0 533	0 546	0 559	0 572	0 585	0 598	0 611	0 624
14	0 516	0 529	0 542	0 555	0 569	0 582	0 595	0 608	0 622	0 635
16	0 525	0 538	0 552	0 565	0 579	0 592	0 606	0 619	0 632	0 646
18	0 534	0 548	0 561	0 575	0 589	0 602	0 616	0 630	0 643	0 657
1 20	0 543	0 557	0 571	0 585	0 599	0 612	0 626	0 640	0 654	0 668
22	0 552	0 566	0 580	0 594	0 609	0 623	0 637	0 651	0 665	0 679
24	0 561	0 575	0 590	0 604	0 619	0 633	0 647	0 662	0 676	0 690
26	0 570	0 585	0 599	0 614	0 628	0 643	0 658	0 672	0 687	0 702
28	0 579	0 594	0 609	0 624	0 638	0 653	0 668	0 683	0 698	0 713
1 30	0 588	0 603	0 618	0 633	0 648	0 664	0 679	0 694	0 709	0 724
32	0 597	0 612	0 628	0 643	0 658	0 674	0 689	0 704	0 720	0 735
34	0 606	0 622	0 637	0 653	0 668	0 684	0 699	0 715	0 731	0 746
36	0 615	0 631	0 647	0 663	0 678	0 694	0 710	0 726	0 741	0 757
38	0 624	0 640	0 656	0 672	0 688	0 704	0 720	0 736	0 752	0 768
1 40	0 633	0 650	0 666	0 682	0 698	0 715	0 731	0 747	0 763	0 780
42	0 642	0 659	0 675	0 692	0 708	0 725	0 741	0 758	0 774	0 791
44	0 651	0 668	0 685	0 702	0 718	0 735	0 752	0 768	0 785	0 802
46	0 661	0 677	0 694	0 711	0 728	0 745	0 762	0 779	0 796	0 813
48	0 670	0 687	0 704	0 721	0 738	0 755	0 773	0 790	0 807	0 824
1 50	0 679	0 696	0 713	0 731	0 748	0 766	0 783	0 800	0 818	0 835
52	0 688	0 705	0 723	0 741	0 758	0 776	0 793	0 811	0 829	0 846
54	0 697	0 715	0 732	0 750	0 768	0 786	0 804	0 822	0 840	0 857
56	0 706	0 724	0 742	0 760	0 778	0 796	0 814	0 832	0 851	0 869
58	0 715	0 733	0 751	0 770	0 788	0 806	0 825	0 843	0 861	0 880
1 60	0 724	0 742	0 761	0 780	0 798	0 817	0 835	0 854	0 872	0 891
62	0 733	0 752	0 770	0 789	0 808	0 827	0 846	0 864	0 883	0 902
64	0 742	0 761	0 780	0 799	0 818	0 837	0 856	0 875	0 894	0 913
66	0 751	0 770	0 789	0'809	0 828	0 847	0 867	0 886	0 905	0 924
68	0 760	0 780	0 799	0 818	0 838	0 857	0 877	0 896	0 916	0 935
1 70	0 769	0 789	0 809	0 828	0 848	0 868	0 887	0 907	0 927	0 947
72	0 778	0 798	0 818	0 838	0 858	0 878	0 898	0 918	0 938	0 958
74	0 787	0 807	0 828	0 848	0 868	0 888	0 908	0 928	0 949	0 969
76	0 796	0 817	0 837	0 857	0 878	0 898	0 919	0 939	0 960	0 980
78	0 805	0 826	0 847	0 867	0 888	0 909	0 929	0 950	0 970	0 991
1 80	0 814	0 835	0 856	0 877	0 898	0 919	0 940	0 960	0 981	1 002
82	0 823	0 845	0 866	0 887	0 908	0 929	0 950	0 971	0 992	1 013
84	0 832	0 854	0 875	0 896	0 918	0 939	0 960	0 982	1 003	1 025
86	0 841	0 863	0 885	0 906	0 928	0 949	0 971	0 992	1 014	1 036
88	0 851	0 872	0 894	0 916	0 938	0 960	0 981	1 003	1 025	1 047
1 90	0 860	0 882	0 904	0 926	0 948	0 970	0 992	1 014	1 036	1 058
92	0 869	0 891	0 913	0 935	0 958	0 980	1 002	1 025	1 047	1 069
94	0 878	0 900	0 923	0 945	0 968	0 990	1 013	1 035	1 058	1 080
96	0 887	0 909	0 932	0 955	0 978	1 000	1 023	1 046	1 068	1 091

Epaisseur : 0m 58 centimètres

Longueur	Largeur en centimètres 0 98	1 00	1 02	1 04	1 06	1 08	1 10	1 12	1 14	1 16
0 98	0 557									
1 —	0 568	0 580								
02	0 580	0 592	0 603							
04	0 591	0 603	0 615	0 627						
06	0 602	0 615	0 627	0 639	0 652					
08	0 614	0 626	0 639	0 651	0 664	0 677				
1 10	0 625	0 638	0 651	0 664	0 676	0 689	0 702			
12	0 637	0 650	0 663	0 676	0 689	0 702	0 715	0 728		
14	0 648	0 661	0 674	0 688	0 701	0 714	0 727	0 741	0 754	
16	0 659	0 673	0 686	0 700	0.713	0 727	0 740	0 754	0 767	0 780
18	0 671	0 684	0 698	0 712	0 725	0 739	0 753	0 767	0 780	0 794
1 20	0 682	0 696	0 710	0 724	0 738	0 752	0 766	0 780	0 793	0 807
22	0 693	0 708	0 722	0 736	0 750	0 764	0 778	0 793	0 807	0 821
24	0 705	0 719	0 734	0 748	0 762	0 777	0 791	0 806	0 820	0 834
26	0 716	0 731	0 745	0 760	0 775	0 789	0 804	0 818	0 833	0 848
28	0 728	0 742	0 757	0 772	0 787	0 802	0 817	0 831	0 846	0 861
1 30	0 739	0 754	0 769	0 784	0 799	0 814	0 829	0 844	0 860	0 875
32	0 750	0 766	0 781	0 796	0 812	0 827	0 842	0 857	0 873	0 888
34	0 762	0 777	0 793	0 808	0 824	0 839	0 855	0 870	0 886	0 902
36	0 773	0 789	0 805	0 820	0 836	0 852	0 868	0 883	0 899	0 915
38	0 784	0 800	0 816	0 832	0 848	0 864	0 880	0 896	0 912	0 928
1 40	0 796	0 812	0 828	0 844	0 861	0 877	0 893	0 909	0 926	0 942
42	0 807	0 824	0 840	0 857	0 873	0 889	0 906	0 922	0 939	0 955
44	0 818	0 835	0 852	0 869	0 885	0 902	0 919	0 935	0 952	0 969
46	0 830	0 847	0 864	0 881	0 898	0 915	0 931	0 948	0 965	0 982
48	0 841	0 858	0 876	0 893	0 910	0 927	0 944	0 961	0 979	0 996
1 50	0 853	0 870	0 887	0 905	0 922	0 940	0 957	0 974	0 992	1 009
52	0 864	0 882	0 899	0 917	0 934	0 952	0 970	0 987	1 005	1 023
54	0 875	0 893	0 911	0 929	0 947	0 966	0 983	1 000	1 018	1 036
56	0 887	0 905	0 923	0 941	0 959	0 977	0 995	1 013	1 031	1 050
58	0 898	0 916	0 935	0 953	0 971	0 990	1 008	1 026	1 045	1 063
1 60	0 909	0 928	0 947	0 965	0 984	1 002	1 021	1 039	1 058	1 076
62	0 921	0 940	0 958	0 977	0 996	1 015	1 034	1 052	1 071	1 090
64	0 932	0 951	0 970	0 989	1 018	1 027	1 046	1 065	1 084	1 103
66	0 944	0 963	0 982	1 001	1 021	1 040	1 059	1 078	1 098	1 117
68	0 955	0 974	0 994	1 013	1 033	1 052	1 072	1 091	1 111	1 130
1 70	0 966	0 986	1 006	1 025	1 045	1 065	1 085	1 104	1 125	1 144
72	0 978	0 998	1 018	1 038	1 057	1 077	1 097	1 117	1 137	1 157
74	0 989	1 009	1 029	1 050	1 070	1 090	1 110	1 130	1 150	1 170
76	1 000	1 021	1 041	1 062	1 082	1 102	1 123	1 143	1 164	1 184
78	1 012	1 032	1 053	1 074	1 094	1 115	1 136	1 156	1 177	1 198
1 80	1 023	1 044	1 065	1 086	1 107	1 128	1 148	1 169	1 190	1 211
82	1 034	1 056	1 077	1 098	1 119	1 140	1 161	1 182	1 203	1 224
84	1 046	1 067	1 089	1 110	1 131	1 153	1 174	1 195	1 217	1 238
86	1 057	1 079	1 100	1 122	1 144	1 165	1 187	1 208	1 230	1 251
88	1 069	1 090	1 112	1 134	1 156	1 178	1 199	1 221	1 243	1 265
1 90	1 080	1 102	1 124	1 146	1 168	1 190	1 212	1 234	1 256	1 278
92	1 091	1 114	1 136	1 158	1 180	1 203	1 225	1 247	1 270	1 292
94	1 103	1 125	1 148	1 170	1 193	1 215	1 238	1 260	1 283	1 305
96	1 114	1 137	1 160	1 182	1 205	1 228	1 250	1 273	1 296	1 319
98	1 125	1 148	1 171	1 194	1 217	1 240	1 263	1 286	1 309	1 332
2 —	1 137	1 160	1 183	1 206	1 230	1 253	1 276	1 299	1 322	1 346
02	1 148	1 172	1 195	1 218	1 242	1 265	1 289	1 312	1 336	1 359
04	1 160	1 183	1 207	1 231	1 254	1 278	1 302	1 325	1 349	1 373
06	1 171	1 195	1 219	1 243	1 266	1 290	1 314	1 338	1 362	1 386
08	1 182	1 206	1 231	1 255	1 279	1 303	1 327	1 351	1 375	1 399
2 10	1 194	1 218	1 242	1 267	1 291	1 315	1 340	1 364	1 389	1 413
12	1 205	1 230	1 254	1 279	1 303	1 328	1 353	1 377	1 402	1 426
14	1 216	1 241	1 266	1 291	1 316	1 340	1 365	1 390	1 415	1 440
16	1 228	1 253	1 278	1 303	1 328	1 353	1 378	1 403	1 428	1 453
18	1 239	1 264	1 290	1 315	1 340	1 366	1 391	1 416	1 441	1 467
2 20	1 250	1 276	1 302	1 327	1 353	1 378	1 404	1 429	1 455	1 480
22	1 262	1 288	1 313	1 339	1 365	1 391	1 416	1 442	1 468	1 494
24	1 273	1 299	1 325	1 351	1 377	1 403	1 429	1 455	1 481	1 507
26	1 285	1 311	1 337	1 363	1 389	1 416	1 442	1 468	1 494	1 521
28	1 296	1 322	1 349	1 375	1 402	1 428	1 455	1 481	1 508	1 534
2 30	1 307	1 334	1 361	1 387	1 414	1 441	1 467	1 494	1 521	1 547
32	1 319	1 346	1 373	1 399	1 426	1 453	1 480	1 507	1 534	1 561
34	1 330	1 357	1 384	1 411	1 439	1 466	1 493	1 520	1 547	1 574
36	1 341	1 369	1 396	1 424	1 451	1 478	1 506	1 533	1 560	1 588

Epaisseur : 0m 58 centimètres

Longueur	Largeur en centimètres 1 18	1 20	1 22	1 24	1 26	1 28	1 30	1 32	1 34	1 36
1 18	0 808									
1 20	0 821	0 835								
22	0 835	0 849	0 863							
24	0 849	0 863	0 877	0 892						
26	0 862	0 877	0 892	0 906	0 921					
28	0 876	0 891	0 906	0 931	0 935	0 950				
1 30	0 890	0 905	0 920	0 935	0 950	0 965	0 980			
32	0 903	0 919	0 934	0 949	0 965	0 980	0 995	1 011		
34	0 917	0 933	0 948	0 964	0 979	0 995	1 010	1 026	1 041	
36	0 931	0 947	0 962	0 978	0 994	1 010	1 025	1 041	1 057	1 073
38	0 944	0 960	0 976	0 992	1 009	1 025	1 041	1 057	1 073	1 089
1 40	0 958	0 974	0 991	1 007	1 023	1 039	1 056	1 072	1 088	1 104
42	0 972	0 988	1 005	1 021	1 038	1 054	1 071	1 087	1 104	1 120
44	0 986	1 002	1 019	1 036	1 052	1 069	1 086	1 102	1 119	1 136
46	0 999	1 016	1 033	1 050	1 067	1 084	1 101	1 118	1 135	1 152
48	1 013	1 030	1 047	1 064	1 082	1 099	1 116	1 133	1 150	1 167
1 50	1 027	1 044	1 061	1 079	1 096	1 114	1 131	1 148	1 166	1 183
52	1 040	1 058	1 076	1 093	1 111	1 128	1 146	1 164	1 181	1 199
54	1 054	1 072	1 090	1 108	1 125	1 143	1 161	1 179	1 197	1 215
56	1 068	1 086	1 104	1 122	1 140	1 158	1 176	1 194	1 212	1 231
58	1 081	1 100	1 118	1 136	1 155	1 173	1 191	1 210	1 228	1 246
1 60	1 095	1 114	1 132	1 151	1 169	1 188	1 206	1 225	1 244	1 262
62	1 109	1 128	1 146	1 165	1 184	1 203	1 221	1 240	1 259	1 278
64	1 122	1 141	1 160	1 179	1 199	1 218	1 237	1 256	1 275	1 294
66	1 136	1 155	1 175	1 194	1 213	1 232	1 252	1 271	1 290	1 309
68	1 150	1 169	1 189	1 208	1 228	1 247	1 267	1 286	1 306	1 325
1 70	1 163	1 183	1 203	1 223	1 242	1 262	1 282	1 302	1 321	1 341
72	1 177	1 197	1 217	1 237	1 257	1 277	1 297	1 317	1 337	1 357
74	1 191	1 211	1 231	1 251	1 272	1 292	1 312	1 332	1 352	1 373
76	1 205	1 225	1 245	1 266	1 286	1 307	1 327	1 347	1 368	1 388
78	1 218	1 239	1 260	1 280	1 301	1 321	1 342	1 363	1 383	1 404
1 80	1 232	1 253	1 274	1 295	1 315	1 336	1 357	1 378	1 399	1 420
82	1 246	1 267	1 288	1 309	1 330	1 351	1 372	1 393	1 415	1 436
84	1 259	1 281	1 302	1 323	1 345	1 366	1 387	1 409	1 430	1 451
86	1 273	1 295	1 316	1 338	1 359	1 381	1 402	1 424	1 446	1 467
88	1 287	1 308	1 330	1 352	1 374	1 396	1 418	1 439	1 461	1 483
1 90	1 300	1 322	1 344	1 366	1 389	1 411	1 433	1 455	1 477	1 499
92	1 314	1 336	1 359	1 381	1 403	1 425	1 448	1 470	1 492	1 514
94	1 328	1 350	1 373	1 395	1 418	1 440	1 463	1 485	1 508	1 530
96	1 341	1 364	1 387	1 410	1 432	1 455	1 478	1 501	1 523	1 546
98	1 355	1 378	1 401	1 424	1 447	1 470	1 493	1 516	1 539	1 562
2 —	1 369	1 392	1 415	1 438	1 462	1 485	1 508	1 531	1 554	1 578
02	1 382	1 406	1 429	1 453	1 476	1 500	1 523	1 547	1 570	1 593
04	1 396	1 420	1 444	1 467	1 490	1 514	1 538	1 562	1 585	1 609
06	1 410	1 434	1 458	1 482	1 505	1 529	1 553	1 577	1 601	1 625
08	1 424	1 448	1 472	1 496	1 520	1 544	1 568	1 592	1 617	1 641
2 10	1 437	1 462	1 486	1 510	1 535	1 559	1 583	1 608	1 632	1 656
12	1 451	1 476	1 500	1 525	1 549	1 574	1 598	1 623	1 648	1 672
14	1 465	1 489	1 514	1 539	1 564	1 589	1 614	1 638	1 663	1 688
16	1 478	1 503	1 528	1 553	1 579	1 604	1 629	1 654	1 679	1 704
18	1 492	1 517	1 543	1 568	1 593	1 618	1 644	1 669	1 694	1 720
2 20	1 506	1 531	1 557	1 582	1 608	1 633	1 659	1 684	1 710	1 735
22	1 519	1 545	1 571	1 597	1 622	1 648	1 674	1 700	1 725	1 751
24	1 533	1 559	1 585	1 611	1 637	1 663	1 689	1 715	1 741	1 767
26	1 547	1 573	1 599	1 625	1 652	1 678	1 704	1 730	1 756	1 783
28	1 560	1 587	1 613	1 640	1 666	1 693	1 719	1 746	1 772	1 798
2 30	1 574	1 601	1 627	1 654	1 681	1 708	1 734	1 761	1 798	1 814
32	1 588	1 615	1 642	1 669	1 695	1 722	1 749	1 776	1 803	1 830
34	1 601	1 629	1 656	1 683	1 710	1 737	1 764	1 792	1 819	1 846
36	1 615	1 643	1 670	1 697	1 725	1 752	1 779	1 807	1 834	1 862

0,58

Epaisseur : 0m 60 centimètres

Longueur	Futailles	0 60	0 62	0 64	0 66	0 68	0 70	0 72	0 74	0 76	0 78
		Largeur en Centimètres.									
m 0 60	0 173	0 216									
62	0 179	0 223	0 231								
64	0 184	0 230	0 238	0 246							
66	0 190	0 238	0 246	0 253	0 261						
68	0 196	0 245	0 253	0 261	0 269	0 277					
0 70	0 202	0 252	0 260	0 269	0 277	0 286	0 294				
72	0 207	0 259	0 268	0 276	0 285	0 294	0 302	0 311			
74	0 213	0 266	0 275	0 284	0 293	0 302	0 311	0 320	0 329		
76	0 219	0 274	0 283	0 292	0 301	0 310	0 319	0 328	0 337	0 347	
78	0 225	0 281	0 290	0 300	0 309	0 318	0 328	0 337	0 346	0 356	0 365
0 80	0 230	0 288	0 298	0 307	0 317	0 326	0 336	0 346	0 355	0 365	0 374
82	0 236	0 295	0 305	0 315	0 325	0 335	0 344	0 354	0 364	0 374	0 384
84	0 242	0 302	0 312	0 323	0 333	0 343	0 353	0 363	0 373	0 383	0 393
86	0 248	0 309	0 320	0 330	0 341	0 351	0 361	0 372	0 382	0 392	0 402
88	0 253	0 317	0 327	0 338	0 348	0 359	0 370	0 380	0 391	0 401	0 412
0 90	0 259	0 324	0 335	0 346	0 356	0 367	0 378	0 389	0 400	0 410	0 421
92	0 265	0 331	0 342	0 353	0 364	0 375	0 386	0 397	0 408	0 420	0 431
94	0 271	0 338	0 350	0 361	0 372	0 384	0 395	0 406	0 417	0 429	0 440
96	0 276	0 345	0 357	0 369	0 380	0 392	0 403	0 415	0 426	0 438	0 449
98	0 282	0 353	0 365	0 376	0 388	0 400	0 412	0 423	0 435	0 447	0 459
1 —	0 288	0 360	0 372	0 384	0 396	0 408	0 420	0 432	0 444	0 456	0 468
02	0 294	0 367	0 379	0 392	0 404	0 416	0 428	0 441	0 453	0 465	0 477
04	0 299	0 374	0 387	0 399	0 412	0 424	0 437	0 449	0 462	0 474	0 487
06	0 305	0 381	0 394	0 407	0 420	0 432	0 445	0 458	0 471	0 483	0 496
08	0 311	0 389	0 402	0 415	0 428	0 441	0 454	0 467	0 480	0 492	0 505
1 10	0 317	0 396	0 409	0 422	0 436	0 449	0 462	0 475	0 488	0 502	0 515
12	0 323	0 403	0 417	0 430	0 444	0 457	0 470	0 484	0 497	0 511	0 524
14	0 328	0 410	0 424	0 438	0 451	0 465	0 479	0 492	0 506	0 520	0 534
16	0 334	0 418	0 432	0 445	0 459	0 473	0 487	0 501	0 515	0 529	0 543
18	0 340	0 425	0 439	0 453	0 467	0 481	0 496	0 510	0 524	0 538	0 552
1 20	0 346	0 432	0 446	0 461	0 475	0 490	0 504	0 518	0 533	0 547	0 562
22	0 351	0 439	0 454	0 468	0 483	0 498	0 512	0 527	0 542	0 556	0 571
24	0 357	0 446	0 461	0 476	0 491	0 506	0 521	0 536	0 551	0 565	0 580
26	0 363	0 453	0 469	0 484	0 499	0 514	0 529	0 544	0 559	0 575	0 590
28	0 369	0 461	0 476	0 492	0 507	0 522	0 538	0 553	0 568	0 584	0 599
1 30	0 374	0 468	0 484	0 499	0 515	0 530	0 546	0 562	0 577	0 593	0 608
32	0 380	0 475	0 491	0 507	0 523	0 539	0 554	0 570	0 586	0 602	0 618
34	0 386	0 482	0 498	0 515	0 531	0 547	0 563	0 579	0 595	0 611	0 627
36	0 392	0 489	0 506	0 522	0 539	0 555	0 571	0 588	0 604	0 620	0 637
38	0 397	0 497	0 513	0 530	0 546	0 563	0 580	0 596	0 613	0 629	0 646
1 40	0 403	0 504	0 521	0 538	0 554	0 571	0 588	0 605	0 622	0 638	0 655
42	0 409	0 511	0 528	0 545	0 562	0 579	0 596	0 613	0 630	0 648	0 665
44	0 415	0 518	0 536	0 553	0 570	0 588	0 605	0 622	0 639	0 657	0 674
46	0 420	0 525	0 543	0 561	0 578	0 596	0 613	0 631	0 648	0 666	0 683
48	0 426	0 533	0 551	0 568	0 586	0 604	0 622	0 639	0 657	0 675	0 693
1 50	0 432	0 540	0 558	0 576	0 594	0 612	0 630	0 648	0 666	0 684	0 702
52	0 438	0 547	0 565	0 584	0 602	0 620	0 638	0 657	0 675	0 693	0 711
54	0 444	0 554	0 573	0 591	0 610	0 628	0 647	0 665	0 684	0 702	0 721
56	0 449	0 561	0 580	0 599	0 618	0 636	0 655	0 674	0 693	0 711	0 730
58	0 455	0 569	0 588	0 607	0 626	0 645	0 664	0 683	0 702	0 720	0 739
1 60	0 461	0 576	0 595	0 614	0 634	0 653	0 672	0 691	0 710	0 730	0 749
62	0 467	0 583	0 603	0 622	0 642	0 661	0 680	0 700	0 719	0 739	0 758
64	0 472	0 590	0 610	0 630	0 649	0 669	0 689	0 708	0 728	0 748	0 768
66	0 478	0 598	0 618	0 637	0 657	0 677	0 697	0 717	0 737	0 757	0 777
68	0 484	0 605	0 625	0 645	0 665	0 685	0 706	0 726	0 746	0 766	0 786
1 70	0 490	0 612	0 632	0 653	0 673	0 694	0 714	0 734	0 755	0 775	0 796
72	0 495	0 619	0 640	0 661	0 681	0 702	0 722	0 743	0 764	0 784	0 805
74	0 501	0 626	0 647	0 668	0 689	0 710	0 731	0 752	0 773	0 793	0 814
76	0 507	0 633	0 655	0 676	0 697	0 718	0 739	0 760	0 781	0 803	0 824
78	0 513	0 641	0 662	0 684	0 705	0 726	0 748	0 769	0 790	0 812	0 833
1 80	0 518	0 648	0 670	0 691	0 713	0 734	0 756	0 778	0 799	0 821	0 842
82	0 524	0 655	0 677	0 699	0 721	0 743	0 764	0 786	0 808	0 830	0 852
84	0 530	0 662	0 684	0 707	0 729	0 751	0 773	0 795	0 817	0 839	0 861
86	0 536	0 669	0 692	0 714	0 737	0 759	0 781	0 804	0 826	0 848	0 870
88	0 541	0 677	0 699	0 722	0 744	0 767	0 790	0 812	0 835	0 857	0 880
1 90	0 547	0 684	0 707	0 730	0 752	0 775	0 798	0 821	0 844	0 866	0 889
92	0 553	0 691	0 714	0 737	0 760	0 783	0 806	0 829	0 852	0 876	0 899
94	0 559	0 698	0 722	0 745	0 768	0 792	0 815	0 838	0 861	0 885	0 908
96	0 564	0 706	0 729	0 753	0 776	0 800	0 823	0 847	0 870	0 894	0 917
98	0 570	0 713	0 737	0 760	0 784	0 808	0 832	0 855	0 879	0 903	0 927

Epaisseur : 0m 60 centimètres

Longueur	0 80	0 82	0 84	0 86	0 88	0 90	0 92	0 94	0 96	0 98
	Largeur en Centimètres									
m 0 80	0 384									
82	0 394	0 403								
84	0 403	0 413	0 423							
86	0 413	0 423	0 433	0 444						
88	0 422	0 433	0 444	0 454	0 465					
0 90	0 432	0 443	0 454	0 464	0 475	0 486				
92	0 442	0 453	0 464	0 475	0 486	0 497	0 508			
94	0 451	0 462	0 474	0 485	0 496	0 508	0 519	0 530		
96	0 461	0 472	0 484	0 495	0 507	0 518	0 530	0 541	0 553	
98	0 470	0 482	0 494	0 506	0 517	0 529	0 541	0 553	0 564	0 576
1 —	0 480	0 492	0 504	0 516	0 528	0 540	0 552	0 564	0 576	0 588
02	0 490	0 502	0 514	0 526	0 539	0 551	0 563	0 575	0 588	0 600
04	0 499	0 512	0 524	0 537	0 549	0 562	0 574	0 587	0 599	0 612
06	0 509	0 522	0 534	0 547	0 560	0 572	0 585	0 598	0 611	0 623
08	0 518	0 531	0 544	0 557	0 570	0 583	0 596	0 609	0 622	0 635
1 10	0 528	0 541	0 554	0 568	0 581	0 594	0 607	0 620	0 634	0 647
12	0 538	0 551	0 564	0 578	0 591	0 605	0 618	0 632	0 645	0 659
14	0 547	0 561	0 575	0 588	0 602	0 616	0 629	0 643	0 657	0 670
16	0 557	0 571	0 585	0 599	0 612	0 626	0 640	0 654	0 668	0 682
18	0 566	0 581	0 595	0 609	0 623	0 637	0 651	0 666	0 680	0 694
1 20	0 576	0 590	0 605	0 619	0 634	0 648	0 662	0 677	0 691	0 706
22	0 586	0 600	0 615	0 630	0 644	0 659	0 673	0 688	0 703	0 717
24	0 595	0 610	0 625	0 640	0 655	0 670	0 684	0 699	0 714	0 729
26	0 605	0 620	0 635	0 650	0 665	0 680	0 696	0 711	0 726	0 741
28	0 614	0 630	0 645	0 660	0 676	0 691	0 707	0 722	0 737	0 753
1 30	0 624	0 640	0 655	0 671	0 686	0 702	0 718	0 733	0 749	0 764
32	0 634	0 649	0 665	0 681	0 697	0 713	0 729	0 744	0 760	0 776
34	0 643	0 659	0 675	0 691	0 708	0 724	0 740	0 756	0 772	0 788
36	0 653	0 669	0 685	0 702	0 718	0 734	0 751	0 767	0 783	0 800
38	0 662	0 679	0 696	0 712	0 729	0 745	0 762	0 778	0 795	0 811
1 40	0 672	0 689	0 706	0 722	0 739	0 756	0 773	0 790	0 806	0 823
42	0 682	0 698	0 716	0 733	0 750	0 767	0 784	0 801	0 818	0 835
44	0 691	0 708	0 726	0 743	0 760	0 778	0 795	0 812	0 829	0 847
46	0 701	0 718	0 736	0 753	0 771	0 788	0 806	0 823	0 841	0 858
48	0 710	0 728	0 746	0 764	0 781	0 799	0 817	0 835	0 852	0 870
1 50	0 720	0 738	0 756	0 774	0 792	0 810	0 828	0 846	0 864	0 882
52	0 730	0 748	0 766	0 784	0 803	0 821	0 839	0 857	0 876	0 894
54	0 739	0 758	0 776	0 795	0 813	0 832	0 850	0 869	0 887	0 906
56	0 749	0 768	0 786	0 805	0 824	0 842	0 861	0 880	0 899	0 917
58	0 758	0 777	0 796	0 815	0 834	0 853	0 872	0 891	0 910	0 929
1 60	0 768	0 787	0 806	0 826	0 845	0 864	0 883	0 902	0 922	0 941
62	0 778	0 797	0 816	0 836	0 855	0 875	0 894	0 914	0 933	0 953
64	0 787	0 807	0 827	0 846	0 866	0 886	0 905	0 925	0 945	0 964
66	0 797	0 817	0 837	0 857	0 876	0 896	0 916	0 936	0 956	0 976
68	0 806	0 827	0 847	0 867	0 887	0 907	0 927	0 948	0 968	0 988
1 70	0 816	0 836	0 857	0 877	0 898	0 918	0 938	0 959	0 979	1 000
72	0 826	0 846	0 867	0 888	0 908	0 929	0 949	0 970	0 991	1 011
74	0 835	0 856	0 877	0 898	0 919	0 940	0 960	0 981	1 002	1 023
76	0 845	0 866	0 887	0 908	0 929	0 950	0 972	0 993	1 014	1 035
78	0 854	0 876	0 897	0 918	0 940	0 961	0 983	1 004	1 025	1 047
1 80	0 864	0 886	0 907	0 929	0 950	0 972	0 994	1 015	1 037	1 058
82	0 874	0 895	0 917	0 939	0 961	0 983	1 005	1 026	1 048	1 070
84	0 883	0 905	0 927	0 949	0 972	0 994	1 016	1 038	1 060	1 082
86	0 893	0 915	0 937	0 960	0 982	1 004	1 027	1 049	1 071	1 094
88	0 902	0 925	0 948	0 970	0 993	1 015	1 038	1 060	1 083	1 105
1 90	0 912	0 935	0 958	0 980	1 003	1 026	1 049	1 072	1 094	1 117
92	0 922	0 945	0 968	0 991	1 014	1 037	1 060	1 083	1 106	1 129
94	0 931	0 954	0 978	1 001	1 024	1 048	1 071	1 094	1 117	1 141
96	0 941	0 964	0 988	1 011	1 035	1 058	1 082	1 106	1 129	1 152
98	0 950	0 974	0 998	1 022	1 045	1 069	1 093	1 117	1 140	1 164

Epaisseur : 0m 60 centimètres

Longueur	Futailles	Largeur en Centimètres									
		1 00	1 02	1 04	1 06	1 08	1 10	1 12	1 14	1 16	1 18
1 —		0 600									
02		0 612	0 624								
04		0 624	0 636	0 649							
06		0 636	0 649	0 661	0 674						
08		0 648	0 661	0 674	0 687	0 700					
1 10		0 660	0 673	0 686	0 700	0 713	0 726				
12		0 672	0 685	0 699	0 712	0 726	0 739	0 753			
14		0 684	0 698	0 711	0 725	0 739	0 752	0 766	0 780		
16		0 696	0 710	0 724	0 738	0 752	0 766	0 780	0 793	0 807	
18		0 708	0 722	0 736	0 750	0 765	0 779	0 793	0 807	0 821	0 835
1 20		0 720	0 734	0 749	0 763	0 778	0 792	0 806	0 821	0 835	0 850
22		0 732	0 747	0 761	0 776	0 791	0 805	0 820	0 834	0 849	0 864
24		0 744	0 759	0 774	0 789	0 804	0 818	0 833	0 848	0 863	0 878
26		0 756	0 771	0 786	0 801	0 816	0 832	0 847	0 862	0 877	0 892
28		0 768	0 783	0 799	0 814	0 829	0 845	0 860	0 876	0 891	0 906
1 30		0 780	0 796	0 811	0 827	0 842	0 858	0 874	0 889	0 905	0 920
32		0 792	0 808	0 824	0 840	0 855	0 871	0 887	0 903	0 919	0 935
34		0 804	0 820	0 830	0 852	0 868	0 884	0 900	0 917	0 933	0 949
36		0 816	0 832	0 849	0 865	0 881	0 898	0 914	0 930	0 947	0 963
38		0 828	0 845	0 861	0 878	0 894	0 911	0 927	0 944	0 960	0 977
1 40		0 840	0 857	0 874	0 890	0 907	0 924	0 941	0 958	0 974	0 991
42		0 852	0 869	0 886	0 903	0 920	0 937	0 954	0 971	0 988	1 005
44		0 864	0 881	0 899	0 916	0 933	0 950	0 968	0 985	1 002	1 020
46		0 876	0 894	0 911	0 929	0 946	0 964	0 981	0 999	1 016	1 034
48		0 888	0 906	0 924	0 941	0 959	0 977	0 995	1 012	1 030	1 048
1 50		0 900	0 918	0 936	0 954	0 972	0 990	1 008	1 026	1 044	1 062
52		0 912	0 930	0 948	0 967	0 985	1 003	1 021	1 040	1 058	1 076
54		0 924	0 942	0 961	0 979	0 998	1 016	1 035	1 053	1 072	1 090
56		0 936	0 955	0 973	0 992	1 011	1 030	1 048	1 067	1 086	1 104
58		0 948	0 967	0 986	1 005	1 024	1 043	1 062	1 081	1 100	1 119
1 60		0 960	0 979	0 998	1 018	1 037	1 056	1 075	1 094	1 114	1 133
62		0 972	0 991	1 011	1 030	1 050	1 069	1 089	1 108	1 128	1 147
64		0 984	1 004	1 023	1 043	1 063	1 082	1 102	1 122	1 141	1 161
66		0 996	1 016	1 036	1 056	1 076	1 096	1 116	1 135	1 155	1 175
68		1 008	1 028	1 048	1 068	1 089	1 109	1 129	1 149	1 169	1 189
1 70		1 020	1 040	1 081	1 081	1 102	1 122	1 142	1 163	1 183	1 204
72		1 032	1 053	1 073	1 094	1 115	1 135	1 156	1 176	1 197	1 218
74		1 044	1 065	1 086	1 107	1 128	1 148	1 169	1 190	1 211	1 232
76		1 056	1 077	1 098	1 119	1 141	1 162	1 183	1 204	1 225	1 246
78		1 068	1 089	1 111	1 132	1 153	1 175	1 196	1 218	1 239	1 260
1 80		1 080	1 102	1 123	1 145	1 166	1 188	1 210	1 231	1 253	1 274
82		1 092	1 114	1 136	1 158	1 179	1 201	1 223	1 245	1 267	1 289
84		1 104	1 126	1 148	1 170	1 192	1 214	1 236	1 259	1 281	1 303
86		1 116	1 138	1 161	1 183	1 205	1 228	1 250	1 272	1 295	1 317
88		1 128	1 151	1 173	1 196	1 218	1 241	1 263	1 286	1 308	1 331
1 90		1 140	1 163	1 186	1 208	1 231	1 254	1 277	1 300	1 322	1 345
92		1 152	1 175	1 198	1 221	1 244	1 267	1 290	1 313	1 336	1 359
94		1 164	1 187	1 211	1 234	1 257	1 280	1 304	1 327	1 350	1 374
96		1 176	1 200	1 223	1 247	1 270	1 294	1 317	1 341	1 364	1 388
98		1 188	1 212	1 236	1 259	1 283	1 307	1 331	1 354	1 378	1 402
2 —		1 200	1 224	1 248	1 272	1 296	1 320	1 344	1 368	1 392	1 416
02		1 212	1 236	1 260	1 285	1 309	1 333	1 357	1 382	1 406	1 430
04		1 224	1 248	1 273	1 297	1 322	1 346	1 371	1 395	1 420	1 444
06		1 236	1 261	1 285	1 310	1 335	1 360	1 384	1 409	1 434	1 458
08		1 248	1 273	1 298	1 323	1 348	1 373	1 398	1 423	1 448	1 473
2 10		1 260	1 285	1 310	1 336	1 361	1 386	1 411	1 436	1 402	1 487
12		1 272	1 297	1 323	1 348	1 374	1 399	1 425	1 450	1 476	1 501
14		1 284	1 310	1 335	1 361	1 387	1 412	1 438	1 464	1 489	1 515
16		1 296	1 322	1 348	1 374	1 400	1 426	1 452	1 477	1 503	1 529
18		1 308	1 334	1 360	1 386	1 413	1 439	1 465	1 491	1 517	1 543
2 20		1 320	1 346	1 373	1 399	1 426	1 452	1 478	1 505	1 531	1 558
22		1 332	1 359	1 385	1 412	1 439	1 465	1 492	1 518	1 545	1 572
24		1 344	1 371	1 398	1 425	1 452	1 478	1 505	1 532	1 559	1 586
26		1 356	1 383	1 410	1 437	1 464	1 492	1 519	1 546	1 573	1 600
28		1 368	1 395	1 423	1 450	1 477	1 505	1 532	1 560	1 587	1 614
2 30		1 380	1 408	1 435	1 463	1 490	1 518	1 546	1 573	1 601	1 628
32		1 392	1 420	1 448	1 476	1 503	1 531	1 559	1 587	1 615	1 643
34		1 404	1 432	1 460	1 488	1 516	1 544	1 572	1 601	1 629	1 657
36		1 416	1 444	1 473	1 501	1 529	1 558	1 586	1 614	1 643	1 671
38		1 428	1 457	1 485	1 514	1 542	1 571	1 599	1 628	1 656	1 685

Epaisseur : 0m 60 centimètres

Longueur	Largeur en Centimètres									
	1 20	1 22	1 24	1 26	1 28	1 30	1 32	1 34	1 36	1 38
1 20	0 864									
22	0 878	0 893								
24	0 893	0 908	0 923							
26	0 907	0 922	0 937	0 953						
28	0 922	0 937	0 952	0 968	0 983					
1 30	0 936	0 952	0 967	0 983	0 998	1 014				
32	0 950	0 966	0 982	0 998	1 014	1 030	1 045			
34	0 965	0 981	0 997	1 013	1 029	1 045	1 061	1 077		
36	0 979	0 996	1 012	1 028	1 044	1 061	1 077	1 093	1 110	
38	0 994	1 010	1 027	1 043	1 060	1 076	1 093	1 110	1 126	1 142
1 40	1 008	1 025	1 042	1 058	1 075	1 092	1 109	1 126	1 142	1 159
42	1 022	1 039	1 056	1 074	1 091	1 108	1 125	1 142	1 159	1 176
44	1 037	1 054	1 071	1 089	1 106	1 123	1 140	1 158	1 175	1 192
46	1 051	1 069	1 086	1 104	1 121	1 139	1 156	1 174	1 191	1 209
48	1 066	1 083	1 101	1 119	1 137	1 154	1 172	1 190	1 208	1 225
1 50	1 080	1 098	1 116	1 134	1 152	1 170	1 188	1 206	1 224	1 242
52	1 094	1 113	1 131	1 149	1 167	1 186	1 204	1 222	1 240	1 259
54	1 109	1 127	1 146	1 164	1 183	1 201	1 220	1 238	1 257	1 275
56	1 123	1 142	1 161	1 179	1 198	1 217	1 236	1 254	1 273	1 292
58	1 138	1 157	1 176	1 194	1 213	1 232	1 251	1 270	1 289	1 308
1 60	1 152	1 171	1 190	1 210	1 229	1 248	1 267	1 286	1 306	1 325
62	1 166	1 186	1 205	1 225	1 244	1 264	1 283	1 302	1 322	1 341
64	1 181	1 200	1 220	1 240	1 260	1 279	1 299	1 319	1 338	1 358
66	1 195	1 215	1 235	1 255	1 275	1 295	1 315	1 335	1 355	1 374
68	1 210	1 230	1 250	1 270	1 290	1 310	1 331	1 351	1 371	1 391
1 70	1 224	1 244	1 265	1 285	1 306	1 326	1 346	1 367	1 387	1 408
72	1 238	1 259	1 280	1 300	1 321	1 342	1 362	1 383	1 404	1 424
74	1 253	1 274	1 295	1 315	1 336	1 357	1 378	1 399	1 420	1 441
76	1 267	1 288	1 309	1 331	1 352	1 373	1 394	1 415	1 436	1 457
78	1 282	1 303	1 324	1 346	1 367	1 388	1 410	1 431	1 452	1 474
1 80	1 296	1 318	1 339	1 361	1 382	1 404	1 426	1 447	1 469	1 490
82	1 310	1 332	1 354	1 376	1 398	1 420	1 441	1 463	1 485	1 507
84	1 325	1 347	1 369	1 391	1 413	1 435	1 457	1 479	1 501	1 524
86	1 339	1 362	1 384	1 406	1 428	1 451	1 473	1 495	1 518	1 540
88	1 354	1 376	1 399	1 421	1 444	1 466	1 489	1 512	1 534	1 557
1 90	1 368	1 391	1 414	1 436	1 459	1 482	1 505	1 528	1 550	1 573
92	1 382	1 405	1 428	1 452	1 475	1 498	1 521	1 544	1 567	1 590
94	1 397	1 420	1 443	1 467	1 490	1 513	1 536	1 560	1 583	1 606
96	1 411	1 435	1 458	1 482	1 505	1 529	1 552	1 576	1 599	1 623
98	1 426	1 449	1 473	1 497	1 521	1 544	1 568	1 592	1 616	1 639
2 —	1 440	1 464	1 488	1 512	1 536	1 560	1 584	1 608	1 632	1 656
02	1 454	1 479	1 503	1 527	1 551	1 576	1 600	1 624	1 648	1 673
04	1 469	1 493	1 518	1 542	1 567	1 591	1 616	1 640	1 665	1 689
06	1 483	1 508	1 533	1 557	1 582	1 607	1 632	1 656	1 681	1 706
08	1 498	1 523	1 548	1 572	1 597	1 622	1 647	1 672	1 697	1 722
2 10	1 512	1 537	1 562	1 588	1 613	1 638	1 663	1 688	1 714	1 739
12	1 526	1 552	1 577	1 603	1 628	1 654	1 679	1 704	1 730	1 755
14	1 541	1 566	1 592	1 618	1 644	1 669	1 695	1 721	1 746	1 772
16	1 555	1 581	1 607	1 633	1 659	1 685	1 711	1 737	1 763	1 788
18	1 570	1 596	1 622	1 648	1 674	1 700	1 727	1 753	1 779	1 805
2 20	1 584	1 610	1 637	1 663	1 690	1 716	1 742	1 769	1 795	1 822
22	1 598	1 625	1 652	1 678	1 705	1 732	1 758	1 785	1 812	1 838
24	1 613	1 640	1 667	1 693	1 720	1 747	1 774	1 801	1 828	1 855
26	1 627	1 654	1 681	1 709	1 736	1 763	1 790	1 817	1 844	1 871
28	1 642	1 669	1 696	1 724	1 751	1 778	1 806	1 833	1 860	1 888
2 30	1 656	1 684	1 711	1 739	1 766	1 794	1 822	1 849	1 877	1 904
32	1 670	1 698	1 726	1 754	1 782	1 810	1 837	1 865	1 893	1 921
34	1 685	1 713	1 741	1 769	1 797	1 825	1 853	1 881	1 909	1 938
36	1 699	1 728	1 756	1 784	1 812	1 841	1 869	1 897	1 926	1 954
38	1 714	1 742	1 771	1 799	1 828	1 856	1 885	1 914	1 942	1 971

Epaisseur : 0m 62 centimètres

Longueur	Futailles	Largeur en Centimètres 0 62	0 64	0 66	0 68	0 70	0 72	0 74	0 76	0 78	0 80
m 0 62	0 191	0 238									
64	0 197	0 246	0 254								
66	0 203	0 254	0 262	0 270							
68	0 209	0 261	0 270	0 278	0 287						
0 70	0 215	0 269	0 278	0 286	0 295	0 304					
72	0 221	0 277	0 286	0 295	0 304	0 312	0 321				
74	0 228	0 284	0 294	0 303	0 312	0 321	0 330	0 340			
76	0 234	0 292	0 302	0 311	0 320	0 330	0 339	0 349	0 358		
78	0 240	0 300	0 310	0 319	0 329	0 339	0 348	0 358	0 368	0 377	
0 80	0 246	0 308	0 317	0 327	0 337	0 347	0 357	0 367	0 377	0 387	0 397
82	0 252	0 315	0 325	0 336	0 346	0 356	0 366	0 376	0 386	0 397	0 407
84	0 258	0 323	0 333	0 344	0 354	0 365	0 375	0 385	0 396	0 406	0 417
86	0 264	0 331	0 341	0 352	0 363	0 373	0 384	0 395	0 405	0 416	0 427
88	0 271	0 338	0 349	0 360	0 371	0 382	0 393	0 404	0 415	0 426	0 436
0 90	0 277	0 346	0 357	0 368	0 379	0 391	0 402	0 413	0 424	0 435	0 446
92	0 283	0 354	0 365	0 376	0 388	0 399	0 411	0 422	0 434	0 445	0 456
94	0 289	0 361	0 373	0 385	0 396	0 408	0 420	0 431	0 443	0 455	0 466
96	0 295	0 369	0 381	0 393	0 405	0 417	0 429	0 440	0 452	0 464	0 476
98	0 301	0 377	0 389	0 401	0 413	0 425	0 437	0 450	0 462	0 474	0 486
1 —	0 308	0 384	0 397	0 409	0 422	0 434	0 446	0 459	0 471	0 484	0 496
02	0 314	0 392	0 405	0 417	0 430	0 443	0 455	0 468	0 481	0 493	0 506
04	0 320	0 400	0 413	0 426	0 438	0 451	0 464	0 477	0 490	0 503	0 516
06	0 326	0 407	0 421	0 434	0 447	0 460	0 473	0 486	0 499	0 513	0 526
08	0 332	0 415	0 429	0 442	0 455	0 469	0 482	0 495	0 509	0 522	0 536
1 10	0 338	0 423	0 436	0 450	0 464	0 477	0 491	0 505	0 518	0 532	0 546
12	0 344	0 431	0 444	0 458	0 472	0 486	0 500	0 514	0 528	0 542	0 556
14	0 351	0 438	0 452	0 466	0 481	0 495	0 509	0 523	0 537	0 551	0 565
16	0 357	0 446	0 460	0 475	0 489	0 503	0 518	0 532	0 547	0 561	0 575
18	0 363	0 454	0 468	0 483	0 497	0 512	0 527	0 541	0 556	0 571	0 585
1 20	0 369	0 461	0 476	0 491	0 506	0 521	0 536	0 551	0 565	0 580	0 595
22	0 375	0 469	0 484	0 499	0 514	0 529	0 545	0 560	0 575	0 590	0 605
24	0 381	0 477	0 492	0 507	0 523	0 538	0 554	0 569	0 584	0 600	0 615
26	0 387	0 484	0 500	0 516	0 531	0 547	0 562	0 578	0 594	0 609	0 625
28	0 394	0 492	0 508	0 524	0 540	0 556	0 571	0 587	0 603	0 619	0 635
1 30	0 400	0 500	0 516	0 532	0 548	0 564	0 580	0 596	0 613	0 629	0 645
32	0 406	0 507	0 524	0 540	0 557	0 573	0 589	0 606	0 622	0 638	0 655
34	0 412	0 515	0 532	0 548	0 565	0 582	0 598	0 615	0 631	0 648	0 665
36	0 418	0 523	0 540	0 557	0 573	0 590	0 607	0 624	0 641	0 658	0 675
38	0 424	0 530	0 548	0 565	0 582	0 599	0 616	0 633	0 650	0 667	0 684
1 40	0 431	0 538	0 556	0 573	0 590	0 608	0 625	0 642	0 660	0 677	0 694
42	0 437	0 546	0 563	0 581	0 599	0 616	0 634	0 651	0 669	0 687	0 704
44	0 443	0 554	0 571	0 589	0 607	0 625	0 643	0 661	0 679	0 696	0 714
46	0 449	0 561	0 579	0 596	0 616	0 634	0 652	0 670	0 688	0 706	0 724
48	0 455	0 569	0 587	0 606	0 624	0 642	0 661	0 679	0 697	0 716	0 734
1 50	0 461	0 577	0 595	0 614	0 632	0 651	0 670	0 688	0 707	0 725	0 744
52	0 467	0 584	0 603	0 622	0 641	0 660	0 679	0 697	0 716	0 735	0 754
54	0 474	0 592	0 611	0 630	0 649	0 668	0 687	0 707	0 726	0 745	0 764
56	0 480	0 600	0 619	0 638	0 658	0 677	0 696	0 716	0 735	0 754	0 774
58	0 486	0 607	0 627	0 647	0 666	0 686	0 705	0 725	0 744	0 764	0 784
1 60	0 492	0 615	0 635	0 655	0 675	0 694	0 714	0 734	0 754	0 774	0 794
62	0 498	0 623	0 643	0 663	0 683	0 703	0 723	0 743	0 763	0 783	0 804
64	0 504	0 630	0 651	0 671	0 691	0 712	0 732	0 752	0 773	0 793	0 813
66	0 510	0 638	0 659	0 679	0 700	0 720	0 741	0 762	0 782	0 803	0 823
68	0 517	0 646	0 667	0 687	0 708	0 729	0 750	0 771	0 792	0 812	0 833
1 70	0 523	0 653	0 675	0 696	0 717	0 738	0 759	0 780	0 801	0 822	0 843
72	0 529	0 661	0 682	0 704	0 725	0 746	0 768	0 789	0 810	0 832	0 853
74	0 535	0 669	0 690	0 712	0 734	0 755	0 777	0 798	0 820	0 841	0 863
76	0 541	0 677	0 698	0 720	0 742	0 764	0 786	0 807	0 829	0 851	0 873
78	0 547	0 684	0 706	0 728	0 750	0 772	0 795	0 817	0 839	0 861	0 883
1 80	0 554	0 692	0 714	0 737	0 759	0 781	0 804	0 826	0 848	0 870	0 893
82	0 560	0 700	0 722	0 745	0 767	0 790	0 812	0 835	0 858	0 880	0 903
84	0 566	0 707	0 730	0 753	0 776	0 798	0 821	0 844	0 867	0 890	0 913
86	0 572	0 715	0 738	0 761	0 784	0 807	0 830	0 853	0 876	0 899	0 923
88	0 578	0 723	0 746	0 769	0 793	0 816	0 839	0 863	0 886	0 909	0 932
1 90	0 584	0 730	0 754	0 777	0 801	0 825	0 848	0 872	0 895	0 919	0 942
92	0 590	0 738	0 762	0 786	0 809	0 833	0 857	0 881	0 905	0 929	0 952
94	0 597	0 746	0 770	0 794	0 818	0 842	0 866	0 890	0 914	0 938	0 962
96	0 603	0 753	0 778	0 802	0 826	0 851	0 875	0 899	0 924	0 948	0 972
98	0 609	0 761	0 786	0 810	0 835	0 859	0 884	0 908	0 933	0 958	0 982
2 —	0 615	0 769	0 794	0 818	0 843	0 868	0 893	0 918	0 942	0 967	0 992

Epaisseur : 0m 62 centimètres

Longueur	Largeur en Centimètres 0 82	0 84	0 86	0 88	0 90	0 92	0 94	0 96	0 98	1 00
m 0 82	0 417									
84	0 427	0 437								
86	0 437	0 448	0 459							
88	0 447	0 458	0 469	0 480						
0 90	0 458	0 469	0 480	0 491	0 502					
92	0 468	0 479	0 491	0 502	0 513	0 525				
94	0 478	0 490	0 501	0 513	0 525	0 536	0 548			
96	0 488	0 500	0 512	0 524	0 536	0 548	0 559	0 571		
98	0 498	0 510	0 523	0 535	0 547	0 559	0 571	0 583	0 595	
1 —	0 508	0 521	0 533	0 546	0 558	0 570	0 583	0 595	0 608	0 620
02	0 519	0 531	0 544	0 557	0 569	0 582	0 594	0 607	0 620	0 632
04	0 529	0 542	0 555	0 567	0 580	0 593	0 606	0 619	0 632	0 645
06	0 539	0 552	0 565	0 578	0 591	0 605	0 618	0 631	0 644	0 657
08	0 549	0 562	0 576	0 589	0 603	0 616	0 629	0 643	0 656	0 670
1 10	0 559	0 573	0 587	0 600	0 614	0 627	0 641	0 655	0 668	0 682
12	0 569	0 583	0 597	0 611	0 625	0 639	0 653	0 667	0 681	0 694
14	0 580	0 594	0 608	0 622	0 636	0 650	0 664	0 679	0 693	0 707
16	0 590	0 604	0 619	0 633	0 647	0 662	0 676	0 690	0 705	0 719
18	0 600	0 615	0 629	0 644	0 658	0 673	0 688	0 702	0 717	0 732
1 20	0 610	0 625	0 640	0 655	0 670	0 684	0 699	0 714	0 729	0 744
22	0 620	0 635	0 651	0 666	0 681	0 696	0 711	0 726	0 741	0 756
24	0 630	0 646	0 661	0 677	0 692	0 707	0 723	0 738	0 753	0 769
26	0 641	0 656	0 672	0 687	0 703	0 719	0 734	0 750	0 766	0 781
28	0 651	0 667	0 682	0 698	0 714	0 730	0 746	0 762	0 778	0 794
1 30	0 661	0 677	0 693	0 709	0 725	0 742	0 758	0 774	0 790	0 806
32	0 671	0 687	0 704	0 720	0 737	0 753	0 769	0 786	0 802	0 818
34	0 681	0 698	0 714	0 731	0 748	0 764	0 781	0 798	0 814	0 831
36	0 691	0 708	0 725	0 742	0 759	0 776	0 793	0 809	0 826	0 843
38	0 702	0 719	0 736	0 753	0 770	0 787	0 804	0 821	0 838	0 856
1 40	0 712	0 729	0 746	0 764	0 781	0 799	0 816	0 833	0 851	0 868
42	0 722	0 740	0 757	0 775	0 792	0 810	0 828	0 845	0 863	0 880
44	0 732	0 750	0 768	0 786	0 804	0 821	0 839	0 857	0 875	0 893
46	0 742	0 760	0 778	0 797	0 815	0 833	0 851	0 869	0 887	0 905
48	0 752	0 771	0 789	0 807	0 826	0 844	0 863	0 881	0 899	0 918
1 50	0 763	0 781	0 800	0 818	0 837	0 856	0 874	0 893	0 911	0 930
52	0 773	0 792	0 810	0 829	0 848	0 867	0 886	0 905	0 924	0 942
54	0 783	0 802	0 821	0 840	0 859	0 878	0 898	0 917	0 936	0 955
56	0 793	0 812	0 832	0 851	0 870	0 890	0 909	0 929	0 948	0 967
58	0 803	0 823	0 842	0 862	0 882	0 901	0 921	0 940	0 960	0 980
1 60	0 813	0 833	0 853	0 873	0 893	0 913	0 932	0 952	0 972	0 992
62	0 824	0 844	0 864	0 884	0 904	0 924	0 944	0 964	0 984	1 004
64	0 834	0 854	0 874	0 895	0 915	0 935	0 956	0 976	0 996	1 017
66	0 844	0 865	0 885	0 906	0 926	0 947	0 967	0 988	1 009	1 029
68	0 854	0 875	0 896	0 917	0 937	0 958	0 979	1 000	1 021	1 042
1 70	0 864	0 885	0 906	0 928	0 949	0 970	0 991	1 012	1 033	1 054
72	0 874	0 896	0 917	0 938	0 960	0 981	1 002	1 024	1 045	1 066
74	0 885	0 906	0 928	0 949	0 971	0 992	1 014	1 036	1 057	1 079
76	0 895	0 917	0 938	0 960	0 982	1 004	1 026	1 048	1 069	1 091
78	0 905	0 927	0 949	0 971	0 993	1 015	1 037	1 059	1 082	1 104
1 80	0 915	0 937	0 960	0 982	1 004	1 027	1 049	1 071	1 094	1 116
82	0 925	0 948	0 970	0 993	1 016	1 038	1 061	1 083	1 106	1 128
84	0 935	0 958	0 981	1 004	1 027	1 050	1 072	1 095	1 118	1 141
86	0 946	0 969	0 992	1 015	1 038	1 061	1 084	1 107	1 130	1 153
88	0 956	0 979	1 002	1 026	1 049	1 072	1 096	1 119	1 142	1 166
1 90	0 966	0 990	1 013	1 037	1 060	1 084	1 107	1 131	1 154	1 178
92	0 976	1 000	1 024	1 048	1 071	1 095	1 119	1 143	1 167	1 190
94	0 986	1 010	1 034	1 058	1 083	1 107	1 131	1 155	1 179	1 203
96	0 996	1 021	1 045	1 069	1 094	1 118	1 142	1 167	1 191	1 215
98	1 007	1 031	1 056	1 080	1 105	1 129	1 154	1 178	1 203	1 228
2 —	1 017	1 042	1 066	1 091	1 116	1 141	1 166	1 190	1 215	1 240

Epaisseur : 0^m 62 centimètres

Longueur	Futailles	1 02	1 04	1 06	1 08	1 10	1 12	1 14	1 16	1 18	1 20
		Largeur en Centimètres									
m 1 02		0 645									
04		0 658	0 671								
06		0 670	0 683	0 697							
08		0 683	0 696	0 710	0 723						
1 10		0 696	0 709	0 723	0 737	0 750					
12		0 708	0 722	0 736	0 750	0 764	0 778				
14		0 721	0 735	0 749	0 763	0 777	0 792	0 806			
16		0 734	0 748	0 762	0 777	0 791	0 805	0 820	0 834		
18		0 746	0 761	0 775	0 790	0 805	0 819	0 834	0 849	0 863	
1 20		0 759	0 774	0 789	0 804	0 818	0 833	0 848	0 863	0 878	0 893
22		0 772	0 787	0 802	0 817	0 832	0 847	0 862	0 877	0 893	0 908
24		0 784	0 800	0 815	0 830	0 846	0 861	0 876	0 892	0 907	0 923
26		0 797	0 812	0 828	0 844	0 859	0 875	0 891	0 906	0 922	0 937
28		0 809	0 825	0 841	0 857	0 873	0 889	0 905	0 921	0 936	0 952
1 30		0 822	0 838	0 854	0 870	0 887	0 903	0 919	0 935	0 951	0 967
32		0 835	0 851	0 868	0 884	0 900	0 917	0 933	0 949	0 966	0 982
34		0 847	0 864	0 881	0 897	0 914	0 930	0 947	0 964	0 980	0 997
36		0 860	0 877	0 894	0 911	0 928	0 944	0 961	0 978	0 995	1 012
38		0 873	0 890	0 907	0 924	0 941	0 958	0 975	0 992	1 010	1 027
1 40		0 885	0 903	0 920	0 937	0 955	0 972	0 990	1 007	1 024	1 042
42		0 898	0 916	0 933	0 951	0 968	0 986	1 004	1 021	1 039	1 056
44		0 911	0 929	0 946	0 964	0 982	1 000	1 018	1 036	1 054	1 071
46		0 923	0 941	0 960	0 978	0 996	1 014	1 032	1 050	1 068	1 086
48		0 936	0 954	0 973	0 991	1 009	1 028	1 046	1 064	1 083	1 101
1 50		0 949	0 967	0 986	1 004	1 023	1 042	1 060	1 079	1 097	1 116
52		0 961	0 980	0 999	1 018	1 037	1 055	1 074	1 093	1 112	1 131
54		0 974	0 993	1 012	1 031	1 050	1 069	1 088	1 108	1 127	1 146
56		0 987	1 006	1 025	1 045	1 064	1 083	1 103	1 122	1 141	1 161
58		0 999	1 019	1 038	1 058	1 078	1 097	1 117	1 136	1 156	1 176
1 60		1 012	1 032	1 052	1 071	1 091	1 111	1 131	1 151	1 171	1 190
62		1 024	1 045	1 065	1 085	1 105	1 125	1 145	1 165	1 185	1 205
64		1 037	1 057	1 078	1 098	1 118	1 139	1 159	1 179	1 200	1 220
66		1 050	1 070	1 091	1 112	1 132	1 153	1 173	1 194	1 214	1 235
68		1 062	1 083	1 104	1 125	1 146	1 167	1 187	1 208	1 229	1 250
1 70		1 075	1 096	1 117	1 138	1 159	1 180	1 202	1 223	1 244	1 265
72		1 088	1 109	1 130	1 152	1 173	1 194	1 216	1 237	1 258	1 280
74		1 100	1 122	1 144	1 165	1 187	1 208	1 230	1 251	1 273	1 295
76		1 113	1 135	1 157	1 178	1 200	1 222	1 244	1 266	1 288	1 309
78		1 126	1 148	1 170	1 192	1 214	1 236	1 258	1 280	1 302	1 324
1 80		1 138	1 161	1 183	1 205	1 228	1 250	1 272	1 295	1 317	1 339
82		1 151	1 174	1 196	1 219	1 241	1 264	1 286	1 309	1 332	1 354
84		1 164	1 186	1 209	1 232	1 255	1 278	1 301	1 323	1 346	1 369
86		1 176	1 199	1 222	1 245	1 269	1 292	1 315	1 338	1 361	1 384
88		1 189	1 212	1 236	1 259	1 282	1 305	1 329	1 352	1 375	1 399
1 90		1 202	1 225	1 249	1 272	1 296	1 319	1 343	1 366	1 390	1 414
92		1 214	1 238	1 262	1 286	1 309	1 333	1 357	1 381	1 405	1 428
94		1 227	1 251	1 275	1 299	1 323	1 347	1 371	1 395	1 419	1 443
96		1 240	1 264	1 288	1 312	1 337	1 361	1 385	1 410	1 434	1 458
98		1 252	1 277	1 301	1 326	1 350	1 375	1 399	1 424	1 449	1 473
2 —		1 265	1 290	1 314	1 339	1 364	1 389	1 414	1 438	1 463	1 488
02		1 277	1 302	1 328	1 353	1 378	1 403	1 428	1 453	1 478	1 503
04		1 290	1 315	1 341	1 366	1 391	1 417	1 442	1 467	1 492	1 518
06		1 303	1 328	1 354	1 379	1 405	1 430	1 456	1 482	1 507	1 533
08		1 315	1 341	1 367	1 393	1 419	1 444	1 470	1 496	1 522	1 548
2 10		1 328	1 354	1 380	1 406	1 432	1 458	1 484	1 510	1 536	1 562
12		1 341	1 367	1 393	1 419	1 446	1 472	1 498	1 525	1 551	1 577
14		1 353	1 380	1 406	1 433	1 459	1 486	1 513	1 539	1 566	1 592
16		1 366	1 393	1 420	1 446	1 473	1 500	1 527	1 553	1 580	1 607
18		1 379	1 406	1 433	1 460	1 487	1 514	1 541	1 568	1 595	1 622
2 20		1 391	1 419	1 446	1 473	1 500	1 528	1 555	1 582	1 610	1 637
22		1 404	1 431	1 459	1 486	1 514	1 542	1 569	1 596	1 624	1 652
24		1 417	1 444	1 472	1 500	1 528	1 555	1 583	1 611	1 639	1 667
26		1 429	1 457	1 485	1 513	1 541	1 569	1 597	1 625	1 653	1 681
28		1 442	1 470	1 498	1 527	1 555	1 583	1 612	1 640	1 668	1 696
2 30		1 455	1 483	1 512	1 540	1 569	1 597	1 626	1 654	1 683	1 711
32		1 467	1 496	1 525	1 553	1 582	1 611	1 640	1 669	1 697	1 726
34		1 480	1 509	1 538	1 567	1 596	1 625	1 654	1 683	1 712	1 741
36		1 492	1 522	1 551	1 580	1 610	1 639	1 668	1 697	1 727	1 756
38		1 505	1 535	1 564	1 594	1 624	1 653	1 682	1 712	1 741	1 771
2 40		1 518	1 548	1 577	1 607	1 637	1 667	1 696	1 726	1 756	1 786

Epaisseur : 0^m 62 centimètres

Longueur	1 22	1 24	1 26	1 28	1 30	1 32	1 34	1 36	1 38	1 40
	Largeur en Centimètres									
1 22	0 923									
24	0 938	0 953								
26	0 953	0 969	0 984							
28	0 968	0 984	1 000	1 016						
1 30	0 983	0 999	1 016	1 032	1 048					
32	0 998	1 015	1 031	1 048	1 064	1 080				
34	1 014	1 030	1 047	1 063	1 080	1 097	1 113			
36	1 029	1 046	1 062	1 079	1 096	1 113	1 130	1 147		
38	1 044	1 061	1 078	1 095	1 112	1 129	1 147	1 164	1 181	
1 40	1 059	1 076	1 094	1 111	1 128	1 146	1 163	1 180	1 198	1 215
42	1 074	1 092	1 109	1 127	1 145	1 162	1 180	1 197	1 215	1 233
44	1 089	1 107	1 125	1 143	1 161	1 178	1 196	1 214	1 232	1 250
46	1 104	1 122	1 141	1 159	1 177	1 195	1 213	1 231	1 249	1 267
48	1 119	1 138	1 156	1 175	1 193	1 211	1 230	1 248	1 266	1 285
1 50	1 135	1 153	1 172	1 190	1 209	1 228	1 246	1 265	1 283	1 302
52	1 150	1 169	1 187	1 206	1 225	1 244	1 263	1 282	1 301	1 319
54	1 165	1 184	1 203	1 222	1 241	1 260	1 279	1 299	1 318	1 337
56	1 180	1 199	1 219	1 238	1 257	1 277	1 296	1 315	1 335	1 354
58	1 195	1 215	1 234	1 254	1 273	1 293	1 313	1 332	1 352	1 371
1 60	1 210	1 230	1 250	1 270	1 290	1 309	1 329	1 349	1 369	1 389
62	1 225	1 245	1 266	1 286	1 306	1 326	1 346	1 366	1 386	1 406
64	1 240	1 261	1 281	1 302	1 322	1 342	1 363	1 383	1 403	1 424
66	1 256	1 276	1 297	1 317	1 338	1 359	1 379	1 400	1 420	1 441
68	1 271	1 292	1 312	1 333	1 354	1 375	1 396	1 417	1 437	1 458
1 70	1 286	1 307	1 328	1 349	1 370	1 391	1 412	1 433	1 455	1 476
72	1 301	1 322	1 344	1 365	1 386	1 408	1 429	1 450	1 472	1 493
74	1 316	1 338	1 359	1 381	1 402	1 424	1 446	1 467	1 489	1 510
76	1 331	1 353	1 375	1 397	1 419	1 440	1 462	1 484	1 506	1 528
78	1 346	1 368	1 391	1 413	1 435	1 457	1 479	1 501	1 523	1 545
1 80	1 362	1 384	1 406	1 428	1 451	1 473	1 495	1 518	1 540	1 562
82	1 377	1 399	1 422	1 444	1 467	1 489	1 512	1 535	1 557	1 580
84	1 392	1 415	1 437	1 460	1 483	1 506	1 529	1 551	1 574	1 597
86	1 407	1 430	1 453	1 476	1 499	1 522	1 545	1 568	1 591	1 614
88	1 422	1 445	1 469	1 492	1 515	1 539	1 562	1 585	1 609	1 632
1 90	1 437	1 461	1 484	1 508	1 531	1 555	1 579	1 602	1 626	1 649
92	1 452	1 476	1 500	1 524	1 548	1 571	1 595	1 619	1 643	1 667
94	1 467	1 491	1 516	1 540	1 564	1 588	1 612	1 636	1 660	1 684
96	1 483	1 507	1 531	1 555	1 580	1 604	1 628	1 653	1 677	1 701
98	1 498	1 522	1 547	1 571	1 596	1 620	1 645	1 670	1 694	1 719
2 —	1 513	1 538	1 562	1 587	1 612	1 637	1 662	1 686	1 711	1 736
02	1 528	1 553	1 578	1 603	1 628	1 653	1 678	1 703	1 728	1 753
04	1 543	1 568	1 594	1 619	1 644	1 670	1 695	1 720	1 745	1 771
06	1 558	1 584	1 609	1 635	1 660	1 686	1 711	1 737	1 763	1 788
08	1 573	1 599	1 625	1 651	1 676	1 702	1 728	1 754	1 780	1 805
2 10	1 588	1 614	1 641	1 667	1 693	1 719	1 745	1 771	1 797	1 823
12	1 604	1 630	1 656	1 682	1 709	1 735	1 761	1 788	1 814	1 840
14	1 619	1 645	1 672	1 698	1 725	1 751	1 778	1 804	1 831	1 858
16	1 634	1 661	1 687	1 714	1 741	1 768	1 795	1 821	1 848	1 875
18	1 649	1 676	1 703	1 730	1 757	1 784	1 811	1 838	1 865	1 892
2 20	1 664	1 691	1 719	1 746	1 773	1 800	1 828	1 855	1 882	1 910
22	1 679	1 707	1 734	1 762	1 789	1 817	1 844	1 872	1 899	1 927
24	1 694	1 722	1 750	1 778	1 805	1 833	1 861	1 889	1 917	1 944
26	1 709	1 737	1 766	1 794	1 822	1 850	1 878	1 906	1 934	1 962
28	1 725	1 753	1 781	1 809	1 838	1 866	1 894	1 922	1 951	1 979
2 30	1 740	1 768	1 797	1 825	1 854	1 882	1 911	1 939	1 968	1 996
32	1 755	1 784	1 812	1 841	1 870	1 899	1 927	1 956	1 985	2 014
34	1 770	1 799	1 828	1 857	1 886	1 915	1 944	1 973	2 002	2 031
36	1 785	1 814	1 844	1 873	1 902	1 931	1 961	1 990	2 019	2 048
38	1 800	1 830	1 859	1 889	1 918	1 948	1 977	2 007	2 036	2 066
2 40	1 815	1 845	1 875	1 905	1 934	1 964	1 994	2 024	2 053	2 083

0,62

Epaisseur : 0m 64 centimètres

Longueur	Futailles	0 64	0 66	0 68	0 70	0 72	0 74	0 76	0 78	0 80	0 82
		Largeur en Centimètres									
m 0 64	0 210	0 262									
66	0 216	0 270	0 279								
68	0 223	0 279	0 287	0 296							
0 70	0 229	0 287	0 296	0 305	0 314						
72	0 236	0 295	0 304	0 313	0 323	0 332					
74	0 242	0 303	0 313	0 322	0 332	0 341	0 350				
76	0 249	0 311	0 321	0 331	0 340	0 350	0 360	0 370			
78	0 256	0 319	0 329	0 339	0 349	0 359	0 369	0 379	0 389		
0 80	0 262	0 328	0 338	0 348	0 358	0 369	0 379	0 389	0 399	0 410	
82	0 269	0 336	0 346	0 357	0 367	0 378	0 388	0 399	0 409	0 420	0 430
84	0 275	0 344	0 355	0 366	0 376	0 387	0 398	0 409	0 419	0 430	0 441
86	0 282	0 352	0 363	0 374	0 385	0 396	0 407	0 418	0 429	0 440	0 451
88	0 288	0 360	0 372	0 383	0 394	0 406	0 417	0 428	0 439	0 451	0 462
0 90	0 295	0 369	0 380	0 392	0 403	0 415	0 426	0 438	0 449	0 461	0 472
92	0 301	0 377	0 389	0 400	0 412	0 424	0 436	0 447	0 459	0 471	0 483
94	0 308	0 385	0 397	0 409	0 421	0 433	0 445	0 457	0 469	0 481	0 493
96	0 315	0 393	0 406	0 418	0 430	0 442	0 455	0 467	0 479	0 492	0 504
98	0 321	0 401	0 414	0 426	0 439	0 452	0 464	0 477	0 489	0 502	0 514
1 —	0 328	0 410	0 422	0 435	0 448	0 461	0 474	0 486	0 499	0 512	0 525
02	0 334	0 418	0 431	0 444	0 457	0 470	0 483	0 496	0 509	0 522	0 535
04	0 341	0 426	0 439	0 453	0 466	0 479	0 493	0 506	0 519	0 532	0 546
06	0 347	0 434	0 448	0 461	0 475	0 488	0 502	0 516	0 529	0 543	0 556
08	0 354	0 442	0 456	0 470	0 484	0 498	0 511	0 525	0 539	0 553	0 567
1 10	0 360	0 451	0 465	0 479	0 493	0 507	0 521	0 535	0 549	0 563	0 577
12	0 367	0 459	0 473	0 487	0 502	0 516	0 530	0 545	0 559	0 573	0 588
14	0 374	0 467	0 482	0 496	0 511	0 525	0 540	0 554	0 569	0 584	0 598
16	0 380	0 475	0 490	0 505	0 520	0 535	0 549	0 564	0 579	0 594	0 609
18	0 387	0 483	0 498	0 514	0 529	0 544	0 559	0 574	0 589	0 604	0 619
1 20	0 393	0 492	0 507	0 522	0 538	0 553	0 568	0 584	0 599	0 614	0 630
22	0 400	0 500	0 515	0 531	0 547	0 562	0 578	0 593	0 609	0 625	0 640
24	0 406	0 508	0 524	0 540	0 555	0 571	0 587	0 603	0 619	0 635	0 651
26	0 413	0 516	0 532	0 548	0 564	0 581	0 597	0 613	0 629	0 645	0 661
28	0 419	0 524	0 541	0 557	0 573	0 590	0 606	0 623	0 639	0 655	0 672
1 30	0 426	0 532	0 549	0 566	0 582	0 599	0 616	0 632	0 649	0 666	0 682
32	0 433	0 541	0 558	0 574	0 591	0 608	0 625	0 642	0 659	0 676	0 693
34	0 439	0 549	0 566	0 583	0 600	0 617	0 635	0 652	0 669	0 686	0 703
36	0 446	0 557	0 574	0 592	0 609	0 627	0 644	0 662	0 679	0 696	0 714
38	0 452	0 565	0 583	0 601	0 618	0 636	0 654	0 671	0 689	0 707	0 724
1 40	0 459	0 573	0 591	0 609	0 627	0 645	0 663	0 681	0 699	0 717	0 735
42	0 465	0 582	0 600	0 618	0 636	0 654	0 673	0 691	0 709	0 727	0 745
44	0 472	0 590	0 608	0 627	0 645	0 664	0 682	0 700	0 719	0 737	0 756
46	0 478	0 598	0 617	0 635	0 654	0 673	0 691	0 710	0 729	0 748	0 766
48	0 485	0 606	0 625	0 644	0 663	0 682	0 701	0 720	0 739	0 758	0 777
1 50	0 492	0 614	0 634	0 653	0 672	0 691	0 710	0 730	0 749	0 768	0 787
52	0 498	0 623	0 642	0 662	0 681	0 700	0 720	0 739	0 759	0 778	0 798
54	0 505	0 631	0 650	0 670	0 690	0 710	0 729	0 749	0 769	0 788	0 808
56	0 511	0 639	0 659	0 679	0 699	0 719	0 739	0 759	0 779	0 709	0 819
58	0 518	0 647	0 667	0 688	0 708	0 728	0 748	0 769	0 789	0 809	0 829
1 60	0 524	0 655	0 676	0 696	0 717	0 737	0 758	0 778	0 799	0 819	0 840
62	0 531	0 664	0 684	0 705	0 726	0 746	0 767	0 788	0 809	0 829	0 850
64	0 537	0 672	0 693	0 714	0 735	0 756	0 777	0 798	0 819	0 840	0 861
66	0 544	0 680	0 701	0 722	0 744	0 765	0 786	0 807	0 829	0 850	0 871
68	0 551	0 688	0 710	0 731	0 753	0 774	0 796	0 817	0 839	0 860	0 882
1 70	0 557	0 696	0 718	0 740	0 762	0 783	0 805	0 827	0 849	0 870	0 892
72	0 564	0 705	0 727	0 749	0 771	0 793	0 815	0 837	0 859	0 881	0 903
74	0 570	0 713	0 735	0 757	0 780	0 802	0 824	0 846	0 869	0 891	0 913
76	0 577	0 721	0 743	0 766	0 788	0 811	0 834	0 856	0 879	0 901	0 924
78	0 583	0 729	0 752	0 775	0 797	0 820	0 843	0 866	0 889	0 911	0 934
1 80	0 590	0 737	0 760	0 783	0 806	0 829	0 852	0 876	0 899	0 922	0 945
82	0 596	0 745	0 769	0 792	0 815	0 839	0 862	0 885	0 909	0 932	0 955
84	0 603	0 754	0 777	0 801	0 824	0 848	0 871	0 895	0 919	0 942	0 966
86	0 609	0 762	0 786	0 809	0 833	0 857	0 881	0 905	0 929	0 952	0 976
88	0 616	0 770	0 794	0 818	0 842	0 866	0 890	0 914	0 938	0 963	0 987
1 90	0 623	0 778	0 803	0 827	0 851	0 876	0 900	0 924	0 948	0 973	0 997
92	0 629	0 786	0 811	0 836	0 860	0 885	0 909	0 934	0 958	0 983	1 008
94	0 636	0 795	0 819	0 844	0 869	0 894	0 919	0 944	0 968	0 993	1 018
96	0 642	0 803	0 828	0 853	0 878	0 903	0 928	0 953	0 978	1 004	1 029
98	0 649	0 811	0 836	0 862	0 887	0 912	0 938	0 963	0 988	1 014	1 039
2 —	0 655	0 819	0 845	0 870	0 896	0 922	0 947	0 973	0 998	1 024	1 050
02	0 662	0 827	0 853	0 879	0 905	0 931	0 957	0 983	1 008	1 034	1 060

Epaisseur : 0m 64 centimètres

Longueur	0 84	0 86	0 88	0 90	0 92	0 94	0 96	0 98	1 00	1 02
	Largeur en Centimètres									
m 0 84	0 452									
86	0 462	0 473								
88	0 473	0 484	0 496							
0 90	0 484	0 495	0 507	0 518						
92	0 495	0 506	0 518	0 530	0 542					
94	0 505	0 517	0 529	0 541	0 553	0 566				
96	0 516	0 528	0 541	0 553	0 565	0 578	0 590			
98	0 527	0 539	0 552	0 564	0 577	0 590	0 602	0 615		
1 —	0 538	0 550	0 563	0 576	0 589	0 602	0 614	0 627	0 640	
02	0 548	0 561	0 574	0 588	0 601	0 614	0 627	0 640	0 653	0 666
04	0 559	0 572	0 586	0 599	0 612	0 626	0 639	0 652	0 666	0 679
06	0 570	0 583	0 597	0 611	0 624	0 638	0 651	0 665	0 678	0 692
08	0 581	0 594	0 608	0 622	0 636	0 650	0 664	0 677	0 691	0 705
1 10	0 591	0 605	0 619	0 634	0 648	0 662	0 676	0 690	0 704	0 718
12	0 602	0 616	0 631	0 645	0 659	0 674	0 688	0 702	0 717	0 731
14	0 613	0 627	0 642	0 657	0 671	0 686	0 700	0 715	0 730	0 744
16	0 624	0 638	0 653	0 668	0 683	0 698	0 713	0 728	0 742	0 757
18	0 634	0 649	0 665	0 680	0 695	0 710	0 725	0 740	0 755	0 770
1 20	0 645	0 660	0 676	0 691	0 707	0 722	0 737	0 753	0 768	0 783
22	0 656	0 671	0 687	0 703	0 718	0 734	0 750	0 765	0 781	0 796
24	0 667	0 682	0 698	0 714	0 730	0 746	0 762	0 778	0 794	0 809
26	0 677	0 694	0 710	0 726	0 742	0 758	0 774	0 790	0 806	0 823
28	0 688	0 705	0 721	0 737	0 754	0 770	0 786	0 803	0 819	0 836
1 30	0 699	0 716	0 732	0 749	0 765	0 782	0 799	0 815	0 832	0 849
32	0 710	0 727	0 743	0 760	0 777	0 794	0 811	0 828	0 845	0 862
34	0 720	0 738	0 755	0 772	0 789	0 806	0 823	0 840	0 858	0 875
36	0 731	0 749	0 766	0 783	0 801	0 818	0 836	0 853	0 870	0 888
38	0 742	0 760	0 777	0 795	0 813	0 830	0 848	0 866	0 883	0 901
1 40	0 753	0 771	0 788	0 806	0 824	0 842	0 860	0 878	0 896	0 914
42	0 763	0 782	0 800	0 818	0 836	0 854	0 872	0 891	0 909	0 927
44	0 774	0 793	0 811	0 829	0 848	0 866	0 885	0 903	0 922	0 940
46	0 785	0 804	0 822	0 841	0 860	0 878	0 897	0 916	0 934	0 953
48	0 796	0 815	0 834	0 852	0 871	0 890	0 909	0 928	0 947	0 966
1 50	0 806	0 826	0 845	0 864	0 883	0 902	0 922	0 941	0 960	0 979
52	0 817	0 837	0 856	0 876	0 895	0 914	0 934	0 953	0 973	0 992
54	0 828	0 848	0 867	0 887	0 907	0 926	0 946	0 966	0 986	1 005
56	0 839	0 859	0 879	0 899	0 919	0 938	0 958	0 978	0 998	1 018
58	0 849	0 870	0 890	0 910	0 930	0 951	0 971	0 991	1 011	1 031
1 60	0 860	0 881	0 901	0 922	0 942	0 963	0 983	1 004	1 024	1 044
62	0 871	0 892	0 912	0 933	0 954	0 975	0 995	1 016	1 037	1 058
64	0 882	0 903	0 924	0 945	0 966	0 987	1 008	1 029	1 050	1 071
66	0 892	0 914	0 935	0 956	0 977	0 999	1 020	1 041	1 062	1 084
68	0 903	0 925	0 946	0 968	0 989	1, 011	1 032	1 054	1 075	1 097
1 70	0 914	0 936	0 957	0 979	1 001	1 023	1 044	1 066	1 088	1 110
72	0 925	0 947	0 969	0 991	1 013	1 035	1 057	1 079	1 101	1 123
74	0 935	0 958	0 980	1 002	1 025	1 047	1 069	1 091	1 114	1 136
76	0 946	0 969	0 991	1 014	1 036	1 059	1 081	1 104	1 126	1 149
78	0 957	0 980	1 002	1 025	1 048	1 071	1 094	1 116	1 139	1 162
1 80	0 968	0 991	1 014	1 037	1 060	1 083	1 106	1 129	1 152	1 175
82	0 978	1 002	1 025	1 048	1 072	1 095	1 118	1 142	1 165	1 188
84	0 989	1 013	1 036	1 060	1 083	1 107	1 130	1 154	1 178	1 201
86	1 000	1 024	1 048	1 071	1 095	1 119	1 143	1 167	1 190	1 214
88	1 011	1 035	1 059	1 083	1 107	1 131	1 155	1 179	1 203	1 227
1 90	1 021	1 046	1 070	1 094	1 119	1 143	1 167	1 192	1 216	1 240
92	1 032	1 057	1 081	1 106	1 130	1 155	1 180	1 204	1 229	1 253
94	1 043	1 068	1 093	1 117	1 142	1 167	1 192	1 217	1 242	1 266
96	1 054	1 079	1 104	1 129	1 154	1 179	1 204	1 229	1 254	1 279
98	1 064	1 090	1 115	1 140	1 166	1 191	1 216	1 242	1 267	1 293
2 —	1 075	1 101	1 126	1 152	1 178	1 203	1 229	1 254	1 280	1 306
02	1 086	1 112	1 138	1 164	1 189	1 215	1 241	1 267	1 293	1 319

Epaisseur : 0ᵐ 64 centimètres

Longueur	Futailles	Largeur en Centimètres: 1 04	1 06	1 08	1 10	1 12	1 14	1 16	1 18	1 20	1 22
m 1 04		0 692									
06		0 706	0 719								
08		0 719	0 733	0 746							
1 10		0 732	0 746	0 760	0 774						
12		0 745	0 760	0 774	0 788	0 803					
14		0 759	0 773	0 788	0 803	0 817	0 832				
16		0 772	0 787	0 802	0 817	0 831	0 846	0 861			
18		0 785	0 801	0 816	0 831	0 846	0 861	0 876	0 891		
1 20		0 799	0 814	0 829	0 845	0 860	0 876	0 891	0 906	0 922	
22		0 812	0 828	0 843	0 859	0 874	0 890	0 906	0 921	0 937	0 953
24		0 825	0 841	0 857	0 873	0 889	0 905	0 921	0 936	0 952	0 968
26		0 839	0 855	0 871	0 887	0 903	0 919	0 935	0 952	0 968	0 984
28		0 852	0 868	0 885	0 901	0 918	0 934	0 950	0 967	0 983	0 999
1 30		0 865	0 882	0 899	0 915	0 932	0 948	0 965	0 982	0 998	1 015
32		0 879	0 895	0 912	0 929	0 946	0 963	0 980	0 997	1 014	1 031
34		0 892	0 909	0 926	0 943	0 961	0 978	0 995	1 012	1 029	1 046
36		0 905	0 923	0 940	0 957	0 975	0 992	1 010	1 027	1 044	1 062
38		0 919	0 936	0 954	0 972	0 989	1 007	1 025	1 042	1 060	1 078
1 40		0 932	0 950	0 968	0 986	1 004	1 021	1 039	1 057	1 075	1 093
42		0 945	0 963	0 982	1 000	1 018	1 036	1 054	1 072	1 091	1 109
44		0 958	0 977	0 995	1 014	1 032	1 051	1 069	1 087	1 106	1 124
46		0 972	0 990	1 009	1 028	1 047	1 065	1 084	1 103	1 121	1 140
48		0 985	1 004	1 023	1 042	1 061	1 080	1 099	1 118	1 137	1 156
1 50		0 998	1 018	1 037	1 056	1 075	1 094	1 114	1 133	1 152	1 171
52		1 012	1 031	1 051	1 070	1 090	1 109	1 128	1 148	1 167	1 187
54		1 025	1 045	1 064	1 084	1 104	1 124	1 143	1 163	1 183	1 202
56		1 038	1 058	1 078	1 098	1 118	1 138	1 158	1 178	1 198	1 218
58		1 052	1 072	1 092	1 112	1 133	1 153	1 173	1 193	1 213	1 234
1 60		1 065	1 085	1 106	1 126	1 147	1 167	1 188	1 208	1 229	1 249
62		1 078	1 099	1 120	1 140	1 161	1 182	1 203	1 223	1 244	1 265
64		1 092	1 113	1 134	1 155	1 176	1 197	1 218	1 239	1 260	1 281
66		1 105	1 126	1 147	1 169	1 190	1 211	1 232	1 254	1 275	1 296
68		1 118	1 140	1 161	1 183	1 204	1 226	1 247	1 269	1 290	1 312
1 70		1 132	1 153	1 175	1 197	1 219	1 240	1 262	1 284	1 306	1 327
72		1 145	1 167	1 189	1 211	1 233	1 255	1 277	1 299	1 321	1 343
74		1 158	1 180	1 203	1 225	1 247	1 270	1 292	1 314	1 336	1 359
76		1 171	1 194	1 217	1 239	1 262	1 284	1 307	1 329	1 352	1 374
78		1 185	1 208	1 230	1 253	1 276	1 299	1 321	1 344	1 367	1 390
1 80		1 198	1 221	1 244	1 267	1 290	1 313	1 336	1 359	1 382	1 405
82		1 211	1 235	1 258	1 281	1 305	1 328	1 351	1 374	1 398	1 421
84		1 225	1 248	1 272	1 295	1 319	1 342	1 366	1 390	1 413	1 437
86		1 238	1 262	1 286	1 309	1 333	1 357	1 381	1 405	1 428	1 452
88		1 251	1 275	1 299	1 324	1 348	1 372	1 396	1 420	1 444	1 468
1 90		1 265	1 289	1 313	1 338	1 362	1 386	1 411	1 435	1 459	1 484
92		1 278	1 303	1 327	1 352	1 376	1 401	1 425	1 450	1 475	1 499
94		1 291	1 316	1 341	1 366	1 391	1 415	1 440	1 465	1 490	1 515
96		1 305	1 330	1 355	1 380	1 405	1 430	1 455	1 480	1 505	1 530
98		1 318	1 343	1 369	1 394	1 419	1 445	1 470	1 495	1 521	1 546
2 —		1 331	1 357	1 382	1 408	1 434	1 459	1 485	1 510	1 536	1 562
02		1 345	1 370	1 396	1 422	1 448	1 474	1 500	1 526	1 551	1 577
04		1 358	1 384	1 410	1 436	1 462	1 488	1 514	1 541	1 567	1 593
06		1 371	1 398	1 424	1 450	1 477	1 503	1 529	1 556	1 582	1 608
08		1 384	1 411	1 438	1 464	1 491	1 518	1 544	1 571	1 597	1 624
2 10		1 398	1 425	1 452	1 478	1 505	1 532	1 559	1 586	1 613	1 640
12		1 411	1 438	1 465	1 492	1 520	1 547	1 574	1 601	1 628	1 655
14		1 424	1 452	1 479	1 507	1 534	1 561	1 589	1 616	1 644	1 671
16		1 438	1 465	1 493	1 521	1 548	1 576	1 604	1 631	1 659	1 687
18		1 451	1 479	1 507	1 535	1 563	1 591	1 618	1 646	1 674	1 702
2 20		1 464	1 492	1 521	1 549	1 577	1 605	1 633	1 661	1 690	1 718
22		1 478	1 506	1 534	1 563	1 591	1 620	1 648	1 677	1 705	1 733
24		1 491	1 520	1 548	1 577	1 606	1 634	1 663	1 692	1 720	1 749
26		1 504	1 533	1 562	1 591	1 620	1 649	1 678	1 707	1 736	1 765
28		1 518	1 547	1 576	1 605	1 634	1 663	1 693	1 722	1 751	1 780
2 30		1 531	1 560	1 590	1 619	1 649	1 678	1 708	1 737	1 766	1 796
32		1 544	1 574	1 604	1 633	1 663	1 693	1 722	1 752	1 782	1 811
34		1 558	1 587	1 617	1 647	1 677	1 707	1 737	1 767	1 797	1 827
36		1 571	1 601	1 631	1 661	1 692	1 722	1 752	1 782	1 812	1 843
38		1 584	1 615	1 645	1 676	1 706	1 736	1 767	1 797	1 828	1 858
2 40		1 597	1 628	1 659	1 690	1 720	1 751	1 782	1 812	1 843	1 874
42		1 611	1 642	1 673	1 704	1 735	1 766	1 797	1 828	1 859	1 890

Epaisseur : 0ᵐ 64 centimètres

Longueur	Largeur en Centimètres: 1 24	1 26	1 28	1 30	1 32	1 34	1 36	1 38	1 40	1 42
m 1 24	0 984									
26	1 000	1 016								
28	1 016	1 032	1 049							
1 30	1 032	1 048	1 065	1 082						
32	1 048	1 064	1 081	1 098	1 115					
34	1 063	1 081	1 098	1 115	1 132	1 149				
36	1 079	1 097	1 114	1 132	1 149	1 166	1 184			
38	1 095	1 113	1 130	1 148	1 166	1 183	1 201	1 219		
1 40	1 111	1 129	1 147	1 165	1 183	1 201	1 219	1 236	1 254	
42	1 127	1 145	1 163	1 181	1 200	1 218	1 236	1 254	1 272	1 290
44	1 143	1 161	1 180	1 198	1 217	1 235	1 253	1 272	1 290	1 309
46	1 159	1 177	1 196	1 215	1 233	1 252	1 271	1 289	1 308	1 327
48	1 175	1 193	1 212	1 231	1 250	1 269	1 288	1 307	1 326	1 345
1 50	1 190	1 210	1 229	1 248	1 267	1 286	1 306	1 325	1 344	1 363
52	1 206	1 226	1 245	1 265	1 284	1 304	1 323	1 342	1 362	1 381
54	1 222	1 242	1 262	1 281	1 301	1 321	1 340	1 360	1 380	1 400
56	1 238	1 258	1 278	1 298	1 318	1 338	1 358	1 378	1 398	1 418
58	1 254	1 274	1 294	1 315	1 335	1 355	1 375	1 395	1 416	1 436
1 60	1 270	1 290	1 311	1 331	1 352	1 372	1 393	1 413	1 434	1 454
62	1 286	1 306	1 327	1 348	1 369	1 389	1 410	1 431	1 452	1 472
64	1 302	1 322	1 343	1 364	1 385	1 406	1 427	1 448	1 469	1 490
66	1 317	1 339	1 360	1 381	1 402	1 424	1 445	1 466	1 487	1 509
68	1 333	1 355	1 376	1 398	1 419	1 441	1 462	1 484	1 505	1 527
1 70	1 349	1 371	1 393	1 414	1 436	1 458	1 480	1 501	1 523	1 545
72	1 365	1 387	1 409	1 431	1 453	1 475	1 497	1 519	1 541	1 563
74	1 381	1 403	1 425	1 448	1 470	1 492	1 514	1 537	1 559	1 581
76	1 397	1 419	1 442	1 464	1 487	1 509	1 532	1 554	1 577	1 599
78	1 413	1 435	1 458	1 481	1 504	1 527	1 549	1 572	1 595	1 618
1 80	1 428	1 452	1 475	1 498	1 521	1 544	1 567	1 590	1 613	1 636
82	1 444	1 468	1 491	1 514	1 538	1 561	1 584	1 607	1 631	1 654
84	1 460	1 484	1 507	1 531	1 554	1 578	1 602	1 625	1 649	1 672
86	1 476	1 500	1 524	1 548	1 571	1 595	1 619	1 643	1 667	1 690
88	1 492	1 516	1 540	1 564	1 588	1 612	1 636	1 660	1 684	1 709
1 90	1 508	1 532	1 556	1 581	1 605	1 629	1 654	1 678	1 702	1 727
92	1 524	1 548	1 573	1 597	1 622	1 647	1 671	1 696	1 720	1 745
94	1 540	1 564	1 589	1 614	1 639	1 664	1 689	1 713	1 738	1 763
96	1 555	1 581	1 606	1 631	1 656	1 681	1 706	1 731	1 756	1 781
98	1 571	1 597	1 622	1 647	1 673	1 698	1 723	1 749	1 774	1 799
2 —	1 587	1 613	1 638	1 664	1 690	1 715	1 741	1 766	1 792	1 818
02	1 603	1 629	1 655	1 681	1 706	1 732	1 758	1 784	1 810	1 836
04	1 619	1 645	1 671	1 697	1 723	1 750	1 776	1 802	1 828	1 854
06	1 635	1 661	1 688	1 714	1 740	1 767	1 793	1 819	1 846	1 872
08	1 651	1 677	1 704	1 731	1 757	1 784	1 810	1 837	1 864	1 890
2 10	1 667	1 693	1 720	1 747	1 774	1 801	1 828	1 855	1 882	1 908
12	1 682	1 710	1 737	1 764	1 791	1 818	1 845	1 872	1 900	1 927
14	1 698	1 726	1 753	1 780	1 808	1 835	1 863	1 890	1 917	1 945
16	1 714	1 742	1 769	1 797	1 825	1 852	1 880	1 908	1 935	1 963
18	1 730	1 758	1 786	1 814	1 842	1 870	1 897	1 925	1 953	1 981
2 20	1 746	1 774	1 802	1 830	1 859	1 887	1 915	1 943	1 971	1 999
22	1 762	1 790	1 819	1 847	1 875	1 904	1 932	1 961	1 989	2 017
24	1 778	1 806	1 835	1 864	1 892	1 921	1 950	1 978	2 007	2 036
26	1 794	1 822	1 851	1 880	1 909	1 938	1 967	1 996	2 025	2 054
28	1 809	1 839	1 868	1 897	1 926	1 955	1 985	2 014	2 043	2 072
2 30	1 825	1 855	1 884	1 914	1 943	1 972	2 002	2 031	2 061	2 090
32	1 841	1 871	1 901	1 930	1 960	1 990	2 019	2 049	2 079	2 108
34	1 857	1 887	1 917	1 947	1 977	2 007	2 037	2 067	2 097	2 127
36	1 873	1 903	1 933	1 964	1 994	2 024	2 054	2 084	2 115	2 145
38	1 889	1 919	1 950	1 980	2 011	2 041	2 072	2 102	2 132	2 163
2 40	1 905	1 935	1 966	1 997	2 028	2 058	2 089	2 120	2 150	2 181
42	1 921	1 951	1 982	2 013	2 044	2 075	2 106	2 137	2 168	2 199

Epaisseur : 0m 66 centimètres

Longueur	Futailles	Largeur en Centimètres									
		0 66	0 68	0 70	0 72	0 74	0 76	0 78	0 80	0 82	0 84
0 66	0 230	0 287									
68	0 237	0 296	0 305								
0 70	0 244	0 305	0 314	0 323							
72	0 251	0 314	0 323	0 333	0 342						
74	0 258	0 322	0 332	0 342	0 352	0 361					
76	0 265	0 331	0 341	0 351	0 361	0 371	0 381				
78	0 272	0 340	0 350	0 360	0 371	0 381	0 391	0 402			
0 80	0 279	0 348	0 359	0 370	0 380	0 391	0 401	0 412	0 422		
82	0 286	0 357	0 368	0 379	0 390	0 400	0 411	0 422	0 433	0 444	
84	0 293	0 366	0 377	0 388	0 399	0 410	0 421	0 432	0 444	0 455	0 466
86	0 300	0 375	0 386	0 397	0 409	0 420	0 431	0 443	0 454	0 465	0 477
88	0 307	0 383	0 395	0 407	0 418	0 430	0 441	0 453	0 465	0 476	0 488
0 90	0 314	0 392	0 404	0 416	0 428	0 440	0 451	0 463	0 475	0 487	0 499
92	0 321	0 401	0 413	0 425	0 437	0 449	0 461	0 474	0 486	0 498	0 510
94	0 328	0 409	0 422	0 434	0 447	0 459	0 472	0 484	0 496	0 509	0 521
96	0 335	0 418	0 431	0 444	0 456	0 469	0 482	0 494	0 507	0 520	0 532
98	0 342	0 427	0 440	0 453	0 466	0 479	0 492	0 505	0 517	0 530	0 543
1 —	0 349	0 436	0 449	0 462	0 475	0 488	0 502	0 515	0 528	0 541	0 554
02	0 355	0 444	0 458	0 471	0 485	0 498	0 512	0 525	0 539	0 552	0 565
04	0 362	0 453	0 467	0 480	0 494	0 508	0 522	0 535	0 549	0 563	0 577
06	0 369	0 462	0 476	0 490	0 504	0 518	0 532	0 546	0 560	0 574	0 588
08	0 376	0 470	0 485	0 499	0 513	0 527	0 542	0 556	0 570	0 584	0 599
1 10	0 383	0 479	0 494	0 508	0 523	0 537	0 552	0 566	0 581	0 595	0 610
12	0 390	0 488	0 503	0 517	0 532	0 547	0 562	0 577	0 591	0 606	0 621
14	0 397	0 497	0 512	0 527	0 542	0 557	0 572	0 587	0 602	0 617	0 632
16	0 404	0 505	0 521	0 536	0 551	0 567	0 582	0 597	0 612	0 628	0 643
18	0 411	0 514	0 530	0 545	0 561	0 576	0 592	0 607	0 623	0 639	0 654
1 20	0 418	0 523	0 539	0 554	0 570	0 586	0 602	0 618	0 634	0 649	0 665
22	0 425	0 531	0 548	0 564	0 580	0 596	0 612	0 628	0 644	0 660	0 676
24	0 432	0 540	0 557	0 573	0 589	0 606	0 622	0 638	0 655	0 671	0 687
26	0 439	0 549	0 565	0 582	0 599	0 615	0 632	0 649	0 665	0 682	0 699
28	0 446	0 558	0 574	0 591	0 608	0 625	0 642	0 659	0 676	0 693	0 710
1 30	0 453	0 566	0 583	0 601	0 618	0 635	0 652	0 669	0 686	0 704	0 721
32	0 460	0 575	0 592	0 610	0 627	0 645	0 662	0 680	0 697	0 714	0 732
34	0 467	0 584	0 601	0 619	0 637	0 654	0 672	0 690	0 708	0 725	0 743
36	0 474	0 592	0 610	0 628	0 646	0 664	0 682	0 700	0 718	0 736	0 754
38	0 481	0 601	0 619	0 638	0 656	0 674	0 692	0 710	0 729	0 747	0 765
1 40	0 488	0 610	0 628	0 647	0 665	0 684	0 702	0 721	0 739	0 758	0 776
42	0 495	0 619	0 637	0 656	0 675	0 694	0 712	0 731	0 750	0 769	0 787
44	0 502	0 627	0 646	0 665	0 684	0 703	0 722	0 741	0 760	0 779	0 798
46	0 509	0 636	0 655	0 675	0 694	0 713	0 732	0 752	0 771	0 790	0 809
48	0 516	0 645	0 664	0 684	0 703	0 723	0 742	0 762	0 781	0 801	0 821
1 50	0 523	0 653	0 673	0 693	0 713	0 733	0 752	0 772	0 792	0 812	0 832
52	0 530	0 662	0 682	0 702	0 722	0 742	0 762	0 782	0 803	0 823	0 843
54	0 537	0 671	0 691	0 711	0 732	0 752	0 772	0 793	0 813	0 833	0 854
56	0 544	0 680	0 700	0 721	0 741	0 762	0 782	0 803	0 824	0 844	0 865
58	0 551	0 688	0 709	0 730	0 751	0 772	0 793	0 813	0 834	0 855	0 876
1 60	0 558	0 697	0 718	0 739	0 760	0 781	0 803	0 824	0 845	0 866	0 887
62	0 565	0 706	0 727	0 748	0 770	0 791	0 813	0 834	0 855	0 877	0 898
64	0 572	0 714	0 736	0 758	0 779	0 801	0 823	0 844	0 866	0 888	0 909
66	0 578	0 723	0 745	0 767	0 789	0 811	0 833	0 855	0 876	0 898	0 920
68	0 585	0 732	0 754	0 776	0 798	0 821	0 843	0 865	0 887	0 909	0 931
1 70	0 592	0 741	0 763	0 785	0 808	0 830	0 853	0 875	0 898	0 920	0 942
72	0 599	0 749	0 772	0 795	0 817	0 840	0 863	0 885	0 908	0 931	0 954
74	0 606	0 758	0 781	0 804	0 827	0 850	0 873	0 896	0 919	0 942	0 965
76	0 613	0 767	0 790	0 813	0 836	0 860	0 883	0 906	0 929	0 953	0 976
78	0 620	0 775	0 799	0 822	0 846	0 869	0 893	0 916	0 940	0 963	0 987
1 80	0 627	0 784	0 808	0 832	0 855	0 879	0 903	0 927	0 950	0 974	0 998
82	0 634	0 793	0 817	0 841	0 865	0 889	0 913	0 937	0 961	0 985	1 009
84	0 641	0 802	0 826	0 850	0 874	0 899	0 923	0 947	0 972	0 996	1 020
86	0 648	0 810	0 835	0 859	0 884	0 908	0 933	0 958	0 982	1 007	1 031
88	0 655	0 819	0 844	0 869	0 893	0 918	0 943	0 968	0 993	1 017	1 042
1 90	0 662	0 828	0 853	0 878	0 903	0 928	0 953	0 978	1 003	1 028	1 053
92	0 669	0 836	0 862	0 887	0 912	0 938	0 963	0 988	1 014	1 039	1 064
94	0 676	0 845	0 871	0 896	0 922	0 948	0 973	0 999	1 024	1 050	1 076
96	0 683	0 854	0 880	0 906	0 931	0 957	0 983	1 009	1 035	1 061	1 087
98	0 690	0 862	0 889	0 915	0 941	0 967	0 993	1 019	1 045	1 072	1 098
2 —	0 697	0 871	0 898	0 924	0 950	0 977	1 003	1 030	1 056	1 082	1 109
02	0 704	0 880	0 907	0 933	0 960	0 987	1 013	1 040	1 067	1 093	1 120
04	0 711	0 889	0 916	0 942	0 969	0 996	1 023	1 050	1 077	1 104	1 131

Epaisseur : 0m 66 centimètres

Longueur	Largeur en Centimètres									
	0 86	0 88	0 90	0 92	0 94	0 96	0 98	1 00	1 02	1 04
0 86	0 488									
88	0 499	0 511								
0 90	0 511	0 523	0 535							
92	0 522	0 534	0 546	0 559						
94	0 534	0 546	0 558	0 571	0 583					
96	0 545	0 558	0 570	0 583	0 596	0 608				
98	0 556	0 569	0 582	0 595	0 608	0 621	0 634			
1 —	0 568	0 581	0 594	0 607	0 620	0 634	0 647	0 660		
02	0 579	0 592	0 606	0 619	0 633	0 646	0 660	0 673	0 687	
04	0 590	0 604	0 618	0 631	0 645	0 659	0 673	0 686	0 700	0 714
06	0 602	0 616	0 630	0 644	0 658	0 672	0 686	0 700	0 714	0 728
08	0 613	0 627	0 642	0 656	0 670	0 684	0 699	0 713	0 727	0 741
1 10	0 624	0 639	0 653	0 668	0 682	0 697	0 711	0 726	0 741	0 755
12	0 636	0 650	0 665	0 680	0 695	0 710	0 724	0 739	0 754	0 769
14	0 647	0 662	0 677	0 692	0 707	0 722	0 737	0 752	0 767	0 782
16	0 658	0 674	0 689	0 704	0 720	0 735	0 750	0 766	0 781	0 796
18	0 670	0 685	0 701	0 716	0 732	0 748	0 763	0 779	0 794	0 810
1 20	0 681	0 697	0 713	0 729	0 744	0 760	0 776	0 792	0 808	0 824
22	0 692	0 709	0 725	0 741	0 757	0 773	0 789	0 805	0 821	0 837
24	0 704	0 720	0 737	0 753	0 769	0 786	0 802	0 818	0 835	0 851
26	0 715	0 732	0 748	0 765	0 782	0 798	0 815	0 832	0 848	0 865
28	0 727	0 743	0 760	0 777	0 794	0 811	0 828	0 845	0 862	0 879
1 30	0 738	0 755	0 772	0 789	0 807	0 824	0 841	0 858	0 875	0 892
32	0 749	0 767	0 784	0 802	0 819	0 836	0 854	0 871	0 889	0 906
34	0 761	0 778	0 796	0 814	0 831	0 849	0 867	0 884	0 902	0 920
36	0 772	0 790	0 808	0 826	0 844	0 862	0 880	0 898	0 916	0 934
38	0 783	0 802	0 820	0 838	0 856	0 874	0 893	0 911	0 929	0 947
1 40	0 795	0 813	0 832	0 850	0 869	0 887	0 906	0 924	0 942	0 961
42	0 806	0 825	0 843	0 862	0 881	0 900	0 918	0 937	0 956	0 975
44	0 817	0 836	0 855	0 874	0 893	0 912	0 931	0 950	0 969	0 988
46	0 829	0 848	0 867	0 887	0 906	0 925	0 944	0 964	0 983	1 002
48	0 840	0 860	0 879	0 899	0 918	0 938	0 957	0 977	0 996	1 016
1 50	0 851	0 871	0 891	0 911	0 931	0 950	0 970	0 990	1 010	1 030
52	0 863	0 883	0 903	0 923	0 943	0 963	0 983	1 003	1 023	1 043
54	0 874	0 894	0 915	0 935	0 955	0 976	0 996	1 016	1 037	1 057
56	0 885	0 906	0 927	0 947	0 968	0 988	1 009	1 030	1 050	1 071
58	0 897	0 918	0 939	0 959	0 980	1 001	1 022	1 043	1 064	1 085
1 60	0 908	0 929	0 950	0 972	0 993	1 014	1 035	1 056	1 077	1 098
62	0 920	0 941	0 962	0 984	1 005	1 026	1 048	1 069	1 091	1 112
64	0 931	0 953	0 974	0 996	1 017	1 039	1 061	1 082	1 104	1 126
66	0 942	0 964	0 986	1 008	1 030	1 052	1 074	1 096	1 118	1 139
68	0 954	0 976	0 998	1 020	1 042	1 064	1 087	1 109	1 131	1 153
1 70	0 965	0 987	1 010	1 032	1 055	1 077	1 100	1 122	1 144	1 167
72	0 976	0 999	1 022	1 044	1 067	1 090	1 112	1 135	1 158	1 181
74	0 988	1 011	1 034	1 057	1 079	1 102	1 125	1 148	1 171	1 194
76	0 999	1 022	1 045	1 069	1 092	1 115	1 138	1 162	1 185	1 208
78	1 010	1 034	1 057	1 081	1 104	1 128	1 151	1 175	1 198	1 222
1 80	1 022	1 045	1 069	1 093	1 117	1 140	1 164	1 188	1 212	1 236
82	1 033	1 057	1 081	1 105	1 129	1 153	1 177	1 201	1 225	1 249
84	1 044	1 069	1 093	1 117	1 142	1 166	1 190	1 214	1 239	1 263
86	1 056	1 080	1 105	1 129	1 154	1 178	1 203	1 228	1 252	1 277
88	1 067	1 092	1 117	1 142	1 166	1 191	1 216	1 241	1 266	1 290
1 90	1 078	1 104	1 129	1 154	1 179	1 204	1 229	1 254	1 279	1 304
92	1 090	1 115	1 140	1 166	1 191	1 217	1 242	1 267	1 293	1 318
94	1 101	1 127	1 152	1 178	1 204	1 229	1 255	1 280	1 306	1 332
96	1 112	1 138	1 164	1 190	1 216	1 242	1 268	1 294	1 319	1 345
98	1 124	1 150	1 176	1 202	1 228	1 254	1 281	1 307	1 333	1 359
2 —	1 135	1 162	1 188	1 214	1 241	1 267	1 294	1 320	1 346	1 373
02	1 147	1 173	1 200	1 227	1 253	1 280	1 307	1 333	1 360	1 387
04	1 158	1 185	1 212	1 239	1 266	1 293	1 319	1 346	1 373	1 400

Epaisseur : 0m 66 centimètres

Longueur	Futailles	Largeur en Centimètres 1 06	1 08	1 10	1 12	1 14	1 16	1 18	1 20	1 22	1 24
m 1 06		0 742									
08		0 756	0 770								
1 10		0 770	0 784	0 799							
12		0 784	0 798	0 813	0 828						
14		0 798	0 813	0 828	0 843	0 858					
16		0 812	0 827	0 842	0 857	0 873	0 888				
18		0 826	0 841	0 857	0 872	0 888	0 903	0 919			
1 20		0 840	0 855	0 871	0 887	0 903	0 919	0 935	0 950		
22		0 854	0 870	0 886	0 902	0 918	0 934	0 950	0 966	0 982	
24		0 868	0 884	0 900	0 917	0 933	0 949	0 966	0 982	0 998	1 015
26		0 881	0 898	0 915	0 931	0 948	0 965	0 981	0 998	1 015	1 031
28		0 895	0 912	0 929	0 946	0 963	0 980	0 997	1 014	1 031	1 048
1 30		0 909	0 927	0 944	0 961	0 978	0 995	1 012	1 030	1 047	1 064
32		0 923	0 941	0 958	0 976	0 993	1 011	1 028	1 045	1 063	1 080
34		0 937	0 955	0 973	0 991	1 008	1 026	1 044	1 061	1 079	1 097
36		0 951	0 969	0 987	1 005	1 023	1 041	1 059	1 077	1 095	1 113
38		0 965	0 984	1 002	1 020	1 038	1 057	1 075	1 093	1 111	1 129
1 40		0 979	0 998	1 016	1 035	1 053	1 072	1 090	1 109	1 127	1 146
42		0 993	1 012	1 031	1 050	1 068	1 087	1 106	1 125	1 143	1 162
44		1 007	1 026	1 045	1 064	1 083	1 102	1 121	1 140	1 159	1 178
46		1 021	1 041	1 060	1 079	1 099	1 118	1 137	1 156	1 176	1 195
48		1 035	1 055	1 074	1 094	1 114	1 133	1 153	1 172	1 192	1 211
1 50		1 049	1 069	1 089	1 109	1 129	1 148	1 168	1 188	1 208	1 228
52		1 063	1 083	1 104	1 124	1 144	1 164	1 184	1 204	1 224	1 244
54		1 077	1 098	1 118	1 138	1 159	1 179	1 199	1 220	1 240	1 260
56		1 091	1 112	1 133	1 153	1 174	1 194	1 215	1 236	1 256	1 277
58		1 105	1 126	1 147	1 168	1 189	1 210	1 231	1 251	1 272	1 293
1 60		1 119	1 140	1 162	1 183	1 204	1 225	1 246	1 267	1 288	1 309
62		1 133	1 155	1 176	1 198	1 219	1 240	1 262	1 283	1 304	1 326
64		1 147	1 169	1 191	1 212	1 234	1 256	1 277	1 299	1 321	1 342
66		1 161	1 183	1 205	1 227	1 249	1 271	1 293	1 315	1 337	1 359
68		1 175	1 198	1 220	1 242	1 264	1 286	1 308	1 331	1 353	1 375
1 70		1 189	1 212	1 234	1 257	1 279	1 302	1 324	1 346	1 369	1 391
72		1 203	1 226	1 249	1 271	1 294	1 317	1 340	1 362	1 385	1 408
74		1 217	1 240	1 263	1 286	1 309	1 332	1 355	1 378	1 401	1 424
76		1 231	1 255	1 278	1 301	1 324	1 347	1 371	1 394	1 417	1 440
78		1 245	1 269	1 292	1 316	1 339	1 363	1 386	1 410	1 433	1 457
1 80		1 259	1 283	1 307	1 331	1 354	1 378	1 402	1 426	1 449	1 473
82		1 273	1 297	1 321	1 345	1 369	1 393	1 417	1 441	1 465	1 489
84		1 287	1 312	1 336	1 360	1 384	1 409	1 433	1 457	1 482	1 506
86		1 301	1 326	1 350	1 375	1 399	1 424	1 449	1 473	1 498	1 522
88		1 315	1 340	1 365	1 390	1 415	1 439	1 464	1 489	1 514	1 539
1 90		1 329	1 354	1 379	1 404	1 430	1 455	1 480	1 505	1 530	1 555
92		1 343	1 369	1 394	1 419	1 445	1 470	1 495	1 521	1 546	1 571
94		1 357	1 383	1 408	1 434	1 460	1 485	1 511	1 536	1 562	1 588
96		1 371	1 397	1 423	1 449	1 475	1 501	1 526	1 552	1 578	1 604
98		1 385	1 411	1 437	1 464	1 490	1 516	1 542	1 568	1 594	1 620
2 —		1 399	1 426	1 452	1 478	1 505	1 531	1 558	1 584	1 610	1 637
02		1 413	1 440	1 467	1 493	1 520	1 547	1 573	1 600	1 627	1 653
04		1 427	1 454	1 481	1 508	1 535	1 562	1 589	1 616	1 643	1 670
06		1 441	1 468	1 496	1 523	1 550	1 577	1 604	1 632	1 659	1 686
08		1 455	1 483	1 510	1 538	1 565	1 592	1 620	1 647	1 675	1 702
2 10		1 469	1 497	1 525	1 552	1 580	1 608	1 635	1 663	1 691	1 719
12		1 483	1 511	1 539	1 567	1 595	1 623	1 651	1 679	1 707	1 735
14		1 497	1 525	1 554	1 582	1 610	1 638	1 667	1 695	1 723	1 751
16		1 511	1 540	1 568	1 597	1 625	1 654	1 682	1 711	1 739	1 768
18		1 525	1 554	1 583	1 611	1 640	1 669	1 698	1 727	1 755	1 784
2 20		1 539	1 568	1 597	1 626	1 655	1 684	1 713	1 742	1 771	1 800
22		1 553	1 582	1 612	1 641	1 670	1 700	1 729	1 758	1 788	1 817
24		1 567	1 597	1 626	1 656	1 685	1 715	1 745	1 774	1 804	1 833
26		1 581	1 611	1 641	1 671	1 700	1 730	1 760	1 790	1 820	1 850
28		1 595	1 625	1 655	1 685	1 715	1 746	1 776	1 806	1 836	1 866
2 30		1 609	1 639	1 670	1 700	1 731	1 761	1 791	1 822	1 852	1 882
32		1 623	1 654	1 684	1 715	1 746	1 776	1 807	1 837	1 868	1 899
34		1 637	1 668	1 699	1 730	1 761	1 792	1 822	1 853	1 884	1 915
36		1 651	1 682	1 713	1 745	1 776	1 807	1 838	1 869	1 900	1 931
38		1 665	1 696	1 728	1 759	1 791	1 822	1 854	1 885	1 916	1 948
2 40		1 679	1 711	1 742	1 774	1 806	1 837	1 869	1 901	1 932	1 964
42		1 693	1 725	1 757	1 789	1 821	1 853	1 885	1 917	1 949	1 981
44		1 707	1 739	1 771	1 803	1 836	1 868	1 900	1 932	1 965	1 997

Epaisseur : 0m 66 centimètres

Longueur	Largeur en Centimètres 1 26	1 28	1 30	1 32	1 34	1 36	1 38	1 40	1 42	1 44
1 26	1 048									
28	1 064	1 081								
1 30	1 081	1 098	1 115							
32	1 098	1 115	1 133	1 150						
34	1 114	1 132	1 150	1 167	1 185					
36	1 131	1 149	1 167	1 185	1 203	1 221				
38	1 148	1 166	1 184	1 202	1 220	1 239	1 257			
1 40	1 164	1 183	1 201	1 220	1 238	1 257	1 275	1 294		
42	1 181	1 200	1 218	1 237	1 256	1 275	1 293	1 312	1 331	
44	1 198	1 217	1 236	1 255	1 274	1 293	1 312	1 331	1 350	1 369
46	1 214	1 233	1 253	1 272	1 291	1 310	1 330	1 349	1 368	1 388
48	1 231	1 250	1 270	1 289	1 309	1 328	1 348	1 368	1 387	1 407
1 50	1 247	1 267	1 287	1 307	1 327	1 346	1 366	1 386	1 406	1 426
52	1 264	1 284	1 304	1 324	1 344	1 364	1 384	1 404	1 425	1 445
54	1 281	1 301	1 321	1 342	1 362	1 382	1 403	1 423	1 443	1 464
56	1 297	1 318	1 338	1 359	1 380	1 400	1 421	1 441	1 462	1 483
58	1 314	1 335	1 356	1 376	1 397	1 418	1 439	1 460	1 481	1 502
1 60	1 331	1 352	1 373	1 394	1 415	1 436	1 457	1 478	1 500	1 521
62	1 347	1 369	1 390	1 411	1 433	1 454	1 475	1 497	1 518	1 540
64	1 364	1 385	1 407	1 429	1 450	1 472	1 494	1 515	1 537	1 559
66	1 380	1 402	1 424	1 446	1 468	1 490	1 512	1 534	1 556	1 578
68	1 397	1 419	1 441	1 464	1 486	1 508	1 530	1 552	1 574	1 597
1 70	1 414	1 436	1 459	1 481	1 503	1 526	1 548	1 571	1 593	1 616
72	1 430	1 453	1 476	1 498	1 521	1 544	1 567	1 589	1 612	1 635
74	1 447	1 470	1 493	1 516	1 539	1 562	1 585	1 608	1 631	1 654
76	1 464	1 487	1 510	1 533	1 556	1 580	1 603	1 626	1 649	1 673
78	1 480	1 504	1 527	1 551	1 574	1 598	1 621	1 645	1 668	1 692
1 80	1 497	1 521	1 544	1 568	1 592	1 616	1 639	1 663	1 687	1 711
82	1 514	1 538	1 562	1 586	1 610	1 634	1 658	1 682	1 706	1 730
84	1 530	1 554	1 579	1 603	1 627	1 652	1 676	1 700	1 724	1 749
86	1 547	1 571	1 596	1 620	1 645	1 670	1 694	1 719	1 743	1 768
88	1 563	1 588	1 613	1 638	1 663	1 687	1 712	1 737	1 762	1 787
1 90	1 580	1 605	1 630	1 655	1 680	1 705	1 731	1 756	1 781	1 806
92	1 597	1 622	1 647	1 673	1 698	1 723	1 749	1 774	1 799	1 825
94	1 613	1 639	1 665	1 690	1 716	1 741	1 767	1 793	1 818	1 844
96	1 630	1 656	1 682	1 708	1 733	1 759	1 785	1 811	1 837	1 863
98	1 647	1 673	1 699	1 725	1 751	1 777	1 803	1 830	1 856	1 882
2 —	1 663	1 690	1 716	1 742	1 769	1 795	1 822	1 848	1 874	1 901
02	1 680	1 706	1 733	1 760	1 786	1 813	1 840	1 866	1 893	1 920
04	1 696	1 723	1 750	1 777	1 804	1 831	1 858	1 885	1 912	1 939
06	1 713	1 740	1 767	1 795	1 822	1 849	1 876	1 903	1 931	1 958
08	1 730	1 757	1 785	1 812	1 840	1 867	1 894	1 922	1 949	1 977
2 10	1 746	1 774	1 802	1 830	1 857	1 885	1 913	1 940	1 968	1 996
12	1 763	1 791	1 819	1 847	1 875	1 903	1 931	1 959	1 987	2 015
14	1 780	1 808	1 836	1 864	1 893	1 921	1 949	1 977	2 006	2 034
16	1 796	1 825	1 853	1 882	1 910	1 939	1 967	1 996	2 024	2 053
18	1 813	1 842	1 870	1 899	1 928	1 957	1 986	2 014	2 043	2 072
2 20	1 830	1 859	1 888	1 917	1 946	1 975	2 004	2 033	2 062	2 091
22	1 846	1 875	1 905	1 934	1 963	1 993	2 022	2 051	2 081	2 110
24	1 863	1 892	1 922	1 951	1 981	2 011	2 040	2 070	2 099	2 129
26	1 879	1 909	1 939	1 969	1 999	2 029	2 058	2 088	2 118	2 148
28	1 896	1 926	1 956	1 986	2 016	2 047	2 077	2 107	2 137	2 167
2 30	1 913	1 943	1 973	2 004	2 034	2 064	2 095	2 125	2 156	2 186
32	1 929	1 960	1 991	2 021	2 052	2 082	2 113	2 144	2 174	2 205
34	1 946	1 977	2 008	2 039	2 069	2 100	2 131	2 162	2 193	2 224
36	1 963	1 994	2 025	2 056	2 087	2 118	2 149	2 181	2 212	2 243
38	1 979	2 011	2 042	2 073	2 105	2 136	2 168	2 199	2 231	2 262
2 40	1 996	2 028	2 059	2 091	2 123	2 154	2 186	2 218	2 249	2 281
42	2 012	2 044	2 076	2 108	2 140	2 172	2 204	2 236	2 268	2 300
44	2 029	2 061	2 093	2 126	2 158	2 190	2 222	2 255	2 287	2 319

0,66

Epaisseur : 0m 68 centimètres

Longueur	Futailles	Largeur en centimètres. 0 68	0 70	0 72	0 74	0 76	0 78	0 80	0 82	0 84	0 86
m 0 68	0 252	0 314									
0 70	0 259	0 324	0 333								
72	0 266	0 333	0 343	0 353							
74	0 274	0 342	0 352	0 362	0 372						
76	0 281	0 351	0 362	0 372	0 382	0 393					
78	0 289	0 361	0 371	0 382	0 392	0 403	0 414				
0 80	0 296	0 370	0 381	0 392	0 403	0 413	0 424	0 435			
82	0 303	0 379	0 390	0 401	0 413	0 424	0 435	0 446	0 457		
84	0 311	0 388	0 400	0 411	0 423	0 434	0 446	0 457	0 468	0 480	
86	0 318	0 398	0 409	0 421	0 433	0 444	0 456	0 468	0 480	0 491	0 503
88	0 326	0 407	0 419	0 431	0 443	0 455	0 467	0 479	0 491	0 502	0 515
0 90	0 333	0 416	0 428	0 441	0 453	0 465	0 477	0 490	0 502	0 514	0 526
92	0 340	0 425	0 438	0 450	0 463	0 475	0 488	0 500	0 513	0 526	0 538
94	0 348	0 435	0 447	0 460	0 473	0 486	0 499	0 511	0 524	0 537	0 550
96	0 355	0 444	0 457	0 470	0 483	0 496	0 509	0 522	0 535	0 548	0 561
98	0 363	0 453	0 466	0 480	0 493	0 506	0 520	0 533	0 546	0 560	0 573
1 —	0 370	0 462	0 476	0 490	0 503	0 517	0 530	0 544	0 558	0 571	0 585
02	0 377	0 472	0 486	0 499	0 513	0 527	0 541	0 555	0 569	0 583	0 596
04	0 385	0 481	0 495	0 509	0 523	0 537	0 552	0 566	0 580	0 594	0 608
06	0 392	0 490	0 505	0 519	0 533	0 548	0 562	0 577	0 591	0 605	0 620
08	0 400	0 499	0 514	0 529	0 543	0 558	0 573	0 588	0 602	0 617	0 632
1 10	0 407	0 509	0 524	0 539	0 554	0 568	0 583	0 598	0 613	0 628	0 643
12	0 414	0 518	0 533	0 548	0 564	0 579	0 594	0 609	0 625	0 640	0 655
14	0 422	0 527	0 543	0 558	0 574	0 589	0 605	0 620	0 636	0 651	0 667
16	0 429	0 536	0 552	0 568	0 584	0 599	0 615	0 631	0 647	0 663	0 678
18	0 437	0 546	0 562	0 578	0 594	0 610	0 626	0 642	0 658	0 674	0 690
1 20	0 444	0 555	0 571	0 588	0 604	0 620	0 636	0 653	0 669	0 685	0 702
22	0 451	0 564	0 581	0 597	0 614	0 630	0 647	0 664	0 680	0 697	0 713
24	0 459	0 573	0 590	0 607	0 624	0 641	0 658	0 675	0 691	0 708	0 725
26	0 466	0 583	0 600	0 617	0 634	0 651	0 668	0 685	0 703	0 720	0 737
28	0 474	0 592	0 609	0 627	0 644	0 662	0 679	0 696	0 714	0 731	0 749
1 30	0 481	0 601	0 619	0 636	0 654	0 672	0 690	0 707	0 725	0 743	0 760
32	0 488	0 610	0 628	0 646	0 664	0 682	0 700	0 718	0 736	0 754	0 772
34	0 496	0 620	0 638	0 656	0 674	0 693	0 711	0 729	0 747	0 765	0 784
36	0 503	0 629	0 647	0 666	0 684	0 703	0 721	0 740	0 758	0 777	0 795
38	0 511	0 638	0 657	0 676	0 694	0 713	0 732	0 751	0 769	0 788	0 807
1 40	0 518	0 647	0 666	0 685	0 704	0 724	0 743	0 762	0 781	0 800	0 819
42	0 525	0 657	0 676	0 695	0 715	0 734	0 753	0 772	0 792	0 811	0 830
44	0 533	0 666	0 685	0 705	0 725	0 744	0 764	0 783	0 803	0 823	0 842
46	0 540	0 675	0 695	0 715	0 735	0 755	0 774	0 794	0 814	0 834	0 854
48	0 548	0 684	0 704	0 725	0 745	0 765	0 785	0 805	0 825	0 845	0 866
1 50	0 555	0 694	0 714	0 734	0 755	0 775	0 796	0 816	0 836	0 857	0 877
52	0 562	0 703	0 724	0 744	0 765	0 786	0 806	0 827	0 848	0 868	0 889
54	0 570	0 712	0 733	0 754	0 775	0 796	0 817	0 838	0 859	0 880	0 901
56	0 577	0 721	0 743	0 764	0 785	0 806	0 827	0 849	0 870	0 891	0 912
58	0 584	0 731	0 752	0 774	0 795	0 817	0 838	0 860	0 881	0 902	0 924
1 60	0 592	0 740	0 762	0 783	0 805	0 827	0 849	0 870	0 892	0 914	0 936
62	0 599	0 749	0 771	0 793	0 815	0 837	0 859	0 881	0 903	0 925	0 947
64	0 607	0 758	0 781	0 803	0 825	0 848	0 870	0 892	0 914	0 937	0 959
66	0 614	0 768	0 790	0 813	0 835	0 858	0 880	0 903	0 926	0 948	0 971
68	0 622	0 777	0 800	0 823	0 845	0 868	0 891	0 914	0 937	0 960	0 982
1 70	0 629	0 786	0 809	0 832	0 855	0 879	0 902	0 925	0 948	0 971	0 994
72	0 636	0 795	0 819	0 842	0 866	0 889	0 912	0 936	0 959	0 982	1 006
74	0 644	0 805	0 828	0 852	0 876	0 899	0 923	0 947	0 970	0 994	1 018
76	0 651	0 814	0 838	0 862	0 886	0 910	0 934	0 957	0 981	1 005	1 029
78	0 658	0 823	0 847	0 871	0 896	0 920	0 944	0 968	0 993	1 017	1 041
1 80	0 666	0 832	0 857	0 881	0 906	0 930	0 955	0 979	1 004	1 028	1 053
82	0 673	0 842	0 866	0 891	0 916	0 941	0 965	0 990	1 015	1 040	1 064
84	0 681	0 851	0 876	0 901	0 926	0 951	0 976	1 001	1 026	1 051	1 076
86	0 688	0 860	0 885	0 911	0 936	0 961	0 987	1 012	1 037	1 062	1 088
88	0 696	0 869	0 895	0 920	0 946	0 972	0 997	1 023	1 048	1 074	1 099
1 90	0 703	0 879	0 904	0 930	0 956	0 982	1 008	1 034	1 059	1 085	1 111
92	0 710	0 888	0 914	0 940	0 966	0 992	1 018	1 044	1 071	1 097	1 123
94	0 718	0 897	0 923	0 950	0 976	1 003	1 029	1 055	1 082	1 108	1 135
96	0 725	0 906	0 933	0 960	0 986	1 013	1 040	1 066	1 093	1 120	1 146
98	0 732	0 916	0 942	0 969	0 996	1 023	1 050	1 077	1 104	1 131	1 158
2 —	0 740	0 925	0 952	0 979	1 000	1 034	1 061	1 088	1 115	1 142	1 170
02	0 747	0 934	0 962	0 989	1 016	1 044	1 071	1 099	1 126	1 154	1 181
04	0 755	0 943	0 971	0 999	1 027	1 054	1 082	1 110	1 138	1 165	1 193
06	0 762	0 953	0 981	1 009	1 037	1 065	1 093	1 121	1 149	1 177	1 205

Epaisseur : 0m 68 centimètres

Longueur	Largeur en centimètres 0 88	0 90	0 92	0 94	0 96	0 98	1 00	1 02	1 04	1 06
m 0 88	0 527									
0 90	0 539	0 551								
92	0 551	0 563	0 576							
94	0 562	0 575	0 588	0 601						
96	0 574	0 588	0 601	0 614	0 627					
98	0 586	0 600	0 613	0 626	0 640	0 653				
1 —	0 598	0 612	0 626	0 639	0 653	0 666	0 680			
02	0 610	0 624	0 638	0 652	0 666	0 680	0 694	0 707		
04	0 622	0 636	0 651	0 665	0 679	0 693	0 707	0 721	0 735	
06	0 634	0 649	0 663	0 678	0 692	0 706	0 721	0 735	0 750	0 764
08	0 646	0 661	0 676	0 690	0 705	0 720	0 734	0 749	0 764	0 778
1 10	0 658	0 673	0 688	0 703	0 718	0 733	0 748	0 763	0 778	0 793
12	0 670	0 685	0 701	0 716	0 732	0 746	0 762	0 777	0 792	0 807
14	0 682	0 698	0 713	0 729	0 744	0 760	0 775	0 791	0 806	0 822
16	0 694	0 710	0 726	0 741	0 757	0 773	0 789	0 805	0 820	0 836
18	0 706	0 722	0 738	0 754	0 770	0 786	0 802	0 818	0 834	0 851
1 20	0 718	0 734	0 751	0 767	0 783	0 800	0 816	0 832	0 849	0 865
22	0 730	0 747	0 763	0 780	0 796	0 813	0 830	0 846	0 863	0 879
24	0 742	0 759	0 776	0 793	0 809	0 826	0 843	0 860	0 877	0 894
26	0 754	0 771	0 788	0 805	0 823	0 840	0 857	0 874	0 891	0 908
28	0 766	0 783	0 801	0 818	0 836	0 853	0 870	0 888	0 905	0 923
1 30	0 778	0 796	0 813	0 831	0 849	0 866	0 884	0 902	0 919	0 937
32	0 790	0 808	0 826	0 844	0 862	0 880	0 898	0 916	0 934	0 951
34	0 802	0 820	0 838	0 857	0 875	0 893	0 911	0 929	0 948	0 966
36	0 814	0 832	0 851	0 869	0 888	0 906	0 925	0 943	0 962	0 980
38	0 826	0 845	0 863	0 882	0 901	0 920	0 938	0 957	0 976	0 995
1 40	0 838	0 857	0 876	0 895	0 914	0 933	0 952	0 971	0 990	1 009
42	0 850	0 869	0 888	0 908	0 927	0 946	0 966	0 985	1 004	1 024
44	0 862	0 881	0 901	0 920	0 940	0 960	0 979	0 999	1 018	1 038
46	0 874	0 894	0 913	0 933	0 953	0 973	0 993	1 013	1 032	1 052
48	0 886	0 906	0 926	0 946	0 966	0 986	1 006	1 027	1 047	1 067
1 50	0 898	0 918	0 938	0 959	0 979	1 000	1 020	1 040	1 061	1 081
52	0 910	0 930	0 951	0 972	0 992	1 013	1 034	1 054	1 075	1 096
54	0 922	0 942	0 963	0 084	1 005	1 026	1 047	1 068	1 089	1 110
56	0 934	0 955	0 976	0 097	1 018	1 040	1 061	1 082	1 103	1 124
58	0 945	0 967	0 988	1 010	1 031	1 053	1 074	1 096	1 117	1 139
1 60	0 957	0 979	1 001	1 023	1 044	1 066	1 088	1 110	1 132	1 153
62	0 969	0 991	1 013	1 036	1 058	1 080	1 102	1 124	1 146	1 168
64	0 981	1 004	1 026	1 048	1 071	1 093	1 115	1 138	1 160	1 182
66	0 993	1 016	1 038	1 061	1 084	1 106	1 129	1 151	1 174	1 197
68	1 005	1 028	1 051	1 074	1 097	1 120	1 142	1 165	1 188	1 211
1 70	1 017	1 040	1 064	1 087	1 110	1 133	1 156	1 179	1 202	1 225
72	1 029	1 053	1 076	1 099	1 123	1 146	1 170	1 193	1 216	1 240
74	1 041	1 065	1 089	1 112	1 136	1 160	1 183	1 207	1 231	1 254
76	1 053	1 077	1 101	1 125	1 149	1 173	1 197	1 221	1 245	1 269
78	1 065	1 089	1 114	1 138	1 162	1 186	1 210	1 235	1 259	1 283
1 80	1 077	1 102	1 126	1 151	1 175	1 200	1 224	1 248	1 273	1 297
82	1 089	1 114	1 139	1 163	1 188	1 213	1 238	1 262	1 287	1 312
84	1 101	1 126	1 151	1 176	1 201	1 226	1 251	1 276	1 301	1 326
86	1 113	1 138	1 164	1 189	1 214	1 240	1 265	1 290	1 315	1 341
88	1 125	1 151	1 176	1 202	1 227	1 253	1 278	1 304	1 330	1 355
1 90	1 137	1 163	1 189	1 214	1 240	1 266	1 292	1 318	1 344	1 370
92	1 149	1 175	1 201	1 227	1 253	1 279	1 306	1 332	1 358	1 384
94	1 161	1 187	1 214	1 240	1 266	1 293	1 319	1 346	1 372	1 398
96	1 173	1 200	1 226	1 253	1 279	1 306	1 333	1 359	1 386	1 413
98	1 185	1 212	1 239	1 266	1 293	1 319	1 346	1 373	1 400	1 427
2 —	1 197	1 224	1 251	1 278	1 306	1 333	1 360	1 387	1 414	1 442
02	1 209	1 236	1 264	1 291	1 319	1 346	1 374	1 401	1 429	1 456
04	1 221	1 248	1 276	1 304	1 332	1 359	1 387	1 415	1 443	1 470
06	1 233	1 261	1 289	1 317	1 345	1 373	1 401	1 429	1 457	1 485

Epaisseur : 0m 68 centimètres

Longueur (m)	Futailles	1 08	1 10	1 12	1 14	1 16	1 18	1 20	1 22	1 24	1 26
		Largeur en Centimètres									
1 08		0 793									
1 10		0 808	0 823								
12		0 823	0 838	0 853							
14		0 837	0 853	0 868	0 884						
16		0 852	0 868	0 883	0 899	0 915					
18		0 867	0 883	0 899	0 915	0 931	0 947				
1 20		0 881	0 898	0 914	0 930	0 947	0 963	0 979			
22		0 896	0 913	0 929	0 946	0 962	0 979	0 996	1 012		
24		0 910	0 928	0 944	0 961	0 978	0 995	1 012	1 029	1 046	
26		0 925	0 942	0 960	0 977	0 994	1 011	1 028	1 045	1 062	1 080
28		0 940	0 957	0 975	0 992	1 010	1 027	1 044	1 062	1 079	1 097
1 30		0 955	0 972	0 990	1 008	1 025	1 043	1 061	1 078	1 096	1 114
32		0 969	0 987	1 005	1 023	1 041	1 059	1 077	1 095	1 113	1 131
34		0 984	1 002	1 021	1 039	1 057	1 075	1 093	1 112	1 130	1 148
36		0 999	1 017	1 036	1 054	1 073	1 091	1 110	1 128	1 147	1 165
38		1 013	1 032	1 051	1 070	1 089	1 107	1 126	1 145	1 164	1 182
1 40		1 028	1 047	1 066	1 085	1 104	1 123	1 142	1 161	1 180	1 200
42		1 043	1 062	1 081	1 101	1 120	1 139	1 159	1 178	1 197	1 217
44		1 058	1 077	1 097	1 116	1 136	1 155	1 175	1 195	1 214	1 234
46		1 072	1 092	1 112	1 132	1 152	1 172	1 191	1 211	1 231	1 251
48		1 087	1 107	1 127	1 147	1 167	1 188	1 208	1 228	1 248	1 268
1 50		1 102	1 122	1 142	1 163	1 183	1 204	1 224	1 244	1 265	1 285
52		1 116	1 137	1 158	1 178	1 199	1 220	1 240	1 261	1 282	1 302
54		1 131	1 152	1 173	1 194	1 215	1 236	1 257	1 278	1 299	1 319
56		1 146	1 167	1 188	1 209	1 231	1 252	1 273	1 294	1 315	1 337
58		1 160	1 182	1 203	1 225	1 246	1 268	1 289	1 311	1 332	1 354
1 60		1 175	1 197	1 219	1 240	1 262	1 284	1 306	1 327	1 349	1 371
62		1 190	1 212	1 234	1 256	1 278	1 300	1 322	1 344	1 366	1 388
64		1 204	1 227	1 249	1 271	1 294	1 316	1 338	1 361	1 383	1 405
66		1 219	1 242	1 264	1 287	1 309	1 332	1 355	1 377	1 400	1 422
68		1 234	1 257	1 279	1 302	1 325	1 348	1 371	1 394	1 417	1 439
1 70		1 248	1 272	1 295	1 318	1 341	1 364	1 387	1 410	1 433	1 457
72		1 263	1 287	1 310	1 333	1 357	1 380	1 404	1 427	1 450	1 474
74		1 278	1 302	1 325	1 349	1 373	1 396	1 420	1 444	1 467	1 491
76		1 293	1 316	1 340	1 364	1 388	1 412	1 436	1 460	1 484	1 508
78		1 307	1 331	1 356	1 380	1 404	1 428	1 452	1 477	1 501	1 525
1 80		1 322	1 346	1 371	1 395	1 420	1 444	1 469	1 393	1 518	1 542
82		1 337	1 361	1 386	1 411	1 436	1 460	1 485	1 510	1 535	1 559
84		1 351	1 376	1 401	1 426	1 451	1 476	1 501	1 526	1 552	1 577
86		1 366	1 391	1 417	1 442	1 467	1 492	1 518	1 543	1 568	1 594
88		1 381	1 406	1 432	1 457	1 483	1 509	1 534	1 560	1 585	1 611
1 90		1 395	1 421	1 447	1 473	1 499	1 525	1 550	1 576	1 602	1 628
92		1 410	1 436	1 462	1 488	1 514	1 541	1 567	1 593	1 619	1 645
94		1 425	1 451	1 478	1 504	1 530	1 557	1 583	1 609	1 636	1 662
96		1 439	1 466	1 493	1 519	1 546	1 573	1 599	1 626	1 653	1 679
98		1 454	1 481	1 508	1 535	1 562	1 589	1 616	1 643	1 670	1 696
2 —		1 469	1 496	1 523	1 550	1 578	1 605	1 632	1 659	1 686	1 714
02		1 483	1 511	1 538	1 566	1 593	1 621	1 648	1 676	1 703	1 731
04		1 498	1 526	1 554	1 581	1 609	1 637	1 665	1 692	1 720	1 748
06		1 513	1 541	1 569	1 597	1 625	1 653	1 681	1 709	1 737	1 765
08		1 528	1 556	1 584	1 612	1 641	1 669	1 697	1 726	1 754	1 782
2 10		1 542	1 571	1 599	1 628	1 656	1 685	1 714	1 742	1 771	1 799
12		1 557	1 586	1 615	1 643	1 672	1 701	1 730	1 759	1 788	1 816
14		1 572	1 601	1 630	1 659	1 688	1 717	1 746	1 775	1 804	1 834
16		1 586	1 616	1 645	1 674	1 704	1 733	1 763	1 792	1 821	1 851
18		1 601	1 631	1 660	1 690	1 720	1 749	1 779	1 809	1 838	1 868
2 20		1 616	1 646	1 676	1 705	1 735	1 765	1 795	1 825	1 855	1 885
22		1 630	1 661	1 691	1 721	1 751	1 781	1 812	1 842	1 872	1 902
24		1 645	1 676	1 706	1 736	1 767	1 797	1 828	1 858	1 889	1 919
26		1 660	1 690	1 721	1 752	1 783	1 813	1 844	1 875	1 906	1 936
28		1 674	1 705	1 736	1 767	1 798	1 829	1 860	1 891	1 922	1 954
2 30		1 689	1 720	1 752	1 783	1 814	1 846	1 877	1 908	1 939	1 971
32		1 704	1 735	1 767	1 798	1 830	1 862	1 893	1 925	1 956	1 988
34		1 718	1 750	1 782	1 814	1 846	1 878	1 909	1 941	1 973	2 005
36		1 733	1 765	1 797	1 829	1 862	1 894	1 926	1 958	1 990	2 022
38		1 748	1 780	1 813	1 845	1 877	1 910	1 942	1 974	2 007	2 039
2 40		1 763	1 795	1 828	1 860	1 893	1 926	1 958	1 991	2 024	2 056
42		1 777	1 810	1 843	1 876	1 909	1 942	1 975	2 008	2 041	2 073
44		1 792	1 825	1 858	1 891	1 925	1 958	1 991	2 024	2 057	2 091
46		1 807	1 840	1 874	1 907	1 940	1 974	2 007	2 041	2 074	2 108

Epaisseur : 0m 68 centimètres

Longueur (m)	1 28	1 30	1 32	1 34	1 36	1 38	1 40	1 42	1 44	1 46
	Largeur en Centimètres									
1 28	1 114									
1 30	1 132	1 149								
32	1 149	1 167	1 185							
34	1 166	1 185	1 203	1 221						
36	1 184	1 202	1 221	1 239	1 258					
38	1 201	1 220	1 239	1 257	1 276	1 295				
1 40	1 219	1 238	1 257	1 276	1 295	1 314	1 333			
42	1 236	1 255	1 275	1 294	1 313	1 333	1 352	1 371		
44	1 253	1 273	1 293	1 312	1 332	1 351	1 371	1 390	1 410	
46	1 271	1 291	1 310	1 330	1 350	1 370	1 390	1 410	1 430	1 449
48	1 288	1 308	1 328	1 349	1 369	1 389	1 409	1 429	1 449	1 469
1 50	1 306	1 326	1 346	1 367	1 387	1 408	1 428	1 448	1 469	1 489
52	1 323	1 344	1 364	1 385	1 406	1 426	1 447	1 468	1 488	1 509
54	1 340	1 361	1 382	1 403	1 424	1 445	1 466	1 487	1 508	1 529
56	1 358	1 379	1 400	1 421	1 443	1 464	1 485	1 506	1 528	1 549
58	1 375	1 397	1 418	1 440	1 461	1 483	1 504	1 526	1 547	1 569
1 60	1 393	1 414	1 436	1 458	1 480	1 501	1 523	1 545	1 567	1 588
62	1 410	1 432	1 454	1 476	1 498	1 520	1 542	1 564	1 586	1 608
64	1 427	1 450	1 472	1 494	1 517	1 539	1 561	1 584	1 606	1 628
66	1 445	1 467	1 490	1 513	1 535	1 558	1 580	1 603	1 625	1 648
68	1 462	1 485	1 508	1 531	1 554	1 577	1 599	1 622	1 645	1 668
1 70	1 480	1 503	1 526	1 549	1 572	1 595	1 618	1 642	1 665	1 688
72	1 497	1 520	1 544	1 567	1 591	1 614	1 637	1 661	1 684	1 708
74	1 514	1 538	1 562	1 585	1 609	1 633	1 656	1 680	1 704	1 727
76	1 532	1 556	1 580	1 604	1 628	1 652	1 676	1 699	1 723	1 747
78	1 549	1 574	1 598	1 622	1 646	1 670	1 695	1 719	1 743	1 767
1 80	1 567	1 591	1 616	1 640	1 665	1 689	1 714	1 738	1 763	1 787
82	1 584	1 609	1 634	1 658	1 683	1 708	1 733	1 757	1 782	1 807
84	1 602	1 627	1 652	1 677	1 702	1 727	1 752	1 777	1 802	1 827
86	1 619	1 644	1 670	1 695	1 720	1 745	1 771	1 796	1 821	1 847
88	1 636	1 662	1 687	1 713	1 739	1 764	1 790	1 815	1 841	1 866
1 90	1 654	1 680	1 705	1 731	1 757	1 783	1 809	1 835	1 860	1 886
92	1 671	1 697	1 723	1 750	1 776	1 802	1 828	1 854	1 880	1 906
94	1 689	1 715	1 741	1 768	1 794	1 820	1 847	1 873	1 900	1 926
96	1 706	1 733	1 759	1 786	1 813	1 839	1 866	1 893	1 919	1 946
98	1 723	1 750	1 777	1 804	1 831	1 858	1 885	1 912	1 939	1 966
2 —	1 741	1 768	1 795	1 822	1 850	1 877	1 904	1 931	1 958	1 986
02	1 758	1 786	1 813	1 841	1 868	1 896	1 923	1 951	1 978	2 005
04	1 776	1 803	1 831	1 859	1 887	1 914	1 942	1 970	1 998	2 025
06	1 793	1 821	1 849	1 877	1 905	1 933	1 961	1 989	2 017	2 045
08	1 810	1 839	1 867	1 895	1 924	1 952	1 980	2 008	2 037	2 065
2 10	1 828	1 856	1 885	1 914	1 942	1 971	1 999	2 028	2 056	2 085
12	1 845	1 874	1 903	1 932	1 961	1 989	2 018	2 047	2 076	2 105
14	1 863	1 892	1 921	1 950	1 979	2 008	2 037	2 066	2 095	2 125
16	1 880	1 909	1 939	1 968	1 998	2 027	2 056	2 086	2 115	2 144
18	1 897	1 927	1 957	1 986	2 016	2 046	2 075	2 105	2 135	2 164
2 20	1 915	1 945	1 975	2 005	2 035	2 064	2 094	2 124	2 154	2 184
22	1 932	1 962	1 993	2 023	2 053	2 083	2 113	2 144	2 174	2 204
24	1 950	1 980	2 011	2 041	2 072	2 102	2 132	2 163	2 193	2 224
26	1 967	1 998	2 029	2 059	2 090	2 121	2 152	2 182	2 213	2 244
28	1 985	2 016	2 047	2 078	2 109	2 140	2 171	2 202	2 233	2 264
2 30	2 002	2 033	2 064	2 096	2 127	2 158	2 190	2 221	2 252	2 283
32	2 019	2 051	2 082	2 114	2 146	2 177	2 209	2 240	2 272	2 303
34	2 037	2 069	2 100	2 132	2 164	2 196	2 228	2 260	2 291	2 323
36	2 054	2 086	2 118	2 150	2 183	2 215	2 247	2 279	2 311	2 343
38	2 072	2 104	2 136	2 169	2 201	2 233	2 266	2 298	2 330	2 363
2 40	2 089	2 122	2 154	2 187	2 220	2 252	2 285	2 317	2 350	2 383
42	2 106	2 139	2 172	2 205	2 238	2 271	2 304	2 337	2 370	2 403
44	2 124	2 157	2 190	2 223	2 257	2 290	2 323	2 356	2 389	2 422
46	2 141	2 175	2 208	2 242	2 275	2 308	2 342	2 375	2 409	2 442

Epaisseur : 0m 70 centimètres

Longueur	Futailles	Largeur en Centimètres									
		0 70	0 72	0 74	0 76	0 78	0 80	0 82	0 84	0 86	0 88
0m 70	0 274	0 343									
72	0 282	0 353	0 363								
74	0 290	0 363	0 373	0 383							
76	0 298	0 372	0 383	0 394	0 404						
78	0 306	0 382	0 393	0 404	0 415	0 426					
0 80	0 314	0 392	0 403	0 414	0 426	0 437	0 448				
82	0 321	0 402	0 413	0 425	0 436	0 448	0 459	0 471			
84	0 329	0 412	0 423	0 435	0 447	0 459	0 470	0 482	0 494		
86	0 337	0 421	0 433	0 445	0 458	0 470	0 482	0 494	0 506	0 518	
88	0 345	0 431	0 444	0 456	0 468	0 480	0 493	0 505	0 517	0 530	0 542
0 90	0 353	0 441	0 454	0 466	0 479	0 491	0 504	0 517	0 529	0 542	0 554
92	0 361	0 451	0 464	0 477	0 489	0 502	0 515	0 528	0 541	0 554	0 567
94	0 368	0 461	0 474	0 487	0 500	0 513	0 526	0 540	0 553	0 566	0 579
96	0 376	0 470	0 484	0 497	0 511	0 524	0 538	0 551	0 564	0 578	0 591
98	0 384	0 480	0 494	0 508	0 521	0 535	0 549	0 563	0 576	0 590	0 604
1 —	0 392	0 490	0 504	0 518	0 532	0 546	0 560	0 574	0 588	0 602	0 616
02	0 400	0 500	0 514	0 528	0 543	0 557	0 571	0 585	0 600	0 614	0 628
04	0 408	0 510	0 524	0 539	0 553	0 568	0 582	0 597	0 612	0 626	0 641
06	0 416	0 519	0 534	0 549	0 564	0 579	0 594	0 608	0 623	0 638	0 653
08	0 423	0 529	0 544	0 559	0 575	0 590	0 605	0 620	0 635	0 650	0 665
1 10	0 431	0 539	0 554	0 570	0 585	0 601	0 616	0 631	0 647	0 662	0 678
12	0 439	0 549	0 564	0 580	0 596	0 612	0 627	0 643	0 659	0 674	0 690
14	0 447	0 559	0 575	0 591	0 606	0 622	0 638	0 654	0 670	0 686	0 702
16	0 455	0 568	0 585	0 601	0 617	0 633	0 650	0 666	0 682	0 698	0 715
18	0 463	0 578	0 595	0 611	0 628	0 644	0 661	0 677	0 694	0 710	0 727
1 20	0 470	0 588	0 605	0 622	0 638	0 655	0 672	0 689	0 706	0 722	0 739
22	0 478	0 598	0 615	0 632	0 649	0 666	0 683	0 700	0 717	0 734	0 752
24	0 486	0 608	0 625	0 642	0 660	0 677	0 694	0 712	0 729	0 746	0 764
26	0 494	0 617	0 635	0 653	0 670	0 688	0 706	0 723	0 741	0 759	0 776
28	0 502	0 627	0 645	0 663	0 681	0 699	0 717	0 735	0 753	0 771	0 788
1 30	0 510	0 637	0 655	0 673	0 692	0 710	0 728	0 746	0 764	0 783	0 801
32	0 517	0 647	0 665	0 684	0 702	0 721	0 739	0 758	0 776	0 795	0 813
34	0 525	0 657	0 675	0 694	0 713	0 732	0 750	0 769	0 788	0 807	0 825
36	0 533	0 666	0 685	0 704	0 724	0 743	0 762	0 781	0 800	0 819	0 838
38	0 541	0 676	0 696	0 715	0 734	0 753	0 773	0 792	0 811	0 831	0 850
1 40	0 549	0 686	0 706	0 725	0 745	0 764	0 784	0 804	0 823	0 843	0 862
42	0 557	0 696	0 716	0 736	0 755	0 775	0 795	0 815	0 835	0 855	0 875
44	0 564	0 706	0 726	0 746	0 766	0 786	0 806	0 827	0 847	0 867	0 887
46	0 572	0 715	0 736	0 756	0 777	0 797	0 818	0 838	0 858	0 879	0 899
48	0 580	0 725	0 746	0 767	0 787	0 808	0 829	0 850	0 870	0 891	0 912
1 50	0 588	0 735	0 756	0 777	0 798	0 819	0 840	0 861	0 882	0 903	0 924
52	0 596	0 745	0 766	0 787	0 809	0 830	0 851	0 872	0 894	0 915	0 936
54	0 604	0 755	0 776	0 798	0 819	0 841	0 862	0 884	0 906	0 927	0 949
56	0 612	0 764	0 786	0 808	0 830	0 852	0 874	0 895	0 917	0 939	0 961
58	0 619	0 774	0 796	0 818	0 841	0 863	0 885	0 907	0 929	0 951	0 973
1 60	0 627	0 784	0 806	0 829	0 851	0 874	0 896	0 918	0 941	0 963	0 986
62	0 635	0 794	0 816	0 839	0 862	0 885	0 907	0 930	0 953	0 975	0 998
64	0 643	0 804	0 827	0 850	0 872	0 895	0 918	0 941	0 964	0 987	1 010
66	0 651	0 813	0 837	0 860	0 883	0 906	0 930	0 953	0 976	0 999	1 023
68	0 659	0 823	0 847	0 870	0 894	0 917	0 941	0 964	0 988	1 011	1 035
1 70	0 666	0 833	0 857	0 881	0 904	0 928	0 952	0 976	1 000	1 023	1 047
72	0 674	0 843	0 867	0 891	0 915	0 939	0 963	0 987	1 011	1 035	1 060
74	0 682	0 853	0 877	0 901	0 926	0 950	0 974	0 999	1 023	1 047	1 072
76	0 690	0 862	0 887	0 912	0 936	0 961	0 986	1 010	1 035	1 060	1 084
78	0 698	0 872	0 897	0 922	0 947	0 972	0 997	1 022	1 047	1 072	1 096
1 80	0 706	0 882	0 907	0 932	0 958	0 983	1 008	1 033	1 058	1 084	1 109
82	0 713	0 892	0 917	0 943	0 968	0 994	1 019	1 045	1 070	1 096	1 121
84	0 721	0 902	0 927	0 953	0 979	1 005	1 030	1 056	1 082	1 108	1 133
86	0 729	0 911	0 937	0 963	0 990	1 016	1 042	1 068	1 094	1 120	1 146
88	0 737	0 921	0 948	0 974	1 000	1 026	1 053	1 079	1 105	1 132	1 158
1 90	0 745	0 931	0 958	0 984	1 011	1 037	1 064	1 091	1 117	1 144	1 170
92	0 753	0 941	0 968	0 995	1 021	1 048	1 075	1 102	1 129	1 156	1 183
94	0 760	0 951	0 978	1 005	1 032	1 059	1 086	1 114	1 141	1 168	1 195
96	0 768	0 960	0 988	1 015	1 043	1 070	1 098	1 125	1 152	1 180	1 207
98	0 776	0 970	0 998	1 026	1 053	1 081	1 109	1 137	1 164	1 192	1 220
2 —	0 784	0 980	1 008	1 036	1 064	1 092	1 120	1 148	1 176	1 204	1 232
02	0 792	0 990	1 018	1 046	1 075	1 103	1 131	1 159	1 188	1 216	1 244
04	0 800	1 000	1 028	1 057	1 085	1 114	1 142	1 171	1 200	1 228	1 257
06	0 808	1 009	1 038	1 067	1 096	1 125	1 154	1 182	1 211	1 240	1 269
08	0 815	1 019	1 048	1 077	1 107	1 136	1 165	1 194	1 223	1 252	1 281

Epaisseur : 0m 70 centimètres

Longueur	Largeur en Centimètres									
	0 90	0 92	0 94	0 96	0 98	1 00	1 02	1 04	1 06	1 08
0m 90	0 567									
92	0 580	0 592								
94	0 592	0 605	0 619							
96	0 605	0 618	0 632	0 645						
98	0 617	0 631	0 645	0 659	0 672					
1 —	0 630	0 644	0 658	0 672	0 686	0 700				
02	0 642	0 657	0 671	0 685	0 700	0 714	0 728			
04	0 655	0 670	0 684	0 699	0 713	0 728	0 743	0 757		
06	0 668	0 683	0 697	0 712	0 727	0 742	0 757	0 772	0 787	
08	0 680	0 696	0 711	0 726	0 741	0 756	0 771	0 786	0 801	0 816
1 10	0 693	0 708	0 724	0 739	0 755	0 770	0 785	0 801	0 816	0 832
12	0 706	0 721	0 737	0 753	0 768	0 784	0 800	0 815	0 831	0 847
14	0 718	0 734	0 750	0 766	0 782	0 798	0 814	0 830	0 846	0 862
16	0 731	0 747	0 763	0 780	0 796	0 812	0 828	0 844	0 861	0 877
18	0 743	0 760	0 776	0 793	0 809	0 826	0 843	0 859	0 876	0 892
1 20	0 756	0 773	0 790	0 806	0 823	0 840	0 857	0 874	0 890	0 907
22	0 769	0 786	0 803	0 820	0 837	0 854	0 871	0 888	0 905	0 922
24	0 781	0 799	0 816	0 833	0 851	0 868	0 885	0 903	0 920	0 937
26	0 794	0 811	0 829	0 847	0 864	0 882	0 900	0 917	0 935	0 953
28	0 806	0 824	0 842	0 860	0 878	0 896	0 914	0 932	0 950	0 968
1 30	0 819	0 837	0 855	0 874	0 892	0 910	0 928	0 946	0 965	0 983
32	0 832	0 850	0 869	0 887	0 906	0 924	0 942	0 961	0 979	0 998
34	0 844	0 863	0 882	0 900	0 919	0 938	0 957	0 976	0 994	1 013
36	0 857	0 876	0 895	0 914	0 933	0 952	0 971	0 990	1 009	1 028
38	0 869	0 889	0 908	0 927	0 947	0 966	0 985	1 005	1 024	1 043
1 40	0 882	0 902	0 921	0 941	0 960	0 980	1 000	1 019	1 039	1 068
42	0 895	0 914	0 934	0 954	0 974	0 994	1 014	1 034	1 054	1 074
44	0 907	0 927	0 948	0 968	0 988	1 008	1 028	1 048	1 068	1 089
46	0 920	0 940	0 961	0 981	1 002	1 022	1 042	1 063	1 083	1 104
48	0 932	0 953	0 974	0 995	1 015	1 036	1 057	1 077	1 098	1 119
1 50	0 945	0 966	0 987	1 008	1 029	1 050	1 071	1 092	1 113	1 134
52	0 958	0 979	1 000	1 021	1 043	1 064	1 085	1 107	1 128	1 149
54	0 970	0 992	1 013	1 035	1 056	1 078	1 100	1 121	1 143	1 164
56	0 983	1 005	1 026	1 048	1 070	1 092	1 114	1 136	1 158	1 179
58	0 995	1 018	1 040	1 062	1 084	1 106	1 128	1 150	1 172	1 194
1 60	1 008	1 030	1 053	1 075	1 098	1 120	1 142	1 165	1 187	1 210
62	1 021	1 043	1 066	1 089	1 111	1 134	1 157	1 179	1 202	1 225
64	1 033	1 056	1 079	1 102	1 125	1 148	1 171	1 194	1 217	1 240
66	1 046	1 069	1 092	1 116	1 139	1 162	1 185	1 208	1 232	1 255
68	1 058	1 082	1 105	1 129	1 152	1 176	1 200	1 223	1 247	1 270
1 70	1 071	1 095	1 119	1 142	1 166	1 190	1 214	1 238	1 261	1 285
72	1 084	1 108	1 132	1 156	1 180	1 204	1 228	1 252	1 276	1 300
74	1 096	1 121	1 145	1 169	1 194	1 218	1 242	1 267	1 291	1 315
76	1 109	1 133	1 158	1 183	1 207	1 232	1 257	1 281	1 306	1 331
78	1 121	1 146	1 171	1 196	1 221	1 246	1 271	1 296	1 321	1 346
1 80	1 134	1 159	1 184	1 210	1 235	1 260	1 285	1 310	1 336	1 361
82	1 147	1 172	1 198	1 223	1 249	1 274	1 299	1 325	1 350	1 376
84	1 159	1 185	1 211	1 236	1 262	1 288	1 314	1 340	1 365	1 391
86	1 172	1 198	1 224	1 250	1 276	1 302	1 328	1 354	1 380	1 406
88	1 184	1 211	1 237	1 263	1 290	1 316	1 342	1 369	1 395	1 421
1 90	1 197	1 224	1 250	1 277	1 303	1 330	1 357	1 383	1 410	1 436
92	1 210	1 236	1 263	1 290	1 317	1 344	1 371	1 398	1 425	1 452
94	1 222	1 249	1 277	1 304	1 331	1 358	1 385	1 412	1 439	1 467
96	1 235	1 262	1 290	1 317	1 345	1 372	1 399	1 427	1 454	1 482
98	1 247	1 275	1 303	1 331	1 358	1 386	1 414	1 441	1 469	1 497
2 —	1 260	1 288	1 316	1 344	1 372	1 400	1 428	1 456	1 484	1 512
02	1 273	1 301	1 329	1 357	1 386	1 414	1 442	1 471	1 499	1 527
04	1 285	1 314	1 342	1 371	1 399	1 428	1 457	1 485	1 514	1 542
06	1 298	1 327	1 355	1 384	1 413	1 442	1 471	1 500	1 529	1 557
08	1 310	1 340	1 369	1 398	1 427	1 456	1 485	1 514	1 543	1 572

Epaisseur : 0m 70 centimètres

Longueur	Futailles	Largeur en Centimètres									
		1 10	1 12	1 14	1 16	1 18	1 20	1 22	1 24	1 26	1 28
1 10		0 847									
12		0 862	0 878								
14		0 878	0 894	0 910							
16		0 893	0 909	0 926	0 942						
18		0 909	0 925	0 942	0 958	0 975					
1 20		0 924	0 941	0 958	0 974	0 991	1 008				
22		0 939	0 956	0 974	0 991	1 008	1 025	1 042			
24		0 955	0 972	0 990	1 007	1 024	1 042	1 059	1 076		
26		0 970	0 988	1 005	1 023	1 041	1 058	1 076	1 094	1 111	
28		0 986	1 004	1 021	1 039	1 057	1 075	1 093	1 111	1 129	1 147
1 30		1 001	1 019	1 037	1 056	1 074	1 092	1 110	1 128	1 147	1 165
32		1 016	1 035	1 053	1 072	1 090	1 109	1 127	1 146	1 164	1 183
34		1 032	1 051	1 069	1 088	1 107	1 126	1 144	1 163	1 182	1 201
36		1 047	1 066	1 085	1 104	1 123	1 142	1 161	1 180	1 200	1 219
38		1 063	1 082	1 101	1 121	1 140	1 159	1 179	1 198	1 217	1 236
1 40		1 078	1 098	1 117	1 137	1 156	1 176	1 196	1 215	1 235	1 254
42		1 093	1 113	1 133	1 153	1 173	1 193	1 213	1 233	1 252	1 272
44		1 109	1 129	1 149	1 169	1 189	1 210	1 230	1 250	1 270	1 290
46		1 124	1 145	1 165	1 186	1 206	1 226	1 247	1 267	1 288	1 308
48		1 140	1 160	1 181	1 202	1 222	1 243	1 264	1 285	1 305	1 326
1 50		1 155	1 176	1 197	1 218	1 239	1 260	1 281	1 302	1 323	1 344
52		1 170	1 192	1 213	1 234	1 256	1 277	1 298	1 319	1 341	1 362
54		1 186	1 207	1 229	1 250	1 272	1 294	1 315	1 337	1 358	1 380
56		1 201	1 223	1 245	1 267	1 289	1 310	1 332	1 354	1 376	1 398
58		1 217	1 239	1 261	1 283	1 305	1 327	1 349	1 371	1 394	1 416
1 60		1 232	1 254	1 277	1 299	1 322	1 344	1 366	1 389	1 411	1 434
62		1 247	1 270	1 293	1 315	1 338	1 361	1 383	1 406	1 429	1 452
64		1 263	1 286	1 309	1 332	1 355	1 378	1 401	1 424	1 446	1 469
66		1 278	1 301	1 325	1 348	1 371	1 394	1 418	1 441	1 464	1 487
68		1 304	1 317	1 341	1 364	1 388	1 411	1 433	1 458	1 482	1 505
1 70		1 309	1 333	1 357	1 380	1 404	1 428	1 452	1 476	1 499	1 523
72		1 324	1 348	1 373	1 397	1 421	1 445	1 469	1 493	1 517	1 541
74		1 340	1 364	1 389	1 413	1 437	1 462	1 486	1 510	1 535	1 559
76		1 355	1 380	1 404	1 429	1 454	1 478	1 503	1 528	1 552	1 577
78		1 371	1 396	1 420	1 445	1 470	1 495	1 520	1 545	1 570	1 595
1 80		1 386	1 411	1 436	1 462	1 487	1 512	1 537	1 562	1 588	1 613
82		1 401	1 427	1 452	1 478	1 503	1 529	1 554	1 580	1 605	1 631
84		1 417	1 443	1 468	1 494	1 520	1 546	1 571	1 597	1 623	1 649
86		1 432	1 458	1 484	1 510	1 536	1 562	1 588	1 614	1 641	1 667
88		1 448	1 474	1 500	1 527	1 553	1 579	1 606	1 632	1 658	1 684
1 90		1 463	1 490	1 516	1 543	1 569	1 596	1 623	1 649	1 676	1 702
92		1 478	1 505	1 532	1 559	1 586	1 613	1 640	1 667	1 693	1 720
94		1 494	1 521	1 548	1 575	1 602	1 630	1 657	1 684	1 711	1 738
96		1 509	1 537	1 564	1 592	1 619	1 646	1 674	1 701	1 729	1 756
98		1 525	1 552	1 580	1 608	1 635	1 663	1 691	1 719	1 746	1 774
2 —		1 540	1 568	1 596	1 624	1 652	1 680	1 708	1 736	1 764	1 792
02		1 555	1 584	1 612	1 640	1 669	1 697	1 725	1 753	1 782	1 810
04		1 571	1 599	1 628	1 656	1 685	1 714	1 742	1 771	1 799	1 828
06		1 586	1 615	1 644	1 673	1 702	1 730	1 759	1 788	1 817	1 846
08		1 602	1 631	1 660	1 689	1 718	1 747	1 776	1 805	1 835	1 864
2 10		1 617	1 646	1 676	1 705	1 735	1 764	1 793	1 823	1 852	1 882
12		1 632	1 662	1 692	1 721	1 751	1 781	1 810	1 840	1 870	1 900
14		1 648	1 678	1 708	1 738	1 768	1 798	1 828	1 857	1 887	1 917
16		1 663	1 693	1 724	1 754	1 784	1 814	1 845	1 875	1 905	1 935
18		1 679	1 709	1 740	1 770	1 801	1 831	1 862	1 892	1 923	1 953
2 20		1 694	1 725	1 756	1 786	1 817	1 848	1 879	1 910	1 940	1 971
22		1 709	1 740	1 772	1 803	1 834	1 865	1 896	1 927	1 958	1 989
24		1 725	1 756	1 788	1 819	1 850	1 882	1 913	1 944	1 976	2 007
26		1 740	1 772	1 803	1 835	1 867	1 898	1 930	1 962	1 993	2 025
28		1 756	1 788	1 819	1 851	1 883	1 915	1 947	1 979	2 011	2 043
2 30		1 771	1 803	1 835	1 868	1 900	1 932	1 964	1 996	2 029	2 061
32		1 786	1 819	1 851	1 884	1 916	1 949	1 981	2 014	2 046	2 079
34		1 802	1 835	1 867	1 900	1 933	1 966	1 998	2 041	2 064	2 097
36		1 817	1 850	1 883	1 916	1 949	1 982	2 015	2 048	2 081	2 115
38		1 833	1 866	1 899	1 933	1 966	1 999	2 033	2 066	2 099	2 132
2 40		1 848	1 882	1 915	1 949	1 982	2 016	2 050	2 083	2 117	2 150
42		1 863	1 897	1 931	1 965	1 999	2 033	2 067	2 101	2 134	2 168
44		1 879	1 913	1 947	1 981	2 015	2 050	2 084	2 118	2 152	2 186
46		1 894	1 929	1 963	1 998	2 032	2 066	2 101	2 135	2 170	2 204
48		1 910	1 944	1 979	2 014	2 048	2 083	2 118	2 153	2 187	2 222

Epaisseur : 0m 70 centimètres

Longueur	Largeur en Centimètres									
	1 30	1 32	1 34	1 36	1 38	1 40	1 42	1 44	1 46	1 48
1 30	1 183									
32	1 201	1 220								
34	1 219	1 238	1 257							
36	1 238	1 257	1 276	1 295						
38	1 256	1 275	1 294	1 314	1 333					
1 40	1 274	1 294	1 313	1 333	1 352	1 372				
42	1 292	1 312	1 332	1 352	1 372	1 392	1 411			
44	1 310	1 331	1 351	1 371	1 391	1 411	1 431	1 452		
46	1 329	1 349	1 369	1 390	1 410	1 431	1 451	1 472	1 492	
48	1 347	1 368	1 388	1 409	1 430	1 450	1 471	1 492	1 513	1 533
1 50	1 365	1 386	1 407	1 428	1 449	1 470	1 491	1 512	1 533	1 554
52	1 383	1 404	1 426	1 447	1 468	1 490	1 511	1 532	1 553	1 575
54	1 401	1 423	1 445	1 466	1 488	1 509	1 531	1 552	1 574	1 595
56	1 420	1 441	1 463	1 485	1 507	1 529	1 551	1 572	1 594	1 616
58	1 438	1 460	1 482	1 504	1 526	1 548	1 571	1 593	1 615	1 637
1 60	1 456	1 478	1 501	1 523	1 546	1 568	1 590	1 613	1 635	1 658
62	1 474	1 497	1 520	1 542	1 565	1 588	1 610	1 633	1 656	1 678
64	1 492	1 515	1 538	1 561	1 584	1 607	1 630	1 653	1 676	1 699
66	1 511	1 534	1 557	1 580	1 604	1 627	1 650	1 673	1 697	1 720
68	1 529	1 552	1 576	1 599	1 624	1 646	1 670	1 693	1 717	1 740
1 70	1 547	1 571	1 595	1 618	1 642	1 666	1 690	1 714	1 737	1 761
72	1 565	1 589	1 613	1 637	1 662	1 686	1 710	1 734	1 758	1 782
74	1 583	1 608	1 632	1 656	1 681	1 705	1 730	1 754	1 778	1 803
76	1 602	1 626	1 651	1 676	1 700	1 725	1 749	1 774	1 799	1 823
78	1 620	1 645	1 670	1 695	1 719	1 744	1 769	1 794	1 819	1 844
1 80	1 638	1 663	1 688	1 714	1 739	1 764	1 789	1 814	1 840	1 865
82	1 656	1 682	1 707	1 733	1 758	1 784	1 809	1 835	1 860	1 886
84	1 674	1 700	1 726	1 752	1 777	1 803	1 829	1 855	1 880	1 906
86	1 693	1 719	1 745	1 771	1 797	1 823	1 849	1 875	1 901	1 927
88	1 711	1 737	1 763	1 790	1 816	1 842	1 869	1 895	1 921	1 948
1 90	1 729	1 756	1 782	1 809	1 835	1 862	1 889	1 915	1 942	1 968
92	1 747	1 774	1 801	1 828	1 855	1 882	1 908	1 935	1 962	1 989
94	1 765	1 793	1 820	1 847	1 874	1 901	1 928	1 956	1 983	2 010
96	1 784	1 811	1 838	1 866	1 893	1 921	1 948	1 976	2 003	2 031
98	1 802	1 830	1 857	1 885	1 913	1 940	1 968	1 996	2 024	2 051
2 —	1 820	1 848	1 876	1 904	1 932	1 960	1 988	2 016	2 044	2 072
02	1 838	1 866	1 895	1 923	1 951	1 980	2 008	2 036	2 064	2 093
04	1 856	1 885	1 914	1 942	1 971	1 999	2 028	2 056	2 085	2 113
06	1 875	1 903	1 932	1 961	1 990	2 019	2 048	2 076	2 105	2 134
08	1 893	1 922	1 951	1 980	2 009	2 038	2 068	2 097	2 126	2 155
2 10	1 911	1 940	1 970	1 999	2 029	2 058	2 087	2 117	2 146	2 176
12	1 929	1 959	1 989	2 018	2 048	2 078	2 107	2 137	2 167	2 196
14	1 947	1 977	2 007	2 037	2 067	2 097	2 127	2 157	2 187	2 217
16	1 966	1 996	2 026	2 056	2 087	2 117	2 147	2 177	2 208	2 238
18	1 984	2 014	2 045	2 075	2 106	2 136	2 167	2 197	2 228	2 258
2 20	2 002	2 033	2 064	2 094	2 125	2 156	2 187	2 218	2 248	2 279
22	2 020	2 051	2 082	2 113	2 145	2 176	2 207	2 238	2 269	2 300
24	2 038	2 070	2 101	2 132	2 164	2 195	2 227	2 258	2 289	2 321
26	2 057	2 088	2 120	2 152	2 183	2 215	2 246	2 278	2 310	2 341
28	2 075	2 107	2 139	2 171	2 202	2 234	2 266	2 298	2 330	2 362
2 30	2 093	2 125	2 157	2 190	2 222	2 254	2 286	2 318	2 351	2 383
32	2 111	2 144	2 176	2 209	2 241	2 274	2 306	2 339	2 371	2 404
34	2 129	2 162	2 195	2 228	2 260	2 293	2 326	2 359	2 391	2 424
36	2 148	2 181	2 214	2 247	2 280	2 313	2 346	2 379	2 412	2 445
38	2 166	2 199	2 232	2 266	2 299	2 332	2 366	2 399	2 432	2 466
2 40	2 184	2 218	2 251	2 285	2 318	2 352	2 386	2 419	2 453	2 486
42	2 202	2 236	2 270	2 304	2 338	2 372	2 405	2 439	2 473	2 507
44	2 220	2 255	2 289	2 323	2 357	2 391	2 425	2 460	2 494	2 528
46	2 239	2 273	2 307	2 342	2 376	2 411	2 445	2 480	2 514	2 549
48	2 257	2 292	2 326	2 361	2 396	2 430	2 465	2 500	2 535	2 569

0,70

N

Epaisseur : 0^m 72 centimètres

Longueur	Futailles	Largeur en Centimètres. 0 72	0 74	0 76	0 78	0 80	0 82	0 84	0 86	0 88	0 90
m 0 72	0 299	0 373									
74	0 307	0 384	0 394								
76	0 315	0 394	0 405	0 416							
78	0 323	0 404	0 416	0 427	0 438						
0 80	0 332	0 415	0 426	0 438	0 449	0 461					
82	0 340	0 425	0 437	0 449	0 461	0 472	0 484				
84	0 348	0 435	0 448	0 460	0 472	0 484	0 496	0 508			
86	0 357	0 446	0 458	0 471	0 483	0 495	0 508	0 520	0 533		
88	0 365	0 456	0 469	0 482	0 491	0 507	0 520	0 532	0 545	0 558	
0 90	0 373	0 467	0 480	0 492	0 505	0 518	0 531	0 544	0 557	0 570	0 583
92	0 382	0 477	0 490	0 503	0 517	0 530	0 543	0 556	0 570	0 583	0 596
94	0 390	0 487	0 501	0 514	0 528	0 541	0 555	0 569	0 582	0 596	0 609
96	0 398	0 498	0 511	0 525	0 539	0 553	0 567	0 581	0 594	0 608	0 622
98	0 406	0 508	0 522	0 536	0 550	0 564	0 579	0 593	0 607	0 621	0 635
1 —	0 415	0 518	0 533	0 547	0 562	0 576	0 590	0 605	0 619	0 634	0 648
02	0 423	0 529	0 543	0 558	0 573	0 588	0 602	0 617	0 632	0 646	0 661
04	0 431	0 539	0 554	0 569	0 584	0 599	0 614	0 629	0 644	0 659	0 674
06	0 440	0 550	0 565	0 580	0 595	0 611	0 626	0 641	0 656	0 672	0 687
08	0 448	0 560	0 575	0 591	0 607	0 622	0 638	0 653	0 669	0 684	0 700
1 10	0 456	0 570	0 586	0 602	0 618	0 634	0 649	0 665	0 681	0 697	0 713
12	0 464	0 581	0 597	0 613	0 629	0 645	0 661	0 677	0 694	0 710	0 726
14	0 473	0 591	0 607	0 624	0 640	0 657	0 673	0 689	0 706	0 722	0 739
16	0 481	0 601	0 618	0 635	0 651	0 668	0 685	0 702	0 718	0 735	0 752
18	0 489	0 612	0 629	0 646	0 663	0 680	0 697	0 714	0 731	0 748	0 765
1 20	0 498	0 622	0 639	0 657	0 674	0 691	0 708	0 726	0 743	0 760	0 778
22	0 506	0 632	0 650	0 668	0 685	0 703	0 720	0 738	0 755	0 773	0 791
24	0 514	0 643	0 661	0 679	0 696	0 714	0 732	0 750	0 768	0 786	0 804
26	0 523	0 653	0 671	0 689	0 708	0 726	0 744	0 762	0 780	0 798	0 816
28	0 531	0 664	0 682	0 700	0 719	0 737	0 756	0 774	0 793	0 811	0 829
1 30	0 539	0 674	0 693	0 711	0 730	0 749	0 768	0 786	0 805	0 824	0 842
32	0 547	0 684	0 703	0 722	0 741	0 760	0 779	0 798	0 817	0 836	0 855
34	0 556	0 695	0 714	0 733	0 753	0 772	0 791	0 810	0 830	0 849	0 868
36	0 564	0 705	0 725	0 744	0 764	0 783	0 803	0 823	0 842	0 862	0 881
38	0 572	0 715	0 735	0 755	0 775	0 795	0 815	0 835	0 854	0 874	0 894
1 40	0 581	0 726	0 746	0 766	0 786	0 806	0 827	0 847	0 867	0 887	0 907
42	0 589	0 736	0 757	0 777	0 797	0 818	0 838	0 859	0 879	0 900	0 920
44	0 597	0 746	0 767	0 788	0 809	0 829	0 850	0 871	0 892	0 912	0 933
46	0 605	0 757	0 778	0 799	0 820	0 841	0 862	0 883	0 904	0 925	0 946
48	0 614	0 767	0 789	0 810	0 831	0 852	0 874	0 895	0 916	0 938	0 959
1 50	0 622	0 778	0 799	0 821	0 842	0 864	0 886	0 907	0 929	0 950	0 972
52	0 630	0 788	0 810	0 832	0 854	0 876	0 897	0 919	0 941	0 963	0 985
54	0 639	0 798	0 821	0 843	0 865	0 887	0 909	0 931	0 954	0 976	0 998
56	0 647	0 809	0 831	0 854	0 876	0 899	0 921	0 943	0 966	0 988	1 011
58	0 655	0 819	0 842	0 865	0 887	0 910	0 933	0 956	0 978	1 001	1 024
1 60	0 664	0 829	0 852	0 876	0 899	0 922	0 945	0 968	0 991	1 014	1 037
62	0 672	0 840	0 863	0 886	0 910	0 933	0 956	0 980	1 003	1 026	1 050
64	0 680	0 850	0 874	0 897	0 921	0 945	0 968	0 992	1 015	1 039	1 063
66	0 688	0 861	0 884	0 908	0 932	0 956	0 980	1 004	1 028	1 052	1 076
68	0 697	0 871	0 895	0 919	0 943	0 968	0 992	1 016	1 040	1 064	1 089
1 70	0 705	0 881	0 906	0 930	0 955	0 979	1 004	1 028	1 053	1 077	1 102
72	0 713	0 892	0 916	0 941	0 966	0 991	1 015	1 040	1 065	1 090	1 115
74	0 722	0 902	0 927	0 952	0 977	1 002	1 027	1 052	1 077	1 102	1 128
76	0 730	0 912	0 938	0 963	0 988	1 014	1 039	1 064	1 090	1 115	1 140
78	0 738	0 923	0 948	0 974	1 000	1 025	1 051	1 077	1 102	1 128	1 153
1 80	0 746	0 933	0 959	0 985	1 011	1 037	1 063	1 089	1 115	1 140	1 166
82	0 755	0 943	0 970	0 996	1 022	1 048	1 075	1 101	1 127	1 153	1 179
84	0 763	0 954	0 980	1 007	1 033	1 060	1 086	1 113	1 139	1 166	1 192
86	0 771	0 964	0 991	1 018	1 045	1 071	1 098	1 125	1 152	1 178	1 205
88	0 780	0 975	1 002	1 029	1 056	1 083	1 110	1 137	1 164	1 191	1 218
1 90	0 788	0 985	1 012	1 040	1 067	1 094	1 122	1 149	1 176	1 204	1 231
92	0 796	0 995	1 023	1 051	1 078	1 106	1 134	1 161	1 189	1 217	1 244
94	0 805	1 006	1 034	1 062	1 090	1 117	1 145	1 173	1 201	1 229	1 257
96	0 813	1 016	1 044	1 073	1 101	1 129	1 157	1 185	1 214	1 242	1 270
98	0 821	1 026	1 055	1 083	1 112	1 140	1 169	1 198	1 226	1 255	1 283
2 —	0 829	1 037	1 066	1 094	1 123	1 152	1 181	1 210	1 238	1 267	1 296
02	0 838	1 047	1 076	1 105	1 134	1 164	1 193	1 222	1 251	1 280	1 309
04	0 846	1 058	1 087	1 116	1 146	1 175	1 204	1 234	1 263	1 293	1 322
06	0 854	1 068	1 098	1 127	1 157	1 187	1 216	1 246	1 276	1 305	1 335
08	0 863	1 078	1 108	1 138	1 168	1 198	1 228	1 258	1 288	1 318	1 348
2 10	0 871	1 089	1 119	1 149	1 170	1 210	1 240	1 270	1 300	1 331	1 361

Epaisseur : 0^m 72 centimètres

Longueur	Largeur en Centimètres. 0 92	0 94	0 96	0 98	1 00	1 02	1 04	1 06	1 08	1 10
m 0 92	0 609									
94	0 623	0 636								
96	0 636	0 650	0 664							
98	0 649	0 663	0 677	0 691						
1 —	0 662	0 677	0 691	0 706	0 720					
02	0 676	0 690	0 705	0 720	0 734	0 749				
04	0 689	0 704	0 719	0 734	0 749	0 764	0 779			
06	0 702	0 717	0 733	0 748	0 763	0 778	0 794	0 809		
08	0 715	0 731	0 746	0 762	0 778	0 793	0 809	0 824	0 840	
1 10	0 729	0 744	0 760	0 776	0 792	0 808	0 824	0 840	0 855	0 871
12	0 742	0 758	0 774	0 790	0 806	0 823	0 839	0 855	0 871	0 887
14	0 755	0 772	0 788	0 804	0 821	0 837	0 854	0 870	0 886	0 903
16	0 768	0 785	0 802	0 818	0 835	0 852	0 869	0 885	0 902	0 919
18	0 782	0 799	0 816	0 833	0 850	0 867	0 884	0 901	0 918	0 935
1 20	0 795	0 812	0 829	0 847	0 864	0 881	0 899	0 916	0 933	0 950
22	0 808	0 826	0 843	0 861	0 878	0 896	0 914	0 931	0 949	0 966
24	0 821	0 839	0 857	0 875	0 893	0 911	0 929	0 946	0 964	0 982
26	0 835	0 853	0 871	0 889	0 907	0 925	0 943	0 962	0 980	0 998
28	0 848	0 866	0 885	0 903	0 922	0 940	0 958	0 977	0 995	1 014
1 30	0 861	0 880	0 899	0 917	0 936	0 955	0 973	0 992	1 011	1 030
32	0 874	0 893	0 912	0 931	0 950	0 969	0 988	1 007	1 026	1 045
34	0 888	0 907	0 926	0 946	0 965	0 984	1 003	1 023	1 042	1 061
36	0 901	0 920	0 940	0 960	0 979	0 999	1 018	1 038	1 058	1 077
38	0 914	0 934	0 954	0 974	0 994	1 013	1 033	1 053	1 073	1 093
1 40	0 927	0 948	0 968	0 988	1 008	1 028	1 048	1 068	1 089	1 109
42	0 941	0 951	0 982	1 002	1 022	1 043	1 063	1 084	1 104	1 125
44	0 954	0 975	0 995	1 016	1 037	1 058	1 678	1 099	1 120	1 140
46	0 967	0 988	1 009	1 030	1 051	1 072	1 093	1 114	1 135	1 156
48	0 980	1 002	1 023	1 044	1 066	1 087	1 108	1 130	1 151	1 172
1 50	0 994	1 015	1 037	1 058	1 080	1 102	1 123	1 145	1 166	1 188
52	1 007	1 029	1 051	1 073	1 094	1 116	1 138	1 160	1 182	1 204
54	1 020	1 042	1 064	1 087	1 109	1 131	1 153	1 175	1 198	1 220
56	1 033	1 056	1 078	1 101	1 123	1 146	1 168	1 191	1 213	1 236
58	1 047	1 069	1 092	1 115	1 138	1 160	1 183	1 206	1 229	1 251
1 60	1 060	1 083	1 106	1 129	1 152	1 175	1 198	1 221	1 244	1 267
62	1 073	1 096	1 120	1 143	1 166	1 190	1 213	1 236	1 260	1 283
64	1 086	1 110	1 134	1 157	1 181	1 204	1 228	1 252	1 275	1 299
66	1 100	1 123	1 147	1 171	1 195	1 219	1 243	1 267	1 291	1 315
68	1 113	1 137	1 161	1 185	1 210	1 234	1 258	1 282	1 306	1 331
1 70	1 126	1 151	1 175	1 200	1 224	1 248	1 273	1 297	1 322	1 346
72	1 139	1 164	1 189	1 214	1 238	1 263	1 288	1 313	1 337	1 362
74	1 153	1 178	1 203	1 228	1 253	1 278	1 303	1 328	1 353	1 378
76	1 166	1 191	1 217	1 242	1 267	1 293	1 318	1 343	1 369	1 394
78	1 179	1 205	1 230	1 256	1 282	1 307	1 333	1 358	1 384	1 410
1 80	1 192	1 218	1 244	1 270	1 296	1 322	1 348	1 374	1 400	1 426
82	1 206	1 232	1 258	1 284	1 310	1 337	1 363	1 389	1 415	1 441
84	1 219	1 245	1 272	1 298	1 325	1 351	1 378	1 404	1 431	1 457
86	1 232	1 259	1 286	1 312	1 339	1 366	1 393	1 420	1 446	1 473
88	1 245	1 272	1 299	1 327	1 354	1 381	1 408	1 435	1 462	1 489
1 90	1 259	1 286	1 313	1 341	1 368	1 395	1 423	1 450	1 477	1 505
92	1 272	1 299	1 327	1 355	1 382	1 410	1 438	1 465	1 493	1 521
94	1 285	1 313	1 341	1 369	1 397	1 425	1 453	1 481	1 509	1 536
96	1 298	1 327	1 355	1 383	1 411	1 439	1 468	1 496	1 524	1 552
98	1 312	1 340	1 369	1 397	1 426	1 454	1 483	1 511	1 540	1 568
2 —	1 325	1 354	1 382	1 411	1 440	1 469	1 498	1 526	1 555	1 584
02	1 338	1 367	1 396	1 425	1 454	1 483	1 513	1 542	1 571	1 600
04	1 351	1 381	1 410	1 439	1 469	1 498	1 528	1 557	1 586	1 616
06	1 365	1 394	1 424	1 454	1 483	1 513	1 543	1 572	1 602	1 632
08	1 378	1 408	1 438	1 468	1 498	1 528	1 558	1 587	1 617	1 647
2 10	1 391	1 421	1 452	1 482	1 512	1 542	1 572	1 603	1 633	1 663

Epaisseur : 0m 72 centimètres

Longueur	Futailles	Largeur en Centimètres 1 12	1 14	1 16	1 18	1 20	1 22	1 24	1 26	1 28	1 30
m 1 12		0 903									
14		0 919	0 936								
16		0 935	0 952	0 969							
18		0 952	0 969	0 986	1 003						
1 20		0 968	0 985	1 002	1 020	1 037					
22		0 984	1 001	1 019	1 037	1 054	1 072				
24		1 000	1 018	1 036	1 054	1 071	1 089	1 107			
26		1 016	1 034	1 052	1 070	1 089	1 107	1 125	1 143		
28		1 032	1 051	1 069	1 087	1 106	1 124	1 143	1 161	1 180	
1 30		1 048	1 067	1 086	1 104	1 123	1 142	1 161	1 179	1 198	1 217
32		1 064	1 083	1 102	1 121	1 140	1 159	1 178	1 198	1 217	1 236
34		1 081	1 100	1 119	1 138	1 158	1 177	1 196	1 216	1 235	1 254
36		1 097	1 116	1 136	1 155	1 175	1 195	1 214	1 234	1 253	1 273
38		1 113	1 133	1 153	1 172	1 192	1 212	1 232	1 252	1 272	1 292
1 40		1 129	1 149	1 169	1 189	1 210	1 230	1 250	1 270	1 290	1 310
42		1 145	1 166	1 186	1 206	1 227	1 247	1 268	1 288	1 309	1 329
44		1 161	1 182	1 203	1 223	1 244	1 265	1 286	1 306	1 327	1 348
46		1 177	1 198	1 219	1 240	1 261	1 282	1 303	1 325	1 346	1 377
48		1 193	1 215	1 236	1 257	1 279	1 300	1 321	1 343	1 364	1 385
1 50		1 210	1 231	1 253	1 274	1 296	1 318	1 339	1 361	1 382	1 404
52		1 226	1 248	1 270	1 291	1 313	1 335	1 357	1 379	1 401	1 423
54		1 242	1 264	1 286	1 308	1 331	1 353	1 375	1 397	1 419	1 441
56		1 258	1 280	1 303	1 325	1 348	1 370	1 393	1 415	1 438	1 460
58		1 274	1 297	1 320	1 342	1 365	1 388	1 411	1 433	1 456	1 479
1 60		1 290	1 313	1 336	1 359	1 382	1 405	1 428	1 452	1 475	1 498
62		1 306	1 330	1 353	1 376	1 400	1 423	1 446	1 470	1 493	1 516
64		1 322	1 346	1 370	1 393	1 417	1 441	1 464	1 488	1 511	1 535
66		1 339	1 363	1 386	1 410	1 434	1 458	1 482	1 506	1 530	1 554
68		1 355	1 379	1 403	1 427	1 452	1 476	1 500	1 524	1 548	1 572
1 70		1 371	1 395	1 420	1 444	1 469	1 493	1 518	1 542	1 567	1 591
72		1 387	1 412	1 436	1 461	1 486	1 511	1 536	1 560	1 585	1 610
74		1 403	1 428	1 453	1 478	1 503	1 528	1 553	1 579	1 604	1 629
76		1 419	1 445	1 470	1 495	1 521	1 546	1 571	1 597	1 622	1 647
78		1 435	1 461	1 487	1 512	1 538	1 564	1 589	1 615	1 640	1 666
1 80		1 452	1 477	1 503	1 529	1 555	1 581	1 607	1 633	1 659	1 685
82		1 468	1 494	1 520	1 546	1 572	1 599	1 625	1 651	1 677	1 704
84		1 484	1 510	1 537	1 563	1 590	1 616	1 643	1 669	1 696	1 722
86		1 500	1 527	1 553	1 580	1 607	1 634	1 661	1 687	1 714	1 741
88		1 516	1 543	1 570	1 597	1 624	1 651	1 678	1 706	1 733	1 760
1 90		1 532	1 560	1 587	1 614	1 642	1 669	1 696	1 724	1 751	1 778
92		1 548	1 576	1 604	1 631	1 659	1 687	1 714	1 742	1 709	1 797
94		1 564	1 592	1 620	1 648	1 676	1 704	1 732	1 760	1 788	1 816
96		1 581	1 609	1 637	1 665	1 693	1 722	1 750	1 778	1 806	1 835
98		1 597	1 625	1 654	1 682	1 711	1 739	1 768	1 796	1 825	1 853
2 —		1 613	1 642	1 670	1 699	1 728	1 757	1 786	1 814	1 843	1 872
02		1 629	1 658	1 687	1 716	1 745	1 774	1 803	1 833	1 862	1 891
04		1 645	1 674	1 704	1 733	1 763	1 792	1 821	1 851	1 880	1 910
06		1 661	1 691	1 721	1 750	1 780	1 810	1 839	1 869	1 898	1 928
08		1 677	1 707	1 737	1 767	1 797	1 827	1 857	1 887	1 917	1 947
2 10		1 693	1 724	1 754	1 784	1 814	1 845	1 875	1 905	1 935	1 966
12		1 710	1 740	1 771	1 801	1 832	1 862	1 893	1 923	1 954	1 984
14		1 726	1 757	1 787	1 818	1 849	1 880	1 911	1 941	1 972	2 003
16		1 742	1 773	1 804	1 835	1 866	1 897	1 928	1 960	1 991	2 022
18		1 758	1 789	1 821	1 852	1 884	1 915	1 946	1 978	2 009	2 041
2 20		1 774	1 806	1 837	1 869	1 901	1 932	1 964	1 996	2 028	2 059
22		1 790	1 822	1 854	1 886	1 918	1 950	1 982	2 014	2 046	2 078
24		1 806	1 839	1 871	1 903	1 935	1 968	2 000	2 032	2 064	2 097
26		1 822	1 855	1 888	1 920	1 953	1 985	2 018	2 050	2 083	2 115
28		1 839	1 871	1 904	1 937	1 970	2 003	2 036	2 068	2 101	2 134
2 30		1 855	1 888	1 921	1 954	1 987	2 020	2 053	2 087	2 120	2 153
32		1 871	1 904	1 938	1 971	2 004	2 038	2 071	2 105	2 138	2 172
34		1 887	1 921	1 954	1 988	2 022	2 055	2 089	2 123	2 157	2 190
36		1 903	1 937	1 971	2 005	2 039	2 073	2 107	2 141	2 175	2 209
38		1 919	1 954	1 988	2 022	2 056	2 091	2 125	2 159	2 193	2 228
2 40		1 935	1 970	2 004	2 039	2 074	2 108	2 143	2 177	2 212	2 246
42		1 951	1 986	2 021	2 056	2 091	2 126	2 161	2 195	2 230	2 265
44		1 968	2 003	2 038	2 073	2 108	2 143	2 178	2 214	2 249	2 284
46		1 984	2 019	2 055	2 090	2 125	2 161	2 196	2 232	2 267	2 303
48		2 000	2 036	2 071	2 107	2 143	2 178	2 214	2 250	2 286	2 321
2 50		2 016	2 052	2 088	2 124	2 160	2 196	2 232	2 268	2 304	2 340

Epaisseur : 0m 72 centimètres

Longueur	Largeur en Centimètres 1 32	1 34	1 36	1 38	1 40	1 42	1 44	1 46	1 48	1 50
m 1 32	1 255									
34	1 274	1 293								
36	1 293	1 312	1 332							
38	1 312	1 331	1 351	1 371						
1 40	1 331	1 351	1 371	1 391	1 411					
42	1 350	1 370	1 390	1 411	1 431	1 452				
44	1 369	1 389	1 410	1 431	1 452	1 472	1 493			
46	1 388	1 409	1 430	1 451	1 472	1 493	1 514	1 535		
48	1 407	1 428	1 449	1 471	1 492	1 513	1 534	1 556	1 577	
1 50	1 426	1 447	1 469	1 490	1 512	1 534	1 555	1 577	1 598	1 620
52	1 445	1 466	1 488	1 510	1 532	1 554	1 576	1 598	1 620	1 642
54	1 464	1 486	1 508	1 530	1 552	1 574	1 597	1 619	1 641	1 663
56	1 483	1 505	1 528	1 550	1 572	1 595	1 617	1 640	1 662	1 685
58	1 502	1 524	1 547	1 570	1 593	1 615	1 638	1 661	1 684	1 706
1 60	1 521	1 544	1 567	1 590	1 613	1 636	1 659	1 682	1 705	1 728
62	1 540	1 563	1 586	1 610	1 633	1 656	1 680	1 703	1 726	1 750
64	1 559	1 582	1 606	1 630	1 653	1 677	1 700	1 724	1 748	1 771
66	1 578	1 602	1 625	1 649	1 673	1 697	1 721	1 745	1 769	1 793
68	1 597	1 621	1 644	1 668	1 693	1 718	1 742	1 766	1 790	1 814
1 70	1 616	1 640	1 665	1 689	1 714	1 738	1 763	1 787	1 812	1 836
72	1 635	1 659	1 684	1 709	1 734	1 759	1 783	1 808	1 833	1 858
74	1 654	1 679	1 704	1 729	1 754	1 779	1 804	1 829	1 854	1 879
76	1 673	1 698	1 723	1 749	1 774	1 799	1 825	1 850	1 875	1 901
78	1 692	1 717	1 743	1 769	1 794	1 820	1 846	1 871	1 897	1 922
1 80	1 711	1 737	1 763	1 788	1 814	1 840	1 866	1 892	1 918	1 944
82	1 730	1 756	1 782	1 808	1 835	1 861	1 887	1 913	1 939	1 966
84	1 749	1 775	1 802	1 828	1 855	1 881	1 908	1 934	1 961	1 987
86	1 768	1 795	1 821	1 848	1 875	1 902	1 928	1 955	1 982	2 009
88	1 787	1 814	1 841	1 868	1 895	1 922	1 949	1 976	2 003	2 030
1 90	1 806	1 833	1 860	1 888	1 915	1 943	1 970	1 997	2 025	2 052
92	1 825	1 852	1 880	1 908	1 935	1 963	1 991	2 018	2 046	2 074
94	1 844	1 872	1 900	1 928	1 956	1 983	2 011	2 039	2 067	2 095
96	1 863	1 891	1 919	1 947	1 976	2 004	2 032	2 060	2 089	2 117
98	1 882	1 910	1 939	1 967	1 996	2 024	2 053	2 081	2 110	2 138
2 —	1 901	1 930	1 958	1 987	2 016	2 045	2 074	2 102	2 131	2 160
02	1 920	1 949	1 978	2 007	2 036	2 065	2 094	2 123	2 153	2 182
04	1 939	1 968	1 998	2 027	2 056	2 086	2 115	2 144	2 174	2 203
06	1 958	1 987	2 017	2 047	2 076	2 106	2 136	2 165	2 195	2 225
08	1 977	2 007	2 037	2 067	2 097	2 127	2 157	2 186	2 216	2 246
2 10	1 996	2 026	2 056	2 087	2 117	2 147	2 177	2 208	2 238	2 268
12	2 015	2 045	2 076	2 106	2 137	2 167	2 198	2 229	2 259	2 290
14	2 034	2 065	2 095	2 126	2 157	2 188	2 219	2 250	2 280	2 311
16	2 053	2 084	2 115	2 146	2 177	2 208	2 239	2 271	2 302	2 333
18	2 072	2 103	2 135	2 166	2 197	2 229	2 260	2 292	2 323	2 354
2 20	2 091	2 123	2 154	2 186	2 218	2 249	2 281	2 313	2 344	2 376
22	2 110	2 142	2 174	2 206	2 238	2 270	2 302	2 334	2 366	2 398
24	2 129	2 161	2 193	2 226	2 258	2 290	2 322	2 355	2 387	2 419
26	2 148	2 180	2 213	2 246	2 278	2 311	2 343	2 376	2 408	2 441
28	2 167	2 200	2 233	2 265	2 298	2 331	2 364	2 397	2 430	2 462
2 30	2 186	2 219	2 252	2 285	2 318	2 352	2 385	2 418	2 451	2 485
32	2 205	2 238	2 272	2 305	2 339	2 372	2 405	2 439	2 472	2 506
34	2 224	2 258	2 291	2 325	2 359	2 392	2 426	2 460	2 494	2 527
36	2 243	2 277	2 311	2 345	2 379	2 413	2 447	2 481	2 515	2 549
38	2 262	2 296	2 330	2 365	2 399	2 433	2 468	2 502	2 536	2 570
2 40	2 281	2 316	2 350	2 385	2 419	2 454	2 488	2 523	2 557	2 592
42	2 300	2 335	2 370	2 405	2 439	2 474	2 509	2 544	2 579	2 614
44	2 319	2 354	2 389	2 424	2 460	2 495	2 530	2 565	2 600	2 635
46	2 338	2 373	2 409	2 444	2 480	2 515	2 551	2 586	2 621	2 657
48	2 357	2 393	2 428	2 464	2 500	2 536	2 571	2 607	2 643	2 678
2 50	2 376	2 412	2 448	2 484	2 520	2 556	2 592	2 628	2 664	2 700

0,72

Epaisseur : 0m 74 centimètres

Longueur	Futailles	Largeur en Centimètres 0 74	0 76	0 78	0 80	0 82	0 84	0 86	0 88	0 90	0 92
0 74	0 324	0 405									
76	0 333	0 416	0 427								
78	0 342	0 427	0 439	0 450							
0 80	0 350	0 438	0 450	0 462	0 474						
82	0 359	0 449	0 461	0 473	0 485	0 498					
84	0 368	0 460	0 472	0 485	0 497	0 510	0 522				
86	0 377	0 471	0 484	0 496	0 509	0 522	0 535	0 547			
88	0 386	0 482	0 495	0 508	0 521	0 534	0 547	0 560	0 573		
0 90	0 394	0 493	0 506	0 519	0 533	0 546	0 559	0 573	0 586	0 599	
92	0 403	0 504	0 517	0 531	0 545	0 558	0 572	0 585	0 599	0 613	0 626
94	0 412	0 515	0 529	0 543	0 556	0 570	0 584	0 598	0 612	0 626	0 640
96	0 421	0 526	0 540	0 554	0 568	0 583	0 597	0 611	0 625	0 639	0 654
98	0 429	0 537	0 551	0 566	0 580	0 595	0 609	0 624	0 638	0 653	0 667
1 —	0 438	0 548	0 562	0 577	0 592	0 607	0 622	0 636	0 651	0 666	0 681
02	0 447	0 559	0 574	0 589	0 604	0 619	0 634	0 649	0 664	0 679	0 694
04	0 456	0 570	0 585	0 600	0 616	0 631	0 646	0 662	0 677	0 693	0 708
06	0 464	0 580	0 596	0 612	0 628	0 643	0 659	0 675	0 690	0 706	0 722
08	0 473	0 591	0 607	0 623	0 639	0 655	0 671	0 687	0 703	0 719	0 735
1 10	0 482	0 602	0 619	0 635	0 651	0 667	0 684	0 700	0 716	0 733	0 749
12	0 491	0 613	0 630	0 646	0 663	0 680	0 696	0 713	0 729	0 746	0 762
14	0 499	0 624	0 641	0 658	0 675	0 692	0 709	0 725	0 742	0 759	0 776
16	0 508	0 635	0 652	0 670	0 687	0 704	0 721	0 738	0 755	0 773	0 790
18	0 517	0 646	0 664	0 681	0 699	0 716	0 733	0 751	0 768	0 786	0 803
1 20	0 526	0 657	0 675	0 693	0 710	0 728	0 746	0 764	0 781	0 799	0 817
22	0 534	0 668	0 686	0 704	0 722	0 740	0 758	0 776	0 794	0 813	0 831
24	0 543	0 679	0 697	0 716	0 734	0 752	0 771	0 789	0 807	0 826	0 844
26	0 552	0 690	0 709	0 727	0 746	0 765	0 783	0 802	0 821	0 839	0 858
28	0 561	0 701	0 720	0 739	0 758	0 777	0 796	0 815	0 834	0 852	0 871
1 30	0 570	0 712	0 731	0 750	0 770	0 789	0 808	0 827	0 847	0 866	0 885
32	0 578	0 723	0 742	0 762	0 781	0 801	0 821	0 840	0 860	0 879	0 899
34	0 587	0 734	0 754	0 773	0 793	0 813	0 833	0 853	0 873	0 892	0 912
36	0 596	0 745	0 765	0 785	0 805	0 825	0 845	0 866	0 886	0 906	0 926
38	0 605	0 756	0 776	0 797	0 817	0 837	0 858	0 878	0 899	0 919	0 940
1 40	0 613	0 767	0 787	0 808	0 829	0 850	0 870	0 891	0 912	0 932	0 953
42	0 622	0 778	0 799	0 820	0 841	0 862	0 883	0 904	0 925	0 946	0 967
44	0 631	0 789	0 810	0 831	0 852	0 874	0 895	0 916	0 938	0 959	0 980
46	0 640	0 799	0 821	0 843	0 864	0 886	0 908	0 929	0 951	0 972	0 994
48	0 648	0 810	0 832	0 854	0 876	0 898	0 920	0 942	0 964	0 986	1 008
1 50	0 657	0 821	0 844	0 866	0 888	0 910	0 932	0 955	0 977	0 999	1 021
52	0 666	0 832	0 855	0 877	0 900	0 922	0 945	0 967	0 990	1 012	1 035
54	0 675	0 843	0 866	0 889	0 912	0 934	0 957	0 980	1 003	1 026	1 048
56	0 683	0 854	0 877	0 900	0 924	0 947	0 970	0 993	1 016	1 039	1 062
58	0 692	0 865	0 889	0 912	0 935	0 959	0 982	1 006	1 029	1 052	1 076
1 60	0 701	0 876	0 900	0 924	0 947	0 971	0 995	1 018	1 042	1 066	1 089
62	0 710	0 887	0 911	0 935	0 959	0 983	1 007	1 031	1 055	1 079	1 103
64	0 718	0 898	0 922	0 947	0 971	0 995	1 019	1 044	1 068	1 092	1 117
66	0 727	0 909	0 934	0 958	0 983	1 007	1 032	1 056	1 081	1 106	1 130
68	0 736	0 920	0 945	0 970	0 995	1 019	1 044	1 069	1 094	1 119	1 144
1 70	0 745	0 931	0 956	0 981	1 006	1 032	1 057	1 082	1 107	1 132	1 157
72	0 753	0 942	0 967	0 993	1 018	1 044	1 069	1 095	1 120	1 146	1 171
74	0 762	0 953	0 979	1 004	1 030	1 056	1 082	1 107	1 133	1 159	1 185
76	0 771	0 964	0 990	1 016	1 042	1 068	1 094	1 120	1 146	1 172	1 198
78	0 780	0 975	1 001	1 027	1 054	1 080	1 106	1 133	1 159	1 185	1 212
1 80	0 789	0 986	1 012	1 039	1 066	1 092	1 119	1 146	1 172	1 199	1 225
82	0 797	0 997	1 024	1 051	1 077	1 104	1 131	1 158	1 185	1 212	1 239
84	0 806	1 008	1 035	1 062	1 089	1 117	1 144	1 171	1 198	1 225	1 253
86	0 815	1 019	1 046	1 074	1 101	1 129	1 156	1 184	1 211	1 239	1 266
88	0 824	1 029	1 057	1 085	1 113	1 141	1 169	1 196	1 224	1 252	1 280
1 90	0 832	1 040	1 069	1 097	1 125	1 153	1 181	1 209	1 237	1 265	1 294
92	0 841	1 051	1 080	1 108	1 137	1 165	1 193	1 222	1 250	1 279	1 307
94	0 850	1 062	1 091	1 120	1 148	1 177	1 206	1 235	1 263	1 292	1 321
96	0 859	1 073	1 102	1 131	1 160	1 189	1 218	1 247	1 276	1 305	1 334
98	0 867	1 084	1 113	1 143	1 172	1 201	1 231	1 260	1 289	1 319	1 348
2 —	0 876	1 095	1 125	1 154	1 184	1 214	1 243	1 273	1 302	1 332	1 362
02	0 885	1 106	1 136	1 166	1 196	1 226	1 256	1 286	1 315	1 345	1 375
04	0 894	1 117	1 147	1 177	1 208	1 238	1 269	1 298	1 328	1 359	1 389
06	0 902	1 128	1 158	1 189	1 220	1 250	1 280	1 311	1 341	1 372	1 402
08	0 911	1 139	1 170	1 201	1 231	1 262	1 293	1 324	1 354	1 385	1 416
2 10	0 920	1 150	1 181	1 212	1 243	1 274	1 305	1 336	1 368	1 399	1 430
12	0 929	1 161	1 192	1 224	1 255	1 286	1 318	1 349	1 381	1 412	1 443

Epaisseur : 0m 74 centimètres

Longueur	Largeur en Centimètres 0 94	0 96	0 98	1 00	1 02	1 04	1 06	1 08	1 10	1 12
0 94	0 654									
96	0 668	0 682								
98	0 682	0 696	0 711							
1 —	0 696	0 710	0 725	0 740						
02	0 710	0 725	0 740	0 755	0 770					
04	0 723	0 739	0 754	0 770	0 785	0 800				
06	0 737	0 753	0 769	0 784	0 800	0 816	0 831			
08	0 751	0 767	0 783	0 799	0 815	0 831	0 847	0 863		
1 10	0 765	0 781	0 798	0 814	0 830	0 847	0 863	0 879	0 895	
12	0 779	0 796	0 812	0 829	0 845	0 862	0 879	0 895	0 912	0 928
14	0 793	0 810	0 827	0 844	0 860	0 877	0 894	0 911	0 928	0 945
16	0 807	0 824	0 841	0 858	0 876	0 893	0 910	0 927	0 944	0 961
18	0 821	0 838	0 856	0 873	0 891	0 908	0 926	0 943	0 961	0 978
1 20	0 835	0 852	0 870	0 888	0 906	0 924	0 941	0 959	0 977	0 995
22	0 849	0 867	0 885	0 903	0 921	0 939	0 957	0 975	0 993	1 011
24	0 863	0 881	0 899	0 918	0 936	0 954	0 973	0 991	1 009	1 028
26	0 876	0 895	0 914	0 932	0 951	0 970	0 988	1 007	1 026	1 044
28	0 890	0 909	0 928	0 947	0 966	0 985	1 004	1 023	1 042	1 061
1 30	0 904	0 924	0 943	0 962	0 981	1 000	1 020	1 039	1 058	1 077
32	0 918	0 938	0 957	0 977	0 996	1 016	1 035	1 055	1 074	1 094
34	0 932	0 952	0 972	0 992	1 011	1 031	1 051	1 071	1 091	1 111
36	0 946	0 966	0 986	1 006	1 027	1 046	1 067	1 087	1 107	1 127
38	0 960	0 980	1 001	1 021	1 042	1 062	1 082	1 103	1 123	1 144
1 40	0 974	0 995	1 015	1 036	1 057	1 077	1 098	1 119	1 140	1 160
42	0 988	1 009	1 030	1 051	1 072	1 093	1 114	1 135	1 156	1 177
44	1 002	1 023	1 044	1 066	1 087	1 108	1 130	1 151	1 172	1 193
46	1 016	1 037	1 059	1 080	1 102	1 123	1 145	1 167	1 188	1 210
48	1 029	1 051	1 073	1 095	1 117	1 139	1 161	1 183	1 205	1 227
1 50	1 043	1 066	1 088	1 110	1 132	1 154	1 177	1 199	1 221	1 243
52	1 057	1 080	1 102	1 125	1 147	1 170	1 192	1 215	1 237	1 260
54	1 071	1 094	1 117	1 140	1 162	1 185	1 208	1 231	1 254	1 276
56	1 085	1 108	1 131	1 154	1 177	1 201	1 224	1 247	1 270	1 293
58	1 099	1 122	1 146	1 169	1 193	1 216	1 239	1 263	1 286	1 310
1 60	1 113	1 137	1 160	1 184	1 208	1 231	1 255	1 279	1 302	1 326
62	1 127	1 151	1 175	1 199	1 223	1 247	1 271	1 295	1 319	1 343
64	1 141	1 165	1 189	1 214	1 238	1 262	1 286	1 311	1 335	1 359
66	1 155	1 179	1 204	1 228	1 253	1 278	1 302	1 327	1 351	1 376
68	1 169	1 193	1 218	1 243	1 268	1 293	1 318	1 343	1 368	1 392
1 70	1 183	1 208	1 233	1 258	1 283	1 308	1 333	1 359	1 384	1 409
72	1 196	1 222	1 247	1 273	1 298	1 324	1 349	1 375	1 400	1 426
74	1 210	1 236	1 262	1 288	1 313	1 339	1 365	1 391	1 416	1 462
76	1 224	1 250	1 276	1 302	1 328	1 354	1 381	1 407	1 433	1 459
78	1 238	1 265	1 291	1 317	1 344	1 370	1 396	1 423	1 449	1 475
1 80	1 252	1 279	1 305	1 332	1 359	1 385	1 412	1 439	1 465	1 492
82	1 266	1 293	1 320	1 347	1 374	1 401	1 428	1 455	1 481	1 508
84	1 280	1 307	1 334	1 362	1 389	1 416	1 443	1 471	1 498	1 525
86	1 294	1 321	1 349	1 376	1 404	1 431	1 459	1 487	1 514	1 542
88	1 308	1 336	1 363	1 391	1 419	1 447	1 475	1 502	1 530	1 558
1 90	1 322	1 350	1 378	1 406	1 434	1 462	1 490	1 518	1 547	1 575
92	1 336	1 364	1 392	1 421	1 449	1 478	1 506	1 534	1 563	1 591
94	1 349	1 378	1 407	1 436	1 464	1 493	1 522	1 550	1 579	1 608
96	1 363	1 392	1 421	1 450	1 479	1 508	1 537	1 566	1 595	1 624
98	1 377	1 407	1 436	1 465	1 495	1 524	1 553	1 582	1 612	1 641
2 —	1 391	1 421	1 450	1 480	1 510	1 539	1 569	1 598	1 628	1 658
02	1 405	1 435	1 465	1 495	1 525	1 555	1 584	1 614	1 644	1 674
04	1 419	1 449	1 479	1 510	1 540	1 570	1 600	1 630	1 661	1 691
06	1 433	1 463	1 494	1 524	1 555	1 585	1 616	1 646	1 677	1 707
08	1 447	1 478	1 508	1 539	1 570	1 601	1 632	1 662	1 693	1 724
2 10	1 461	1 492	1 523	1 554	1 585	1 616	1 647	1 678	1 709	1 740
12	1 475	1 506	1 537	1 569	1 600	1 632	1 663	1 694	1 726	1 757

Epaisseur : 0m 74 centimètres

Longueur	Futailles	Largeur en Centimètres									
		1 14	1 16	1 18	1 20	1 22	1 24	1 26	1 28	1 30	1 32
1 14		0 962									
16		0 979	0 996								
18		0 995	1 013	1 030							
1 20		1 012	1 030	1 048	1 066						
22		1 029	1 047	1 065	1 083	1 101					
24		1 046	1 064	1 083	1 101	1 119	1 138				
26		1 063	1 082	1 100	1 119	1 138	1 156	1 175			
28		1 080	1 099	1 118	1 137	1 156	1 175	1 193	1 212		
1 30		1 097	1 116	1 135	1 154	1 174	1 193	1 212	1 231	1 251	
32		1 114	1 133	1 153	1 172	1 192	1 211	1 231	1 250	1 270	1 289
34		1 130	1 150	1 170	1 190	1 210	1 230	1 249	1 269	1 289	1 309
36		1 147	1 167	1 188	1 208	1 228	1 248	1 268	1 288	1 308	1 328
38		1 164	1 185	1 205	1 225	1 246	1 266	1 287	1 307	1 328	1 348
1 40		1 181	1 202	1 222	1 243	1 264	1 285	1 305	1 326	1 347	1 368
42		1 198	1 219	1 240	1 261	1 282	1 303	1 324	1 345	1 366	1 387
44		1 215	1 236	1 257	1 279	1 300	1 321	1 343	1 364	1 385	1 407
46		1 232	1 253	1 275	1 296	1 318	1 340	1 361	1 383	1 405	1 426
48		1 249	1 270	1 292	1 314	1 336	1 358	1 380	1 402	1 424	1 446
1 50		1 265	1 288	1 310	1 332	1 354	1 376	1 399	1 421	1 443	1 465
52		1 282	1 305	1 327	1 350	1 372	1 395	1 417	1 440	1 462	1 485
54		1 299	1 322	1 345	1 368	1 390	1 413	1 436	1 459	1 481	1 504
56		1 316	1 339	1 362	1 385	1 408	1 431	1 455	1 478	1 501	1 524
58		1 333	1 356	1 380	1 403	1 426	1 450	1 473	1 497	1 520	1 543
1 60		1 350	1 373	1 397	1 421	1 444	1 468	1 492	1 516	1 539	1 563
62		1 367	1 391	1 415	1 439	1 463	1 487	1 510	1 534	1 558	1 582
64		1 384	1 408	1 432	1 457	1 481	1 505	1 529	1 553	1 578	1 602
66		1 400	1 425	1 450	1 474	1 499	1 523	1 548	1 572	1 597	1 621
68		1 417	1 442	1 467	1 492	1 517	1 542	1 566	1 591	1 616	1 641
1 70		1 434	1 459	1 484	1 510	1 535	1 560	1 585	1 610	1 635	1 661
72		1 451	1 476	1 502	1 527	1 553	1 578	1 604	1 629	1 655	1 680
74		1 468	1 494	1 519	1 545	1 571	1 597	1 622	1 648	1 674	1 700
76		1 485	1 511	1 537	1 563	1 589	1 615	1 641	1 667	1 693	1 719
78		1 502	1 528	1 554	1 581	1 607	1 633	1 660	1 686	1 712	1 739
1 80		1 518	1 545	1 572	1 598	1 625	1 652	1 678	1 705	1 732	1 758
82		1 535	1 562	1 589	1 616	1 643	1 670	1 697	1 724	1 751	1 778
84		1 552	1 579	1 607	1 634	1 661	1 688	1 716	1 743	1 770	1 797
86		1 569	1 597	1 624	1 652	1 679	1 707	1 734	1 762	1 789	1 817
88		1 586	1 614	1 642	1 669	1 697	1 725	1 753	1 781	1 809	1 836
1 90		1 603	1 631	1 659	1 687	1 715	1 743	1 772	1 800	1 828	1 856
92		1 620	1 648	1 677	1 705	1 733	1 762	1 790	1 819	1 847	1 875
94		1 637	1 665	1 694	1 723	1 751	1 780	1 809	1 838	1 866	1 895
96		1 653	1 682	1 711	1 740	1 769	1 798	1 828	1 857	1 886	1 915
98		1 670	1 700	1 729	1 758	1 788	1 817	1 846	1 875	1 905	1 934
2 —		1 687	1 717	1 746	1 776	1 806	1 835	1 865	1 894	1 924	1 954
02		1 704	1 734	1 764	1 794	1 824	1 854	1 883	1 913	1 943	1 973
04		1 721	1 751	1 781	1 812	1 842	1 872	1 902	1 932	1 962	1 993
06		1 738	1 768	1 799	1 829	1 860	1 890	1 921	1 951	1 982	2 012
08		1 755	1 786	1 816	1 847	1 878	1 909	1 939	1 970	2 001	2 032
2 10		1 772	1 803	1 834	1 865	1 896	1 927	1 958	1 989	2 020	2 051
12		1 788	1 820	1 851	1 883	1 914	1 945	1 977	2 008	2 039	2 071
14		1 805	1 837	1 869	1 900	1 932	1 964	1 995	2 027	2 059	2 090
16		1 822	1 854	1 886	1 918	1 950	1 982	2 014	2 046	2 078	2 110
18		1 839	1 871	1 904	1 936	1 968	2 000	2 033	2 065	2 097	2 129
2 20		1 856	1 888	1 921	1 954	1 986	2 019	2 051	2 084	2 116	2 149
22		1 873	1 906	1 939	1 971	2 004	2 037	2 070	2 103	2 136	2 168
24		1 890	1 923	1 956	1 989	2 022	2 055	2 089	2 122	2 155	2 188
26		1 907	1 940	1 973	2 007	2 040	2 074	2 107	2 141	2 174	2 208
28		1 923	1 957	1 991	2 025	2 058	2 092	2 126	2 160	2 193	2 227
2 30		1 940	1 974	2 008	2 042	2 076	2 110	2 145	2 179	2 213	2 247
32		1 957	1 991	2 026	2 060	2 094	2 129	2 163	2 198	2 232	2 266
34		1 974	2 009	2 043	2 078	2 113	2 147	2 182	2 216	2 251	2 286
36		1 991	2 026	2 061	2 096	2 131	2 166	2 200	2 235	2 270	2 305
38		2 008	2 043	2 078	2 113	2 149	2 184	2 219	2 254	2 290	2 325
2 40		2 025	2 060	2 096	2 131	2 167	2 202	2 238	2 273	2 309	2 344
42		2 042	2 077	2 113	2 149	2 185	2 221	2 256	2 292	2 328	2 364
44		2 058	2 094	2 131	2 167	2 203	2 239	2 275	2 311	2 347	2 383
46		2 075	2 112	2 148	2 184	2 221	2 257	2 294	2 330	2 367	2 403
48		2 092	2 129	2 166	2 202	2 239	2 276	2 312	2 349	2 386	2 422
2 50		2 109	2 146	2 183	2 220	2 257	2 294	2 331	2 368	2 405	2 442
52		2 126	2 163	2 200	2 238	2 275	2 312	2 350	2 387	2 424	2 462

Epaisseur : 0m 74 centimètres

Longueur	Largeur en Centimètres									
	1 34	1 36	1 38	1 40	1 42	1 44	1 46	1 48	1 50	1 52
1 34	1 329									
36	1 349	1 369								
38	1 368	1 389	1 409							
1 40	1 388	1 409	1 430	1 450						
42	1 408	1 429	1 450	1 471	1 492					
44	1 428	1 449	1 471	1 492	1 513	1 534				
46	1 448	1 469	1 491	1 513	1 534	1 556	1 577			
48	1 468	1 489	1 511	1 533	1 555	1 577	1 599	1 621		
1 50	1 487	1 510	1 532	1 554	1 576	1 598	1 621	1 643	1 665	
52	1 507	1 530	1 552	1 575	1 597	1 620	1 642	1 665	1 687	1 710
54	1 527	1 550	1 573	1 595	1 618	1 641	1 664	1 687	1 709	1 732
56	1 547	1 570	1 593	1 616	1 639	1 662	1 685	1 709	1 732	1 755
58	1 567	1 590	1 613	1 637	1 660	1 684	1 707	1 730	1 754	1 777
1 60	1 587	1 610	1 634	1 658	1 681	1 705	1 729	1 752	1 776	1 800
62	1 606	1 630	1 654	1 678	1 702	1 726	1 750	1 774	1 798	1 822
64	1 626	1 650	1 675	1 699	1 723	1 748	1 772	1 796	1 820	1 845
66	1 646	1 671	1 695	1 720	1 744	1 769	1 793	1 818	1 843	1 867
68	1 666	1 691	1 716	1 740	1 765	1 790	1 815	1 840	1 865	1 890
1 70	1 686	1 711	1 736	1 761	1 786	1 812	1 837	1 862	1 887	1 912
72	1 706	1 731	1 756	1 782	1 807	1 833	1 858	1 884	1 909	1 935
74	1 725	1 751	1 777	1 803	1 828	1 854	1 880	1 906	1 931	1 957
76	1 745	1 771	1 797	1 823	1 849	1 875	1 902	1 928	1 954	1 980
78	1 765	1 791	1 818	1 844	1 870	1 897	1 923	1 949	1 976	2 002
1 80	1 785	1 812	1 838	1 865	1 891	1 918	1 945	1 971	1 998	2 025
82	1 805	1 832	1 859	1 886	1 912	1 939	1 966	1 993	2 020	2 047
84	1 825	1 852	1 879	1 906	1 933	1 961	1 988	2 015	2 042	2 070
86	1 844	1 872	1 899	1 927	1 954	1 982	2 010	2 037	2 065	2 092
88	1 864	1 892	1 920	1 948	1 976	2 003	2 031	2 059	2 087	2 115
1 90	1 884	1 912	1 940	1 968	1 997	2 025	2 053	2 081	2 109	2 137
92	1 904	1 932	1 961	1 989	2 018	2 046	2 074	2 103	2 131	2 160
94	1 924	1 952	1 981	2 010	2 039	2 067	2 096	2 125	2 153	2 182
96	1 944	1 973	2 002	2 031	2 060	2 089	2 118	2 147	2 176	2 205
98	1 963	1 993	2 022	2 051	2 081	2 110	2 139	2 168	2 198	2 227
2 —	1 983	2 013	2 042	2 072	2 102	2 131	2 161	2 190	2 220	2 250
02	2 003	2 033	2 063	2 093	2 123	2 153	2 182	2 212	2 242	2 272
04	2 023	2 053	2 083	2 113	2 144	2 174	2 204	2 234	2 264	2 295
06	2 043	2 073	2 104	2 134	2 165	2 195	2 226	2 256	2 287	2 317
08	2 063	2 093	2 124	2 155	2 186	2 216	2 247	2 278	2 309	2 340
2 10	2 082	2 113	2 145	2 176	2 207	2 238	2 269	2 300	2 331	2 362
12	2 102	2 134	2 165	2 196	2 228	2 259	2 290	2 322	2 353	2 385
14	2 122	2 154	2 185	2 217	2 249	2 280	2 312	2 344	2 375	2 407
16	2 142	2 174	2 206	2 238	2 270	2 302	2 334	2 366	2 398	2 430
18	2 162	2 194	2 226	2 258	2 291	2 323	2 355	2 388	2 420	2 452
2 20	2 182	2 214	2 247	2 279	2 312	2 344	2 377	2 409	2 442	2 475
22	2 201	2 234	2 267	2 300	2 333	2 366	2 398	2 431	2 464	2 497
24	2 221	2 254	2 287	2 321	2 354	2 387	2 420	2 453	2 486	2 520
26	2 241	2 274	2 308	2 341	2 375	2 408	2 442	2 475	2 509	2 542
28	2 261	2 295	2 328	2 362	2 396	2 430	2 463	2 497	2 531	2 565
2 30	2 281	2 315	2 349	2 383	2 417	2 451	2 485	2 519	2 553	2 587
32	2 301	2 335	2 369	2 404	2 438	2 472	2 506	2 541	2 575	2 610
34	2 320	2 355	2 390	2 424	2 459	2 494	2 528	2 563	2 597	2 632
36	2 340	2 375	2 410	2 445	2 480	2 515	2 550	2 585	2 620	2 655
38	2 360	2 395	2 430	2 466	2 501	2 536	2 571	2 607	2 642	2 677
2 40	2 380	2 415	2 451	2 486	2 522	2 557	2 593	2 628	2 664	2 700
42	2 400	2 435	2 471	2 507	2 543	2 579	2 614	2 650	2 686	2 722
44	2 420	2 456	2 492	2 528	2 564	2 600	2 636	2 672	2 708	2 745
46	2 439	2 476	2 512	2 549	2 585	2 621	2 658	2 694	2 731	2 767
48	2 459	2 496	2 533	2 569	2 606	2 643	2 679	2 716	2 753	2 790
2 50	2 479	2 516	2 553	2 590	2 627	2 664	2 701	2 738	2 775	2 812
52	2 499	2 536	2 573	2 611	2 648	2 685	2 723	2 760	2 797	2 834

Epaisseur : 0m 76 centimètres

Longueur	Futailles	Largeur en Centimètres.									
		0 76	0 78	0 80	0 82	0 84	0 86	0 88	0 90	0 92	0 94
m 0 76	0 351	0 430									
78	0 360	0 451	0 462								
0 80	0 370	0 462	0 474	0 486							
82	0 379	0 474	0 486	0 499	0 511						
84	0 388	0 485	0 498	0 511	0 523	0 536					
86	0 397	0 497	0 510	0 523	0 536	0 549	0 562				
88	0 407	0 508	0 522	0 535	0 548	0 562	0 575	0 589			
0 90	0 416	0 520	0 534	0 547	0 561	0 575	0 588	0 602	0 616		
92	0 425	0 531	0 545	0 559	0 573	0 587	0 601	0 615	0 629	0 643	
94	0 434	0 543	0 557	0 572	0 586	0 600	0 614	0 629	0 643	0 657	0 672
96	0 444	0 554	0 569	0 584	0 598	0 613	0 627	0 642	0 657	0 671	0 686
98	0 453	0 566	0 581	0 596	0 611	0 626	0 641	0 655	0 670	0 685	0 700
1 —	0 462	0 578	0 593	0 608	0 623	0 638	0 654	0 669	0 684	0 699	0 714
02	0 471	0 589	0 605	0 620	0 636	0 651	0 667	0 682	0 698	0 713	0 729
04	0 481	0 601	0 617	0 632	0 648	0 664	0 680	0 696	0 711	0 727	0 743
06	0 490	0 612	0 628	0 644	0 661	0 677	0 693	0 709	0 725	0 741	0 757
08	0 499	0 624	0 640	0 657	0 673	0 689	0 706	0 722	0 739	0 755	0 772
1 10	0 508	0 635	0 652	0 669	0 686	0 702	0 719	0 736	0 753	0 769	0 786
12	0 518	0 647	0 664	0 681	0 698	0 715	0 732	0 749	0 766	0 783	0 800
14	0 527	0 658	0 676	0 693	0 710	0 728	0 745	0 762	0 780	0 797	0 814
16	0 536	0 670	0 688	0 705	0 723	0 741	0 758	0 776	0 793	0 811	0 829
18	0 545	0 682	0 700	0 717	0 735	0 753	0 771	0 789	0 807	0 825	0 843
1 20	0 554	0 693	0 711	0 730	0 748	0 766	0 784	0 803	0 821	0 839	0 857
22	0 564	0 705	0 723	0 742	0 760	0 779	0 797	0 816	0 834	0 853	0 872
24	0 573	0 716	0 735	0 754	0 773	0 792	0 810	0 829	0 848	0 867	0 886
26	0 582	0 728	0 747	0 766	0 785	0 804	0 824	0 843	0 862	0 881	0 900
28	0 591	0 739	0 759	0 778	0 798	0 817	0 837	0 856	0 876	0 895	0 914
1 30	0 601	0 751	0 771	0 790	0 810	0 830	0 850	0 869	0 889	0 909	0 929
32	0 610	0 762	0 782	0 803	0 823	0 843	0 863	0 883	0 903	0 923	0 943
34	0 619	0 774	0 794	0 815	0 835	0 855	0 876	0 896	0 917	0 937	0 957
36	0 628	0 786	0 806	0 827	0 848	0 868	0 889	0 910	0 930	0 951	0 972
38	0 638	0 797	0 818	0 839	0 860	0 881	0 902	0 923	0 944	0 965	0 986
1 40	0 647	0 809	0 830	0 851	0 872	0 894	0 915	0 936	0 958	0 979	1 000
42	0 656	0 820	0 842	0 863	0 885	0 907	0 928	0 950	0 971	0 993	1 014
44	0 665	0 832	0 854	0 876	0 897	0 919	0 941	0 963	0 985	1 006	1 029
46	0 675	0 843	0 865	0 888	0 910	0 932	0 954	0 976	0 999	1 021	1 043
48	0 684	0 855	0 877	0 900	0 922	0 945	0 967	0 990	1 012	1 035	1 057
1 50	0 693	0 866	0 889	0 912	0 935	0 958	0 980	1 003	1 026	1 049	1 072
52	0 702	0 878	0 901	0 924	0 947	0 970	0 993	1 017	1 040	1 063	1 086
54	0 712	0 890	0 913	0 936	0 960	0 983	1 007	1 030	1 053	1 077	1 100
56	0 721	0 901	0 925	0 938	0 972	0 996	1 020	1 043	1 067	1 091	1 114
58	0 730	0 913	0 937	0 961	0 985	1 009	1 033	1 057	1 081	1 105	1 129
1 60	0 739	0 924	0 948	0 973	0 997	1 021	1 046	1 070	1 094	1 119	1 143
62	0 749	0 936	0 960	0 985	1 010	1 034	1 059	1 083	1 108	1 133	1 157
64	0 758	0 947	0 972	0 997	1 022	1 047	1 072	1 097	1 122	1 147	1 172
66	0 767	0 959	0 984	1 009	1 035	1 060	1 085	1 110	1 135	1 161	1 186
68	0 776	0 970	0 996	1 021	1 047	1 073	1 098	1 124	1 149	1 175	1 200
1 70	0 786	0 982	1 008	1 034	1 059	1 085	1 111	1 137	1 163	1 189	1 214
72	0 795	0 993	1 020	1 046	1 072	1 098	1 124	1 150	1 176	1 203	1 229
74	0 804	1 005	1 031	1 058	1 085	1 111	1 137	1 164	1 190	1 217	1 243
76	0 813	1 017	1 043	1 070	1 097	1 124	1 150	1 177	1 204	1 231	1 257
78	0 823	1 028	1 055	1 082	1 109	1 136	1 163	1 190	1 218	1 245	1 272
1 80	0 832	1 040	1 067	1 094	1 122	1 149	1 176	1 204	1 231	1 259	1 286
82	0 841	1 051	1 079	1 107	1 134	1 162	1 190	1 217	1 245	1 273	1 300
84	0 850	1 063	1 091	1 119	1 147	1 175	1 203	1 231	1 259	1 287	1 314
86	0 860	1 074	1 103	1 131	1 159	1 187	1 216	1 244	1 272	1 301	1 329
88	0 869	1 086	1 114	1 143	1 172	1 200	1 229	1 257	1 286	1 314	1 343
1 90	0 878	1 097	1 126	1 155	1 184	1 213	1 242	1 271	1 300	1 328	1 357
92	0 887	1 109	1 138	1 167	1 197	1 226	1 255	1 284	1 313	1 342	1 372
94	0 896	1 121	1 150	1 180	1 209	1 238	1 268	1 297	1 327	1 356	1 386
96	0 906	1 132	1 162	1 192	1 221	1 251	1 281	1 311	1 341	1 370	1 400
98	0 915	1 144	1 174	1 204	1 234	1 264	1 294	1 324	1 354	1 384	1 415
2 —	0 924	1 155	1 186	1 216	1 246	1 277	1 307	1 338	1 368	1 398	1 429
02	0 933	1 167	1 197	1 228	1 259	1 290	1 320	1 351	1 382	1 412	1 443
04	0 943	1 178	1 209	1 240	1 271	1 302	1 333	1 364	1 395	1 426	1 457
06	0 952	1 190	1 221	1 252	1 284	1 315	1 346	1 378	1 409	1 440	1 472
08	0 961	1 201	1 233	1 265	1 296	1 328	1 359	1 391	1 423	1 454	1 486
2 10	0 970	1 213	1 245	1 277	1 309	1 341	1 373	1 404	1 436	1 468	1 500
12	0 980	1 225	1 257	1 289	1 321	1 353	1 386	1 418	1 450	1 482	1 515
14	0 989	1 236	1 269	1 301	1 334	1 366	1 399	1 431	1 464	1 496	1 529

Epaisseur : 0m 76 centimètres

Longueur	Largeur en Centimètres									
	0 96	0 98	1 00	1 02	1 04	1 06	1 08	1 10	1 12	1 14
m 0 96	0 700									
98	0 715	0 730								
1 —	0 730	0 745	0 760							
02	0 744	0 760	0 775	0 791						
04	0 759	0 775	0 790	0 806	0 822					
06	0 773	0 789	0 806	0 822	0 838	0 854				
08	0 788	0 804	0 821	0 837	0 854	0 870	0 886			
1 10	0 803	0 819	0 836	0 853	0 869	0 886	0 903	0 920		
12	0 817	0 834	0 851	0 868	0 885	0 902	0 919	0 936	0 953	
14	0 832	0 849	0 806	0 884	0 901	0 918	0 936	0 953	0 970	0 988
16	0 846	0 864	0 882	0 899	0 917	0 934	0 952	0 970	0 987	1 005
18	0 861	0 879	0 897	0 915	0 933	0 951	0 969	0 986	1 004	1 022
1 20	0 876	0 894	0 912	0 930	0 948	0 987	0 985	1 003	1 021	1 040
22	0 890	0 909	0 927	0 946	0 964	0 983	1 001	1 020	1 038	1 057
24	0 905	0 924	0 942	0 961	0 980	0 999	1 018	1 037	1 055	1 074
26	0 919	0 938	0 958	0 977	0 996	1 015	1 034	1 053	1 073	1 092
28	0 934	0 953	0 973	0 992	1 012	1 031	1 051	1 070	1 090	1 109
1 30	0 948	0 968	0 988	1 008	1 028	1 047	1 067	1 087	1 107	1 126
32	0 963	0 983	1 003	1 023	1 043	1 063	1 083	1 104	1 124	1 144
34	0 978	0 998	1 018	1 039	1 059	1 080	1 100	1 120	1 141	1 161
36	0 992	1 013	1 034	1 054	1 075	1 096	1 116	1 137	1 158	1 178
38	1 007	1 028	1 049	1 070	1 091	1 112	1 133	1 154	1 175	1 196
1 40	1 021	1 043	1 064	1 085	1 107	1 128	1 149	1 170	1 192	1 213
42	1 036	1 058	1 079	1 101	1 122	1 144	1 166	1 187	1 209	1 230
44	1 051	1 073	1 094	1 116	1 138	1 160	1 182	1 204	1 226	1 248
46	1 065	1 087	1 110	1 132	1 154	1 176	1 198	1 221	1 243	1 265
48	1 080	1 102	1 125	1 147	1 170	1 192	1 215	1 237	1 260	1 282
1 50	1 094	1 117	1 140	1 163	1 186	1 208	1 231	1 254	1 277	1 300
52	1 109	1 132	1 155	1 178	1 201	1 225	1 248	1 271	1 294	1 317
54	1 124	1 147	1 170	1 194	1 217	1 241	1 264	1 287	1 311	1 334
56	1 138	1 162	1 186	1 209	1 233	1 257	1 280	1 304	1 328	1 352
58	1 153	1 177	1 201	1 225	1 249	1 273	1 297	1 321	1 345	1 369
1 60	1 167	1 192	1 216	1 240	1 265	1 289	1 313	1 338	1 362	1 386
62	1 182	1 206	1 231	1 256	1 280	1 305	1 330	1 354	1 379	1 404
64	1 197	1 221	1 246	1 271	1 296	1 321	1 346	1 371	1 396	1 421
66	1 211	1 236	1 262	1 287	1 312	1 337	1 363	1 388	1 413	1 438
68	1 226	1 251	1 277	1 302	1 328	1 353	1 379	1 404	1 430	1 456
1 70	1 240	1 266	1 292	1 318	1 344	1 370	1 395	1 421	1 447	1 473
72	1 255	1 281	1 307	1 333	1 359	1 386	1 412	1 438	1 464	1 490
74	1 270	1 296	1 322	1 349	1 375	1 402	1 428	1 455	1 481	1 508
76	1 284	1 311	1 338	1 364	1 391	1 418	1 445	1 471	1 498	1 525
78	1 299	1 326	1 353	1 380	1 407	1 434	1 461	1 488	1 515	1 542
1 80	1 313	1 341	1 368	1 395	1 423	1 450	1 477	1 505	1 532	1 560
82	1 328	1 356	1 383	1 411	1 439	1 466	1 494	1 522	1 549	1 577
84	1 342	1 370	1 398	1 426	1 454	1 482	1 510	1 538	1 566	1 594
86	1 357	1 385	1 414	1 442	1 470	1 498	1 527	1 555	1 583	1 612
88	1 372	1 400	1 429	1 457	1 486	1 515	1 543	1 572	1 600	1 628
1 90	1 386	1 415	1 444	1 473	1 502	1 531	1 560	1 588	1 617	1 646
92	1 401	1 430	1 459	1 488	1 518	1 547	1 576	1 605	1 634	1 663
94	1 415	1 445	1 474	1 504	1 533	1 563	1 592	1 622	1 651	1 681
96	1 430	1 460	1 490	1 519	1 549	1 579	1 609	1 639	1 668	1 698
98	1 445	1 475	1 505	1 535	1 565	1 595	1 625	1 655	1 685	1 715
2 —	1 459	1 490	1 520	1 550	1 581	1 611	1 642	1 672	1 702	1 723
02	1 474	1 504	1 535	1 566	1 597	1 627	1 658	1 689	1 719	1 750
04	1 488	1 519	1 550	1 581	1 612	1 643	1 674	1 705	1 736	1 767
06	1 503	1 534	1 566	1 597	1 628	1 660	1 691	1 722	1 753	1 785
08	1 518	1 549	1 581	1 612	1 644	1 676	1 707	1 739	1 770	1 802
2 10	1 532	1 564	1 596	1 628	1 660	1 692	1 724	1 756	1 788	1 819
12	1 547	1 579	1 611	1 643	1 676	1 708	1 740	1 772	1 805	1 837
14	1 561	1 594	1 626	1 659	1 691	1 724	1 757	1 789	1 822	1 854

Epaisseur : 0m 76 centimètres

Longueur	Futailles	1 16	1 18	1 20	1 22	1 24	1 26	1 28	1 30	1 32	1 34
		Largeur en centimètres									
m 1 16		1 023									
18		1 040	1 058								
1 20		1 058	1 076	1 094							
22		1 076	1 094	1 113	1 131						
24		1 093	1 112	1 131	1 150	1 169					
26		1 111	1 130	1 149	1 168	1 187	1 207				
28		1 128	1 148	1 167	1 187	1 206	1 226	1 245			
1 30		1 146	1 166	1 186	1 205	1 225	1 245	1 265	1 284		
32		1 164	1 184	1 204	1 224	1 244	1 264	1 284	1 304	1 324	
34		1 181	1 202	1 222	1 242	1 263	1 283	1 304	1 324	1 344	1 365
36		1 199	1 220	1 240	1 261	1 282	1 302	1 323	1 344	1 364	1 385
38		1 217	1 238	1 259	1 280	1 301	1 321	1 342	1 363	1 384	1 405
1 40		1 234	1 256	1 277	1 298	1 319	1 341	1 362	1 383	1 404	1 426
42		1 252	1 273	1 295	1 317	1 338	1 360	1 381	1 403	1 425	1 446
44		1 270	1 291	1 313	1 335	1 357	1 379	1 401	1 423	1 445	1 466
46		1 297	1 309	1 332	1 354	1 376	1 398	1 420	1 442	1 464	1 487
48		1 305	1 327	1 350	1 372	1 395	1 417	1 440	1 462	1 485	1 507
1 50		1 322	1 345	1 368	1 391	1 414	1 436	1 459	1 482	1 505	1 528
52		1 340	1 363	1 386	1 409	1 432	1 456	1 479	1 502	1 525	1 548
54		1 358	1 381	1 404	1 428	1 451	1 475	1 498	1 522	1 545	1 568
56		1 375	1 399	1 423	1 446	1 470	1 494	1 518	1 541	1 565	1 589
58		1 393	1 417	1 441	1 465	1 489	1 513	1 537	1 561	1 585	1 609
1 60		1 411	1 435	1 459	1 484	1 508	1 532	1 556	1 581	1 605	1 629
62		1 428	1 453	1 477	1 502	1 527	1 551	1 576	1 601	1 625	1 650
64		1 446	1 471	1 496	1 521	1 546	1 570	1 595	1 620	1 645	1 670
66		1 463	1 489	1 514	1 539	1 564	1 590	1 615	1 640	1 665	1 691
68		1 481	1 507	1 532	1 558	1 583	1 609	1 634	1 660	1 685	1 711
1 70		1 499	1 525	1 550	1 576	1 602	1 628	1 654	1 680	1 705	1 731
72		1 516	1 542	1 569	1 595	1 621	1 647	1 673	1 699	1 726	1 852
74		1 534	1 560	1 587	1 613	1 640	1 666	1 693	1 719	1 746	1 872
76		1 552	1 578	1 605	1 632	1 659	1 685	1 712	1 739	1 766	1 892
78		1 569	1 596	1 623	1 650	1 677	1 705	1 732	1 759	1 786	1 813
1 80		1 587	1 614	1 642	1 669	1 696	1 724	1 751	1 778	1 806	1 833
82		1 605	1 632	1 660	1 688	1 715	1 743	1 770	1 798	1 826	1 853
84		1 622	1 650	1 678	1 706	1 734	1 762	1 790	1 818	1 846	1 874
86		1 640	1 668	1 696	1 725	1 753	1 781	1 809	1 838	1 866	1 894
88		1 657	1 686	1 715	1 743	1 772	1 800	1 829	1 857	1 886	1 915
1 90		1 675	1 704	1 733	1 762	1 791	1 819	1 848	1 877	1 906	1 935
92		1 693	1 722	1 751	1 780	1 809	1 839	1 868	1 897	1 926	1 955
94		1 710	1 740	1 769	1 799	1 828	1 858	1 887	1 917	1 946	1 976
96		1 728	1 758	1 788	1 817	1 847	1 877	1 907	1 936	1 966	1 996
98		1 746	1 776	1 806	1 836	1 866	1 896	1 926	1 956	1 986	2 016
2 —		1 763	1 794	1 824	1 854	1 885	1 915	1 946	1 976	2 006	2 037
02		1 781	1 812	1 842	1 873	1 904	1 934	1 965	1 996	2 026	2 057
04		1 798	1 829	1 860	1 891	1 922	1 954	1 985	2 016	2 047	2 078
06		1 816	1 847	1 879	1 910	1 941	1 973	2 004	2 035	2 067	2 098
08		1 834	1 865	1 897	1 929	1 960	1 992	2 023	2 055	2 087	2 118
2 10		1 851	1 883	1 915	1 947	1 979	2 011	2 043	2 075	2 107	2 139
12		1 869	1 901	1 933	1 966	1 998	2 030	2 062	2 095	2 127	2 159
14		1 887	1 919	1 952	1 984	2 017	2 049	2 082	2 114	2 147	2 179
16		1 904	1 937	1 970	2 003	2 036	2 068	2 101	2 134	2 167	2 200
18		1 922	1 955	1 988	2 021	2 054	2 088	2 121	2 154	2 187	2 220
2 20		1 940	1 973	2 006	2 040	2 073	2 107	2 140	2 174	2 207	2 240
22		1 957	1 991	2 025	2 058	2 092	2 126	2 160	2 193	2 227	2 261
24		1 975	2 009	2 043	2 077	2 111	2 145	2 179	2 213	2 247	2 281
26		1 992	2 027	2 061	2 095	2 130	2 164	2 199	2 233	2 267	2 302
28		2 010	2 045	2 079	2 114	2 149	2 183	2 218	2 253	2 287	2 322
2 30		2 028	2 063	2 098	2 133	2 168	2 202	2 237	2 272	2 307	2 342
32		2 045	2 081	2 116	2 151	2 186	2 222	2 257	2 292	2 327	2 363
34		2 063	2 099	2 134	2 170	2 205	2 241	2 276	2 312	2 347	2 383
36		2 081	2 116	2 152	2 188	2 224	2 260	2 296	2 332	2 368	2 403
38		2 098	2 134	2 171	2 207	2 243	2 279	2 315	2 351	2 388	2 424
2 40		2 116	2 152	2 189	2 225	2 262	2 298	2 335	2 371	2 408	2 444
42		2 133	2 170	2 207	2 214	2 281	2 317	2 354	2 391	2 428	2 465
44		2 151	2 188	2 225	2 262	2 299	2 337	2 374	2 411	2 448	2 485
46		2 169	2 206	2 244	2 281	2 318	2 356	2 393	2 430	2 468	2 505
48		2 186	2 224	2 262	2 299	2 337	2 375	2 413	2 450	2 488	2 526
2 50		2 204	2 242	2 280	2 318	2 356	2 394	2 432	2 470	2 508	2 546
52		2 222	2 260	2 298	2 337	2 375	2 413	2 451	2 490	2 528	2 566
54		2 239	2 278	2 316	2 355	2 394	2 432	2 471	2 510	2 548	2 587

Epaisseur : 0m 76 centimètres

Longueur	1 36	1 38	1 40	1 42	1 44	1 46	1 48	1 50	1 52	1 54
	Largeur en centimètres									
m 1 36	1 406									
38	1 426	1 447								
1 40	1 447	1 468	1 490							
42	1 468	1 489	1 511	1 532						
44	1 488	1 510	1 532	1 554	1 576					
46	1 509	1 531	1 553	1 576	1 598	1 620				
48	1 530	1 552	1 575	1 597	1 620	1 642	1 665			
1 50	1 550	1 573	1 596	1 619	1 642	1 664	1 687	1 710		
52	1 571	1 594	1 617	1 640	1 663	1 687	1 710	1 733	1 756	
54	1 592	1 615	1 639	1 662	1 685	1 709	1 732	1 756	1 779	1 802
56	1 612	1 636	1 660	1 684	1 707	1 731	1 755	1 778	1 802	1 826
58	1 633	1 657	1 681	1 705	1 729	1 753	1 777	1 801	1 825	1 849
1 60	1 654	1 678	1 702	1 727	1 751	1 775	1 800	1 824	1 848	1 873
62	1 674	1 699	1 724	1 748	1 773	1 798	1 822	1 847	1 871	1 896
64	1 695	1 720	1 745	1 770	1 795	1 820	1 845	1 870	1 895	1 919
66	1 716	1 741	1 766	1 791	1 817	1 842	1 867	1 892	1 918	1 943
68	1 736	1 762	1 788	1 813	1 839	1 864	1 890	1 915	1 941	1 966
1 70	1 757	1 783	1 809	1 835	1 860	1 886	1 912	1 938	1 964	1 990
72	1 778	1 804	1 830	1 856	1 882	1 909	1 935	1 961	1 987	2 013
74	1 798	1 825	1 851	1 878	1 904	1 931	1 957	1 984	2 010	2 036
76	1 819	1 846	1 873	1 899	1 926	1 953	1 980	2 006	2 033	2 060
78	1 840	1 867	1 894	1 921	1 948	1 975	2 002	2 029	2 056	2 083
1 80	1 860	1 888	1 915	1 943	1 970	1 997	2 025	2 052	2 079	2 107
82	1 881	1 909	1 936	1 964	1 992	2 019	2 047	2 075	2 102	2 130
84	1 902	1 930	1 958	1 986	2 014	2 042	2 070	2 098	2 126	2 154
86	1 922	1 951	1 979	2 007	2 036	2 064	2 092	2 120	2 149	2 177
88	1 943	1 972	2 000	2 029	2 057	2 086	2 115	2 143	2 172	2 200
1 90	1 964	1 993	2 022	2 050	2 079	2 108	2 137	2 166	2 195	2 224
92	1 985	2 014	2 043	2 072	2 101	2 130	2 160	2 189	2 218	2 247
94	2 005	2 035	2 064	2 094	2 123	2 153	2 182	2 212	2 241	2 271
96	2 026	2 056	2 085	2 115	2 145	2 175	2 205	2 234	2 264	2 294
98	2 047	2 077	2 107	2 137	2 167	2 197	2 227	2 257	2 287	2 317
2 —	2 067	2 098	2 128	2 158	2 189	2 219	2 250	2 280	2 310	2 341
02	2 088	2 119	2 149	2 180	2 211	2 241	2 272	2 303	2 334	2 364
04	2 109	2 140	2 171	2 202	2 233	2 264	2 295	2 326	2 357	2 388
06	2 129	2 161	2 192	2 223	2 254	2 286	2 317	2 348	2 380	2 411
08	2 150	2 182	2 213	2 245	2 276	2 308	2 340	2 371	2 403	2 434
2 10	2 171	2 202	2 234	2 266	2 298	2 330	2 362	2 394	2 426	2 458
12	2 191	2 223	2 256	2 288	2 320	2 352	2 385	2 417	2 449	2 481
14	2 212	2 244	2 277	2 309	2 342	2 375	2 407	2 440	2 472	2 505
16	2 233	2 265	2 298	2 331	2 364	2 397	2 430	2 462	2 495	2 528
18	2 253	2 286	2 320	2 353	2 386	2 419	2 452	2 485	2 518	2 551
2 20	2 274	2 307	2 341	2 374	2 408	2 441	2 475	2 508	2 541	2 575
22	2 295	2 328	2 362	2 396	2 430	2 463	2 497	2 531	2 565	2 598
24	2 315	2 349	2 383	2 417	2 451	2 486	2 520	2 554	2 588	2 622
26	2 336	2 370	2 405	2 439	2 473	2 508	2 542	2 576	2 611	2 645
28	2 357	2 391	2 426	2 460	2 495	2 530	2 565	2 599	2 634	2 669
2 30	2 377	2 412	2 447	2 482	2 517	2 552	2 587	2 622	2 657	2 692
32	2 398	2 433	2 468	2 504	2 539	2 577	2 610	2 645	2 680	2 715
34	2 419	2 454	2 490	2 525	2 561	2 596	2 632	2 668	2 703	2 739
36	2 439	2 475	2 511	2 547	2 583	2 619	2 655	2 690	2 726	2 762
38	2 460	2 496	2 532	2 568	2 605	2 641	2 677	2 713	2 749	2 786
2 40	2 481	2 517	2 554	2 590	2 627	2 663	2 700	2 736	2 772	2 809
42	2 501	2 538	2 575	2 612	2 648	2 685	2 722	2 759	2 796	2 832
44	2 522	2 559	2 596	2 633	2 670	2 707	2 745	2 782	2 819	2 856
46	2 543	2 580	2 617	2 655	2 692	2 730	2 767	2 804	2 842	2 879
48	2 563	2 601	2 639	2 676	2 714	2 752	2 790	2 827	2 865	2 903
2 50	2 584	2 622	2 660	2 698	2 736	2 774	2 812	2 850	2 888	2 926
52	2 605	2 643	2 681	2 720	2 758	2 796	2 834	2 873	2 911	2 949
54	2 625	2 664	2 703	2 741	2 780	2 818	2 857	2 896	2 934	2 973

Epaisseur : 0m 78 centimètres

Longueur	Futailles	Largeur en Centimètres 0 78	0 80	0 82	0 84	0 86	0 88	0 90	0 92	0 94	0 96
0 78	0 380	0 475									
0 80	0 389	0 487	0 499								
82	0 399	0 499	0 512	0 524							
84	0 409	0 511	0 524	0 537	0 550						
86	0 419	0 523	0 537	0 550	0 563	0 577					
88	0 428	0 535	0 549	0 563	0 577	0 590	0 604				
0 90	0 438	0 548	0 562	0 576	0 590	0 604	0 618	0 632			
92	0 448	0 560	0 574	0 588	0 603	0 617	0 631	0 646	0 660		
94	0 458	0 572	0 587	0 601	0 616	0 631	0 645	0 660	0 675	0 689	
96	0 467	0 584	0 599	0 614	0 629	0 644	0 659	0 674	0 689	0 704	0 719
98	0 477	0 596	0 612	0 627	0 642	0 657	0 673	0 688	0 703	0 719	0 734
1 —	0 487	0 608	0 624	0 640	0 655	0 671	0 686	0 702	0 718	0 733	0 749
02	0 496	0 621	0 636	0 652	0 668	0 684	0 700	0 716	0 732	0 748	0 764
04	0 506	0 633	0 649	0 665	0 681	0 698	0 714	0 730	0 746	0 763	0 779
06	0 516	0 645	0 661	0 678	0 695	0 711	0 728	0 744	0 761	0 777	0 794
08	0 526	0 657	0 674	0 691	0 708	0 724	0 741	0 758	0 775	0 792	0 809
1 10	0 535	0 669	0 686	0 704	0 721	0 738	0 755	0 772	0 789	0 807	0 824
12	0 545	0 681	0 699	0 716	0 734	0 751	0 769	0 786	0 803	0 821	0 839
14	0 555	0 694	0 711	0 729	0 747	0 765	0 782	0 800	0 818	0 836	0 854
16	0 565	0 706	0 724	0 742	0 760	0 778	0 796	0 814	0 832	0 851	0 869
18	0 574	0 718	0 736	0 755	0 773	0 792	0 810	0 828	0 847	0 865	0 884
1 20	0 584	0 730	0 749	0 768	0 786	0 805	0 824	0 842	0 861	0 880	0 899
22	0 594	0 742	0 761	0 780	0 799	0 818	0 837	0 856	0 875	0 895	0 914
24	0 604	0 754	0 774	0 793	0 812	0 832	0 851	0 870	0 890	0 909	0 929
26	0 613	0 767	0 786	0 806	0 826	0 845	0 865	0 885	0 904	0 924	0 943
28	0 623	0 779	0 799	0 819	0 839	0 859	0 879	0 899	0 919	0 938	0 958
1 30	0 633	0 791	0 811	0 831	0 852	0 872	0 892	0 913	0 933	0 953	0 973
32	0 642	0 803	0 824	0 844	0 865	0 885	0 906	0 927	0 947	0 968	0 988
34	0 652	0 815	0 836	0 857	0 878	0 899	0 920	0 941	0 962	0 982	1 003
36	0 662	0 827	0 849	0 870	0 891	0 912	0 934	0 955	0 976	0 997	1 018
38	0 672	0 840	0 861	0 883	0 904	0 926	0 947	0 969	0 990	1 012	1 033
1 40	0 681	0 852	0 874	0 895	0 917	0 939	0 961	0 983	1 005	1 026	1 048
42	0 691	0 864	0 886	0 908	0 930	0 953	0 975	0 997	1 019	1 041	1 063
44	0 701	0 876	0 899	0 921	0 943	0 966	0 988	1 011	1 033	1 056	1 078
46	0 711	0 888	0 911	0 934	0 957	0 979	1 002	1 025	1 048	1 070	1 093
48	0 720	0 900	0 924	0 947	0 970	0 993	1 016	1 039	1 062	1 085	1 108
1 50	0 730	0 913	0 936	0 959	0 983	1 006	1 030	1 053	1 076	1 100	1 123
52	0 740	0 925	0 948	0 972	0 996	1 020	1 043	1 067	1 091	1 114	1 138
54	0 750	0 937	0 961	0 985	1 009	1 033	1 057	1 081	1 105	1 129	1 153
56	0 759	0 949	0 973	0 998	1 022	1 046	1 071	1 095	1 119	1 144	1 168
58	0 769	0 961	0 986	1 011	1 035	1 060	1 085	1 109	1 134	1 158	1 183
1 60	0 779	0 973	0 998	1 023	1 048	1 073	1 098	1 123	1 148	1 173	1 198
62	0 788	0 986	1 011	1 036	1 061	1 087	1 112	1 137	1 163	1 188	1 213
64	0 798	0 998	1 023	1 049	1 075	1 100	1 126	1 151	1 177	1 202	1 228
66	0 808	1 010	1 036	1 062	1 088	1 114	1 139	1 165	1 191	1 217	1 243
68	0 818	1 022	1 048	1 075	1 101	1 127	1 153	1 179	1 206	1 232	1 258
1 70	0 827	1 034	1 061	1 087	1 114	1 140	1 167	1 193	1 220	1 246	1 273
72	0 837	1 046	1 073	1 100	1 127	1 154	1 181	1 207	1 234	1 261	1 288
74	0 847	1 059	1 086	1 113	1 140	1 167	1 194	1 221	1 249	1 276	1 303
76	0 857	1 071	1 098	1 126	1 153	1 181	1 208	1 236	1 263	1 290	1 318
78	0 866	1 083	1 111	1 138	1 166	1 194	1 222	1 250	1 277	1 305	1 333
1 80	0 876	1 095	1 123	1 151	1 179	1 207	1 236	1 264	1 292	1 320	1 348
82	0 886	1 107	1 136	1 164	1 192	1 221	1 249	1 278	1 306	1 334	1 363
84	0 896	1 119	1 148	1 177	1 206	1 234	1 263	1 292	1 320	1 349	1 378
86	0 905	1 132	1 161	1 190	1 219	1 248	1 277	1 306	1 335	1 364	1 393
88	0 915	1 144	1 173	1 202	1 232	1 261	1 290	1 320	1 349	1 378	1 408
1 90	0 925	1 156	1 186	1 215	1 245	1 275	1 304	1 334	1 363	1 393	1 423
92	0 935	1 168	1 198	1 228	1 258	1 288	1 318	1 348	1 378	1 408	1 438
94	0 944	1 180	1 211	1 241	1 271	1 301	1 332	1 362	1 392	1 422	1 453
96	0 954	1 192	1 223	1 254	1 284	1 315	1 345	1 376	1 406	1 437	1 468
98	0 964	1 205	1 236	1 266	1 297	1 328	1 359	1 390	1 421	1 452	1 483
2 —	0 973	1 217	1 248	1 279	1 310	1 342	1 373	1 404	1 435	1 466	1 498
02	0 983	1 229	1 261	1 292	1 324	1 355	1 387	1 418	1 450	1 481	1 513
04	0 993	1 241	1 273	1 305	1 337	1 368	1 400	1 432	1 464	1 496	1 528
06	1 003	1 253	1 285	1 318	1 350	1 382	1 414	1 446	1 478	1 510	1 543
08	1 012	1 265	1 298	1 330	1 363	1 395	1 428	1 460	1 493	1 525	1 558
2 10	1 022	1 278	1 310	1 343	1 376	1 409	1 441	1 474	1 507	1 540	1 572
12	1 032	1 290	1 323	1 356	1 389	1 422	1 455	1 488	1 521	1 554	1 587
14	1 042	1 302	1 335	1 369	1 402	1 436	1 469	1 502	1 536	1 569	1 602
16	1 051	1 314	1 348	1 382	1 415	1 449	1 483	1 516	1 550	1 584	1 617

Longueur	Largeur en Centimètres 0 98	1 00	1 02	1 04	1 06	1 08	1 10	1 12	1 14	1 16
0 98	0 749									
1 —	0 764	0 780								
02	0 780	0 796	0 812							
04	0 795	0 811	0 827	0 844						
06	0 810	0 827	0 843	0 860	0 876					
08	0 826	0 842	0 859	0 876	0 893	0 910				
1 10	0 841	0 858	0 875	0 892	0 909	0 927	0 944			
12	0 856	0 874	0 891	0 909	0 926	0 943	0 961	0 978		
14	0 871	0 889	0 907	0 926	0 943	0 960	0 978	0 996	1 014	
16	0 887	0 905	0 923	0 941	0 959	0 977	0 995	1 013	1 031	1 050
18	0 902	0 920	0 939	0 957	0 976	0 994	1 012	1 031	1 049	1 068
1 20	0 917	0 936	0 955	0 973	0 992	1 011	1 030	1 048	1 067	1 086
22	0 933	0 952	0 971	0 990	1 009	1 028	1 047	1 066	1 085	1 104
24	0 948	0 967	0 987	1 006	1 025	1 045	1 064	1 083	1 103	1 122
26	0 963	0 983	1 002	1 022	1 042	1 061	1 081	1 101	1 120	1 140
28	0 978	0 998	1 018	1 038	1 058	1 078	1 098	1 118	1 138	1 158
1 30	0 994	1 014	1 034	1 055	1 075	1 095	1 115	1 136	1 156	1 176
32	1 009	1 030	1 050	1 071	1 091	1 112	1 133	1 153	1 174	1 194
34	1 024	1 055	1 066	1 087	1 108	1 129	1 150	1 171	1 192	1 212
36	1 040	1 061	1 082	1 103	1 124	1 146	1 167	1 188	1 209	1 231
38	1 055	1 076	1 098	1 119	1 141	1 163	1 184	1 206	1 227	1 249
1 40	1 070	1 092	1 114	1 136	1 158	1 179	1 201	1 223	1 245	1 267
42	1 085	1 108	1 130	1 152	1 174	1 196	1 218	1 241	1 263	1 285
44	1 101	1 123	1 146	1 168	1 191	1 213	1 236	1 258	1 280	1 303
46	1 116	1 139	1 161	1 184	1 207	1 230	1 253	1 275	1 298	1 321
48	1 131	1 154	1 177	1 201	1 224	1 247	1 270	1 293	1 316	1 339
1 50	1 147	1 170	1 193	1 217	1 240	1 264	1 287	1 310	1 334	1 357
52	1 162	1 186	1 209	1 233	1 257	1 280	1 304	1 328	1 352	1 375
54	1 177	1 201	1 225	1 249	1 273	1 297	1 321	1 345	1 369	1 393
56	1 192	1 217	1 241	1 265	1 290	1 314	1 338	1 363	1 387	1 411
58	1 208	1 232	1 257	1 282	1 306	1 331	1 356	1 380	1 405	1 430
1 60	1 223	1 248	1 273	1 298	1 323	1 348	1 373	1 398	1 423	1 448
62	1 238	1 264	1 289	1 314	1 339	1 365	1 390	1 415	1 441	1 466
64	1 254	1 279	1 305	1 330	1 356	1 382	1 407	1 433	1 458	1 484
66	1 269	1 295	1 321	1 347	1 372	1 398	1 424	1 450	1 476	1 502
68	1 284	1 310	1 337	1 363	1 389	1 415	1 441	1 468	1 494	1 520
1 70	1 299	1 326	1 353	1 379	1 406	1 432	1 459	1 485	1 512	1 538
72	1 315	1 342	1 368	1 395	1 422	1 449	1 476	1 503	1 529	1 556
74	1 330	1 357	1 384	1 411	1 439	1 466	1 493	1 520	1 547	1 574
76	1 345	1 373	1 400	1 428	1 455	1 483	1 510	1 538	1 565	1 592
78	1 361	1 388	1 416	1 444	1 472	1 499	1 527	1 555	1 583	1 611
1 80	1 376	1 404	1 432	1 460	1 488	1 516	1 544	1 572	1 601	1 629
82	1 391	1 420	1 448	1 476	1 505	1 533	1 562	1 590	1 618	1 647
84	1 406	1 435	1 464	1 493	1 521	1 550	1 579	1 607	1 636	1 665
86	1 422	1 451	1 480	1 509	1 538	1 567	1 596	1 625	1 654	1 683
88	1 437	1 466	1 496	1 525	1 554	1 584	1 613	1 642	1 672	1 701
1 90	1 452	1 482	1 512	1 541	1 571	1 601	1 630	1 660	1 689	1 719
92	1 468	1 498	1 528	1 558	1 587	1 617	1 647	1 677	1 707	1 737
94	1 483	1 513	1 543	1 574	1 604	1 634	1 665	1 695	1 725	1 755
96	1 498	1 529	1 559	1 590	1 621	1 651	1 682	1 712	1 743	1 773
98	1 514	1 544	1 575	1 606	1 637	1 668	1 699	1 730	1 761	1 792
2 —	1 529	1 560	1 591	1 622	1 654	1 685	1 716	1 747	1 778	1 810
02	1 544	1 576	1 607	1 639	1 670	1 702	1 733	1 765	1 796	1 828
04	1 559	1 591	1 623	1 655	1 687	1 718	1 750	1 782	1 814	1 846
06	1 575	1 607	1 639	1 671	1 703	1 735	1 767	1 800	1 832	1 864
08	1 590	1 622	1 655	1 687	1 720	1 752	1 785	1 817	1 850	1 882
2 10	1 605	1 638	1 671	1 704	1 736	1 769	1 802	1 835	1 867	1 900
12	1 621	1 654	1 687	1 720	1 753	1 786	1 819	1 852	1 885	1 918
14	1 636	1 669	1 703	1 736	1 769	1 803	1 836	1 870	1 903	1 936
16	1 651	1 685	1 718	1 752	1 786	1 870	1 853	1 887	1 921	1 954

Epaisseur : 0m 78 centimètres

Longueur	Futailles	1 18	1 20	1 22	1 24	1 26	1 28	1 30	1 32	1 34	1 36
		Largeur en Centimètres									
1 18		1 086									
1 20		1 104	1 123								
22		1 123	1 142	1 161							
24		1 141	1 161	1 180	1 199						
26		1 160	1 179	1 199	1 219	1 238					
28		1 178	1 198	1 218	1 238	1 258	1 279				
1 30		1 197	1 217	1 237	1 257	1 278	1 298	1 318			
32		1 215	1 236	1 256	1 277	1 297	1 318	1 338	1 359		
34		1 233	1 254	1 275	1 296	1 317	1 338	1 359	1 380	1 401	
36		1 252	1 273	1 294	1 315	1 337	1 358	1 379	1 400	1 421	1 443
38		1 270	1 292	1 313	1 335	1 356	1 378	1 399	1 421	1 442	1 464
1 40		1 289	1 310	1 332	1 354	1 376	1 398	1 420	1 441	1 463	1 485
42		1 307	1 329	1 351	1 373	1 396	1 418	1 440	1 462	1 484	1 506
44		1 325	1 348	1 370	1 393	1 415	1 438	1 460	1 483	1 505	1 528
46		1 344	1 367	1 389	1 412	1 435	1 458	1 480	1 503	1 526	1 549
48		1 362	1 385	1 408	1 431	1 455	1 478	1 501	1 524	1 547	1 570
1 50		1 381	1 404	1 427	1 451	1 474	1 498	1 521	1 544	1 568	1 591
52		1 399	1 423	1 446	1 470	1 494	1 518	1 541	1 565	1 589	1 612
54		1 417	1 441	1 465	1 489	1 514	1 538	1 562	1 586	1 610	1 634
56		1 436	1 400	1 484	1 509	1 533	1 558	1 582	1 606	1 631	1 655
58		1 454	1 479	1 504	1 528	1 553	1 577	1 602	1 627	1 651	1 676
1 60		1 473	1 498	1 523	1 548	1 572	1 597	1 622	1 647	1 672	1 697
62		1 491	1 516	1 542	1 567	1 592	1 617	1 643	1 668	1 693	1 718
64		1 509	1 535	1 561	1 586	1 612	1 637	1 663	1 689	1 714	1 740
66		1 528	1 554	1 580	1 606	1 631	1 657	1 683	1 709	1 735	1 761
68		1 546	1 572	1 599	1 625	1 651	1 677	1 704	1 730	1 756	1 782
1 70		1 565	1 591	1 618	1 644	1 671	1 697	1 624	1 750	1 777	1 803
72		1 583	1 610	1 637	1 664	1 690	1 717	1 744	1 771	1 798	1 825
74		1 601	1 629	1 656	1 683	1 710	1 737	1 764	1 792	1 819	1 846
76		1 620	1 647	1 675	1 702	1 730	1 757	1 785	1 812	1 840	1 867
78		1 638	1 666	1 694	1 722	1 749	1 777	1 805	1 833	1 860	1 888
1 80		1 657	1 685	1 713	1 741	1 769	1 797	1 825	1 853	1 881	1 909
82		1 675	1 704	1 732	1 760	1 789	1 817	1 845	1 874	1 902	1 931
84		1 694	1 722	1 751	1 780	1 808	1 837	1 866	1 894	1 923	1 952
86		1 712	1 741	1 770	1 799	1 828	1 857	1 886	1 915	1 944	1 973
88		1 730	1 760	1 789	1 818	1 818	1 877	1 906	1 936	1 965	1 994
1 90		1 749	1 778	1 808	1 838	1 867	1 897	1 927	1 956	1 986	2 016
92		1 767	1 797	1 827	1 857	1 887	1 917	1 947	1 977	2 007	2 037
94		1 786	1 816	1 846	1 876	1 907	1 937	1 967	1 997	2 028	2 058
96		1 804	1 835	1 865	1 896	1 926	1 957	1 987	2 018	2 049	2 079
98		1 822	1 853	1 884	1 915	1 946	1 977	2 008	2 039	2 069	2 100
2 —		1 841	1 872	1 903	1 934	1 966	1 997	2 028	2 059	2 090	2 122
02		1 859	1 891	1 922	1 954	1 985	2 017	2 048	2 080	2 111	2 143
04		1 878	1 909	1 941	1 973	2 005	2 037	2 069	2 100	2 132	2 164
06		1 896	1 928	1 960	1 992	2 025	2 057	2 089	2 121	2 153	2 185
08		1 914	1 947	1 979	2 012	2 044	2 077	2 109	2 142	2 174	2 206
2 10		1 933	1 966	1 998	2 031	2 064	2 097	2 129	2 162	2 195	2 228
12		1 951	1 984	2 017	2 050	2 084	2 117	2 150	2 183	2 216	2 249
14		1 970	2 003	2 036	2 070	2 103	2 137	2 170	2 203	2 237	2 270
16		1 988	2 022	2 055	2 089	2 123	2 157	2 190	2 224	2 258	2 291
18		2 006	2 040	2 074	2 108	2 143	2 177	2 211	2 245	2 279	2 313
2 20		2 025	2 059	2 094	2 128	2 163	2 196	2 231	2 265	2 299	2 334
22		2 043	2 078	2 113	2 147	2 182	2 216	2 251	2 286	2 320	2 355
24		2 062	2 097	2 132	2 167	2 201	2 236	2 271	2 306	2 341	2 376
26		2 080	2 115	2 151	2 186	2 221	2 256	2 292	2 327	2 362	2 397
28		2 099	2 134	2 170	2 205	2 241	2 276	2 312	2 347	2 383	2 419
2 30		2 117	2 153	2 189	2 225	2 260	2 296	2 332	2 368	2 404	2 440
32		2 135	2 172	2 208	2 244	2 280	2 316	2 352	2 389	2 425	2 461
34		2 154	2 190	2 227	2 263	2 300	2 336	2 373	2 409	2 446	2 482
36		2 172	2 209	2 246	2 283	2 319	2 356	2 393	2 430	2 467	2 503
38		2 191	2 228	2 265	2 302	2 339	2 376	2 413	2 450	2 488	2 525
2 40		2 209	2 246	2 284	2 321	2 359	2 396	2 434	2 471	2 508	2 546
42		2 227	2 265	2 303	2 341	2 378	2 416	2 454	2 492	2 529	2 567
44		2 246	2 284	2 322	2 360	2 398	2 436	2 474	2 512	2 550	2 588
46		2 264	2 303	2 341	2 380	2 418	2 456	2 495	2 533	2 571	2 610
48		2 283	2 321	2 360	2 399	2 437	2 476	2 515	2 553	2 592	2 631
2 50		2 301	2 340	2 379	2 418	2 457	2 496	2 535	2 574	2 613	2 652
52		2 319	2 359	2 398	2 437	2 477	2 516	2 555	2 595	2 634	2 673
54		2 338	2 377	2 417	2 457	2 496	2 536	2 576	2 615	2 655	2 694
56		2 356	2 396	2 436	2 476	2 516	2 556	2 596	2 636	2 676	2 716

Epaisseur : 0m 78 centimètres

Longueur	1 38	1 40	1 42	1 44	1 46	1 48	1 50	1 52	1 54	1 56
	Largeur en Centimètres									
1 38	1 485									
1 40	1 507	1 529								
42	1 528	1 551	1 573							
44	1 550	1 572	1 595	1 617						
46	1 572	1 594	1 617	1 640	1 663					
48	1 593	1 616	1 639	1 662	1 685	1 709				
1 50	1 615	1 638	1 661	1 685	1 708	1 732	1 755			
52	1 636	1 660	1 684	1 707	1 731	1 755	1 778	1 802		
54	1 658	1 682	1 706	1 730	1 754	1 778	1 802	1 826	1 850	
56	1 679	1 704	1 728	1 752	1 777	1 801	1 825	1 850	1 874	1 898
58	1 701	1 725	1 750	1 775	1 799	1 824	1 849	1 873	1 798	1 923
1 60	1 722	1 747	1 772	1 797	1 822	1 847	1 872	1 897	1 922	1 947
62	1 744	1 769	1 794	1 820	1 845	1 870	1 895	1 921	1 946	1 971
64	1 765	1 791	1 816	1 842	1 868	1 893	1 919	1 944	1 970	1 996
66	1 787	1 813	1 839	1 865	1 890	1 916	1 942	1 968	1 994	2 020
68	1 808	1 835	1 861	1 887	1 913	1 939	1 966	1 992	2 018	2 044
1 70	1 830	1 856	1 883	1 909	1 936	1 962	1 989	2 016	2 042	2 069
72	1 851	1 878	1 905	1 932	1 959	1 986	2 012	2 039	2 066	2 093
74	1 873	1 900	1 927	1 954	1 982	2 009	2 036	2 063	2 090	2 117
76	[illegible]	1 922	1 949	1 977	2 004	2 032	2 059	2 087	2 114	2 142
78	1 916	1 944	1 972	1 999	2 027	2 055	2 083	2 110	2 138	2 166
1 80	1 938	1 966	1 994	2 022	2 050	2 078	2 106	2 134	1 167	2 190
82	[illegible]	1 987	2 016	2 044	2 073	2 101	2 129	2 158	2 186	2 215
84	1 981	2 009	2 038	2 067	2 095	2 124	2 153	2 182	2 210	2 239
86	2 002	2 031	2 060	2 089	2 118	2 147	2 170	2 205	2 234	2 263
88	2 024	2 053	2 082	2 112	2 141	2 170	2 200	2 229	2 258	2 288
1 90	2 045	2 075	2 104	2 134	2 164	2 193	2 223	2 253	2 282	2 312
92	2 067	2 097	2 127	2 157	2 186	2 216	2 246	2 276	2 306	2 336
94	2 088	2 118	2 149	2 179	2 209	2 240	2 270	2 300	2 330	2 361
96	2 110	2 140	2 171	2 201	2 232	2 263	2 293	2 324	2 354	2 385
98	2 131	2 162	2 193	2 224	2 255	2 286	2 317	2 347	2 378	2 409
2 —	2 153	2 184	2 215	2 246	2 278	2 309	2 340	2 371	2 402	2 434
02	2 174	2 206	2 237	2 269	2 300	2 332	2 363	2 395	2 426	2 458
04	2 196	2 228	2 260	2 291	2 323	2 355	2 387	2 419	2 450	2 482
06	2 217	2 249	2 282	2 314	2 346	2 378	2 410	2 442	2 474	2 507
08	2 239	2 271	2 304	2 336	2 369	2 401	2 434	2 466	2 498	2 531
2 10	2 260	2 293	2 326	2 359	2 391	2 424	2 457	2 490	2 523	2 555
12	2 282	2 315	2 348	2 381	2 414	2 447	2 480	2 513	2 547	2 580
14	2 303	2 337	2 370	2 403	2 437	2 470	2 504	2 537	2 571	2 604
16	2 325	2 359	2 392	2 426	2 460	2 494	2 527	2 561	2 595	2 628
18	2 347	2 381	2 415	2 449	2 483	2 517	2 551	2 585	2 619	2 653
2 20	2 368	2 402	2 437	2 471	2 505	2 540	2 574	2 608	2 613	2 677
22	2 390	2 424	2 459	2 494	2 528	2 563	2 597	2 632	2 667	2 701
24	2 411	2 446	2 481	2 516	2 551	2 586	2 621	2 656	2 691	2 726
26	2 433	2 468	2 503	2 538	2 574	2 609	2 644	2 679	2 715	2 750
28	2 454	2 490	2 525	2 561	2 596	2 632	2 668	2 703	2 739	2 774
2 30	2 476	2 512	2 5[illegible]7	2 583	2 619	2 655	2 691	2 727	2 763	2 799
32	2 497	2 533	2 570	2 606	2 642	2 678	2 714	2 751	2 787	2 823
34	2 519	2 555	2 592	2 628	2 665	2 701	2 738	2 774	2 811	2 847
36	2 540	2 577	2 614	2 651	2 688	2 724	2 761	2 798	2 835	2 872
38	2 562	2 599	2 636	2 673	2 710	2 747	2 785	2 822	2 859	2 896
2 40	2 583	2 621	2 658	2 696	2 733	2 771	2 808	2 845	2 883	2 920
42	2 605	2 643	2 680	2 718	2 756	2 794	2 831	2 869	2 907	2 945
44	2 626	2 664	2 703	2 741	2 779	2 817	2 855	2 893	2 931	2 969
46	2 648	2 686	2 725	2 763	2 801	2 840	2 878	2 917	2 955	2 994
48	2 669	2 708	2 747	2 7[illegible]	2 824	2 863	2 902	2 940	2 979	3 018
2 50	2 691	2 730	2 769	2 808	2 847	2 886	2 925	2 964	3 003	3 042
52	2 713	2 752	2 791	2 830	2 870	2 909	2 948	2 988	3 027	3 066
54	2 734	2 773	2 813	2 853	2 8[illegible]3	2 932	2 972	3 011	3 051	3 091
56	2 756	2 796	2 835	2 875	2 91[illegible]	2 955	2 995	3 035	3 075	3 115

p

0,78

Longueur	Futailles	Largeur en centimètres									
		0 80	0 82	0 84	0 86	0 88	0 90	0 92	0 94	0 96	0 98
»											
0 80	0 410	0 512									
82	0 420	0 525	0 538								
84	0 430	0 538	0 551	0 564							
86	0 440	0 550	0 564	0 578	0 592						
88	0 451	0 563	0 577	0 591	0 605	0 620					
0 90	0 461	0 576	0 590	0 605	0 619	0 634	0 648				
92	0 471	0 589	0 604	0 618	0 633	0 648	0 662	0 677			
94	0 481	0 602	0 617	0 632	0 647	0 662	0 677	0 692	0 707		
96	0 492	0 614	0 630	0 645	0 660	0 676	0 691	0 707	0 722	0 737	
98	0 502	0 627	0 643	0 659	0 674	0 690	0 706	0 721	0 737	0 753	0 768
1 —	0 512	0 640	0 656	0 672	0 688	0 704	0 720	0 736	0 752	0 768	0 784
02	0 522	0 653	0 669	0 685	0 702	0 718	0 734	0 751	0 767	0 783	0 800
04	0 532	0 666	0 682	0 699	0 716	0 732	0 749	0 765	0 782	0 799	0 815
06	0 543	0 678	0 695	0 712	0 729	0 746	0 763	0 780	0 797	0 814	0 831
08	0 553	0 691	0 708	0 726	0 743	0 760	0 778	0 795	0 812	0 829	0 847
1 10	0 563	0 704	0 722	0 739	0 757	0 774	0 792	0 810	0 827	0 845	0 862
12	0 573	0 717	0 735	0 753	0 771	0 788	0 806	0 824	0 842	0 860	0 878
14	0 584	0 730	0 748	0 766	0 784	0 803	0 821	0 839	0 857	0 876	0 894
16	0 594	0 742	0 761	0 780	0 798	0 817	0 835	0 854	0 872	0 891	0 909
18	0 604	0 755	0 774	0 793	0 812	0 831	0 850	0 868	0 887	0 906	0 925
1 20	0 614	0 768	0 787	0 806	0 826	0 845	0 864	0 883	0 902	0 922	0 941
22	0 625	0 781	0 800	0 820	0 839	0 859	0 878	0 898	0 917	0 937	0 956
24	0 635	0 794	0 813	0 833	0 853	0 873	0 893	0 913	0 932	0 952	0 972
26	0 645	0 807	0 827	0 847	0 867	0 887	0 907	0 927	0 948	0 968	0 988
28	0 655	0 819	0 840	0 860	0 881	0 901	0 922	0 942	0 963	0 983	1 004
1 30	0 666	0 832	0 853	0 874	0 894	0 915	0 936	0 957	0 978	0 998	1 019
32	0 676	0 845	0 866	0 887	0 908	0 929	0 950	0 972	0 993	1 014	1 035
34	0 686	0 858	0 879	0 900	0 922	0 943	0 965	0 986	1 008	1 029	1 051
36	0 696	0 871	0 892	0 914	0 936	0 957	0 979	1 001	1 023	1 044	1 066
38	0 707	0 883	0 905	0 927	0 949	0 972	0 994	1 016	1 038	1 060	1 082
1 40	0 717	0 896	0 918	0 941	0 963	0 986	1 008	1 030	1 053	1 075	1 098
42	0 727	0 909	0 932	0 954	0 977	1 000	1 022	1 045	1 068	1 09[illegible]	1 113
44	0 737	0 922	0 945	0 968	0 991	1 014	1 037	1 060	1 083	1 106	1 129
46	0 748	0 935	0 958	0 981	1 004	1 028	1 051	1 075	1 098	1 121	1 145
48	0 758	0 947	0 971	0 995	1 018	1 042	1 066	1 089	1 113	1 137	1 160
1 50	0 768	0 960	0 984	1 008	1 032	1 056	1 080	1 104	1 128	1 152	1 176
52	0 778	0 973	0 997	1 021	1 046	1 070	1 094	1 119	1 143	1 167	1 192
54	0 788	0 986	1 010	1 035	1 060	1 084	1 109	1 133	1 158	1 183	1 207
56	0 799	0 999	1 023	1 048	1 073	1 098	1 123	1 148	1 173	1 198	1 223
58	0 809	1 011	1 036	1 062	1 087	1 112	1 138	1 163	1 188	1 214	1 239
1 60	0 819	1 024	1 050	1 075	1 101	1 126	1 152	1 178	1 203	1 229	1 254
62	0 929	1 037	1 063	1 089	1 115	1 140	1 166	1 192	1 218	1 244	1 270
64	0 840	1 050	1 076	1 102	1 128	1 155	1 181	1 207	1 233	1 260	1 286
66	0 850	1 062	1 089	1 116	1 142	1 169	1 195	1 222	1 248	1 275	1 301
68	0 860	1 075	1 102	1 129	1 156	1 183	1 210	1 236	1 263	1 290	1 317
1 70	0 870	1 088	1 115	1 142	1 170	1 197	1 224	1 251	1 278	1 306	1 333
72	0 881	1 101	1 128	1 156	1 183	1 211	1 238	1 266	1 293	1 321	1 348
74	0 891	1 114	1 141	1 169	1 197	1 225	1 253	1 28[illegible]	1 308	1 336	1 364
76	0 901	1 126	1 155	1 183	1 211	1 239	1 267	1 2[illegible]5	1 324	1 352	1 380
78	0 911	1 139	1 168	1 196	1 225	1 253	1 282	1 [illegible]310	1 339	1 367	1 396
1 80	0 922	1 152	1 181	1 210	1 338	1 267	1 296	1 325	1 354	1 382	1 411
82	0 932	1 165	1 194	1 223	1 252	1 281	1 310	1 340	1 369	1 398	1 427
84	0 942	1 178	1 207	1 236	1 266	1 295	1 32[illegible]	1 354	1 384	1 413	1 443
86	0 952	1 190	1 220	1 250	1 280	1 309	1 3[illegible]39	1 369	1 399	1 428	1 458
88	0 963	1 203	1 233	1 263	1 293	1 324	1 [illegible]354	1 384	1 414	1 444	1 474
1 90	0 973	1 216	1 246	1 277	1 307	1 338	1 368	1 398	1 429	1 459	1 490
92	0 983	1 229	1 260	1 290	1 321	1 352	1 382	1 413	1 444	1 475	1 505
94	0 993	1 242	1 273	1 304	1 335	1 36[illegible]	1 397	1 428	1 459	1 490	1 521
96	1 004	1 254	1 286	1 317	1 348	1 3[illegible]	1 411	1 443	1 474	1 505	1 537
98	1 014	1 267	1 299	1 331	1 362	1 [illegible]394	1 426	1 457	1 489	1 521	1 552
2 —	1 024	1 280	1 312	1 344	1 376	1 408	1 440	1 472	1 504	1 536	1 568
02	1 034	1 293	1 325	1 357	1 390	1 422	1 454	1 487	1 519	1 551	1 584
04	1 044	1 306	1 338	1 371	1 40[illegible]	1 436	1 469	1 501	1 534	1 567	1 599
06	1 055	1 318	1 351	1 384	1 4[illegible]	1 450	1 483	1 516	1 549	1 582	1 615
08	1 065	1 331	1 364	1 398	1 [illegible]31	1 464	1 498	1 531	1 564	1 597	1 631
2 10	1 075	1 344	1 378	1 411	1 445	1 478	1 512	1 546	1 579	1 613	1 646
12	1 085	1 357	1 391	1 425	1 459	1 492	1 526	1 560	1 594	1 628	1 662
14	1 096	1 370	1 404	1 438	1 472	1 507	1 541	1 575	1 609	1 644	1 678
16	1 106	1 382	1 417	1 452	1 486	1 521	1 555	1 590	1 624	1 659	1 693
18	1 116	1 395	1 430	1 46[illegible]	1 500	1 535	1 570	1 604	1 639	1 674	1 709

Longueur	Largeur en centimètres									
	1 00	1 02	1 04	1 06	1 08	1 10	1 12	1 14	1 16	1 18
»										
1 —	0 800									
02	0 816	0 832								
04	0 832	0 849	0 865							
06	0 848	0 865	0 882	0 899						
08	0 864	0 881	0 899	0 916	0 933					
1 10	0 880	0 898	0 915	0 933	0 950	0 968				
12	0 896	0 914	0 932	0 950	0 968	0 986	1 004			
14	0 912	0 930	0 948	0 967	0 985	1 003	1 021	1 040		
16	0 928	0 947	0 965	0 984	1 002	1 021	1 039	1 058	1 076	
18	0 944	0 963	0 982	1 001	1 020	1 038	1 057	1 076	1 095	1 114
1 20	0 960	0 979	0 998	1 018	1 037	1 056	1 075	1 094	1 114	1 133
22	0 976	0 996	1 015	1 035	1 054	1 074	1 093	1 113	1 132	1 152
24	0 992	1 012	1 032	1 052	1 071	1 091	1 111	1 131	1 151	1 171
26	1 008	1 028	1 048	1 068	1 089	1 109	1 129	1 149	1 169	1 189
28	1 024	1 044	1 065	1 085	1 106	1 126	1 147	1 167	1 188	1 208
1 30	1 040	1 061	1 082	1 102	1 123	1 144	1 165	1 186	1 206	1 227
32	1 056	1 077	1 098	1 119	1 140	1 162	1 183	1 204	1 225	1 246
34	1 072	1 093	1 115	1 136	1 158	1 179	1 201	1 222	1 244	1 265
36	1 088	1 110	1 132	1 153	1 175	1 197	1 219	1 240	1 262	1 284
38	1 104	1 126	1 148	1 170	1 192	1 214	1 236	1 259	1 281	1 303
1 40	1 120	1 142	1 165	1 187	1 210	1 232	1 254	1 277	1 299	1 322
42	1 136	1 159	1 181	1 204	1 227	1 250	1 272	1 295	1 318	1 340
44	1 152	1 175	1 198	1 221	1 244	1 267	1 290	1 313	1 336	1 359
46	1 168	1 191	1 215	1 238	1 261	1 285	1 308	1 332	1 355	1 378
48	1 184	1 208	1 231	1 255	1 279	1 302	1 326	1 350	1 373	1 397
1 50	1 200	1 224	1 248	1 272	1 296	1 320	1 344	1 368	1 392	1 416
52	1 216	1 240	1 265	1 289	1 313	1 338	1 362	1 386	1 411	1 435
54	1 232	1 257	1 281	1 306	1 331	1 355	1 380	1 404	1 429	1 454
56	1 248	1 273	1 298	1 323	1 348	1 373	1 398	1 423	1 448	1 473
58	1 264	1 289	1 315	1 340	1 365	1 390	1 416	1 441	1 466	1 492
1 60	1 280	1 306	1 331	1 357	1 382	1 408	1 434	1 459	1 485	1 510
62	1 296	1 322	1 348	1 364	1 400	1 426	1 452	1 477	1 503	1 529
64	1 312	1 338	1 364	1 391	1 417	1 443	1 469	1 496	1 522	1 548
66	1 328	1 355	1 381	1 408	1 434	1 461	1 487	1 514	1 540	1 567
68	1 344	1 371	1 398	1 425	1 452	1 478	1 505	1 532	1 559	1 586
1 70	1 360	1 387	1 414	1 442	1 469	1 496	1 523	1 550	1 578	1 605
72	1 376	1 404	1 431	1 459	1 486	1 514	1 541	1 568	1 596	1 624
74	1 392	1 420	1 448	1 476	1 503	1 531	1 559	1 587	1 615	1 643
76	1 408	1 436	1 464	1 492	1 521	1 549	1 577	1 605	1 633	1 661
78	1 424	1 452	1 481	1 509	1 538	1 566	1 595	1 623	1 652	1 680
1 80	1 440	1 469	1 498	1 526	1 555	1 584	1 613	1 642	1 670	1 699
82	1 456	1 485	1 514	1 543	1 572	1 602	1 631	1 660	1 689	1 718
84	1 472	1 501	1 531	1 560	1 590	1 619	1 649	1 678	1 708	1 737
86	1 488	1 518	1 548	1 577	1 607	1 637	1 667	1 696	1 726	1 756
88	1 504	1 534	1 564	1 594	1 624	1 654	1 685	1 715	1 745	1 775
1 90	1 520	1 550	1 581	1 611	1 642	1 672	1 703	1 733	1 763	1 794
92	1 536	1 567	1 597	1 628	1 659	1 690	1 720	1 751	1 782	1 812
94	1 552	1 583	1 614	1 645	1 676	1 707	1 738	1 769	1 800	1 831
96	1 568	1 599	1 631	1 662	1 693	1 725	1 756	1 788	1 819	1 850
98	1 584	1 616	1 647	1 679	1 711	1 742	1 774	1 806	1 837	1 869
2 —	1 600	1 632	1 664	1 696	1 728	1 760	1 792	1 824	1 856	1 888
02	1 616	1 648	1 681	1 713	1 745	1 778	1 810	1 842	1 875	1 907
04	1 632	1 665	1 697	1 730	1 763	1 795	1 828	1 860	1 893	1 926
06	1 648	1 681	1 714	1 747	1 780	1 813	1 846	1 879	1 912	1 945
08	1 664	1 697	1 731	1 764	1 797	1 830	1 864	1 897	1 930	1 964
2 10	1 680	1 714	1 747	1 781	1 814	1 848	1 882	1 915	1 949	1 982
12	1 696	1 730	1 764	1 798	1 832	1 866	1 900	1 933	1 967	2 001
14	1 712	1 746	1 780	1 815	1 849	1 883	1 917	1 952	1 986	2 020
16	1 728	1 763	1 797	1 832	1 866	1 901	1 935	1 970	2 004	2 039
18	1 744	1 779	1 814	1 849	1 884	1 918	1 953	1 988	2 023	2 058

Epaisseur : 0m 80 centimètres

Longueur	Futailles	1 20	1 22	1 24	1 26	1 28	1 30	1 32	1 34	1 36	1 38
		Largeur en Centimètres									
m 1 20		1 152									
22		1 171	1 191								
24		1 190	1 210	1 230							
26		1 210	1 230	1 250	1 270						
28		1 229	1 249	1 270	1 290	1 311					
1 30		1 248	1 269	1 290	1 310	1 331	1 352				
32		1 267	1 288	1 309	1 331	1 352	1 373	1 394			
34		1 286	1 308	1 329	1 351	1 372	1 394	1 415	1 436		
36		1 306	1 327	1 349	1 371	1 393	1 414	1 436	1 458	1 480	
38		1 325	1 347	1 369	1 391	1 413	1 435	1 457	1 479	1 501	1 524
1 40		1 344	1 366	1 389	1 411	1 434	1 456	1 478	1 501	1 523	1 546
42		1 363	1 386	1 409	1 431	1 454	1 477	1 500	1 522	1 545	1 568
44		1 382	1 405	1 428	1 452	1 475	1 498	1 521	1 544	1 567	1 590
46		1 402	1 425	1 448	1 472	1 495	1 518	1 542	1 565	1 588	1 612
48		1 421	1 444	1 468	1 492	1 516	1 539	1 563	1 587	1 610	1 634
1 50		1 440	1 464	1 488	1 512	1 536	1 560	1 584	1 608	1 632	1 656
52		1 459	1 484	1 508	1 532	1 556	1 581	1 605	1 629	1 654	1 678
54		1 478	1 503	1 528	1 552	1 577	1 602	1 626	1 651	1 676	1 700
56		1 498	1 523	1 548	1 572	1 597	1 622	1 647	1 672	1 697	1 722
58		1 517	1 542	1 567	1 593	1 618	1 643	1 668	1 694	1 719	1 744
1 60		1 536	1 562	1 587	1 613	1 638	1 664	1 690	1 715	1 741	1 766
62		1 555	1 581	1 607	1 633	1 659	1 685	1 711	1 737	1 763	1 788
64		1 574	1 601	1 627	1 653	1 679	1 706	1 732	1 758	1 784	1 811
66		1 594	1 620	1 647	1 673	1 700	1 726	1 753	1 780	1 806	1 833
68		1 613	1 640	1 667	1 693	1 720	1 747	1 774	1 801	1 828	1 855
1 70		1 632	1 659	1 686	1 714	1 741	1 768	1 795	1 822	1 850	1 877
72		1 651	1 679	1 706	1 734	1 761	1 789	1 816	1 844	1 871	1 899
74		1 670	1 698	1 726	1 754	1 782	1 810	1 837	1 865	1 893	1 921
76		1 690	1 718	1 746	1 774	1 802	1 830	1 859	1 887	1 915	1 943
78		1 709	1 737	1 766	1 794	1 823	1 851	1 880	1 908	1 937	1 965
1 80		1 728	1 757	1 786	1 814	1 843	1 872	1 901	1 930	1 958	1 987
82		1 747	1 776	1 805	1 835	1 864	1 893	1 922	1 951	1 980	2 009
84		1 766	1 796	1 825	1 855	1 884	1 914	1 943	1 973	2 002	2 031
86		1 786	1 815	1 845	1 875	1 905	1 934	1 964	1 994	2 024	2 053
88		1 805	1 835	1 865	1 895	1 925	1 955	1 985	2 015	2 045	2 076
1 90		1 824	1 854	1 885	1 915	1 946	1 976	2 006	2 037	2 067	2 098
92		1 843	1 874	1 905	1 935	1 966	1 997	2 028	2 058	2 089	2 120
94		1 862	1 893	1 924	1 956	1 987	2 018	2 049	2 080	2 111	2 142
96		1 882	1 913	1 944	1 976	2 007	2 038	2 070	2 101	2 132	2 164
98		1 901	1 932	1 964	1 996	2 028	2 059	2 091	2 123	2 155	2 186
2 —		1 920	1 952	1 984	2 016	2 048	2 080	2 112	2 144	2 176	2 208
02		1 939	1 971	2 004	2 036	2 068	2 101	2 133	2 165	2 198	2 230
04		1 958	1 991	2 024	2 056	2 089	2 122	2 154	2 187	2 220	2 252
06		1 978	2 011	2 044	2 076	2 109	2 142	2 175	2 208	2 241	2 274
08		1 997	2 030	2 063	2 097	2 130	2 163	2 196	2 230	2 263	2 296
2 10		2 016	2 050	2 083	2 117	2 150	2 184	2 218	2 251	2 285	2 318
12		2 035	2 069	2 103	2 137	2 171	2 205	2 239	2 273	2 307	2 340
14		2 054	2 089	2 123	2 157	2 191	2 226	2 260	2 294	2 328	2 363
16		2 074	2 108	2 143	2 177	2 212	2 246	2 281	2 316	2 350	2 385
18		2 093	2 128	2 163	2 197	2 232	2 267	2 302	2 337	2 372	2 407
2 20		2 112	2 147	2 182	2 218	2 253	2 288	2 323	2 358	2 394	2 429
22		2 131	2 167	2 202	2 238	2 273	2 309	2 344	2 380	2 415	2 451
24		2 150	2 186	2 222	2 258	2 294	2 330	2 365	2 401	2 437	2 473
26		2 170	2 206	2 242	2 278	2 314	2 350	2 387	2 423	2 459	2 495
28		2 189	2 225	2 262	2 298	2 335	2 371	2 408	2 444	2 481	2 517
2 30		2 208	2 245	2 282	2 318	2 355	2 392	2 429	2 466	2 502	2 539
32		2 227	2 264	2 301	2 339	2 376	2 413	2 450	2 487	2 524	2 561
34		2 246	2 284	2 321	2 359	2 396	2 434	2 471	2 508	2 546	2 583
36		2 266	2 303	2 341	2 379	2 417	2 454	2 492	2 530	2 568	2 605
38		2 285	2 323	2 361	2 399	2 437	2 475	2 513	2 551	2 589	2 628
2 40		2 304	2 342	2 381	2 419	2 458	2 496	2 534	2 573	2 611	2 650
42		2 323	2 362	2 401	2 439	2 478	2 517	2 556	2 594	2 633	2 672
44		2 342	2 381	2 420	2 459	2 498	2 538	2 577	2 616	2 655	2 694
46		2 362	2 401	2 440	2 480	2 519	2 558	2 598	2 637	2 676	2 716
48		2 381	2 421	2 460	2 500	2 540	2 579	2 619	2 659	2 698	2 738
2 50		2 400	2 440	2 480	2 520	2 560	2 600	2 640	2 680	2 720	2 760
52		2 419	2 460	2 500	2 540	2 580	2 621	2 661	2 701	2 742	2 782
54		2 438	2 479	2 520	2 560	2 601	2 642	2 682	2 723	2 764	2 804
56		2 458	2 499	2 540	2 580	2 621	2 662	2 703	2 744	2 785	2 826
58		2 477	2 518	2 559	2 601	2 642	2 683	2 724	2 766	2 807	2 848

Epaisseur : 0m 80 centimètres

Longueur	1 40	1 42	1 44	1 46	1 48	1 50	1 52	1 54	1 56	1 58
	Largeur en Centimètres									
m 1 40	1 568									
42	1 590	1 613								
44	1 613	1 636	1 659							
46	1 635	1 659	1 682	1 705						
48	1 658	1 681	1 705	1 729	1 752					
1 50	1 680	1 704	1 728	1 752	1 776	1 800				
52	1 702	1 727	1 751	1 775	1 800	1 824	1 848			
54	1 725	1 749	1 774	1 799	1 823	1 848	1 873	1 897		
56	1 747	1 772	1 797	1 822	1 847	1 872	1 897	1 922	1 947	
58	1 770	1 795	1 820	1 845	1 871	1 896	1 921	1 947	1 972	1 997
1 60	1 792	1 818	1 843	1 869	1 894	1 920	1 946	1 971	1 997	2 022
62	1 814	1 840	1 866	1 892	1 918	1 944	1 970	1 996	2 022	2 048
64	1 837	1 863	1 889	1 916	1 942	1 968	1 994	2 020	2 047	2 073
66	1 859	1 886	1 912	1 939	1 965	1 992	2 019	2 045	2 072	2 098
68	1 882	1 908	1 935	1 962	1 989	2 016	2 043	2 070	2 097	2 124
1 70	1 904	1 931	1 958	1 986	2 013	2 040	2 067	2 094	2 122	2 149
72	1 926	1 954	1 981	2 009	2 036	2 064	2 092	2 119	2 147	2 174
74	1 949	1 977	2 004	2 032	2 060	2 088	2 116	2 144	2 172	2 199
76	1 971	2 000	2 028	2 056	2 084	2 112	2 140	2 168	2 196	2 225
78	1 994	2 022	2 051	2 079	2 108	2 136	2 164	2 193	2 221	2 250
1 80	2 016	2 045	2 074	2 102	2 131	2 160	2 189	2 218	2 246	2 275
82	2 038	2 068	2 097	2 126	2 155	2 184	2 213	2 242	2 271	2 300
84	2 061	2 090	2 120	2 149	2 179	2 208	2 237	2 267	2 296	2 326
86	2 083	2 113	2 143	2 172	2 202	2 232	2 262	2 292	2 321	2 351
88	2 106	2 136	2 166	2 196	2 226	2 256	2 286	2 316	2 346	2 376
1 90	2 128	2 158	2 189	2 219	2 250	2 280	2 310	2 341	2 371	2 402
92	2 150	2 181	2 212	2 243	2 273	2 304	2 335	2 365	2 396	2 427
94	2 173	2 204	2 235	2 266	2 297	2 328	2 359	2 390	2 421	2 452
96	2 195	2 227	2 258	2 289	2 321	2 352	2 383	2 415	2 446	2 477
98	2 218	2 249	2 281	2 313	2 344	2 376	2 408	2 439	2 471	2 503
2 —	2 240	2 272	2 304	2 336	2 368	2 400	2 432	2 464	2 496	2 528
02	2 262	2 295	2 327	2 359	2 392	2 424	2 456	2 489	2 521	2 553
04	2 285	2 317	2 350	2 383	2 415	2 448	2 481	2 513	2 546	2 579
06	2 307	2 340	2 373	2 406	2 439	2 472	2 505	2 538	2 571	2 604
08	2 330	2 363	2 396	2 429	2 463	2 496	2 529	2 563	2 596	2 629
2 10	2 352	2 386	2 419	2 453	2 486	2 520	2 554	2 587	2 621	2 654
12	2 374	2 408	2 442	2 476	2 510	2 544	2 578	2 612	2 646	2 680
14	2 397	2 431	2 465	2 500	2 534	2 568	2 602	2 636	2 671	2 705
16	2 419	2 454	2 488	2 523	2 557	2 592	2 627	2 661	2 696	2 730
18	2 442	2 476	2 511	2 546	2 581	2 616	2 651	2 686	2 721	2 756
2 20	2 464	2 499	2 534	2 570	2 605	2 640	2 675	2 710	2 746	2 781
22	2 486	2 522	2 557	2 593	2 628	2 664	2 700	2 735	2 771	2 806
24	2 509	2 545	2 580	2 616	2 652	2 688	2 724	2 760	2 796	2 831
26	2 531	2 567	2 604	2 640	2 676	2 712	2 748	2 784	2 820	2 857
28	2 554	2 590	2 627	2 663	2 700	2 736	2 772	2 809	2 845	2 882
2 30	2 576	2 613	2 650	2 686	2 723	2 760	2 797	2 834	2 870	2 907
32	2 598	2 636	2 673	2 710	2 747	2 784	2 821	2 858	2 895	2 932
34	2 621	2 658	2 696	2 733	2 771	2 808	2 845	2 883	2 920	2 958
36	2 643	2 681	2 719	2 756	2 794	2 832	2 870	2 908	2 945	2 983
38	2 666	2 704	2 742	2 780	2 818	2 856	2 894	2 932	2 970	3 008
2 40	2 688	2 726	2 765	2 803	2 842	2 880	2 918	2 957	2 995	3 034
42	2 710	2 749	2 788	2 827	2 865	2 904	2 943	2 981	3 020	3 059
44	2 733	2 772	2 811	2 850	2 889	2 928	2 967	3 006	3 045	3 084
46	2 755	2 795	2 834	2 873	2 913	2 952	2 991	3 031	3 070	3 109
48	2 778	2 817	2 857	2 897	2 936	2 976	3 016	3 055	3 095	3 135
2 50	2 800	2 840	2 880	2 920	2 960	3 000	3 040	3 080	3 120	3 160
52	2 822	2 863	2 903	2 943	2 984	3 024	3 064	3 105	3 145	3 185
54	2 845	2 885	2 926	2 967	3 007	3 048	3 089	3 129	3 170	3 211
56	2 867	2 908	2 949	2 990	3 031	3 072	3 113	3 154	3 195	3 236
58	2 890	2 931	2 972	3 013	3 055	3 096	3 137	3 179	3 220	3 261

0,80

Epaisseur : 0m 82 centimètres

Longueur	Futailles	Largeur en centimètres 0 82	0 84	0 86	0 88	0 90	0 92	0 94	0 96	0 98	1 00
m 0 82	0 441	0 551									
84	0 452	0 565	0 579								
86	0 463	0 578	0 592	0 606							
88	0 473	0 592	0 606	0 621	0 635						
0 90	0 484	0 605	0 620	0 635	0 649	0 664					
92	0 495	0 619	0 634	0 649	0 664	0 679	0 694				
94	0 506	0 632	0 647	0 663	0 678	0 694	0 709	0 725			
96	0 516	0 646	0 661	0 677	0 693	0 708	0 724	0 740	0 756		
98	0 527	0 659	0 675	0 691	0 707	0 723	0 739	0 755	0 771	0 788	
1 —	0 538	0 672	0 689	0 705	0 722	0 738	0 754	0 771	0 787	0 804	0 820
02	0 549	0 686	0 703	0 719	0 736	0 753	0 769	0 786	0 803	0 820	0 836
04	0 559	0 699	0 716	0 733	0 750	0 768	0 785	0 802	0 819	0 836	0 853
06	0 570	0 713	0 730	0 748	0 765	0 782	0 800	0 817	0 834	0 852	0 869
08	0 581	0 726	0 744	0 762	0 779	0 797	0 815	0 832	0 850	0 868	0 886
1 10	0 592	0 740	0 758	0 776	0 794	0 812	0 830	0 848	0 866	0 884	0 902
12	0 602	0 753	0 771	0 790	0 808	0 827	0 845	0 863	0 882	0 900	0 918
14	0 613	0 767	0 785	0 804	0 823	0 841	0 860	0 879	0 897	0 916	0 935
16	0 624	0 780	0 799	0 818	0 837	0 856	0 875	0 894	0 913	0 932	0 951
18	0 635	0 793	0 813	0 832	0 851	0 871	0 890	0 910	0 929	0 948	0 968
1.20	0 646	0 807	0 827	0 846	0 866	0 886	0 905	0 925	0 945	0 964	0 984
22	0 656	0 820	0 840	0 860	0 880	0 900	0 920	0 940	0 960	0 980	1 000
24	0 667	0 834	0 854	0 874	0 895	0 915	0 935	0 956	0 976	0 996	1 017
26	0 678	0 847	0 868	0 889	0 909	0 930	0 951	0 971	0 992	1 013	1 033
28	0 688	0 861	0 882	0 903	0 924	0 945	0 966	0 987	1 008	1 029	1 050
1 30	0 699	0 874	0 895	0 917	0 938	0 959	0 981	1 002	1 023	1 045	0 066
32	0 710	0 888	0 909	0 931	0 953	0 974	0 996	1 017	1 039	1 061	0 082
34	0 721	0 901	0 923	0 945	0 967	0 989	1 011	1 033	1 055	1 077	1 099
36	0 732	0 914	0 937	0 959	0 981	1 004	1 026	1 048	1 071	1 093	1 115
38	0 742	0 928	0 951	0 973	0 996	1 018	1 041	1 064	1 086	1 109	1 132
1 40	0 753	0 941	0 964	0 987	1 010	1 033	1 056	1 079	1 102	1 125	1 148
42	0 764	0 955	0 978	1 001	1 025	1 048	1 071	1 095	1 118	1 141	1 164
44	0 775	0 968	0 992	1 015	1 039	1 063	1 086	1 110	1 134	1 157	1 181
46	0 785	0 982	1 006	1 030	1 054	1 077	1 101	1 125	1 149	1 173	1 197
48	0 796	0 995	1 019	1 044	1 068	1 092	1 117	1 141	1 165	1 189	1 214
1 50	0 807	1 009	1 033	1 058	1 082	1 107	1 132	1 156	1 181	1 205	1 230
52	0 818	1 022	1 047	1 072	1 097	1 122	1 147	1 172	1 197	1 221	1 246
54	0 828	1 035	1 061	1 086	1 111	1 137	1 162	1 187	1 212	1 238	1 263
56	0 839	1 049	1 075	1 100	1 126	1 151	1 177	1 202	1 228	1 254	1 279
58	0 850	1 062	1 088	1 114	1 140	1 166	1 192	1 218	1 244	1 270	1 296
1 60	0 861	1 076	1 102	1 128	1 155	1 181	1 207	1 233	1 260	1 286	1 312
62	0 871	1 089	1 116	1 142	1 169	1 196	1 222	1 249	1 275	1 302	1 328
64	0 882	1 103	1 130	1 157	1 183	1 210	1 237	1 264	1 291	1 318	1 345
66	0 893	1 116	1 143	1 171	1 198	1 225	1 252	1 280	1 307	1 334	1 361
68	0 904	1 130	1 157	1 185	1 212	1 240	1 267	1 295	1 323	1 350	1 378
1 70	0 914	1 143	1 171	1 199	1 227	1 255	1 282	1 310	1 338	1 366	1 394
72	0 925	1 157	1 185	1 213	1 241	1 269	1 298	1 326	1 354	1 382	1 410
74	0 936	1 170	1 199	1 227	1 256	1 284	1 313	1 341	1 370	1 398	1 427
76	0 947	1 183	1 212	1 241	1 270	1 299	1 328	1 357	1 385	1 414	1 443
78	0 957	1 197	1 226	1 255	1 284	1 314	1 343	1 372	1 401	1 430	1 460
1 80	0 968	1 210	1 240	1 269	1 299	1 328	1 358	1 387	1 417	1 446	1 476
82	0 979	1 224	1 254	1 283	1 313	1 343	1 373	1 403	1 433	1 463	1 492
84	0 990	1 237	1 267	1 298	1 328	1 358	1 388	1 418	1 448	1 479	1 509
86	1 001	1 251	1 281	1 312	1 342	1 373	1 403	1 434	1 464	1 495	1 525
88	1 011	1 264	1 295	1 326	1 357	1 387	1 418	1 449	1 480	1 511	1 542
1 90	1 022	1 278	1 309	1 340	1 371	1 402	1 433	1 465	1 496	1 527	1 558
92	1 033	1 291	1 322	1 354	1 385	1 417	1 448	1 480	1 511	1 543	1 574
94	1 044	1 304	1 336	1 368	1 400	1 432	1 464	1 495	1 527	1 559	1 591
96	1 054	1 318	1 350	1 382	1 414	1 446	1 479	1 511	1 543	1 575	1 607
98	1 065	1 331	1 364	1 396	1 429	1 461	1 494	1 526	1 559	1 591	1 624
2 —	1 076	1 345	1 378	1 410	1 443	1 476	1 509	1 542	1 574	1 607	1 640
02	1 087	1 358	1 391	1 425	1 458	1 491	1 524	1 557	1 590	1 623	1 656
04	1 097	1 372	1 405	1 439	1 472	1 506	1 539	1 572	1 606	1 639	1 673
06	1 108	1 385	1 419	1 453	1 486	1 520	1 554	1 588	1 622	1 655	1 689
08	1 119	1 399	1 433	1 467	1 501	1 535	1 569	1 603	1 637	1 671	1 706
2 10	1 130	1 412	1 446	1 481	1 515	1 550	1 584	1 619	1 653	1 688	1 722
12	1 140	1 425	1 460	1 495	1 530	1 565	1 599	1 634	1 669	1 704	1 738
14	1 151	1 439	1 474	1 509	1 544	1 579	1 614	1 650	1 685	1 720	1 755
16	1 162	1 452	1 488	1 523	1 559	1 594	1 630	1 665	1 700	1 736	1 771
18	1 173	1 466	1 502	1 537	1 573	1 609	1 645	1 680	1 716	1 752	1 788
2 20	1 183	1 479	1 515	1 551	1 588	1 624	1 660	1 696	1 732	1 768	1 804

Epaisseur : 0m 82 centimètres

Longueur	Largeur en centimètres 1 02	1 04	1 06	1 08	1 10	1 12	1 14	1 16	1 18	1 20
m 1 02	0 853									
04	0 870	0 887								
06	0 887	0 904	0 921							
08	0 903	0 921	0 939	0 956						
1 10	0 920	0 938	0 956	0 974	0 992					
12	0 937	0 955	0 974	0 992	1 010	1 029				
14	0 953	0 972	0 991	1 010	1 028	1 047	1 066			
16	0 970	0 989	1 008	1 027	1 046	1 065	1 084	1 103		
18	0 987	1 006	1 026	1 045	1 064	1 084	1 103	1 122	1 142	
1 20	1 004	1 023	1 043	1 063	1 082	1 102	1 122	1 141	1 161	1 181
22	1 020	1 040	1 060	1 080	1 100	1 120	1 140	1 160	1 180	1 200
24	1 037	1 057	1 078	1 098	1 118	1 139	1 159	1 179	1 200	1 220
26	1 054	1 075	1 095	1 116	1 137	1 157	1 178	1 199	1 219	1 240
28	1 071	1 092	1 113	1 134	1 155	1 176	1 197	1 218	1 239	1 260
1 30	1 087	1 109	1 130	1 151	1 173	1 194	1 215	1 237	1 258	1 279
32	1 104	1 126	1 147	1 169	1 191	1 212	1 234	1 256	1 277	1 299
34	1 121	1 143	1 165	1 187	1 209	1 231	1 253	1 275	1 297	1 319
36	1 138	1 160	1 182	1 204	1 227	1 249	1 271	1 294	1 316	1 338
38	1 154	1 177	1 199	1 222	1 245	1 267	1 290	1 313	1 335	1 358
1 40	1 171	1 194	1 217	1 240	1 263	1 286	1 309	1 332	1 355	1 378
42	1 188	1 211	1 234	1 258	1 281	1 304	1 327	1 351	1 374	1 397
44	1 204	1 228	1 252	1 275	1 299	1 322	1 346	1 370	1 393	1 417
46	1 221	1 245	1 269	1 293	1 317	1 341	1 365	1 389	1 413	1 437
48	1 238	1 262	1 286	1 311	1 335	1 359	1 384	1 408	1 432	1 456
1 50	1 255	1 279	1 304	1 328	1 353	1 378	1 402	1 427	1 451	1 476
52	1 271	1 296	1 321	1 346	1 371	1 396	1 421	1 446	1 471	1 496
54	1 288	1 313	1 339	1 364	1 389	1 414	1 440	1 465	1 490	1 515
56	1 305	1 330	1 356	1 382	1 407	1 433	1 458	1 484	1 509	1 535
58	1 322	1 347	1 373	1 399	1 425	1 451	1 477	1 503	1 529	1 555
1 60	1 338	1 364	1 391	1 417	1 443	1 469	1 496	1 522	1 548	1 574
62	1 355	1 382	1 408	1 435	1 461	1 488	1 514	1 541	1 568	1 594
64	1 372	1 399	1 425	1 452	1 479	1 506	1 533	1 560	1 587	1 614
66	1 388	1 416	1 443	1 470	1 497	1 525	1 552	1 579	1 606	1 633
68	1 405	1 433	1 460	1 488	1 515	1 543	1 570	1 598	1 626	1 653
1 70	1 422	1 450	1 478	1 506	1 533	1 561	1 589	1 617	1 645	1 673
72	1 439	1 467	1 495	1 523	1 551	1 580	1 608	1 636	1 664	1 692
74	1 455	1 484	1 512	1 541	1 569	1 598	1 627	1 655	1 684	1 712
76	1 472	1 501	1 530	1 559	1 588	1 616	1 645	1 674	1 703	1 732
78	1 489	1 518	1 547	1 576	1 606	1 635	1 664	1 693	1 722	1 752
1 80	1 506	1 535	1 565	1 594	1 624	1 653	1 683	1 712	1 742	1 771
82	1 522	1 552	1 582	1 612	1 642	1 671	1 701	1 731	1 761	1 791
84	1 539	1 569	1 599	1 630	1 660	1 690	1 720	1 750	1 780	1 811
86	1 556	1 586	1 617	1 647	1 678	1 708	1 739	1 769	1 800	1 830
88	1 572	1 603	1 634	1 665	1 696	1 727	1 757	1 788	1 819	1 850
1 90	1 589	1 620	1 651	1 683	1 714	1 745	1 776	1 807	1 838	1 870
92	1 606	1 637	1 669	1 700	1 732	1 763	1 795	1 826	1 858	1 889
94	1 623	1 654	1 686	1 718	1 750	1 782	1 814	1 845	1 877	1 909
96	1 639	1 671	1 704	1 736	1 768	1 800	1 832	1 864	1 896	1 929
98	1 656	1 689	1 721	1 753	1 786	1 818	1 851	1 883	1 916	1 948
2 —	1 673	1 706	1 738	1 771	1 804	1 837	1 870	1 902	1 935	1 968
02	1 690	1 723	1 756	1 789	1 822	1 855	1 888	1 921	1 955	1 988
04	1 706	1 740	1 773	1 807	1 840	1 874	1 907	1 940	1 974	2 007
06	1 723	1 757	1 791	1 824	1 858	1 892	1 926	1 959	1 993	2 027
08	1 740	1 774	1 808	1 842	1 876	1 910	1 944	1 978	2 013	2 047
2 10	1 756	1 791	1 825	1 860	1 894	1 929	1 963	1 998	2 032	2 066
12	1 773	1 808	1 843	1 877	1 912	1 947	1 982	2 017	2 051	2 086
14	1 790	1 825	1 860	1 895	1 930	1 965	2 000	2 036	2 071	2 106
16	1 807	1 842	1 877	1 913	1 948	1 984	2 019	2 055	2 090	2 125
18	1 823	1 859	1 895	1 931	1 966	2 002	2 038	2 074	2 109	2 145
2 20	1 840	1 876	1 912	1 948	1 984	2 020	2 057	2 093	2 129	2 165

Epaisseur : 0m 82 centimètres

Longueur	Futailles	Largeur en Centimètres									
		1 22	1 24	1 26	1 28	1 30	1 32	1 34	1 36	1 38	1 40
1 22		1 220									
24		1 240	1 261								
26		1 261	1 281	1 302							
28		1 281	1 302	1 322	1 343						
1 30		1 301	1 322	1 343	1 364	1 386					
32		1 321	1 342	1 364	1 385	1 407	1 429				
34		1 341	1 363	1 384	1 406	1 428	1 450	1 472			
36		1 361	1 383	1 405	1 427	1 450	1 472	1 494	1 517		
38		1 381	1 403	1 426	1 448	1 571	1 494	1 516	1 539	1 562	
1 40		1 401	1 424	1 446	1 469	1 492	1 515	1 538	1 561	1 584	1 607
42		1 421	1 444	1 467	1 490	1 514	1 537	1 560	1 584	1 607	1 630
44		1 441	1 464	1 488	1 511	1 535	1 559	1 582	1 606	1 630	1 653
46		1 461	1 485	1 508	1 532	1 556	1 680	1 604	1 628	1 652	1 676
48		1 481	1 505	1 529	1 553	1 578	1 602	1 626	1 650	1 675	1 699
1 50		1 501	1 525	1 550	1 574	1 599	1 624	1 648	1 673	1 697	1 722
52		1 521	1 546	1 570	1 595	1 620	1 645	1 670	1 695	1 720	1 745
54		1 541	1 566	1 591	1 616	1 642	1 667	1 692	1 717	1 743	1 768
56		1 561	1 586	1 612	1 637	1 663	1 689	1 714	1 740	1 765	1 791
58		1 581	1 607	1 632	1 658	1 684	1 710	1 736	1 762	1 788	1 814
1 60		1 601	1 627	1 653	1 679	1 706	1 732	1 758	1 784	1 811	1 837
62		1 621	1 647	1 674	1 700	1 727	1 753	1 780	1 807	1 833	1 860
64		1 641	1 668	1 694	1 721	1 748	1 775	1 802	1 829	1 856	1 883
66		1 661	1 688	1 715	1 742	1 770	1 797	1 824	1 851	1 878	1 906
68		1 681	1 708	1 736	1 763	1 791	1 818	1 846	1 874	1 901	1 929
1 70		1 701	1 729	1 756	1 784	1 812	1 840	1 868	1 896	1 924	1 952
72		1 721	1 749	1 777	1 805	1 834	1 862	1 890	1 918	1 946	1 975
74		1 741	1 769	1 798	1 826	1 855	1 883	1 912	1 940	1 969	1 998
76		1 761	1 790	1 818	1 847	1 876	1 905	1 934	1 963	1 992	2 020
78		1 781	1 810	1 839	1 868	1 897	1 927	1 956	1 985	2 014	2 043
1 80		1 801	1 830	1 860	1 889	1 919	1 948	1 978	2 007	2 037	2 066
82		1 821	1 851	1 880	1 910	1 940	1 970	2 000	2 030	2 060	2 089
84		1 841	1 871	1 901	1 931	1 961	1 992	2 022	2 052	2 082	2 112
86		1 861	1 891	1 922	1 952	1 983	2 013	2 044	2 074	2 105	2 135
88		1 881	1 912	1 942	1 973	2 004	2 035	2 066	2 097	2 127	2 158
1 90		1 901	1 932	1 963	1 994	2 025	2 057	2 088	2 119	2 150	2 181
92		1 921	1 952	1 984	2 015	2 047	2 078	2 110	2 141	2 173	2 204
94		1 941	1 973	2 004	2 036	2 068	2 100	2 132	2 163	2 195	2 227
96		1 961	1 993	2 025	2 057	2 089	2 122	2 154	2 186	2 218	2 250
98		1 981	2 013	2 046	2 078	2 111	2 143	2 176	2 208	2 241	2 273
2 —		2 001	2 034	2 066	2 099	2 132	2 165	2 198	2 230	2 263	2 296
02		2 021	2 054	2 087	2 120	2 153	2 186	2 220	2 253	2 286	2 319
04		2 041	2 074	2 108	2 141	2 175	2 208	2 242	2 275	2 308	2 342
06		2 061	2 095	2 128	2 162	2 196	2 230	2 264	2 297	2 331	2 365
08		2 081	2 115	2 149	2 183	2 217	2 251	2 286	2 320	2 354	2 388
2 10		2 101	2 135	2 170	2 204	2 239	2 273	2 307	2 342	2 376	2 411
12		2 121	2 156	2 190	2 225	2 260	2 295	2 329	2 364	2 399	2 434
14		2 141	2 176	2 211	2 246	2 281	2 316	2 351	2 387	2 422	2 457
16		2 161	2 196	2 232	2 267	2 303	2 338	2 373	2 409	2 444	2 480
18		2 181	2 217	2 252	2 288	2 324	2 360	2 395	2 431	2 467	2 503
2 20		2 201	2 237	2 273	2 309	2 345	2 381	2 417	2 453	2 490	2 526
22		2 221	2 257	2 294	2 330	2 367	2 403	2 439	2 476	2 512	2 549
24		2 241	2 278	2 314	2 351	2 388	2 425	2 461	2 498	2 535	2 572
26		2 261	2 298	2 335	2 372	2 409	2 446	2 483	2 520	2 557	2 594
28		2 281	2 318	2 356	2 393	2 430	2 468	2 505	2 543	2 580	2 617
2 30		2 301	2 339	2 376	2 414	2 452	2 490	2 527	2 565	2 603	2 640
32		2 321	2 359	2 397	2 435	2 473	2 511	2 549	2 587	2 625	2 663
34		2 341	2 379	2 418	2 456	2 494	2 533	2 571	2 610	2 648	2 686
36		2 361	2 400	2 438	2 477	2 516	2 554	2 593	2 632	2 671	2 709
38		2 381	2 420	2 459	2 498	2 537	2 576	2 615	2 654	2 693	2 732
2 40		2 401	2 440	2 480	2 519	2 558	2 598	2 637	2 676	2 716	2 755
42		2 421	2 461	2 500	2 540	2 580	2 619	2 659	2 699	2 738	2 778
44		2 441	2 481	2 521	2 561	2 601	2 641	2 681	2 721	2 761	2 801
46		2 461	2 501	2 542	2 582	2 622	2 663	2 703	2 743	2 784	2 824
48		2 481	2 522	2 562	2 603	2 644	2 684	2 725	2 766	2 806	2 847
2 50		2 501	2 542	2 583	2 624	2 665	2 706	2 747	2 788	2 829	2 870
52		2 521	2 562	2 603	2 645	2 686	2 728	2 769	2 810	2 852	2 893
54		2 541	2 583	2 624	2 666	2 708	2 749	2 791	2 833	2 874	2 916
56		2 561	2 603	2 645	2 687	2 729	2 771	2 813	2 855	2 897	2 939
58		2 581	2 623	2 666	2 708	2 750	2 793	2 835	2 877	2 920	2 962
2 60		2 601	2 644	2 686	2 729	2 772	2 814	2 857	2 900	2 942	2 985

Epaisseur : 0m 82 centimètres

Longueur	Largeur en Centimètres									
	1 42	1 44	1 46	1 48	1 50	1 52	1 54	1 56	1 58	1 60
1 42	1 653									
44	1 677	1 700								
46	1 700	1 724	1 748							
48	1 723	1 748	1 772	1 796						
1 50	1 747	1 771	1 796	1 820	1 845					
52	1 770	1 795	1 820	1 845	1 870	1 895				
54	1 793	1 818	1 844	1 869	1 894	1 919	1 945			
56	1 816	1 842	1 868	1 893	1 919	1 944	1 970	1 996		
58	1 840	1 866	1 892	1 917	1 943	1 969	1 995	2 021	2 047	
1 60	1 863	1 889	1 916	1 942	1 968	1 994	2 020	2 047	2 073	2 099
62	1 886	1 913	1 939	1 966	1 993	2 019	2 046	2 072	2 099	2 125
64	1 910	1 937	1 963	1 990	2 017	2 044	2 071	2 098	2 125	2 152
66	1 933	1 960	1 987	2 015	2 042	2 069	2 096	2 123	2 151	2 178
68	1 956	1 984	2 011	2 039	2 066	2 094	2 122	2 149	2 177	2 204
1 70	1 979	2 007	2 035	2 063	2 091	2 119	2 147	2 175	2 203	2 230
72	2 003	2 031	2 059	2 087	2 116	2 144	2 172	2 200	2 228	2 257
74	2 026	2 055	2 083	2 112	2 140	2 169	2 197	2 226	2 254	2 283
76	2 049	2 078	2 107	2 136	2 165	2 194	2 223	2 251	2 280	2 309
78	2 073	2 102	2 131	2 160	2 189	2 219	2 248	2 277	2 306	2 335
1 80	2 096	2 125	2 155	2 184	2 214	2 244	2 273	2 303	2 332	2 362
82	2 119	2 149	2 179	2 209	2 239	2 268	2 298	2 328	2 358	2 388
84	2 142	2 173	2 203	2 233	2 263	2 293	2 324	2 354	2 384	2 414
86	2 166	2 196	2 227	2 257	2 288	2 318	2 349	2 379	2 410	2 440
88	2 189	2 220	2 251	2 282	2 312	2 343	2 374	2 405	2 436	2 467
1 90	2 212	2 244	2 275	2 306	2 337	2 368	2 399	2 430	2 462	2 493
92	2 236	2 267	2 299	2 330	2 362	2 393	2 425	2 456	2 488	2 519
94	2 259	2 291	2 323	2 354	2 386	2 418	2 450	2 482	2 513	2 545
96	2 282	2 314	2 347	2 379	2 411	2 443	2 475	2 507	2 539	2 572
98	2 306	2 338	2 370	2 403	2 435	2 468	2 500	2 533	2 565	2 598
2 —	2 329	2 362	2 394	2 427	2 460	2 493	2 526	2 558	2 591	2 624
02	2 352	2 385	2 418	2 451	2 485	2 518	2 551	2 584	2 617	2 650
04	2 375	2 409	2 442	2 476	2 509	2 543	2 576	2 610	2 643	2 676
06	2 399	2 432	2 466	2 500	2 534	2 568	2 601	2 635	2 669	2 703
08	2 422	2 456	2 490	2 524	2 558	2 593	2 627	2 661	2 695	2 729
2 10	2 445	2 480	2 514	2 549	2 583	2 617	2 652	2 686	2 721	2 755
12	2 469	2 503	2 538	2 573	2 608	2 642	2 677	2 712	2 747	2 781
14	2 492	2 527	2 562	2 597	2 632	2 667	2 702	2 737	2 773	2 808
16	2 515	2 551	2 586	2 621	2 657	2 692	2 728	2 763	2 798	2 834
18	2 538	2 574	2 610	2 646	2 681	2 717	2 753	2 789	2 824	2 860
2 20	2 562	2 598	2 634	2 670	2 706	2 742	2 778	2 814	2 850	2 886
22	2 585	2 621	2 658	2 694	2 731	2 767	2 803	2 840	2 876	2 913
24	2 608	2 645	2 682	2 718	2 755	2 792	2 829	2 865	2 902	2 939
26	2 632	2 669	2 706	2 743	2 780	2 817	2 854	2 891	2 928	2 965
28	2 655	2 692	2 730	2 767	2 804	2 842	2 879	2 917	2 954	2 991
2 30	2 678	2 716	2 754	2 791	2 829	2 867	2 904	2 942	2 980	3 018
32	2 701	2 739	2 778	2 816	2 854	2 892	2 930	2 968	3 006	3 044
34	2 725	2 763	2 801	2 840	2 878	2 917	2 955	2 993	3 032	3 070
36	2 748	2 787	2 825	2 864	2 903	2 942	2 980	3 019	3 058	3 096
38	2 771	2 810	2 849	2 888	2 927	2 966	3 005	3 044	3 084	3 123
2 40	2 795	2 834	2 873	2 913	2 952	2 991	3 031	3 070	3 109	3 149
42	2 818	2 858	2 897	2 937	2 977	3 016	3 056	3 096	3 135	3 175
44	2 841	2 881	2 921	2 961	3 001	3 041	3 081	3 121	3 161	3 201
46	2 864	2 905	2 945	2 985	3 026	3 066	3 106	3 147	3 187	3 228
48	2 888	2 928	2 969	3 010	3 050	3 091	3 132	3 172	3 213	3 254
2 50	2 911	2 952	2 993	3 034	3 075	3 116	3 157	3 198	3 239	3 280
52	2 934	2 976	3 017	3 058	3 100	3 141	3 182	3 224	3 265	3 306
54	2 958	2 999	3 041	3 083	3 124	3 166	3 208	3 249	3 291	3 332
56	2 981	3 023	3 065	3 107	3 149	3 191	3 233	3 275	3 317	3 359
58	3 004	3 046	3 089	3 131	3 173	3 216	3 258	3 300	3 343	3 385
2 60	3 027	3 070	3 113	3 155	3 198	3 241	3 283	3 326	3 369	3 411

0,82

Epaisseur : 0m 84 centimètres

Longueur	Futailles	Largeur en centimètres. 0 84	0 86	0 88	0 90	0 92	0 94	0 96	0 98	1 00	1 02
m 0 84	0 474	0 593									
86	0 485	0 607	0 621								
88	0 497	0 621	0 636	0 650							
0 90	0 508	0 635	0 650	0 665	0 680						
92	0 519	0 649	0 665	0 680	0 696	0 711					
94	0 531	0 663	0 679	0 695	0 711	0 726	0 742				
96	0 542	0 677	0 694	0 710	0 726	0 742	0 758	0 774			
98	0 553	0 691	0 708	0 724	0 741	0 757	0 774	0 790	0 807		
1 —	0 564	0 706	0 722	0 739	0 756	0 773	0 790	0 806	0 823	0 840	
02	0 576	0 720	0 737	0 754	0 771	0 788	0 805	0 823	0 840	0 857	0 874
04	0 587	0 734	0 751	0 769	0 786	0 804	0 821	0 839	0 856	0 874	0 891
06	0 598	0 748	0 766	0 784	0 801	0 819	0 837	0 855	0 873	0 890	0 908
08	0 610	0 762	0 780	0 798	0 816	0 835	0 853	0 871	0 889	0 907	0 925
1 10	0 621	0 776	0 795	0 813	0 832	0 850	0 869	0 887	0 906	0 924	0 942
12	0 632	0 790	0 809	0 828	0 847	0 866	0 884	0 903	0 922	0 941	0 960
14	0 644	0 804	0 824	0 843	0 862	0 881	0 900	0 919	0 938	0 958	0 977
16	0 655	0 818	0 838	0 857	0 877	0 896	0 916	0 935	0 955	0 974	0 994
18	0 666	0 833	0 852	0 872	0 892	0 912	0 932	0 952	0 971	0 991	1 011
1 20	0 677	0 847	0 867	0 887	0 907	0 927	0 948	0 968	0 988	1 008	1 028
22	0 689	0 861	0 881	0 902	0 922	0 943	0 963	0 984	1 004	1 025	1 045
24	0 700	0 875	0 896	0 917	0 937	0 958	0 979	1 000	1 021	1 042	1 062
26	0 711	0 889	0 910	0 931	0 953	0 974	0 995	1 016	1 037	1 058	1 080
28	0 723	0 903	0 925	0 946	0 968	0 989	1 011	1 032	1 054	1 075	1 097
1 30	0 734	0 917	0 939	0 961	0 983	1 005	1 026	1 048	1 070	1 092	1 114
32	0 745	0 931	0 954	0 976	0 998	1 020	1 042	1 065	1 087	1 109	1 131
34	0 756	0 946	0 968	0 991	1 013	1 036	1 058	1 081	1 103	1 126	1 148
36	0 768	0 960	0 982	1 005	1 028	1 051	1 074	1 097	1 120	1 142	1 165
38	0 779	0 974	0 997	1 020	1 043	1 066	1 090	1 113	1 136	1 159	1 182
1 40	0 790	0 988	1 011	1 035	1 058	1 082	1 105	1 129	1 152	1 176	1 200
42	0 802	1 002	1 026	1 050	1 074	1 097	1 121	1 145	1 169	1 193	1 217
44	0 813	1 016	1 040	1 064	1 089	1 113	1 137	1 161	1 185	1 210	1 234
46	0 824	1 030	1 055	1 079	1 104	1 128	1 153	1 177	1 202	1 226	1 251
48	0 835	1 044	1 069	1 094	1 119	1 144	1 169	1 193	1 218	1 243	1 268
1 50	0 847	1 058	1 084	1 109	1 134	1 159	1 184	1 210	1 235	1 260	1 285
52	0 858	1 073	1 098	1 124	1 149	1 175	1 200	1 226	1 251	1 277	1 302
54	0 869	1 087	1 112	1 138	1 164	1 190	1 216	1 242	1 268	1 294	1 319
56	0 881	1 101	1 127	1 153	1 179	1 206	1 232	1 258	1 284	1 310	1 337
58	0 892	1 115	1 141	1 168	1 194	1 221	1 248	1 274	1 301	1 327	1 354
1 60	0 903	1 129	1 156	1 183	1 210	1 236	1 263	1 290	1 317	1 344	1 371
62	0 914	1 143	1 170	1 198	1 225	1 252	1 279	1 306	1 334	1 361	1 388
64	0 926	1 157	1 185	1 212	1 240	1 267	1 295	1 322	1 350	1 378	1 405
66	0 937	1 171	1 199	1 227	1 255	1 283	1 311	1 339	1 366	1 394	1 422
68	0 948	1 185	1 214	1 242	1 270	1 298	1 327	1 355	1 383	1 411	1 439
1 70	0 960	1 200	1 228	1 257	1 285	1 314	1 342	1 371	1 399	1 428	1 457
72	0 971	1 214	1 243	1 271	1 300	1 329	1 358	1 387	1 416	1 445	1 474
74	0 982	1 228	1 257	1 286	1 315	1 345	1 374	1 403	1 432	1 462	1 491
76	0 994	1 242	1 271	1 301	1 331	1 360	1 390	1 419	1 449	1 478	1 508
78	1 005	1 256	1 286	1 316	1 346	1 376	1 405	1 435	1 465	1 495	1 525
1 80	1 016	1 270	1 300	1 331	1 361	1 391	1 421	1 452	1 482	1 512	1 542
82	1 027	1 284	1 315	1 345	1 376	1 406	1 437	1 468	1 498	1 529	1 559
84	1 039	1 298	1 329	1 360	1 391	1 422	1 453	1 484	1 515	1 546	1 577
86	1 050	1 312	1 344	1 375	1 406	1 437	1 469	1 500	1 531	1 562	1 594
88	1 061	1 327	1 358	1 390	1 421	1 453	1 484	1 516	1 548	1 579	1 611
1 90	1 073	1 341	1 373	1 404	1 436	1 468	1 500	1 532	1 564	1 596	1 628
92	1 084	1 355	1 387	1 419	1 452	1 484	1 516	1 548	1 581	1 613	1 645
94	1 095	1 369	1 401	1 434	1 467	1 499	1 532	1 564	1 597	1 630	1 662
96	1 106	1 383	1 416	1 449	1 482	1 515	1 548	1 581	1 613	1 646	1 679
98	1 118	1 397	1 430	1 464	1 497	1 530	1 563	1 597	1 630	1 663	1 697
2 —	1 129	1 411	1 445	1 478	1 512	1 546	1 579	1 613	1 646	1 680	1 714
02	1 140	1 425	1 459	1 493	1 527	1 561	1 595	1 629	1 663	1 697	1 731
04	1 152	1 439	1 474	1 508	1 542	1 577	1 611	1 645	1 679	1 714	1 748
06	1 163	1 454	1 488	1 523	1 557	1 592	1 627	1 661	1 696	1 730	1 765
08	1 174	1 468	1 503	1 538	1 572	1 607	1 642	1 677	1 712	1 747	1 782
2 10	1 185	1 482	1 517	1 552	1 588	1 623	1 658	1 693	1 729	1 764	1 799
12	1 197	1 496	1 531	1 567	1 603	1 638	1 674	1 710	1 745	1 781	1 816
14	1 208	1 510	1 546	1 582	1 618	1 654	1 690	1 726	1 762	1 798	1 834
16	1 219	1 524	1 560	1 597	1 633	1 669	1 706	1 742	1 778	1 814	1 851
18	1 231	1 538	1 575	1 611	1 648	1 685	1 721	1 758	1 795	1 831	1 868
2 20	1 242	1 552	1 589	1 626	1 663	1 700	1 737	1 774	1 811	1 848	1 885
22	1 253	1 566	1 604	1 641	1 678	1 716	1 753	1 790	1 828	1 865	1 802

Epaisseur : 0m 84 centimètres

Longueur	Largeur en centimètres 1 04	1 06	1 08	1 10	1 12	1 14	1 16	1 18	1 20	1 22
m 1 04	0 909									
06	0 926	0 944								
08	0 943	0 962	0 980							
1 10	0 961	0 979	0 998	1 016						
12	0 978	0 997	1 016	1 035	1 054					
14	0 996	1 015	1 034	1 053	1 073	1 092				
16	1 013	1 033	1 052	1 072	1 091	1 111	1 130			
18	1 031	1 051	1 070	1 090	1 110	1 130	1 150	1 170		
1 20	1 048	1 068	1 089	1 109	1 129	1 149	1 169	1 189	1 210	
22	1 066	1 086	1 107	1 127	1 148	1 168	1 189	1 209	1 230	1 250
24	1 083	1 104	1 125	1 146	1 167	1 187	1 208	1 229	1 250	1 271
26	1 101	1 122	1 143	1 164	1 185	1 207	1 228	1 249	1 270	1 291
28	1 118	1 140	1 161	1 183	1 204	1 226	1 247	1 269	1 290	1 312
1 30	1 136	1 158	1 179	1 201	1 223	1 245	1 267	1 289	1 310	1 332
32	1 153	1 175	1 198	1 220	1 242	1 264	1 286	1 308	1 331	1 353
34	1 171	1 193	1 216	1 238	1 261	1 283	1 306	1 328	1 351	1 373
36	1 188	1 211	1 234	1 257	1 279	1 302	1 325	1 348	1 371	1 394
38	1 206	1 229	1 252	1 275	1 298	1 321	1 345	1 368	1 391	1 414
1 40	1 223	1 247	1 270	1 294	1 317	1 341	1 364	1 388	1 411	1 435
42	1 241	1 264	1 288	1 312	1 336	1 360	1 384	1 408	1 431	1 455
44	1 258	1 282	1 306	1 331	1 355	1 379	1 403	1 427	1 451	1 476
46	1 275	1 300	1 325	1 349	1 374	1 398	1 423	1 447	1 472	1 496
48	1 293	1 318	1 343	1 368	1 392	1 417	1 442	1 467	1 492	1 517
1 50	1 310	1 336	1 361	1 386	1 411	1 436	1 462	1 487	1 512	1 537
52	1 328	1 353	1 379	1 404	1 430	1 456	1 481	1 507	1 532	1 558
54	1 345	1 371	1 397	1 423	1 449	1 475	1 501	1 526	1 552	1 578
56	1 363	1 389	1 415	1 441	1 468	1 494	1 520	1 546	1 572	1 599
58	1 380	1 407	1 433	1 460	1 486	1 513	1 540	1 566	1 593	1 619
1 60	1 398	1 425	1 452	1 478	1 505	1 532	1 559	1 586	1 613	1 640
62	1 415	1 442	1 470	1 497	1 524	1 551	1 579	1 606	1 633	1 660
64	1 433	1 460	1 488	1 515	1 543	1 570	1 598	1 626	1 653	1 681
66	1 450	1 478	1 506	1 534	1 562	1 590	1 618	1 645	1 673	1 701
68	1 468	1 496	1 524	1 552	1 581	1 609	1 637	1 665	1 693	1 722
1 70	1 485	1 514	1 542	1 571	1 599	1 628	1 656	1 685	1 714	1 742
72	1 503	1 531	1 560	1 589	1 618	1 647	1 676	1 705	1 734	1 763
74	1 520	1 549	1 579	1 608	1 637	1 666	1 695	1 725	1 754	1 783
76	1 538	1 567	1 597	1 626	1 656	1 685	1 715	1 745	1 774	1 804
78	1 555	1 585	1 615	1 645	1 675	1 705	1 734	1 764	1 794	1 824
1 80	1 572	1 603	1 633	1 663	1 693	1 724	1 754	1 784	1 814	1 845
82	1 590	1 621	1 651	1 682	1 712	1 743	1 773	1 804	1 835	1 865
84	1 607	1 638	1 669	1 700	1 731	1 762	1 793	1 824	1 855	1 886
86	1 625	1 656	1 687	1 719	1 750	1 781	1 812	1 844	1 875	1 906
88	1 642	1 674	1 706	1 737	1 769	1 800	1 832	1 863	1 895	1 927
1 90	1 660	1 692	1 724	1 756	1 788	1 819	1 851	1 883	1 915	1 947
92	1 677	1 710	1 742	1 774	1 806	1 839	1 871	1 903	1 935	1 968
94	1 695	1 727	1 760	1 793	1 825	1 858	1 890	1 923	1 956	1 988
96	1 712	1 745	1 778	1 811	1 844	1 877	1 910	1 943	1 976	2 009
98	1 730	1 763	1 796	1 830	1 863	1 896	1 929	1 963	1 996	2 029
2 —	1 747	1 781	1 814	1 848	1 882	1 915	1 949	1 982	2 016	2 050
02	1 765	1 799	1 833	1 866	1 900	1 934	1 968	2 002	2 036	2 070
04	1 782	1 816	1 851	1 885	1 919	1 954	1 988	2 022	2 056	2 091
06	1 800	1 834	1 869	1 903	1 938	1 973	2 007	2 042	2 076	2 111
08	1 817	1 852	1 887	1 922	1 957	1 992	2 027	2 062	2 097	2 132
2 10	1 835	1 870	1 905	1 940	1 976	2 011	2 046	2 082	2 117	2 152
12	1 852	1 888	1 923	1 959	1 994	2 030	2 066	2 101	2 137	2 173
14	1 870	1 905	1 941	1 977	2 013	2 049	2 085	2 121	2 157	2 193
16	1 887	1 923	1 960	1 996	2 032	2 068	2 105	2 141	2 177	2 214
18	1 904	1 941	1 978	2 014	2 051	2 088	2 124	2 161	2 197	2 234
2 20	1 922	1 959	1 996	2 033	2 070	2 107	2 144	2 181	2 218	2 255
22	1 939	1 976	2 004	2 051	2 089	2 126	2 163	2 200	2 238	2 275

Epaisseur : 0m 84 centimètres

Longueur	Futailles	1 24	1 26	1 28	1 30	1 32	1 34	1 36	1 38	1 40	1 42
		Largeur en Centimètres									
m 1 24		1 292									
26		1 312	1 334								
28		1 333	1 355	1 376							
1 30		1 354	1 376	1 398	1 420						
32		1 375	1 397	1 419	1 441	1 464					
34		1 396	1 418	1 441	1 463	1 486	1 508				
36		1 417	1 439	1 462	1 485	1 508	1 531	1 554			
38		1 437	1 461	1 484	1 507	1 530	1 553	1 577	1 600		
1 40		1 458	1 482	1 505	1 529	1 552	1 576	1 599	1 623	1 646	
42		1 479	1 503	1 527	1 551	1 574	1 598	1 622	1 646	1 670	1 694
44		1 500	1 524	1 548	1 572	1 597	1 621	1 645	1 669	1 693	1 718
46		1 521	1 545	1 570	1 594	1 619	1 643	1 668	1 692	1 717	1 741
48		1 542	1 566	1 591	1 616	1 641	1 666	1 691	1 716	1 740	1 765
1 50		1 562	1 588	1 613	1 638	1 663	1 688	1 714	1 739	1 764	1 789
52		1 583	1 609	1 634	1 660	1 685	1 711	1 736	1 762	1 788	1 813
54		1 604	1 630	1 656	1 682	1 708	1 733	1 759	1 785	1 811	1 837
56		1 625	1 651	1 677	1 704	1 730	1 756	1 782	1 808	1 835	1 861
58		1 646	1 672	1 699	1 725	1 752	1 778	1 805	1 832	1 858	1 885
1 60		1 667	1 693	1 720	1 747	1 774	1 801	1 828	1 855	1 882	1 908
62		1 687	1 715	1 742	1 769	1 796	1 823	1 851	1 878	1 905	1 932
64		1 708	1 736	1 763	1 791	1 818	1 846	1 874	1 901	1 929	1 956
66		1 729	1 757	1 785	1 813	1 841	1 868	1 896	1 924	1 952	1 980
68		1 750	1 778	1 806	1 835	1 863	1 891	1 919	1 947	1 976	2 004
1 70		1 771	1 799	1 828	1 856	1 885	1 914	1 942	1 971	1 999	2 028
72		1 792	1 820	1 849	1 878	1 907	1 936	1 965	1 994	2 023	2 052
74		1 812	1 842	1 871	1 900	1 929	1 959	1 988	2 017	2 046	2 075
76		1 833	1 863	1 892	1 922	1 951	1 981	2 011	2 040	2 070	2 099
78		1 854	1 884	1 914	1 914	1 974	2 004	2 033	2 063	2 093	2 123
1 80		1 875	1 905	1 935	1 966	1 996	2 026	2 056	2 087	2 117	2 147
82		1 896	1 926	1 957	1 987	2 018	2 049	2 079	2 110	2 140	2 171
84		1 917	1 947	1 978	2 009	2 040	2 071	2 102	2 133	2 164	2 195
86		1 937	1 969	2 000	2 031	2 062	2 094	2 125	2 156	2 187	2 219
88		1 958	1 990	2 021	2 053	2 085	2 116	2 148	2 179	2 211	2 242
1 90		1 979	2 011	2 043	2 075	2 107	2 139	2 171	2 202	2 234	2 266
92		2 000	2 032	2 064	2 097	2 129	2 161	2 193	2 226	2 258	2 290
94		2 021	2 053	2 086	2 118	2 151	2 184	2 216	2 249	2 281	2 314
96		2 042	2 074	2 107	2 140	2 173	2 206	2 239	2 272	2 305	2 338
98		2 062	2 096	2 129	2 162	2 195	2 229	2 262	2 295	2 328	2 362
2 —		2 083	2 117	2 150	2 184	2 218	2 251	2 285	2 318	2 352	2 386
02		2 104	2 138	2 172	2 206	2 240	2 274	2 308	2 342	2 376	2 409
04		2 125	2 159	2 193	2 228	2 262	2 296	2 330	2 365	2 399	2 433
06		2 146	2 180	2 215	2 250	2 284	2 319	2 353	2 388	2 423	2 457
08		2 167	2 201	2 236	2 271	2 306	2 341	2 376	2 411	2 446	2 481
2 10		2 187	2 223	2 258	2 293	2 328	2 364	2 399	2 434	2 470	2 505
12		2 208	2 244	2 279	2 315	2 351	2 386	2 422	2 458	2 493	2 529
14		2 229	2 265	2 301	2 337	2 373	2 409	2 445	2 481	2 517	2 553
16		2 250	2 286	2 322	2 359	2 395	2 431	2 468	2 504	2 540	2 576
18		2 271	2 307	2 344	2 381	2 417	2 454	2 490	2 527	2 564	2 600
2 20		2 292	2 328	2 365	2 402	2 439	2 476	2 513	2 550	2 587	2 624
22		2 312	2 350	2 387	2 424	2 462	2 499	2 536	2 573	2 611	2 648
24		2 333	2 371	2 408	2 446	2 484	2 521	2 559	2 597	2 634	2 672
26		2 354	2 392	2 430	2 468	2 506	2 544	2 582	2 620	2 658	2 696
28		2 375	2 413	2 451	2 490	2 528	2 566	2 605	2 643	2 681	2 720
2 30		2 396	2 434	2 473	2 512	2 550	2 589	2 628	2 666	2 705	2 743
32		2 417	2 455	2 494	2 533	2 572	2 611	2 650	2 689	2 728	2 767
34		2 437	2 477	2 516	2 555	2 595	2 634	2 673	2 713	2 752	2 791
36		2 458	2 498	2 537	2 577	2 617	2 656	2 696	2 736	2 775	2 815
38		2 479	2 519	2 559	2 599	2 639	2 679	2 719	2 759	2 799	2 839
2 40		2 500	2 540	2 580	2 621	2 661	2 701	2 742	2 782	2 822	2 863
42		2 521	2 561	2 602	2 643	2 683	2 724	2 765	2 805	2 846	2 887
44		2 542	2 582	2 623	2 664	2 705	2 746	2 787	2 828	2 869	2 910
46		2 562	2 604	2 645	2 686	2 728	2 769	2 810	2 852	2 893	2 934
48		2 583	2 625	2 667	2 708	2 750	2 791	2 833	2 875	2 916	2 958
2 50		2 604	2 646	2 688	2 730	2 772	2 814	2 856	2 898	2 940	2 982
52		2 625	2 667	2 710	2 752	2 794	2 837	2 879	2 921	2 964	3 006
54		2 646	2 688	2 731	2 774	2 816	2 859	2 902	2 944	2 987	3 030
56		2 666	2 710	2 753	2 796	2 839	2 882	2 925	2 968	3 011	8 054
58		2 687	2 731	2 774	2 817	2 861	2 904	2 947	2 991	3 034	3 077
2 60		2 708	2 752	2 796	2 839	2 883	2 927	2 970	3 014	3 058	3 101
62		2 729	2 773	2 817	2 861	2 905	2 949	2 993	3 037	3 081	3 125

Epaisseur : 0m 84 centimètres

Longueur	1 44	1 46	1 48	1 50	1 52	1 54	1 56	1 58	1 60	1 62
	Largeur en Centimètres									
m 1 44	1 742									
46	1 766	1 791								
48	1 790	1 815	1 840							
1 50	1 814	1 840	1 865	1 890						
52	1 839	1 864	1 890	1 915	1 941					
54	1 863	1 889	1 915	1 940	1 966	1 992				
56	1 887	1 913	1 939	1 966	1 992	2 018	2 044			
58	1 911	1 938	1 964	1 991	2 017	2 044	2 070	2 097		
1 60	1 935	1 962	1 989	2 016	2 043	2 070	2 097	2 124	2 150	
62	1 960	1 987	2 014	2 041	2 068	2 096	2 123	2 150	2 177	2 204
64	1 984	2 011	2 039	2 066	2 094	2 122	2 149	2 177	2 204	2 232
66	2 008	2 036	2 064	2 092	2 119	2 147	2 175	2 203	2 231	2 259
68	2 032	2 060	2 089	2 117	2 145	2 173	2 201	2 230	2 258	2 286
1 70	2 056	2 085	2 113	2 142	2 171	2 199	2 228	2 256	2 285	2 313
72	2 081	2 109	2 138	2 167	2 196	2 225	2 254	2 283	2 312	2 341
74	2 105	2 134	2 163	2 192	2 222	2 251	2 280	2 309	2 339	2 368
76	2 129	2 158	2 188	2 218	2 247	2 277	2 306	2 336	2 365	2 395
78	2 153	2 183	2 213	2 243	2 273	2 303	2 333	2 362	2 392	2 422
1 80	2 177	2 208	2 238	2 268	2 298	2 328	2 359	2 389	2 419	2 449
82	2 201	2 232	2 263	2 293	2 324	2 354	2 385	2 416	2 446	2 477
84	2 226	2 257	2 287	2 318	2 349	2 380	2 411	2 442	2 473	2 504
86	2 250	2 281	2 312	2 344	2 375	2 406	2 437	2 469	2 500	2 531
88	2 274	2 306	2 337	2 369	2 400	2 432	2 464	2 495	2 527	2 558
1 90	2 298	2 330	2 362	2 394	2 426	2 458	2 490	2 522	2 554	2 586
92	2 322	2 355	2 387	2 419	2 451	2 484	2 516	2 548	2 580	2 613
94	2 347	2 379	2 412	2 444	2 477	2 510	2 542	2 575	2 607	2 640
96	2 371	2 404	2 437	2 470	2 503	2 535	2 568	2 601	2 634	2 667
98	2 395	2 428	2 462	2 495	2 528	2 561	2 595	2 628	2 661	2 694
2 —	2 419	2 453	2 486	2 520	2 554	2 587	2 621	2 654	2 688	2 722
02	2 443	2 477	2 511	2 545	2 579	2 613	2 647	2 681	2 715	2 749
04	2 468	2 502	2 536	2 570	2 605	2 639	2 673	2 707	2 742	2 776
06	2 492	2 526	2 561	2 596	2 630	2 665	2 699	2 734	2 769	2 803
08	2 516	2 551	2 586	2 621	2 656	2 691	2 726	2 761	2 796	2 830
2 10	2 540	2 575	2 611	2 646	2 681	2 717	2 752	2 787	2 822	2 858
12	2 564	2 600	2 636	2 671	2 707	2 742	2 778	2 814	2 849	2 885
14	2 589	2 624	2 660	2 696	2 732	2 768	2 804	2 840	2 876	2 912
16	2 613	2 649	2 685	2 722	2 758	2 794	2 830	2 867	2 903	2 939
18	2 637	2 674	2 710	2 747	2 783	2 820	2 857	2 893	2 930	2 967
2 20	2 661	2 698	2 735	2 772	2 809	2 846	2 883	2 920	2 957	2 994
22	2 685	2 723	2 760	2 797	2 834	2 872	2 909	2 946	2 984	3 021
24	2 710	2 747	2 785	2 822	2 860	2 898	2 935	2 973	3 011	3 048
26	2 734	2 772	2 810	2 848	2 886	2 924	2 962	2 999	3 037	3 075
28	2 758	2 796	2 834	2 873	2 911	2 949	2 988	3 026	3 064	3 103
2 30	2 782	2 821	2 859	2 898	2 937	2 975	3 014	3 053	3 091	3 130
32	2 806	2 845	2 884	2 923	2 962	3 001	3 040	3 079	3 118	3 157
34	2 830	2 870	2 909	2 948	2 988	3 027	3 066	3 106	3 145	3 184
36	2 855	2 894	2 934	2 974	3 013	3 053	3 093	3 132	3 172	3 211
38	2 879	2 919	2 959	2 999	3 039	3 079	3 119	3 159	3 199	3 239
2 40	2 903	2 943	2 984	3 024	3 064	3 105	3 145	3 185	3 226	3 266
42	2 927	2 968	3 009	3 049	3 090	3 131	3 171	3 212	3 252	3 293
44	2 951	2 992	3 033	3 074	3 115	3 156	3 197	3 238	3 279	3 320
46	2 976	3 017	3 058	3 100	3 141	3 182	3 224	3 265	3 306	3 348
48	3 000	3 041	3 083	3 125	3 166	3 208	3 250	3 291	3 333	3 375
2 50	3 024	3 066	3 108	3 150	3 192	3 234	3 276	3 318	3 360	3 402
52	3 048	3 091	3 133	3 175	3 218	3 260	3 302	3 345	3 387	3 429
54	3 072	3 115	3 158	3 200	3 243	3 286	3 328	3 371	3 414	3 456
56	3 097	3 140	3 183	3 226	3 269	3 312	3 355	3 398	3 441	3 484
58	3 121	3 164	3 207	3 251	3 294	3 337	3 381	3 424	3 468	3 511
2 60	3 145	3 189	3 232	3 276	3 320	3 363	3 607	3 451	3 494	3 538
62	3 169	3 213	3 257	3 301	3 345	3 389	3 433	3 477	3 521	3 565

Epaisseur : 0^{m} 86 centimètres

Longueur	Futailles	Largeur en Centimètres 0 86	0 88	0 90	0 92	0 94	0 96	0 98	1 00	1 02	1 04
0 86	0 509	0 636									
88	0 521	0 651	0 666								
0 90	0 533	0 666	0 681	0 697							
92	0 544	0 680	0 696	0 712	0 728						
94	0 556	0 695	0 711	0 728	0 744	0 760					
96	0 568	0 710	0 727	0 743	0 760	0 776	0 793				
98	0 580	0 725	0 742	0 759	0 775	0 792	0 809	0 826			
1 —	0 592	0 740	0 757	0 774	0 791	0 808	0 826	0 843	0 860		
02	0 604	0 754	0 772	0 789	0 807	0 825	0 842	0 860	0 877	0 895	
04	0 615	0 769	0 787	0 805	0 823	0 841	0 859	0 877	0 894	0 912	0 930
06	0 627	0 784	0 802	0 820	0 839	0 857	0 875	0 893	0 912	0 930	0 948
08	0 639	0 799	0 817	0 836	0 854	0 873	0 892	0 910	0 929	0 947	0 966
1 10	0 651	0 814	0 832	0 851	0 870	0 889	0 908	0 927	0 946	0 965	0 984
12	0 663	0 828	0 848	0 867	0 886	0 905	0 925	0 944	0 963	0 982	1 002
14	0 675	0 843	0 863	0 882	0 902	0 922	0 941	0 961	0 980	1 000	1 020
16	0 686	0 858	0 878	0 898	0 918	0 938	0 958	0 978	0 998	1 018	1 038
18	0 698	0 873	0 893	0 913	0 934	0 954	0 974	0 995	1 015	1 035	1 055
1 20	0 710	0 888	0 908	0 929	0 949	0 970	0 991	1 011	1 032	1 053	1 073
22	0 722	0 902	0 923	0 944	0 965	0 986	1 007	1 028	1 049	1 070	1 091
24	0 734	0 917	0 938	0 960	0 981	1 002	1 024	1 045	1 086	1 088	1 109
26	0 746	0 932	0 954	0 975	0 997	1 018	1 040	1 062	1 084	1 105	1 127
28	0 757	0 947	0 969	0 991	1 013	1 035	1 057	1 079	1 101	1 123	1 145
1 30	0 769	0 961	0 984	1 006	1 029	1 051	1 073	1 096	1 118	1 140	1 163
32	0 781	0 976	0 999	1 022	1 044	1 067	1 090	1 113	1 135	1 158	1 181
34	0 793	0 991	1 014	1 037	1 060	1 083	1 106	1 129	1 152	1 175	1 198
36	0 805	1 006	1 029	1 053	1 076	1 099	1 123	1 146	1 170	1 193	1 216
38	0 817	1 021	1 044	1 068	1 092	1 115	1 139	1 163	1 187	1 211	1 234
1 40	0 828	1 035	1 060	1 084	1 108	1 132	1 156	1 180	1 204	1 228	1 252
42	0 840	1 050	1 075	1 099	1 124	1 148	1 172	1 197	1 221	1 246	1 270
44	0 852	1 065	1 090	1 115	1 139	1 164	1 189	1 214	1 238	1 263	1 288
46	0 864	1 080	1 105	1 130	1 155	1 180	1 205	1 230	1 256	1 281	1 306
48	0 876	1 095	1 120	1 146	1 171	1 196	1 222	1 247	1 273	1 298	1 324
1 50	0 888	1 109	1 135	1 161	1 187	1 213	1 238	1 264	1 290	1 316	1 342
52	0 899	1 124	1 150	1 176	1 203	1 229	1 255	1 281	1 307	1 333	1 359
54	0 911	1 139	1 165	1 192	1 218	1 245	1 271	1 298	1 324	1 351	1 377
56	0 923	1 154	1 181	1 207	1 234	1 261	1 288	1 315	1 342	1 368	1 395
58	0 935	1 109	1 196	1 223	1 250	1 277	1 304	1 332	1 359	1 386	1 413
1 60	0 947	1 183	1 211	1 238	1 266	1 293	1 321	1 348	1 376	1 404	1 431
62	0 959	1 198	1 226	1 254	1 282	1 310	1 337	1 365	1 393	1 421	1 449
64	0 970	1 213	1 241	1 269	1 298	1 326	1 354	1 382	1 410	1 439	1 467
66	0 982	1 228	1 256	1 285	1 313	1 342	1 370	1 399	1 428	1 456	1 485
68	0 994	1 243	1 271	1 300	1 329	1 358	1 387	1 416	1 445	1 474	1 503
1 70	1 006	1 257	1 287	1 316	1 345	1 374	1 404	1 433	1 462	1 491	1 520
72	1 018	1 272	1 302	1 331	1 361	1 390	1 420	1 450	1 479	1 509	1 538
74	1 030	1 287	1 317	1 347	1 377	1 407	1 437	1 466	1 496	1 526	1 556
76	1 041	1 302	1 332	1 362	1 393	1 423	1 453	1 483	1 514	1 544	1 574
78	1 053	1 316	1 347	1 378	1 408	1 439	1 470	1 500	1 531	1 561	1 592
1 80	1 065	1 331	1 362	1 393	1 424	1 455	1 486	1 517	1 548	1 579	1 610
82	1 077	1 346	1 377	1 409	1 440	1 471	1 503	1 534	1 565	1 597	1 628
84	1 089	1 361	1 393	1 424	1 456	1 487	1 519	1 551	1 582	1 614	1 646
86	1 100	1 376	1 408	1 440	1 472	1 504	1 536	1 568	1 600	1 632	1 664
88	1 112	1 390	1 423	1 455	1 487	1 520	1 552	1 584	1 617	1 649	1 681
1 90	1 124	1 405	1 438	1 471	1 503	1 536	1 569	1 601	1 634	1 667	1 699
92	1 136	1 420	1 453	1 486	1 519	1 552	1 585	1 618	1 651	1 684	1 717
94	1 148	1 435	1 468	1 502	1 535	1 568	1 602	1 635	1 668	1 702	1 735
96	1 160	1 450	1 483	1 517	1 551	1 584	1 618	1 652	1 686	1 719	1 753
98	1 172	1 464	1 498	1 533	1 567	1 601	1 635	1 669	1 703	1 737	1 771
2 —	1 183	1 479	1 514	1 548	1 582	1 617	1 651	1 686	1 720	1 754	1 789
02	1 195	1 494	1 529	1 563	1 598	1 633	1 668	1 702	1 737	1 772	1 807
04	1 207	1 509	1 544	1 579	1 614	1 649	1 684	1 719	1 754	1 789	1 825
06	1 219	1 524	1 559	1 594	1 630	1 665	1 701	1 736	1 772	1 807	1 842
08	1 231	1 538	1 574	1 610	1 646	1 681	1 717	1 753	1 789	1 825	1 860
2 10	1 243	1 553	1 589	1 625	1 662	1 698	1 734	1 770	1 806	1 842	1 878
12	1 254	1 568	1 604	1 641	1 677	1 714	1 750	1 787	1 823	1 860	1 896
14	1 266	1 583	1 620	1 656	1 693	1 730	1 767	1 804	1 840	1 877	1 914
16	1 278	1 598	1 635	1 672	1 709	1 746	1 783	1 820	1 858	1 895	1 932
18	1 290	1 612	1 650	1 687	1 725	1 762	1 800	1 837	1 875	1 912	1 950
2 20	1 302	1 627	1 665	1 703	1 741	1 778	1 816	1 854	1 892	1 930	1 968
22	1 314	1 642	1 680	1 718	1 756	1 795	1 833	1 871	1 909	1 947	1 986
24	1 325	1 657	1 695	1 734	1 772	1 811	1 849	1 888	1 926	1 965	2 003

Epaisseur : 0^{m} 86 centimètres

Longueur	Largeur en Centimètres 1 06	1 08	1 10	1 12	1 14	1 16	1 18	1 20	1 22	1 24
1 06	0 966									
08	0 985	1 003								
1 10	1 003	1 022	1 041							
12	1 021	1 040	1 060	1 079						
14	1 039	1 059	1 078	1 098	1 118					
16	1 057	1 077	1 097	1 117	1 137	1 157				
18	1 076	1 096	1 116	1 137	1 157	1 177	1 197			
1 20	1 094	1 115	1 135	1 156	1 176	1 197	1 218	1 238		
22	1 112	1 133	1 154	1 175	1 196	1 217	1 238	1 259	1 280	
24	1 130	1 152	1 173	1 194	1 216	1 237	1 258	1 280	1 301	1 322
26	1 149	1 170	1 192	1 214	1 235	1 257	1 279	1 300	1 322	1 344
28	1 167	1 189	1 211	1 233	1 255	1 277	1 299	1 321	1 343	1 365
1 30	1 185	1 207	1 230	1 252	1 275	1 297	1 319	1 342	1 364	1 386
32	1 203	1 226	1 249	1 271	1 294	1 317	1 340	1 362	1 385	1 408
34	1 222	1 245	1 268	1 291	1 314	1 337	1 360	1 383	1 406	1 429
36	1 240	1 263	1 287	1 310	1 333	1 357	1 380	1 404	1 427	1 450
38	1 258	1 282	1 305	1 329	1 353	1 377	1 400	1 424	1 448	1 472
1 40	1 276	1 300	1 324	1 348	1 373	1 397	1 421	1 445	1 469	1 493
42	1 294	1 319	1 343	1 368	1 392	1 417	1 441	1 465	1 490	1 514
44	1 313	1 337	1 362	1 387	1 412	1 437	1 461	1 486	1 511	1 536
46	1 331	1 356	1 381	1 406	1 431	1 456	1 482	1 507	1 532	1 557
48	1 349	1 375	1 400	1 426	1 451	1 476	1 502	1 527	1 553	1 578
1 50	1 367	1 393	1 419	1 445	1 471	1 496	1 522	1 548	1 574	1 600
52	1 386	1 412	1 438	1 464	1 490	1 516	1 542	1 569	1 595	1 621
54	1 404	1 430	1 457	1 483	1 510	1 536	1 563	1 589	1 616	1 642
56	1 422	1 449	1 476	1 503	1 529	1 556	1 583	1 610	1 637	1 664
58	1 440	1 468	1 495	1 522	1 549	1 576	1 603	1 631	1 658	1 685
1 60	1 459	1 486	1 514	1 541	1 569	1 596	1 624	1 651	1 679	1 706
62	1 477	1 505	1 533	1 560	1 588	1 616	1 644	1 672	1 700	1 728
64	1 495	1 523	1 551	1 580	1 608	1 636	1 664	1 692	1 721	1 749
66	1 513	1 542	1 570	1 599	1 627	1 656	1 685	1 713	1 742	1 770
68	1 531	1 560	1 589	1 618	1 647	1 676	1 705	1 734	1 763	1 792
1 70	1 550	1 579	1 608	1 637	1 667	1 696	1 725	1 754	1 784	1 813
72	1 568	1 598	1 627	1 657	1 686	1 716	1 745	1 775	1 805	1 834
74	1 586	1 616	1 646	1 676	1 706	1 736	1 766	1 796	1 826	1 856
76	1 604	1 635	1 665	1 695	1 726	1 756	1 786	1 816	1 847	1 877
78	1 623	1 653	1 684	1 714	1 745	1 776	1 806	1 837	1 868	1 898
1 80	1 641	1 672	1 703	1 734	1 765	1 796	1 827	1 858	1 889	1 920
82	1 659	1 690	1 722	1 753	1 784	1 816	1 847	1 878	1 910	1 941
84	1 677	1 709	1 741	1 772	1 804	1 836	1 867	1 899	1 931	1 962
86	1 696	1 728	1 760	1 792	1 824	1 856	1 888	1 920	1 952	1 984
88	1 714	1 746	1 778	1 811	1 843	1 875	1 908	1 940	1 972	2 005
1 90	1 732	1 765	1 797	1 830	1 863	1 895	1 928	1 961	1 993	2 026
92	1 750	1 783	1 816	1 849	1 882	1 915	1 948	1 981	2 014	2 047
94	1 769	1 802	1 835	1 869	1 902	1 935	1 969	2 002	2 035	2 069
96	1 787	1 820	1 854	1 888	1 922	1 955	1 989	2 023	2 056	2 090
98	1 805	1 839	1 873	1 907	1 941	1 975	2 009	2 043	2 077	2 111
2 —	1 823	1 858	1 892	1 926	1 961	1 995	2 030	2 064	2 098	2 133
02	1 841	1 876	1 911	1 946	1 980	2 015	2 050	2 085	2 119	2 154
04	1 860	1 895	1 930	1 965	2 000	2 035	2 070	2 105	2 140	2 175
06	1 878	1 913	1 949	1 984	2 020	2 055	2 090	2 126	2 161	2 197
08	1 896	1 932	1 968	2 003	2 039	2 075	2 111	2 147	2 182	2 218
2 10	1 914	1 950	1 987	2 023	2 059	2 095	2 131	2 167	2 203	2 239
12	1 933	1 969	2 006	2 042	2 078	2 115	2 151	2 188	2 224	2 261
14	1 951	1 988	2 024	2 061	2 098	2 135	2 172	2 208	2 245	2 282
16	1 969	2 006	2 043	2 081	2 118	2 155	2 192	2 229	2 266	2 303
18	1 987	2 025	2 062	2 100	2 137	2 175	2 212	2 250	2 287	2 325
2 20	2 006	2 043	2 081	2 119	2 157	2 195	2 233	2 270	2 308	2 346
22	2 024	2 062	2 100	2 138	2 176	2 215	2 253	2 291	2 329	2 367
24	2 042	2 081	2 119	2 158	2 196	2 235	2 273	2 312	2 350	2 389

Epaisseur : 0m 86 centimètres

Longueur	Futailles	Largeur en centimètres 1 26	1 28	1 30	1 32	1 34	1 36	1 38	1 40	1 42	1 44
1 26		1 365									
28		1 387	1 409								
1 30		1 409	1 431	1 453							
32		1 430	1 453	1 476	1 498						
34		1 452	1 475	1 498	1 521	1 544					
36		1 474	1 497	1 520	1 544	1 567	1 591				
38		1 495	1 519	1 543	1 567	1 590	1 614	1 638			
1 40		1 517	1 541	1 565	1 589	1 613	1 637	1 662	1 686		
42		1 539	1 563	1 588	1 612	1 636	1 661	1 685	1 710	1 734	
44		1 560	1 585	1 610	1 635	1 659	1 684	1 709	1 734	1 759	1 783
46		1 582	1 607	1 632	1 657	1 683	1 708	1 733	1 758	1 783	1 808
48		1 604	1 629	1 655	1 680	1 706	1 731	1 756	1 782	1 807	1 833
1 50		1 625	1 651	1 677	1 703	1 729	1 754	1 780	1 806	1 832	1 858
52		1 647	1 673	1 699	1 726	1 752	1 778	1 804	1 830	1 856	1 882
54		1 669	1 695	1 722	1 748	1 775	1 801	1 828	1 854	1 881	1 907
56		1 690	1 717	1 744	1 771	1 798	1 825	1 851	1 878	1 905	1 932
58		1 712	1 739	1 766	1 794	1 821	1 848	1 875	1 902	1 929	1 957
1 60		1 734	1 761	1 789	1 816	1 844	1 871	1 899	1 926	1 954	1 981
62		1 755	1 783	1 811	1 839	1 867	1 895	1 923	1 950	1 978	2 006
64		1 777	1 805	1 834	1 862	1 890	1 918	1 946	1 975	2 003	2 031
66		1 799	1 827	1 856	1 884	1 913	1 942	1 970	1 999	2 027	2 056
68		1 820	1 849	1 878	1 907	1 936	1 965	1 994	2 023	2 052	2 081
1 70		1 842	1 871	1 901	1 930	1 959	1 988	2 018	2 047	2 076	2 105
72		1 864	1 893	1 923	1 953	1 982	2 012	2 041	2 071	2 100	2 130
74		1 885	1 915	1 945	1 975	2 005	2 035	2 065	2 095	2 125	2 155
76		1 907	1 937	1 968	1 998	2 028	2 058	2 089	2 119	2 149	2 180
78		1 929	1 959	1 990	2 021	2 051	2 082	2 113	2 143	2 174	2 204
1 80		1 950	1 981	2 012	2 043	2 074	2 105	2 136	2 167	2 198	2 230
82		1 972	2 003	2 035	2 066	2 097	2 129	2 160	2 191	2 223	2 254
84		1 994	2 025	2 057	2 089	2 120	2 152	2 184	2 215	2 247	2 279
86		2 015	2 047	2 079	2 111	2 143	2 175	2 207	2 239	2 271	2 303
88		2 037	2 070	2 102	2 134	2 167	2 199	2 231	2 264	2 296	2 328
1 90		2 059	2 092	2 124	2 157	2 190	2 222	2 255	2 288	2 320	2 353
92		2 081	2 114	2 147	2 180	2 213	2 246	2 279	2 312	2 345	2 378
94		2 102	2 136	2 169	2 202	2 236	2 269	2 302	2 336	2 369	2 402
96		2 124	2 158	2 191	2 225	2 259	2 292	2 326	2 360	2 394	2 427
98		2 146	2 180	2 214	2 248	2 282	2 316	2 350	2 384	2 418	2 452
2 —		2 167	2 202	2 236	2 270	2 305	2 339	2 374	2 408	2 442	2 477
02		2 189	2 224	2 258	2 293	2 328	2 363	2 397	2 432	2 467	2 502
04		2 211	2 246	2 281	2 316	2 351	2 386	2 421	2 456	2 491	2 526
06		2 232	2 268	2 303	2 339	2 374	2 409	2 445	2 480	2 516	2 551
08		2 254	2 290	2 325	2 361	2 397	2 433	2 469	2 504	2 540	2 576
2 10		2 276	2 312	2 348	2 384	2 420	2 456	2 492	2 528	2 565	2 601
12		2 297	2 334	2 370	2 407	2 443	2 480	2 516	2 552	2 589	2 625
14		2 319	2 356	2 393	2 429	2 466	2 503	2 540	2 577	2 613	2 650
16		2 341	2 378	2 415	2 452	2 489	2 526	2 563	2 601	2 638	2 675
18		2 362	2 400	2 437	2 475	2 512	2 550	2 587	2 625	2 662	2 700
2 20		2 384	2 422	2 460	2 497	2 535	2 573	2 611	2 649	2 687	2 724
22		2 406	2 444	2 482	2 520	2 558	2 597	2 635	2 673	2 711	2 749
24		2 427	2 466	2 504	2 543	2 581	2 620	2 658	2 697	2 735	2 774
26		2 449	2 488	2 527	2 566	2 604	2 643	2 682	2 721	2 760	2 799
28		2 471	2 510	2 549	2 588	2 627	2 667	2 706	2 745	2 784	2 824
2 30		2 492	2 532	2 571	2 611	2 651	2 690	2 730	2 769	2 809	2 848
32		2 514	2 554	2 594	2 634	2 674	2 713	2 753	2 793	2 833	2 873
34		2 536	2 576	2 616	2 656	2 697	2 737	2 777	2 817	2 858	2 898
36		2 557	2 598	2 638	2 679	2 720	2 760	2 801	2 841	2 882	2 923
38		2 579	2 620	2 661	2 702	2 743	2 784	2 825	2 866	2 906	2 947
2 40		2 601	2 642	2 683	2 724	2 766	2 807	2 848	2 890	2 931	2 972
42		2 622	2 664	2 706	2 747	2 789	2 830	2 872	2 914	2 955	2 997
44		2 644	2 686	2 728	2 770	2 812	2 854	2 896	2 938	2 980	3 022
46		2 666	2 708	2 750	2 793	2 835	2 877	2 920	2 962	3 004	3 046
48		2 687	2 730	2 773	2 815	2 858	2 901	2 943	2 986	3 029	3 071
2 50		2 709	2 752	2 795	2 838	2 881	2 924	2 967	3 010	3 053	3 096
52		2 731	2 774	2 817	2 861	2 904	2 947	2 991	3 034	3 077	3 121
54		2 753	2 796	2 840	2 883	2 927	2 971	3 014	3 058	3 102	3 146
56		2 774	2 818	2 862	2 906	2 950	2 994	3 038	3 082	3 126	3 170
58		2 796	2 840	2 884	2 929	2 973	3 018	3 062	3 106	3 151	3 195
2 60		2 817	2 862	2 907	2 952	2 996	3 041	3 086	3 130	3 175	3 220
62		2 839	2 884	2 929	2 974	3 019	3 064	3 109	3 154	3 200	3 245
64		2 861	2 906	2 952	2 997	3 042	3 088	3 133	3 179	3 224	3 269

Epaisseur : 0m 86 centimètres

Longueur	Largeur en centimètres 1 46	1 48	1 50	1 52	1 54	1 56	1 58	1 60	1 62	1 64
1 46	1 833									
48	1 858	1 884								
1 50	1 883	1 909	1 935							
52	1 908	1 935	1 961	1 987						
54	1 934	1 960	1 987	2 013	2 040					
56	1 959	1 986	2 012	2 039	2 066	2 093				
58	1 984	2 011	2 038	2 065	2 093	2 120	2 147			
1 60	2 009	2 036	2 064	2 092	2 119	2 147	2 174	2 202		
62	2 034	2 062	2 090	2 118	2 146	2 173	2 201	2 229	2 257	
64	2 059	2 087	2 116	2 144	2 172	2 200	2 228	2 257	2 285	2 313
66	2 084	2 113	2 141	2 170	2 199	2 227	2 256	2 284	2 313	2 341
68	2 109	2 138	2 167	2 196	2 225	2 254	2 283	2 312	2 341	2 369
1 70	2 135	2 164	2 193	2 222	2 251	2 281	2 310	2 339	2 368	2 398
72	2 160	2 189	2 219	2 248	2 278	2 308	2 337	2 367	2 396	2 426
74	2 185	2 215	2 245	2 275	2 304	2 334	2 364	2 394	2 424	2 454
76	2 210	2 240	2 270	2 301	2 331	2 361	2 391	2 422	2 452	2 482
78	2 235	2 266	2 296	2 327	2 357	2 388	2 419	2 449	2 480	2 511
1 80	2 260	2 291	2 322	2 353	2 384	2 415	2 446	2 477	2 508	2 539
82	2 285	2 316	2 348	2 379	2 410	2 442	2 473	2 504	2 536	2 567
84	2 310	2 342	2 374	2 405	2 437	2 469	2 500	2 532	2 563	2 595
86	2 335	2 367	2 399	2 431	2 463	2 495	2 527	2 559	2 591	2 623
88	2 361	2 393	2 425	2 458	2 490	2 522	2 555	2 587	2 619	2 652
1 90	2 386	2 418	2 451	2 484	2 516	2 549	2 582	2 614	2 647	2 680
92	2 411	2 444	2 477	2 510	2 543	2 576	2 609	2 642	2 675	2 708
94	2 436	2 469	2 503	2 536	2 569	2 603	2 636	2 669	2 703	2 736
96	2 461	2 495	2 528	2 562	2 596	2 630	2 663	2 697	2 731	2 764
98	2 486	2 520	2 554	2 588	2 622	2 656	2 690	2 724	2 759	2 793
2 —	2 511	2 546	2 580	2 614	2 649	2 683	2 718	2 752	2 786	2 821
02	2 536	2 571	2 606	2 641	2 675	2 710	2 745	2 780	2 814	2 849
04	2 561	2 597	2 632	2 667	2 702	2 737	2 772	2 807	2 842	2 877
06	2 587	2 622	2 657	2 693	2 728	2 764	2 799	2 835	2 870	2 905
08	2 612	2 647	2 683	2 719	2 755	2 791	2 826	2 862	2 898	2 934
2 10	2 637	2 673	2 709	2 745	2 781	2 817	2 853	2 890	2 926	2 962
12	2 662	2 698	2 735	2 771	2 808	2 844	2 881	2 917	2 954	2 990
14	2 687	2 724	2 761	2 797	2 834	2 871	2 908	2 945	2 981	3 018
16	2 712	2 749	2 786	2 824	2 861	2 898	2 935	2 972	3 009	3 046
18	2 737	2 775	2 812	2 850	2 887	2 925	2 962	3 000	3 037	3 075
2 20	2 762	2 800	2 838	2 876	2 914	2 952	2 989	3 027	3 065	3 103
22	2 787	2 826	2 864	2 902	2 940	2 978	3 017	3 055	3 093	3 131
24	2 813	2 851	2 890	2 928	2 967	3 005	3 044	3 082	3 121	3 159
26	2 838	2 877	2 915	2 954	2 993	3 032	3 071	3 110	3 149	3 188
28	2 863	2 902	2 941	2 980	3 020	3 059	3 098	3 137	3 176	3 216
2 30	2 888	2 927	2 967	3 007	3 046	3 086	3 125	3 165	3 204	3 244
32	2 913	2 953	2 993	3 033	3 073	3 113	3 152	3 192	3 232	3 272
34	2 938	2 978	3 019	3 059	3 099	3 139	3 180	3 220	3 260	3 300
36	2 963	3 004	3 044	3 085	3 126	3 166	3 207	3 247	3 288	3 329
38	2 988	3 029	3 070	3 111	3 152	3 193	3 234	3 275	3 316	3 357
2 40	3 013	3 055	3 096	3 137	3 179	3 220	3 261	3 302	3 344	3 385
42	3 039	3 080	3 122	3 163	3 205	3 247	3 288	3 330	3 372	3 413
44	3 064	3 106	3 148	3 190	3 232	3 274	3 315	3 357	3 399	3 441
46	3 089	3 131	3 173	3 216	3 258	3 300	3 343	3 385	3 427	3 470
48	3 114	3 157	3 199	3 242	3 285	3 327	3 370	3 412	3 455	3 498
2 50	3 139	3 182	3 225	3 268	3 311	3 354	3 397	3 440	3 483	3 526
52	3 164	3 207	3 251	3 294	3 337	3 381	3 424	3 468	3 511	3 554
54	3 189	3 233	3 277	3 320	3 364	3 408	3 451	3 495	3 539	3 582
56	3 214	3 258	3 302	3 346	3 390	3 434	3 479	3 523	3 567	3 611
58	3 239	3 284	3 328	3 373	3 417	3 461	3 506	3 550	3 594	3 639
2 60	3 265	3 309	3 354	3 399	3 443	3 488	3 533	3 578	3 622	3 667
62	3 290	3 335	3 380	3 425	3 470	3 515	3 560	3 605	3 650	3 695
64	3 315	3 360	3 406	3 451	3 496	3 542	3 587	3 633	3 678	3 724

0,86

Epaisseur : 0^m 88 centimètres

Longueur	Futailles	Largeur en Centimètres. 0 88	0 90	0 92	0 94	0 96	0 98	1 00	1 02	1 04	1 06
m 0 88	0 545	0 681									
0 90	0 558	0 697	0 713								
92	0 570	0 712	0 729	0 745							
94	0 582	0 728	0 744	0 761	0 778						
96	0 595	0 743	0 760	0 777	0 794	0 811					
98	0 607	0 759	0 776	0 793	0 811	0 828	0 845				
1 —	0 620	0 774	0 792	0 810	0 827	0 845	0 862	0 880			
02	0 632	0 790	0 808	0 826	0 844	0 862	0 880	0 898	0 916		
04	0 644	0 805	0 824	0 842	0 860	0 879	0 897	0 915	0 934	0 952	
06	0 657	0 821	0 840	0 858	0 877	0 895	0 914	0 933	0 951	0 970	0 989
08	0 669	0 836	0 855	0 874	0 893	0 912	0 931	0 950	0 969	0 988	1 007
1 10	0 681	0 852	0 871	0 891	0 910	0 929	0 949	0 968	0 987	1 007	1 026
12	0 694	0 867	0 887	0 907	0 926	0 946	0 966	0 986	1 005	1 025	1 045
14	0 706	0 883	0 903	0 923	0 943	0 963	0 983	1 003	1 023	1 043	1 063
16	0 719	0 898	0 919	0 939	0 960	0 980	1 000	1 021	1 041	1 062	1 082
18	0 731	0 914	0 935	0 955	0 976	0 997	1 018	1 038	1 059	1 080	1 101
1 20	0 743	0 929	0 950	0 972	0 993	1 014	1 035	1 056	1 077	1 098	1 119
22	0 756	0 945	0 966	0 988	1 009	1 031	1 052	1 074	1 095	1 117	1 138
24	0 768	0 960	0 982	1 004	1 026	1 048	1 069	1 091	1 113	1 135	1 157
26	0 781	0 976	0 998	1 020	1 042	1 064	1 087	1 109	1 131	1 153	1 175
28	0 793	0 991	1 014	1 036	1 059	1 081	1 104	1 126	1 149	1 171	1 194
1 30	0 805	1 007	1 030	1 052	1 075	1 098	1 121	1 144	1 167	1 190	1 213
32	0 818	1 022	1 045	1 069	1 092	1 115	1 138	1 162	1 185	1 208	1 231
34	0 830	1 038	1 061	1 085	1 108	1 132	1 156	1 179	1 203	1 226	1 250
36	0 843	1 053	1 077	1 101	1 125	1 149	1 173	1 197	1 221	1 245	1 269
38	0 855	1 069	1 093	1 117	1 142	1 166	1 190	1 214	1 239	1 263	1 287
1 40	0 867	1 084	1 109	1 133	1 158	1 183	1 207	1 232	1 257	1 281	1 306
42	0 880	1 100	1 125	1 150	1 175	1 200	1 225	1 250	1 275	1 300	1 325
44	0 892	1 115	1 140	1 166	1 191	1 217	1 242	1 267	1 293	1 318	1 343
46	0 904	1 131	1 156	1 182	1 208	1 233	1 259	1 285	1 310	1 336	1 362
48	0 917	1 146	1 172	1 198	1 224	1 250	1 276	1 302	1 328	1 354	1 381
1 50	0 929	1 162	1 188	1 214	1 241	1 267	1 294	1 320	1 346	1 373	1 399
52	0 942	1 177	1 204	1 231	1 257	1 284	1 311	1 338	1 364	1 391	1 418
54	0 954	1 193	1 220	1 247	1 274	1 301	1 328	1 355	1 382	1 409	1 437
56	0 966	1 208	1 236	1 263	1 290	1 318	1 345	1 373	1 400	1 428	1 455
58	0 979	1 224	1 251	1 279	1 307	1 335	1 363	1 390	1 418	1 446	1 474
1 60	0 991	1 239	1 267	1 295	1 324	1 352	1 380	1 408	1 436	1 464	1 492
62	1 004	1 255	1 283	1 312	1 340	1 369	1 397	1 426	1 454	1 483	1 511
64	1 016	1 270	1 299	1 328	1 357	1 385	1 414	1 443	1 472	1 501	1 530
66	1 028	1 286	1 315	1 344	1 373	1 402	1 432	1 461	1 490	1 519	1 548
68	1 041	1 301	1 331	1 360	1 390	1 419	1 449	1 478	1 508	1 538	1 567
1 70	1 053	1 316	1 346	1 376	1 406	1 436	1 466	1 496	1 526	1 556	1 586
72	1 066	1 332	1 362	1 393	1 423	1 453	1 483	1 514	1 544	1 574	1 604
74	1 078	1 347	1 378	1 409	1 439	1 470	1 501	1 531	1 562	1 592	1 623
76	1 090	1 363	1 394	1 425	1 456	1 487	1 518	1 549	1 580	1 611	1 642
78	1 103	1 378	1 410	1 441	1 472	1 504	1 535	1 566	1 598	1 629	1 660
1 80	1 115	1 394	1 426	1 457	1 489	1 521	1 552	1 584	1 616	1 647	1 679
82	1 128	1 409	1 441	1 473	1 506	1 538	1 570	1 602	1 634	1 666	1 698
84	1 140	1 425	1 457	1 490	1 522	1 554	1 587	1 619	1 652	1 684	1 716
86	1 152	1 440	1 473	1 506	1 539	1 571	1 604	1 637	1 670	1 702	1 735
88	1 165	1 456	1 489	1 522	1 555	1 588	1 621	1 654	1 687	1 721	1 754
1 90	1 177	1 471	1 505	1 538	1 572	1 605	1 639	1 672	1 705	1 739	1 772
92	1 189	1 487	1 521	1 554	1 588	1 622	1 656	1 690	1 723	1 757	1 791
94	1 202	1 502	1 536	1 571	1 605	1 639	1 673	1 707	1 741	1 775	1 810
96	1 214	1 518	1 552	1 587	1 621	1 656	1 690	1 725	1 759	1 794	1 828
98	1 227	1 533	1 568	1 603	1 638	1 673	1 708	1 742	1 777	1 812	1 847
2 —	1 239	1 549	1 584	1 619	1 654	1 690	1 725	1 760	1 795	1 830	1 866
02	1 251	1 564	1 600	1 635	1 671	1 706	1 742	1 778	1 813	1 849	1 884
04	1 264	1 580	1 616	1 652	1 687	1 723	1 759	1 795	1 831	1 867	1 903
06	1 276	1 595	1 632	1 668	1 704	1 740	1 777	1 813	1 849	1 885	1 922
08	1 289	1 611	1 647	1 684	1 721	1 757	1 794	1 830	1 867	1 904	1 940
2 10	1 301	1 626	1 663	1 700	1 737	1 774	1 811	1 848	1 885	1 922	1 959
12	1 313	1 642	1 679	1 716	1 754	1 791	1 828	1 866	1 903	1 940	1 978
14	1 326	1 657	1 695	1 733	1 770	1 808	1 846	1 883	1 921	1 959	1 996
16	1 338	1 673	1 711	1 749	1 787	1 825	1 863	1 901	1 939	1 977	2 015
18	1 351	1 688	1 727	1 765	1 803	1 842	1 880	1 918	1 957	1 995	2 034
2 20	1 363	1 704	1 742	1 781	1 820	1 859	1 897	1 936	1 975	2 013	2 052
22	1 375	1 719	1 758	1 797	1 836	1 875	1 915	1 954	1 993	2 032	2 071
24	1 388	1 735	1 774	1 814	1 853	1 892	1 932	1 971	2 011	2 050	2 089
26	1 400	1 750	1 790	1 830	1 869	1 909	1 949	1 989	2 029	2 068	2 108

Epaisseur : 0^m 88 centimètres

Longueur	Largeur en Centimètres 1 08	1 10	1 12	1 14	1 16	1 18	1 20	1 22	1 24	1 26
m 1 08	1 026									
1 10	1 045	1 065								
12	1 064	1 084	1 104							
14	1 083	1 104	1 124	1 144						
16	1 102	1 123	1 143	1 164	1 184					
18	1 121	1 142	1 163	1 184	1 205	1 225				
1 20	1 140	1 162	1 183	1 204	1 225	1 246	1 267			
22	1 159	1 181	1 202	1 224	1 245	1 267	1 288	1 310		
24	1 178	1 200	1 222	1 244	1 266	1 288	1 309	1 331	1 353	
26	1 198	1 220	1 242	1 264	1 286	1 308	1 331	1 353	1 375	1 397
28	1 217	1 239	1 262	1 284	1 307	1 329	1 352	1 374	1 397	1 419
1 30	1 236	1 258	1 281	1 304	1 327	1 350	1 373	1 396	1 419	1 441
32	1 255	1 278	1 301	1 324	1 347	1 371	1 394	1 417	1 440	1 464
34	1 274	1 297	1 321	1 344	1 368	1 391	1 415	1 439	1 462	1 486
36	1 293	1 316	1 340	1 364	1 388	1 412	1 436	1 460	1 484	1 508
38	1 312	1 336	1 360	1 384	1 409	1 433	1 457	1 482	1 506	1 530
1 40	1 331	1 355	1 380	1 404	1 429	1 454	1 478	1 503	1 528	1 552
42	1 350	1 375	1 400	1 425	1 450	1 475	1 500	1 525	1 550	1 574
44	1 369	1 394	1 419	1 445	1 470	1 495	1 521	1 546	1 571	1 597
46	1 388	1 413	1 439	1 465	1 490	1 516	1 542	1 567	1 593	1 619
48	1 407	1 433	1 459	1 485	1 511	1 537	1 563	1 589	1 615	1 641
1 50	1 426	1 452	1 478	1 505	1 531	1 558	1 584	1 610	1 637	1 663
52	1 445	1 471	1 498	1 525	1 552	1 578	1 605	1 632	1 659	1 685
54	1 464	1 491	1 518	1 545	1 572	1 599	1 626	1 653	1 680	1 708
56	1 483	1 510	1 538	1 565	1 592	1 620	1 647	1 675	1 702	1 730
58	1 502	1 529	1 557	1 585	1 613	1 641	1 668	1 696	1 724	1 752
1 60	1 521	1 549	1 577	1 605	1 633	1 661	1 690	1 718	1 746	1 774
62	1 540	1 568	1 597	1 625	1 654	1 682	1 711	1 739	1 768	1 796
64	1 559	1 588	1 616	1 645	1 674	1 703	1 732	1 761	1 790	1 818
66	1 578	1 607	1 636	1 665	1 695	1 724	1 753	1 782	1 812	1 841
68	1 597	1 626	1 656	1 685	1 715	1 745	1 774	1 804	1 833	1 863
1 70	1 616	1 646	1 676	1 705	1 735	1 765	1 795	1 825	1 855	1 885
72	1 635	1 665	1 695	1 726	1 756	1 786	1 816	1 847	1 877	1 907
74	1 654	1 684	1 715	1 746	1 776	1 807	1 837	1 868	1 899	1 929
76	1 673	1 704	1 735	1 766	1 797	1 828	1 859	1 890	1 921	1 951
78	1 692	1 723	1 754	1 786	1 817	1 848	1 880	1 911	1 942	1 974
1 80	1 711	1 742	1 774	1 806	1 837	1 869	1 901	1 932	1 964	1 996
82	1 730	1 762	1 794	1 826	1 858	1 890	1 922	1 954	1 986	2 018
84	1 749	1 781	1 814	1 846	1 878	1 911	1 943	1 975	2 008	2 040
86	1 768	1 800	1 833	1 866	1 899	1 931	1 964	1 997	2 030	2 062
88	1 787	1 820	1 853	1 886	1 919	1 952	1 985	2 018	2 051	2 085
1 90	1 806	1 839	1 873	1 906	1 940	1 973	2 006	2 040	2 073	2 107
92	1 825	1 859	1 892	1 926	1 960	1 994	2 028	2 061	2 095	2 129
94	1 844	1 878	1 912	1 946	1 980	2 014	2 049	2 083	2 117	2 151
96	1 863	1 897	1 932	1 966	2 001	2 035	2 070	2 104	2 139	2 173
98	1 882	1 917	1 951	1 986	2 021	2 056	2 091	2 126	2 161	2 195
2 —	1 901	1 936	1 971	2 006	2 042	2 077	2 112	2 147	2 182	2 218
02	1 920	1 955	1 991	2 026	2 062	2 098	2 133	2 169	2 204	2 240
04	1 939	1 975	2 011	2 047	2 082	2 118	2 154	2 190	2 226	2 262
06	1 958	1 994	2 030	2 067	2 103	2 139	2 175	2 212	2 248	2 284
08	1 977	2 013	2 050	2 087	2 123	2 160	2 196	2 233	2 270	2 306
2 10	1 996	2 033	2 070	2 107	2 144	2 181	2 218	2 255	2 292	2 328
12	2 015	2 052	2 089	2 127	2 164	2 201	2 239	2 276	2 313	2 351
14	2 034	2 072	2 109	2 147	2 185	2 222	2 260	2 298	2 335	2 373
16	2 053	2 091	2 129	2 167	2 205	2 243	2 281	2 319	2 357	2 395
18	2 072	2 110	2 149	2 187	2 225	2 264	2 302	2 340	2 379	2 417
2 20	2 091	2 130	2 168	2 207	2 246	2 284	2 323	2 362	2 401	2 439
22	2 110	2 149	2 188	2 227	2 266	2 305	2 344	2 383	2 422	2 462
24	2 129	2 168	2 208	2 247	2 287	2 326	2 365	2 405	2 444	2 484
26	2 148	2 188	2 227	2 267	2 307	2 347	2 387	2 426	2 466	2 506

0,88

Epaisseur : 0m 88 centimètres

Longueur	Futailles	1 28	1 30	1 32	1 34	1 36	1 38	1 40	1 42	1 44	1 46
		Largeur en Centimètres									
m 1 28		1 442									
1 30		1 464	1 487								
32		1 487	1 510	1 533							
34		1 509	1 533	1 557	1 580						
36		1 532	1 556	1 580	1 604	1 628					
38		1 554	1 579	1 603	1 627	1 652	1 676				
1 40		1 577	1 602	1 626	1 651	1 676	1 700	1 725			
42		1 600	1 624	1 649	1 674	1 699	1 724	1 749	1 774		
44		1 622	1 647	1 673	1 698	1 723	1 749	1 774	1 799	1 825	
46		1 645	1 670	1 696	1 722	1 747	1 773	1 799	1 824	1 850	1 876
48		1 667	1 693	1 719	1 745	1 771	1 797	1 823	1 849	1 875	1 902
1 50		1 690	1 716	1 742	1 769	1 795	1 822	1 848	1 874	1 901	1 927
52		1 712	1 739	1 766	1 792	1 819	1 846	1 873	1 899	1 926	1 953
54		1 735	1 762	1 789	1 816	1 843	1 870	1 897	1 924	1 951	1 979
56		1 757	1 785	1 812	1 840	1 867	1 894	1 922	1 949	1 977	2 004
58		1 780	1 808	1 835	1 863	1 891	1 919	1 947	1 974	2 002	2 030
1 60		1 802	1 830	1 859	1 887	1 915	1 943	1 971	1 999	2 028	2 056
62		1 825	1 853	1 882	1 910	1 939	1 967	1 996	2 024	2 053	2 081
64		1 847	1 876	1 905	1 934	1 963	1 992	2 020	2 049	2 078	2 107
66		1 870	1 899	1 928	1 957	1 987	2 016	2 045	2 074	2 104	2 133
68		1 892	1 922	1 951	1 981	2 011	2 040	2 070	2 099	2 129	2 158
1 70		1 915	1 945	1 975	2 005	2 035	2 064	2 094	2 124	2 154	2 184
72		1 937	1 968	1 998	2 028	2 058	2 089	2 119	2 149	2 180	2 210
74		1 960	1 991	2 021	2 052	2 082	2 113	2 144	2 174	2 205	2 236
76		1 982	2 013	2 044	2 075	2 106	2 137	2 168	2 199	2 230	2 261
78		2 005	2 036	2 068	2 099	2 130	2 162	2 193	2 224	2 256	2 287
1 80		2 028	2 059	2 091	2 123	2 154	2 185	2 218	2 249	2 281	2 313
82		2 050	2 082	2 114	2 146	2 178	2 210	2 242	2 274	2 306	2 338
84		2 073	2 105	2 137	2 170	2 202	2 234	2 267	2 299	2 332	2 364
86		2 095	2 128	2 161	2 193	2 226	2 259	2 292	2 324	2 357	2 390
88		2 118	2 151	2 184	2 217	2 250	2 283	2 316	2 349	2 382	2 415
1 90		2 140	2 174	2 207	2 240	2 274	2 307	2 341	2 374	2 408	2 441
92		2 163	2 196	2 230	2 264	2 298	2 332	2 365	2 399	2 433	2 467
94		2 185	2 219	2 254	2 288	2 322	2 356	2 390	2 424	2 458	2 493
96		2 208	2 242	2 277	2 311	2 346	2 380	2 415	2 449	2 484	2 518
98		2 230	2 265	2 300	2 335	2 370	2 405	2 439	2 474	2 509	2 544
2 —		2 253	2 288	2 323	2 358	2 394	2 429	2 464	2 409	2 534	2 570
02		2 275	2 311	2 346	2 382	2 418	2 453	2 489	2 524	2 560	2 595
04		2 298	2 334	2 370	2 406	2 441	2 477	2 513	2 549	2 585	2 621
06		2 320	2 357	2 393	2 429	2 465	2 502	2 538	2 574	2 610	2 647
08		2 343	2 380	2 416	2 453	2 489	2 526	2 563	2 599	2 636	2 672
2 10		2 365	2 402	2 439	2 476	2 513	2 550	2 587	2 624	2 661	2 698
12		2 388	2 425	2 463	2 500	2 537	2 575	2 612	2 649	2 686	2 724
14		2 410	2 448	2 486	2 523	2 561	2 599	2 636	2 674	2 712	2 749
16		2 433	2 471	2 509	2 547	2 585	2 623	2 661	2 699	2 737	2 775
18		2 456	2 494	2 532	2 571	2 609	2 647	2 686	2 724	2 762	2 801
2 20		2 478	2 517	2 556	2 594	2 633	2 672	2 710	2 749	2 788	2 827
22		2 501	2 540	2 579	2 618	2 657	2 696	2 735	2 774	2 813	2 852
24		2 523	2 563	2 602	2 641	2 681	2 720	2 760	2 799	2 839	2 878
26		2 546	2 585	2 625	2 665	2 705	2 745	2 784	2 824	2 864	2 904
28		2 568	2 608	2 648	2 689	2 729	2 769	2 809	2 849	2 889	2 929
2 30		2 591	2 631	2 672	2 712	2 753	2 793	2 834	2 874	2 915	2 955
32		2 613	2 654	2 695	2 736	2 777	2 817	2 858	2 899	2 940	2 981
34		2 636	2 677	2 718	2 759	2 801	2 842	2 883	2 924	2 965	3 006
36		2 658	2 700	2 741	2 783	2 824	2 866	2 908	2 949	2 991	3 032
38		2 681	2 723	2 765	2 806	2 848	2 890	2 932	2 974	3 016	3 058
2 40		2 703	2 746	2 788	2 830	2 872	2 915	2 957	2 999	3 041	3 084
42		2 726	2 768	2 811	2 854	2 896	2 939	2 981	3 024	3 067	3 109
44		2 748	2 791	2 834	2 877	2 920	2 963	3 006	3 049	3 092	3 135
46		2 771	2 814	2 858	2 901	2 944	2 987	3 031	3 074	3 117	3 161
48		2 793	2 837	2 881	2 924	2 968	3 012	3 055	3 099	3 143	3 186
2 50		2 816	2 860	2 904	2 948	2 992	3 036	3 080	3 124	3 168	3 212
52		2 839	2 883	2 927	2 972	3 016	3 060	3 105	3 149	3 193	3 238
54		2 861	2 906	2 950	2 995	3 040	3 085	3 129	3 174	3 219	3 263
56		2 884	2 929	2 974	3 019	3 064	3 109	3 154	3 199	3 244	3 289
58		2 906	2 952	2 997	3 042	3 088	3 133	3 179	3 224	3 269	3 315
2 60		2 929	2 974	3 020	3 066	3 112	3 157	3 203	3 249	3 295	3 340
62		2 951	2 997	3 043	3 090	3 136	3 182	3 228	3 274	3 320	3 366
64		2 974	3 020	3 067	3 113	3 160	3 206	3 252	3 299	3 345	3 392
66		2 996	3 043	3 090	3 137	3 183	3 230	3 277	3 324	3 371	3 418

Epaisseur : 0m 88 centimètres

Longueur	1 48	1 50	1 52	1 54	1 56	1 58	1 60	1 62	1 64	1 66
	Largeur en Centimètres									
m 1 48	1 928									
1 50	1 954	1 980								
52	1 980	2 006	2 033							
54	2 006	2 033	2 060	2 087						
56	2 032	2 059	2 087	2 114	2 142					
58	2 058	2 086	2 113	2 141	2 169	2 197				
1 60	2 084	2 112	2 140	2 168	2 196	2 225	2 253			
62	2 110	2 138	2 167	2 195	2 224	2 252	2 281	2 309		
64	2 136	2 165	2 194	2 223	2 251	2 280	2 309	2 338	2 367	
66	2 162	2 191	2 220	2 250	2 279	2 308	2 337	2 366	2 396	2 425
68	2 188	2 218	2 247	2 277	2 306	2 336	2 365	2 395	2 425	2 454
1 70	2 214	2 244	2 274	2 304	2 334	2 364	2 394	2 424	2 453	2 483
72	2 240	2 270	2 301	2 331	2 361	2 391	2 422	2 452	2 482	2 513
74	2 266	2 297	2 327	2 358	2 389	2 419	2 450	2 481	2 511	2 542
76	2 292	2 323	2 354	2 385	2 416	2 447	2 478	2 509	2 540	2 571
78	2 318	2 350	2 381	2 412	2 444	2 475	2 506	2 538	2 569	2 600
1 80	2 344	2 376	2 408	2 439	2 471	2 503	2 534	2 566	2 598	2 629
82	2 370	2 402	2 434	2 466	2 498	2 531	2 563	2 595	2 627	2 659
84	2 396	2 429	2 461	2 494	2 526	2 558	2 591	2 623	2 655	2 688
86	2 422	2 455	2 488	2 521	2 553	2 586	2 619	2 652	2 684	2 717
88	2 449	2 482	2 515	2 548	2 581	2 614	2 647	2 680	2 713	2 746
1 90	2 475	2 508	2 541	2 575	2 608	2 642	2 675	2 709	2 742	2 776
92	2 501	2 534	2 568	2 602	2 636	2 670	2 703	2 737	2 771	2 805
94	2 527	2 561	2 595	2 629	2 663	2 697	2 732	2 766	2 800	2 834
96	2 553	2 587	2 622	2 656	2 691	2 725	2 760	2 794	2 829	2 863
98	2 579	2 614	2 648	2 683	2 718	2 753	2 788	2 823	2 858	2 892
2 —	2 605	2 640	2 675	2 710	2 746	2 781	2 816	2 851	2 886	2 922
02	2 631	2 666	2 702	2 738	2 773	2 809	2 844	2 880	2 915	2 951
04	2 657	2 693	2 729	2 765	2 801	2 836	2 872	2 908	2 944	2 980
06	2 683	2 719	2 755	2 792	2 828	2 864	2 900	2 937	2 973	3 009
08	2 709	2 746	2 782	2 819	2 855	2 892	2 929	2 965	3 002	3 038
2 10	2 735	2 772	2 809	2 846	2 883	2 920	2 957	2 994	3 031	3 068
12	2 761	2 798	2 836	2 873	2 910	2 918	2 985	3 022	3 060	3 097
14	2 787	2 825	2 862	2 900	2 938	2 975	3 013	3 051	3 088	3 126
16	2 813	2 851	2 889	2 927	2 965	3 003	3 041	3 079	3 117	3 155
18	2 839	2 878	2 916	2 954	2 993	3 031	3 069	3 108	3 146	3 185
2 20	2 865	2 904	2 943	2 981	3 020	3 059	3 098	3 136	3 175	3 214
22	2 891	2 930	2 969	3 009	3 048	3 087	3 126	3 165	3 204	3 243
24	2 917	2 957	2 996	3 036	3 075	3 114	3 154	3 193	3 233	3 272
26	2 943	2 983	3 023	3 063	3 103	3 142	3 182	3 222	3 262	3 301
28	2 969	3 010	3 050	3 090	3 130	3 170	3 210	3 250	3 290	3 331
2 30	2 996	3 036	3 076	3 117	3 157	3 198	3 238	3 279	3 319	3 360
32	3 022	3 062	3 103	3 144	3 185	3 226	3 267	3 307	3 348	3 389
34	3 048	3 089	3 130	3 171	3 212	3 254	3 295	3 336	3 377	3 418
36	3 074	3 115	3 157	3 198	3 240	3 281	3 323	3 364	3 406	3 447
38	3 100	3 142	3 183	3 225	3 267	3 309	3 351	3 393	3 435	3 477
2 40	3 126	3 168	3 210	3 252	3 295	3 337	3 379	3 421	3 464	3 506
42	3 152	3 194	3 237	3 280	3 322	3 365	3 407	3 450	3 493	3 535
44	3 178	3 221	3 264	3 307	3 350	3 393	3 436	3 478	3 521	3 564
46	3 204	3 247	3 290	3 334	3 377	3 420	3 464	3 507	3 550	3 594
48	3 230	3 274	3 317	3 361	3 405	3 448	3 492	3 535	3 579	3 623
2 50	3 256	3 300	3 344	3 388	3 432	3 476	3 520	3 564	3 608	3 652
52	3 282	3 326	3 371	3 415	3 459	3 504	3 548	3 593	3 637	3 681
54	3 308	3 353	3 398	3 442	3 487	3 532	3 576	3 621	3 666	3 710
56	3 334	3 379	3 424	3 469	3 514	3 559	3 604	3 650	3 695	3 740
58	3 360	3 406	3 451	3 496	3 542	3 587	3 633	3 678	3 723	3 769
2 60	3 386	3 432	3 478	3 524	3 569	3 615	3 661	3 707	3 752	3 798
62	3 412	3 458	3 505	3 551	3 597	3 643	3 689	3 735	3 781	3 827
64	3 438	3 485	3 531	3 578	3 624	3 671	3 717	3 764	3 810	3 857
66	3 464	3 511	3 558	3 605	3 652	3 698	3 745	3 792	3 839	3 886

0,88

LONGUEUR	FUTAILLES	LARGEUR EN CENTIMÈTRES									
		0 90	0 92	0 94	0 96	0 98	1 00	1 02	1 04	1 06	1 08
m 0 90	0 583	0 729									
92	0 596	0 745	0 762								
94	0 609	0 761	0 778	0 795							
96	0 622	0 778	0 795	0 812	0 829						
98	0 635	0 794	0 811	0 829	0 847	0 864					
1 —	0 648	0 810	0 828	0 846	0 864	0 882	0 900				
02	0 661	0 826	0 845	0 863	0 881	0 900	0 918	0 936			
04	0 674	0 842	0 861	0 880	0 898	0 917	0 936	0 955	0 973		
06	0 687	0 859	0 878	0 897	0 916	0 935	0 954	0 973	0 992	1 011	
08	0 700	0 875	0 894	0 914	0 933	0 953	0 972	0 991	1 011	1 030	1 050
1 10	0 713	0 891	0 911	0 931	0 950	0 970	0 990	1 010	1 030	1 049	1 069
12	0 726	0 907	0 927	0 948	0 968	0 988	1 008	1 028	1 048	1 068	1 089
14	0 739	0 923	0 944	0 964	0 985	1 005	1 026	1 047	1 067	1 088	1 108
16	0 752	0 940	0 960	0 981	1 002	1 023	1 044	1 065	1 086	1 107	1 128
18	0 765	0 956	0 977	0 998	1 020	1 041	1 062	1 083	1 104	1 126	1 147
1 20	0 778	0 972	0 994	1 015	1 037	1 058	1 080	1 102	1 123	1 145	1 166
22	0 791	0 988	1 010	1 032	1 054	1 076	1 098	1 120	1 142	1 164	1.186
24	0 804	1 004	1 027	1 049	1 071	1 094	1 116	1 138	1 161	1 183	1 205
26	0 816	1 021	1 043	1 066	1 089	1 111	1 134	1 157	1 179	1 202	1 225
28	0 829	1 037	1 060	1 083	1 106	1 129	1 152	1 175	1 198	1 221	1 244
1 30	0 842	1 053	1 076	1 100	1 123	1 147	1 170	1 193	1 217	1 240	1 264
32	0 855	1 069	1 093	1 117	1 140	1 164	1 188	1 212	1 236	1 259	1 283
34	0 868	1 085	1 110	1 134	1 158	1 182	1 206	1 230	1 254	1 278	1 302
36	0 881	1 102	1 126	1 151	1 175	1 200	1 224	1 248	1 273	1 297	1 322
38	0 894	1 118	1 143	1 167	1 192	1 217	1 242	1 267	1 292	1 317	1 341
1 40	0 907	1 134	1 159	1 184	1 210	1 235	1 260	1 285	1 310	1 336	1 361
42	0 920	1 150	1 176	1 201	1 227	1 252	1 278	1 304	1 329	1 355	1 380
44	0 933	1 166	1 192	1 218	1 244	1 270	1 296	1 322	1 348	1 374	1 400
46	0 946	1 183	1 209	1 235	1 261	1 288	1 314	1 340	1 367	1 393	1 419
48	0 959	1 199	1 225	1 252	1 279	1 305	1 332	1 359	1 385	1 412	1 439
1 50	0 972	1 215	1 242	1 269	1 296	1 323	1 350	1 377	1 404	1 431	1 458
52	0 985	1 231	1 259	1 286	1 313	1 341	1 368	1 395	1 423	1 450	1 477
54	0 998	1 247	1 275	1 303	1 331	1 358	1 386	1 414	1 442	1 469	1 497
56	1 011	1 264	1 292	1 320	1 348	1 376	1 404	1 432	1 460	1 488	1 516
58	1 024	1 280	1 308	1 337	1 365	1 394	1 422	1 450	1 479	1 507	1 536
1 60	1 037	1 296	1 325	1 354	1 382	1 411	1 440	1 469	1 498	1 526	1 555
62	1 050	1 312	1 341	1 371	1 400	1 429	1 458	1 487	1 516	1 545	1 575
64	1 063	1 328	1 358	1 387	1 417	1 446	1 476	1 506	1 535	1 565	1 594
66	1 076	1 345	1 374	1 404	1 434	1 464	1 494	1 524	1 554	1 584	1 614
68	1 089	1 361	1 391	1 421	1 452	1 482	1 512	1 542	1 572	1 603	1 633
1 70	1 102	1 377	1 408	1 438	1 469	1 499	1 530	1 561	1 591	1 622	1 652
72	1 115	1 393	1 424	1 455	1 486	1 517	1 548	1 579	1 610	1 641	1 672
74	1 128	1 409	1 441	1 472	1 503	1 535	1 566	1 597	1 629	1 660	1 691
76	1 140	1 426	1 457	1 489	1 521	1 552	1 584	1 616	1 647	1 679	1 711
78	1 153	1 442	1 474	1 506	1 538	1 570	1 602	1 634	1 666	1 098	1 730
1 80	1 166	1 458	1 490	1 523	1 555	1 588	1 620	1 652	1 685	1 717	1 750
82	1 179	1 474	1 507	1 540	1 572	1 605	1 638	1 671	1 704	1 736	1 769
84	1 192	1 490	1 524	1 557	1 590	1 623	1 656	1 689	1 722	1 755	1 788
86	1 205	1 507	1 540	1 574	1 607	1 641	1 674	1 708	1 741	1 774	1 808
88	1 218	1 523	1 557	1 590	1 624	1 658	1 692	1 726	1 760	1 794	1 827
1 90	1 231	1 539	1 573	1 607	1 642	1 676	1 710	1 744	1 778	1 813	1 847
92	1 244	1 555	1 590	1 624	1 659	1 693	1 728	1 763	1 797	1 832	1 866
94	1 257	1 571	1 606	1 641	1 676	1 711	1 746	1 781	1 816	1 851	1 886
96	1 270	1 588	1 623	1 658	1 693	1 729	1 764	1 799	1 835	1 870	1 905
98	1 283	1 604	1 639	1 675	1 711	1 746	1 782	1 818	1 853	1 889	1 925
2 —	1 296	1 620	1 656	1 692	1 728	1 764	1 800	1 836	1 872	1 908	1 944
02	1 309	1 636	1 673	1 709	1 745	1 782	1 818	[illegible]	1 891	1 927	1 963
04	1 322	1 652	1 689	1 726	1 763	1 799	1 836	1 873	1 909	1 946	1 983
06	1 335	1 669	1 706	1 743	1 780	1 817	[illegible]	1 891	1 928	1 965	2 002
08	1 348	1 685	1 722	1 760	1 797	1 835	1 872	1 909	1 947	1 984	2 022
2 10	1 361	1 701	1 739	1 777	1 814	1 852	1 890	1 928	1 966	2 003	2 041
12	1 374	1 717	1 755	1 794	1 832	1 870	1 908	1 946	1 984	2 022	2 061
14	1 387	1 733	1 772	1 810	1 849	1 887	1 926	1 965	2 003	2 042	2 080
16	1 400	1 750	1 788	1 827	1 866	1 905	1 944	1 983	2 022	2 061	2 100
18	1 413	1 766	1 805	1 844	1 884	1 923	1 962	2 001	2 040	2 080	2 119
2 20	1 426	1 782	1 822	1 861	1 901	1 940	1 980	2 020	2 059	2 099	2 138
22	1 439	1 798	1 838	1 878	1 918	1 958	1 998	2 038	2 078	2 118	2 158
24	1 452	1 814	1 855	1 895	1 935	1 976	2 016	2 056	2 097	2 137	2 177
26	1 465	1 831	1 871	1 912	1 953	1 993	2 034	2 075	2 115	2 156	2 197
28	1 478	1 847	1 888	1 929	1 970	2 011	2 052	2 093	2 134	2 175	2 216

LONGUEUR	LARGEUR EN CENTIMÈTRES									
	1 10	1 12	1 14	1 16	1 18	1 20	1 22	1 24	1 26	1 28
m 1 10	1 089									
12	1 109	1 129								
14	1 129	1 149	1 170							
16	1 148	1 169	1 190	1 211						
18	1 168	1 189	1 211	1 232	1 253					
1 20	1 188	1 210	1 231	1 253	1 274	1 296				
22	1 208	1 230	1 252	1 274	1 296	1 318	1 340			
24	1 228	1 250	1 272	1 295	1 317	1 339	1 362	1 384		
26	1 247	1 270	1 293	1 316	1 338	1 361	1 383	1 406	1 429	
28	1 267	1 290	1 313	1 336	1 359	1 382	1 405	1 428	1 452	1 475
1 30	1 287	1 310	1 334	1 357	1 381	1 404	1 427	1 451	1 474	1 498
32	1 307	1 331	1 354	1 378	1 402	1 426	1 449	1 473	1 497	1 521
34	1 327	1 351	1 375	1 399	1 423	1 447	1 471	1 495	1 520	1 544
36	1 346	1 371	1 395	1 420	1 444	1 469	1 493	1 518	1 542	1 567
38	1 366	1 391	1 416	1 441	1 466	1 490	1 515	1 540	1 565	1 590
1 40	1 386	1 411	1 436	1 462	1 487	1 512	1 537	1 562	1 588	1 613
42	1 406	1 431	1 457	1 482	1 508	1 534	1 559	1 585	1 610	1 636
44	1 426	1 452	1 477	1 503	1 529	1 555	1 581	1 607	1 633	1 659
46	1 445	1 472	1 498	1 524	1 551	1 577	1 603	1 629	1 656	1 682
48	1 465	1 492	1 518	1 545	1 572	1 598	1 625	1 652	1 678	1 705
1 50	1 485	1 512	1 539	1 566	1 593	1 620	1 647	1 674	1 701	1 728
52	1 505	1 532	1 560	1 587	1 614	1 642	1 669	1 696	1 724	1 751
54	1 525	1 552	1 580	1 608	1 635	1 663	1 691	1 719	1 746	1 774
56	1 544	1 572	1 601	1 629	1 657	1 685	1 713	1 741	1 769	1 797
58	1 564	1 593	1 621	1 650	1 678	1 706	1 735	1 763	1 792	1 820
1 60	1 584	1 613	1 642	1 670	1 699	1 728	1 757	1 786	1 814	1 843
62	1 604	1 633	1 662	1 691	1 720	1 750	1 779	1 808	1 837	1 866
64	1 624	1 653	1 683	1 712	1 742	1 771	1 801	1 830	1 860	1 889
66	1 643	1 673	1 703	1 733	1 763	1 793	1 823	1 853	1 882	1 912
68	1 663	1 693	1 724	1 754	1 784	1 814	1 845	1 875	1 905	1 935
1 70	1 683	1 714	1 744	1 775	1 805	1 836	1 867	1 897	1 928	1 958
72	1 703	1 734	1 765	1 796	1 827	1 858	1 889	1 920	1 950	1 981
74	1 723	1 754	1 785	1 817	1 848	1 879	1 911	1 942	1 973	2 004
76	1 742	1 774	1 806	1 837	1 869	1 901	1 932	1 964	1 996	2 028
78	1 762	1 794	1 826	1 858	1 890	1 922	1 954	1 986	2 019	2 051
1 80	1 782	1 814	1 847	1 879	1 912	1 944	1 976	2 009	2 041	2 074
82	1 802	1 835	1 867	1 900	1 933	1 966	1 998	2 031	2 064	2 097
84	1 822	1 855	1 888	1 921	1 954	1 987	2 020	2 053	2 087	2 120
86	1 841	1 875	1 908	1 942	1 975	2 009	2 042	2 076	2 109	2 143
88	1 861	1 895	1 929	1 963	1 997	2 030	2 064	2 098	2 132	2 166
1 90	1 881	1 915	1 949	1 984	2 018	2 052	2 086	2 120	2 155	2 189
92	1 901	1 935	1 970	2 004	2 039	2 074	2 108	2 143	2 177	2 212
94	1 921	1 956	1 990	2 025	2 060	2 095	2 130	2 165	2 200	2 235
96	1 940	1 976	2 011	2 046	2 082	2 117	2 152	2 187	2 223	2 258
98	1 960	1 996	2 031	2 067	2 103	2 138	2 174	2 210	2 245	2 281
2 —	1 980	2 016	2 052	2 088	2 124	2 160	2 196	2 232	2 268	2 304
02	2 000	2 036	2 073	2 109	2 145	2 182	2 218	2 254	2 291	2 327
04	2 020	2 056	2 093	2 130	2 166	2 203	2 240	2 277	2 313	2 350
06	2 039	2 076	2 114	2 151	2 188	2 225	2 262	2 299	2 336	2 373
08	2 059	2 097	2 134	2 172	2 209	2 246	2 284	2 321	2 359	2 396
2 10	2 079	2 117	2 155	2 192	2 230	2 268	2 306	2 344	2 381	2 419
12	2 099	2 137	2 175	2 213	2 251	2 290	2 328	2 366	2 404	2 442
14	2 119	2 157	2 196	2 234	2 273	2 311	2 350	2 388	2 427	2 465
16	2 138	2 177	2 216	2 255	2 294	2 333	2 372	2 411	2 449	2 488
18	2 158	2 197	2 237	2 276	2 315	2 354	2 394	2 433	2 472	2 511
2 20	2 178	2 218	2 257	2 297	2 336	2 376	2 416	2 455	2 495	2 534
22	2 198	2 238	2 278	2 318	2 358	2 398	2 438	2 478	2 517	2 557
24	2 218	2 258	2 298	2 339	2 379	2 419	2 460	2 500	2 540	2 580
26	2 237	2 278	2 319	2 359	2 400	2 441	2 481	2 522	2 563	2 604
28	2 257	2 298	2 339	2 380	2 421	2 462	2 503	2 544	2 586	2 627

Epaisseur : 0m 90 centimètres

Longueur	Futailles	Largeur en Centimètres 1 30	1 32	1 34	1 36	1 38	1 40	1 42	1 44	1 46	1 48
1 30		1 521									
32		1 544	1 568								
34		1 568	1 592	1 616							
36		1 591	1 616	1 640	1 665						
38		1 615	1 639	1 664	1 689	1 714					
1 40		1 638	1 663	1 688	1 714	1 739	1 764				
42		1 661	1 687	1 713	1 738	1 764	1 789	1 815			
44		1 685	1 711	1 737	1 763	1 788	1 814	1 840	1 866		
46		1 708	1 734	1 761	1 787	1 813	1 840	1 866	1 892	1 918	
48		1 732	1 758	1 785	1 812	1 838	1 865	1 891	1 918	1 945	1 971
1 50		1 755	1 782	1 809	1 836	1 863	1 890	1 917	1 944	1 971	1 998
52		1 778	1 806	1 833	1 860	1 888	1 915	1 943	1 970	1 997	2 025
54		1 802	1 830	1 857	1 885	1 913	1 940	1 968	1 996	2 024	2 051
56		1 825	1 853	1 881	1 909	1 938	1 966	1 994	2 022	2 050	2 078
58		1 849	1 877	1 905	1 934	1 962	1 991	2 019	2 048	2 076	2 105
1 60		1 872	1 901	1 930	1 958	1 987	2 016	2 045	2 074	2 102	2 131
62		1 895	1 925	1 954	1 983	2 012	2 041	2 070	2 100	2 129	2 158
64		1 919	1 948	1 978	2 007	2 037	2 066	2 096	2 125	2 155	2 184
66		1 942	1 972	2 002	2 032	2 062	2 092	2 121	2 151	2 181	2 211
68		1 966	1 996	2 026	2 056	2 087	2 117	2 147	2 177	2 208	2 238
1 70		1 989	2 020	2 050	2 081	2 111	2 142	2 173	2 203	2 234	2 264
72		2 012	2 043	2 074	2 105	2 136	2 167	2 198	2 229	2 260	2 291
74		2 036	2 067	2 098	2 130	2 161	2 192	2 224	2 255	2 286	2 318
76		2 059	2 091	2 123	2 154	2 186	2 218	2 249	2 281	2 313	2 344
78		2 083	2 115	2 147	2 179	2 211	2 243	2 275	2 307	2 339	2 371
1 80		2 106	2 138	2 171	2 203	2 236	2 268	2 300	2 333	2 365	2 398
82		2 130	2 162	2 195	2 228	2 260	2 293	2 326	2 359	2 391	2 424
84		2 153	2 186	2 219	2 252	2 285	2 318	2 352	2 385	2 418	2 451
86		2 176	2 210	2 243	2 277	2 310	2 344	2 377	2 411	2 444	2 478
88		2 200	2 233	2 267	2 301	2 335	2 369	2 403	2 436	2 470	2 504
1 90		2 223	2 257	2 291	2 326	2 360	2 394	2 428	2 462	2 497	2 531
92		2 247	2 281	2 316	2 350	2 385	2 419	2 454	2 488	2 523	2 557
94		2 270	2 305	2 340	2 375	2 409	2 444	2 479	2 514	2 549	2 584
96		2 293	2 328	2 364	2 399	2 434	2 470	2 505	2 540	2 575	2 611
98		2 317	2 352	2 388	2 424	2 459	2 495	2 530	2 566	2 602	2 637
2 —		2 340	2 376	2 412	2 448	2 484	2 520	2 556	2 592	2 628	2 664
02		2 364	2 400	2 436	2 472	2 509	2 545	2 582	2 618	2 654	2 691
04		2 387	2 424	2 460	2 497	2 534	2 570	2 607	2 644	2 681	2 717
06		2 410	2 447	2 484	2 521	2 559	2 596	2 633	2 670	2 707	2 744
08		2 434	2 471	2 508	2 546	2 583	2 621	2 658	2 696	2 733	2 771
2 10		2 457	2 495	2 533	2 570	2 608	2 646	2 684	2 722	2 759	2 797
12		2 481	2 519	2 557	2 595	2 633	2 671	2 709	2 748	2 786	2 824
14		2 504	2 542	2 581	2 619	2 658	2 696	2 735	2 773	2 812	2 850
16		2 527	2 566	2 605	2 644	2 683	2 722	2 760	2 799	2 838	2 877
18		2 551	2 590	2 629	2 668	2 708	2 747	2 786	2 825	2 865	2 904
2 20		2 574	2 614	2 653	2 693	2 732	2 772	2 812	2 851	2 891	2 930
22		2 598	2 637	2 677	2 717	2 757	2 797	2 837	2 877	2 917	2 957
24		2 621	2 661	2 701	2 742	2 782	2 822	2 863	2 903	2 943	2 984
26		2 644	2 685	2 726	2 766	2 807	2 848	2 888	2 929	2 970	3 010
28		2 668	2 709	2 750	2 791	2 832	2 873	2 914	2 955	2 996	3 037
2 30		2 691	2 732	2 774	2 815	2 857	2 898	2 939	2 981	3 022	3 064
32		2 715	2 756	2 798	2 840	2 881	2 923	2 965	3 007	3 048	3 090
34		2 738	2 780	2 822	2 864	2 906	2 948	2 991	3 033	3 075	3 117
36		2 761	2 804	2 846	2 889	2 931	2 974	3 016	3 059	3 101	3 144
38		2 785	2 827	2 870	2 913	2 956	2 999	3 042	3 084	3 127	3 170
2 40		2 808	2 851	2 894	2 938	2 981	3 024	3 067	3 110	3 154	3 197
42		2 831	2 875	2 919	2 962	3 006	3 049	3 093	3 136	3 180	3 223
44		2 855	2 899	2 943	2 987	3 030	3 074	3 118	3 162	3 206	3 250
46		2 878	2 922	2 967	3 011	3 055	3 100	3 144	3 188	3 232	3 277
48		2 902	2 946	2 991	3 036	3 080	3 125	3 169	3 214	3 259	3 303
2 50		2 925	2 970	3 015	3 060	3 105	3 150	3 195	3 240	3 285	3 330
52		2 948	2 994	3 039	3 084	3 130	3 175	3 221	3 266	3 311	3 357
54		2 972	3 018	3 063	3 109	3 155	3 200	3 246	3 292	3 338	3 383
56		2 995	3 041	3 087	3 133	3 180	3 226	3 272	3 318	3 364	3 410
58		3 019	3 065	3 111	3 158	3 204	3 251	3 297	3 344	3 390	3 437
2 60		3 042	3 089	3 136	3 182	3 229	3 276	3 323	3 370	3 416	3 463
62		3 065	3 113	3 160	3 207	3 254	3 301	3 348	3 396	3 443	3 490
64		3 089	3 136	3 184	3 231	3 279	3 326	3 374	3 421	3 469	3 516
66		3 112	3 160	3 208	3 256	3 304	3 352	3 399	3 447	3 495	3 543
68		3 136	3 184	3 232	3 280	3 329	3 377	3 425	3 473	3 522	3 570

Epaisseur : 0m 90 centimètres

Longueur	Largeur en Centimètres 1 50	1 52	1 54	1 56	1 58	1 60	1 62	1 64	1 66	1 68
1 50	2 025									
52	2 052	2 079								
54	2 079	2 107	2 134							
56	2 106	2 134	2 162	2 190						
58	2 133	2 161	2 190	2 218	2 247					
1 60	2 160	2 189	2 218	2 246	2 275	2 304				
62	2 187	2 216	2 245	2 274	2 304	2 333	2 362			
64	2 214	2 244	2 273	2 303	2 332	2 362	2 391	2 421		
66	2 241	2 271	2 301	2 331	2 361	2 390	2 420	2 450	2 480	
68	2 268	2 298	2 328	2 359	2 389	2 419	2 449	2 480	2 510	2 540
1 70	2 295	2 326	2 356	2 387	2 417	2 448	2 479	2 509	2 540	2 570
72	2 322	2 353	2 384	2 415	2 446	2 477	2 508	2 539	2 570	2 600
74	2 349	2 380	2 412	2 443	2 474	2 506	2 537	2 568	2 600	2 631
76	2 376	2 408	2 439	2 471	2 503	2 534	2 566	2 598	2 629	2 661
78	2 403	2 435	2 467	2 499	2 531	2 563	2 595	2 627	2 659	2 691
1 80	2 430	2 462	2 495	2 527	2 560	2 592	2 624	2 657	2 689	2 722
82	2 457	2 490	2 523	2 555	2 588	2 621	2 654	2 686	2 719	2 752
84	2 484	2 517	2 550	2 583	2 616	2 650	2 683	2 716	2 749	2 782
86	2 511	2 544	2 578	2 611	2 645	2 678	2 712	2 745	2 779	2 812
88	2 538	2 572	2 606	2 640	2 673	2 707	2 741	2 775	2 809	2 843
1 90	2 565	2 599	2 633	2 668	2 702	2 736	2 770	2 804	2 839	2 873
92	2 592	2 627	2 661	2 696	2 730	2 765	2 799	2 834	2 868	2 903
94	2 619	2 654	2 689	2 724	2 759	2 794	2 829	2 863	2 898	2 933
96	2 646	2 681	2 717	2 752	2 787	2 822	2 858	2 893	2 928	2 964
98	2 673	2 709	2 744	2 780	2 816	2 851	2 887	2 922	2 958	2 994
2 —	2 700	2 736	2 772	2 808	2 844	2 880	2 916	2 952	2 988	3 024
02	2 727	2 763	2 800	2 836	2 872	2 909	2 945	2 982	3 018	3 054
04	2 754	2 791	2 827	2 864	2 901	2 938	2 974	3 011	3 048	3 084
06	2 781	2 818	2 855	2 892	2 929	2 966	3 003	3 041	3 078	3 115
08	2 808	2 845	2 883	2 920	2 958	2 995	3 033	3 070	3 108	3 145
2 10	2 835	2 873	2 911	2 948	2 986	3 024	3 062	3 100	3 137	3 175
12	2 862	2 900	2 938	2 976	3 015	3 053	3 091	3 129	3 167	3 205
14	2 889	2 928	2 966	3 005	3 043	3 082	3 120	3 159	3 197	3 236
16	2 916	2 955	2 994	3 033	3 072	3 110	3 149	3 188	3 227	3 266
18	2 943	2 982	3 021	3 061	3 100	3 139	3 178	3 218	3 257	3 296
2 20	2 970	3 010	3 049	3 089	3 128	3 168	3 208	3 247	3 287	3 326
22	2 997	3 037	3 077	3 117	3 157	3 197	3 237	3 277	3 317	3 357
24	3 024	3 064	3 105	3 145	3 185	3 226	3 266	3 306	3 347	3 387
26	3 051	3 092	3 132	3 173	3 214	3 254	3 295	3 336	3 376	3 417
28	3 078	3 119	3 160	3 201	3 242	3 283	3 324	3 365	3 406	3 447
2 30	3 105	3 146	3 188	3 229	3 271	3 312	3 353	3 395	3 436	3 478
32	3 132	3 174	3 216	3 257	3 299	3 341	3 383	3 424	3 466	3 508
34	3 159	3 201	3 243	3 285	3 327	3 370	3 412	3 454	3 496	3 538
36	3 186	3 228	3 271	3 313	3 356	3 398	3 441	3 483	3 526	3 568
38	3 213	3 256	3 299	3 342	3 384	3 427	3 470	3 513	3 556	3 599
2 40	3 240	3 283	3 326	3 370	3 413	3 456	3 499	3 542	3 586	3 629
42	3 267	3 311	3 354	3 398	3 441	3 485	3 528	3 572	3 615	3 659
44	3 294	3 338	3 382	3 426	3 470	3 514	3 558	3 601	3 645	3 689
46	3 321	3 365	3 410	3 454	3 498	3 542	3 587	3 631	3 675	3 720
48	3 348	3 393	3 437	3 482	3 527	3 571	3 616	3 660	3 705	3 750
2 50	3 375	3 420	3 465	3 510	3 555	3 600	3 645	3 690	3 735	3 780
52	3 402	3 447	3 493	3 538	3 583	3 629	3 674	3 720	3 765	3 810
54	3 429	3 475	3 520	3 566	3 612	3 658	3 703	3 749	3 795	3 840
56	3 456	3 502	3 548	3 594	3 640	3 686	3 732	3 779	3 825	3 871
58	3 483	3 529	3 576	3 622	3 669	3 715	3 762	3 808	3 855	3 901
2 60	3 510	3 557	3 604	3 650	3 697	3 744	3 791	3 838	3 884	3 931
62	3 537	3 584	3 631	3 678	3 726	3 773	3 820	3 867	3 914	3 961
64	3 564	3 612	3 659	3 707	3 754	3 802	3 849	3 897	3 944	3 992
66	3 591	3 639	3 687	3 735	3 783	3 830	3 878	3 926	3 974	4 022
68	3 618	3 666	3 714	3 763	3 811	3 859	3 907	3 956	4 004	4 052

0,90

Epaisseur : 0m 92 centimètres

Longueur	Futailles	Largeur en Centimètres. 0 92	0 94	0 96	0 98	1 00	1 02	1 04	1 06	1 08	1 10
m 0 92	0 623	0 779									
94	0 636	0 796	0 813								
96	0 650	0 813	0 830	0 848							
98	0 664	0 829	0 848	0 866	0 884						
1 —	0 677	0 846	0 865	0 883	0 902	0 920					
02	0 691	0 863	0 882	0 901	0 920	0 938	0 957				
04	0 704	0 880	0 899	0 919	0 938	0 957	0 976	0 995			
06	0 718	0 897	0 917	0 936	0 956	0 975	0 995	1 014	1 034		
08	0 731	0 914	0 934	0 954	0 974	0 994	1 013	1 033	1 053	1 073	
1 10	0 745	0 931	0 951	0 972	0 992	1 012	1 032	1 052	1 073	1 093	1 113
12	0 758	0 948	0 969	0 989	1 010	1 030	1 051	1 072	1 092	1 113	1 133
14	0 772	0 965	0 986	1 007	1 028	1 049	1 070	1 091	1 112	1 133	1 154
16	0 786	0 982	1 003	1 025	1 046	1 067	1 089	1 110	1 131	1 153	1 174
18	0 799	0 999	1 020	1 042	1 064	1 086	1 107	1 129	1 151	1 172	1 194
1 20	0 813	1 016	1 038	1 060	1 082	1 104	1 126	1 148	1 170	1 192	1 214
22	0 826	1 033	1 055	1 078	1 100	1 122	1 145	1 167	1 190	1 212	1 235
24	0 840	1 050	1 072	1 095	1 118	1 141	1 164	1 186	1 209	1 232	1 255
26	0 853	1 066	1 090	1 113	1 136	1 159	1 182	1 206	1 229	1 252	1 275
28	0 867	1 083	1 107	1 130	1 154	1 178	1 201	1 225	1 248	1 272	1 295
1 30	0 880	1 100	1 124	1 148	1 172	1 196	1 220	1 244	1 268	1 292	1 316
32	0 894	1 117	1 142	1 166	1 190	1 214	1 239	1 263	1 287	1 312	1 336
34	0 907	1 134	1 159	1 183	1 208	1 233	1 257	1 282	1 307	1 331	1 356
36	0 921	1 151	1 176	1 201	1 226	1 251	1 276	1 301	1 326	1 351	1 376
38	0 934	1 168	1 193	1 219	1 244	1 270	1 295	1 320	1 346	1 371	1 397
1 40	0 948	1 185	1 211	1 236	1 262	1 288	1 314	1 340	1 365	1 391	1 417
42	0 962	1 202	1 228	1 254	1 280	1 306	1 333	1 359	1 385	1 411	1 437
44	0 975	1 219	1 245	1 272	1 298	1 325	1 351	1 378	1 404	1 431	1 457
46	0 989	1 236	1 263	1 289	1 316	1 343	1 370	1 397	1 424	1 451	1 478
48	1 002	1 253	1 280	1 307	1 334	1 362	1 389	1 416	1 443	1 471	1 498
1 50	1 016	1 270	1 297	1 375	1 352	1 380	1 408	1 435	1 463	1 490	1 518
52	1 029	1 287	1 314	1 342	1 370	1 398	1 426	1 454	1 482	1 510	1 538
54	1 043	1 303	1 332	1 360	1 388	1 417	1 445	1 473	1 502	1 530	1 558
56	1 056	1 320	1 349	1 378	1 406	1 435	1 464	1 493	1 521	1 550	1 579
58	1 070	1 337	1 366	1 395	1 425	1 454	1 483	1 512	1 541	1 570	1 599
1 60	1 083	1 354	1 384	1 413	1 443	1 472	1 501	1 531	1 560	1 590	1 619
62	1 097	1 371	1 401	1 431	1 461	1 490	1 520	1 550	1 580	1 610	1 639
64	1 110	1 388	1 418	1 448	1 479	1 509	1 539	1 569	1 599	1 630	1 660
66	1 124	1 405	1 436	1 466	1 497	1 527	1 558	1 588	1 619	1 649	1 680
68	1 138	1 422	1 453	1 484	1 515	1 546	1 577	1 607	1 638	1 669	1 700
1 70	1 151	1 439	1 470	1 501	1 533	1 564	1 595	1 627	1 658	1 689	1 720
72	1 165	1 456	1 487	1 519	1 551	1 582	1 614	1 646	1 677	1 709	1 741
74	1 178	1 473	1 505	1 537	1 569	1 601	1 633	1 665	1 697	1 729	1 761
76	1 192	1 490	1 522	1 554	1 587	1 619	1 652	1 684	1 716	1 749	1 781
78	1 205	1 507	1 539	1 572	1 605	1 638	1 670	1 703	1 736	1 769	1 801
1 80	1 219	1 524	1 557	1 590	1 623	1 656	1 689	1 722	1 755	1 788	1 822
82	1 232	1 540	1 574	1 607	1 641	1 674	1 708	1 741	1 775	1 808	1 842
84	1 246	1 557	1 591	1 625	1 659	1 693	1 727	1 761	1 794	1 828	1 862
86	1 259	1 574	1 609	1 643	1 677	1 711	1 745	1 780	1 814	1 848	1 882
88	1 273	1 591	1 626	1 660	1 695	1 730	1 764	1 799	1 833	1 868	1 903
1 90	1 287	1 608	1 643	1 678	1 713	1 748	1 783	1 818	1 853	1 888	1 923
92	1 300	1 625	1 660	1 696	1 731	1 766	1 802	1 837	1 872	1 908	1 943
94	1 314	1 642	1 678	1 713	1 749	1 785	1 820	1 856	1 892	1 928	1 963
96	1 327	1 659	1 695	1 731	1 767	1 803	1 839	1 875	1 911	1 947	1 984
98	1 341	1 676	1 712	1 749	1 785	1 822	1 858	1 895	1 931	1 967	2 004
2 —	1 354	1 693	1 730	1 766	1 803	1 840	1 877	1 914	1 950	1 987	2 024
02	1 368	1 710	1 747	1 784	1 821	1 858	1 896	1 933	1 970	2 007	2 044
04	1 381	1 727	1 764	1 802	1 839	1 877	1 914	1 952	1 989	2 027	2 064
06	1 395	1 744	1 781	1 819	1 857	1 895	1 933	1 971	2 009	2 047	2 085
08	1 408	1 761	1 799	1 837	1 875	1 914	1 952	1 990	2 028	2 067	2 105
2 10	1 422	1 777	1 816	1 855	1 893	1 932	1 971	2 009	2 048	2 087	2 125
12	1 435	1 794	1 833	1 872	1 911	1 950	1 989	2 028	2 067	2 106	2 145
14	1 449	1 811	1 851	1 890	1 929	1 969	2 008	2 048	2 087	2 126	2 166
16	1 463	1 828	1 868	1 908	1 947	1 987	2 027	2 067	2 106	2 146	2 186
18	1 476	1 845	1 885	1 925	1 965	2 006	2 046	2 086	2 126	2 166	2 206
2 20	1 490	1 862	1 903	1 943	1 984	2 024	2 064	2 105	2 145	2 186	2 226
22	1 503	1 879	1 920	1 961	2 002	2 042	2 083	2 124	2 165	2 206	2 247
24	1 517	1 896	1 937	1 978	2 020	2 061	2 102	2 143	2 184	2 226	2 267
26	1 530	1 913	1 954	1 996	2 038	2 079	2 121	2 162	2 204	2 246	2 287
28	1 544	1 930	1 972	2 014	2 056	2 098	2 140	2 182	2 223	2 265	2 307
2 30	1 557	1 947	1 989	2 031	2 074	2 116	2 158	2 201	2 243	2 285	2 328

Epaisseur : 0m 92 centimètres

Longueur	Largeur en Centimètres 1 12	1 14	1 16	1 18	1 20	1 22	1 24	1 26	1 28	1 30
m 1 12	1 154									
14	1 175	1 196								
16	1 195	1 217	1 238							
18	1 216	1 238	1 259	1 281						
1 20	1 236	1 259	1 281	1 303	1 325					
22	1 257	1 280	1 302	1 324	1 347	1 369				
24	1 278	1 301	1 323	1 346	1 369	1 392	1 415			
26	1 298	1 321	1 345	1 368	1 391	1 414	1 437	1 461		
28	1 319	1 342	1 366	1 390	1 413	1 437	1 460	1 484	1 507	
1 30	1 340	1 363	1 387	1 411	1 435	1 459	1 483	1 507	1 531	1 555
32	1 360	1 384	1 409	1 433	1 457	1 482	1 506	1 530	1 554	1 579
34	1 381	1 405	1 430	1 455	1 479	1 504	1 529	1 553	1 578	1 603
36	1 401	1 426	1 451	1 476	1 501	1 526	1 551	1 577	1 602	1 627
38	1 422	1 447	1 473	1 498	1 524	1 549	1 574	1 600	1 625	1 650
1 40	1 443	1 468	1 494	1 520	1 546	1 571	1 597	1 623	1 649	1 674
42	1 463	1 489	1 515	1 542	1 568	1 594	1 620	1 646	1 672	1 698
44	1 484	1 510	1 537	1 563	1 590	1 616	1 643	1 669	1 696	1 722
46	1 504	1 531	1 558	1 585	1 612	1 639	1 666	1 692	1 719	1 746
48	1 525	1 552	1 579	1 607	1 634	1 661	1 688	1 716	1 743	1 770
1 50	1 546	1 573	1 601	1 628	1 656	1 684	1 711	1 739	1 766	1 794
52	1 566	1 594	1 622	1 650	1 678	1 706	1 734	1 762	1 790	1 818
54	1 587	1 615	1 643	1 672	1 700	1 728	1 757	1 785	1 814	1 842
56	1 607	1 636	1 665	1 694	1 722	1 751	1 780	1 808	1 837	1 866
58	1 628	1 657	1 686	1 715	1 744	1 773	1 802	1 832	1 861	1 890
1 60	1 649	1 678	1 708	1 737	1 766	1 796	1 825	1 855	1 884	1 914
62	1 669	1 699	1 729	1 759	1 788	1 818	1 848	1 878	1 908	1 938
64	1 690	1 720	1 750	1 780	1 811	1 841	1 871	1 901	1 931	1 961
66	1 710	1 741	1 772	1 802	1 833	1 863	1 894	1 924	1 955	1 985
68	1 731	1 762	1 793	1 824	1 855	1 886	1 917	1 947	1 978	2 009
1 70	1 752	1 783	1 814	1 846	1 877	1 908	1 939	1 971	2 002	2 033
72	1 772	1 804	1 836	1 867	1 899	1 931	1 962	1 994	2 025	2 057
74	1 793	1 825	1 857	1 889	1 921	1 953	1 985	2 017	2 049	2 081
76	1 814	1 846	1 878	1 911	1 943	1 975	2 008	2 040	2 073	2 105
78	1 834	1 867	1 900	1 932	1 965	1 998	2 031	2 063	2 096	2 129
1 80	1 855	1 888	1 921	1 954	1 987	2 020	2 053	2 087	2 120	2 153
82	1 875	1 909	1 942	1 976	2 009	2 043	2 076	2 110	2 143	2 177
84	1 896	1 930	1 964	1 998	2 031	2 065	2 099	2 133	2 167	2 201
86	1 917	1 951	1 985	2 019	2 053	2 088	2 122	2 156	2 190	2 225
88	1 937	1 972	2 006	2 041	2 076	2 110	2 145	2 179	2 214	2 248
1 90	1 958	1 993	2 028	2 063	2 098	2 133	2 168	2 202	2 237	2 272
92	1 978	2 014	2 049	2 084	2 120	2 155	2 190	2 226	2 261	2 296
94	1 999	2 035	2 070	2 106	2 142	2 177	2 213	2 249	2 285	2 320
96	2 020	2 056	2 092	2 128	2 164	2 200	2 236	2 272	2 308	2 344
98	2 040	2 077	2 113	2 149	2 186	2 222	2 259	2 295	2 332	2 368
2 —	2 061	2 098	2 134	2 171	2 208	2 245	2 282	2 318	2 355	2 392
02	2 081	2 119	2 156	2 193	2 230	2 267	2 304	2 342	2 379	2 416
04	2 102	2 140	2 177	2 215	2 252	2 290	2 327	2 365	2 402	2 440
06	2 123	2 161	2 198	2 236	2 274	2 312	2 350	2 388	2 426	2 464
08	2 143	2 182	2 220	2 258	2 296	2 335	2 373	2 411	2 449	2 488
2 10	2 164	2 202	2 241	2 280	2 318	2 357	2 396	2 434	2 473	2 512
12	2 184	2 223	2 262	2 301	2 340	2 379	2 418	2 458	2 497	2 536
14	2 205	2 244	2 284	2 323	2 363	2 402	2 441	2 481	2 520	2 559
16	2 226	2 265	2 305	2 345	2 385	2 424	2 464	2 504	2 544	2 583
18	2 246	2 286	2 326	2 367	2 407	2 447	2 487	2 527	2 567	2 607
2 20	2 267	2 307	2 348	2 388	2 429	2 469	2 510	2 550	2 591	2 631
22	2 287	2 328	2 369	2 410	2 451	2 492	2 533	2 573	2 614	2 655
24	2 308	2 349	2 391	2 432	2 473	2 514	2 555	2 597	2 638	2 679
26	2 329	2 370	2 412	2 453	2 495	2 537	2 578	2 620	2 661	2 703
28	2 349	2 391	2 433	2 475	2 517	2 559	2 601	2 643	2 685	2 727
2 30	2 370	2 412	2 455	2 497	2 539	2 582	2 624	2 666	2 708	2 751

Epaisseur : 0m 92 centimètres

Longueur	Futailles	1 32	1 34	1 36	1 38	1 40	1 42	1 44	1 46	1 48	1 50
		Largeur en centimètres									
m											
1 32		1 603									
34		1 627	1 652								
36		1 652	1 677	1 702							
38		1 676	1 701	1 727	1 752						
1 40		1 700	1 726	1 752	1 777	1 803					
42		1 724	1 751	1 777	1 803	1 829	1 855				
44		1 749	1 775	1 802	1 828	1 855	1 881	1 908			
46		1 773	1 800	1 827	1 854	1 880	1 907	1 934	1 961		
48		1 797	1 825	1 852	1 879	1 906	1 933	1 961	1 988	2 015	
1 50		1 822	1 849	1 877	1 904	1 932	1 960	1 987	2 015	2 042	2 070
52		1 846	1 874	1 902	1 930	1 958	1 986	2 014	2 042	2 070	2 098
54		1 870	1 899	1 927	1 955	1 984	2 012	2 040	2 069	2 097	2 125
56		1 894	1 923	1 952	1 981	2 009	2 038	2 067	2 095	2 124	2 153
58		1 919	1 948	1 977	2 006	2 035	2 064	2 093	2 122	2 151	2 180
1 60		1 943	1 972	2 002	2 031	2 061	2 090	2 120	2 149	2 179	2 208
62		1 967	1 997	2 027	2 057	2 087	2 116	2 146	2 176	2 206	2 236
64		1 992	2 022	2 052	2 082	2 112	2 142	2 173	2 203	2 233	2 263
66		2 016	2 046	2 077	2 108	2 138	2 169	2 199	2 230	2 260	2 291
68		2 040	2 071	2 102	2 133	2 164	2 195	2 226	2 257	2 287	2 318
1 70		2 064	2 096	2 127	2 158	2 190	2 221	2 252	2 283	2 315	2 346
72		2 089	2 120	2 152	2 184	2 215	2 247	2 279	2 310	2 342	2 374
74		2 113	2 145	2 177	2 209	2 241	2 273	2 305	2 337	2 369	2 401
76		2 137	2 170	2 202	2 234	2 267	2 299	2 332	2 364	2 396	2 429
78		2 162	2 194	2 227	2 260	2 293	2 325	2 358	2 391	2 424	2 456
1 80		2 186	2 219	2 252	2 285	2 318	2 352	2 385	2 418	2 451	2 484
82		2 210	2 244	2 277	2 311	2 344	2 378	2 411	2 445	2 478	2 512
84		2 234	2 268	2 302	2 336	2 370	2 404	2 438	2 471	2 505	2 539
86		2 259	2 293	2 327	2 361	2 396	2 430	2 464	2 498	2 532	2 567
88		2 283	2 318	2 352	2 387	2 421	2 456	2 490	2 525	2 560	2 594
1 90		2 307	2 342	2 377	2 412	2 447	2 482	2 517	2 552	2 587	2 622
92		2 332	2 367	2 402	2 438	2 473	2 508	2 544	2 579	2 614	2 650
94		2 356	2 392	2 427	2 463	2 499	2 534	2 570	2 606	2 641	2 677
96		2 380	2 416	2 452	2 488	2 524	2 561	2 597	2 633	2 669	2 705
98		2 405	2 441	2 477	2 514	2 550	2 587	2 623	2 660	2 696	2 732
2 —		2 429	2 466	2 502	2 539	2 576	2 613	2 650	2 686	2 723	2 760
02		2 453	2 490	2 527	2 565	2 602	2 639	2 676	2 713	2 750	2 788
04		2 477	2 515	2 552	2 590	2 628	2 665	2 703	2 740	2 778	2 815
06		2 502	2 540	2 577	2 615	2 653	2 691	2 729	2 767	2 805	2 843
08		2 526	2 564	2 602	2 641	2 679	2 717	2 756	2 794	2 832	2 870
2 10		2 550	2 589	2 628	2 666	2 705	2 743	2 782	2 821	2 859	2 898
12		2 575	2 614	2 653	2 692	2 731	2 770	2 809	2 848	2 887	2 926
14		2 599	2 638	2 678	2 717	2 756	2 796	2 835	2 874	2 914	2 953
16		2 623	2 663	2 703	2 742	2 782	2 822	2 862	2 901	2 941	2 981
18		2 647	2 688	2 728	2 768	2 808	2 848	2 888	2 928	2 968	3 008
2 20		2 672	2 712	2 753	2 793	2 834	2 874	2 915	2 955	2 996	3 036
22		2 696	2 737	2 778	2 819	2 859	2 900	2 941	2 982	3 023	3 064
24		2 720	2 761	2 803	2 844	2 885	2 926	2 968	3 009	3 050	3 091
26		2 745	2 786	2 828	2 869	2 911	2 952	2 994	3 036	3 077	3 119
28		2 769	2 811	2 853	2 895	2 937	2 979	3 021	3 062	3 104	3 146
2 30		2 793	2 835	2 878	2 920	2 962	3 005	3 047	3 089	3 132	3 174
32		2 817	2 860	2 903	2 945	2 988	3 031	3 074	3 116	3 159	3 202
34		2 842	2 885	2 928	2 971	3 014	3 057	3 100	3 143	3 186	3 229
36		2 866	2 909	2 953	2 996	3 040	3 083	3 127	3 170	3 213	3 257
38		2 890	2 934	2 978	3 022	3 065	3 109	3 153	3 197	3 241	3 284
2 40		2 915	2 959	3 003	3 047	3 091	3 135	3 180	3 224	3 268	3 312
42		2 939	2 983	3 028	3 072	3 117	3 161	3 206	3 251	3 295	3 340
44		2 963	3 008	3 053	3 098	3 143	3 188	3 233	3 277	3 322	3 367
46		2 987	3 033	3 078	3 123	3 168	3 214	3 259	3 304	3 350	3 395
48		3 012	3 057	3 103	3 149	3 194	3 240	3 286	3 331	3 377	3 422
2 50		3 036	3 082	3 128	3 174	3 220	3 266	3 312	3 358	3 404	3 450
52		3 060	3 107	3 153	3 199	3 246	3 292	3 338	3 385	3 431	3 478
54		3 085	3 131	3 178	3 225	3 272	3 318	3 365	3 412	3 458	3 505
56		3 109	3 156	3 203	3 250	3 297	3 344	3 391	3 439	3 486	3 533
58		3 133	3 181	3 228	3 276	3 323	3 371	3 418	3 465	3 513	3 560
2 60		3 157	3 205	3 253	3 301	3 349	3 397	3 444	3 492	3 540	3 588
62		3 182	3 230	3 278	3 326	3 375	3 423	3 471	3 519	3 567	3 616
64		3 206	3 255	3 303	3 352	3 400	3 449	3 497	3 546	3 595	3 643
66		3 230	3 279	3 328	3 377	3 426	3 475	3 524	3 573	3 622	3 671
68		3 255	3 304	3 353	3 403	3 452	3 501	3 550	3 600	3 649	3 698
2 70		3 279	3 329	3 378	3 428	3 478	3 527	3 577	3 627	3 676	3 726

Epaisseur : 0m 92 centimètres

Longueur	1 52	1 54	1 56	1 58	1 60	1 62	1 64	1 66	1 68	1 70
	Largeur en centimètres									
m										
1 52	2 126									
54	2 154	2 182								
56	2 182	2 210	2 239							
58	2 209	2 239	2 268	2 297						
1 60	2 237	2 267	2 296	2 326	2 355					
62	2 265	2 295	2 325	2 355	2 385	2 414				
64	2 293	2 324	2 354	2 384	2 414	2 444	2 474			
66	2 321	2 352	2 382	2 413	2 444	2 474	2 505	2 535		
68	2 349	2 380	2 411	2 442	2 473	2 504	2 535	2 566	2 597	
1 70	2 377	2 409	2 440	2 471	2 502	2 534	2 565	2 596	2 628	2 659
72	2 405	2 437	2 469	2 500	2 532	2 563	2 595	2 627	2 658	2 690
74	2 433	2 465	2 497	2 529	2 561	2 593	2 625	2 657	2 689	2 721
76	2 461	2 494	2 526	2 558	2 591	2 623	2 655	2 688	2 720	2 753
78	2 489	2 522	2 555	2 587	2 620	2 653	2 686	2 718	2 751	2 784
1 80	2 517	2 550	2 583	2 616	2 650	2 683	2 716	2 749	2 782	2 815
82	2 545	2 579	2 612	2 646	2 679	2 713	2 746	2 780	2 813	2 846
84	2 573	2 607	2 641	2 675	2 708	2 742	2 776	2 810	2 844	2 878
86	2 601	2 635	2 669	2 704	2 738	2 772	2 806	2 841	2 875	2 909
88	2 629	2 664	2 698	2 733	2 767	2 802	2 837	2 871	2 906	2 940
1 90	2 657	2 692	2 727	2 762	2 797	2 832	2 867	2 902	2 937	2 972
92	2 685	2 720	2 756	2 791	2 826	2 862	2 897	2 932	2 968	3 003
94	2 713	2 749	2 784	2 820	2 856	2 891	2 927	2 963	2 998	3 034
96	2 741	2 777	2 813	2 849	2 885	2 921	2 957	2 993	3 029	3 065
98	2 769	2 805	2 842	2 878	2 915	2 951	2 987	3 024	3 060	3 097
2 —	2 797	2 834	2 870	2 907	2 944	2 981	3 018	3 054	3 091	3 128
02	2 825	2 862	2 899	2 936	2 973	3 011	3 048	3 085	3 122	3 159
04	2 853	2 890	2 928	2 965	3 003	3 040	3 078	3 115	3 153	3 191
06	2 881	2 919	2 957	2 994	3 032	3 070	3 108	3 146	3 184	3 222
08	2 909	2 947	2 985	3 023	3 062	3 100	3 138	3 177	3 215	3 253
2 10	2 937	2 975	3 014	3 053	3 091	3 130	3 168	3 207	3 246	3 284
12	2 965	3 004	3 043	3 082	3 121	3 160	3 199	3 238	3 277	3 316
14	2 993	3 032	3 071	3 111	3 150	3 189	3 229	3 268	3 308	3 347
16	3 021	3 060	3 100	3 140	3 180	3 219	3 259	3 299	3 338	3 378
18	3 049	3 089	3 129	3 169	3 209	3 249	3 289	3 329	3 369	3 410
2 20	3 076	3 117	3 157	3 198	3 238	3 279	3 319	3 360	3 400	3 441
22	3 104	3 145	3 186	3 227	3 268	3 309	3 350	3 390	3 431	3 472
24	3 132	3 174	3 215	3 256	3 297	3 338	3 380	3 421	3 462	3 503
26	3 160	3 202	3 244	3 285	3 327	3 368	3 410	3 451	3 493	3 535
28	3 188	3 230	3 272	3 314	3 356	3 398	3 440	3 482	3 524	3 566
2 30	3 216	3 259	3 301	3 343	3 386	3 428	3 470	3 513	3 555	3 597
32	3 244	3 287	3 330	3 372	3 415	3 458	3 500	3 543	3 586	3 628
34	3 272	3 315	3 358	3 401	3 444	3 488	3 531	3 574	3 617	3 660
36	3 300	3 344	3 387	3 430	3 474	3 517	3 561	3 604	3 648	3 691
38	3 328	3 372	3 416	3 459	3 503	3 547	3 591	3 635	3 679	3 722
2 40	3 356	3 400	3 444	3 488	3 533	3 577	3 621	3 665	3 709	3 754
42	3 384	3 429	3 473	3 518	3 562	3 607	3 651	3 696	3 740	3 785
44	3 412	3 457	3 502	3 547	3 592	3 637	3 681	3 726	3 771	3 816
46	3 440	3 485	3 531	3 576	3 621	3 666	3 712	3 757	3 802	3 847
48	3 468	3 514	3 559	3 605	3 651	3 696	3 742	3 787	3 833	3 879
2 50	3 496	3 542	3 588	3 634	3 680	3 726	3 772	3 818	3 864	3 910
52	3 524	3 570	3 617	3 663	3 709	3 756	3 802	3 849	3 895	3 941
54	3 552	3 599	3 645	3 692	3 739	3 786	3 832	3 879	3 926	3 973
56	3 580	3 627	3 674	3 721	3 768	3 815	3 863	3 910	3 957	4 004
58	3 608	3 655	3 703	3 750	3 798	3 846	3 893	3 940	3 988	4 035
2 60	3 636	3 684	3 732	3 779	3 827	3 875	3 923	3 971	4 019	4 066
62	3 664	3 712	3 760	3 808	3 857	3 905	3 953	4 001	4 049	4 098
64	3 692	3 740	3 789	3 837	3 886	3 935	3 983	4 032	4 080	4 129
66	3 720	3 769	3 818	3 866	3 915	3 964	4 013	4 062	4 111	4 160
68	3 748	3 797	3 846	3 895	3 945	3 994	4 044	4 093	4 142	4 192
2 70	3 776	3 825	3 875	3 924	3 974	4 024	4 074	4 123	4 173	4 223

Epaisseur : 0^{m} 94 centimètres

Longueur	Futailles	Largeur en Centimètres 0 94	0 96	0 98	1 00	1 02	1 04	1 06	1 08	1 10	1 12
m 0 94	0 664	0 831									
96	0 679	0 848	0 866								
98	0 693	0 866	0 884	0 903							
1 —	0 707	0 884	0 902	0 921	0 940						
02	0 721	0 901	0 920	0 940	0 959	0 978					
04	0 735	0 919	0 938	0 958	0 978	0 997	1 017				
06	0 749	0 937	0 957	0 976	0 996	1 016	1 036	1 056			
08	0 763	0 954	0 975	0 995	1 015	1 036	1 056	1 076	1 096		
1 10	0 778	0 972	0 993	1 013	1 034	1 055	1 075	1 096	1 117	1 137	
12	0 792	0 990	1 011	1 032	1 053	1 074	1 095	1 116	1 137	1 158	1 179
14	0 806	1 007	1 029	1 050	1 072	1 093	1 114	1 136	1 157	1 179	1 200
16	0 820	1 025	1 047	1 069	1 090	1 112	1 134	1 156	1 178	1 199	1 221
18	0 834	1 043	1 065	1 087	1 109	1 131	1 154	1 176	1 198	1 220	1 242
1 20	0 848	1 000	1 083	1 105	1 128	1 151	1 173	1 196	1 218	1 241	1 263
22	0 862	1 078	1 101	1 124	1 147	1 170	1 193	1 216	1 239	1 261	1 284
24	0 877	1 096	1 119	1 142	1 166	1 189	1 212	1 236	1 259	1 282	1 305
26	0 891	1 113	1 137	1 161	1 184	1 208	1 232	1 255	1 279	1 303	1 327
28	0 905	1 131	1 155	1 179	1 203	1 227	1 251	1 275	1 299	1 324	1 348
1 30	0 919	1 149	1 173	1 198	1 222	1 246	1 271	1 295	1 320	1 344	1 369
32	0 933	1 166	1 191	1 216	1 241	1 266	1 290	1 315	1 340	1 365	1 390
34	0 947	1 184	1 209	1 234	1 200	1 285	1 310	1 335	1 360	1 386	1 411
36	0 961	1 202	1 227	1 253	1 278	1 304	1 330	1 355	1 381	1 406	1 432
38	0 975	1 219	1 245	1 271	1 297	1 323	1 349	1 375	1 401	1 427	1 453
1 40	0 990	1 237	1 263	1 290	1 316	1 342	1 369	1 395	1 421	1 448	1 474
42	1 004	1 255	1 281	1 308	1 335	1 361	1 388	1 415	1 442	1 468	1 495
44	1 018	1 272	1 299	1 327	1 354	1 381	1 408	1 435	1 462	1 489	1 516
46	1 032	1 290	1 318	1 345	1 372	1 400	1 427	1 455	1 482	1 510	1 537
48	1 046	1 308	1 336	1 363	1 391	1 419	1 447	1 475	1 502	1 530	1 558
1 50	1 060	1 325	1 354	1 382	1 410	1 438	1 466	1 495	1 523	1 551	1 579
52	1 074	1 343	1 372	1 400	1 429	1 457	1 486	1 515	1 543	1 572	1 600
54	1 089	1 361	1 390	1 419	1 448	1 477	1 506	1 534	1 563	1 592	1 621
56	1 103	1 378	1 408	1 437	1 466	1 496	1 525	1 554	1 584	1 613	1 642
58	1 117	1 396	1 426	1 455	1 485	1 515	1 545	1 574	1 604	1 634	1 663
1 60	1 131	1 414	1 444	1 474	1 504	1 534	1 564	1 594	1 624	1 654	1 684
62	1 145	1 431	1 462	1 492	1 523	1 553	1 584	1 614	1 645	1 675	1 706
64	1 159	1 449	1 480	1 511	1 542	1 572	1 603	1 634	1 665	1 696	1 727
66	1 173	1 467	1 498	1 529	1 560	1 592	1 623	1 654	1 685	1 716	1 748
68	1 188	1 484	1 516	1 548	1 579	1 611	1 642	1 674	1 706	1 737	1 769
1 70	1 202	1 502	1 534	1 566	1 598	1 630	1 662	1 694	1 726	1 758	1 790
72	1 216	1 520	1 552	1 584	1 617	1 649	1 681	1 714	1 746	1 778	1 811
74	1 230	1 537	1 570	1 603	1 636	1 668	1 701	1 734	1 766	1 799	1 832
76	1 244	1 555	1 588	1 621	1 654	1 687	1 721	1 754	1 787	1 820	1 853
78	1 258	1 573	1 606	1 640	1 673	1 707	1 740	1 774	1 807	1 841	1 874
1 80	1 272	1 590	1 624	1 658	1 692	1 726	1 760	1 794	1 827	1 861	1 895
82	1 287	1 608	1 642	1 677	1 711	1 745	1 779	1 813	1 848	1 882	1 916
84	1 301	1 626	1 660	1 695	1 730	1 764	1 799	1 833	1 868	1 903	1 937
86	1 315	1 643	1 678	1 713	1 748	1 783	1 818	1 853	1 888	1 923	1 958
88	1 329	1 661	1 697	1 732	1 767	1 803	1 838	1 873	1 909	1 944	1 979
1 90	1 343	1 679	1 715	1 750	1 786	1 822	1 857	1 893	1 929	1 965	2 000
92	1 357	1 697	1 733	1 769	1 805	1 841	1 877	1 913	1 949	1 985	2 021
94	1 371	1 714	1 751	1 787	1 824	1 860	1 897	1 933	1 969	2 006	2 042
96	1 385	1 732	1 769	1 806	1 842	1 879	1 916	1 953	1 990	2 027	2 063
98	1 400	1 750	1 787	1 824	1 861	1 898	1 936	1 973	2 010	2 047	2 085
2 —	1 414	1 767	1 805	1 842	1 880	1 918	1 955	1 993	2 030	2 068	2 106
02	1 428	1 785	1 823	1 861	1 899	1 937	1 975	2 013	2 051	2 089	2 127
04	1 442	1 803	1 841	1 879	1 918	1 956	1 994	2 032	2 071	2 109	2 148
06	1 456	1 820	1 859	1 898	1 936	1 975	2 014	2 052	2 091	2 130	2 169
08	1 470	1 838	1 877	1 916	1 955	1 994	2 033	2 072	2 112	2 151	2 190
2 10	1 484	1 856	1 895	1 935	1 974	2 013	2 053	2 092	2 132	2 171	2 211
12	1 499	1 873	1 913	1 953	1 993	2 033	2 073	2 112	2 152	2 192	2 232
14	1 513	1 891	1 931	1 971	2 012	2 052	2 092	2 132	2 173	2 213	2 253
16	1 527	1 909	1 949	1 990	2 030	2 071	2 112	2 152	2 193	2 233	2 274
18	1 541	1 926	1 967	2 008	2 049	2 090	2 131	2 172	2 213	2 254	2 295
2 20	1 555	1 944	1 985	2 027	2 068	2 109	2 151	2 192	2 233	2 275	2 316
22	1 569	1 962	2 003	2 045	2 087	2 129	2 170	2 212	2 254	2 295	2 337
24	1 583	1 979	2 021	2 063	2 106	2 148	2 190	2 232	2 274	2 316	2 358
26	1 598	1 997	2 039	2 082	2 124	2 167	2 209	2 252	2 294	2 337	2 379
28	1 612	2 015	2 057	2 100	2 143	2 186	2 229	2 272	2 315	2 358	2 400
2 30	1 626	2 032	2 076	2 119	2 162	2 205	2 248	2 292	2 335	2 378	2 421
32	1 640	2 050	2 094	2 137	2 181	2 224	2 268	2 312	2 355	2 399	2 442

Epaisseur : 0^{m} 94 centimètres

Longueur	Largeur en Centimètres 1 14	1 16	1 18	1 20	1 22	1 24	1 26	1 28	1 30	1 32
m 1 14	1 222									
16	1 243	1 265								
18	1 264	1 287	1 309							
1 20	1 286	1 308	1 331	1 354						
22	1 307	1 330	1 353	1 376	1 399					
24	1 329	1 352	1 375	1 399	1 422	1 445				
26	1 350	1 374	1 398	1 421	1 445	1 469	1 492			
28	1 372	1 396	1 420	1 444	1 468	1 492	1 516	1 540		
1 30	1 393	1 418	1 442	1 466	1 491	1 515	1 540	1 564	1 589	
32	1 415	1 439	1 464	1 489	1 514	1 539	1 563	1 588	1 613	1 638
34	1 436	1 461	1 486	1 512	1 537	1 562	1 587	1 612	1 637	1 663
36	1 457	1 483	1 509	1 534	1 560	1 585	1 611	1 636	1 662	1 687
38	1 479	1 505	1 531	1 557	1 583	1 609	1 634	1 660	1 686	1 712
1 40	1 500	1 527	1 553	1 579	1 606	1 632	1 658	1 684	1 711	1 737
42	1 522	1 548	1 575	1 602	1 628	1 655	1 682	1 709	1 735	1 762
44	1 543	1 570	1 597	1 624	1 651	1 678	1 706	1 733	1 760	1 787
46	1 565	1 592	1 619	1 647	1 674	1 702	1 729	1 757	1 784	1 812
48	1 586	1 614	1 642	1 669	1 697	1 725	1 753	1 781	1 809	1 836
1 50	1 607	1 636	1 664	1 692	1 720	1 748	1 777	1 805	1 833	1 861
52	1 629	1 657	1 686	1 715	1 743	1 772	1 800	1 829	1 857	1 886
54	1 650	1 679	1 708	1 737	1 766	1 795	1 824	1 853	1 882	1 911
56	1 672	1 701	1 730	1 760	1 789	1 818	1 848	1 877	1 906	1 936
58	1 693	1 723	1 753	1 782	1 812	1 842	1 871	1 901	1 931	1 960
1 60	1 715	1 745	1 775	1 805	1 835	1 865	1 895	1 925	1 955	1 985
62	1 736	1 766	1 797	1 827	1 858	1 888	1 919	1 949	1 980	2 010
64	1 757	1 788	1 819	1 850	1 881	1 912	1 942	1 973	2 004	2 035
66	1 779	1 810	1 841	1 872	1 904	1 935	1 966	1 997	2 029	2 060
68	1 800	1 832	1 863	1 895	1 927	1 958	1 990	2 021	2 053	2 085
1 70	1 822	1 854	1 886	1 918	1 950	1 982	2 013	2 045	2 077	2 109
72	1 843	1 875	1 908	1 940	1 972	2 005	2 037	2 070	2 102	2 134
74	1 865	1 897	1 930	1 963	1 995	2 028	2 061	2 094	2 126	2 159
76	1 886	1 919	1 952	1 985	2 018	2 051	2 085	2 118	2 151	2 184
78	1 907	1 941	1 974	2 008	2 041	2 075	2 108	2 142	2 175	2 209
1 80	1 929	1 963	1 997	2 030	2 064	2 098	2 132	2 166	2 200	2 233
82	1 950	1 985	2 019	2 053	2 087	2 121	2 156	2 190	2 224	2 258
84	1 972	2 006	2 031	2 076	2 110	2 145	2 179	2 214	2 248	2 283
86	1 993	2 028	2 053	2 098	2 133	2 168	2 203	2 238	2 273	2 308
88	2 015	2 050	2 075	2 121	2 156	2 191	2 227	2 262	2 297	2 333
1 90	2 036	2 072	2 107	2 143	2 179	2 215	2 250	2 286	2 322	2 358
92	2 057	2 094	2 130	2 166	2 202	2 238	2 274	2 310	2 346	2 382
94	2 079	2 115	2 152	2 188	2 225	2 261	2 298	2 334	2 371	2 407
96	2 100	2 137	2 174	2 211	2 248	2 285	2 321	2 358	2 395	2 432
98	2 122	2 159	2 196	2 233	2 271	2 308	2 345	2 382	2 420	2 457
2 —	2 143	2 181	2 218	2 256	2 294	2 331	2 369	2 406	2 444	2 482
02	2 165	2 203	2 241	2 279	2 317	2 355	2 392	2 430	2 468	2 506
04	2 186	2 224	2 263	2 301	2 339	2 378	2 416	2 455	2 493	2 531
06	2 207	2 246	2 285	2 324	2 362	2 401	2 440	2 479	2 517	2 556
08	2 229	2 268	2 307	2 346	2 385	2 424	2 464	2 503	2 542	2 581
2 10	2 250	2 290	2 329	2 369	2 408	2 448	2 487	2 527	2 566	2 606
12	2 272	2 312	2 352	2 391	2 431	2 471	2 511	2 551	2 591	2 630
14	2 293	2 333	2 374	2 414	2 454	2 494	2 535	2 575	2 615	2 655
16	2 315	2 355	2 396	2 436	2 477	2 518	2 558	2 599	2 640	2 680
18	2 336	2 377	2 418	2 459	2 500	2 541	2 582	2 623	2 664	2 705
2 20	2 358	2 399	2 440	2 482	2 523	2 564	2 606	2 647	2 688	2 730
22	2 379	2 421	2 462	2 504	2 546	2 588	2 629	2 671	2 713	2 755
24	2 400	2 442	2 485	2 527	2 569	2 611	2 653	2 695	2 737	2 779
26	2 422	2 464	2 507	2 549	2 592	2 634	2 677	2 719	2 762	2 804
28	2 443	2 486	2 529	2 572	2 615	2 658	2 700	2 743	2 786	2 829
2 30	2 465	2 508	2 551	2 594	2 638	2 681	2 724	2 767	2 811	2 854
32	2 486	2 530	2 573	2 617	2 661	2 704	2 748	2 791	2 835	2 879

Epaisseur : 0m 94 centimètres

Longueur	Futailles	1 34	1 36	1 38	1 40	1 42	1 44	1 46	1 48	1 50	1 52
		Largeur en Centimètres									
1 34		1 688									
36		1 713	1 739								
38		1 738	1 764	1 790							
1 40		1 763	1 790	1 816	1 842						
42		1 789	1 815	1 842	1 869	1 895					
44		1 814	1 841	1 868	1 895	1 922	1 949				
46		1 839	1 866	1 894	1 921	1 949	1 976	2 004			
48		1 864	1 892	1 920	1 948	1 976	2 003	2 031	2 059		
1 50		1 889	1 918	1 946	1 974	2 002	2 030	2 059	2 087	2 115	
52		1 915	1 943	1 972	2 000	2 029	2 057	2 086	2 115	2 143	2 172
54		1 940	1 969	1 998	2 027	2 056	2 085	2 113	2 142	2 171	2 200
56		1 965	1 994	2 024	2 053	2 082	2 112	2 141	2 170	2 200	2 229
58		1 990	2 020	2 050	2 079	2 109	2 139	2 168	2 198	2 228	2 258
1 60		2 015	2 045	2 076	2 106	2 136	2 166	2 196	2 226	2 256	2 286
62		2 041	2 071	2 101	2 132	2 162	2 193	2 223	2 254	2 284	2 315
64		2 066	2 097	2 127	2 158	2 189	2 220	2 251	2 282	2 312	2 343
66		2 091	2 122	2 153	2 185	2 216	2 247	2 278	2 309	2 341	2 372
68		2 116	2 148	2 179	2 211	2 242	2 274	2 306	2 337	2 369	2 400
1 70		2 141	2 173	2 205	2 237	2 269	2 301	2 333	2 365	2 397	2 429
72		2 167	2 199	2 231	2 264	2 296	2 328	2 361	2 393	2 425	2 458
74		2 192	2 224	2 257	2 290	2 323	2 355	2 388	2 421	2 453	2 486
76		2 217	2 250	2 283	2 316	2 349	2 382	2 415	2 449	2 482	2 515
78		2 242	2 276	2 309	2 342	2 376	2 409	2 443	2 476	2 510	2 543
1 80		2 267	2 301	2 335	2 369	2 403	2 436	2 470	2 504	2 538	2 572
82		2 292	2 327	2 361	2 395	2 429	2 464	2 498	2 532	2 566	2 600
84		2 318	2 352	2 387	2 421	2 456	2 491	2 525	2 560	2 594	2 629
86		2 343	2 378	2 413	2 448	2 483	2 518	2 553	2 588	2 623	2 658
88		2 368	2 403	2 439	2 474	2 509	2 545	2 580	2 615	2 651	2 686
1 90		2 393	2 429	2 465	2 500	[illegible]	2 572	2 608	2 640	2 679	2 715
92		2 418	2 455	2 491	2 527	2 563	2 599	2 635	2 671	2 707	2 743
94		2 444	2 480	2 517	2 553	2 590	2 626	2 662	2 699	2 735	2 772
96		2 469	2 506	2 543	2 579	2 616	2 653	2 690	2 727	2 764	2 800
98		2 494	2 531	2 568	2 606	2 643	2 680	2 717	2 755	2 792	2 829
2 —		2 519	2 557	2 594	2 632	2 670	2 707	2 745	2 782	2 820	2 858
02		2 544	2 582	2 620	2 658	2 696	2 734	2 772	2 810	2 848	2 886
04		2 570	2 608	2 646	2 685	2 723	2 761	2 800	2 838	2 876	2 915
06		2 595	2 634	2 672	2 711	2 750	2 788	2 827	2 866	2 905	2 943
08		2 620	2 659	2 698	2 737	2 776	2 815	2 855	2 894	2 933	2 972
2 10		2 645	2 685	2 724	2 764	2 803	2 843	2 882	2 922	2 961	3 000
12		2 670	2 710	2 750	2 790	2 830	2 870	2 909	2 949	2 989	3 029
14		2 696	2 736	2 776	2 816	2 856	2 897	2 937	2 977	3 017	3 058
16		2 721	2 761	2 802	2 843	2 883	2 924	2 964	3 005	3 046	3 086
18		2 746	2 787	2 828	2 869	2 910	2 951	2 992	3 033	3 074	3 115
2 20		2 771	2 812	2 854	2 895	2 937	2 978	3 019	3 061	3 102	3 143
22		2 796	2 838	2 880	2 922	2 963	3 005	3 047	3 088	3 130	3 172
24		2 822	2 864	2 906	2 948	2 990	3 032	3 074	3 116	3 158	3 201
26		2 847	2 889	2 932	2 974	3 017	3 059	3 102	3 144	3 187	3 229
28		2 872	2 915	2 958	3 000	3 043	3 086	3 129	3 172	3 215	3 258
2 30		2 897	2 940	2 984	3 027	3 070	3 113	3 157	3 200	3 243	3 286
32		2 922	2 966	3 010	3 053	3 097	3 140	3 184	3 228	3 271	3 315
34		2 947	2 991	3 035	3 079	3 123	3 167	3 211	3 255	3 299	3 343
36		2 973	3 017	3 061	3 106	3 150	3 194	3 239	3 283	3 328	3 372
38		2 998	3 043	3 087	3 132	3 177	3 222	3 266	3 311	3 356	3 401
2 40		3 023	3 068	3 113	3 158	3 204	3 249	3 294	3 339	3 384	3 429
42		3 048	3 094	3 139	3 185	3 230	3 276	3 321	3 367	3 412	3 458
44		3 073	3 119	3 165	3 211	3 257	3 303	3 349	3 395	3 440	3 486
46		3 099	3 145	3 191	3 237	3 284	3 330	3 376	3 422	3 469	3 515
48		3 124	3 170	3 217	3 264	3 310	3 357	3 404	3 450	3 497	3 543
2 50		3 149	3 196	3 243	3 290	3 337	3 384	3 431	3 478	3 525	3 572
52		3 174	3 222	3 269	3 316	3 364	3 411	3 458	3 506	3 553	3 601
54		3 199	3 247	3 295	3 343	3 390	3 438	3 486	3 534	3 581	3 629
56		3 225	3 273	3 321	3 369	3 417	3 465	3 513	3 561	3 610	3 658
58		3 250	3 298	3 347	3 395	3 444	3 492	3 541	3 589	3 638	3 686
2 60		3 275	3 324	3 373	3 422	3 470	3 519	3 568	3 617	3 666	3 715
62		3 300	3 349	3 399	3 448	3 497	3 546	3 596	3 645	3 694	3 743
64		3 325	3 375	3 425	3 474	3 524	3 574	3 623	3 673	3 722	3 772
66		3 351	3 401	3 451	3 501	3 551	3 601	3 651	3 701	3 751	3 801
68		3 376	3 426	3 476	3 527	3 577	3 628	3 678	3 728	3 779	3 829
2 70		3 401	3 452	3 502	3 553	3 604	3 655	3 705	3 756	3 807	3 858
72		3 426	3 477	3 528	3 580	3 631	3 682	3 733	3 784	3 835	3 886

Epaisseur : 0m 94 centimètres

Longueur	1 54	1 56	1 58	1 60	1 62	1 64	1 66	1 68	1 70	1 72
	Largeur en Centimètres									
1 54	2 229									
56	2 258	2 288								
58	2 287	2 317	2 347							
1 60	2 316	2 346	2 376	2 406						
62	2 345	2 376	2 406	2 436	2 467					
64	2 374	2 405	2 436	2 467	2 497	2 528				
66	2 403	2 434	2 465	2 497	2 528	2 559	2 590			
68	2 432	2 464	2 495	2 527	2 558	2 590	2 621	2 653		
1 70	2 461	2 493	2 525	2 557	2 589	2 621	2 653	2 685	2 717	
72	2 490	2 522	2 555	2 587	2 619	2 652	2 684	2 716	2 749	2 781
74	2 519	2 552	2 584	2 617	2 650	2 682	2 715	2 748	2 781	2 813
76	2 548	2 581	2 614	2 647	2 680	2 713	2 746	2 779	2 812	2 846
78	2 577	2 610	2 644	2 677	2 711	2 744	2 778	2 811	2 844	2 878
1 80	2 606	2 640	2 673	2 707	2 741	2 775	2 809	2 843	2 876	2 910
82	2 635	2 669	2 703	2 737	2 771	2 806	2 840	2 874	2 908	2 943
84	2 664	2 698	2 733	2 767	2 802	2 837	2 871	2 906	2 940	2 975
86	2 693	2 728	2 762	2 797	2 832	2 867	2 902	2 937	2 972	3 007
88	2 721	2 757	2 792	2 828	2 863	2 898	2 934	2 969	3 004	3 040
1 90	2 750	2 786	2 822	2 858	2 893	2 929	2 965	3 000	3 036	3 072
92	2 779	2 815	2 852	2 888	2 924	2 960	2 996	3 032	3 068	3 104
94	2 808	2 845	2 881	2 918	2 954	2 991	3 027	3 064	3 100	3 137
96	2 837	2 874	2 911	2 948	2 985	3 022	3 058	3 095	3 132	3 169
98	2 866	2 903	2 941	2 978	3 015	3 052	3 090	3 127	3 164	3 201
2 —	2 895	2 933	2 970	3 008	3 046	3 083	3 121	3 158	3 196	3 234
02	2 924	2 962	3 000	3 038	3 076	3 114	3 152	3 190	3 228	3 266
04	2 953	2 991	3 030	3 068	3 107	3 145	3 183	3 222	3 260	3 298
06	2 982	3 021	3 060	3 098	3 137	3 176	3 214	3 253	3 292	3 331
08	3 011	3 050	3 089	3 128	3 167	3 207	3 246	3 285	3 324	3 363
2 10	3 040	3 079	3 119	3 158	3 198	3 237	3 277	3 316	3 356	3 395
12	3 069	3 109	3 149	3 188	3 228	3 268	3 308	3 348	3 388	3 428
14	3 098	3 138	3 178	3 219	3 259	3 299	3 339	3 379	3 420	3 460
16	3 127	3 167	3 208	3 249	3 289	3 330	3 370	3 411	3 452	3 492
18	3 156	3 197	3 238	3 279	3 320	3 361	3 402	3 443	3 484	3 525
2 20	3 185	3 226	3 267	3 309	3 350	3 392	3 433	3 474	3 516	3 557
22	3 214	3 255	3 297	3 339	3 381	3 422	3 464	3 506	3 548	3 589
24	3 243	3 285	3 327	3 369	3 411	3 453	3 495	3 537	3 580	3 622
26	3 272	3 314	3 357	3 399	3 442	3 484	3 527	3 569	3 611	3 654
28	3 301	3 343	3 386	3 429	3 472	3 515	3 558	3 601	3 643	3 686
2 30	3 329	3 373	3 416	3 459	3 502	3 546	3 589	3 632	3 675	3 719
32	3 358	3 402	3 446	3 489	3 533	3 577	3 620	3 664	3 707	3 751
34	3 387	3 431	3 475	3 519	3 563	3 607	3 651	3 695	3 739	3 783
36	3 416	3 461	3 505	3 549	3 594	3 638	3 683	3 727	3 771	3 816
38	3 445	3 490	3 535	3 580	3 624	3 669	3 714	3 758	3 803	3 848
2 40	3 474	3 519	3 564	3 610	3 655	3 700	3 745	3 790	3 835	3 880
42	3 503	3 549	3 594	3 640	3 685	3 731	3 776	3 822	3 867	3 913
44	3 532	3 578	3 624	3 670	3 716	3 762	3 807	3 853	3 899	3 945
46	3 561	3 607	3 654	3 700	3 746	3 792	3 839	3 885	3 931	3 977
48	3 590	3 637	3 683	3 730	3 777	3 823	3 870	3 916	3 963	4 010
2 50	3 619	3 666	3 713	3 760	3 807	3 854	3 901	3 948	3 995	4 042
52	3 648	3 695	3 743	3 790	3 837	3 885	3 932	3 980	4 027	4 074
54	3 677	3 725	3 772	3 820	3 868	3 916	3 963	4 011	4 059	4 107
56	3 706	3 754	3 802	3 850	3 898	3 946	3 995	4 043	4 091	4 139
58	3 735	3 783	3 832	3 880	3 929	3 977	4 026	4 074	4 123	4 171
2 60	3 764	3 813	3 862	3 910	3 959	4 008	4 057	4 106	4 155	4 204
62	3 793	3 842	3 891	3 940	3 990	4 039	4 088	4 138	4 187	4 236
64	3 822	3 871	3 921	3 971	4 020	4 070	4 120	4 169	4 219	4 268
66	3 851	3 901	3 951	4 001	4 051	4 101	4 151	4 201	4 251	4 301
68	3 880	3 930	3 980	4 031	4 081	4 131	4 182	4 232	4 283	4 333
2 70	3 909	3 959	4 010	4 061	4 112	4 162	4 213	4 264	4 315	4 365
72	3 937	3 989	4 040	4 091	4 142	4 193	4 244	4 295	4 347	4 398

Epaisseur : 0m 96 centimètres

Longueur	Futailles	0 96	0 98	1 00	1 02	1 04	1 06	1 08	1 10	1 12	1 14
m 0 96	0 708	0 885									
98	0 723	0 903	0 922								
1 —	0 737	0 922	0 941	0 960							
02	0 752	0 940	0 960	0 979	0 999						
04	0 767	0 958	0 978	0 998	1 018	1 038					
06	0 782	0 977	0 997	1 018	1 038	1 058	1 079				
08	0 796	0 995	1 016	1 037	1 058	1 078	1 099	1 120			
1 10	0 811	1 014	1 035	1 056	1 077	1 098	1 119	1 140	1 162		
12	0 826	1 032	1 054	1 075	1 097	1 118	1 140	1 161	1 183	1 204	
14	0 840	1 051	1 073	1 094	1 116	1 138	1 160	1 182	1 204	1 226	1 248
16	0 855	1 069	1 091	1 114	1 136	1 158	1 180	1 203	1 225	1 247	1 270
18	0 870	1 087	1 110	1 133	1 155	1 178	1 201	1 223	1 246	1 269	1 291
1 20	0 885	1 106	1 129	1 152	1 175	1 198	1 221	1 244	1 207	1 290	1 313
22	0 899	1 124	1 148	1 171	1 195	1 218	1 241	1 265	1 288	1 312	1 335
24	0 914	1 143	1 167	1 190	1 214	1 238	1 262	1 286	1 309	1 333	1 357
26	0 929	1 161	1 185	1 210	1 234	1 258	1 282	1 306	1 331	1 355	1 379
28	0 944	1 180	1 204	1 229	1 253	1 278	1 303	1 327	1 352	1 376	1 401
1 30	0 958	1 198	1 223	1 248	1 273	1 298	1 323	1 348	1 373	1 398	1 423
32	0 973	1 217	1 242	1 267	1 293	1 318	1 343	1 369	1 394	1 419	1 445
34	0 988	1 235	1 261	1 286	1 312	1 338	1 364	1 389	1 415	1 441	1 466
36	1 003	1 253	1 279	1 306	1 332	1 358	1 384	1 410	1 436	1 462	1 488
38	1 017	1 272	1 298	1 325	1 351	1 378	1 404	1 431	1 457	1 484	1 510
1 40	1 032	1 290	1 317	1 344	1 371	1 398	1 425	1 452	1 478	1 505	1 532
42	1 047	1 309	1 336	1 363	1 390	1 418	1 445	1 472	1 500	1 527	1 554
44	1 062	1 327	1 355	1 382	1 410	1 438	1 465	1 493	1 521	1 548	1 576
46	1 076	1 346	1 374	1 402	1 430	1 458	1 486	1 514	1 542	1 570	1 598
48	1 091	1 364	1 392	1 421	1 449	1 478	1 506	1 534	1 563	1 591	1 620
1 50	1 106	1 382	1 411	1 440	1 469	1 498	1 526	1 555	1 584	1 613	1 642
52	1 121	1 401	1 430	1 459	1 488	1 518	1 547	1 576	1 605	1 634	1 663
54	1 135	1 419	1 449	1 478	1 508	1 538	1 567	1 597	1 626	1 656	1 685
56	1 150	1 438	1 468	1 498	1 528	1 558	1 587	1 617	1 647	1 677	1 707
58	1 165	1 456	1 486	1 517	1 547	1 577	1 608	1 638	1 668	1 699	1 729
1 60	1 180	1 475	1 505	1 536	1 567	1 597	1 628	1 659	1 690	1 720	1 751
62	1 194	1 493	1 524	1 555	1 586	1 617	1 649	1 680	1 711	1 742	1 773
64	1 209	1 511	1 543	1 574	1 606	1 637	1 669	1 700	1 732	1 763	1 795
66	1 224	1 530	1 562	1 594	1 625	1 657	1 689	1 721	1 753	1 785	1 817
68	1 239	1 548	1 581	1 613	1 645	1 677	1 710	1 742	1 774	1 806	1 839
1 70	1 253	1 567	1 599	1 632	1 665	1 697	1 730	1 763	1 795	1 828	1 860
72	1 268	1 585	1 618	1 651	1 684	1 717	1 750	1 783	1 816	1 849	1 882
74	1 283	1 604	1 637	1 670	1 704	1 737	1 771	1 804	1 837	1 871	1 904
76	1 298	1 622	1 656	1 690	1 723	1 757	1 791	1 825	1 859	1 892	1 926
78	1 312	1 640	1 675	1 709	1 743	1 777	1 811	1 846	1 880	1 914	1 948
1 80	1 327	1 659	1 693	1 728	1 763	1 797	1 832	1 866	1 901	1 935	1 970
82	1 342	1 677	1 712	1 747	1 782	1 817	1 852	1 887	1 922	1 957	1 992
84	1 357	1 696	1 731	1 766	1 802	1 837	1 872	1 908	1 943	1 978	2 014
86	1 371	1 714	1 750	1 786	1 821	1 857	1 893	1 928	1 964	2 000	2 035
88	1 386	1 733	1 769	1 805	1 841	1 877	1 913	1 949	1 985	2 021	2 057
1 90	1 401	1 751	1 788	1 824	1 860	1 897	1 933	1 970	2 006	2 043	2 079
92	1 416	1 769	1 806	1 843	1 880	1 917	1 954	1 991	2 028	2 064	2 101
94	1 430	1 788	1 825	1 862	1 900	1 937	1 974	2 011	2 049	2 086	2 123
96	1 445	1 806	1 844	1 882	1 919	1 957	1 994	2 032	2 070	2 107	2 145
98	1 460	1 825	1 863	1 901	1 939	1 977	2 015	2 053	2 091	2 129	2 167
2 —	1 475	1 843	1 882	1 920	1 958	1 997	2 035	2 074	2 112	2 150	2 189
02	1 489	1 862	1 900	1 939	1 978	2 017	2 056	2 094	2 133	2 172	2 211
04	1 504	1 880	1 919	1 958	1 998	2 037	2 076	2 115	2 154	2 193	2 233
06	1 519	1 898	1 938	1 978	2 017	2 057	2 096	2 136	2 175	2 215	2 254
08	1 534	1 917	1 957	1 997	2 037	2 077	2 117	2 157	2 196	2 236	2 276
2 10	1 548	1 935	1 976	2 016	2 056	2 097	2 137	2 177	2 218	2 258	2 298
12	1 563	1 954	1 994	2 035	2 076	2 117	2 157	2 198	2 239	2 279	2 320
14	1 578	1 972	2 013	2 054	2 095	2 137	2 178	2 219	2 260	2 301	2 342
16	1 593	1 991	2 032	2 074	2 115	2 157	2 198	2 239	2 281	2 322	2 364
18	1 607	2 009	2 051	2 093	2 135	2 177	2 218	2 260	2 302	2 344	2 386
2 20	1 622	2 028	2 070	2 112	2 154	2 196	2 239	2 281	2 323	2 365	2 408
22	1 637	2 046	2 089	2 131	2 174	2 216	2 259	2 302	2 344	2 387	2 430
24	1 652	2 064	2 107	2 150	2 193	2 236	2 279	2 322	2 365	2 408	2 451
26	1 666	2 083	2 126	2 170	2 213	2 256	2 300	2 343	2 387	2 430	2 473
28	1 681	2 101	2 145	2 189	2 233	2 276	2 320	2 364	2 408	2 451	2 495
2 30	1 696	2 120	2 164	2 208	2 252	2 296	2 341	2 385	2 429	2 473	2 517
32	1 710	2 138	2 183	2 227	2 272	2 316	2 361	2 405	2 450	2 494	2 539
34	1 725	2 157	2 201	2 246	2 291	2 336	2 381	2 426	2 471	2 516	2 561

Epaisseur : 0m 96 centimètres

Longueur	1 16	1 18	1 20	1 22	1 24	1 26	1 28	1 30	1 32	1 34
m 1 16	1 292									
18	1 314	1 337								
1 20	1 336	1 359	1 382							
22	1 359	1 382	1 405	1 429						
24	1 381	1 405	1 428	1 452	1 476					
26	1 403	1 427	1 452	1 476	1 500	1 524				
28	1 425	1 450	1 475	1 499	1 524	1 548	1 573			
1 30	1 448	1 473	1 498	1 523	1 548	1 572	1 597	1 622		
32	1 470	1 495	1 521	1 546	1 571	1 597	1 622	1 647	1 673	
34	1 492	1 518	1 544	1 569	1 595	1 621	1 647	1 672	1 698	1 724
36	1 514	1 541	1 567	1 593	1 619	1 645	1 671	1 697	1 723	1 750
38	1 537	1 563	1 590	1 616	1 643	1 669	1 696	1 722	1 749	1 775
1 40	1 559	1 586	1 613	1 640	1 667	1 693	1 720	1 747	1 774	1 801
42	1 581	1 609	1 636	1 663	1 690	1 718	1 745	1 772	1 799	1 827
44	1 604	1 631	1 659	1 687	1 714	1 742	1 769	1 797	1 825	1 852
46	1 626	1 654	1 682	1 710	1 738	1 766	1 794	1 822	1 850	1 878
48	1 648	1 677	1 705	1 733	1 762	1 790	1 819	1 847	1 875	1 904
1 50	1 670	1 699	1 728	1 757	1 786	1 814	1 843	1 872	1 901	1 930
52	1 693	1 722	1 751	1 780	1 809	1 839	1 868	1 897	1 926	1 955
54	1 715	1 745	1 774	1 804	1 833	1 863	1 892	1 922	1 951	1 981
56	1 737	1 767	1 797	1 827	1 857	1 887	1 917	1 947	1 977	2 007
58	1 759	1 790	1 820	1 850	1 881	1 911	1 941	1 972	2 002	2 033
1 60	1 782	1 812	1 843	1 874	1 905	1 935	1 966	1 997	2 028	2 058
62	1 804	1 835	1 866	1 897	1 928	1 960	1 991	2 022	2 053	2 084
64	1 826	1 858	1 889	1 921	1 952	1 984	2 015	2 047	2 078	2 110
66	1 849	1 880	1 912	1 944	1 976	2 008	2 040	2 072	2 104	2 135
68	1 871	1 903	1 935	1 968	2 000	2 032	2 064	2 097	2 129	2 161
1 70	1 893	1 926	1 958	1 991	2 024	2 056	2 089	2 122	2 154	2 187
72	1 915	1 948	1 981	2 014	2 047	2 081	2 114	2 147	2 180	2 213
74	1 938	1 971	2 004	2 038	2 071	2 105	2 138	2 172	2 205	2 238
76	1 960	1 994	2 028	2 061	2 095	2 129	2 163	2 196	2 230	2 264
78	1 982	2 016	2 051	2 085	2 119	2 153	2 187	2 221	2 256	2 290
1 80	2 004	2 039	2 074	2 108	2 143	2 177	2 212	2 246	2 281	2 316
82	2 027	2 062	2 097	2 132	2 167	2 201	2 236	2 271	2 306	2 341
84	2 049	2 084	2 120	2 155	2 190	2 226	2 261	2 296	2 332	2 367
86	2 071	2 107	2 143	2 178	2 214	2 250	2 286	2 321	2 357	2 393
88	2 094	2 130	2 166	2 202	2 238	2 274	2 310	2 346	2 382	2 418
1 90	2 116	2 152	2 189	2 225	2 262	2 298	2 335	2 371	2 408	2 444
92	2 138	2 175	2 212	2 249	2 286	2 322	2 359	2 396	2 433	2 470
94	2 160	2 198	2 235	2 272	2 309	2 347	2 384	2 421	2 458	2 496
96	2 183	2 220	2 258	2 296	2 333	2 371	2 408	2 446	2 484	2 521
98	2 205	2 243	2 281	2 319	2 357	2 395	2 433	2 471	2 509	2 547
2 —	2 227	2 266	2 304	2 342	2 381	2 419	2 458	2 496	2 534	2 573
02	2 249	2 288	2 327	2 366	2 405	2 443	2 482	2 521	2 560	2 599
04	2 272	2 311	2 350	2 389	2 428	2 468	2 507	2 546	2 585	2 624
06	2 294	2 334	2 373	2 413	2 452	2 492	2 531	2 571	2 610	2 650
08	2 316	2 356	2 396	2 436	2 476	2 516	2 556	2 596	2 636	2 676
2 10	2 339	2 379	2 419	2 460	2 500	2 540	2 580	2 621	2 661	2 701
12	2 361	2 402	2 442	2 483	2 524	2 564	2 605	2 646	2 686	2 727
14	2 383	2 424	2 465	2 506	2 547	2 589	2 630	2 671	2 712	2 753
16	2 405	2 447	2 488	2 530	2 571	2 613	2 654	2 696	2 737	2 779
18	2 428	2 470	2 511	2 553	2 595	2 637	2 679	2 721	2 762	2 804
2 20	2 450	2 492	2 534	2 577	2 619	2 661	2 703	2 746	2 788	2 830
22	2 472	2 515	2 557	2 600	2 643	2 685	2 728	2 771	2 813	2 856
24	2 494	2 537	2 580	2 623	2 666	2 710	2 753	2 796	2 839	2 882
26	2 517	2 560	2 604	2 647	2 690	2 734	2 777	2 820	2 864	2 907
28	2 539	2 583	2 627	2 670	2 714	2 758	2 802	2 845	2 889	2 933
2 30	2 561	2 605	2 650	2 694	2 738	2 782	2 826	2 870	2 915	2 959
32	2 584	2 628	2 673	2 717	2 762	2 806	2 851	2 895	2 940	2 984
34	2 606	2 651	2 696	2 741	2 786	2 830	2 875	2 920	2 965	3 010

0,96

Epaisseur : 0m 96 centimètres

Longueur (m)	Futailles	1 36	1 38	1 40	1 42	1 44	1 46	1 48	1 50	1 52	1 54
		Largeur en Centimètres									
1 36		1 776									
38		1 802	1 828								
1 40		1 828	1 855	1 882							
42		1 854	1 881	1 908	1 936						
44		1 880	1 908	1 935	1 963	1 991					
46		1 906	1 934	1 962	1 990	2 018	2 046				
48		1 932	1 961	1 989	2 018	2 046	2 074	2 103			
1 50		1 958	1 987	2 016	2 045	2 074	2 102	2 131	2 160		
52		1 985	2 014	2 043	2 072	2 101	2 130	2 160	2 189	2 218	
54		2 011	2 040	2 070	2 099	2 129	2 158	2 188	2 218	2 247	2 277
56		2 037	2 067	2 097	2 127	2 157	2 186	2 216	2 246	2 276	2 306
58		2 063	2 093	2 124	2 154	2 184	2 215	2 245	2 275	2 306	2 336
1 60		2 089	2 120	2 150	2 181	2 212	2 243	2 273	2 304	2 335	2 365
62		2 115	2 146	2 177	2 208	2 239	2 271	2 302	2 333	2 364	2 395
64		2 141	2 173	2 204	2 236	2 267	2 299	2 330	2 362	2 393	2 425
66		2 167	2 199	2 231	2 263	2 295	2 327	2 359	2 390	2 422	2 454
68		2 193	2 226	2 258	2 290	2 322	2 355	2 387	2 419	2 451	2 484
1 70		2 220	2 252	2 285	2 317	2 350	2 383	2 415	2 448	2 481	2 513
72		2 246	2 279	2 312	2 345	2 378	2 411	2 444	2 477	2 510	2 543
74		2 272	2 305	2 339	2 372	2 405	2 439	2 472	2 506	2 539	2 572
76		2 298	2 332	2 365	2 399	2 433	2 467	2 501	2 534	2 568	2 602
78		2 324	2 358	2 392	2 426	2 461	2 495	2 529	2 563	2 597	2 632
1 80		2 350	2 385	2 419	2 454	2 488	2 523	2 557	2 592	2 627	2 661
82		2 376	2 411	2 446	2 481	2 516	2 551	2 586	2 621	2 656	2 691
84		2 402	2 438	2 473	2 508	2 544	2 579	2 614	2 650	2 685	2 720
86		2 428	2 464	2 500	2 536	2 571	2 607	2 643	2 678	2 714	2 750
88		2 455	2 491	2 527	2 563	2 599	2 635	2 671	2 707	2 743	2 779
1 90		2 481	2 517	2 554	2 590	2 627	2 663	2 700	2 736	2 772	2 809
92		2 507	2 544	2 580	2 617	2 654	2 691	2 728	2 765	2 802	2 839
94		2 533	2 570	2 607	2 645	2 682	2 719	2 756	2 794	2 831	2 868
96		2 559	2 597	2 634	2 672	2 710	2 747	2 785	2 822	2 860	2 898
98		2 585	2 623	2 661	2 699	2 737	2 775	2 813	2 851	2 889	2 927
2 —		2 611	2 650	2 688	2 726	2 765	2 803	2 842	2 880	2 918	2 957
02		2 637	2 676	2 715	2 754	2 792	2 831	2 870	2 909	2 948	2 986
04		2 663	2 703	2 742	2 781	2 820	2 859	2 898	2 938	2 977	3 016
06		2 690	2 729	2 769	2 808	2 848	2 887	2 927	2 966	3 006	3 046
08		2 716	2 756	2 796	2 835	2 875	2 915	2 955	2 995	3 035	3 075
2 10		2 742	2 782	2 822	2 863	2 903	2 943	2 984	3 024	3 064	3 105
12		2 768	2 809	2 849	2 890	2 931	2 971	3 012	3 053	3 094	3 134
14		2 794	2 835	2 876	2 917	2 958	2 999	3 041	3 082	3 123	3 164
16		2 820	2 862	2 903	2 945	2 986	3 027	3 069	3 110	3 152	3 193
18		2 846	2 888	2 930	2 972	3 014	3 055	3 097	3 139	3 181	3 223
2 20		2 872	2 915	2 957	2 999	3 041	3 084	3 126	3 168	3 210	3 252
22		2 898	2 941	2 984	3 026	3 069	3 112	3 154	3 197	3 239	3 282
24		2 925	2 968	3 011	3 054	3 097	3 140	3 183	3 226	3 269	3 312
26		2 951	2 994	3 037	3 081	3 124	3 168	3 211	3 254	3 298	3 341
28		2 977	3 021	3 064	3 108	3 152	3 196	3 239	3 283	3 327	3 371
2 30		3 003	3 047	3 091	3 135	3 180	3 224	3 268	3 312	3 356	3 400
32		3 029	3 074	3 118	3 163	3 207	3 252	3 296	3 341	3 385	3 430
34		3 055	3 100	3 145	3 190	3 235	3 280	3 325	3 370	3 415	3 459
36		3 081	3 127	3 172	3 217	3 262	3 308	3 353	3 398	3 444	3 489
38		3 107	3 153	3 199	3 244	3 290	3 336	3 382	3 427	3 473	3 519
2 40		3 133	3 180	3 226	3 272	3 318	3 364	3 410	3 456	3 502	3 548
42		3 160	3 206	3 252	3 299	3 345	3 392	3 438	3 485	3 531	3 578
44		3 186	3 233	3 279	3 326	3 373	3 420	3 467	3 514	3 560	3 607
46		3 212	3 259	3 306	3 353	3 401	3 448	3 495	3 542	3 590	3 637
48		3 238	3 286	3 333	3 381	3 428	3 476	3 524	3 571	3 619	3 666
2 50		3 264	3 312	3 360	3 408	3 456	3 504	3 552	3 600	3 648	3 696
52		3 290	3 338	3 387	3 435	3 484	3 532	3 580	3 629	3 677	3 726
54		3 316	3 365	3 414	3 463	3 511	3 560	3 609	3 658	3 706	3 755
56		3 342	3 391	3 441	3 490	3 539	3 588	3 637	3 686	3 736	3 785
58		3 368	3 418	3 468	3 517	3 567	3 616	3 666	3 715	3 765	3 814
2 60		3 395	3 444	3 494	3 544	3 594	3 644	3 694	3 744	3 794	3 844
62		3 421	3 471	3 521	3 572	3 622	3 672	3 722	3 773	3 823	3 873
64		3 447	3 497	3 548	3 599	3 650	3 700	3 751	3 802	3 852	3 903
66		3 473	3 524	3 575	3 626	3 677	3 728	3 779	3 830	3 881	3 933
68		3 499	3 550	3 602	3 653	3 705	3 756	3 808	3 859	3 911	3 962
2 70		3 525	3 577	3 629	3 681	3 732	3 784	3 836	3 888	3 940	3 992
72		3 551	3 603	3 656	3 708	3 760	3 812	3 865	3 917	3 969	4 021
74		3 577	3 630	3 683	3 735	3 788	3 840	3 893	3 946	3 998	4 051

Epaisseur : 0m 96 centimètres

Longueur (m)	1 56	1 58	1 60	1 62	1 64	1 66	1 68	1 70	1 72	1 74
	Largeur en Centimètres									
1 56	2 336									
58	2 366	2 397								
1 60	2 396	2 427	2 458							
62	2 426	2 457	2 488	2 519						
64	2 456	2 488	2 519	2 551	2 582					
66	2 486	2 518	2 550	2 582	2 614	2 645				
68	2 516	2 548	2 580	2 613	2 645	2 677	2 710			
1 70	2 546	2 579	2 611	2 644	2 676	2 709	2 742	2 774		
72	2 576	2 609	2 642	2 675	2 708	2 741	2 774	2 807	2 840	
74	2 606	2 639	2 673	2 706	2 739	2 773	2 806	2 840	2 873	2 906
76	2 636	2 670	2 703	2 737	2 771	2 805	2 839	2 872	2 906	2 940
78	2 666	2 700	2 734	2 768	2 802	2 837	2 871	2 905	2 939	2 973
1 80	2 696	2 730	2 765	2 799	2 834	2 868	2 903	2 938	2 972	3 007
82	2 726	2 761	2 796	2 830	2 865	2 900	2 935	2 970	3 005	3 040
84	2 756	2 791	2 826	2 862	2 897	2 932	2 968	3 003	3 038	3 074
86	2 786	2 821	2 857	2 893	2 928	2 964	3 000	3 036	3 071	3 107
88	2 815	2 852	2 888	2 924	2 960	2 996	3 032	3 068	3 104	3 140
1 90	2 845	2 882	2 918	2 955	2 991	3 028	3 064	3 101	3 137	3 174
92	2 875	2 912	2 949	2 986	3 023	3 060	3 097	3 133	3 170	3 207
94	2 905	2 943	2 980	3 017	3 054	3 092	3 129	3 166	3 203	3 241
96	2 935	2 973	3 011	3 048	3 086	3 123	3 161	3 199	3 236	3 274
98	2 965	3 004	3 041	3 079	3 117	3 155	3 193	3 231	3 269	3 307
2 —	2 995	3 034	3 072	3 110	3 149	3 187	3 226	3 264	3 302	3 341
02	3 025	3 064	3 103	3 142	3 180	3 219	3 258	3 297	3 335	3 374
04	3 055	3 094	3 133	3 173	3 212	3 251	3 290	3 329	3 368	3 408
06	3 085	3 125	3 164	3 204	3 243	3 283	3 322	3 362	3 401	3 441
08	3 115	3 155	3 195	3 235	3 275	3 315	3 355	3 395	3 434	3 474
2 10	3 145	3 185	3 226	3 266	3 306	3 347	3 387	3 427	3 468	3 508
12	3 175	3 216	3 256	3 297	3 338	3 378	3 419	3 460	3 501	3 541
14	3 205	3 246	3 287	3 328	3 369	3 410	3 451	3 492	3 534	3 575
16	3 235	3 276	3 318	3 359	3 401	3 442	3 484	3 525	3 567	3 608
18	3 265	3 307	3 348	3 390	3 432	3 474	3 516	3 558	3 600	3 641
2 20	3 295	3 337	3 379	3 421	3 464	3 506	3 548	3 590	3 633	3 675
22	3 325	3 367	3 410	3 453	3 495	3 538	3 580	3 623	3 666	3 708
24	3 355	3 398	3 441	3 484	3 527	3 570	3 613	3 656	3 699	3 742
26	3 385	3 428	3 471	3 515	3 558	3 602	3 645	3 688	3 732	3 775
28	3 415	3 458	3 502	3 546	3 590	3 633	3 677	3 721	3 765	3 809
2 30	3 444	3 489	3 533	3 577	3 621	3 665	3 709	3 754	3 798	3 842
32	3 474	3 519	3 564	3 608	3 653	3 697	3 742	3 786	3 831	3 875
34	3 504	3 549	3 594	3 639	3 684	3 729	3 774	3 819	3 864	3 909
36	3 534	3 580	3 625	3 670	3 716	3 761	3 806	3 852	3 897	3 942
38	3 564	3 610	3 656	3 701	3 747	3 793	3 838	3 884	3 930	3 976
2 40	3 594	3 640	3 686	3 732	3 779	3 825	3 871	3 917	3 963	4 009
42	3 624	3 671	3 717	3 764	3 810	3 857	3 903	3 949	3 996	4 042
44	3 654	3 701	3 748	3 795	3 842	3 888	3 935	3 982	4 029	4 076
46	3 684	3 731	3 779	3 826	3 873	3 920	3 967	4 015	4 062	4 109
48	3 714	3 762	3 809	3 857	3 905	3 952	4 000	4 047	4 095	4 143
2 50	3 744	3 792	3 840	3 888	3 936	3 984	4 032	4 080	4 128	4 176
52	3 774	3 822	3 871	3 919	3 967	4 016	4 064	4 113	4 161	4 209
54	3 804	3 853	3 901	3 950	3 999	4 048	4 097	4 145	4 194	4 243
56	3 834	3 883	3 932	3 981	4 030	4 080	4 129	4 178	4 227	4 276
58	3 864	3 913	3 963	4 012	4 062	4 111	4 161	4 211	4 260	4 310
2 60	3 894	3 944	3 994	4 044	4 093	4 143	4 193	4 243	4 293	4 343
62	3 924	3 974	4 024	4 075	4 125	4 175	4 226	4 276	4 326	4 376
64	3 954	4 004	4 055	4 106	4 156	4 207	4 258	4 308	4 359	4 410
66	3 984	4 035	4 086	4 137	4 188	4 239	4 290	4 341	4 392	4 443
68	4 014	4 065	4 116	4 168	4 219	4 271	4 322	4 374	4 425	4 477
2 70	4 044	4 095	4 147	4 199	4 251	4 303	4 355	4 406	4 458	4 510
72	4 073	4 126	4 178	4 230	4 282	4 335	4 387	4 439	4 491	4 543
74	4 103	4 156	4 209	4 261	4 314	4 366	4 419	4 472	4 524	4 577

0,96

Epaisseur : 0m 98 centimètres

Longueur	Futailles	Largeur en Centimètres									
		0 98	1 00	1 02	1 04	1 06	1 08	1 10	1 12	1 14	1 16
0 98	0 753	0 941									
1 —	0 768	0 960	0 980								
02	0 784	0 980	1 000	1 020							
04	0 799	0 999	1 019	1 040	1 060						
06	0 815	1 018	1 039	1 060	1 080	1 101					
08	0 830	1 037	1 058	1 080	1 101	1 122	1 143				
1 10	0 845	1 056	1 078	1 100	1 121	1 143	1 164	1 186			
12	0 861	1 076	1 098	1 120	1 142	1 163	1 185	1 207	1 229		
14	0 876	1 095	1 117	1 140	1 162	1 184	1 207	1 229	1 251	1 274	
16	0 891	1 114	1 137	1 160	1 182	1 205	1 228	1 250	1 273	1 296	1 319
18	0 907	1 133	1 156	1 180	1 203	1 226	1 249	1 272	1 295	1 318	1 341
1 20	0 922	1 152	1 176	1 200	1 223	1 247	1 270	1 294	1 317	1 341	1 364
22	0 938	1 172	1 196	1 220	1 243	1 267	1 291	1 315	1 339	1 363	1 387
24	0 953	1 191	1 215	1 240	1 264	1 288	1 312	1 337	1 361	1 385	1 410
26	0 968	1 210	1 235	1 259	1 284	1 309	1 334	1 358	1 383	1 408	1 432
28	0 984	1 229	1 254	1 279	1 305	1 330	1 355	1 380	1 405	1 430	1 455
1 30	0 999	1 249	1 274	1 299	1 325	1 350	1 376	1 401	1 427	1 452	1 478
32	1 014	1 268	1 294	1 319	1 345	1 371	1 397	1 423	1 449	1 475	1 501
34	1 030	1 287	1 313	1 339	1 366	1 392	1 418	1 445	1 471	1 497	1 523
36	1 045	1 306	1 333	1 359	1 386	1 413	1 439	1 466	1 493	1 519	1 546
38	1 061	1 325	1 352	1 379	1 406	1 434	1 461	1 488	1 515	1 542	1 569
1 40	1 076	1 345	1 372	1 399	1 427	1 454	1 482	1 509	1 537	1 564	1 592
42	1 091	1 364	1 392	1 419	1 447	1 475	1 503	1 531	1 559	1 586	1 614
44	1 106	1 383	1 411	1 439	1 468	1 496	1 524	1 552	1 581	1 609	1 637
46	1 122	1 402	1 431	1 459	1 488	1 517	1 545	1 574	1 602	1 631	1 660
48	1 137	1 421	1 450	1 479	1 508	1 537	1 566	1 595	1 624	1 653	1 682
1 50	1 153	1 441	1 470	1 499	1 529	1 558	1 588	1 617	1 646	1 676	1 705
52	1 168	1 460	1 490	1 519	1 549	1 579	1 609	1 639	1 668	1 698	1 728
54	1 183	1 479	1 509	1 539	1 570	1 600	1 630	1 660	1 690	1 720	1 751
56	1 199	1 498	1 529	1 559	1 590	1 621	1 651	1 682	1 712	1 743	1 773
58	1 214	1 517	1 548	1 579	1 610	1 641	1 672	1 703	1 734	1 765	1 796
1 60	1 230	1 537	1 568	1 599	1 631	1 662	1 693	1 725	1 756	1 788	1 819
62	1 245	1 556	1 588	1 619	1 651	1 683	1 715	1 746	1 778	1 810	1 842
64	1 260	1 575	1 607	1 639	1 671	1 704	1 736	1 768	1 800	1 832	1 864
66	1 276	1 594	1 627	1 659	1 692	1 724	1 757	1 789	1 822	1 855	1 887
68	1 291	1 613	1 646	1 679	1 712	1 745	1 778	1 811	1 844	1 877	1 910
1 70	1 306	1 633	1 666	1 699	1 733	1 766	1 799	1 833	1 866	1 899	1 933
72	1 322	1 652	1 686	1 719	1 753	1 787	1 820	1 854	1 888	1 922	1 955
74	1 337	1 671	1 705	1 739	1 773	1 808	1 842	1 876	1 910	1 944	1 978
76	1 353	1 690	1 725	1 759	1 794	1 828	1 863	1 897	1 932	1 966	2 001
78	1 368	1 710	1 744	1 779	1 814	1 849	1 884	1 919	1 954	1 989	2 024
1 80	1 383	1 729	1 764	1 799	1 835	1 870	1 905	1 940	1 976	2 011	2 046
82	1 399	1 748	1 784	1 819	1 855	1 891	1 926	1 962	1 998	2 033	2 069
84	1 414	1 767	1 803	1 839	1 875	1 911	1 947	1 984	2 020	2 056	2 092
86	1 429	1 786	1 823	1 859	1 896	1 932	1 969	2 005	2 042	2 078	2 114
88	1 445	1 806	1 842	1 879	1 916	1 953	1 990	2 027	2 063	2 100	2 137
1 90	1 460	1 825	1 862	1 899	1 936	1 974	2 011	2 048	2 085	2 123	2 160
92	1 475	1 844	1 882	1 919	1 957	1 994	2 032	2 070	2 107	2 145	2 183
94	1 491	1 863	1 901	1 939	1 977	2 015	2 053	2 091	2 129	2 167	2 205
96	1 506	1 882	1 921	1 959	1 998	2 036	2 074	2 113	2 151	2 190	2 228
98	1 522	1 902	1 940	1 979	2 018	2 057	2 096	2 134	2 173	2 212	2 251
2 —	1 537	1 921	1 960	1 999	2 038	2 078	2 117	2 156	2 195	2 234	2 274
02	1 552	1 940	1 980	2 019	2 059	2 098	2 138	2 178	2 217	2 257	2 296
04	1 568	1 959	1 999	2 039	2 079	2 119	2 159	2 199	2 239	2 279	2 319
06	1 583	1 978	2 019	2 059	2 100	2 140	2 180	2 221	2 261	2 301	2 342
08	1 598	1 998	2 038	2 079	2 120	2 161	2 201	2 242	2 283	2 324	2 365
2 10	1 614	2 017	2 058	2 099	2 140	2 181	2 223	2 264	2 305	2 346	2 387
12	1 629	2 036	2 078	2 119	2 161	2 202	2 244	2 285	2 327	2 368	2 410
14	1 645	2 055	2 097	2 139	2 181	2 223	2 265	2 307	2 349	2 391	2 433
16	1 660	2 074	2 117	2 159	2 201	2 244	2 286	2 328	2 371	2 413	2 455
18	1 675	2 094	2 136	2 179	2 222	2 265	2 307	2 350	2 393	2 435	2 478
2 20	1 691	2 113	2 156	2 199	2 242	2 285	2 328	2 372	2 415	2 458	2 501
22	1 706	2 132	2 176	2 219	2 263	2 306	2 350	2 393	2 437	2 480	2 524
24	1 721	2 151	2 195	2 239	2 283	2 327	2 371	2 415	2 459	2 503	2 546
26	1 737	2 171	2 215	2 259	2 303	2 348	2 392	2 436	2 481	2 525	2 569
28	1 752	2 190	2 234	2 279	2 324	2 368	2 413	2 458	2 503	2 547	2 592
2 30	1 767	2 209	2 254	2 299	2 344	2 389	2 434	2 479	2 524	2 570	2 615
32	1 783	2 228	2 274	2 319	2 365	2 410	2 455	2 501	2 546	2 592	2 637
34	1 798	2 247	2 293	2 339	2 385	2 431	2 477	2 523	2 568	2 614	2 660
36	1 814	2 267	2 313	2 359	2 405	2 452	2 498	2 544	2 590	2 637	2 683

Epaisseur : 0m 98 centimètres

Longueur	Largeur en Centimètres									
	1 18	1 20	1 22	1 24	1 26	1 28	1 30	1 32	1 34	1 36
1 18	1 365									
1 20	1 388	1 411								
22	1 411	1 435	1 459							
24	1 434	1 458	1 483	1 507						
26	1 457	1 482	1 506	1 531	1 556					
28	1 480	1 505	1 530	1 555	1 581	1 606				
1 30	1 503	1 529	1 554	1 580	1 605	1 631	1 656			
32	1 526	1 552	1 578	1 604	1 630	1 656	1 682	1 708		
34	1 550	1 576	1 602	1 628	1 655	1 681	1 707	1 733	1 760	
36	1 573	1 599	1 626	1 653	1 679	1 706	1 733	1 759	1 786	1 813
38	1 596	1 623	1 650	1 677	1 704	1 731	1 758	1 785	1 812	1 839
1 40	1 619	1 646	1 674	1 701	1 729	1 756	1 784	1 811	1 838	1 866
42	1 642	1 670	1 698	1 726	1 753	1 781	1 809	1 837	1 865	1 893
44	1 665	1 693	1 722	1 750	1 778	1 806	1 835	1 863	1 891	1 919
46	1 688	1 717	1 746	1 774	1 803	1 831	1 860	1 889	1 917	1 946
48	1 711	1 740	1 769	1 798	1 828	1 857	1 886	1 915	1 944	1 973
1 50	1 735	1 764	1 793	1 823	1 852	1 882	1 911	1 940	1 970	1 999
52	1 758	1 788	1 817	1 847	1 877	1 907	1 936	1 966	1 996	2 026
54	1 781	1 811	1 841	1 871	1 902	1 932	1 962	1 992	2 022	2 053
56	1 804	1 835	1 865	1 896	1 926	1 957	1 987	2 018	2 049	2 079
58	1 827	1 858	1 889	1 920	1 951	1 982	2 013	2 044	2 075	2 106
1 60	1 850	1 882	1 913	1 944	1 976	2 007	2 038	2 070	2 101	2 132
62	1 873	1 905	1 937	1 969	2 000	2 032	2 064	2 096	2 127	2 159
64	1 896	1 929	1 961	1 993	2 025	2 057	2 089	2 122	2 154	2 186
66	1 920	1 952	1 985	2 017	2 050	2 082	2 115	2 147	2 180	2 212
68	1 943	1 976	2 009	2 042	2 074	2 107	2 140	2 173	2 206	2 239
1 70	1 966	1 999	2 033	2 066	2 099	2 132	2 166	2 199	2 232	2 266
72	1 989	2 023	2 056	2 090	2 124	2 158	2 191	2 225	2 259	2 292
74	2 012	2 046	2 080	2 114	2 149	2 183	2 217	2 251	2 285	2 319
76	2 035	2 070	2 104	2 139	2 173	2 208	2 242	2 277	2 311	2 346
78	2 058	2 093	2 128	2 163	2 198	2 233	2 268	2 303	2 337	2 372
1 80	2 082	2 117	2 152	2 187	2 223	2 258	2 293	2 328	2 364	2 399
82	2 105	2 140	2 176	2 212	2 247	2 283	2 319	2 354	2 390	2 426
84	2 128	2 164	2 200	2 236	2 272	2 308	2 344	2 380	2 416	2 452
86	2 151	2 187	2 224	2 260	2 297	2 333	2 370	2 406	2 443	2 479
88	2 174	2 211	2 248	2 285	2 321	2 358	2 395	2 432	2 469	2 506
1 90	2 197	2 234	2 272	2 309	2 346	2 383	2 421	2 458	2 495	2 532
92	2 220	2 258	2 296	2 333	2 371	2 408	2 446	2 484	2 521	2 559
94	2 243	2 281	2 319	2 357	2 396	2 434	2 472	2 510	2 548	2 586
96	2 267	2 305	2 343	2 382	2 420	2 459	2 497	2 535	2 574	2 612
98	2 290	2 328	2 367	2 406	2 445	2 484	2 523	2 561	2 600	2 639
2 —	2 313	2 352	2 391	2 430	2 470	2 509	2 548	2 587	2 626	2 666
02	2 336	2 376	2 415	2 455	2 494	2 534	2 573	2 613	2 653	2 692
04	2 359	2 399	2 439	2 479	2 519	2 559	2 599	2 639	2 679	2 719
06	2 382	2 423	2 463	2 503	2 544	2 584	2 624	2 665	2 705	2 746
08	2 405	2 446	2 487	2 528	2 568	2 609	2 650	2 691	2 731	2 772
2 10	2 428	2 470	2 511	2 552	2 593	2 634	2 675	2 717	2 758	2 799
12	2 452	2 493	2 535	2 576	2 618	2 659	2 701	2 742	2 784	2 826
14	2 475	2 517	2 559	2 601	2 642	2 684	2 726	2 768	2 810	2 852
16	2 498	2 540	2 582	2 625	2 667	2 710	2 752	2 794	2 837	2 879
18	2 521	2 564	2 606	2 649	2 692	2 735	2 777	2 820	2 863	2 906
2 20	2 544	2 587	2 630	2 673	2 717	2 760	2 803	2 816	2 889	2 932
22	2 567	2 611	2 654	2 698	2 741	2 785	2 828	2 872	2 915	2 959
24	2 590	2 634	2 678	2 722	2 766	2 810	2 854	2 898	2 942	2 985
26	2 613	2 658	2 702	2 746	2 791	2 835	2 879	2 924	2 968	3 012
28	2 637	2 681	2 726	2 771	2 815	2 860	2 905	2 949	2 994	3 039
2 30	2 660	2 705	2 750	2 795	2 840	2 885	2 930	2 975	3 020	3 065
32	2 683	2 728	2 774	2 819	2 865	2 910	2 956	3 001	3 047	3 092
34	2 706	2 752	2 798	2 844	2 889	2 935	2 981	3 027	3 073	3 119
36	2 729	2 775	2 822	2 868	2 914	2 960	3 007	3 053	3 099	3 145

Epaisseur : 0m 98 centimètres

Longueur	Futailles	Largeur en Centimètres 1 38	1 40	1 42	1 44	1 46	1 48	1 50	1 52	1 54	1 56
1 38		1 866									
1 40		1 893	1 921								
42		1 920	1 948	1 976							
44		1 947	1 976	2 004	2 032						
46		1 975	2 003	2 032	2 060	2 089					
48		2 002	2 031	2 060	2 089	2 118	2 147				
1 50		2 029	2 058	2 087	2 117	2 146	2 176	2 205			
52		2 056	2 085	2 115	2 145	2 175	2 205	2 234	2 264		
54		2 083	2 113	2 143	2 173	2 203	2 234	2 264	2 294	2 324	
56		2 110	2 140	2 171	2 201	2 232	2 263	2 293	2 324	2 354	2 385
58		2 137	2 168	2 199	2 230	2 261	2 292	2 323	2 354	2 385	2 416
1 60		2 164	2 195	2 227	2 258	2 289	2 321	2 352	2 383	2 415	2 446
62		2 191	2 223	2 254	2 286	2 318	2 350	2 381	2 413	2 445	2 477
64		2 218	2 250	2 282	2 314	2 347	2 379	2 411	2 443	2 475	2 507
66		2 245	2 278	2 310	2 343	2 375	2 408	2 440	2 473	2 505	2 538
68		2 272	2 305	2 338	2 371	2 404	2 437	2 470	2 503	2 535	2 568
1 70		2 299	2 332	2 366	2 399	2 432	2 466	2 499	2 532	2 566	2 599
72		2 326	2 360	2 394	2 427	2 461	2 495	2 528	2 562	2 596	2 630
74		2 353	2 387	2 421	2 455	2 490	2 524	2 558	2 592	2 626	2 660
76		2 380	2 415	2 449	2 484	2 518	2 553	2 587	2 622	2 656	2 691
78		2 407	2 442	2 477	2 512	2 547	2 582	2 617	2 651	2 686	2 721
1 80		2 434	2 470	2 505	2 540	2 575	2 611	2 646	2 681	2 717	2 752
82		2 461	2 497	2 533	2 568	2 604	2 640	2 675	2 711	2 747	2 782
84		2 488	2 524	2 561	2 597	2 633	2 669	2 705	2 741	2 777	2 813
86		2 515	2 552	2 588	2 625	2 661	2 698	2 734	2 771	2 807	2 844
88		2 543	2 579	2 616	2 653	2 690	2 727	2 764	2 800	2 837	2 874
1 90		2 570	2 607	2 644	2 681	2 719	2 756	2 793	2 830	2 867	2 905
92		2 597	2 634	2 672	2 710	2 747	2 785	2 822	2 860	2 898	2 935
94		2 624	2 662	2 700	2 738	2 776	2 816	2 853	2 890	2 928	2 966
96		2 651	2 689	2 728	2 766	2 804	2 843	2 881	2 920	2 958	2 996
98		2 678	2 717	2 755	2 794	2 833	2 872	2 911	2 949	2 988	3 027
2 —		2 705	2 744	2 783	2 822	2 862	2 901	2 940	2 979	3 018	3 058
02		2 732	2 771	2 811	2 851	2 890	2 930	2 969	3 009	3 049	3 088
04		2 759	2 799	2 839	2 879	2 919	2 959	2 999	3 039	3 079	3 119
06		2 786	2 826	2 867	2 907	2 947	2 988	3 028	3 069	3 109	3 149
08		2 813	2 854	2 895	2 935	2 976	3 017	3 058	3 098	3 139	3 180
2 10		2 840	2 881	2 922	2 964	3 005	3 046	3 087	3 128	3 169	3 210
12		2 867	2 909	2 950	2 992	3 033	3 075	3 116	3 158	3 200	3 241
14		2 894	2 936	2 978	3 020	3 062	3 104	3 146	3 188	3 230	3 272
16		2 921	2 964	3 006	3 048	3 091	3 133	3 175	3 218	3 260	3 302
18		2 948	2 991	3 034	3 076	3 119	3 162	3 205	3 247	3 290	3 333
2 20		2 975	3 018	3 062	3 105	3 148	3 191	3 234	3 277	3 320	3 363
22		3 002	3 046	3 089	3 133	3 176	3 220	3 263	3 307	3 350	3 394
24		3 029	3 073	3 117	3 161	3 205	3 249	3 293	3 337	3 381	3 425
26		3 056	3 101	3 145	3 189	3 234	3 278	3 322	3 367	3 411	3 455
28		3 083	3 128	3 173	3 218	3 263	3 307	3 352	3 396	3 441	3 486
2 30		3 111	3 156	3 201	3 246	3 291	3 336	3 381	3 426	3 471	3 516
32		3 138	3 183	3 229	3 274	3 319	3 365	3 410	3 456	3 501	3 547
34		3 165	3 210	3 256	3 302	3 348	3 394	3 440	3 486	3 532	3 577
36		3 192	3 238	3 284	3 330	3 377	3 423	3 469	3 515	3 562	3 608
38		3 219	3 265	3 312	3 359	3 405	3 452	3 499	3 545	3 592	3 639
2 40		3 246	3 293	3 340	3 387	3 434	3 481	3 528	3 575	3 622	3 669
42		3 273	3 320	3 368	3 415	3 463	3 510	3 557	3 605	3 652	3 700
44		3 300	3 348	3 396	3 443	3 491	3 539	3 587	3 635	3 682	3 730
46		3 327	3 375	3 423	3 472	3 520	3 568	3 616	3 664	3 713	3 761
48		3 354	3 403	3 451	3 500	3 548	3 597	3 646	3 694	3 743	3 791
2 50		3 381	3 430	3 479	3 528	3 577	3 626	3 675	3 724	3 773	3 822
52		3 408	3 457	3 507	3 556	3 606	3 655	3 704	3 754	3 803	3 853
54		3 435	3 485	3 535	3 584	3 634	3 684	3 734	3 784	3 833	3 883
56		3 462	3 512	3 562	3 613	3 663	3 713	3 763	3 813	3 864	3 914
58		3 489	3 540	3 590	3 641	3 691	3 742	3 793	3 843	3 894	3 944
2 60		3 516	3 567	3 618	3 669	3 720	3 771	3 822	3 873	3 924	3 975
62		3 543	3 595	3 646	3 697	3 749	3 800	3 851	3 903	3 954	4 005
64		3 570	3 622	3 674	3 726	3 777	3 829	3 881	3 933	3 984	4 036
66		3 597	3 650	3 702	3 754	3 806	3 858	3 910	3 962	4 014	4 067
68		3 624	3 677	3 729	3 782	3 835	3 887	3 940	3 992	4 045	4 097
2 70		3 651	3 704	3 757	3 810	3 863	3 916	3 969	4 022	4 075	4 128
72		3 679	3 732	3 785	3 838	3 892	3 945	3 998	4 052	4 105	4 158
74		3 706	3 759	3 813	3 867	3 920	3 974	4 028	4 082	4 135	4 189
76		3 733	3 787	3 841	3 895	3 949	4 003	4 057	4 111	4 165	4 219

Epaisseur : 0m 98 centimètres

Longueur	Largeur en Centimètres 1 58	1 60	1 62	1 64	1 66	1 68	1 70	1 72	1 74	1 76
1 58	2 446									
1 60	2 477	2 509								
62	2 508	2 540	2 572							
64	2 539	2 572	2 604	2 636						
66	2 570	2 603	2 635	2 668	2 700					
68	2 601	2 634	2 667	2 700	2 733	2 766				
1 70	2 632	2 666	2 699	2 732	2 766	2 799	2 832			
72	2 663	2 697	2 731	2 764	2 798	2 832	2 866	2 899		
74	2 694	2 728	2 762	2 797	2 831	2 865	2 899	2 933	2 967	
76	2 725	2 760	2 794	2 829	2 863	2 898	2 932	2 967	3 001	3 036
78	2 756	2 791	2 826	2 861	2 896	2 931	2 965	3 000	3 035	3 070
1 80	2 787	2 822	2 858	2 893	2 928	2 964	2 999	3 034	3 069	3 105
82	2 818	2 854	2 889	2 925	2 961	2 996	3 032	3 068	3 103	3 139
84	2 849	2 885	2 921	2 957	2 993	3 029	3 065	3 102	3 138	3 174
86	2 880	2 916	2 953	2 989	3 026	3 062	3 099	3 135	3 172	3 208
88	2 911	2 948	2 985	3 022	3 058	3 095	3 132	3 169	3 206	3 243
1 90	2 942	2 979	3 016	3 054	3 091	3 128	3 165	3 203	3 240	3 277
92	2 973	3 011	3 048	3 086	3 123	3 161	3 199	3 236	3 274	3 312
94	3 004	3 042	3 080	3 118	3 156	3 194	3 232	3 270	3 308	3 346
96	3 035	3 073	3 112	3 150	3 189	3 227	3 265	3 304	3 342	3 381
98	3 066	3 105	3 143	3 182	3 221	3 260	3 299	3 337	3 376	3 415
2 —	3 097	3 136	3 175	3 214	3 254	3 293	3 332	3 371	3 410	3 450
02	3 128	3 167	3 207	3 247	3 286	3 326	3 365	3 405	3 445	3 484
04	3 159	3 199	3 239	3 279	3 319	3 359	3 399	3 439	3 479	3 519
06	3 190	3 230	3 270	3 311	3 351	3 392	3 432	3 472	3 513	3 553
08	3 221	3 261	3 302	3 343	3 384	3 425	3 465	3 506	3 547	3 588
2 10	3 252	3 293	3 334	3 375	3 416	3 457	3 499	3 540	3 581	3 622
12	3 283	3 324	3 366	3 407	3 449	3 490	3 532	3 573	3 615	3 657
14	3 314	3 356	3 397	3 439	3 481	3 523	3 565	3 607	3 649	3 691
16	3 345	3 387	3 429	3 472	3 514	3 556	3 599	3 641	3 683	3 726
18	3 376	3 418	3 461	3 504	3 546	3 589	3 632	3 675	3 717	3 760
2 20	3 406	3 450	3 493	3 536	3 579	3 622	3 665	3 708	3 751	3 795
22	3 437	3 481	3 524	3 568	3 611	3 655	3 699	3 742	3 786	3 829
24	3 468	3 512	3 556	3 600	3 644	3 688	3 732	3 776	3 820	3 864
26	3 499	3 544	3 588	3 632	3 677	3 721	3 765	3 809	3 854	3 898
28	3 530	3 575	3 620	3 664	3 709	3 754	3 798	3 843	3 888	3 933
2 30	3 561	3 606	3 651	3 697	3 742	3 787	3 832	3 877	3 922	3 967
32	3 592	3 638	3 683	3 729	3 774	3 820	3 865	3 911	3 956	4 002
34	3 623	3 669	3 715	3 761	3 807	3 853	3 898	3 944	3 990	4 036
36	3 654	3 700	3 747	3 793	3 839	3 886	3 932	3 978	4 024	4 071
38	3 685	3 732	3 778	3 825	3 872	3 918	3 965	4 012	4 058	4 105
2 40	3 716	3 763	3 810	3 857	3 904	3 951	3 998	4 045	4 092	4 140
42	3 747	3 795	3 842	3 889	3 937	3 984	4 032	4 079	4 127	4 174
44	3 778	3 826	3 874	3 922	3 969	4 017	4 065	4 113	4 161	4 209
46	3 809	3 857	3 905	3 954	4 002	4 050	4 098	4 147	4 195	4 243
48	3 840	3 889	3 937	3 986	4 034	4 083	4 132	4 180	4 229	4 278
2 50	3 871	3 920	3 969	4 018	4 067	4 116	4 165	4 214	4 263	4 312
52	3 902	3 951	4 001	4 050	4 100	4 149	4 198	4 248	4 297	4 346
54	3 933	3 983	4 033	4 082	4 132	4 182	4 232	4 281	4 331	4 381
56	3 964	4 014	4 064	4 114	4 165	4 215	4 265	4 315	4 365	4 415
58	3 995	4 045	4 096	4 147	4 197	4 248	4 298	4 349	4 399	4 450
2 60	4 026	4 077	4 128	4 179	4 230	4 281	4 332	4 383	4 434	4 484
62	4 057	4 108	4 160	4 211	4 262	4 314	4 365	4 416	4 468	4 519
64	4 088	4 140	4 191	4 243	4 295	4 346	4 398	4 450	4 502	4 553
66	4 119	4 171	4 223	4 275	4 327	4 379	4 432	4 484	4 536	4 588
68	4 150	4 202	4 255	4 307	4 360	4 412	4 465	4 517	4 570	4 622
2 70	4 181	4 234	4 287	4 339	4 392	4 445	4 498	4 551	4 604	4 657
72	4 212	4 265	4 318	4 372	4 425	4 478	4 532	4 585	4 638	4 691
74	4 243	4 296	4 350	4 404	4 457	4 511	4 565	4 619	4 672	4 726
76	4 274	4 328	4 382	4 436	4 490	4 544	4 598	4 652	4 706	4 760

0,98

Epaisseur : 1m 00 centimètres

Longueur	Futailles	Largeur en Centimètres. 1 00	1 02	1 04	1 06	1 08	1 10	1 12	1 14	1 16	1 18
m 1 —	0 800	1 000									
02	0 816	1 020	1 040								
04	0 832	1 040	1 061	1 082							
06	0 848	1 060	1 081	1 102	1 124						
08	0 864	1 080	1 102	1 123	1 145	1 166					
1 10	0 880	1 100	1 122	1 144	1 166	1 188	1 210				
12	0 896	1 120	1 142	1 165	1 187	1 210	1 232	1 254			
14	0 912	1 140	1 163	1 186	1 208	1 231	1 254	1 277	1 300		
16	0 928	1 160	1 183	1 206	1 230	1 253	1 276	1 299	1 322	1 346	
18	0 944	1 180	1 204	1 227	1 251	1 274	1 298	1 322	1 345	1 369	1 392
1 20	0 960	1 200	1 224	1 248	1 272	1 296	1 320	1 344	1 368	1 392	1 416
22	0 976	1 220	1 244	1 269	1 293	1 318	1 342	1 366	1 391	1 415	1 440
24	0 992	1 240	1 265	1 290	1 314	1 339	1 364	1 389	1 414	1 438	1 463
26	1 008	1 260	1 285	1 310	1 336	1 361	1 386	1 411	1 436	1 462	1 487
28	1 024	1 280	1 306	1 331	1 357	1 382	1 408	1 434	1 459	1 485	1 510
1 30	1 040	1 300	1 326	1 352	1 378	1 404	1 430	1 456	1 482	1 508	1 534
32	1 056	1 320	1 346	1 373	1 399	1 426	1 452	1 478	1 505	1 531	1 558
34	1 072	1 340	1 367	1 394	1 420	1 447	1 474	1 501	1 528	1 554	1 581
36	1 088	1 360	1 387	1 414	1 442	1 469	1 496	1 523	1 550	1 578	1 605
38	1 104	1 380	1 408	1 435	1 463	1 490	1 518	1 546	1 573	1 601	1 628
1 40	1 120	1 400	1 428	1 456	1 484	1 512	1 540	1 568	1 596	1 624	1 652
42	1 136	1 420	1 448	1 477	1 505	1 534	1 562	1 590	1 619	1 647	1 676
44	1 152	1 440	1 469	1 498	1 526	1 555	1 584	1 613	1 642	1 670	1 699
46	1 168	1 460	1 489	1 518	1 548	1 577	1 606	1 635	1 664	1 694	1 723
48	1 184	1 480	1 510	1 539	1 569	1 598	1 628	1 658	1 687	1 717	1 746
1 50	1 200	1 500	1 530	1 560	1 590	1 620	1 650	1 680	1 710	1 740	1 770
52	1 216	1 520	1 550	1 581	1 611	1 642	1 672	1 702	1 733	1 763	1 794
54	1 232	1 540	1 571	1 602	1 632	1 663	1 694	1 725	1 756	1 786	1 817
56	1 248	1 560	1 591	1 622	1 654	1 685	1 716	1 747	1 778	1 810	1 841
58	1 264	1 580	1 612	1 643	1 675	1 706	1 738	1 770	1 801	1 833	1 864
1 60	1 280	1 600	1 632	1 664	1 696	1 728	1 760	1 792	1 824	1 856	1 888
62	1 296	1 620	1 652	1 685	1 717	1 750	1 782	1 814	1 847	1 879	1 912
64	1 312	1 640	1 673	1 706	1 738	1 771	1 804	1 837	1 870	1 902	1 935
66	1 328	1 660	1 693	1 726	1 760	1 793	1 826	1 859	1 892	1 926	1 959
68	1 344	1 680	1 714	1 747	1 781	1 814	1 848	1 882	1 915	1 949	1 982
1 70	1 360	1 700	1 734	1 768	1 802	1 836	1 870	1 904	1 938	1 972	2 006
72	1 376	1 720	1 754	1 789	1 823	1 858	1 892	1 926	1 961	1 995	2 030
74	1 392	1 740	1 775	1 810	1 844	1 879	1 914	1 949	1 984	2 018	2 053
76	1 408	1 760	1 795	1 830	1 866	1 901	1 936	1 971	2 006	2 042	2 077
78	1 424	1 780	1 816	1 851	1 887	1 922	1 958	1 994	2 029	2 065	2 100
1 80	1 440	1 800	1 836	1 872	1 908	1 944	1 980	2 016	2 052	2 088	2 124
82	1 456	1 820	1 856	1 893	1 929	1 966	2 002	2 038	2 075	2 111	2 148
84	1 472	1 840	1 877	1 914	1 950	1 987	2 024	2 061	2 098	2 134	2 171
86	1 488	1 860	1 897	1 934	1 972	2 009	2 046	2 083	2 120	2 158	2 195
88	1 504	1 880	1 918	1 955	1 993	2 030	2 068	2 106	2 143	2 181	2 218
1 90	1 520	1 900	1 938	1 976	2 014	2 052	2 090	2 128	2 166	2 204	2 242
92	1 536	1 920	1 958	1 997	2 035	2 074	2 112	2 150	2 189	2 227	2 266
94	1 552	1 940	1 979	2 018	2 056	2 095	2 134	2 173	2 212	2 250	2 289
96	1 568	1 960	1 999	2 038	2 078	2 117	2 156	2 195	2 234	2 274	2 313
98	1 584	1 980	2 020	2 059	2 099	2 138	2 178	2 218	2 257	2 297	2 336
2 —	1 600	2 000	2 040	2 080	2 120	2 160	2 200	2 240	2 280	2 320	2 360
02	1 616	2 020	2 060	2 101	2 141	2 182	2 222	2 262	2 303	2 343	2 384
04	1 632	2 040	2 081	2 122	2 162	2 203	2 244	2 285	2 326	2 366	2 407
06	1 648	2 060	2 101	2 142	2 184	2 225	2 266	2 307	2 348	2 390	2 431
08	1 664	2 080	2 122	2 163	2 205	2 246	2 288	2 330	2 371	2 413	2 454
2 10	1 680	2 100	2 142	2 184	2 226	2 268	2 310	2 352	2 394	2 436	2 478
12	1 696	2 120	2 162	2 205	2 247	2 290	2 332	2 374	2 417	2 459	2 502
14	1 712	2 140	2 183	2 226	2 268	2 311	2 354	2 397	2 440	2 482	2 525
16	1 728	2 160	2 203	2 246	2 290	2 333	2 376	2 419	2 462	2 506	2 549
18	1 744	2 180	2 224	2 267	2 311	2 354	2 398	2 442	2 485	2 529	2 572
2 20	1 760	2 200	2 244	2 288	2 332	2 376	2 420	2 464	2 508	2 552	2 596
22	1 776	2 220	2 264	2 309	2 353	2 398	2 442	2 486	2 531	2 575	2 620
24	1 792	2 240	2 285	2 330	2 374	2 419	2 464	2 509	2 554	2 598	2 643
26	1 808	2 260	2 305	2 350	2 396	2 441	2 486	2 531	2 576	2 622	2 667
28	1 824	2 280	2 326	2 371	2 417	2 462	2 508	2 554	2 599	2 645	2 690
2 30	1 840	2 300	2 346	2 392	2 438	2 484	2 530	2 576	2 622	2 668	2 714
32	1 856	2 320	2 366	2 413	2 459	2 506	2 552	2 598	2 645	2 691	2 738
34	1 872	2 340	2 387	2 434	2 480	2 527	2 574	2 621	2 668	2 714	2 761
36	1 888	2 360	2 407	2 454	2 502	2 549	2 596	2 643	2 690	2 738	2 785
38	1 904	2 380	2 428	2 475	2 523	2 571	2 618	2 666	2 713	2 761	2 808

Epaisseur : 1m 00 centimètres

Longueur	Largeur en Centimètres 1 20	1 22	1 24	1 26	1 28	1 30	1 32	1 34	1 36	1 38
m 1 20	1 440									
22	1 464	1 488								
24	1 488	1 513	1 538							
26	1 512	1 537	1 562	1 588						
28	1 536	1 562	1 587	1 613	1 638					
1 30	1 560	1 586	1 612	1 638	1 664	1 690				
32	1 584	1 610	1 637	1 663	1 690	1 716	1 742			
34	1 608	1 635	1 662	1 688	1 715	1 742	1 769	1 796		
36	1 632	1 659	1 686	1 714	1 741	1 768	1 795	1 822	1 850	
38	1 656	1 684	1 711	1 739	1 766	1 794	1 822	1 849	1 877	1 904
1 40	1 680	1 708	1 736	1 764	1 792	1 820	1 848	1 876	1 904	1 932
42	1 704	1 732	1 761	1 789	1 818	1 846	1 874	1 903	1 931	1 960
44	1 728	1 757	1 786	1 814	1 843	1 872	1 901	1 930	1 958	1 987
46	1 752	1 781	1 810	1 840	1 869	1 898	1 927	1 956	1 986	2 015
48	1 776	1 806	1 835	1 865	1 894	1 924	1 954	1 983	2 013	2 042
1 50	1 800	1 830	1 860	1 890	1 920	1 950	1 980	2 010	2 040	2 070
52	1 824	1 854	1 885	1 915	1 946	1 976	2 006	2 037	2 067	2 098
54	1 848	1 879	1 910	1 940	1 971	2 002	2 033	2 064	2 094	2 125
56	1 872	1 903	1 934	1 966	1 997	2 028	2 059	2 090	2 122	2 153
58	1 896	1 928	1 959	1 991	2 022	2 054	2 086	2 117	2 149	2 180
1 60	1 920	1 952	1 984	2 016	2 048	2 080	2 112	2 144	2 176	2 208
62	1 944	1 976	2 009	2 041	2 074	2 106	2 138	2 171	2 203	2 236
64	1 968	2 001	2 034	2 066	2 099	2 132	2 165	2 198	2 230	2 263
66	1 992	2 025	2 058	2 092	2 125	2 158	2 191	2 224	2 258	2 291
68	2 016	2 050	2 083	2 117	2 150	2 184	2 218	2 251	2 285	2 318
1 70	2 040	2 074	2 108	2 142	2 176	2 210	2 244	2 278	2 312	2 346
72	2 064	2 098	2 133	2 167	2 202	2 236	2 270	2 305	2 339	2 374
74	2 088	2 123	2 158	2 192	2 227	2 262	2 297	2 332	2 366	2 401
76	2 112	2 147	2 182	2 218	2 253	2 288	2 323	2 358	2 394	2 429
78	2 136	2 172	2 207	2 243	2 278	2 314	2 350	2 385	2 421	2 456
1 80	2 160	2 196	2 232	2 268	2 304	2 340	2 376	2 412	2 448	2 484
82	2 184	2 220	2 257	2 293	2 330	2 366	2 402	2 439	2 475	2 512
84	2 208	2 245	2 282	2 318	2 355	2 392	2 429	2 466	2 502	2 539
86	2 232	2 269	2 306	2 344	2 381	2 418	2 455	2 492	2 530	2 567
88	2 256	2 294	2 331	2 369	2 406	2 444	2 482	2 519	2 557	2 594
1 90	2 280	2 318	2 356	2 394	2 432	2 470	2 508	2 546	2 584	2 622
92	2 304	2 342	2 381	2 419	2 458	2 496	2 534	2 573	2 611	2 650
94	2 328	2 367	2 406	2 444	2 483	2 522	2 561	2 600	2 638	2 677
96	2 352	2 391	2 430	2 470	2 509	2 548	2 587	2 626	2 666	2 705
98	2 376	2 416	2 455	2 495	2 534	2 574	2 614	2 653	2 693	2 732
2 —	2 400	2 440	2 480	2 520	2 560	2 600	2 640	2 680	2 720	2 760
02	2 424	2 464	2 505	2 545	2 586	2 626	2 666	2 707	2 747	2 788
04	2 448	2 489	2 530	2 570	2 611	2 652	2 693	2 734	2 774	2 815
06	2 472	2 513	2 554	2 596	2 637	2 678	2 719	2 760	2 802	2 843
08	2 496	2 538	2 579	2 621	2 662	2 704	2 746	2 787	2 829	2 870
2 10	2 520	2 562	2 604	2 646	2 688	2 730	2 772	2 814	2 856	2 898
12	2 544	2 586	2 629	2 671	2 714	2 756	2 798	2 841	2 883	2 926
14	2 568	2 611	2 654	2 696	2 739	2 782	2 825	2 868	2 910	2 953
16	2 592	2 635	2 678	2 723	2 765	2 808	2 851	2 894	2 938	2 981
18	2 616	2 660	2 703	2 747	2 790	2 834	2 878	2 921	2 965	3 008
2 20	2 640	2 684	2 728	2 772	2 816	2 860	2 904	2 948	2 992	3 036
22	2 664	2 708	2 753	2 797	2 842	2 886	2 930	2 975	3 019	3 064
24	2 688	2 733	2 778	2 822	2 867	2 912	2 957	3 002	3 046	3 091
26	2 712	2 757	2 802	2 848	2 893	2 938	2 983	3 028	3 074	3 119
28	2 736	2 782	2 827	2 873	2 918	2 964	3 010	3 055	3 101	3 146
2 30	2 760	2 806	2 852	2 898	2 944	2 990	3 036	3 082	3 128	3 174
32	2 784	2 830	2 877	2 923	2 970	3 016	3 062	3 109	3 155	3 202
34	2 808	2 855	2 902	2 948	2 995	3 042	3 089	3 136	3 182	3 229
36	2 832	2 879	2 926	2 974	3 021	3 068	3 115	3 162	3 210	3 257
38	2 856	2 904	2 951	2 999	3 046	3 094	3 142	3 189	3 237	3 284

1,00

Epaisseur : 1m 00 centimètres

Longueur	Futailles	1 40	1 42	1 44	1 46	1 48	1 50	1 52	1 54	1 56	1 58
		Largeur en centimètres									
1 40		1 960									
42		1 988	2 016								
44		2 016	2 045	2 074							
46		2 044	2 073	2 102	2 132						
48		2 072	2 102	2 131	2 161	2 190					
1 50		2 100	2 130	2 160	2 190	2 220	2 250				
52		2 128	2 158	2 189	2 219	2 250	2 280	2 310			
54		2 156	2 187	2 218	2 248	2 279	2 310	2 341	2 372		
56		2 184	2 215	2 246	2 278	2 309	2 340	2 371	2 402	2 434	
58		2 212	2 244	2 275	2 307	2 338	2 370	2 402	2 433	2 465	2 496
1 60		2 240	2 272	2 304	2 336	2 368	2 400	2 432	2 464	2 496	2 528
62		2 268	2 300	2 333	2 365	2 398	2 430	2 462	2 495	2 527	2 560
64		2 296	2 329	2 362	2 394	2 427	2 460	2 493	2 526	2 558	2 591
66		2 324	2 357	2 390	2 424	2 457	2 490	2 523	2 556	2 590	2 623
68		2 352	2 386	2 419	2 453	2 486	2 520	2 554	2 587	2 621	2 654
1 70		2 380	2 414	2 448	2 482	2 516	2 550	2 584	2 618	2 652	2 686
72		2 408	2 442	2 477	2 511	2 546	2 580	2 614	2 649	2 683	2 718
74		2 436	2 471	2 506	2 540	2 575	2 610	2 645	2 680	2 714	2 749
76		2 464	2 499	2 534	2 570	2 605	2 640	2 675	2 710	2 746	2 781
78		2 492	2 528	2 563	2 599	2 634	2 670	2 706	2 741	2 777	2 812
1 80		2 520	2 556	2 592	2 628	2 664	2 700	2 736	2 772	2 808	2 844
82		2 548	2 584	2 621	2 657	2 694	2 730	2 766	2 803	2 839	2 876
84		2 576	2 613	2 650	2 686	2 723	2 760	2 797	2 834	2 871	2 907
86		2 604	2 641	2 678	2 716	2 753	2 790	2 827	2 864	2 902	2 939
88		2 632	2 670	2 707	2 745	2 782	2 820	2 858	2 895	2 933	2 970
1 90		2 660	2 698	2 736	2 774	2 812	2 850	2 888	2 926	2 964	3 002
92		2 688	2 726	2 765	2 803	2 842	2 880	2 918	2 957	2 995	3 034
94		2 716	2 755	2 794	2 832	2 871	2 910	2 949	2 988	3 026	3 065
96		2 744	2 783	2 822	2 862	2 901	2 940	2 979	3 018	3 058	3 097
98		2 772	2 812	2 851	2 891	2 930	2 970	3 010	3 049	3 089	3 128
2 —		2 800	2 840	2 880	2 920	2 960	3 000	3 040	3 080	3 120	3 160
02		2 828	2 868	2 909	2 949	2 990	3 030	3 070	3 111	3 151	3 192
04		2 856	2 897	2 938	2 978	3 019	3 060	3 101	3 142	3 182	3 223
06		2 884	2 925	2 966	3 008	3 049	3 090	3 131	3 172	3 214	3 255
08		2 912	2 954	2 995	3 037	3 078	3 120	3 162	3 203	3 245	3 286
2 10		2 940	2 982	3 024	3 066	3 108	3 150	3 192	3 234	3 276	3 318
12		2 968	3 010	3 053	3 095	3 138	3 180	3 222	3 265	3 307	3 350
14		2 996	3 039	3 082	3 124	3 167	3 210	3 253	3 296	3 338	3 381
16		3 024	3 067	3 110	3 154	3 197	3 240	3 283	3 326	3 370	3 413
18		3 052	3 096	3 139	3 183	3 226	3 270	3 314	3 357	3 401	3 444
2 20		3 080	3 124	3 168	3 212	3 256	3 300	3 344	3 388	3 432	3 476
22		3 108	3 152	3 197	3 241	3 286	3 330	3 374	3 419	3 463	3 508
24		3 136	3 181	3 226	3 270	3 315	3 360	3 405	3 450	3 494	3 539
26		3 164	3 209	3 254	3 300	3 345	3 390	3 435	3 480	3 526	3 571
28		3 192	3 238	3 283	3 329	3 374	3 420	3 466	3 511	3 557	3 602
2 30		3 220	3 266	3 312	3 358	3 404	3 450	3 496	3 542	3 588	3 634
32		3 248	3 294	3 341	3 387	3 434	3 480	3 526	3 573	3 619	3 666
34		3 276	3 323	3 370	3 416	3 463	3 510	3 557	3 604	3 650	3 697
36		3 304	3 351	3 398	3 446	3 493	3 540	3 587	3 634	3 682	3 729
38		3 332	3 380	3 427	3 475	3 522	3 570	3 618	3 665	3 713	3 760
2 40		3 360	3 408	3 456	3 504	3 552	3 600	3 648	3 696	3 744	3 792
42		3 388	3 436	3 485	3 533	3 582	3 630	3 678	3 727	3 775	3 824
44		3 416	3 465	3 514	3 562	3 611	3 660	3 709	3 758	3 806	3 855
46		3 444	3 493	3 542	3 592	3 641	3 690	3 739	3 788	3 838	3 887
48		3 472	3 522	3 571	3 621	3 670	3 720	3 770	3 819	3 869	3 918
2 50		3 500	3 550	3 600	3 650	3 700	3 750	3 800	3 850	3 900	3 950
52		3 528	3 578	3 629	3 679	3 730	3 780	3 830	3 881	3 931	3 982
54		3 556	3 607	3 658	3 708	3 759	3 810	3 861	3 912	3 962	4 013
56		3 584	3 635	3 686	3 738	3 789	3 840	3 891	3 942	3 994	4 045
58		3 612	3 664	3 715	3 767	3 818	3 870	3 922	3 973	4 025	4 076
2 60		3 640	3 692	3 744	3 796	3 848	3 900	3 952	4 004	4 056	4 108
62		3 668	3 720	3 773	3 825	3 878	3 930	3 982	4 035	4 087	4 140
64		3 696	3 749	3 802	3 854	3 907	3 960	4 013	4 066	4 118	4 171
66		3 724	3 777	3 830	3 884	3 937	3 990	4 043	4 096	4 150	4 203
68		3 752	3 806	3 859	3 913	3 966	4 020	4 074	4 127	4 181	4 234
2 70		3 780	3 834	3 888	3 942	3 996	4 050	4 104	4 158	4 212	4 266
72		3 808	3 862	3 917	3 971	4 026	4 080	4 134	4 189	4 243	4 297
74		3 836	3 891	3 946	4 000	4 055	4 110	4 165	4 220	4 274	4 329
76		3 864	3 919	3 974	4 030	4 085	4 140	4 195	4 250	4 306	4 361
78		3 892	3 948	4 003	4 059	4 114	4 170	4 226	4 281	4 337	4 392

Epaisseur : 1m 00 centimètres

Longueur	1 60	1 62	1 64	1 66	1 68	1 70	1 72	1 74	1 76	1 78
	Largeur en centimètres									
1 60	2 560									
62	2 592	2 624								
64	2 624	2 657	2 690							
66	2 656	2 689	2 722	2 756						
68	2 688	2 722	2 755	2 789	2 822					
1 70	2 720	2 754	2 788	2 822	2 856	2 890				
72	2 752	2 786	2 821	2 855	2 890	2 924	2 958			
74	2 784	2 819	2 854	2 888	2 923	2 958	2 993	3 028		
76	2 816	2 851	2 886	2 922	2 957	2 992	3 027	3 062	3 098	
78	2 848	2 884	2 919	2 955	2 990	3 026	3 062	3 097	3 133	3 169
1 80	2 880	2 916	2 952	2 988	3 024	3 060	3 096	3 132	3 168	3 204
82	2 912	2 948	2 985	3 021	3 058	3 094	3 131	3 167	3 203	3 240
84	2 944	2 981	3 018	3 054	3 091	3 128	3 166	3 202	3 238	3 275
86	2 976	3 013	3 050	3 088	3 125	3 162	3 199	3 236	3 274	3 311
88	3 008	3 046	3 083	3 121	3 158	3 196	3 234	3 271	3 309	3 346
1 90	3 050	3 078	3 116	3 154	3 192	3 230	3 268	3 306	3 344	3 382
92	3 072	3 110	3 149	3 187	3 226	3 264	3 302	3 341	3 379	3 418
94	3 104	3 143	3 182	3 220	3 259	3 298	3 337	3 376	3 414	3 453
96	3 136	3 175	3 214	3 254	3 293	3 332	3 371	3 410	3 450	3 489
98	3 168	3 208	3 247	3 287	3 326	3 366	3 406	3 445	3 485	3 524
2 —	3 200	3 240	3 280	3 320	3 360	3 400	3 440	3 480	3 520	3 560
02	3 232	3 272	3 313	3 353	3 394	3 434	3 474	3 515	3 555	3 596
04	3 264	3 305	3 346	3 386	3 427	3 468	3 509	3 550	3 590	3 631
06	3 296	3 337	3 378	3 420	3 461	3 502	3 543	3 584	3 626	3 667
08	3 328	3 370	3 411	3 453	3 494	3 536	3 578	3 619	3 661	3 702
2 10	3 360	3 402	3 444	3 486	3 528	3 570	3 612	3 654	3 696	3 738
12	3 392	3 434	3 477	3 519	3 562	3 604	3 646	3 689	3 731	3 774
14	3 424	3 467	3 510	3 552	3 595	3 638	3 681	3 724	3 766	3 809
16	3 456	3 499	3 542	3 586	3 629	3 672	3 715	3 758	3 802	3 845
18	3 488	3 532	3 575	3 619	3 662	3 706	3 750	3 793	3 837	3 880
2 20	3 520	3 564	3 608	3 652	3 696	3 740	3 784	3 828	3 872	3 916
22	3 552	3 596	3 641	3 685	3 730	3 774	3 818	3 863	3 907	3 952
24	3 584	3 629	3 674	3 718	3 763	3 808	3 853	3 898	3 942	3 987
26	3 616	3 661	3 706	3 752	3 797	3 842	3 887	3 932	3 978	4 023
28	3 648	3 694	3 739	3 785	3 830	3 876	3 922	3 967	4 013	4 058
2 30	3 680	3 726	3 772	3 818	3 864	3 910	3 956	4 002	4 048	4 094
32	3 712	3 758	3 805	3 851	3 898	3 944	3 990	4 037	4 083	4 130
34	3 744	3 791	3 838	3 884	3 931	3 978	4 025	4 072	4 118	4 165
36	3 776	3 823	3 870	3 918	3 965	4 012	4 059	4 106	4 154	4 201
38	3 808	3 856	3 903	3 951	3 998	4 046	4 094	4 141	4 189	4 236
2 40	3 840	3 888	3 936	3 984	4 032	4 080	4 128	4 176	4 224	4 272
42	3 872	3 920	3 969	4 017	4 066	4 114	4 162	4 211	4 259	4 308
44	3 904	3 953	4 002	4 050	4 099	4 148	4 197	4 246	4 294	4 343
46	3 936	3 985	4 034	4 084	4 133	4 182	4 231	4 280	4 330	4 379
48	3 968	4 018	4 067	4 117	4 166	4 216	4 266	4 315	4 365	4 414
2 50	4 000	4 050	4 100	4 150	4 200	4 250	4 300	4 350	4 400	4 450
52	4 032	4 082	4 133	4 183	4 234	4 284	4 334	4 385	4 435	4 486
54	4 064	4 115	4 166	4 216	4 267	4 318	4 369	4 420	4 470	4 521
56	4 096	4 147	4 198	4 250	4 301	4 352	4 403	4 454	4 506	4 557
58	4 128	4 180	4 231	4 283	4 334	4 386	4 438	4 489	4 541	4 592
2 60	4 160	4 212	4 264	4 316	4 368	4 420	4 472	4 524	4 576	4 628
62	4 192	4 244	4 297	4 349	4 402	4 454	4 506	4 559	4 611	4 664
64	4 224	4 277	4 330	4 382	4 435	4 488	4 541	4 594	4 646	4 699
66	4 256	4 309	4 362	4 416	4 469	4 522	4 575	4 628	4 682	4 735
68	4 288	4 342	4 395	4 449	4 502	4 556	4 610	4 663	4 717	4 770
2 70	4 320	4 374	4 428	4 482	4 536	4 590	4 644	4 698	4 752	4 806
72	4 352	4 406	4 461	4 515	4 570	4 624	4 678	4 733	4 787	4 842
74	4 384	4 439	4 494	4 548	4 603	4 658	4 713	4 768	4 822	4 877
76	4 416	4 471	4 526	4 582	4 637	4 692	4 747	4 802	4 858	4 913
78	4 448	4 504	4 559	4 615	4 670	4 726	4 782	4 837	4 893	4 948

1,00

Epaisseur : 1m 02 centimètres

Longueur	Futailles	Largeur en centimètres 1 02	1 04	1 06	1 08	1 10	1 12	1 14	1 16	1 18	1 20
m 1 02	0 849	1 061									
04	0 866	1 082	1 103								
06	0 882	1 103	1 124	1 146							
08	0 899	1 124	1 146	1 168	1 190						
1 10	0 916	1 144	1 167	1 189	1 212	1 234					
12	0 932	1 165	1 188	1 211	1 234	1 257	1 279				
14	0 949	1 186	1 209	1 233	1 256	1 279	1 302	1 326			
16	0 965	1 207	1 231	1 254	1 278	1 302	1 326	1 349	1 373		
18	0 982	1 228	1 252	1 276	1 300	1 324	1 348	1 372	1 396	1 420	
1 20	0 999	1 248	1 273	1 297	1 322	1 346	1 371	1 395	1 420	1 444	1 469
22	1 015	1 269	1 294	1 319	1 344	1 369	1 394	1 419	1 444	1 468	1 493
24	1 032	1 290	1 315	1 341	1 366	1 391	1 417	1 442	1 467	1 492	1 518
26	1 049	1 311	1 337	1 362	1 388	1 414	1 439	1 465	1 491	1 517	1 542
28	1 065	1 332	1 358	1 384	1 410	1 436	1 462	1 488	1 514	1 541	1 567
1 30	1 082	1 353	1 379	1 406	1 432	1 459	1 485	1 512	1 538	1 565	1 591
32	1 099	1 373	1 400	1 427	1 454	1 481	1 508	1 535	1 562	1 589	1 616
34	1 115	1 394	1 421	1 449	1 476	1 503	1 531	1 558	1 585	1 613	1 640
36	1 132	1 415	1 443	1 470	1 498	1 526	1 554	1 581	1 609	1 637	1 665
38	1 149	1 436	1 464	1 492	1 520	1 548	1 577	1 605	1 633	1 661	1 689
1 40	1 165	1 457	1 485	1 514	1 542	1 571	1 599	1 628	1 656	1 685	1 714
42	1 182	1 477	1 506	1 535	1 564	1 593	1 622	1 651	1 680	1 709	1 738
44	1 199	1 498	1 528	1 557	1 586	1 616	1 645	1 674	1 704	1 733	1 763
46	1 215	1 519	1 549	1 579	1 608	1 638	1 668	1 698	1 727	1 757	1 787
48	1 232	1 540	1 570	1 600	1 630	1 661	1 691	1 721	1 751	1 781	1 812
1 50	1 248	1 561	1 591	1 622	1 652	1 683	1 714	1 744	1 775	1 805	1 836
52	1 265	1 581	1 612	1 643	1 674	1 705	1 736	1 767	1 798	1 829	1 860
54	1 282	1 602	1 634	1 665	1 696	1 728	1 759	1 791	1 822	1 854	1 885
56	1 298	1 623	1 655	1 687	1 718	1 750	1 782	1 814	1 846	1 878	1 909
58	1 315	1 644	1 676	1 708	1 741	1 773	1 805	1 837	1 869	1 902	1 934
1 60	1 332	1 665	1 697	1 730	1 763	1 795	1 828	1 860	1 893	1 926	1 958
62	1 348	1 685	1 718	1 752	1 785	1 818	1 851	1 884	1 917	1 950	1 983
64	1 365	1 706	1 740	1 773	1 807	1 840	1 874	1 907	1 940	1 974	2 007
66	1 382	1 727	1 761	1 795	1 829	1 863	1 896	1 930	1 964	1 998	2 032
68	1 398	1 748	1 782	1 816	1 851	1 885	1 919	1 954	1 988	2 022	2 056
1 70	1 415	1 769	1 803	1 838	1 873	1 907	1 942	1 977	2 011	2 046	2 081
72	1 432	1 789	1 825	1 860	1 895	1 930	1 965	2 000	2 035	2 070	2 105
74	1 448	1 810	1 846	1 881	1 917	1 952	1 988	2 023	2 059	2 094	2 130
76	1 465	1 831	1 867	1 903	1 939	1 975	2 011	2 047	2 082	2 118	2 154
78	1 482	1 852	1 888	1 925	1 961	1 997	2 033	2 070	2 106	2 142	2 179
1 80	1 498	1 873	1 909	1 946	1 983	2 020	2 056	2 093	2 130	2 166	2 203
82	1 515	1 894	1 931	1 968	2 005	2 042	2 079	2 116	2 153	2 191	2 228
84	1 531	1 914	1 952	1 989	2 027	2 064	2 102	2 140	2 177	2 215	2 252
86	1 548	1 935	1 973	2 011	2 049	2 087	2 125	2 163	2 201	2 239	2 277
88	1 565	1 956	1 994	2 033	2 071	2 109	2 148	2 186	2 224	2 263	2 301
1 90	1 581	1 977	2 016	2 054	2 093	2 132	2 171	2 209	2 248	2 287	2 326
92	1 598	1 998	2 037	2 076	2 115	2 154	2 193	2 233	2 272	2 311	2 350
94	1 615	2 018	2 058	2 098	2 137	2 177	2 216	2 256	2 295	2 335	2 375
96	1 631	2 039	2 079	2 119	2 159	2 199	2 239	2 279	2 319	2 359	2 399
98	1 648	2 060	2 100	2 141	2 181	2 222	2 262	2 302	2 343	2 383	2 424
2 —	1 665	2 081	2 122	2 162	2 203	2 244	2 285	2 326	2 366	2 407	2 448
02	1 681	2 102	2 143	2 184	2 225	2 266	2 308	2 349	2 390	2 431	2 472
04	1 698	2 122	2 164	2 206	2 247	2 289	2 330	2 372	2 414	2 455	2 497
06	1 715	2 143	2 185	2 227	2 269	2 311	2 353	2 395	2 437	2 479	2 521
08	1 731	2 164	2 206	2 249	2 291	2 334	2 376	2 419	2 461	2 503	2 546
2 10	1 748	2 185	2 228	2 271	2 313	2 356	2 399	2 442	2 485	2 528	2 570
12	1 765	2 206	2 249	2 292	2 335	2 379	2 422	2 465	2 508	2 552	2 595
14	1 781	2 226	2 270	2 314	2 357	2 401	2 445	2 488	2 532	2 576	2 619
16	1 798	2 247	2 291	2 335	2 379	2 424	2 468	2 512	2 556	2 600	2 644
18	1 815	2 268	2 313	2 357	2 401	2 446	2 490	2 535	2 579	2 624	2 668
2 20	1 831	2 289	2 334	2 379	2 424	2 468	2 513	2 558	2 603	2 648	2 693
22	1 848	2 310	2 355	2 400	2 446	2 491	2 536	2 581	2 627	2 672	2 717
24	1 864	2 330	2 376	2 422	2 468	2 513	2 559	2 605	2 650	2 696	2 742
26	1 881	2 351	2 397	2 444	2 490	2 536	2 582	2 628	2 674	2 720	2 766
28	1 898	2 372	2 419	2 465	2 512	2 558	2 605	2 651	2 698	2 744	2 791
2 30	1 914	2 393	2 440	2 487	2 534	2 581	2 628	2 674	2 721	2 768	2 815
32	1 931	2 414	2 461	2 508	2 556	2 603	2 650	2 698	2 745	2 792	2 840
34	1 948	2 435	2 482	2 530	2 578	2 625	2 673	2 721	2 769	2 816	2 864
36	1 964	2 455	2 503	2 552	2 600	2 648	2 696	2 744	2 792	2 840	2 889
38	1 981	2 476	2 525	2 573	2 622	2 670	2 719	2 767	2 816	2 864	2 913
2 40	1 998	2 497	2 546	2 595	2 644	2 693	2 742	2 791	2 840	2 889	2 938

Epaisseur : 1m 02 centimètres

Longueur	Largeur en centimètres 1 22	1 24	1 26	1 28	1 30	1 32	1 34	1 36	1 38	1 40
m 1 22	1 518									
24	1 543	1 568								
26	1 568	1 594	1 619							
28	1 593	1 619	1 645	1 671						
1 30	1 618	1 644	1 671	1 697	1 724					
32	1 643	1 670	1 696	1 723	1 750	1 777				
34	1 667	1 695	1 722	1 750	1 777	1 804	1 832			
36	1 692	1 720	1 748	1 776	1 803	1 831	1 859	1 887		
38	1 717	1 745	1 774	1 802	1 830	1 858	1 886	1 914	1 942	
1 40	1 742	1 771	1 799	1 828	1 856	1 885	1 914	1 942	1 971	1 999
42	1 767	1 796	1 825	1 854	1 883	1 912	1 940	1 970	1 999	2 028
44	1 792	1 821	1 851	1 880	1 909	1 939	1 968	1 998	2 027	2 056
46	1 817	1 847	1 876	1 906	1 936	1 966	1 996	2 025	2 055	2 085
48	1 842	1 872	1 902	1 932	1 962	1 993	2 023	2 053	2 083	2 113
1 50	1 867	1 897	1 928	1 958	1 989	2 020	2 050	2 081	2 111	2 142
52	1 891	1 922	1 954	1 985	2 016	2 047	2 078	2 109	2 140	2 171
54	1 916	1 948	1 979	2 011	2 042	2 073	2 105	2 136	2 168	2 199
56	1 941	1 973	2 005	2 037	2 069	2 100	2 132	2 164	2 196	2 228
58	1 966	1 998	2 031	2 063	2 095	2 127	2 160	2 192	2 224	2 256
1 60	1 991	2 024	2 056	2 089	2 122	2 154	2 187	2 220	2 252	2 285
62	2 016	2 049	2 082	2 115	2 148	2 181	2 214	2 247	2 280	2 313
64	2 041	2 074	2 108	2 141	2 175	2 208	2 242	2 275	2 308	2 342
66	2 066	2 100	2 133	2 167	2 201	2 235	2 269	2 303	2 337	2 370
68	2 091	2 125	2 159	2 193	2 228	2 262	2 296	2 330	2 365	2 399
1 70	2 115	2 150	2 185	2 220	2 254	2 289	2 324	2 358	2 393	2 428
72	2 140	2 175	2 211	2 246	2 281	2 316	2 351	2 386	2 421	2 456
74	2 165	2 201	2 236	2 272	2 307	2 343	2 378	2 414	2 449	2 485
76	2 190	2 226	2 262	2 298	2 334	2 370	2 406	2 441	2 477	2 513
78	2 215	2 251	2 288	2 324	2 360	2 397	2 433	2 469	2 506	2 542
1 80	2 240	2 277	2 313	2 350	2 387	2 424	2 460	2 497	2 534	2 570
82	2 265	2 302	2 339	2 376	2 413	2 450	2 488	2 525	2 562	2 599
84	2 290	2 327	2 365	2 402	2 440	2 477	2 515	2 552	2 590	2 628
86	2 315	2 353	2 390	2 428	2 466	2 504	2 542	2 580	2 618	2 656
88	2 339	2 378	2 416	2 455	2 493	2 531	2 570	2 608	2 646	2 685
1 90	2 364	2 403	2 442	2 481	2 519	2 558	2 597	2 636	2 674	2 713
92	2 389	2 428	2 468	2 507	2 546	2 585	2 624	2 663	2 703	2 742
94	2 414	2 454	2 493	2 533	2 572	2 612	2 652	2 691	2 731	2 770
96	2 439	2 479	2 519	2 559	2 599	2 639	2 679	2 719	2 759	2 799
98	2 464	2 504	2 545	2 585	2 625	2 666	2 706	2 747	2 787	2 827
2 —	2 489	2 530	2 570	2 611	2 652	2 693	2 734	2 774	2 815	2 856
02	2 514	2 555	2 596	2 637	2 679	2 720	2 761	2 802	2 843	2 885
04	2 539	2 580	2 622	2 663	2 705	2 747	2 788	2 830	2 872	2 913
06	2 563	2 605	2 648	2 690	2 732	2 774	2 816	2 858	2 900	2 942
08	2 588	2 631	2 673	2 716	2 758	2 801	2 843	2 885	2 928	2 970
2 10	2 613	2 656	2 699	2 742	2 785	2 827	2 870	2 913	2 956	2 999
12	2 638	2 681	2 725	2 768	2 811	2 854	2 898	2 941	2 984	3 027
14	2 663	2 707	2 750	2 794	2 838	2 881	2 925	2 969	3 012	3 056
16	2 688	2 732	2 776	2 820	2 864	2 908	2 952	2 996	3 040	3 084
18	2 713	2 757	2 802	2 846	2 891	2 935	2 980	3 024	3 069	3 113
2 20	2 738	2 783	2 827	2 872	2 917	2 962	3 007	3 052	3 097	3 142
22	2 763	2 808	2 853	2 898	2 944	2 989	3 034	3 080	3 125	3 170
24	2 787	2 833	2 879	2 925	2 970	3 016	3 062	3 107	3 153	3 199
26	2 812	2 858	2 905	2 951	2 997	3 043	3 089	3 135	3 181	3 227
28	2 837	2 884	2 930	2 977	3 023	3 070	3 116	3 163	3 209	3 256
2 30	2 862	2 909	2 956	3 003	3 050	3 097	3 144	3 191	3 237	3 284
32	2 887	2 934	2 982	3 029	3 076	3 124	3 171	3 218	3 266	3 313
34	2 912	2 960	3 007	3 055	3 103	3 151	3 198	3 246	3 294	3 342
36	2 937	2 985	3 033	3 081	3 129	3 178	3 226	3 274	3 322	3 370
38	2 962	3 010	3 059	3 107	3 156	3 204	3 253	3 302	3 350	3 399
2 40	2 987	3 036	3 084	3 133	3 182	3 231	3 280	3 329	3 378	3 427

Epaisseur : 1m 02 centimètres

Longueur	Futailles	1 42	1 44	1 46	1 48	1 50	1 52	1 54	1 56	1 58	1 60
m											
1 42		2 057									
44		2 086	2 115								
46		2 115	2 144	2 174							
48		2 144	2 174	2 204	2 234						
1 50		2 173	2 203	2 234	2 264	2 295					
52		2 202	2 233	2 264	2 295	2 326	2 357				
54		2 231	2 262	2 293	2 325	2 356	2 388	2 419			
56		2 260	2 291	2 323	2 355	2 387	2 419	2 450	2 482		
58		2 288	2 321	2 353	2 385	2 417	2 450	2 482	2 514	2 546	
1 60		2 317	2 350	2 383	2 415	2 448	2 481	2 513	2 546	2 579	2 611
62		2 346	2 379	2 413	2 446	2 479	2 512	2 545	2 578	2 611	2 644
64		2 375	2 409	2 442	2 476	2 509	2 543	2 576	2 610	2 643	2 676
66		2 404	2 438	2 472	2 506	2 540	2 574	2 608	2 641	2 675	2 709
68		2 433	2 468	2 502	2 536	2 570	2 605	2 639	2 673	2 707	2 742
1 70		2 462	2 497	2 532	2 566	2 601	2 636	2 670	2 705	2 740	2 774
72		2 491	2 526	2 561	2 597	2 632	2 667	2 702	2 737	2 772	2 807
74		2 520	2 556	2 591	2 627	2 662	2 698	2 733	2 769	2 804	2 840
76		2 549	2 585	2 621	2 657	2 693	2 729	2 765	2 801	2 836	2 872
78		2 578	2 614	2 651	2 687	2 723	2 760	2 796	2 832	2 869	2 905
1 80		2 607	2 644	2 681	2 717	2 754	2 791	2 827	2 864	2 901	2 938
82		2 636	2 673	2 710	2 747	2 785	2 822	2 859	2 896	2 933	2 970
84		2 665	2 703	2 740	2 778	2 815	2 853	2 890	2 928	2 965	3 003
86		2 694	2 732	2 770	2 808	2 846	2 884	2 922	2 960	2 998	3 036
88		2 723	2 761	2 800	2 838	2 876	2 915	2 953	2 991	3 030	3 068
1 90		2 752	2 791	2 829	2 868	2 907	2 946	2 985	3 023	3 062	3 101
92		2 781	2 820	2 859	2 898	2 938	2 977	3 016	3 055	3 094	3 133
94		2 810	2 849	2 889	2 929	2 968	3 008	3 047	3 087	3 127	3 166
96		2 839	2 879	2 919	2 959	2 999	3 039	3 079	3 119	3 159	3 199
98		2 868	2 908	2 949	2 989	3 029	3 070	3 110	3 151	3 191	3 231
2 —		2 897	2 938	2 978	3 019	3 060	3 101	3 142	3 182	3 223	3 264
02		2 926	2 967	3 008	3 049	3 091	3 132	3 173	3 214	3 255	3 297
04		2 955	2 996	3 038	3 080	3 121	3 163	3 204	3 246	3 288	3 329
06		2 984	3 026	3 068	3 110	3 152	3 194	3 236	3 278	3 320	3 362
08		3 013	3 055	3 098	3 140	3 182	3 225	3 267	3 310	3 352	3 395
2 10		3 042	3 084	3 127	3 170	3 213	3 256	3 298	3 342	3 384	3 427
12		3 071	3 114	3 157	3 200	3 244	3 287	3 330	3 373	3 417	3 460
14		3 100	3 143	3 187	3 231	3 274	3 318	3 362	3 405	3 449	3 492
16		3 129	3 173	3 217	3 261	3 305	3 349	3 393	3 437	3 481	3 525
18		3 158	3 202	3 246	3 291	3 335	3 380	3 424	3 469	3 513	3 558
2 20		3 186	3 231	3 276	3 321	3 366	3 411	3 456	3 501	3 546	3 590
22		3 215	3 261	3 306	3 351	3 397	3 442	3 487	3 532	3 578	3 623
24		3 244	3 290	3 336	3 382	3 427	3 473	3 519	3 564	3 610	3 656
26		3 273	3 319	3 366	3 412	3 458	3 504	3 550	3 596	3 642	3 688
28		3 302	3 349	3 395	3 442	3 488	3 535	3 581	3 628	3 674	3 721
2 30		3 331	3 378	3 425	3 472	3 519	3 566	3 613	3 660	3 707	3 754
32		3 360	3 408	3 455	3 502	3 550	3 597	3 644	3 692	3 739	3 786
34		3 389	3 437	3 485	3 532	3 580	3 628	3 676	3 723	3 771	3 819
36		3 418	3 466	3 515	3 563	3 611	3 659	3 707	3 755	3 803	3 852
38		3 447	3 496	3 544	3 593	3 641	3 690	3 739	3 787	3 836	3 884
2 40		3 476	3 525	3 574	3 623	3 672	3 721	3 770	3 819	3 868	3 917
42		3 505	3 554	3 604	3 653	3 703	3 752	3 801	3 851	3 900	3 949
44		3 534	3 584	3 634	3 683	3 733	3 783	3 833	3 883	3 932	3 982
46		3 563	3 613	3 663	3 714	3 764	3 814	3 864	3 914	3 965	4 015
48		3 592	3 643	3 693	3 744	3 794	3 845	3 896	3 946	3 997	4 047
2 50		3 621	3 672	3 723	3 774	3 825	3 876	3 927	3 978	4 029	4 080
52		3 650	3 701	3 753	3 804	3 856	3 907	3 958	4 010	4 061	4 113
54		3 679	3 731	3 783	3 834	3 886	3 938	3 990	4 042	4 093	4 145
56		3 708	3 760	3 812	3 865	3 917	3 969	4 021	4 073	4 126	4 178
58		3 737	3 790	3 842	3 895	3 947	4 000	4 053	4 105	4 158	4 211
2 60		3 766	3 819	3 872	3 925	3 978	4 031	4 084	4 137	4 190	4 243
62		3 795	3 848	3 902	3 955	4 009	4 062	4 115	4 169	4 222	4 276
64		3 824	3 878	3 931	3 985	4 039	4 093	4 147	4 201	4 255	4 308
66		3 853	3 907	3 961	4 016	4 070	4 124	4 178	4 233	4 287	4 341
68		3 882	3 936	3 991	4 046	4 100	4 155	4 210	4 264	4 319	4 374
2 70		3 911	3 966	4 021	4 076	4 131	4 186	4 241	4 296	4 351	4 406
72		3 940	3 995	4 051	4 106	4 162	4 217	4 273	4 328	4 384	4 439
74		3 969	4 025	4 080	4 136	4 192	4 248	4 304	4 360	4 416	4 472
76		3 998	4 054	4 110	4 166	4 223	4 279	4 335	4 392	4 448	4 504
78		4 027	4 083	4 140	4 197	4 253	4 310	4 367	4 424	4 480	4 537
2 80		4 056	4 113	4 170	4 227	4 284	4 341	4 398	4 455	4 512	4 570

Epaisseur : 1m 02 centimètres

Longueur	1 62	1 64	1 66	1 68	1 70	1 72	1 74	1 76	1 78	1 80
1 62	2 677									
64	2 710	2 743								
66	2 743	2 777	2 811							
68	2 776	2 810	2 845	2 879						
1 70	2 809	2 844	2 878	2 913	2 948					
72	2 842	2 877	2 912	2 947	2 982	3 018				
74	2 875	2 911	2 946	2 982	3 017	3 053	3 088			
76	2 908	2 944	2 980	3 016	3 052	3 088	3 124	3 160		
78	2 941	2 978	3 014	3 050	3 087	3 123	3 159	3 196	3 232	
1 80	2 974	3 011	3 048	3 084	3 121	3 158	3 195	3 231	3 268	3 305
82	3 007	3 044	3 082	3 119	3 156	3 193	3 230	3 267	3 304	3 342
84	3 040	3 078	3 115	3 153	3 191	3 228	3 266	3 303	3 341	3 378
86	3 073	3 111	3 149	3 187	3 225	3 263	3 301	3 339	3 377	3 415
88	3 107	3 145	3 183	3 222	3 260	3 298	3 337	3 375	3 413	3 452
1 90	3 140	3 178	3 217	3 256	3 295	3 333	3 372	3 411	3 450	3 488
92	3 173	3 212	3 251	3 290	3 329	3 368	3 408	3 447	3 486	3 525
94	3 206	3 245	3 285	3 324	3 364	3 404	3 443	3 483	3 522	3 562
96	3 239	3 279	3 319	3 359	3 399	3 439	3 479	3 519	3 559	3 599
98	3 272	3 312	3 353	3 393	3 433	3 474	3 514	3 554	3 595	3 635
2 —	3 305	3 346	3 386	3 427	3 468	3 509	3 550	3 590	3 631	3 672
02	3 338	3 379	3 420	3 461	3 503	3 544	3 585	3 626	3 668	3 709
04	3 371	3 413	3 454	3 496	3 537	3 579	3 621	3 662	3 704	3 745
06	3 404	3 446	3 488	3 530	3 572	3 614	3 656	3 698	3 740	3 782
08	3 437	3 479	3 522	3 564	3 607	3 649	3 692	3 734	3 776	3 819
2 10	3 470	3 513	3 556	3 599	3 641	3 684	3 727	3 770	3 813	3 856
12	3 503	3 546	3 590	3 633	3 676	3 719	3 763	3 806	3 849	3 892
14	3 536	3 580	3 623	3 667	3 711	3 754	3 798	3 842	3 885	3 929
16	3 569	3 613	3 657	3 701	3 745	3 790	3 834	3 878	3 922	3 966
18	3 602	3 647	3 691	3 736	3 780	3 825	3 869	3 914	3 958	4 002
2 20	3 635	3 680	3 725	3 770	3 815	3 860	3 905	3 949	3 994	4 039
22	3 668	3 714	3 759	3 804	3 849	3 895	3 940	3 985	4 031	4 076
24	3 701	3 747	3 793	3 838	3 884	3 930	3 976	4 021	4 067	4 113
26	3 734	3 781	3 827	3 873	3 919	3 965	4 011	4 057	4 103	4 149
28	3 767	3 814	3 860	3 907	3 954	4 000	4 047	4 093	4 140	4 186
2 30	3 801	3 847	3 894	3 941	3 988	4 035	4 082	4 129	4 176	4 223
32	3 834	3 881	3 928	3 976	4 023	4 070	4 118	4 165	4 212	4 260
34	3 867	3 914	3 962	4 010	4 058	4 105	4 153	4 201	4 249	4 296
36	3 900	3 948	3 996	4 044	4 092	4 140	4 189	4 237	4 285	4 333
38	3 933	3 981	4 030	4 078	4 127	4 175	4 224	4 273	4 321	4 370
2 40	3 966	4 015	4 064	4 113	4 162	4 211	4 260	4 308	4 357	4 406
42	3 999	4 048	4 098	4 147	4 196	4 246	4 295	4 344	4 394	4 443
44	4 032	4 082	4 131	4 181	4 231	4 281	4 331	4 380	4 430	4 480
46	4 065	4 115	4 165	4 215	4 266	4 316	4 366	4 416	4 466	4 517
48	4 098	4 149	4 199	4 250	4 300	4 351	4 402	4 452	4 503	4 553
2 50	4 131	4 182	4 233	4 284	4 335	4 386	4 437	4 488	4 539	4 590
52	4 164	4 215	4 267	4 318	4 370	4 421	4 472	4 524	4 575	4 627
54	4 197	4 249	4 301	4 353	4 404	4 456	4 508	4 560	4 612	4 663
56	4 230	4 282	4 335	4 387	4 439	4 491	4 543	4 596	4 648	4 700
58	4 263	4 316	4 368	4 421	4 474	4 526	4 579	4 632	4 684	4 737
2 60	4 296	4 349	4 402	4 455	4 508	4 561	4 614	4 668	4 721	4 774
62	4 329	4 383	4 436	4 490	4 543	4 597	4 650	4 703	4 757	4 810
64	4 362	4 416	4 470	4 524	4 578	4 632	4 685	4 739	4 793	4 847
66	4 395	4 450	4 504	4 558	4 612	4 667	4 721	4 775	4 829	4 884
68	4 428	4 483	4 538	4 592	4 647	4 702	4 756	4 811	4 866	4 920
2 70	4 461	4 517	4 572	4 627	4 682	4 737	4 792	4 847	4 902	4 957
72	4 495	4 550	4 606	4 661	4 716	4 772	4 827	4 883	4 938	4 994
74	4 528	4 583	4 639	4 695	4 751	4 807	4 863	4 919	4 975	5 031
76	4 561	4 617	4 673	4 730	4 786	4 842	4 898	4 955	5 011	5 067
78	4 594	4 650	4 707	4 764	4 821	4 877	4 934	4 991	5 047	5 104
2 80	4 627	4 684	4 741	4 798	4 855	4 912	4 969	5 027	5 084	5 141

1,02

Epaisseur : 1m 04 centimètres

Longueur	Futailles	Largeur en Centimètres.									
m		1 04	1 06	1 08	1 10	1 12	1 14	1 16	1 18	1 20	1 22
1 04	0 900	1 125									
06	0 917	1 146	1 169								
08	0 935	1 168	1 191	1 213							
1 10	0 952	1 190	1 213	1 236	1 258						
12	0 969	1 211	1 235	1 258	1 281	1 305					
14	0 986	1 233	1 257	1 280	1 304	1 328	1 352				
16	1 004	1 255	1 279	1 303	1 327	1 351	1 375	1 399			
18	1 021	1 276	1 301	1 325	1 350	1 374	1 399	1 424	1 448		
1 20	1 038	1 298	1 323	1 348	1 373	1 398	1 423	1 448	1 473	1 498	
22	1 056	1 320	1 345	1 370	1 396	1 421	1 446	1 472	1 497	1 523	1 548
24	1 073	1 341	1 367	1 393	1 419	1 444	1 470	1 496	1 522	1 548	1 573
26	1 090	1 363	1 389	1 415	1 441	1 468	1 494	1 520	1 546	1 572	1 599
28	1 108	1 384	1 411	1 438	1 464	1 491	1 518	1 544	1 571	1 597	1 624
1 30	1 125	1 406	1 433	1 460	1 487	1 514	1 541	1 568	1 595	1 622	1 649
32	1 142	1 428	1 455	1 483	1 510	1 538	1 565	1 592	1 620	1 647	1 675
34	1 159	1 449	1 477	1 505	1 533	1 561	1 589	1 617	1 644	1 672	1 700
36	1 177	1 471	1 499	1 528	1 556	1 584	1 612	1 641	1 669	1 697	1 726
38	1 194	1 493	1 521	1 550	1 579	1 607	1 636	1 665	1 694	1 722	1 751
1 40	1 211	1 514	1 543	1 572	1 602	1 631	1 660	1 689	1 718	1 747	1 776
42	1 229	1 536	1 565	1 595	1 624	1 654	1 684	1 713	1 743	1 772	1 802
44	1 246	1 558	1 587	1 617	1 647	1 677	1 707	1 737	1 767	1 797	1 827
46	1 263	1 579	1 610	1 640	1 670	1 701	1 731	1 761	1 792	1 822	1 852
48	1 281	1 601	1 632	1 662	1 693	1 724	1 755	1 785	1 816	1 847	1 878
1 50	1 298	1 622	1 654	1 685	1 716	1 747	1 778	1 810	1 841	1 872	1 903
52	1 315	1 644	1 676	1 707	1 739	1 770	1 802	1 834	1 865	1 897	1 929
54	1 333	1 666	1 698	1 730	1 762	1 794	1 826	1 858	1 890	1 922	1 954
56	1 350	1 687	1 720	1 752	1 785	1 817	1 850	1 882	1 914	1 947	1 979
58	1 367	1 709	1 742	1 775	1 808	1 840	1 873	1 906	1 939	1 972	2 005
1 60	1 384	1 731	1 764	1 797	1 830	1 864	1 897	1 930	1 964	1 997	2 030
62	1 402	1 752	1 786	1 820	1 853	1 887	1 921	1 954	1 988	2 022	2 055
64	1 419	1 774	1 808	1 842	1 876	1 910	1 944	1 978	2 013	2 047	2 081
66	1 436	1 795	1 830	1 865	1 899	1 934	1 968	2 003	2 037	2 072	2 106
68	1 454	1 817	1 852	1 887	1 922	1 957	1 992	2 027	2 062	2 097	2 132
1 70	1 471	1 839	1 874	1 909	1 945	1 980	2 016	2 051	2 086	2 122	2 157
72	1 488	1 860	1 896	1 932	1 968	2 003	2 039	2 075	2 111	2 147	2 182
74	1 506	1 882	1 918	1 954	1 991	2 027	2 063	2 099	2 135	2 172	2 208
76	1 523	1 904	1 940	1 977	2 013	2 050	2 087	2 123	2 160	2 196	2 233
78	1 540	1 925	1 962	1 999	2 036	2 073	2 110	2 147	2 184	2 221	2 258
1 80	1 558	1 947	1 984	2 022	2 059	2 097	2 134	2 172	2 209	2 246	2 284
82	1 575	1 969	2 006	2 044	2 082	2 120	2 158	2 196	2 234	2 271	2 309
84	1 592	1 990	2 028	2 067	2 105	2 143	2 182	2 220	2 258	2 296	2 335
86	1 609	2 012	2 050	2 089	2 128	2 167	2 205	2 244	2 283	2 321	2 360
88	1 627	2 033	2 073	2 112	2 151	2 190	2 229	2 268	2 307	2 346	2 385
1 90	1 644	2 055	2 095	2 134	2 174	2 213	2 253	2 292	2 332	2 371	2 411
92	1 661	2 077	2 117	2 157	2 196	2 236	2 276	2 316	2 356	2 396	2 436
94	1 679	2 098	2 139	2 179	2 219	2 260	2 300	2 340	2 381	2 421	2 461
96	1 696	2 120	2 161	2 201	2 242	2 283	2 324	2 365	2 405	2 446	2 487
98	1 713	2 142	2 183	2 224	2 265	2 306	2 347	2 389	2 430	2 471	2 512
2 —	1 731	2 163	2 205	2 246	2 288	2 330	2 371	2 413	2 454	2 496	2 538
02	1 748	2 185	2 227	2 269	2 311	2 353	2 395	2 437	2 479	2 521	2 563
04	1 765	2 206	2 249	2 291	2 334	2 376	2 419	2 461	2 503	2 546	2 588
06	1 782	2 228	2 271	2 314	2 357	2 399	2 442	2 485	2 528	2 571	2 614
08	1 800	2 250	2 293	2 336	2 380	2 423	2 466	2 509	2 553	2 596	2 639
2 10	1 817	2 271	2 315	2 359	2 402	2 446	2 490	2 533	2 577	2 621	2 664
12	1 834	2 293	2 337	2 381	2 425	2 469	2 513	2 558	2 602	2 646	2 690
14	1 852	2 315	2 359	2 404	2 448	2 493	2 537	2 582	2 626	2 671	2 715
16	1 869	2 336	2 381	2 426	2 471	2 516	2 561	2 606	2 651	2 696	2 741
18	1 886	2 358	2 403	2 449	2 494	2 539	2 585	2 630	2 675	2 721	2 766
2 20	1 904	2 380	2 425	2 471	2 517	2 563	2 608	2 654	2 700	2 746	2 791
22	1 921	2 401	2 447	2 494	2 540	2 586	2 632	2 678	2 724	2 771	2 817
24	1 938	2 423	2 469	2 516	2 563	2 609	2 656	2 702	2 749	2 796	2 842
26	1 956	2 444	2 491	2 538	2 585	2 632	2 679	2 726	2 773	2 820	2 867
28	1 973	2 466	2 513	2 561	2 608	2 656	2 703	2 751	2 798	2 845	2 893
2 30	1 990	2 488	2 536	2 583	2 631	2 679	2 727	2 775	2 823	2 870	2 918
32	2 007	2 509	2 558	2 606	2 654	2 702	2 751	2 799	2 847	2 895	2 944
34	2 025	2 531	2 580	2 628	2 677	2 726	2 774	2 823	2 872	2 920	2 969
36	2 042	2 553	2 602	2 651	2 700	2 749	2 798	2 847	2 896	2 945	2 994
38	2 059	2 574	2 624	2 673	2 723	2 772	2 822	2 871	2 921	2 970	3 020
2 40	2 077	2 596	2 646	2 696	2 746	2 796	2 845	2 895	2 945	2 995	3 045
42	2 094	2 617	2 668	2 718	2 768	2 819	2 869	2 919	2 970	3 020	3 070

Epaisseur : 1m 04 centimètres

Longueur	Largeur en Centimètres									
m	1 24	1 26	1 28	1 30	1 32	1 34	1 36	1 38	1 40	1 42
1 24	1 599									
26	1 625	1 651								
28	1 651	1 677	1 704							
1 30	1 676	1 704	1 731	1 758						
32	1 702	1 730	1 757	1 785	1 812					
34	1 728	1 756	1 784	1 812	1 840	1 867				
36	1 754	1 782	1 810	1 839	1 867	1 895	1 924			
38	1 780	1 808	1 837	1 866	1 894	1 923	1 952	1 981		
1 40	1 805	1 835	1 864	1 893	1 922	1 951	1 980	2 009	2 038	
42	1 831	1 861	1 890	1 920	1 949	1 979	2 008	2 038	2 068	2 097
44	1 857	1 887	1 917	1 947	1 977	2 007	2 037	2 067	2 097	2 127
46	1 883	1 913	1 944	1 974	2 004	2 035	2 065	2 095	2 126	2 156
48	1 909	1 939	1 970	2 001	2 032	2 063	2 093	2 124	2 155	2 186
1 50	1 934	1 966	1 997	2 028	2 059	2 090	2 122	2 153	2 184	2 215
52	1 960	1 992	2 023	2 055	2 087	2 118	2 150	2 182	2 213	2 245
54	1 986	2 018	2 050	2 082	2 114	2 146	2 178	2 210	2 242	2 274
56	2 012	2 044	2 077	2 109	2 142	2 174	2 206	2 239	2 271	2 304
58	2 038	2 070	2 103	2 136	2 169	2 202	2 235	2 268	2 300	2 333
1 60	2 063	2 097	2 130	2 163	2 196	2 230	2 263	2 296	2 330	2 363
62	2 089	2 123	2 157	2 190	2 224	2 258	2 291	2 325	2 359	2 392
64	2 115	2 149	2 183	2 217	2 251	2 286	2 320	2 354	2 388	2 422
66	2 141	2 175	2 210	2 244	2 279	2 313	2 348	2 382	2 417	2 451
68	2 167	2 201	2 236	2 271	2 306	2 341	2 376	2 411	2 446	2 481
1 70	2 192	2 228	2 263	2 298	2 334	2 369	2 404	2 440	2 475	2 511
72	2 218	2 254	2 290	2 326	2 361	2 397	2 433	2 469	2 504	2 540
74	2 244	2 280	2 316	2 352	2 389	2 425	2 461	2 497	2 533	2 570
76	2 270	2 306	2 343	2 380	2 416	2 453	2 489	2 526	2 563	2 599
78	2 295	2 333	2 370	2 407	2 444	2 481	2 518	2 555	2 592	2 629
1 80	2 321	2 359	2 396	2 434	2 471	2 508	2 546	2 583	2 621	2 658
82	2 347	2 385	2 423	2 461	2 498	2 536	2 574	2 612	2 650	2 688
84	2 373	2 411	2 449	2 488	2 526	2 564	2 602	2 641	2 679	2 717
86	2 399	2 437	2 476	2 515	2 553	2 592	2 631	2 669	2 708	2 747
88	2 424	2 464	2 503	2 542	2 581	2 620	2 659	2 698	2 737	2 776
1 90	2 450	2 490	2 529	2 569	2 608	2 648	2 687	2 727	2 766	2 806
92	2 476	2 516	2 556	2 596	2 636	2 676	2 716	2 756	2 796	2 835
94	2 502	2 542	2 583	2 623	2 663	2 704	2 744	2 784	2 825	2 865
96	2 528	2 568	2 609	2 650	2 691	2 731	2 772	2 813	2 854	2 895
98	2 553	2 595	2 636	2 677	2 718	2 759	2 801	2 842	2 883	2 924
2 —	2 579	2 621	2 662	2 704	2 746	2 787	2 829	2 870	2 912	2 954
02	2 605	2 647	2 689	2 731	2 773	2 815	2 857	2 899	2 941	2 983
04	2 631	2 673	2 716	2 758	2 801	2 843	2 885	2 928	2 970	3 013
06	2 657	2 699	2 742	2 785	2 828	2 871	2 914	2 957	2 999	3 042
08	2 682	2 726	2 769	2 812	2 855	2 899	2 942	2 985	3 028	3 072
2 10	2 708	2 752	2 796	2 839	2 883	2 927	2 970	3 014	3 058	3 101
12	2 734	2 778	2 822	2 866	2 910	2 954	2 999	3 043	3 087	3 131
14	2 760	2 804	2 849	2 893	2 938	2 982	3 027	3 071	3 116	3 160
16	2 786	2 830	2 875	2 920	2 965	3 010	3 055	3 100	3 145	3 190
18	2 811	2 857	2 902	2 947	2 993	3 038	3 083	3 129	3 174	3 219
2 20	2 837	2 883	2 929	2 974	3 020	3 066	3 112	3 157	3 203	3 249
22	2 863	2 909	2 955	3 001	3 048	3 094	3 140	3 186	3 232	3 278
24	2 889	2 935	2 982	3 028	3 075	3 122	3 168	3 215	3 261	3 308
26	2 914	2 962	3 009	3 056	3 103	3 150	3 197	3 244	3 291	3 338
28	2 940	2 988	3 035	3 083	3 130	3 177	3 225	3 272	3 320	3 367
2 30	2 966	3 014	3 062	3 110	3 157	3 205	3 253	3 301	3 349	3 397
32	2 992	3 040	3 088	3 137	3 185	3 233	3 281	3 330	3 378	3 426
34	3 018	3 066	3 115	3 164	3 212	3 261	3 310	3 358	3 407	3 456
36	3 043	3 093	3 142	3 191	3 240	3 289	3 338	3 387	3 436	3 485
38	3 069	3 119	3 168	3 218	3 267	3 317	3 366	3 416	3 465	3 515
2 40	3 095	3 145	3 195	3 245	3 295	3 345	3 395	3 444	3 494	3 544
42	3 121	3 171	3 222	3 272	3 322	3 373	3 423	3 473	3 524	3 574

Epaisseur : 1m 04 centimètres

Longueur	Futailles	Largeur en Centimètres									
		1 44	1 46	1 48	1 50	1 52	1 54	1 56	1 58	1 60	1 62
m 1 44		2 157									
46		2 186	2 217								
48		2 216	2 247	2 278							
1 50		2 246	2 278	2 309	2 340						
52		2 276	2 308	2 340	2 371	2 403					
54		2 306	2 338	2 370	2 402	2 434	2 466				
56		2 336	2 369	2 401	2 434	2 466	2 498	2 531			
58		2 366	2 399	2 432	2 465	2 498	2 531	2 563	2 596		
1 60		2 396	2 429	2 463	2 496	2 529	2 563	2 596	2 629	2 662	
62		2 426	2 460	2 494	2 527	2 561	2 595	2 628	2 662	2 696	2 729
64		2 456	2 490	2 524	2 558	2 593	2 627	2 661	2 695	2 729	2 763
66		2 486	2 521	2 555	2 590	2 624	2 659	2 693	2 728	2 762	2 797
68		2 516	2 551	2 586	2 621	2 656	2 691	2 726	2 761	2 796	2 830
1 70		2 546	2 581	2 617	2 652	2 687	2 723	2 758	2 793	2 829	2 864
72		2 576	2 612	2 647	2 683	2 719	2 755	2 791	2 826	2 862	2 898
74		2 606	2 642	2 678	2 714	2 751	2 787	2 823	2 859	2 895	2 932
76		2 636	2 672	2 709	2 746	2 782	2 819	2 855	2 892	2 929	2 965
78		2 666	2 703	2 740	2 777	2 814	2 851	2 888	2 925	2 962	2 999
1 80		2 696	2 733	2 771	2 808	2 845	2 883	2 920	2 958	2 995	3 033
82		2 726	2 763	2 801	2 839	2 877	2 915	2 953	2 991	3 028	3 066
84		2 756	2 794	2 832	2 870	2 909	2 947	2 985	3 023	3 062	3 100
86		2 786	2 824	2 863	2 902	2 940	2 979	3 018	3 056	3 095	3 134
88		2 815	2 855	2 894	2 933	2 972	3 011	3 050	3 089	3 128	3 167
1 90		2 845	2 885	2 924	2 964	3 004	3 043	3 083	3 122	3 162	3 201
92		2 875	2 915	2 955	2 995	3 035	3 075	3 115	3 155	3 195	3 235
94		2 905	2 946	2 986	3 026	3 067	3 107	3 147	3 188	3 228	3 269
96		2 935	2 976	3 017	3 058	3 098	3 139	3 180	3 221	3 261	3 302
98		2 965	3 006	3 048	3 089	3 130	3 171	3 212	3 254	3 295	3 336
2		2 995	3 037	3 078	3 120	3 162	3 203	3 245	3 286	3 328	3 370
02		3 025	3 067	3 109	3 151	3 193	3 235	3 277	3 319	3 361	3 403
04		3 055	3 098	3 140	3 182	3 225	3 267	3 310	3 352	3 395	3 437
06		3 085	3 128	3 171	3 214	3 256	3 299	3 342	3 385	3 428	3 471
08		3 115	3 158	3 202	3 245	3 288	3 331	3 375	3 418	3 461	3 504
2 10		3 145	3 189	3 232	3 276	3 320	3 363	3 407	3 451	3 494	3 538
12		3 175	3 219	3 263	3 307	3 351	3 395	3 439	3 484	3 528	3 572
14		3 205	3 249	3 294	3 338	3 383	3 427	3 472	3 516	3 561	3 605
16		3 235	3 280	3 325	3 370	3 415	3 459	3 504	3 549	3 594	3 639
18		3 265	3 310	3 355	3 401	3 446	3 491	3 537	3 582	3 628	3 673
2 20		3 295	3 340	3 386	3 432	3 478	3 524	3 569	3 615	3 661	3 707
22		3 325	3 371	3 417	3 463	3 509	3 556	3 602	3 648	3 694	3 740
24		3 355	3 401	3 448	3 494	3 541	3 588	3 634	3 681	3 727	3 774
26		3 385	3 432	3 479	3 526	3 573	3 620	3 667	3 714	3 761	3 808
28		3 415	3 462	3 509	3 557	3 604	3 652	3 699	3 746	3 794	3 841
2 30		3 444	3 492	3 540	3 588	3 636	3 684	3 732	3 779	3 827	3 875
32		3 474	3 523	3 571	3 619	3 667	3 716	3 764	3 812	3 860	3 909
34		3 504	3 553	3 602	3 650	3 699	3 748	3 796	3 845	3 894	3 942
36		3 534	3 583	3 633	3 682	3 731	3 780	3 829	3 878	3 927	3 976
38		3 564	3 614	3 663	3 713	3 762	3 812	3 861	3 911	3 960	4 010
2 40		3 594	3 644	3 694	3 744	3 794	3 844	3 894	3 944	3 994	4 044
42		3 624	3 675	3 725	3 775	3 826	3 876	3 926	3 977	4 027	4 077
44		3 654	3 705	3 756	3 806	3 857	3 908	3 959	4 009	4 060	4 111
46		3 684	3 735	3 786	3 838	3 889	3 940	3 991	4 042	4 093	4 145
48		3 714	3 766	3 817	3 869	3 920	3 972	4 024	4 075	4 127	4 178
2 50		3 744	3 796	3 848	3 900	3 952	4 004	4 056	4 108	4 160	4 212
52		3 774	3 826	3 879	3 931	3 984	4 036	4 088	4 141	4 193	4 246
54		3 804	3 857	3 910	3 962	4 015	4 068	4 121	4 174	4 227	4 279
56		3 834	3 887	3 940	3 994	4 047	4 100	4 153	4 207	4 260	4 313
58		3 864	3 917	3 971	4 025	4 078	4 132	4 186	4 239	4 293	4 347
2 60		3 894	3 948	4 002	4 056	4 110	4 164	4 218	4 272	4 326	4 380
62		3 924	3 978	4 033	4 087	4 142	4 196	4 251	4 305	4 360	4 414
64		3 954	4 009	4 063	4 118	4 173	4 228	4 283	4 338	4 393	4 448
66		3 984	4 039	4 094	4 150	4 205	4 260	4 316	4 371	4 426	4 482
68		4 014	4 069	4 125	4 181	4 237	4 292	4 348	4 404	4 460	4 515
2 70		4 044	4 100	4 156	4 212	4 268	4 324	4 380	4 437	4 493	4 549
72		4 073	4 130	4 187	4 243	4 300	4 356	4 413	4 470	4 526	4 583
74		4 103	4 160	4 217	4 274	4 331	4 388	4 445	4 502	4 559	4 616
76		4 133	4 191	4 248	4 306	4 363	4 420	4 478	4 535	4 593	4 650
78		4 163	4 221	4 279	4 337	4 395	4 452	4 510	4 568	4 626	4 684
2 80		4 193	4 252	4 310	4 368	4 426	4 484	4 543	4 601	4 659	4 717
82		4 223	4 282	4 341	4 399	4 458	4 517	4 575	4 634	4 692	4 751

Epaisseur : 1m 04 centimètres

Longueur	Largeur en Centimètres									
	1 64	1 66	1 68	1 70	1 72	1 74	1 76	1 78	1 80	1 82
m 1 64	2 797									
66	2 831	2 866								
68	2 865	2 900	2 935							
1 70	2 900	2 935	2 970	3 006						
72	2 934	2 969	3 005	3 041	3 077					
74	2 968	3 004	3 040	3 076	3 113	3 149				
76	3 002	3 038	3 075	3 112	3 148	3 185	3 222			
78	3 036	3 073	3 110	3 147	3 184	3 221	3 258	3 295		
1 80	3 070	3 108	3 145	3 182	3 220	3 257	3 295	3 332	3 370	
82	3 104	3 142	3 180	3 218	3 256	3 293	3 331	3 369	3 407	3 445
84	3 138	3 177	3 215	3 253	3 292	3 330	3 368	3 406	3 444	3 483
86	3 172	3 211	3 250	3 288	3 327	3 366	3 405	3 443	3 482	3 521
88	3 207	3 246	3 285	3 324	3 363	3 402	3 441	3 480	3 519	3 558
1 90	3 241	3 280	3 320	3 359	3 399	3 438	3 478	3 517	3 557	3 596
92	3 275	3 315	3 355	3 395	3 434	3 474	3 514	3 554	3 594	3 634
94	3 309	3 349	3 390	3 430	3 470	3 511	3 551	3 591	3 632	3 672
96	3 343	3 384	3 425	3 465	3 506	3 547	3 588	3 628	3 669	3 710
98	3 377	3 418	3 459	3 501	3 542	3 583	3 624	3 665	3 707	3 748
2 —	3 411	3 453	3 494	3 536	3 578	3 619	3 661	3 702	3 744	3 786
02	3 445	3 487	3 529	3 571	3 613	3 655	3 697	3 739	3 781	3 823
04	3 479	3 522	3 564	3 607	3 649	3 692	3 734	3 776	3 819	3 861
06	3 514	3 556	3 599	3 642	3 685	3 728	3 771	3 813	3 856	3 899
08	3 548	3 591	3 634	3 677	3 721	3 764	3 807	3 850	3 894	3 937
2 10	3 582	3 625	3 669	3 713	3 756	3 800	3 844	3 888	3 931	3 975
12	3 616	3 660	3 704	3 748	3 792	3 836	3 880	3 925	3 969	4 013
14	3 650	3 694	3 739	3 784	3 828	3 873	3 917	3 962	4 006	4 051
16	3 684	3 729	3 774	3 819	3 864	3 909	3 954	3 999	4 044	4 088
18	3 718	3 764	3 809	3 854	3 900	3 945	3 990	4 036	4 081	4 126
2 20	3 752	3 798	3 844	3 890	3 935	3 981	4 027	4 073	4 118	4 164
22	3 786	3 833	3 879	3 925	3 971	4 017	4 063	4 110	4 156	4 202
24	3 821	3 867	3 914	3 960	4 007	4 054	4 100	4 147	4 193	4 240
26	3 855	3 902	3 949	3 996	4 043	4 090	4 137	4 184	4 231	4 278
28	3 889	3 936	3 984	4 031	4 078	4 126	4 173	4 221	4 268	4 316
2 30	3 923	3 971	4 019	4 066	4 114	4 162	4 210	4 258	4 306	4 353
32	3 957	4 005	4 054	4 102	4 150	4 198	4 247	4 295	4 343	4 391
34	3 991	4 040	4 088	4 137	4 186	4 234	4 283	4 332	4 380	4 429
36	4 025	4 074	4 123	4 172	4 222	4 271	4 320	4 369	4 418	4 467
38	4 059	4 109	4 158	4 208	4 257	4 307	4 356	4 406	4 455	4 505
2 40	4 093	4 143	4 193	4 243	4 293	4 343	4 393	4 443	4 493	4 543
42	4 128	4 178	4 228	4 279	4 329	4 379	4 430	4 480	4 530	4 581
44	4 162	4 212	4 263	4 314	4 365	4 415	4 466	4 517	4 568	4 618
46	4 196	4 247	4 298	4 349	4 400	4 452	4 503	4 554	4 605	4 656
48	4 230	4 281	4 333	4 385	4 436	4 488	4 539	4 591	4 643	4 694
2 50	4 264	4 316	4 368	4 420	4 472	4 524	4 576	4 628	4 680	4 732
52	4 298	4 351	4 403	4 455	4 508	4 560	4 613	4 665	4 717	4 770
54	4 332	4 385	4 438	4 491	4 544	4 596	4 649	4 702	4 755	4 808
56	4 366	4 420	4 473	4 526	4 579	4 633	4 686	4 739	4 792	4 846
58	4 400	4 454	4 508	4 561	4 615	4 669	4 722	4 776	4 830	4 883
2 60	4 435	4 489	4 543	4 597	4 651	4 705	4 759	4 813	4 867	4 921
62	4 469	4 523	4 578	4 632	4 687	4 741	4 796	4 850	4 905	4 959
64	4 503	4 558	4 613	4 668	4 722	4 777	4 832	4 887	4 942	4 997
66	4 537	4 592	4 648	4 703	4 758	4 814	4 869	4 924	4 980	5 035
68	4 571	4 627	4 682	4 738	4 794	4 850	4 905	4 961	5 017	5 073
2 70	4 605	4 661	4 717	4 774	4 830	4 886	4 942	4 998	5 054	5 111
72	4 639	4 696	4 752	4 809	4 866	4 922	4 979	5 035	5 092	5 148
74	4 673	4 730	4 787	4 844	4 901	4 958	5 015	5 072	5 129	5 186
76	4 707	4 765	4 822	4 880	4 937	4 994	5 052	5 109	5 167	5 224
78	4 742	4 799	4 857	4 915	4 973	5 031	5 089	5 146	5 204	5 262
2 80	4 776	4 834	4 892	4 950	5 009	5 067	5 125	5 183	5 242	5 300
82	4 810	4 868	4 927	4 986	5 044	5 103	5 162	5 220	5 279	5 338

LONGUEUR	FUTAILLES	LARGEUR EN CENTIMÈTRES									
		1 06	1 08	1 10	1 12	1 14	1 16	1 18	1 20	1 22	1 24
m											
1 06	0 953	1 191									
08	0 971	1 213	1 236								
1 10	0 989	1 236	1 259	1 283							
12	1 007	1 258	1 282	1 306	1 330						
14	1 025	1 281	1 305	1 329	1 353	1 378					
16	1 043	1 303	1 328	1 353	1 377	1 402	1 426				
18	1 061	1 326	1 351	1 376	1 401	1 426	1 451	1 476			
1 20	1 079	1 348	1 374	1 399	1 425	1 450	1 476	1 501	1 526		
22	1 097	1 371	1 397	1 423	1 448	1 474	1 500	1 526	1 552	1 578	
24	1 115	1 393	1 420	1 446	1 472	1 498	1 525	1 551	1 577	1 604	1 630
26	1 133	1 416	1 442	1 469	1 496	1 523	1 549	1 576	1 603	1 629	1 656
28	1 151	1 438	1 465	1 492	1 520	1 547	1 574	1 601	1 628	1 655	1 682
1 30	1 169	1 461	1 488	1 516	1 543	1 571	1 598	1 626	1 654	1 681	1 709
32	1 187	1 483	1 511	1 539	1 567	1 595	1 623	1 651	1 679	1 707	1 735
34	1 204	1 506	1 534	1 562	1 591	1 619	1 648	1 676	1 704	1 733	1 761
36	1 222	1 528	1 557	1 586	1 615	1 643	1 672	1 701	1 730	1 759	1 788
38	1 240	1 551	1 580	1 609	1 638	1 668	1 697	1 726	1 755	1 785	1 814
1 40	1 258	1 573	1 603	1 632	1 662	1 692	1 721	1 751	1 781	1 810	1 840
42	1 276	1 596	1 626	1 656	1 686	1 716	1 746	1 776	1 806	1 836	1 866
44	1 294	1 618	1 649	1 679	1 710	1 740	1 771	1 801	1 832	1 862	1 893
46	1 312	1 640	1 671	1 702	1 733	1 764	1 795	1 826	1 857	1 888	1 919
48	1 330	1 663	1 694	1 726	1 757	1 788	1 820	1 851	1 883	1 914	1 945
1 50	1 348	1 685	1 717	1 749	1 781	1 813	1 844	1 876	1 908	1 940	1 972
52	1 366	1 708	1 740	1 772	1 805	1 837	1 869	1 901	1 933	1 966	1 998
54	1 384	1 730	1 763	1 796	1 828	1 861	1 894	1 926	1 959	1 992	2 024
56	1 402	1 753	1 786	1 819	1 852	1 885	1 918	1 951	1 984	2 017	2 050
58	1 420	1 775	1 809	1 842	1 876	1 909	1 943	1 976	2 010	2 043	2 077
1 60	1 438	1 798	1 832	1 866	1 900	1 933	1 967	2 001	2 035	2 069	2 103
62	1 456	1 820	1 855	1 889	1 923	1 958	1 992	2 026	2 061	2 095	2 129
64	1 474	1 843	1 877	1 912	1 947	1 982	2 017	2 051	2 086	2 121	2 156
66	1 492	1 865	1 900	1 936	1 971	2 006	2 041	2 076	2 112	2 147	2 182
68	1 510	1 888	1 923	1 959	1 994	2 030	2 066	2 101	2 137	2 173	2 208
1 70	1 528	1 910	1 946	1 982	2 018	2 054	2 090	2 126	2 162	2 198	2 234
72	1 546	1 933	1 969	2 006	2 042	2 078	2 115	2 151	2 188	2 224	2 261
74	1 564	1 955	1 992	2 029	2 066	2 103	2 140	2 176	2 213	2 250	2 287
76	1 582	1 978	2 015	2 052	2 089	2 127	2 164	2 201	2 239	2 276	2 313
78	1 000	2 000	2 038	2 075	2 113	2 151	2 189	2 226	2 264	2 302	2 340
1 80	1 618	2 022	2 061	2 099	2 137	2 175	2 213	2 251	2 290	2 328	2 366
82	1 636	2 045	2 084	2 122	2 161	2 199	2 238	2 276	2 315	2 354	2 392
84	1 654	2 067	2 106	2 145	2 184	2 223	2 262	2 301	2 340	2 379	2 418
86	1 672	2 090	2 129	2 169	2 208	2 248	2 287	2 326	2 366	2 405	2 445
88	1 690	2 112	2 152	2 192	2 232	2 272	2 312	2 352	2 391	2 431	2 471
1 90	1 708	2 135	2 175	2 215	2 256	2 296	2 336	2 377	2 417	2 457	2 497
92	1 726	2 157	2 198	2 239	2 279	2 320	2 361	2 402	2 442	2 483	2 524
94	1 744	2 180	2 221	2 262	2 303	2 344	2 385	2 427	2 468	2 509	2 550
96	1 762	2 202	2 244	2 285	2 327	2 368	2 410	2 452	2 493	2 535	2 576
98	1 780	2 225	2 267	2 309	2 351	2 393	2 435	2 477	2 519	2 561	2 603
2 —	1 798	2 247	2 290	2 332	2 374	2 417	2 459	2 502	2 544	2 586	2 629
02	1 816	2 270	2 312	2 355	2 398	2 441	2 484	2 527	2 569	2 612	2 655
04	1 834	2 292	2 335	2 379	2 422	2 465	2 508	2 552	2 595	2 638	2 681
06	1 852	2 315	2 358	2 402	2 446	2 489	2 533	2 577	2 620	2 664	2 708
08	1 870	2 337	2 381	2 425	2 469	2 513	2 558	2 602	2 646	2 690	2 734
2 10	1 888	2 360	2 404	2 449	2 493	2 538	2 582	2 627	2 671	2 716	2 760
12	1 906	2 382	2 427	2 472	2 517	2 562	2 607	2 652	2 697	2 742	2 787
14	1 924	2 405	2 450	2 495	2 541	2 586	2 631	2 677	2 722	2 767	2 813
16	1 942	2 427	2 473	2 519	2 564	2 610	2 656	2 702	2 748	2 793	2 839
18	1 960	2 449	2 496	2 542	2 588	2 634	2 681	2 727	2 773	2 819	2 865
2 20	1 978	2 472	2 519	2 565	2 612	2 658	2 705	2 752	2 798	2 845	2 892
22	1 996	2 494	2 541	2 589	2 636	2 683	2 730	2 777	2 824	2 871	2 918
24	2 013	2 517	2 564	2 612	2 659	2 707	2 754	2 802	2 849	2 897	2 944
26	2 031	2 539	2 587	2 635	2 683	2 731	2 779	2 827	2 875	2 923	2 971
28	2 049	2 562	2 610	2 658	2 707	2 755	2 803	2 852	2 900	2 948	2 997
2 30	2 067	2 584	2 633	2 682	2 731	2 779	2 828	2 877	2 926	2 974	3 023
32	2 085	2 607	2 656	2 705	2 754	2 803	2 853	2 902	2 951	3 000	3 049
34	2 103	2 629	2 679	2 728	2 778	2 828	2 877	2 927	2 976	3 026	3 076
36	2 121	2 652	2 702	2 752	2 802	2 852	2 902	2 952	3 002	3 052	3 102
38	2 139	2 674	2 725	2 775	2 826	2 876	2 926	2 977	3 027	3 078	3 128
2 40	2 157	2 697	2 748	2 798	2 849	2 900	2 951	3 002	3 053	3 104	3 155
42	2 175	2 719	2 770	2 822	2 873	2 924	2 976	3 027	3 078	3 130	3 181
44	2 193	2 742	2 793	2 845	2 897	2 948	3 000	3 052	3 104	3 155	3 207

LONGUEUR	LARGEUR EN CENTIMÈTRES									
	1 26	1 28	1 30	1 32	1 34	1 36	1 38	1 40	1 42	1 4
m 1 26	1 683									
28	1 710	1 737								
1 30	1 736	1 764	1 791							
32	1 763	1 791	1 819	1 847						
34	1 790	1 818	1 847	1 875	1 903					
36	1 816	1 845	1 874	1 903	1 932	1 961				
38	1 843	1 872	1 902	1 931	1 960	1 989	2 019			
1 40	1 870	1 900	1 929	1 959	1 989	2 018	2 048	2 078		
42	1 897	1 927	1 957	1 987	2 017	2 047	2 077	2 107	2 137	
44	1 923	1 954	1 984	2 015	2 045	2 076	2 106	2 137	2 167	2 198
46	1 950	1 981	2 012	2 043	2 074	2 105	2 136	2 167	2 198	2 229
48	1 977	2 008	2 039	2 071	2 102	2 134	2 165	2 196	2 228	2 259
1 50	2 003	2 035	2 067	2 099	2 131	2 162	2 194	2 226	2 258	2 290
52	2 030	2 062	2 095	2 127	2 159	2 191	2 223	2 256	2 288	2 320
54	2 057	2 089	2 122	2 155	2 187	2 220	2 253	2 285	2 318	2 351
56	2 084	2 117	2 150	2 183	2 216	2 249	2 282	2 315	2 348	2 381
58	2 110	2 144	2 177	2 211	2 244	2 278	2 311	2 345	2 378	2 412
1 60	2 137	2 171	2 205	2 239	2 273	2 307	2 340	2 374	2 408	2 442
62	2 164	2 198	2 232	2 267	2 301	2 335	2 370	2 404	2 438	2 473
64	2 190	2 225	2 260	2 295	2 329	2 364	2 399	2 434	2 469	2 503
66	2 217	2 252	2 287	2 323	2 358	2 393	2 428	2 463	2 499	2 534
68	2 244	2 279	2 315	2 351	2 386	2 422	2 458	2 493	2 529	2 564
1 70	2 271	2 307	2 343	2 379	2 415	2 451	2 487	2 523	2 559	2 595
72	2 297	2 334	2 370	2 407	2 443	2 480	2 516	2 552	2 589	2 625
74	2 324	2 361	2 398	2 435	2 471	2 508	2 545	2 582	2 619	2 656
76	2 351	2 388	2 425	2 463	2 500	2 537	2 575	2 612	2 649	2 686
78	2 377	2 415	2 453	2 491	2 528	2 566	2 604	2 642	2 679	2 717
1 80	2 404	2 442	2 480	2 519	2 557	2 595	2 633	2 671	2 709	2 748
82	2 431	2 469	2 508	2 547	2 585	2 624	2 662	2 701	2 739	2 778
84	2 458	2 497	2 536	2 575	2 614	2 653	2 692	2 731	2 770	2 809
86	2 484	2 524	2 563	2 603	2 642	2 681	2 721	2 760	2 800	2 839
88	2 511	2 551	2 591	2 630	2 670	2 710	2 750	2 790	2 830	2 870
1 90	2 538	2 578	2 618	2 658	2 699	2 739	2 779	2 820	2 860	2 900
92	2 564	2 605	2 646	2 686	2 727	2 768	2 809	2 849	2 890	2 931
94	2 591	2 632	2 673	2 714	2 756	2 797	2 838	2 879	2 920	2 961
96	2 618	2 659	2 701	2 742	2 784	2 826	2 867	2 909	2 950	2 992
98	2 644	2 686	2 728	2 770	2 812	2 854	2 896	2 938	2 980	3 022
2 —	2 671	2 714	2 756	2 798	2 841	2 883	2 926	2 968	3 010	3 053
02	2 698	2 741	2 784	2 826	2 869	2 912	2 955	2 998	3 041	3 083
04	2 725	2 768	2 811	2 854	2 898	2 941	2 984	3 027	3 071	3 114
06	2 751	2 795	2 839	2 882	2 926	2 970	3 013	3 057	3 101	3 144
08	2 778	2 822	2 866	2 910	2 954	2 999	3 043	3 087	3 131	3 175
2 10	2 805	2 849	2 894	2 938	2 983	3 027	3 072	3 116	3 161	2 205
12	2 831	2 876	2 921	2 966	3 011	3 056	3 101	3 146	3 191	3 236
14	2 858	2 904	2 949	2 994	3 040	3 085	3 130	3 176	3 221	3 266
16	2 885	2 931	2 976	3 022	3 068	3 114	3 160	3 205	3 251	3 297
18	2 912	2 958	3 004	3 050	3 096	3 143	3 189	3 235	3 281	3 328
2 20	2 938	2 985	3 032	3 078	3 125	3 172	3 218	3 265	3 311	3 358
22	2 965	3 012	3 059	3 106	3 153	3 200	3 247	3 294	3 342	3 389
24	2 992	3 039	3 087	3 134	3 182	3 229	3 277	3 324	3 372	3 419
26	3 018	3 066	3 114	3 162	3 210	3 258	3 306	3 354	3 402	3 450
28	3 045	3 094	3 142	3 190	3 239	3 287	3 335	3 384	3 432	3 480
2 30	3 072	3 121	3 169	3 218	3 207	3 316	3 364	3 413	3 402	3 511
32	3 099	3 148	3 197	3 246	3 295	3 345	3 394	3 443	3 492	3 541
34	3 125	3 175	3 225	3 274	3 324	3 373	3 423	3 473	3 522	3 572
36	3 152	3 202	3 252	3 302	3 352	3 402	3 452	3 502	3 552	3 602
38	3 179	3 229	3 280	3 330	3 381	3 431	3 481	3 532	3 582	3 633
2 40	3 205	3 256	3 307	3 358	3 409	3 460	3 511	3 562	3 612	3 663
42	3 232	3 283	3 335	3 386	3 437	3 489	3 540	3 591	3 643	3 694
44	3 259	3 311	3 362	3 414	3 466	3 518	3 569	3 621	3 673	3 724

Epaisseur : 1m 06 centimètres

Longueur	Futailles	Largeur en Centimètres 1 46	1 48	1 50	1 52	1 54	1 56	1 58	1 60	1 62	1 64
1 46		2 259									
48		2 290	2 322								
1 50		2 321	2 353	2 385							
52		2 352	2 385	2 417	2 449						
54		2 383	2 416	2 449	2 481	2 514					
56		2 414	2 447	2 480	2 513	2 547	2 580				
58		2 445	2 479	2 512	2 546	2 579	2 613	2 646			
1 60		2 476	2 510	2 544	2 578	2 612	2 646	2 680	2 714		
62		2 507	2 541	2 576	2 610	2 644	2 679	2 713	2 748	2 782	
64		2 538	2 573	2 608	2 642	2 677	2 712	2 747	2 781	2 816	2 851
66		2 569	2 604	2 639	2 675	2 710	2 745	2 780	2 815	2 851	2 886
68		2 600	2 636	2 671	2 707	2 742	2 778	2 814	2 849	2 885	2 921
1 70		2 631	2 667	2 703	2 739	2 775	2 811	2 848	2 883	2 919	2 955
72		2 662	2 698	2 735	2 771	2 808	2 844	2 881	2 917	2 954	2 990
74		2 693	2 730	2 767	2 803	2 840	2 877	2 914	2 951	2 988	3 025
76		2 724	2 761	2 798	2 836	2 873	2 910	2 948	2 985	3 022	3 060
78		2 755	2 792	2 830	2 868	2 906	2 943	2 981	3 019	3 057	3 094
1 80		2 786	2 824	2 862	2 900	2 938	2 976	3 015	3 053	3 091	3 129
82		2 817	2 855	2 894	2 932	2 971	3 010	3 048	3 087	3 125	3 164
84		2 848	2 887	2 926	2 965	3 004	3 043	3 082	3 121	3 160	3 199
86		2 879	2 918	2 957	2 997	3 036	3 076	3 115	3 155	3 194	3 233
88		2 909	2 949	2 989	3 029	3 069	3 109	3 149	3 188	3 228	3 268
1 90		2 940	2 981	3 021	3 001	3 102	3 142	3 182	3 222	3 263	3 303
92		2 971	3 012	3 053	3 094	3 134	3 175	3 216	3 256	3 297	3 338
94		3 002	3 043	3 085	3 126	3 167	3 208	3 249	3 290	3 331	3 372
96		3 033	3 075	3 116	3 158	3 200	3 241	3 283	3 324	3 366	3 407
98		3 064	3 106	3 148	3 190	3 232	3 274	3 316	3 358	3 400	3 442
2 —		3 095	3 138	3 180	3 222	3 265	3 307	3 350	3 392	3 434	3 477
02		3 126	3 169	3 212	3 255	3 297	3 340	3 383	3 426	3 469	3 512
04		3 157	3 200	3 244	3 287	3 330	3 373	3 417	3 460	3 503	3 546
06		3 188	3 232	3 275	3 319	3 363	3 406	3 450	3 494	3 537	3 581
08		3 219	3 263	3 307	3 351	3 395	3 439	3 484	3 528	3 572	3 616
2 10		3 250	3 294	3 339	3 384	3 428	3 473	3 517	3 562	3 606	3 651
12		3 281	3 326	3 371	3 416	3 461	3 506	3 551	3 596	3 640	3 685
14		3 312	3 357	3 403	3 448	3 493	3 539	3 584	3 629	3 675	3 720
16		3 343	3 389	3 434	3 480	3 526	3 572	3 618	3 663	3 709	3 755
18		3 874	3 420	3 466	3 512	3 559	3 605	3 651	3 697	3 743	3 790
2 20		3 405	3 451	3 498	3 545	3 591	3 638	3 685	3 731	3 778	3 824
22		3 436	3 483	3 530	3 577	3 624	3 671	3 718	3 765	3 812	3 859
24		3 467	3 514	3 562	3 609	3 657	3 704	3 752	3 799	3 847	3 894
26		3 498	3 545	3 593	3 641	3 689	3 737	3 785	3 833	3 881	3 929
28		3 529	3 577	3 625	3 674	3 722	3 770	3 819	3 867	3 915	3 964
2 30		3 559	3 608	3 657	3 706	3 755	3 803	3 852	3 901	3 950	3 998
32		3 590	3 640	3 689	3 738	3 787	3 836	3 886	3 935	3 984	4 033
34		3 621	3 671	3 721	3 770	3 820	3 869	3 919	3 969	4 018	4 068
36		3 652	3 702	3 752	3 802	3 852	3 902	3 952	4 003	4 053	4 103
38		3 683	3 734	3 784	3 835	3 885	3 936	3 986	4 036	4 087	4 137
2 40		3 714	3 765	3 816	3 867	3 918	3 969	4 020	4 070	4 121	4 172
42		3 745	3 796	3 848	3 899	3 950	4 002	4 053	4 104	4 156	4 207
44		3 776	3 828	3 880	3 931	3 983	4 035	4 087	4 138	4 190	4 242
46		3 867	3 859	3 911	3 964	4 016	4 068	4 120	4 172	4 224	4 276
48		3 838	3 891	3 943	3 996	4 048	4 101	4 154	4 206	4 259	4 311
2 50		3 869	3 922	3 975	4 028	4 081	4 134	4 187	4 240	4 293	4 346
52		3 900	3 953	4 007	4 060	4 114	4 167	4 220	4 274	4 327	4 381
54		3 931	3 985	4 039	4 092	4 146	4 200	4 254	4 308	4 362	4 416
56		3 962	4 016	4 070	4 125	4 179	4 233	4 287	4 342	4 396	4 450
58		3 993	4 048	4 102	4 157	4 212	4 266	4 321	4 376	4 430	4 485
2 60		4 024	4 079	4 134	4 189	4 244	4 299	4 354	4 410	4 465	4 520
62		4 055	4 110	4 166	4 221	4 277	4 332	4 388	4 444	4 499	4 555
64		4 086	4 142	4 198	4 254	4 310	4 366	4 421	4 477	4 533	4 589
66		4 117	4 173	4 229	4 286	4 342	4 399	4 455	4 511	4 568	4 624
68		4 148	4 204	4 261	4 318	4 375	4 432	4 488	4 545	4 602	4 659
2 70		4 179	4 236	4 293	4 350	4 407	4 465	4 522	4 579	4 636	4 694
72		4 209	4 267	4 325	4 382	4 440	4 498	4 555	4 613	4 671	4 728
74		4 240	4 299	4 357	4 415	4 473	4 531	4 589	4 647	4 705	4 763
76		4 271	4 330	4 388	4 447	4 505	4 564	4 622	4 681	4 739	4 798
78		4 302	4 361	4 420	4 479	4 538	4 597	4 656	4 715	4 774	4 833
2 80		4 333	4 393	4 452	4 511	4 571	4 630	4 689	4 749	4 808	4 868
82		4 364	4 424	4 484	4 544	4 603	4 663	4 723	4 783	4 843	4 902
84		4 395	4 455	4 516	4 576	4 636	4 696	4 756	4 817	4 877	4 937

Epaisseur : 1m 06 centimètres

Longueur	Largeur en Centimètres 1 66	1 68	1 70	1 72	1 74	1 76	1 78	1 80	1 82	1 84
1 66	2 921									
68	2 956	2 992								
1 70	2 991	3 027	3 063							
72	3 027	3 063	3 099	3 136						
74	3 062	3 099	3 135	3 172	3 209					
76	3 097	3 134	3 172	3 209	3 246	3 283				
78	3 132	3 170	3 208	3 245	3 283	3 321	3 359			
1 80	3 167	3 205	3 244	3 282	3 320	3 358	3 396	3 434		
82	3 202	3 241	3 280	3 318	3 357	3 395	3 434	3 473	3 511	
84	3 238	3 277	3 316	3 355	3 394	3 433	3 472	3 511	3 550	3 589
86	3 273	3 312	3 352	3 391	3 431	3 470	3 509	3 549	3 588	3 628
88	3 308	3 348	3 388	3 428	3 467	3 507	3 547	3 587	3 627	3 667
1 90	3 343	3 384	3 424	3 464	3 504	3 545	3 585	3 625	3 665	3 706
92	3 378	3 419	3 460	3 501	3 541	3 582	3 623	3 663	3 704	3 745
94	3 414	3 455	3 496	3 537	3 578	3 619	3 660	3 702	3 743	3 784
96	3 449	3 490	3 532	3 573	3 615	3 657	3 698	3 740	3 781	3 823
98	3 484	3 526	3 568	3 610	3 652	3 694	3 736	3 778	3 820	3 862
2 —	3 519	3 562	3 604	3 646	3 689	3 731	3 774	3 816	3 858	3 901
02	3 554	3 597	3 640	3 683	3 726	3 769	3 811	3 854	3 897	3 940
04	3 590	3 633	3 676	3 719	3 763	3 806	3 849	3 892	3 936	3 979
06	3 625	3 668	3 712	3 756	3 799	3 843	3 887	3 930	3 974	4 018
08	3 660	3 704	3 748	3 792	3 836	3 880	3 925	3 969	4 013	4 057
2 10	3 695	3 740	3 784	3 829	3 873	3 918	3 962	4 007	4 051	4 096
12	3 730	3 775	3 820	3 865	3 910	3 955	4 000	4 045	4 090	4 135
14	3 766	3 811	3 856	3 902	3 947	3 992	4 038	4 083	4 128	4 174
16	3 801	3 847	3 892	3 938	3 984	4 030	4 075	4 121	4 167	4 213
18	3 836	3 882	3 928	3 975	4 021	4 067	4 113	4 159	4 206	4 252
2 20	3 871	3 918	3 964	4 011	4 058	4 104	4 151	4 198	4 244	4 291
22	3 906	3 953	4 000	4 048	4 095	4 142	4 189	4 236	4 283	4 330
24	3 942	3 989	4 036	4 084	4 131	4 179	4 226	4 274	4 321	4 369
26	3 977	4 025	4 073	4 120	4 168	4 216	4 264	4 312	4 360	4 408
28	4 012	4 060	4 109	4 157	4 205	4 254	4 302	4 350	4 399	4 447
2 30	4 047	4 096	4 145	4 193	4 242	4 291	4 340	4 388	4 437	4 486
32	4 082	4 131	4 181	4 230	4 279	4 328	4 377	4 427	4 476	4 525
34	4 117	4 167	4 217	4 266	4 316	4 366	4 415	4 465	4 514	4 564
36	4 153	4 203	4 253	4 303	4 353	4 403	4 453	4 503	4 553	4 603
38	4 188	4 238	4 289	4 339	4 390	4 440	4 491	4 541	4 591	4 642
2 40	4 223	4 274	4 325	4 376	4 427	4 477	4 528	4 579	4 630	4 681
42	4 258	4 310	4 361	4 412	4 463	4 515	4 566	4 617	4 669	4 720
44	4 293	4 345	4 397	4 449	4 500	4 552	4 604	4 656	4 707	4 759
46	4 329	4 381	4 433	4 485	4 537	4 589	4 642	4 694	4 746	4 798
48	4 364	4 416	4 469	4 522	4 574	4 627	4 679	4 732	4 784	4 837
2 50	4 399	4 452	4 505	4 558	4 611	4 664	4 717	4 770	4 823	4 876
52	4 434	4 488	4 541	4 594	4 648	4 701	4 755	4 808	4 802	4 915
54	4 469	4 523	4 577	4 631	4 685	4 739	4 792	4 846	4 900	4 954
56	4 505	4 559	4 613	4 667	4 722	4 776	4 830	4 884	4 939	4 993
58	4 540	4 594	4 649	4 704	4 759	4 813	4 868	4 923	4 977	5 032
2 60	4 575	4 630	4 685	4 740	4 795	4 851	4 906	4 961	5 016	5 071
62	4 610	4 666	4 721	4 777	4 832	4 888	4 943	4 999	5 055	5 110
64	4 645	4 701	4 757	4 813	4 869	4 925	4 981	5 037	5 093	5 149
66	4 681	4 737	4 793	4 850	4 906	4 962	5 019	5 075	5 132	5 188
68	4 716	4 773	4 829	4 886	4 943	5 000	5 057	5 113	5 170	5 227
2 70	4 751	4 808	4 865	4 923	4 980	5 037	5 094	5 152	5 209	5 266
72	4 786	4 844	4 901	4 959	5 017	5 074	5 132	5 190	5 247	5 305
74	4 821	4 879	4 937	4 996	5 054	5 112	5 170	5 228	5 286	5 344
76	4 856	4 915	4 974	5 032	5 091	5 149	5 208	5 266	5 325	5 383
78	4 892	4 951	5 010	5 068	5 127	5 186	5 245	5 304	5 363	5 422
2 80	4 927	4 986	5 046	5 105	5 164	5 224	5 283	5 342	5 402	5 461
82	4 962	5 022	5 082	5 141	5 201	5 261	5 321	5 381	5 440	5 500
84	4 997	5 057	5 118	5 178	5 238	5 298	5 359	5 419	5 479	5 539

1,06

1

Epaisseur : 1ᵐ 08 centimètres

Longueur	Futailles	Largeur en Centimètres									
m		1 08	1 10	1 12	1 14	1 16	1 18	1 20	1 22	1 24	1 26
1 08	1 008	1 260									
1 10	1 026	1 283	1 307								
12	1 045	1 306	1 331	1 355							
14	1 064	1 330	1 354	1 379	1 404						
16	1 082	1 353	1 378	1 403	1 428	1 453					
18	1 101	1 376	1 402	1 427	1 453	1 478	1 504				
1 20	1 120	1 400	1 426	1 452	1 477	1 503	1 529	1 555			
22	1 138	1 423	1 449	1 476	1 502	1 528	1 555	1 581	1 607		
24	1 157	1 446	1 473	1 500	1 527	1 553	1 580	1 607	1 634	1 661	
26	1 176	1 470	1 497	1 524	1 551	1 579	1 606	1 633	1 660	1 687	1 715
28	1 194	1 493	1 521	1 548	1 576	1 604	1 631	1 659	1 687	1 714	1 742
1 30	1 213	1 516	1 544	1 572	1 601	1 629	1 657	1 685	1 713	1 741	1 769
32	1 232	1 540	1 568	1 597	1 625	1 654	1 682	1 711	1 739	1 768	1 796
34	1 250	1 563	1 592	1 621	1 650	1 679	1 708	1 737	1 766	1 795	1 823
36	1 269	1 586	1 616	1 645	1 674	1 704	1 733	1 763	1 792	1 821	1 851
38	1 288	1 610	1 639	1 669	1 699	1 729	1 759	1 788	1 818	1 848	1 878
1 40	1 306	1 633	1 663	1 693	1 724	1 754	1 784	1 814	1 845	1 875	1 905
42	1 325	1 656	1 687	1 718	1 748	1 779	1 810	1 840	1 871	1 902	1 932
44	1 344	1 680	1 711	1 742	1 773	1 804	1 835	1 866	1 897	1 928	1 960
46	1 362	1 703	1 734	1 766	1 798	1 829	1 861	1 892	1 924	1 955	1 987
48	1 381	1 726	1 758	1 790	1 822	1 854	1 886	1 918	1 950	1 982	2 014
1 50	1 400	1 750	1 782	1 814	1 847	1 879	1 912	1 944	1 976	2 009	2 041
52	1 418	1 773	1 806	1 839	1 871	1 904	1 937	1 970	2 003	2 036	2 068
54	1 437	1 796	1 830	1 863	1 896	1 929	1 963	1 996	2 029	2 062	2 096
56	1 456	1 820	1 853	1 887	1 921	1 954	1 988	2 022	2 055	2 089	2 123
58	1 474	1 843	1 877	1 911	1 946	1 979	2 014	2 048	2 082	2 116	2 150
1 60	1 493	1 866	1 901	1 935	1 970	2 004	2 039	2 074	2 108	2 143	2 177
62	1 512	1 890	1 925	1 960	1 995	2 030	2 065	2 100	2 135	2 170	2 204
64	1 530	1 913	1 948	1 984	2 019	2 055	2 090	2 125	2 161	2 196	2 232
66	1 549	1 936	1 972	2 008	2 044	2 080	2 115	2 151	2 187	2 223	2 259
68	1 568	1 960	1 996	2 032	2 068	2 105	2 141	2 177	2 214	2 250	2 286
1 70	1 586	1 983	2 020	2 056	2 093	2 130	2 166	2 203	2 240	2 277	2 313
72	1 605	2 006	2 043	2 081	2 118	2 155	2 192	2 229	2 266	2 303	2 341
74	1 624	2 030	2 067	2 105	2 142	2 180	2 217	2 255	2 293	2 330	2 368
76	1 642	2 053	2 091	2 129	2 167	2 205	2 243	2 281	2 319	2 357	2 395
78	1 661	2 076	2 115	2 153	2 192	2 230	2 268	2 307	2 345	2 384	2 422
1 80	1 680	2 100	2 138	2 177	2 216	2 255	2 294	2 333	2 372	2 411	2 449
82	1 698	2 123	2 162	2 201	2 241	2 280	2 319	2 359	2 398	2 437	2 477
84	1 717	2 146	2 186	2 226	2 265	2 305	2 345	2 385	2 424	2 464	2 504
86	1 736	2 170	2 210	2 250	2 290	2 330	2 370	2 411	2 451	2 491	2 531
88	1 754	2 193	2 233	2 274	2 315	2 355	2 396	2 436	2 477	2 518	2 558
1 90	1 773	2 216	2 257	2 298	2 339	2 380	2 421	2 462	2 503	2 544	2 586
92	1 792	2 239	2 281	2 322	2 364	2 405	2 447	2 488	2 530	2 571	2 613
94	1 810	2 263	2 305	2 347	2 389	2 430	2 472	2 514	2 556	2 598	2 640
96	1 829	2 286	2 328	2 371	2 413	2 455	2 498	2 540	2 582	2 625	2 667
98	1 848	2 309	2 352	2 395	2 438	2 481	2 523	2 566	2 609	2 652	2 694
2 —	1 866	2 333	2 376	2 419	2 462	2 506	2 549	2 592	2 635	2 678	2 722
02	1 885	2 356	2 400	2 443	2 487	2 531	2 574	2 618	2 662	2 705	2 749
04	1 904	2 379	2 424	2 468	2 512	2 556	2 600	2 644	2 688	2 732	2 776
06	1 922	2 403	2 447	2 492	2 536	2 581	2 625	2 670	2 714	2 759	2 803
08	1 941	2 426	2 471	2 516	2 561	2 606	2 651	2 696	2 741	2 786	2 830
2 10	1 960	2 449	2 495	2 540	2 586	2 631	2 676	2 722	2 767	2 812	2 858
12	1 978	2 473	2 519	2 564	2 610	2 656	2 702	2 748	2 793	2 839	2 885
14	1 997	2 496	2 542	2 589	2 635	2 681	2 727	2 773	2 820	2 866	2 912
16	2 016	2 519	2 566	2 613	2 659	2 706	2 753	2 799	2 846	2 893	2 939
18	2 034	2 543	2 590	2 637	2 684	2 731	2 778	2 825	2 872	2 919	2 967
2 20	2 053	2 566	2 614	2 661	2 709	2 756	2 804	2 851	2 899	2 946	2 994
22	2 072	2 589	2 637	2 685	2 733	2 781	2 829	2 877	2 925	2 973	3 021
24	2 090	2 613	2 661	2 710	2 758	2 808	2 855	2 903	2 951	3 000	3 048
26	2 109	2 636	2 685	2 734	2 783	2 831	2 880	2 929	2 978	3 027	3 075
28	2 128	2 659	2 709	2 758	2 807	2 856	2 906	2 955	3 004	3 053	3 103
2 30	2 146	2 683	2 732	2 782	2 832	2 881	2 931	2 981	3 030	3 080	3 130
32	2 165	2 706	2 756	2 806	2 856	2 906	2 957	3 007	3 057	3 107	8 157
34	2 184	2 729	2 780	2 830	2 881	2 932	2 982	3 033	3 083	3 134	3 184
36	2 202	2 753	2 804	2 855	2 906	2 957	3 008	3 059	3 110	3 161	3 211
38	2 221	2 776	2 827	2 879	2 930	2 982	3 033	3 084	3 136	3 187	3 239
2 40	2 240	2 799	2 851	2 903	2 955	3 007	3 059	3 110	3 162	3 214	3 266
42	2 259	2 823	2 875	2 927	2 980	3 032	3 084	3 136	3 189	3 241	3 293
44	2 278	2 846	2 899	2 951	3 004	3 057	3 109	3 162	3 215	3 268	3 320
46	2 296	2 869	2 922	2 976	3 029	3 082	3 135	3 188	3 241	3 294	3 348

Longueur	Largeur en Centimètres									
m	1 28	1 30	1 32	1 34	1 36	1 38	1 40	1 42	1 44	1 46
1 28	1 769									
1 30	1 797	1 825								
32	1 825	1 853	1 882							
34	1 852	1 881	1 910	1 939						
36	1 880	1 909	1 939	1 968	1 998					
38	1 908	1 938	1 967	1 997	2 027	2 057				
1 40	1 935	1 966	1 996	2 026	2 056	2 087	2 117			
42	1 963	1 994	2 024	2 055	2 086	2 116	2 147	2 178		
44	1 991	2 022	2 053	2 084	2 115	2 146	2 177	2 208	2 239	
46	2 018	2 050	2 081	2 113	2 144	2 176	2 208	2 239	2 271	2 302
48	2 046	2 078	2 110	2 142	2 174	2 206	2 238	2 270	2 302	2 334
1 50	2 074	2 106	2 138	2 171	2 203	2 236	2 268	2 300	2 333	2 365
52	2 101	2 134	2 167	2 200	2 233	2 265	2 298	2 331	2 364	2 397
54	2 129	2 162	2 195	2 229	2 262	2 295	2 328	2 362	2 395	2 428
56	2 157	2 190	2 224	2 258	2 291	2 325	2 359	2 392	2 426	2 460
58	2 184	2 218	2 252	2 287	2 321	2 355	2 389	2 423	2 457	2 491
1 60	2 212	2 246	2 281	2 316	2 350	2 385	2 419	2 454	2 488	2 523
62	2 239	2 274	2 309	2 344	2 379	2 414	2 449	2 484	2 519	2 554
64	2 267	2 303	2 338	2 373	2 409	2 444	2 480	2 515	2 551	2 586
66	2 295	2 331	2 366	2 402	2 438	2 474	2 510	2 546	2 582	2 617
68	2 322	2 359	2 395	2 431	2 468	2 504	2 540	2 576	2 613	2 649
1 70	2 350	2 387	2 424	2 460	2 497	2 534	2 570	2 607	2 644	2 681
72	2 378	2 415	2 452	2 489	2 526	2 563	2 601	2 638	2 675	2 712
74	2 405	2 443	2 481	2 518	2 556	2 593	2 631	2 668	2 706	2 744
76	2 433	2 471	2 509	2 547	2 585	2 623	2 661	2 699	2 737	2 775
78	2 461	2 499	2 538	2 576	2 614	2 653	2 691	2 730	2 768	2 807
1 80	2 488	2 527	2 566	2 605	2 644	2 683	2 722	2 760	2 799	2 838
82	2 516	2 555	2 595	2 634	2 673	2 713	2 752	2 791	2 830	2 870
84	2 544	2 583	2 623	2 663	2 703	2 742	2 782	2 822	2 862	2 901
86	2 571	2 611	2 652	2 692	2 732	2 772	2 812	2 852	2 893	2 933
88	2 599	2 640	2 680	2 721	2 761	2 802	2 843	2 883	2 924	2 964
1 90	2 627	2 668	2 709	2 750	2 791	2 832	2 873	2 914	2 955	2 990
92	2 654	2 696	2 737	2 779	2 820	2 862	2 903	2 945	2 986	3 027
94	2 682	2 724	2 766	2 808	2 849	2 891	2 933	2 975	3 017	3 059
96	2 710	2 752	2 794	2 837	2 879	2 921	2 964	3 006	3 048	3 091
98	2 737	2 780	2 823	2 865	2 908	2 951	2 994	3 037	3 079	3 122
2 —	2 765	2 808	2 851	2 894	2 938	2 981	3 024	3 067	3 110	3 154
02	2 792	2 836	2 880	2 923	2 967	3 011	3 054	3 098	3 142	3 185
04	2 820	2 864	2 908	2 952	2 996	3 040	3 084	3 129	3 173	3 217
06	2 848	2 892	2 937	2 981	3 026	3 070	3 115	3 159	3 204	3 248
08	2 875	2 920	2 965	3 010	3 055	3 100	3 145	3 190	3 235	3 280
2 10	2 903	2 948	2 994	3 039	3 084	3 130	3 175	3 221	3 266	3 311
12	2 931	2 976	3 022	3 068	3 114	3 160	3 205	3 251	3 297	3 343
14	2 958	3 005	3 051	3 097	3 143	3 189	3 236	3 282	3 328	3 374
16	2 986	3 033	3 079	3 126	3 173	3 219	3 266	3 313	3 359	3 406
18	3 014	3 061	3 108	3 155	3 202	3 249	3 296	3 343	3 390	3 437
2 20	3 041	3 089	3 136	3 184	3 231	3 279	3 326	3 374	3 421	3 469
22	3 069	3 117	3 165	3 213	3 261	3 309	3 357	3 405	3 453	3 500
24	3 097	3 145	3 193	3 242	3 290	3 338	3 387	3 435	3 484	3 532
26	3 124	3 173	3 222	3 271	3 319	3 368	3 417	3 466	3 515	3 564
28	3 152	3 201	3 250	3 300	3 349	3 398	3 447	3 497	3 546	3 595
2 30	3 180	3 229	3 279	3 329	3 378	3 428	3 478	3 527	3 577	3 627
32	3 207	3 257	3 307	3 358	3 408	3 458	3 508	3 558	3 608	3 658
34	3 235	3 285	3 336	3 386	3 437	3 488	3 538	3 589	3 639	3 690
36	3 262	3 313	3 364	3 415	3 466	3 517	3 568	3 619	3 670	3 721
38	3 290	3 342	3 393	3 444	3 496	3 547	3 599	3 650	3 701	3 753
2 40	3 318	3 370	3 421	3 473	3 526	3 577	3 629	3 681	3 732	3 784
42	3 345	3 398	3 450	3 502	3 554	3 607	3 659	3 711	3 764	3 816
44	3 373	3 426	3 478	3 531	3 584	3 637	3 689	3 742	3 795	3 847
46	3 401	3 454	3 507	3 580	3 613	3 666	3 720	3 773	3 826	3 879

1,08

Epaisseur : 1m 08 centimètres

Longueur	Futailles	Largeur en Centimètres 1 48	1 50	1 52	1 54	1 56	1 58	1 60	1 62	1 64	1 66
m 1 48		2 366									
1 50		2 398	2 430								
52		2 430	2 462	2 495							
54		2 462	2 495	2 528	2 561						
56		2 494	2 527	2 561	2 595	2 628					
58		2 525	2 560	2 594	2 628	2 662	2 696				
1 60		2 557	2 592	2 627	2 661	2 696	2 730	2 765			
62		2 589	2 624	2 659	2 694	2 729	2 764	2 799	2 834		
64		2 621	2 657	2 692	2 728	2 763	2 798	2 834	2 869	2 905	
66		2 653	2 689	2 725	2 761	2 797	2 833	2 868	2 904	2 940	2 976
68		2 685	2 722	2 758	2 794	2 830	2 867	2 903	2 939	2 976	3 012
1 70		2 717	2 754	2 791	2 827	2 864	2 901	2 938	2 974	3 011	3 048
72		2 749	2 786	2 824	2 861	2 898	2 935	2 972	3 009	3 046	3 084
74		2 781	2 819	2 856	2 894	2 932	2 969	3 007	3 044	3 082	3 119
76		2 813	2 851	2 889	2 927	2 965	3 003	3 041	3 079	3 117	3 155
78		2 845	2 884	2 922	2 960	2 999	3 037	3 076	3 114	3 153	3 191
1 80		2 877	2 916	2 955	2 994	3 033	3 072	3 110	3 149	3 188	3 227
82		2 909	2 948	2 988	3 027	3 066	3 106	3 145	3 184	3 224	3 263
84		2 941	2 981	3 021	3 060	3 100	3 140	3 180	3 219	3 259	3 299
86		2 973	3 013	3 053	3 094	3 134	3 174	3 214	3 254	3 294	3 335
88		3 005	3 046	3 086	3 127	3 167	3 208	3 249	3 289	3 330	3 370
1 90		3 037	3 078	3 119	3 160	3 201	3 242	3 283	3 324	3 365	3 406
92		3 069	3 110	3 152	3 193	3 235	3 276	3 318	3 359	3 401	3 442
94		3 101	3 143	3 185	3 227	3 269	3 310	3 352	3 394	3 436	3 478
96		3 133	3 175	3 218	3 260	3 302	3 345	3 387	3 429	3 472	3 514
98		3 165	3 208	3 250	3 293	3 336	3 379	3 421	3 464	3 507	3 550
2 —		3 197	3 240	3 283	3 326	3 370	3 413	3 456	3 499	3 542	3 586
02		3 229	3 272	3 316	3 360	3 403	3 447	3 491	3 534	3 578	3 621
04		3 261	3 305	3 349	3 397	3 437	3 481	3 526	3 569	3 610	3 657
06		3 293	3 337	3 382	3 426	3 471	3 515	3 560	3 604	3 649	3 693
08		3 325	3 370	3 415	3 459	3 504	3 549	3 594	3 639	3 684	3 729
2 10		3 357	3 402	3 447	3 493	3 538	3 583	3 629	3 674	3 720	3 765
12		3 389	3 434	3 480	3 526	3 572	3 618	3 663	3 709	3 755	3 801
14		3 421	3 467	3 513	3 559	3 605	3 652	3 698	3 744	3 790	3 837
16		3 453	3 499	3 546	3 593	3 639	3 686	3 732	3 779	3 826	3 872
18		3 485	3 532	3 579	3 626	3 673	3 720	3 767	3 814	3 861	3 908
2 20		3 516	3 564	3 612	3 659	3 707	3 754	3 802	3 849	3 897	3 944
22		3 548	3 596	3 644	3 692	3 740	3 788	3 836	3 884	3 932	3 980
24		3 580	3 629	3 677	3 726	3 774	3 822	3 871	3 919	3 967	4 016
26		3 612	3 661	3 710	3 759	3 808	3 856	3 905	3 954	4 003	4 052
28		3 644	3 694	3 743	3 792	3 841	3 891	3 940	3 989	4 038	4 088
2 30		3 676	3 726	3 776	3 825	3 875	3 925	3 974	4 024	4 074	4 123
32		3 708	3 758	3 809	3 859	3 909	3 959	4 009	4 059	4 109	4 159
34		3 740	3 791	3 841	3 892	3 942	3 993	4 044	4 094	4 145	4 195
36		3 772	3 823	3 874	3 925	3 976	4 027	4 078	4 129	4 180	4 231
38		3 804	3 856	3 907	3 958	4 010	4 061	4 113	4 164	4 215	4 267
2 40		3 836	3 888	3 940	3 992	4 044	4 095	4 147	4 199	4 251	4 303
42		3 868	3 920	3 973	4 025	4 077	4 129	4 182	4 234	4 286	4 339
44		3 900	3 953	4 006	4 058	4 111	4 164	4 216	4 269	4 322	4 374
46		3 932	3 985	4 038	4 091	4 145	4 198	4 251	4 304	4 357	4 410
48		3 964	4 018	4 071	4 125	4 178	4 232	4 285	4 339	4 393	4 446
2 50		3 996	4 050	4 104	4 158	4 212	4 266	4 320	4 374	4 428	4 482
52		4 028	4 082	4 137	4 191	4 246	4 300	4 355	4 409	4 463	4 518
54		4 060	4 115	4 170	4 225	4 279	4 334	4 389	4 444	4 499	4 554
56		4 092	4 147	4 202	4 258	4 313	4 368	4 424	4 479	4 534	4 590
58		4 124	4 180	4 235	4 291	4 347	4 403	4 458	4 514	4 570	4 625
2 60		4 156	4 212	4 268	4 324	4 380	4 437	4 493	4 549	4 605	4 661
62		4 188	4 244	4 301	4 358	4 414	4 471	4 527	4 584	4 641	4 697
64		4 220	4 277	4 334	4 391	4 448	4 505	4 562	4 619	4 676	4 733
66		4 252	4 309	4 367	4 424	4 482	4 539	4 596	4 654	4 711	4 769
68		4 284	4 342	4 399	4 457	4 515	4 573	4 631	4 689	4 747	4 805
2 70		4 316	4 374	4 432	4 491	4 549	4 607	4 666	4 724	4 782	4 841
72		4 348	4 406	4 465	4 524	4 583	4 641	4 700	4 759	4 818	4 876
74		4 380	4 439	4 498	4 557	4 616	4 676	4 735	4 794	4 853	4 912
76		4 412	4 471	4 531	4 590	4 650	4 710	4 769	4 829	4 889	4 948
78		4 444	4 504	4 564	4 624	4 684	4 744	4 804	4 864	4 924	4 984
2 80		4 476	4 536	4 596	4 657	4 717	4 778	4 838	4 899	4 959	5 020
82		4 507	4 568	4 629	4 690	4 751	4 812	4 873	4 934	4 995	5 056
84		4 539	4 601	4 662	4 723	4 785	4 846	4 908	4 969	5 030	5 092
86		4 571	4 633	4 695	4 757	4 819	4 880	4 942	5 004	5 066	5 127

Epaisseur : 1m 08 centimètres

Longueur	Largeur en Centimètres 1 68	1 70	1 72	1 74	1 76	1 78	1 80	1 82	1 84	1 86
m 1 68	3 048									
1 70	3 084	3 121								
72	3 121	3 158	3 195							
74	3 157	3 195	3 232	3 270						
76	3 193	3 231	3 269	3 307	3 345					
78	3 230	3 268	3 307	3 345	3 383	3 422				
1 80	3 266	3 305	3 344	3 383	3 421	3 460	3 499			
82	3 302	3 342	3 381	3 420	3 459	3 499	3 538	3 577		
84	3 338	3 378	3 418	3 458	3 497	3 537	3 577	3 617	3 656	
86	3 375	3 415	3 455	3 495	3 535	3 576	3 616	3 656	3 696	3 736
88	3 411	3 452	3 492	3 533	3 574	3 614	3 655	3 695	3 736	3 777
1 90	3 447	3 488	3 529	3 570	3 612	3 653	3 694	3 735	3 776	3 817
92	3 484	3 525	3 567	3 608	3 650	3 691	3 732	3 774	3 815	3 857
94	3 520	3 562	3 604	3 646	3 688	3 729	3 771	3 813	3 855	3 897
96	3 556	3 599	3 641	3 683	3 726	3 768	3 810	3 853	3 895	3 937
98	3 593	3 635	3 678	3 721	3 764	3 806	3 849	3 892	3 935	3 977
2 —	3 629	3 672	3 715	3 758	3 802	3 845	3 888	3 931	3 974	4 018
02	3 665	3 709	3 752	3 796	3 840	3 883	3 927	3 971	4 014	4 058
04	3 701	3 745	3 790	3 834	3 878	3 922	3 966	4 010	4 054	4 098
06	3 738	3 782	3 827	3 871	3 916	3 960	4 005	4 049	4 094	4 138
08	3 774	3 819	3 864	3 909	3 954	3 999	4 044	4 088	4 133	4 178
2 10	3 810	3 856	3 901	3 946	3 992	4 037	4 082	4 128	4 173	4 218
12	3 847	3 892	3 938	3 984	4 030	4 075	4 121	4 167	4 213	4 259
14	3 883	3 929	3 975	4 021	4 068	4 114	4 160	4 206	4 253	4 299
16	3 919	3 966	4 012	4 059	4 106	4 152	4 199	4 246	4 292	4 339
18	3 955	4 002	4 050	4 097	4 144	4 191	4 238	4 285	4 332	4 379
2 20	3 992	4 039	4 087	4 134	4 182	4 229	4 277	4 324	4 372	4 419
22	4 028	4 076	4 124	4 172	4 220	4 268	4 316	4 364	4 412	4 460
24	4 064	4 113	4 161	4 209	4 258	4 306	4 355	4 403	4 451	4 500
26	4 101	4 149	4 198	4 247	4 296	4 345	4 393	4 442	4 491	4 540
28	4 137	4 186	4 235	4 285	4 334	4 383	4 432	4 482	4 531	4 580
2 30	4 173	4 223	4 272	4 322	4 372	4 422	4 471	4 521	4 571	4 620
32	4 209	4 260	4 310	4 360	4 410	4 460	4 510	4 560	4 610	4 660
34	4 246	4 296	4 347	4 397	4 448	4 498	4 549	4 600	4 650	4 701
36	4 282	4 333	4 384	4 435	4 486	4 537	4 588	4 639	4 690	4 741
38	4 318	4 370	4 421	4 472	4 524	4 575	4 627	4 678	4 730	4 781
2 40	4 355	4 406	4 458	4 510	4 562	4 614	4 666	4 717	4 769	4 821
42	4 391	4 443	4 495	4 548	4 600	4 652	4 704	4 757	4 809	4 861
44	4 427	4 480	4 533	4 585	4 638	4 691	4 743	4 796	4 849	4 901
46	4 463	4 517	4 570	4 623	4 676	4 729	4 782	4 835	4 889	4 942
48	4 500	4 553	4 607	4 660	4 714	4 768	4 821	4 875	4 928	4 982
2 50	4 536	4 590	4 644	4 698	4 752	4 806	4 860	4 914	4 968	5 022
52	4 572	4 627	4 681	4 736	4 790	4 844	4 899	4 953	5 008	5 062
54	4 609	4 664	4 718	4 773	4 828	4 883	4 938	4 993	5 047	5 102
56	4 645	4 700	4 755	4 811	4 866	4 921	4 977	5 032	5 087	5 143
58	4 681	4 737	4 793	4 848	4 904	4 960	5 016	5 071	5 127	5 183
2 60	4 717	4 774	4 830	4 886	4 942	4 998	5 054	5 111	5 167	5 223
62	4 754	4 810	4 867	4 924	4 980	5 037	5 093	5 150	5 206	5 263
64	4 790	4 847	4 904	4 961	5 018	5 075	5 132	5 189	5 246	5 303
66	4 826	4 884	4 941	4 999	5 056	5 114	5 171	5 228	5 286	5 343
68	4 863	4 920	4 978	5 036	5 094	5 152	5 210	5 268	5 326	5 384
2 70	4 899	4 957	5 016	5 074	5 132	5 190	5 249	5 307	5 365	5 424
72	4 935	4 994	5 053	5 111	5 170	5 229	5 288	5 346	5 405	5 464
74	4 971	5 031	5 090	5 149	5 208	5 267	5 327	5 386	5 445	5 504
76	5 008	5 067	5 127	5 187	5 246	5 306	5 365	5 425	5 485	5 544
78	5 044	5 104	5 164	5 224	5 284	5 344	5 404	5 464	5 524	5 584
2 80	5 080	5 141	5 201	5 262	5 322	5 383	5 443	5 504	5 564	5 625
82	5 117	5 178	5 238	5 299	5 360	5 421	5 482	5 543	5 604	5 665
84	5 153	5 214	5 276	5 337	5 398	5 460	5 521	5 582	5 644	5 705
86	5 189	5 251	5 313	5 375	5 436	5 498	5 560	5 622	5 683	5 745

Epaisseur : 1m 10 centimètres

Longueurs	Futailles	1 10	1 12	1 14	1 16	1 18	1 20	1 22	1 24	1 26	1 28
		Largeur en Centimètres									
1 10	1 065	1 331									
12	1 084	1 355	1 380								
14	1 104	1 379	1 404	1 430							
16	1 123	1 404	1 429	1 455	1 480						
18	1 142	1 428	1 454	1 480	1 506	1 532					
1 20	1 162	1 452	1 478	1 505	1 531	1 558	1 584				
22	1 181	1 476	1 503	1 530	1 557	1 584	1 610	1 637			
24	1 200	1 500	1 528	1 555	1 582	1 610	1 637	1 664	1 691		
26	1 220	1 525	1 552	1 580	1 608	1 635	1 663	1 691	1 719	1 746	
28	1 239	1 549	1 577	1 605	1 633	1 661	1 690	1 718	1 746	1 774	1 802
1 30	1 258	1 573	1 602	1 630	1 659	1 687	1 716	1 745	1 773	1 802	1 830
32	1 278	1 597	1 626	1 655	1 684	1 713	1 742	1 771	1 800	1 830	1 859
34	1 297	1 621	1 651	1 680	1 710	1 739	1 769	1 798	1 828	1 857	1 887
36	1 316	1 646	1 676	1 705	1 735	1 765	1 795	1 825	1 855	1 885	1 915
38	1 336	1 670	1 700	1 731	1 761	1 791	1 822	1 852	1 882	1 913	1 943
1 40	1 355	1 694	1 725	1 756	1 786	1 817	1 848	1 879	1 910	1 940	1 971
42	1 375	1 718	1 749	1 781	1 812	1 843	1 874	1 906	1 937	1 968	1 999
44	1 394	1 742	1 774	1 806	1 837	1 869	1 901	1 932	1 964	1 996	2 028
46	1 413	1 767	1 799	1 831	1 863	1 895	1 927	1 959	1 991	2 024	2 056
48	1 433	1 791	1 823	1 856	1 888	1 921	1 954	1 986	2 019	2 051	2 084
1 50	1 452	1 815	1 848	1 881	1 914	1 947	1 980	2 013	2 046	2 079	2 112
52	1 471	1 839	1 873	1 906	1 940	1 973	2 006	2 040	2 073	2 107	2 140
54	1 491	1 863	1 897	1 931	1 965	1 999	2 033	2 067	2 101	2 134	2 168
56	1 510	1 888	1 922	1 956	1 991	2 025	2 059	2 094	2 128	2 162	2 196
58	1 529	1 912	1 947	1 981	2 016	2 051	2 086	2 120	2 155	2 190	2 225
1 60	1 549	1 936	1 971	2 006	2 042	2 077	2 112	2 147	2 182	2 218	2 253
62	1 568	1 960	1 996	2 031	2 067	2 103	2 138	2 174	2 210	2 245	2 281
64	1 588	1 984	2 020	2 057	2 093	2 129	2 165	2 201	2 237	2 273	2 309
66	1 607	2 009	2 045	2 082	2 118	2 155	2 191	2 228	2 264	2 301	2 337
68	1 626	2 033	2 070	2 107	2 144	2 181	2 218	2 255	2 292	2 328	2 365
1 70	1 646	2 057	2 094	2 132	2 169	2 207	2 244	2 281	2 319	2 356	2 394
72	1 665	2 081	2 119	2 157	2 195	2 233	2 270	2 308	2 346	2 384	2 422
74	1 684	2 105	2 144	2 182	2 220	2 259	2 297	2 335	2 373	2 412	2 450
76	1 704	2 130	2 168	2 207	2 246	2 284	2 323	2 362	2 401	2 439	2 478
78	1 723	2 154	2 193	2 232	2 271	2 310	2 350	2 389	2 428	2 467	2 506
1 80	1 742	2 178	2 218	2 257	2 297	2 336	2 376	2 416	2 455	2 495	2 534
82	1 762	2 202	2 242	2 282	2 322	2 362	2 402	2 442	2 482	2 523	2 563
84	1 781	2 226	2 267	2 307	2 348	2 388	2 429	2 469	2 510	2 550	2 591
86	1 800	2 251	2 292	2 332	2 373	2 414	2 455	2 496	2 537	2 578	2 619
88	1 820	2 275	2 316	2 358	2 399	2 440	2 482	2 523	2 564	2 606	2 647
1 90	1 839	2 299	2 341	2 383	2 424	2 466	2 508	2 550	2 592	2 633	2 675
92	1 859	2 323	2 365	2 408	2 450	2 492	2 534	2 577	2 619	2 661	2 703
94	1 878	2 347	2 390	2 433	2 475	2 518	2 561	2 603	2 646	2 689	2 732
96	1 897	2 372	2 415	2 458	2 501	2 544	2 587	2 630	2 673	2 717	2 760
98	1 917	2 396	2 439	2 483	2 526	2 570	2 614	2 657	2 701	2 744	2 788
2 —	1 936	2 420	2 464	2 508	2 552	2 596	2 640	2 684	2 728	2 772	2 816
02	1 955	2 444	2 489	2 533	2 578	2 622	2 666	2 711	2 755	2 800	2 844
04	1 975	2 468	2 513	2 558	2 603	2 648	2 693	2 738	2 783	2 827	2 872
06	1 994	2 493	2 538	2 583	2 629	2 674	2 719	2 765	2 810	2 855	2 900
08	2 013	2 517	2 563	2 608	2 654	2 700	2 746	2 791	2 837	2 883	2 929
2 10	2 033	2 541	2 587	2 633	2 680	2 726	2 772	2 818	2 864	2 911	2 957
12	2 052	2 565	2 612	2 658	2 705	2 752	2 798	2 845	2 892	2 938	2 985
14	2 072	2 589	2 636	2 684	2 731	2 778	2 825	2 872	2 919	2 966	3 013
16	2 091	2 614	2 661	2 709	2 756	2 804	2 851	2 899	2 946	2 994	3 041
18	2 110	2 638	2 686	2 734	2 782	2 830	2 878	2 926	2 974	3 021	3 069
2 20	2 130	2 662	2 710	2 759	2 807	2 856	2 904	2 952	3 001	3 049	3 098
22	2 149	2 686	2 735	2 784	2 833	2 882	2 930	2 979	3 028	3 077	3 126
24	2 168	2 710	2 760	2 809	2 858	2 908	2 957	3 006	3 055	3 105	3 154
26	2 188	2 735	2 784	2 834	2 884	2 933	2 983	3 033	3 083	3 132	3 182
28	2 207	2 759	2 809	2 859	2 909	2 959	3 010	3 060	3 110	3 160	3 210
2 30	2 226	2 783	2 834	2 884	2 935	2 985	3 036	3 087	3 137	3 188	3 238
32	2 246	2 807	2 858	2 909	2 960	3 011	3 062	3 113	3 164	3 216	3 267
34	2 265	2 831	2 883	2 934	2 986	3 037	3 089	3 140	3 192	3 243	3 295
36	2 284	2 856	2 908	2 959	3 011	3 063	3 115	3 167	3 219	3 271	3 323
38	2 304	2 880	2 932	2 985	3 037	3 089	3 142	3 194	3 246	3 299	3 351
2 40	2 323	2 904	2 957	3 010	3 062	3 115	3 168	3 221	3 274	3 326	3 379
42	2 343	2 928	2 981	3 035	3 088	3 141	3 194	3 248	3 301	3 354	3 407
44	2 362	2 952	3 006	3 060	3 113	3 167	3 221	3 274	3 328	3 382	3 436
46	2 381	2 977	3 031	3 085	3 139	3 193	3 247	3 301	3 355	3 410	3 464
48	2 401	3 001	3 055	3 110	3 164	3 219	3 274	3 328	3 383	3 437	3 492

Epaisseur : 1m 10 centimètres

Longueurs	1 30	1 32	1 34	1 36	1 38	1 40	1 42	1 44	1 46	1 48
	Largeur en Centimètres									
1 30	1 859									
32	1 888	1 917								
34	1 916	1 946	1 975							
36	1 945	1 975	2 005	2 035						
38	1 973	2 004	2 034	2 064	2 095					
1 40	2 002	2 033	2 064	2 094	2 125	2 156				
42	2 031	2 062	2 093	2 124	2 156	2 187	2 218			
44	2 059	2 091	2 123	2 154	2 186	2 218	2 249	2 281		
46	2 088	2 120	2 152	2 184	2 216	2 248	2 281	2 313	2 345	
48	2 116	2 149	2 182	2 214	2 247	2 279	2 312	2 344	2 377	2 409
1 50	2 145	2 178	2 211	2 244	2 277	2 310	2 343	2 376	2 409	2 442
52	2 174	2 207	2 240	2 274	2 307	2 341	2 374	2 408	2 441	2 475
54	2 202	2 236	2 270	2 304	2 338	2 372	2 405	2 439	2 473	2 507
56	2 231	2 265	2 299	2 334	2 368	2 402	2 437	2 471	2 505	2 540
58	2 259	2 294	2 329	2 364	2 398	2 433	2 468	2 503	2 537	2 572
1 60	2 288	2 323	2 358	2 394	2 429	2 464	2 499	2 534	2 570	2 605
62	2 317	2 352	2 388	2 424	2 459	2 495	2 530	2 566	2 602	2 637
64	2 345	2 381	2 417	2 453	2 490	2 526	2 562	2 598	2 634	2 670
66	2 374	2 410	2 447	2 483	2 520	2 556	2 593	2 629	2 666	2 702
68	2 402	2 439	2 476	2 513	2 550	2 587	2 624	2 661	2 698	2 735
1 70	2 431	2 468	2 506	2 543	2 581	2 618	2 655	2 693	2 730	2 768
72	2 460	2 497	2 535	2 573	2 611	2 649	2 687	2 724	2 762	2 800
74	2 488	2 526	2 565	2 603	2 641	2 680	2 718	2 756	2 794	2 833
76	2 517	2 556	2 594	2 633	2 672	2 710	2 749	2 788	2 827	2 865
78	2 545	2 585	2 624	2 663	2 702	2 741	2 780	2 820	2 859	2 898
1 80	2 574	2 614	2 653	2 693	2 732	2 772	2 812	2 851	2 891	2 930
82	2 603	2 643	2 683	2 723	2 763	2 803	2 843	2 883	2 923	2 963
84	2 631	2 672	2 712	2 753	2 793	2 834	2 874	2 915	2 955	2 996
86	2 660	2 701	2 742	2 783	2 823	2 864	2 905	2 946	2 987	3 028
88	2 688	2 730	2 771	2 812	2 854	2 895	2 937	2 978	3 019	3 061
1 90	2 717	2 759	2 801	2 842	2 884	2 926	2 968	3 010	3 051	3 093
92	2 746	2 788	2 830	2 872	2 915	2 957	2 999	3 041	3 084	3 126
94	2 774	2 817	2 860	2 902	2 945	2 988	3 030	3 073	3 116	3 158
96	2 803	2 846	2 889	2 932	2 975	3 018	3 062	3 105	3 148	3 191
98	2 831	2 875	2 919	2 962	3 006	3 049	3 093	3 136	3 180	3 223
2 —	2 860	2 904	2 948	2 992	3 036	3 080	3 124	3 168	3 212	3 256
02	2 889	2 933	2 977	3 022	3 066	3 111	3 155	3 200	3 244	3 289
04	2 917	2 962	3 007	3 052	3 097	3 142	3 186	3 231	3 276	3 321
06	2 946	2 991	3 036	3 082	3 127	3 172	3 218	3 263	3 308	3 354
08	2 974	3 020	3 066	3 112	3 157	3 203	3 249	3 295	3 340	3 386
2 10	3 003	3 049	3 095	3 142	3 188	3 234	3 280	3 326	3 373	3 419
12	3 032	3 078	3 125	3 172	3 218	3 265	3 311	3 358	3 405	3 451
14	3 060	3 107	3 154	3 201	3 249	3 296	3 343	3 390	3 437	3 484
16	3 089	3 136	3 184	3 231	3 279	3 326	3 374	3 421	3 469	3 516
18	3 117	3 165	3 213	3 261	3 309	3 357	3 405	3 453	3 501	3 549
2 20	3 146	3 194	3 243	3 291	3 340	3 388	3 436	3 485	3 533	3 582
22	3 175	3 223	3 272	3 321	3 370	3 419	3 468	3 516	3 565	3 614
24	3 203	3 252	3 302	3 351	3 400	3 450	3 499	3 548	3 597	3 647
26	3 232	3 282	3 331	3 381	3 431	3 480	3 530	3 580	3 630	3 679
28	3 260	3 311	3 361	3 411	3 461	3 511	3 561	3 612	3 662	3 712
2 30	3 289	3 340	3 390	3 441	3 491	3 542	3 593	3 643	3 694	3 744
32	3 318	3 369	3 420	3 471	3 522	3 573	3 624	3 675	3 726	3 777
34	3 346	3 398	3 449	3 501	3 552	3 604	3 655	3 707	3 758	3 810
36	3 375	3 427	3 479	3 531	3 582	3 634	3 686	3 738	3 790	3 842
38	3 403	3 456	3 508	3 560	3 613	3 665	3 718	3 770	3 822	3 875
2 40	3 432	3 485	3 538	3 590	3 643	3 696	3 749	3 802	3 854	3 907
42	3 461	3 514	3 567	3 620	3 674	3 727	3 780	3 833	3 887	3 940
44	3 489	3 543	3 597	3 650	3 704	3 758	3 811	3 865	3 919	3 972
46	3 518	3 572	3 626	3 680	3 734	3 788	3 843	3 897	3 951	4 005
48	3 546	3 601	3 656	3 710	3 765	3 819	3 874	3 928	3 983	4 037

Epaisseur : 1m 10 centimètres

Longueur	Futailles	Largeur en centimètres 1 50	1 52	1 54	1 56	1 58	1 60	1 62	1 64	1 66	1 68
m											
1 50		2 475									
52		2 508	2 541								
54		2 541	2 575	2 609							
56		2 574	2 608	2 643	2 677						
58		2 607	2 642	2 677	2 711	2 746					
1 60		2 640	2 675	2 710	2 746	2 781	2 816				
62		2 673	2 709	2 744	2 780	2 816	2 851	2 887			
64		2 706	2 742	2 778	2 814	2 850	2 886	2 922	2 959		
66		2 739	2 776	2 812	2 849	2 885	2 922	2 958	2 995	3 031	
68		2 772	2 809	2 846	2 883	2 920	2 957	2 994	3 031	3 068	3 105
1 70		2 805	2 842	2 880	2 917	2 955	2 992	3 029	3 067	3 104	3 142
72		2 838	2 876	2 914	2 952	2 989	3 027	3 065	3 103	3 141	3 179
74		2 871	2 909	2 948	2 986	3 024	3 062	3 101	3 139	3 177	3 216
76		2 904	2 943	2 981	3 020	3 059	3 098	3 136	3 175	3 214	3 252
78		2 937	2 976	3 015	3 054	3 094	3 133	3 172	3 211	3 250	3 289
1 80		2 970	3 010	3 049	3 089	3 128	3 168	3 208	3 247	3 287	3 326
82		3 003	3 043	3 083	3 123	3 163	3 203	3 243	3 283	3 323	3 363
84		3 036	3 076	3 117	3 157	3 198	3 238	3 279	3 319	3 360	3 400
86		3 069	3 110	3 151	3 192	3 233	3 274	3 315	3 355	3 396	3 437
88		3 102	3 143	3 185	3 226	3 267	3 309	3 350	3 392	3 433	3 474
1 90		3 135	3 177	3 219	3 260	3 302	3 344	3 386	3 428	3 469	3 511
92		3 168	3 210	3 252	3 295	3 337	3 379	3 421	3 464	3 506	3 548
94		3 201	3 244	3 286	3 329	3 372	3 414	3 457	3 500	3 542	3 585
96		3 234	3 277	3 320	3 363	3 406	3 450	3 493	3 536	3 579	3 622
98		3 267	3 311	3 354	3 398	3 441	3 485	3 528	3 572	3 615	3 659
2 —		3 300	3 344	3 388	3 432	3 476	3 520	3 564	3 608	3 652	3 696
02		3 333	3 377	3 422	3 466	3 511	3 555	3 600	3 644	3 689	3 733
04		3 366	3 411	3 456	3 501	3 546	3 590	3 635	3 680	3 725	3 770
06		3 399	3 444	3 490	3 535	3 580	3 626	3 671	3 716	3 762	3 807
08		3 432	3 478	3 524	3 569	3 615	3 661	3 707	3 752	3 798	3 844
2 10		3 465	3 511	3 557	3 604	3 650	3 696	3 742	3 788	3 835	3 881
12		3 498	3 545	3 591	3 638	3 685	3 731	3 778	3 824	3 871	3 918
14		3 531	3 578	3 625	3 672	3 719	3 766	3 813	3 861	3 908	3 955
16		3 564	3 612	3 659	3 707	3 754	3 802	3 849	3 897	3 944	3 992
18		3 597	3 645	3 693	3 741	3 789	3 837	3 885	3 933	3 981	4 029
2 20		3 630	3 678	3 727	3 775	3 824	3 872	3 920	3 969	4 017	4 066
22		3 663	3 712	3 761	3 810	3 858	3 907	3 956	4 005	4 054	4 103
24		3 696	3 745	3 795	3 844	3 893	3 942	3 992	4 041	4 090	4 140
26		3 729	3 779	3 828	3 878	3 928	3 978	4 027	4 077	4 127	4 176
28		3 762	3 812	3 862	3 912	3 963	4 013	4 063	4 113	4 163	4 213
2 30		3 795	3 846	3 896	3 947	3 997	4 048	4 099	4 149	4 200	4 250
32		3 828	3 879	3 930	3 981	4 032	4 083	4 135	4 185	4 236	4 287
34		3 861	3 912	3 964	4 015	4 067	4 118	4 170	4 221	4 273	4 324
36		3 894	3 946	3 998	4 050	4 102	4 154	4 206	4 257	4 309	4 361
38		3 927	3 979	4 032	4 084	4 136	4 189	4 241	4 294	4 346	4 398
2 40		3 960	4 013	4 066	4 118	4 171	4 224	4 277	4 330	4 382	4 435
42		3 993	4 046	4 099	4 153	4 206	4 259	4 312	4 366	4 419	4 472
44		4 026	4 080	4 133	4 187	4 241	4 294	4 348	4 402	4 455	4 509
46		4 059	4 113	4 167	4 221	4 275	4 330	4 384	4 438	4 492	4 546
48		4 092	4 147	4 201	4 256	4 310	4 365	4 419	4 474	4 528	4 583
2 50		4 125	4 180	4 235	4 290	4 345	4 400	4 455	4 510	4 565	4 620
52		4 158	4 213	4 269	4 324	4 380	4 435	4 491	4 546	4 602	4 657
54		4 191	4 247	4 303	4 359	4 415	4 470	4 526	4 582	4 638	4 694
56		4 224	4 280	4 337	4 393	4 449	4 506	4 562	4 618	4 675	4 731
58		4 257	4 314	4 371	4 427	4 484	4 541	4 598	4 654	4 711	4 768
2 60		4 290	4 347	4 405	4 462	4 519	4 576	4 633	4 690	4 748	4 805
62		4 323	4 381	4 438	4 496	4 554	4 611	4 669	4 726	4 784	4 842
64		4 356	4 414	4 472	4 530	4 588	4 646	4 704	4 763	4 821	4 879
66		4 389	4 448	4 506	4 565	4 623	4 682	4 740	4 799	4 857	4 916
68		4 422	4 481	4 540	4 599	4 658	4 717	4 776	4 835	4 894	4 953
2 70		4 455	4 514	4 574	4 633	4 693	4 752	4 811	4 871	4 930	4 990
72		4 488	4 548	4 608	4 668	4 727	4 787	4 847	4 907	4 967	5 027
74		4 521	4 581	4 642	4 702	4 762	4 822	4 883	4 943	5 003	5 064
76		4 554	4 615	4 675	4 736	4 797	4 858	4 918	4 979	5 040	5 100
78		4 587	4 648	4 709	4 770	4 832	4 893	4 954	5 015	5 076	5 137
2 80		4 620	4 682	4 743	4 805	4 866	4 928	4 990	5 051	5 113	5 174
82		4 653	4 715	4 777	4 839	4 901	4 963	5 025	5 087	5 149	5 211
84		4 686	4 748	4 811	4 873	4 936	4 998	5 061	5 123	5 186	5 248
86		4 719	4 782	4 845	4 908	4 971	5 034	5 097	5 159	5 222	5 285
88		4 752	4 815	4 879	4 942	5 005	5 069	5 132	5 196	5 259	5 322

Epaisseur : 1m 10 centimètres

Longueur	Largeur en centimètres 1 70	1 72	1 74	1 76	1 78	1 80	1 82	1 84	1 86	1 88
1 70	3 179									
72	3 216	3 254								
74	3 254	3 292	3 330							
76	3 291	3 330	3 369	3 407						
78	3 329	3 368	3 407	3 446	3 485					
1 80	3 366	3 406	3 445	3 485	3 524	3 564				
82	3 403	3 443	3 483	3 524	3 564	3 604	3 644			
84	3 441	3 481	3 522	3 562	3 603	3 643	3 684	3 724		
86	3 478	3 519	3 560	3 601	3 642	3 683	3 724	3 765	3 806	
88	3 516	3 557	3 598	3 640	3 681	3 722	3 764	3 805	3 846	3 888
1 90	3 553	3 595	3 637	3 678	3 720	3 762	3 804	3 846	3 887	3 929
92	3 590	3 633	3 675	3 717	3 759	3 802	3 844	3 886	3 928	3 971
94	3 628	3 670	3 713	3 756	3 799	3 841	3 884	3 927	3 969	4 012
96	3 665	3 708	3 751	3 795	3 838	3 881	3 924	3 967	4 010	4 053
98	3 703	3 746	3 790	3 833	3 877	3 920	3 964	4 008	4 051	4 095
2 —	3 740	3 784	3 828	3 872	3 916	3 960	4 004	4 048	4 092	4 136
02	3 777	3 822	3 866	3 911	3 955	4 000	4 044	4 088	4 133	4 177
04	3 815	3 860	3 905	3 949	3 994	4 039	4 084	4 129	4 174	4 219
06	3 852	3 898	3 943	3 988	4 033	4 079	4 124	4 169	4 215	4 260
08	3 890	3 935	3 981	4 027	4 073	4 118	4 164	4 210	4 256	4 301
2 10	3 927	3 973	4 019	4 066	4 112	4 158	4 204	4 250	4 297	4 343
12	3 964	4 011	4 058	4 104	4 151	4 198	4 244	4 291	4 338	4 384
14	4 002	4 049	4 096	4 143	4 190	4 237	4 284	4 331	4 378	4 426
16	4 039	4 087	4 134	4 182	4 229	4 277	4 324	4 372	4 419	4 467
18	4 077	4 125	4 173	4 220	4 268	4 316	4 364	4 412	4 460	4 508
2 20	4 114	4 162	4 211	4 259	4 308	4 356	4 404	4 453	4 501	4 550
22	4 151	4 200	4 249	4 298	4 347	4 396	4 444	4 493	4 542	4 591
24	4 189	4 238	4 287	4 337	4 386	4 435	4 484	4 534	4 583	4 632
26	4 226	4 276	4 326	4 375	4 425	4 475	4 525	4 574	4 624	4 674
28	4 264	4 314	4 364	4 414	4 464	4 514	4 565	4 615	4 665	4 715
2 30	4 301	4 352	4 402	4 453	4 503	4 554	4 605	4 655	4 706	4 756
32	4 338	4 389	4 440	4 492	4 543	4 594	4 645	4 696	4 747	4 798
34	4 376	4 427	4 479	4 530	4 582	4 633	4 685	4 736	4 788	4 839
36	4 413	4 465	4 517	4 569	4 621	4 673	4 725	4 777	4 829	4 880
38	4 451	4 503	4 555	4 608	4 660	4 712	4 765	4 817	4 869	4 922
2 40	4 488	4 541	4 594	4 646	4 699	4 752	4 805	4 858	4 910	4 963
42	4 525	4 579	4 632	4 685	4 738	4 792	4 845	4 898	4 951	5 005
44	4 563	4 616	4 670	4 724	4 778	4 831	4 885	4 939	4 992	5 046
46	4 600	4 654	4 708	4 763	4 817	4 871	4 925	4 979	5 033	5 087
48	4 638	4 692	4 747	4 801	4 856	4 910	4 965	5 020	5 074	5 129
2 50	4 675	4 730	4 785	4 840	4 895	4 950	5 005	5 060	5 115	5 170
52	4 712	4 768	4 823	4 879	4 934	4 990	5 045	5 100	5 156	5 211
54	4 750	4 806	4 862	4 917	4 973	5 029	5 085	5 141	5 197	5 253
56	4 787	4 844	4 900	4 956	5 012	5 069	5 125	5 181	5 238	5 294
58	4 825	4 882	4 938	4 995	5 052	5 108	5 165	5 222	5 279	5 335
2 60	4 862	4 919	4 976	5 034	5 091	5 148	5 205	5 262	5 320	5 377
62	4 899	4 957	5 015	5 072	5 130	5 188	5 245	5 303	5 361	5 418
64	4 937	4 995	5 053	5 111	5 169	5 227	5 285	5 343	5 401	5 460
66	4 974	5 033	5 091	5 150	5 208	5 267	5 325	5 384	5 442	5 501
68	5 012	5 071	5 130	5 188	5 247	5 306	5 365	5 424	5 483	5 542
2 70	5 049	5 108	5 168	5 227	5 287	5 346	5 405	5 465	5 524	5 584
72	5 086	5 146	5 206	5 266	5 326	5 386	5 445	5 505	5 565	5 625
74	5 124	5 184	5 244	5 305	5 365	5 425	5 485	5 546	5 606	5 666
76	5 161	5 222	5 283	5 343	5 404	5 465	5 526	5 586	5 647	5 708
78	5 199	5 260	5 321	5 382	5 443	5 504	5 566	5 627	5 688	5 749
2 80	5 236	5 298	5 359	5 421	5 482	5 544	5 606	5 667	5 729	5 790
82	5 273	5 335	5 397	5 460	5 522	5 584	5 646	5 708	5 770	5 832
84	5 311	5 373	5 436	5 498	5 561	5 623	5 686	5 748	5 811	5 873
86	5 348	5 411	5 474	5 537	5 600	5 663	5 726	5 789	5 852	5 914
88	5 386	5 449	5 512	5 576	5 639	5 702	5 766	5 829	5 892	5 956

Epaisseur : 1m 12 centimètres

Longueurs	Futailles	Largeur en Centimètres.									
		1 12	1 14	1 16	1 18	1 20	1 22	1 24	1 26	1 28	1 30
m											
1 12	1 124	1 405									
14	1 144	1 430	1 456								
16	1 164	1 455	1 481	1 507							
18	1 184	1 480	1 507	1 533	1 559						
1 20	1 204	1 505	1 532	1 559	1 586	1 613					
22	1 224	1 530	1 558	1 585	1 612	1 640	1 667				
24	1 244	1 555	1 583	1 611	1 639	1 667	1 694	1 722			
26	1 264	1 581	1 609	1 637	1 665	1 683	1 722	1 750	1 778		
28	1 285	1 606	1 634	1 663	1 692	1 720	1 749	1 778	1 806	1 835	
1 30	1 305	1 631	1 660	1 689	1 718	1 747	1 776	1 805	1 835	1 864	1 893
32	1 325	1 656	1 685	1 715	1 745	1 774	1 804	1 833	1 863	1 892	1 922
34	1 345	1 681	1 711	1 741	1 771	1 801	1 831	1 861	1 891	1 921	1 951
36	1 365	1 706	1 736	1 767	1 797	1 828	1 858	1 889	1 919	1 950	1 980
38	1 385	1 731	1 762	1 793	1 824	1 855	1 886	1 917	1 947	1 978	2 009
1 40	1 405	1 756	1 788	1 819	1 850	1 882	1 913	1 944	1 976	2 007	2 038
42	1 425	1 781	1 813	1 845	1 877	1 908	1 940	1 972	2 004	2 036	2 068
44	1 445	1 806	1 839	1 871	1 903	1 935	1 968	2 000	2 032	2 084	2 097
46	1 465	1 831	1 864	1 897	1 930	1 962	1 995	2 028	2 060	2 093	2 126
48	1 485	1 857	1 890	1 923	1 956	1 989	2 022	2 055	2 089	2 122	2 155
1 50	1 505	1 882	1 915	1 949	1 982	2 016	2 050	2 083	2 117	2 150	2 184
52	1 525	1 907	1 941	1 975	2 009	2 043	2 077	2 111	2 145	2 179	2 213
54	1 545	1 932	1 966	2 001	2 035	2 070	2 104	2 139	2 173	2 208	2 242
56	1 565	1 957	1 992	2 027	2 062	2 097	2 132	2 167	2 201	2 236	2 271
58	1 586	1 982	2 017	2 053	2 088	2 124	2 159	2 194	2 230	2 265	2 300
1 60	1 606	2 007	2 043	2 079	2 115	2 150	2 186	2 222	2 258	2 294	2 330
62	1 626	2 032	2 068	2 105	2 141	2 177	2 214	2 250	2 286	2 322	2 359
64	1 646	2 057	2 094	2 131	2 167	2 204	2 241	2 278	2 314	2 351	2 388
66	1 666	2 082	2 119	2 157	2 194	2 231	2 268	2 305	2 343	2 380	2 417
68	1 686	2 107	2 145	2 183	2 220	2 258	2 296	2 333	2 371	2 408	2 446
1 70	1 706	2 132	2 171	2 209	2 247	2 285	2 323	2 361	2 399	2 437	2 475
72	1 726	2 158	2 196	2 235	2 273	2 312	2 350	2 389	2 427	2 466	2 504
74	1 746	2 183	2 222	2 261	2 300	2 339	2 378	2 417	2 455	2 494	2 533
76	1 766	2 208	2 247	2 287	2 326	2 365	2 405	2 444	2 484	2 523	2 563
78	1 786	2 233	2 273	2 313	2 352	2 392	2 432	2 472	2 512	2 552	2 592
1 80	1 806	2 258	2 298	2 339	2 379	2 419	2 460	2 500	2 540	2 580	2 621
82	1 826	2 283	2 324	2 365	2 405	2 446	2 487	2 528	2 568	2 609	2 650
84	1 846	2 308	2 349	2 391	2 432	2 473	2 514	2 555	2 597	2 638	2 679
86	1 867	2 333	2 375	2 417	2 458	2 500	2 542	2 583	2 625	2 666	2 708
88	1 887	2 358	2 400	2 442	2 485	2 527	2 569	2 611	2 653	2 695	2 737
1 90	1 907	2 383	2 426	2 468	2 511	2 554	2 596	2 639	2 681	2 724	2 766
92	1 927	2 408	2 451	2 494	2 537	2 580	2 623	2 666	2 710	2 753	2 796
94	1 947	2 434	2 477	2 520	2 564	2 607	2 651	2 694	2 738	2 781	2 825
96	1 967	2 459	2 503	2 546	2 590	2 634	2 678	2 722	2 766	2 810	2 854
98	1 987	2 484	2 528	2 572	2 617	2 661	2 705	2 750	2 794	2 839	2 883
2 —	2 007	2 509	2 554	2 598	2 643	2 688	2 733	2 778	2 822	2 867	2 912
02	2 027	2 534	2 579	2 624	2 670	2 715	2 760	2 805	2 851	2 896	2 941
04	2 047	2 559	2 605	2 650	2 696	2 742	2 787	2 833	2 879	2 925	2 970
06	2 067	2 584	2 630	2 676	2 722	2 769	2 815	2 861	2 907	2 953	2 999
08	2 087	2 609	2 656	2 702	2 749	2 796	2 842	2 889	2 935	2 982	3 029
2 10	2 107	2 634	2 681	2 728	2 775	2 822	2 869	2 916	2 964	3 011	3 058
12	2 128	2 659	2 707	2 754	2 802	2 849	2 897	2 944	2 992	3 039	3 087
14	2 148	2 684	2 732	2 780	2 828	2 876	2 924	2 972	3 020	3 068	3 116
16	2 168	2 710	2 758	2 806	2 855	2 903	2 951	3 000	3 048	3 097	3 145
18	2 188	2 735	2 783	2 832	2 881	2 930	2 979	3 028	3 076	3 125	3 174
2 20	2 208	2 760	2 809	2 858	2 908	2 957	3 006	3 055	3 105	3 154	3 203
22	2 228	2 785	2 834	2 884	2 934	2 984	3 033	3 083	3 133	3 183	3 232
24	2 248	2 810	2 860	2 910	2 960	3 011	3 061	3 111	3 161	3 211	3 261
26	2 268	2 835	2 886	2 936	2 987	3 037	3 088	3 139	3 189	3 240	3 291
28	2 288	2 860	2 911	2 962	3 013	3 064	3 115	3 166	3 218	3 269	3 320
2 30	2 308	2 885	2 937	2 988	3 040	3 091	3 143	3 194	3 246	3 297	3 349
32	2 328	2 910	2 962	3 014	3 066	3 118	3 170	3 222	3 274	3 326	3 378
34	2 348	2 935	2 988	3 040	3 093	3 145	3 197	3 250	3 302	3 355	3 407
36	2 368	2 960	3 013	3 066	3 119	3 172	3 225	3 278	3 330	3 383	3 436
38	2 388	2 985	3 039	3 092	3 145	3 199	3 252	3 305	3 359	3 412	3 465
2 40	2 408	3 011	3 064	3 118	3 172	3 226	3 279	3 333	3 387	3 441	3 494
42	2 429	3 036	3 090	3 144	3 198	3 252	3 307	3 361	3 415	3 469	3 524
44	2 449	3 061	3 115	3 170	3 225	3 279	3 334	3 389	3 443	3 498	3 553
46	2 469	3 086	3 141	3 196	3 251	3 306	3 361	3 416	3 472	3 527	3 582
48	2 489	3 111	3 166	3 222	3 278	3 333	3 389	3 444	3 500	3 555	3 611
2 50	2 509	3 136	3 192	3 248	3 304	3 360	3 416	3 472	3 528	3 584	3 640

Epaisseur : 1m 12 centimètres

Longueurs	Largeur en Centimètres									
	1 32	1 34	1 36	1 38	1 40	1 42	1 44	1 46	1 48	1 50
m										
1 32	1 951									
34	1 981	2 011								
36	2 011	2 041	2 072							
38	2 040	2 071	2 102	2 133						
1 40	2 070	2 101	2 132	2 164	2 195					
42	2 099	2 131	2 163	2 195	2 227	2 258				
44	2 129	2 161	2 193	2 226	2 258	2 290	2 322			
46	2 158	2 191	2 224	2 257	2 289	2 322	2 355	2 387		
48	2 188	2 221	2 254	2 287	2 321	2 354	2 387	2 420	2 453	
1 50	2 218	2 251	2 285	2 318	2 352	2 386	2 419	2 453	2 486	2 520
52	2 247	2 281	2 315	2 349	2 383	2 417	2 451	2 486	2 520	2 554
54	2 277	2 311	2 346	2 380	2 415	2 449	2 484	2 518	2 553	2 587
56	2 306	2 341	2 376	2 411	2 446	2 481	2 516	2 551	2 586	2 621
58	2 336	2 371	2 407	2 442	2 477	2 513	2 548	2 584	2 619	2 654
1 60	2 365	2 401	2 437	2 473	2 509	2 545	2 580	2 616	2 652	2 688
62	2 395	2 431	2 468	2 504	2 540	2 576	2 613	2 649	2 685	2 722
64	2 425	2 461	2 498	2 535	2 572	2 608	2 645	2 682	2 718	2 755
66	2 454	2 491	2 529	2 566	2 603	2 640	2 677	2 714	2 752	2 789
68	2 484	2 521	2 559	2 597	2 634	2 672	2 710	2 747	2 785	2 822
1 70	2 513	2 551	2 589	2 628	2 666	2 704	2 742	2 780	2 818	2 856
72	2 543	2 581	2 620	2 658	2 697	2 735	2 774	2 813	2 851	2 890
74	2 572	2 611	2 650	2 689	2 728	2 767	2 806	2 845	2 884	2 923
76	2 602	2 641	2 681	2 720	2 760	2 799	2 839	2 878	2 917	2 957
78	2 632	2 671	2 711	2 751	2 791	2 831	2 871	2 911	2 951	2 990
1 80	2 661	2 701	2 742	2 782	2 822	2 863	2 903	2 943	2 984	3 024
82	2 691	2 731	2 772	2 813	2 854	2 895	2 935	2 976	3 017	3 058
84	2 720	2 761	2 803	2 844	2 885	2 926	2 968	3 009	3 050	3 091
86	2 750	2 791	2 833	2 875	2 916	2 958	3 000	3 041	3 083	3 125
88	2 779	2 822	2 864	2 906	2 948	2 990	3 032	3 074	3 116	3 158
1 90	2 809	2 852	2 894	2 937	2 979	3 022	3 064	3 107	3 149	3 192
92	2 839	2 882	2 925	2 968	3 011	3 054	3 097	3 140	3 183	3 226
94	2 868	2 912	2 955	2 998	3 042	3 085	3 129	3 172	3 216	3 259
96	2 898	2 942	2 985	3 029	3 073	3 117	3 161	3 205	3 249	3 293
98	2 927	2 972	3 016	3 060	3 105	3 149	3 193	3 238	3 282	3 326
2 —	2 957	3 002	3 046	3 091	3 136	3 181	3 226	3 270	3 315	3 360
02	2 986	3 032	3 077	3 122	3 167	3 213	3 258	3 303	3 348	3 394
04	3 016	3 062	3 107	3 153	3 199	3 244	3 290	3 336	3 382	3 427
06	3 046	3 092	3 138	3 184	3 230	3 276	3 322	3 369	3 415	3 461
08	3 075	3 122	3 168	3 215	3 261	3 308	3 355	3 401	3 448	3 494
2 10	3 105	3 152	3 199	3 246	3 293	3 340	3 387	3 434	3 481	3 528
12	3 134	3 182	3 229	3 277	3 324	3 372	3 419	3 467	3 514	3 562
14	3 164	3 212	3 260	3 308	3 356	3 403	3 451	3 499	3 547	3 595
16	3 193	3 242	3 290	3 338	3 387	3 435	3 484	3 532	3 580	3 629
18	3 223	3 272	3 321	3 369	3 418	3 467	3 516	3 565	3 614	3 662 1,12
2 20	3 252	3 302	3 351	3 400	3 450	3 499	3 548	3 597	3 647	3 696
22	3 282	3 332	3 382	3 431	3 481	3 531	3 580	3 630	3 680	3 730
24	3 312	3 362	3 412	3 462	3 512	3 562	3 613	3 663	3 713	3 763
26	3 341	3 392	3 442	3 493	3 544	3 594	3 645	3 696	3 746	3 797
28	3 371	3 422	3 473	3 524	3 575	3 626	3 677	3 728	3 779	3 830
2 30	3 400	3 451	3 503	3 555	3 606	3 658	3 709	3 761	3 812	3 864
32	3 430	3 482	3 534	3 586	3 638	3 690	3 742	3 794	3 846	3 898
34	3 459	3 512	3 564	3 617	3 669	3 722	3 774	3 826	3 879	3 931
36	3 489	3 542	3 595	3 648	3 700	3 753	3 806	3 859	3 912	3 965
38	3 519	3 572	3 625	3 679	3 732	3 785	3 838	3 892	3 945	3 998
2 40	3 548	3 602	3 656	3 709	3 763	3 817	3 871	3 924	3 978	4 032
42	3 578	3 632	3 686	3 740	3 795	3 849	3 903	3 957	4 011	4 066
44	3 607	3 662	3 717	3 771	3 826	3 881	3 935	3 990	4 045	4 099
46	3 637	3 692	3 747	3 802	3 857	3 912	3 967	4 023	4 078	4 133
48	3 666	3 722	3 778	3 833	3 889	3 944	4 000	4 055	4 111	4 166
2 50	3 696	3 752	3 808	3 864	3 920	3 976	4 032	4 088	4 144	4 200

Epaisseur : 1m 12 centimètres

Longueur	Futailles	1 52	1 54	1 56	1 58	1 60	1 62	1 64	1 66	1 68	1 70
		Largeur en Centimètres									
m 1 52		2 588									
54		2 622	2 656								
56		2 656	2 691	2 726							
58		2 690	2 725	2 761	2 796						
1 60		2 724	2 760	2 796	2 831	2 867					
62		2 758	2 794	2 830	2 867	2 903	2 939				
64		2 792	2 829	2 865	2 902	2 939	2 976	3 012			
66		2 826	2 863	2 900	2 938	2 975	3 012	3 049	3 086		
68		2 860	2 898	2 935	2 973	3 011	3 048	3 086	3 123	3 161	
1 70		2 894	2 932	2 970	3 008	3 046	3 084	3 123	3 161	3 199	3 237
72		2 928	2 967	3 005	3 044	3 082	3 121	3 159	3 198	3 236	3 275
74		2 962	3 001	3 040	3 079	3 118	3 157	3 196	3 235	3 274	3 313
76		2 996	3 036	3 075	3 114	3 154	3 193	3 233	3 272	3 312	3 351
78		3 030	3 070	3 110	3 150	3 190	3 230	3 270	3 309	3 349	3 389
1 80		3 064	3 105	3 145	3 185	3 226	3 266	3 306	3 347	3 387	3 427
82		3 098	3 139	3 180	3 221	3 261	3 302	3 343	3 384	3 425	3 465
84		3 132	3 174	3 215	3 256	3 297	3 338	3 380	3 421	3 462	3 503
86		3 166	3 208	3 250	3 291	3 333	3 375	3 416	3 458	3 500	3 541
88		3 201	3 243	3 285	3 327	3 369	3 411	3 453	3 495	3 537	3 580
1 90		3 235	3 277	3 320	3 362	3 405	3 447	3 490	3 532	3 575	3 618
92		3 269	3 312	3 355	3 398	3 441	3 484	3 527	3 570	3 613	3 656
94		3 303	3 346	3 390	3 433	3 476	3 520	3 563	3 607	3 650	3 694
96		3 337	3 381	3 425	3 468	3 512	3 556	3 600	3 644	3 688	3 732
98		3 371	3 415	3 459	3 504	3 548	3 593	3 637	3 681	3 726	3 770
2 —		3 405	3 450	3 494	3 539	3 584	3 629	3 674	3 718	3 763	3 808
02		3 439	3 484	3 529	3 575	3 620	3 665	3 710	3 756	3 801	3 846
04		3 473	3 519	3 564	3 610	3 656	3 701	3 747	3 793	3 838	3 884
06		3 507	3 553	3 599	3 645	3 692	3 738	3 784	3 830	3 876	3 922
08		3 541	3 588	3 634	3 681	3 727	3 774	3 821	3 867	3 914	3 960
2 10		3 575	3 622	3 669	3 716	3 763	3 810	3 857	3 904	3 951	3 998
12		3 609	3 657	3 704	3 752	3 799	3 847	3 894	3 942	3 989	4 036
14		3 643	3 691	3 739	3 787	3 835	3 883	3 931	3 979	4 027	4 075
16		3 677	3 726	3 774	3 822	3 871	3 919	3 967	4 016	4 064	4 113
18		3 711	3 760	3 809	3 858	3 907	3 955	4 004	4 053	4 102	4 151
2 20		3 745	3 795	3 844	3 893	3 942	3 992	4 041	4 090	4 140	4 189
22		3 779	3 829	3 879	3 928	3 978	4 028	4 078	4 127	4 177	4 227
24		3 813	3 864	3 914	3 964	4 014	4 064	4 114	4 165	4 215	4 265
26		3 847	3 898	3 919	3 999	4 050	4 101	4 151	4 202	4 252	4 303
28		3 881	3 933	3 984	4 035	4 086	4 137	4 188	4 239	4 290	4 341
2 30		3 916	3 967	4 019	4 070	4 122	4 173	4 225	4 276	4 328	4 379
32		3 950	4 002	4 054	4 105	4 157	4 209	4 261	4 313	4 365	4 417
34		3 984	4 036	4 088	4 141	4 193	4 246	4 298	4 351	4 403	4 455
36		4 018	4 071	4 123	4 176	4 229	4 282	4 335	4 388	4 441	4 493
38		4 052	4 105	4 158	4 212	4 265	4 318	4 372	4 425	4 478	4 532
2 40		4 086	4 140	4 193	4 247	4 301	4 355	4 408	4 462	4 516	4 570
42		4 120	4 174	4 228	4 283	4 337	4 391	4 445	4 499	4 553	4 608
44		4 154	4 209	4 263	4 318	4 372	4 427	4 482	4 536	4 591	4 646
46		4 188	4 243	4 298	4 353	4 408	4 463	4 519	4 574	4 629	4 684
48		4 222	4 278	4 333	4 389	4 444	4 500	4 555	4 611	4 666	4 722
2 50		4 256	4 312	4 368	4 424	4 480	4 536	4 592	4 648	4 704	4 760
52		4 290	4 346	4 403	4 459	4 516	4 572	4 629	4 685	4 742	4 798
54		4 324	4 381	4 438	4 495	4 552	4 609	4 665	4 722	4 779	4 836
56		4 358	4 415	4 473	4 530	4 588	4 645	4 702	4 760	4 817	4 874
58		4 392	4 450	4 508	4 566	4 623	4 681	4 739	4 797	4 855	4 912
2 60		4 426	4 484	4 543	4 601	4 659	4 717	4 776	4 834	4 892	4 950
62		4 460	4 519	4 578	4 636	4 695	4 754	4 812	4 871	4 930	4 988
64		4 494	4 553	4 613	4 672	4 731	4 790	4 849	4 908	4 967	5 027
66		4 528	4 588	4 648	4 707	4 767	4 826	4 886	4 945	5 005	5 065
68		4 562	4 622	4 682	4 743	4 803	4 863	4 923	4 983	5 043	5 103
2 70		4 596	4 657	4 717	4 778	4 838	4 899	4 959	5 020	5 080	5 141
72		4 631	4 691	4 752	4 813	4 874	4 935	4 996	5 057	5 118	5 179
74		4 665	4 726	4 787	4 849	4 910	4 971	5 033	5 094	5 156	5 217
76		4 699	4 760	4 822	4 884	4 946	5 008	5 070	5 131	5 193	5 255
78		4 733	4 795	4 857	4 919	4 982	5 044	5 106	5 169	5 231	5 293
2 80		4 767	4 829	4 892	4 955	5 018	5 080	5 143	5 206	5 268	5 331
82		4 801	4 864	4 927	4 990	5 053	5 117	5 180	5 243	5 306	5 369
84		4 835	4 898	4 962	5 026	5 089	5 153	5 217	5 280	5 344	5 407
86		4 869	4 933	4 997	5 061	5 125	5 189	5 253	5 317	5 381	5 445
88		4 903	4 967	5 032	5 096	5 161	5 225	5 290	5 354	5 419	5 484
2 90		4 937	5 002	5 067	5 132	5 197	5 262	5 327	5 392	5 457	5 522

Epaisseur : 1m 12 centimètres

Longueur	1 72	1 74	1 76	1 78	1 80	1 82	1 84	1 86	1 88	1 90
	Largeur en Centimètres									
m 1 72	3 313									
74	3 352	3 391								
76	3 390	3 430	3 469							
78	3 429	3 469	3 509	3 549						
1 80	3 468	3 508	3 548	3 588	3 629					
82	3 506	3 547	3 588	3 628	3 669	3 710				
84	3 545	3 586	3 627	3 668	3 709	3 751	3 792			
86	3 583	3 625	3 666	3 708	3 750	3 791	3 833	3 875		
88	3 622	3 664	3 706	3 748	3 790	3 832	3 874	3 916	3 959	
1 90	3 660	3 703	3 745	3 788	3 830	3 873	3 916	3 958	4 001	4 043
92	3 699	3 742	3 785	3 828	3 871	3 914	3 957	4 000	4 043	4 086
94	3 737	3 781	3 824	3 868	3 911	3 954	3 998	4 041	4 085	4 128
96	3 776	3 820	3 864	3 907	3 951	3 995	4 039	4 083	4 127	4 171
98	3 814	3 859	3 903	3 947	3 992	4 036	4 080	4 125	4 169	4 213
2 —	3 853	3 898	3 942	3 987	4 032	4 077	4 122	4 166	4 211	4 256
02	3 891	3 937	3 982	4 027	4 072	4 118	4 163	4 208	4 253	4 299
04	3 930	3 976	4 021	4 067	4 113	4 158	4 204	4 250	4 295	4 341
06	3 968	4 015	4 061	4 107	4 153	4 199	4 245	4 291	4 338	4 384
08	4 007	4 054	4 100	4 147	4 193	4 240	4 286	4 333	4 380	4 426
2 10	4 045	4 092	4 140	4 187	4 234	4 281	4 328	4 375	4 422	4 469
12	4 084	4 131	4 179	4 226	4 274	4 321	4 369	4 416	4 464	4 511
14	4 122	4 170	4 218	4 266	4 314	4 362	4 410	4 458	4 506	4 554
16	4 161	4 209	4 258	4 306	4 355	4 403	4 451	4 500	4 548	4 596
18	4 200	4 248	4 297	4 346	4 395	4 444	4 493	4 541	4 590	4 639
2 20	4 238	4 287	4 337	4 386	4 435	4 484	4 534	4 583	4 632	4 682
22	4 277	4 326	4 376	4 426	4 476	4 525	4 575	4 625	4 674	4 724
24	4 315	4 365	4 415	4 466	4 516	4 566	4 616	4 666	4 717	4 767
26	4 354	4 404	4 455	4 506	4 556	4 607	4 657	4 708	4 759	4 809
28	4 392	4 443	4 494	4 545	4 596	4 648	4 699	4 750	4 801	4 852
2 30	4 431	4 482	4 534	4 585	4 637	4 688	4 740	4 791	4 843	4 894
32	4 469	4 521	4 573	4 625	4 677	4 729	4 781	4 833	4 885	4 937
34	4 508	4 560	4 613	4 665	4 717	4 770	4 822	4 875	4 927	4 980
36	4 546	4 599	4 652	4 705	4 758	4 811	4 863	4 916	4 969	5 022
38	4 585	4 638	4 691	4 745	4 798	4 851	4 905	4 958	5 011	5 065
2 40	4 623	4 677	4 731	4 785	4 838	4 892	4 946	5 000	5 053	5 107
42	4 662	4 716	4 770	4 825	4 879	4 933	4 987	5 041	5 096	5 150
44	4 700	4 755	4 810	4 864	4 919	4 974	5 028	5 083	5 138	5 192
40	4 739	4 794	4 849	4 904	4 959	5 014	5 070	5 125	5 180	5 235
48	4 777	4 833	4 889	4 944	5 000	5 055	5 111	5 166	5 222	5 277
2 50	4 816	4 872	4 928	4 984	5 040	5 096	5 152	5 208	5 264	5 320
52	4 855	4 911	4 967	5 024	5 080	5 137	5 193	5 250	5 306	5 363
54	4 893	4 950	5 007	5 064	5 121	5 178	5 234	5 291	5 348	5 405
56	4 932	4 989	5 046	5 104	5 161	5 218	5 276	5 333	5 390	5 448
58	4 970	5 028	5 086	5 143	5 201	5 259	5 317	5 375	5 432	5 490
2 60	5 009	5 067	5 125	5 183	5 242	5 300	5 358	5 416	5 475	5 533
62	5 047	5 106	5 165	5 223	5 282	5 341	5 399	5 458	5 517	5 575
64	5 086	5 145	5 204	5 263	5 322	5 381	5 441	5 500	5 559	5 618
66	5 124	5 184	5 243	5 303	5 363	5 422	5 482	5 541	5 601	5 660
68	5 163	5 223	5 283	5 343	5 403	5 463	5 523	5 583	5 643	5 703
2 70	5 201	5 262	5 322	5 383	5 443	5 504	5 564	5 625	5 685	5 746
72	5 240	5 301	5 362	5 423	5 484	5 544	5 605	5 666	5 727	5 788
74	5 278	5 340	5 401	5 462	5 524	5 585	5 647	5 708	5 769	5 831
76	5 317	5 379	5 441	5 502	5 564	5 626	5 688	5 750	5 811	5 873
78	5 356	5 418	5 480	5 542	5 604	5 667	5 729	5 791	5 854	5 916
2 80	5 394	5 457	5 519	5 582	5 645	5 708	5 770	5 833	5 896	5 958
82	5 432	5 496	5 559	5 622	5 685	5 748	5 811	5 875	5 938	6 001
84	5 471	5 535	5 598	5 662	5 725	5 789	5 853	5 916	5 980	6 044
86	5 510	5 574	5 638	5 702	5 766	5 830	5 894	5 958	6 022	6 086
88	5 548	5 613	5 677	5 742	5 806	5 871	5 935	6 000	6 064	6 129
2 90	5 587	5 652	5 716	5 781	5 846	5 911	5 976	6 041	6 106	6 171

Epaisseur : 1m 14 centimètres

Longueur	Futailles	1 14	1 16	1 18	1 20	1 22	1 24	1 26	1 28	1 30	1 32
		Largeur en Centimètres									
1 14	1 185	1 482									
16	1 206	1 508	1 534								
18	1 227	1 534	1 560	1 587							
1 20	1 248	1 560	1 587	1 614	1 642						
22	1 268	1 586	1 613	1 641	1 669	1 697					
24	1 289	1 612	1 640	1 668	1 696	1 725	1 753				
26	1 310	1 637	1 666	1 695	1 724	1 752	1 781	1 810			
28	1 331	1 663	1 693	1 722	1 751	1 780	1 809	1 839	1 868		
1 30	1 352	1 689	1 719	1 749	1 778	1 808	1 838	1 867	1 897	1 927	
32	1 372	1 715	1 746	1 776	1 806	1 836	1 866	1 896	1 926	1 956	1 986
34	1 393	1 741	1 772	1 803	1 833	1 864	1 894	1 925	1 955	1 986	2 016
36	1 414	1 767	1 798	1 829	1 860	1 891	1 922	1 954	1 985	2 016	2 047
38	1 435	1 793	1 825	1 856	1 888	1 919	1 951	1 982	2 014	2 045	2 077
1 40	1 456	1 819	1 851	1 883	1 915	1 947	1 979	2 011	2 043	2 075	2 107
42	1 476	1 845	1 878	1 910	1 943	1 975	2 007	2 040	2 072	2 104	2 137
44	1 497	1 871	1 904	1 937	1 970	2 003	2 036	2 068	2 101	2 134	2 167
46	1 518	1 897	1 931	1 964	1 997	2 031	2 064	2 097	2 130	2 164	2 197
48	1 539	1 923	1 957	1 991	2 025	2 058	2 092	2 126	2 160	2 193	2 227
1 50	1 560	1 949	1 984	2 018	2 052	2 086	2 120	2 155	2 189	2 223	2 257
52	1 580	1 975	2 010	2 045	2 079	2 114	2 149	2 183	2 218	2 253	2 287
54	1 601	2 001	2 036	2 072	2 107	2 142	2 177	2 212	2 247	2 282	2 317
56	1 622	2 027	2 063	2 099	2 134	2 170	2 205	2 241	2 276	2 312	2 347
58	1 643	2 053	2 089	2 125	2 161	2 197	2 233	2 270	2 306	2 342	2 378
1 60	1 663	2 079	2 116	2 152	2 189	2 225	2 262	2 298	2 335	2 371	2 408
62	1 684	2 105	2 142	2 179	2 216	2 253	2 290	2 327	2 364	2 401	2 438
64	1 705	2 131	2 169	2 206	2 244	2 281	2 318	2 356	2 393	2 430	2 468
66	1 726	2 157	2 195	2 233	2 271	2 309	2 347	2 384	2 422	2 460	2 498
68	1 747	2 183	2 222	2 260	2 298	2 337	2 375	2 413	2 451	2 490	2 528
1 70	1 767	2 209	2 248	2 287	2 326	2 364	2 403	2 442	2 481	2 519	2 558
72	1 788	2 235	2 275	2 314	2 353	2 392	2 431	2 471	2 510	2 549	2 588
74	1 809	2 261	2 301	2 341	2 380	2 420	2 460	2 499	2 539	2 579	2 618
76	1 830	2 287	2 327	2 368	2 408	2 448	2 488	2 528	2 568	2 608	2 648
78	1 851	2 313	2 354	2 394	2 435	2 475	2 516	2 557	2 597	2 638	2 678
1 80	1 871	2 339	2 380	2 421	2 462	2 503	2 544	2 586	2 627	2 668	2 709
82	1 892	2 365	2 407	2 448	2 490	2 531	2 573	2 614	2 656	2 697	2 739
84	1 913	2 391	2 433	2 475	2 517	2 559	2 601	2 643	2 685	2 727	2 769
86	1 934	2 417	2 460	2 502	2 544	2 587	2 629	2 672	2 714	2 757	2 799
88	1 955	2 443	2 486	2 529	2 572	2 615	2 658	2 700	2 743	2 786	2 829
1 90	1 975	2 469	2 513	2 556	2 599	2 643	2 686	2 729	2 772	2 816	2 859
92	1 996	2 495	2 539	2 583	2 627	2 670	2 714	2 758	2 802	2 845	2 889
94	2 017	2 521	2 565	2 610	2 654	2 698	2 742	2 787	2 831	2 875	2 919
96	2 038	2 547	2 592	2 637	2 681	2 726	2 771	2 815	2 860	2 905	2 949
98	2 059	2 573	2 618	2 663	2 709	2 754	2 799	2 844	2 889	2 934	2 980
2 —	2 079	2 599	2 645	2 690	2 736	2 782	2 827	2 873	2 918	2 964	3 010
02	2 100	2 625	2 671	2 717	2 763	2 809	2 855	2 902	2 948	2 994	3 040
04	2 121	2 651	2 698	2 744	2 791	2 837	2 884	2 930	2 977	3 023	3 070
06	2 142	2 677	2 724	2 771	2 818	2 865	2 912	2 959	3 006	3 053	3 100
08	2 163	2 703	2 751	2 798	2 845	2 893	2 940	2 988	3 035	3 083	3 130
2 10	2 183	2 729	2 777	2 825	2 873	2 921	2 969	3 016	3 064	3 112	3 160
12	2 204	2 755	2 803	2 852	2 900	2 948	2 997	3 045	3 094	3 142	3 190
14	2 225	2 781	2 830	2 879	2 928	2 976	3 025	3 074	3 123	3 171	3 220
16	2 246	2 807	2 856	2 906	2 955	3 004	3 053	3 103	3 152	3 201	3 250
18	2 267	2 833	2 883	2 933	2 982	3 032	3 082	3 131	3 181	3 231	3 280
2 20	2 287	2 859	2 909	2 959	3 010	3 060	3 110	3 160	3 210	3 260	3 310
22	2 308	2 885	2 936	2 986	3 037	3 088	3 138	3 189	3 239	3 290	3 341
24	2 329	2 911	2 962	3 013	3 064	3 115	3 166	3 218	3 269	3 320	3 371
26	2 350	2 937	2 989	3 040	3 092	3 143	3 195	3 246	3 298	3 349	3 401
28	2 370	2 963	3 015	3 067	3 119	3 171	3 223	3 275	3 327	3 379	3 431
2 30	2 391	2 989	3 042	3 094	3 146	3 199	3 251	3 304	3 356	3 409	3 461
32	2 412	3 015	3 068	3 121	3 174	3 227	3 280	3 332	3 385	3 438	3 491
34	2 433	3 041	3 094	3 148	3 201	3 254	3 308	3 361	3 415	3 468	3 521
36	2 454	3 067	3 121	3 175	3 228	3 282	3 336	3 390	3 444	3 498	3 551
38	2 474	3 093	3 147	3 202	3 256	3 310	3 364	3 419	3 473	3 527	3 581
2 40	2 495	3 119	3 174	3 228	3 283	3 338	3 393	3 447	3 502	3 557	3 611
42	2 515	3 145	3 200	3 255	3 311	3 366	3 421	3 476	3 531	3 586	3 642
44	2 536	3 171	3 227	3 282	3 338	3 394	3 449	3 505	3 560	3 616	3 672
46	2 557	3 197	3 253	3 309	3 365	3 421	3 477	3 534	3 590	3 646	3 702
48	2 578	3 223	2 280	3 336	3 393	3 449	3 506	3 562	3 619	3 675	3 732
2 50	2 599	3 249	3 306	3 363	3 420	3 477	3 534	3 591	3 648	3 705	3 762
52	2 620	3 275	3 332	3 390	3 447	3 505	3 562	3 620	3 677	3 735	3 792

Epaisseur : 1m 14 centimètres

Longueur	1 34	1 36	1 38	1 40	1 42	1 44	1 46	1 48	1 50	1 52
	Largeur en Centimètres									
1 34	2 047									
36	2 078	2 109								
38	2 108	2 140	2 171							
1 40	2 139	2 171	2 202	2 234						
42	2 169	2 202	2 234	2 266	2 299					
44	2 200	2 233	2 265	2 298	2 331	2 364				
46	2 230	2 264	2 297	2 330	2 363	2 397	2 430			
48	2 261	2 295	2 328	2 362	2 396	2 430	2 463	2 497		
1 50	2 291	2 326	2 360	2 394	2 428	2 462	2 497	2 531	2 565	
52	2 322	2 357	2 391	2 426	2 461	2 495	2 530	2 565	2 599	2 634
54	2 353	2 388	2 423	2 458	2 493	2 528	2 563	2 598	2 633	2 669
56	2 383	2 419	2 454	2 490	2 525	2 561	2 596	2 632	2 668	2 703
58	2 414	2 450	2 486	2 522	2 558	2 594	2 630	2 666	2 702	2 738
1 60	2 444	2 481	2 517	2 554	2 590	2 627	2 663	2 700	2 736	2 772
62	2 475	2 512	2 549	2 586	2 622	2 659	2 696	2 733	2 770	2 807
64	2 505	2 543	2 580	2 617	2 655	2 692	2 730	2 767	2 804	2 842
66	2 536	2 574	2 612	2 649	2 687	2 725	2 763	2 801	2 839	2 876
68	2 566	2 605	2 643	2 681	2 720	2 758	2 796	2 834	2 873	2 911
1 70	2 597	2 636	2 674	2 713	2 752	2 791	2 829	2 868	2 907	2 946
72	2 627	2 667	2 706	2 745	2 784	2 824	2 863	2 902	2 941	2 980
74	2 658	2 698	2 737	2 777	2 817	2 856	2 896	2 936	2 975	3 015
76	2 689	2 729	2 769	2 809	2 849	2 889	2 929	2 969	3 010	3 050
78	2 719	2 760	2 800	2 841	2 881	2 922	2 963	3 003	3 044	3 084
1 80	2 750	2 791	2 832	2 873	2 914	2 955	2 996	3 037	3 078	3 119
82	2 780	2 822	2 863	2 905	2 946	2 988	3 029	3 071	3 112	3 154
84	2 811	2 853	2 895	2 937	2 979	3 021	3 062	3 104	3 146	3 188
86	2 841	2 884	2 926	2 969	3 011	3 053	3 096	3 138	3 181	3 223
88	2 872	2 915	2 958	3 000	3 043	3 086	3 129	3 172	3 215	3 258
1 90	2 902	2 946	2 989	3 032	3 076	3 119	3 162	3 206	3 249	3 292
92	2 933	2 977	3 021	3 064	3 108	3 152	3 196	3 239	3 283	3 327
94	2 964	3 008	3 052	3 096	3 140	3 185	3 229	3 273	3 317	3 362
96	2 994	3 039	3 083	3 128	3 173	3 218	3 262	3 307	3 352	3 396
98	3 025	3 070	3 115	3 160	3 205	3 250	3 296	3 341	3 386	3 431
2 —	3 055	3 101	3 146	3 192	3 238	3 283	3 329	3 374	3 420	3 466
02	3 086	3 132	3 178	3 224	3 270	3 316	3 362	3 408	3 454	3 500
04	3 116	3 163	3 209	3 256	3 302	3 349	3 395	3 442	3 488	3 535
06	3 147	3 194	3 241	3 288	3 335	3 382	3 429	3 476	3 523	3 570
08	3 177	3 225	3 272	3 320	3 367	3 415	3 462	3 509	3 557	3 604
2 10	3 208	3 256	3 304	3 352	3 399	3 447	3 495	3 543	3 591	3 639
12	3 239	3 287	3 335	3 384	3 432	3 480	3 529	3 577	3 625	3 674
14	3 269	3 318	3 367	3 415	3 464	3 513	3 562	3 611	3 659	3 708
16	3 300	3 349	3 398	3 447	3 497	3 546	3 595	3 644	3 694	3 743
18	3 330	3 380	3 430	3 479	3 529	3 579	3 628	3 678	3 728	3 778
2 20	3 361	3 411	3 461	3 511	3 561	3 612	3 662	3 712	3 762	3 812
22	3 391	3 442	3 493	3 543	3 594	3 644	3 695	3 746	3 796	3 847
24	3 422	3 473	3 524	3 575	3 626	3 677	3 728	3 779	3 830	3 881
26	3 452	3 504	3 555	3 607	3 658	3 710	3 762	3 813	3 865	3 910
28	3 483	3 535	3 587	3 639	3 691	3 743	3 795	3 847	3 899	3 951
2 30	3 513	3 566	3 618	3 671	3 723	3 776	3 828	3 881	3 933	3 985
32	3 544	3 597	3 650	3 703	3 756	3 809	3 861	3 914	3 967	4 020
34	3 575	3 628	3 681	3 735	3 788	3 841	3 895	3 948	4 001	4 055
36	3 605	3 659	3 713	3 767	3 820	3 874	3 928	3 982	4 036	4 089
38	3 636	3 690	3 744	3 798	3 853	3 907	3 961	4 016	4 070	4 124
2 40	3 666	3 721	3 776	3 830	3 885	3 940	3 995	4 049	4 104	4 159
42	3 697	3 752	3 807	3 862	3 917	3 973	4 078	4 083	4 138	4 193
44	3 727	3 783	3 839	3 894	3 950	4 006	4 061	4 117	4 172	4 228
46	3 758	3 814	3 870	3 926	3 982	4 038	4 094	4 151	4 207	4 263
48	3 788	3 845	3 902	3 958	4 015	4 071	4 128	4 184	4 241	4 297
2 50	3 819	3 876	3 933	3 990	4 047	4 104	4 161	4 218	4 275	4 332
52	3 850	3 907	3 964	4 022	4 079	4 137	4 194	4 252	4 309	4 367

Epaisseur : 1m 14 centimètres

Longueur	Futailles	Largeur en centimètres 1 54	1 56	1 58	1 60	1 62	1 64	1 66	1 68	1 70	1 72
1 54		2 704									
56		2 739	2 774								
58		2 774	2 810	2 846							
1 60		2 809	2 845	2 882	2 918						
62		2 844	2 881	2 918	2 955	2 992					
64		2 879	2 917	2 954	2 991	3 029	3 066				
66		2 914	2 952	2 990	3 028	3 066	3 104	3 141			
68		2 949	2 988	3 026	3 064	3 103	3 141	3 179	3 218		
1 70		2 985	3 023	3 062	3 101	3 140	3 178	3 217	3 256	3 295	
72		3 020	3 059	3 098	3 137	3 176	3 216	3 255	3 294	3 333	3 373
74		3 055	3 094	3 134	3 174	3 213	3 253	3 293	3 332	3 372	3 412
76		3 090	3 130	3 170	3 210	3 250	3 290	3 331	3 371	3 411	3 451
78		3 125	3 166	3 206	3 247	3 287	3 328	3 368	3 409	3 450	3 490
1 80		3 160	3 201	3 242	3 283	3 324	3 365	3 406	3 447	3 488	3 529
82		3 195	3 237	3 278	3 320	3 361	3 403	3 444	3 486	3 527	3 569
84		3 230	3 272	3 314	3 356	3 398	3 440	3 482	3 524	3 566	3 608
86		3 265	3 308	3 350	3 393	3 435	3 477	3 520	3 562	3 605	3 647
88		3 301	3 343	3 386	3 429	3 472	3 515	3 558	3 601	3 643	3 686
1 90		3 336	3 379	3 422	3 466	3 509	3 552	3 596	3 639	3 682	3 726
92		3 371	3 415	3 458	3 502	3 546	3 590	3 633	3 677	3 721	3 765
94		3 406	3 450	3 494	3 539	3 583	3 627	3 671	3 715	3 760	3 804
96		3 441	3 486	3 530	3 575	3 620	3 664	3 709	3 754	3 798	3 843
98		3 476	3 521	3 566	3 612	3 657	3 702	3 747	3 792	3 837	3 882
2 —		3 511	3 557	3 602	3 648	3 694	3 739	3 785	3 830	3 876	3 922
02		3 546	3 592	3 638	3 684	3 731	3 777	3 823	3 869	3 915	3 961
04		3 581	3 628	3 674	3 721	3 767	3 814	3 860	3 907	3 954	4 000
06		3 617	3 664	3 710	3 757	3 804	3 851	3 898	3 945	3 992	4 039
08		3 652	3 699	3 746	3 794	3 841	3 889	3 936	3 984	4 031	4 078
2 10		3 687	3 735	3 783	3 830	3 878	3 926	3 974	4 022	4 070	4 118
12		3 722	3 770	3 819	3 867	3 915	3 964	4 012	4 060	4 109	4 157
14		3 757	3 806	3 855	3 903	3 952	4 001	4 050	4 099	4 147	4 196
16		3 792	3 841	3 891	3 940	3 989	4 038	4 088	4 137	4 186	4 235
18		3 827	3 877	3 927	3 976	4 026	4 076	4 125	4 175	4 225	4 275
2 20		3 862	3 912	3 963	4 013	4 063	4 113	4 163	4 213	4 264	4 314
22		3 897	3 948	3 999	4 049	4 100	4 151	4 201	4 252	4 302	4 353
24		3 933	3 984	4 035	4 086	4 137	4 188	4 239	4 290	4 341	4 392
26		3 968	4 019	4 071	4 122	4 174	4 225	4 277	4 328	4 380	4 431
28		4 003	4 055	4 107	4 159	4 211	4 263	4 315	4 367	4 419	4 471
2 30		4 038	4 090	4 143	4 195	4 248	4 300	4 353	4 405	4 457	4 510
32		4 073	4 126	4 179	4 232	4 285	4 337	4 390	4 443	4 496	4 549
34		4 108	4 161	4 215	4 268	4 322	4 375	4 428	4 482	4 535	4 588
36		4 143	4 197	4 251	4 305	4 358	4 412	4 466	4 520	4 574	4 627
38		4 178	4 233	4 287	4 341	4 395	4 450	4 504	4 558	4 612	4 667
2 40		4 213	4 268	4 323	4 378	4 432	4 487	4 542	4 596	4 651	4 706
42		4 249	4 304	4 359	4 414	4 469	4 524	4 580	4 635	4 690	4 745
44		4 284	4 339	4 395	4 451	4 506	4 562	4 617	4 673	4 729	4 784
46		4 319	4 375	4 431	4 487	4 543	4 599	4 655	4 711	4 767	4 824
48		4 354	4 410	4 467	4 524	4 580	4 637	4 693	4 750	4 806	4 863
2 50		4 389	4 446	4 503	4 560	4 617	4 674	4 731	4 788	4 845	4 902
52		4 424	4 482	4 539	4 596	4 654	4 711	4 769	4 826	4 884	4 941
54		4 459	4 517	4 575	4 633	4 691	4 749	4 807	4 865	4 923	4 980
56		4 494	4 553	4 611	4 669	4 728	4 786	4 845	4 903	4 961	5 020
58		4 529	4 588	4 647	4 706	4 765	4 824	4 882	4 941	5 000	5 059
2 60		4 565	4 624	4 683	4 742	4 802	4 861	4 920	4 980	5 039	5 098
62		4 600	4 659	4 719	4 779	4 839	4 898	4 958	5 018	5 077	5 137
64		4 635	4 695	4 755	4 815	4 876	4 936	4 996	5 056	5 116	5 177
66		4 670	4 731	4 791	4 852	4 912	4 973	5 034	5 094	5 155	5 216
68		4 705	4 766	4 827	4 888	4 949	5 011	5 072	5 133	5 194	5 255
2 70		4 740	4 802	4 863	4 925	4 986	5 048	5 109	5 171	5 233	5 294
72		4 775	4 837	4 899	4 961	5 023	5 085	5 147	5 209	5 271	5 333
74		4 810	4 873	4 935	4 998	5 060	5 123	5 185	5 248	5 310	5 373
76		4 845	4 908	4 971	5 034	5 097	5 160	5 223	5 286	5 349	5 412
78		4 881	4 944	5 007	5 071	5 134	5 197	5 261	5 324	5 388	5 451
2 80		4 916	4 980	5 043	5 107	5 171	5 235	5 299	5 363	5 426	5 490
82		4 951	5 015	5 079	5 144	5 208	5 273	5 337	5 401	5 465	5 529
84		4 986	5 051	5 115	5 180	5 245	5 310	5 374	5 439	5 504	5 569
86		5 021	5 086	5 151	5 217	5 282	5 347	5 412	5 477	5 543	5 608
88		5 056	5 122	5 187	5 253	5 319	5 384	5 450	5 516	5 581	5 647
2 90		5 091	5 157	5 223	5 290	5 356	5 422	5 488	5 554	5 620	5 686
92		5 126	5 193	5 260	5 326	5 393	5 459	5 526	5 592	5 659	5 726

Epaisseur : 1m 14 centimètres

Longueur	Largeur en centimètres 1 74	1 76	1 78	1 80	1 82	1 84	1 86	1 88	1 90	1 92
1 74	3 451									
76	3 491	3 531								
78	3 531	3 571	3 612							
1 80	3 570	3 612	3 653	3 691						
82	3 610	3 652	3 693	3 735	3 776					
84	3 650	3 692	3 734	3 776	3 818	3 860				
86	3 689	3 732	3 774	3 817	3 859	3 902	3 944			
88	3 729	3 772	3 815	3 858	3 901	3 943	3 986	4 029		
1 90	3 769	3 812	3 855	3 899	3 942	3 985	4 029	4 072	4 115	
92	3 809	3 852	3 896	3 940	3 984	4 027	4 071	4 115	4 159	4 202
94	3 848	3 892	3 937	3 981	4 025	4 069	4 114	4 158	4 202	4 246
96	3 888	3 933	3 977	4 022	4 067	4 111	4 156	4 201	4 245	4 290
98	3 928	3 973	4 018	4 063	4 108	4 153	4 198	4 244	4 289	4 334
2 —	3 967	4 013	4 058	4 104	4 150	4 195	4 241	4 286	4 332	4 378
02	4 007	4 053	4 099	4 145	4 191	4 237	4 283	4 329	4 375	4 421
04	4 047	4 093	4 140	4 186	4 233	4 279	4 326	4 372	4 419	4 465
06	4 086	4 133	4 180	4 227	4 274	4 321	4 368	4 415	4 462	4 509
08	4 126	4 173	4 221	4 268	4 316	4 363	4 410	4 458	4 505	4 553
2 10	4 166	4 210	4 261	4 308	4 357	4 405	4 453	4 501	4 549	4 596
12	4 205	4 254	4 302	4 350	4 399	4 447	4 495	4 544	4 592	4 640
14	4 245	4 294	4 342	4 391	4 440	4 489	4 538	4 586	4 635	4 684
16	4 285	4 334	4 383	4 432	4 482	4 531	4 580	4 629	4 679	4 728
18	4 324	4 374	4 424	4 473	4 523	4 573	4 622	4 672	4 722	4 772
2 20	4 364	4 414	4 464	4 514	4 565	4 615	4 665	4 715	4 765	4 815
22	4 404	4 454	4 505	4 555	4 606	4 657	4 707	4 758	4 809	4 859
24	4 443	4 494	4 545	4 596	4 648	4 699	4 750	4 801	4 852	4 903
26	4 483	4 534	4 586	4 638	4 689	4 741	4 792	4 844	4 895	4 947
28	4 523	4 575	4 627	4 679	4 731	4 783	4 835	4 886	4 938	4 990
2 30	4 562	4 615	4 667	4 720	4 772	4 824	4 877	4 929	4 982	5 034
32	4 602	4 655	4 708	4 761	4 814	4 866	4 919	4 972	5 025	5 078
34	4 642	4 695	4 748	4 802	4 855	4 908	4 962	5 015	5 068	5 122
36	4 681	4 735	4 789	4 843	4 897	4 950	5 004	5 058	5 112	5 166
38	4 721	4 775	4 829	4 884	4 938	4 992	5 047	5 101	5 155	5 209
2 40	4 761	4 815	4 870	4 925	4 980	5 034	5 089	5 144	5 198	5 253
42	4 800	4 855	4 911	4 966	5 021	5 076	5 131	5 187	5 242	5 297
44	4 840	4 896	4 951	5 007	5 063	5 118	5 174	5 229	5 285	5 341
46	4 880	4 936	4 992	5 048	5 104	5 160	5 216	5 272	5 328	5 384
48	4 919	4 976	5 032	5 089	5 146	5 202	5 259	5 315	5 372	5 428
2 50	4 959	5 016	5 073	5 130	5 187	5 244	5 301	5 358	5 415	5 472
52	4 999	5 056	5 114	5 171	5 228	5 286	5 343	5 401	5 458	5 516
54	5 038	5 096	5 154	5 212	5 270	5 328	5 386	5 444	5 502	5 560
56	5 078	5 136	5 195	5 253	5 311	5 370	5 428	5 487	5 545	5 603
58	5 118	5 177	5 235	5 294	5 353	5 412	5 471	5 529	5 588	5 647
2 60	5 157	5 217	5 276	5 335	5 394	5 454	5 513	5 572	5 632	5 691
62	5 197	5 257	5 317	5 376	5 436	5 496	5 555	5 615	5 675	5 735
64	5 237	5 297	5 357	5 417	5 477	5 538	5 598	5 658	5 718	5 778
66	5 276	5 337	5 398	5 458	5 519	5 580	5 640	5 701	5 762	5 822
68	5 316	5 377	5 438	5 499	5 560	5 622	5 683	5 744	5 805	5 866
2 70	5 356	5 417	5 479	5 540	5 602	5 664	5 725	5 787	5 848	5 910
72	5 395	5 457	5 519	5 581	5 643	5 705	5 767	5 830	5 892	5 954
74	5 435	5 498	5 560	5 622	5 685	5 747	5 810	5 872	5 935	5 997
76	5 475	5 538	5 601	5 664	5 726	5 789	5 852	5 915	5 978	6 041
78	5 514	5 578	5 641	5 705	5 768	5 831	5 895	5 958	6 021	6 085
2 80	5 554	5 618	5 682	5 746	5 809	5 873	5 937	6 001	6 065	6 129
82	5 594	5 658	5 722	5 787	5 851	5 915	5 980	6 044	6 108	6 172
84	5 633	5 698	5 763	5 828	5 892	5 957	6 022	6 087	6 151	6 216
86	5 673	5 738	5 804	5 869	5 934	5 999	6 064	6 130	6 195	6 260
88	5 713	5 778	5 844	5 910	5 975	6 041	6 107	6 172	6 238	6 304
2 90	5 752	5 819	5 885	5 951	6 017	6 083	6 149	6 215	6 281	6 348
92	5 792	5 859	5 925	5 992	6 058	6 125	6 192	6 258	6 325	6 391

1,14

Z

Epaisseur : 1m 16 centimètres

Longueur	Futailles	1 16	1 18	1 20	1 22	1 24	1 26	1 28	1 30	1 32	1 34
		Largeur en centimètres.									
m 1 16	1 249	1 561									
18	1 270	1 588	1 615								
1 20	1 292	1 615	1 643	1 670							
22	1 313	1 642	1 670	1 698	1 727						
24	1 335	1 669	1 697	1 726	1 755	1 784					
26	1 356	1 695	1 725	1 754	1 783	1 812	1 842				
28	1 378	1 722	1 752	1 782	1 811	1 841	1 871	1 901			
1 30	1 399	1 749	1 779	1 810	1 840	1 870	1 900	1 930	1 960		
32	1 421	1 776	1 807	1 837	1 868	1 899	1 929	1 960	1 991	2 021	
34	1 443	1 803	1 834	1 865	1 896	1 927	1 959	1 990	2 021	2 052	2 083
36	1 464	1 830	1 862	1 893	1 925	1 956	1 988	2 019	2 051	2 082	2 114
38	1 486	1 857	1 889	1 921	1 953	1 985	2 017	2 049	2 081	2 113	2 145
1 40	1 507	1 884	1 916	1 949	1 981	2 014	2 046	2 079	2 111	2 144	2 176
42	1 529	1 911	1 944	1 977	2 010	2 043	2 075	2 108	2 141	2 174	2 207
44	1 550	1 938	1 971	2 004	2 038	2 071	2 105	2 138	2 172	2 205	2 238
46	1 572	1 965	1 998	2 032	2 066	2 100	2 134	2 168	2 202	2 236	2 269
48	1 593	1 991	2 026	2 060	2 094	2 129	2 163	2 198	2 232	2 266	2 301
1 50	1 615	2 018	2 053	2 088	2 123	2 158	2 192	2 227	2 262	2 297	2 332
52	1 636	2 045	2 081	2 116	2 151	2 186	2 222	2 257	2 292	2 327	2 363
54	1 658	2 072	2 108	2 144	2 179	2 215	2 251	2 287	2 322	2 358	2 394
56	1 679	2 099	2 135	2 172	2 208	2 244	2 280	2 316	2 352	2 389	2 425
58	1 701	2 126	2 163	2 199	2 236	2 273	2 309	2 346	2 383	2 419	2 456
1 60	1 722	2 153	2 190	2 227	2 264	2 301	2 339	2 376	2 413	2 450	2 487
62	1 744	2 180	2 217	2 255	2 293	2 330	2 368	2 405	2 443	2 481	2 518
64	1 765	2 207	2 245	2 283	2 321	2 359	2 397	2 435	2 473	2 511	2 549
66	1 787	2 234	2 272	2 311	2 349	2 388	2 426	2 465	2 503	2 542	2 580
68	1 808	2 261	2 300	2 339	2 378	2 416	2 455	2 494	2 533	2 572	2 611
1 70	1 830	2 288	2 327	2 366	2 406	2 445	2 485	2 524	2 564	2 603	2 642
72	1 852	2 314	2 354	2 394	2 434	2 474	2 514	2 554	2 594	2 634	2 674
74	1 873	2 341	2 382	2 422	2 462	2 503	2 543	2 584	2 624	2 664	2 705
76	1 895	2 368	2 409	2 450	2 491	2 532	2 572	2 613	2 654	2 695	2 736
78	1 916	2 395	2 436	2 478	2 519	2 560	2 602	2 643	2 684	2 726	2 767
1 80	1 938	2 422	2 464	2 506	2 547	2 589	2 631	2 673	2 714	2 756	2 798
82	1 959	2 449	2 491	2 533	2 576	2 618	2 660	2 702	2 745	2 787	2 829
84	1 981	2 476	2 519	2 561	2 604	2 647	2 689	2 732	2 775	2 817	2 860
86	2 002	2 503	2 546	2 589	2 632	2 675	2 719	2 762	2 805	2 848	2 891
88	2 024	2 530	2 573	2 617	2 661	2 704	2 748	2 791	2 835	2 879	2 922
1 90	2 045	2 557	2 601	2 645	2 689	2 733	2 777	2 821	2 865	2 909	2 953
92	2 067	2 584	2 628	2 673	2 717	2 762	2 806	2 851	2 895	2 940	2 984
94	2 088	2 610	2 655	2 700	2 745	2 790	2 836	2 881	2 926	2 971	3 016
96	2 110	2 637	2 683	2 728	2 774	2 819	2 865	2 910	2 956	3 001	3 047
98	2 131	2 664	2 710	2 756	2 802	2 848	2 894	2 940	2 986	3 032	3 078
2 —	2 153	2 691	2 738	2 784	2 830	2 877	2 923	2 970	3 016	3 062	3 109
02	2 174	2 718	2 765	2 812	2 859	2 906	2 952	2 999	3 046	3 093	3 140
04	2 196	2 745	2 792	2 840	2 887	2 934	2 982	3 029	3 076	3 124	3 171
06	2 218	2 772	2 820	2 868	2 915	2 963	3 011	3 059	3 106	3 154	3 202
08	2 239	2 799	2 847	2 895	2 944	2 992	3 040	3 088	3 137	3 185	3 233
2 10	2 261	2 826	2 874	2 923	2 972	3 021	3 069	3 118	3 167	3 216	3 204
12	2 282	2 853	2 902	2 951	3 000	3 049	3 099	3 148	3 197	3 246	3 295
14	2 304	2 880	2 929	2 979	3 029	3 078	3 128	3 177	3 227	3 277	3 326
16	2 325	2 906	2 957	3 007	3 057	3 107	3 157	3 207	3 257	3 307	3 358
18	2 347	2 933	2 984	3 035	3 085	3 136	3 186	3 237	3 287	3 338	3 389
2 20	2 368	2 960	3 011	3 062	3 113	3 164	3 216	3 267	3 318	3 369	3 420
22	2 390	2 987	3 039	3 090	3 142	3 193	3 245	3 296	3 348	3 399	3 451
24	2 411	3 014	3 066	3 118	3 170	3 222	3 274	3 326	3 378	3 430	3 482
26	2 433	3 041	3 093	3 146	3 198	3 251	3 303	3 356	3 408	3 461	3 513
28	2 454	3 068	3 121	3 174	3 227	3 280	3 332	3 385	3 438	3 491	3 544
2 30	2 476	3 095	3 148	3 202	3 255	3 308	3 362	3 416	3 468	3 522	3 575
32	2 497	3 122	3 176	3 229	3 283	3 337	3 391	3 445	3 499	3 552	3 606
34	2 519	3 149	3 203	3 257	3 311	3 366	3 420	3 474	3 529	3 583	3 637
36	2 540	3 176	3 230	3 285	3 340	3 395	3 449	3 504	3 559	3 614	3 668
38	2 562	3 203	3 258	3 313	3 368	3 423	3 479	3 534	3 589	3 644	3 699
2 40	2 584	3 229	3 285	3 341	3 396	3 452	3 508	3 564	3 619	3 675	3 731
42	2 605	3 256	3 312	3 369	3 425	3 481	3 537	3 593	3 649	3 706	3 762
44	2 627	3 283	3 340	3 396	3 453	3 510	3 566	3 623	3 680	3 736	3 793
46	2 648	3 310	3 367	3 424	3 481	3 538	3 596	3 653	3 710	3 767	3 824
48	2 670	3 337	3 395	3 452	3 510	3 567	3 625	3 682	3 740	3 797	3 855
2 50	2 691	3 364	3 422	3 480	3 538	3 596	3 654	3 712	3 770	3 828	3 886
52	2 713	3 391	3 449	3 508	3 566	3 625	3 684	3 742	3 800	3 859	3 917
54	2 734	3 418	3 477	3 536	3 595	3 654	3 712	3 771	3 830	3 880	3 948

Epaisseur : 1m 16 centimètres

Longueur	1 36	1 38	1 40	1 42	1 44	1 46	1 48	1 50	1 52	1 54
	Largeur en centimètres									
m 1 36	2 146									
38	2 177	2 209								
1 40	2 209	2 241	2 274							
42	2 240	2 273	2 306	2 339						
44	2 272	2 305	2 339	2 372	2 405					
46	2 303	2 337	2 371	2 405	2 439	2 473				
48	2 335	2 369	2 404	2 438	2 472	2 507	2 541			
1 50	2 366	2 401	2 436	2 471	2 506	2 540	2 575	2 610		
52	2 398	2 433	2 468	2 504	2 539	2 574	2 610	2 645	2 680	
54	2 430	2 465	2 501	2 537	2 572	2 608	2 644	2 680	2 715	2 751
56	2 461	2 497	2 533	2 570	2 606	2 642	2 678	2 714	2 751	2 787
58	2 493	2 529	2 566	2 603	2 639	2 676	2 713	2 749	2 786	2 823
1 60	2 524	2 561	2 598	2 636	2 673	2 710	2 747	2 784	2 821	2 858
62	2 556	2 593	2 631	2 668	2 706	2 744	2 781	2 819	2 856	2 894
64	2 587	2 625	2 663	2 701	2 739	2 778	2 816	2 854	2 892	2 930
66	2 619	2 657	2 696	2 734	2 773	2 811	2 850	2 888	2 927	2 965
68	2 650	2 689	2 728	2 767	2 806	2 845	2 884	2 923	2 962	3 001
1 70	2 682	2 721	2 761	2 800	2 840	2 879	2 919	2 958	2 997	3 037
72	2 713	2 753	2 793	2 833	2 873	2 913	2 953	2 993	3 033	3 073
74	2 745	2 785	2 826	2 866	2 906	2 947	2 987	3 028	3 068	3 108
76	2 777	2 817	2 858	2 899	2 940	2 981	3 022	3 062	3 103	3 144
78	2 808	2 849	2 891	2 932	2 973	3 015	3 056	3 097	3 138	3 180
1 80	2 840	2 881	2 923	2 965	3 007	3 048	3 090	3 132	3 174	3 216
82	2 871	2 913	2 956	2 998	3 040	3 082	3 125	3 167	3 209	3 251
84	2 903	2 945	2 988	3 031	3 074	3 116	3 159	3 202	3 244	3 287
86	2 934	2 977	3 021	3 064	3 107	3 150	3 193	3 236	3 280	3 323
88	2 966	3 010	3 053	3 097	3 140	3 184	3 228	3 271	3 315	3 358
1 90	2 997	3 042	3 086	3 130	3 174	3 218	3 262	3 306	3 350	3 394
92	3 029	3 074	3 118	3 163	3 207	3 252	3 296	3 341	3 385	3 430
94	3 061	3 106	3 151	3 196	3 241	3 286	3 331	3 376	3 421	3 466
96	3 092	3 138	3 183	3 229	3 274	3 319	3 365	3 410	3 456	3 501
98	3 124	3 170	3 216	3 261	3 307	3 353	3 399	3 445	3 491	3 537
2 —	3 155	3 202	3 248	3 294	3 341	3 387	3 434	3 480	3 526	3 573
02	3 187	3 234	3 280	3 327	3 374	3 421	3 468	3 515	3 562	3 609
04	3 218	3 266	3 313	3 360	3 408	3 455	3 502	3 550	3 597	3 644
06	3 250	3 298	3 345	3 393	3 441	3 489	3 537	3 584	3 632	3 680
08	3 281	3 330	3 378	3 426	3 474	3 523	3 571	3 619	3 667	3 716
2 10	3 313	3 362	3 410	3 459	3 508	3 557	3 605	3 654	3 703	3 751
12	3 345	3 394	3 443	3 492	3 541	3 590	3 640	3 689	3 738	3 787
14	3 376	3 426	3 475	3 525	3 575	3 624	3 674	3 724	3 773	3 823
16	3 408	3 458	3 508	3 558	3 608	3 658	3 708	3 758	3 809	3 859
18	3 439	3 490	3 540	3 591	3 641	3 692	3 743	3 793	3 844	3 894
2 20	3 471	3 522	3 573	3 624	3 675	3 726	3 777	3 828	3 879	3 930
22	3 502	3 554	3 605	3 657	3 708	3 760	3 811	3 863	3 914	3 966
24	3 534	3 586	3 638	3 690	3 742	3 794	3 846	3 898	3 950	4 002
26	3 565	3 618	3 670	3 723	3 775	3 828	3 880	3 932	3 985	4 037
28	3 597	3 650	3 703	3 756	3 809	3 861	3 914	3 967	4 020	4 073
2 30	3 628	3 682	3 735	3 789	3 842	3 895	3 949	4 002	4 055	4 109
32	3 660	3 714	3 768	3 822	3 875	3 929	3 983	4 037	4 091	4 144
34	3 692	3 746	3 800	3 854	3 909	3 963	4 017	4 072	4 126	4 180
36	3 723	3 778	3 833	3 887	3 942	3 997	4 052	4 106	4 161	4 216
38	3 755	3 810	3 865	3 920	3 976	4 031	4 086	4 141	4 196	4 252
2 40	3 786	3 842	3 898	3 953	4 009	4 065	4 120	4 176	4 232	4 287
42	3 818	3 874	3 930	3 986	4 042	4 099	4 155	4 211	4 267	4 323
44	3 840	3 906	3 963	4 019	4 076	4 132	4 189	4 246	4 302	4 359
46	3 881	3 938	3 995	4 052	4 109	4 166	4 223	4 280	4 337	4 395
48	3 912	3 970	4 028	4 085	4 143	4 200	4 258	4 315	4 373	4 430
2 50	3 944	4 002	4 060	4 118	4 176	4 234	4 292	4 350	4 408	4 466
52	3 976	4 034	4 092	4 151	4 209	4 268	4 326	4 385	4 443	4 502
54	4 007	4 066	4 125	4 184	4 243	4 302	4 361	4 420	4 479	4 537

Epaisseur : 1m 16 centimètres

Longueur	Futailles	1 56	1 58	1 60	1 62	1 64	1 66	1 68	1 70	1 72	1 74
		Largeur en Centimètres									
m 1 56		2 823									
58		2 859	2 896								
1 60		2 895	2 932	2 970							
62		2 932	2 969	3 007	3 044						
64		2 968	3 006	3 044	3 082	3 120					
66		3 004	3 042	3 081	3 119	3 158	3 196				
68		3 040	3 079	3 118	3 157	3 196	3 235	3 274			
1 70		3 076	3 116	3 155	3 195	3 234	3 274	3 313	3 352		
72		3 113	3 152	3 192	3 232	3 272	3 312	3 352	3 392	3 432	
74		3 149	3 189	3 229	3 270	3 310	3 351	3 391	3 431	3 472	3 512
76		3 185	3 226	3 267	3 307	3 348	3 389	3 430	3 471	3 512	3 552
78		3 221	3 262	3 304	3 345	3 386	3 428	3 469	3 510	3 551	3 593
1 80		3 257	3 299	3 341	3 383	3 424	3 466	3 508	3 550	3 591	3 633
82		3 293	3 336	3 378	3 420	3 462	3 505	3 547	3 589	3 631	3 673
84		3 330	3 372	3 415	3 458	3 500	3 543	3 586	3 628	3 671	3 714
86		3 366	3 409	3 452	3 495	3 538	3 582	3 625	3 668	3 711	3 754
88		3 402	3 446	3 489	3 533	3 577	3 620	3 664	3 707	3 751	3 795
1 90		3 438	3 482	3 526	3 570	3 615	3 659	3 703	3 747	3 791	3 835
92		3 474	3 519	3 564	3 608	3 653	3 697	3 742	3 786	3 831	3 875
94		3 511	3 556	3 601	3 646	3 691	3 736	3 781	3 826	3 871	3 916
96		3 547	3 592	3 638	3 683	3 729	3 774	3 820	3 865	3 911	3 956
98		3 583	3 629	3 675	3 721	3 767	3 813	3 859	3 906	3 950	3 996
2 —		3 619	3 666	3 712	3 758	3 805	3 851	3 898	3 944	3 990	4 037
02		3 655	3 702	3 749	3 796	3 843	3 890	3 937	3 983	4 030	4 077
04		3 692	3 739	3 786	3 834	3 881	3 928	3 976	4 023	4 070	4 118
06		3 728	3 776	3 823	3 871	3 919	3 967	4 015	4 062	4 110	4 158
08		3 764	3 812	3 860	3 909	3 957	4 005	4 054	4 102	4 150	4 198
2 10		3 800	3 849	3 898	3 946	3 995	4 044	4 092	4 141	4 190	4 239
12		3 836	3 886	3 935	3 984	4 033	4 082	4 131	4 181	4 230	4 279
14		3 873	3 922	3 972	4 021	4 071	4 121	4 170	4 220	4 270	4 319
16		3 909	3 959	4 009	4 059	4 109	4 159	4 209	4 260	4 310	4 360
18		3 945	3 996	4 046	4 097	4 147	4 198	4 248	4 299	4 350	4 400
2 20		3 981	4 032	4 083	4 134	4 185	4 236	4 287	4 338	4 389	4 440
22		4 017	4 069	4 120	4 172	4 223	4 275	4 326	4 378	4 429	4 481
24		4 054	4 105	4 157	4 209	4 261	4 313	4 365	4 417	4 469	4 521
26		4 090	4 142	4 195	4 247	4 299	4 352	4 404	4 457	4 509	4 562
28		4 126	4 179	4 232	4 285	4 337	4 390	4 443	4 496	4 549	4 602
2 30		4 162	4 215	4 269	4 322	4 376	4 429	4 482	4 536	4 589	4 642
32		4 198	4 252	4 306	4 360	4 414	4 467	4 521	4 575	4 629	4 683
34		4 234	4 289	4 343	4 397	4 452	4 506	4 560	4 614	4 669	4 723
36		4 271	4 325	4 380	4 435	4 490	4 544	4 599	4 654	4 709	4 763
38		4 307	4 362	4 417	4 472	4 528	4 583	4 638	4 693	4 749	4 804
2 40		4 343	4 399	4 454	4 510	4 566	4 621	4 677	4 733	4 789	4 844
42		4 379	4 435	4 492	4 548	4 604	4 660	4 716	4 772	4 828	4 885
44		4 415	4 472	4 529	4 585	4 642	4 698	4 755	4 812	4 868	4 925
46		4 452	4 509	4 566	4 623	4 680	4 737	4 794	4 851	4 908	4 965
48		4 488	4 545	4 603	4 660	4 718	4 775	4 833	4 891	4 948	5 006
2 50		4 524	4 582	4 640	4 698	4 756	4 814	4 872	4 930	4 988	5 046
52		4 560	4 619	4 677	4 736	4 794	4 853	4 911	4 969	5 028	5 086
54		4 596	4 655	4 714	4 773	4 832	4 891	4 950	5 009	5 068	5 127
56		4 633	4 692	4 751	4 811	4 870	4 930	4 989	5 048	5 108	5 167
58		4 669	4 729	4 788	4 848	4 908	4 968	5 028	5 088	5 148	5 207
2 60		4 705	4 765	4 826	4 886	4 946	5 007	5 067	5 127	5 188	5 248
62		4 741	4 802	4 863	4 924	4 984	5 045	5 106	5 167	5 227	5 288
64		4 777	4 839	4 900	4 961	5 022	5 084	5 145	5 206	5 267	5 329
66		4 814	4 875	4 937	4 999	5 060	5 122	5 184	5 246	5 307	5 369
68		4 850	4 912	4 974	5 036	5 098	5 161	5 223	5 285	5 347	5 409
2 70		4 886	4 949	5 011	5 074	5 136	5 199	5 262	5 324	5 387	5 450
72		4 922	4 985	5 048	5 111	5 175	5 238	5 301	5 364	5 427	5 490
74		4 958	5 022	5 085	5 149	5 213	5 276	5 340	5 403	5 467	5 530
76		4 994	5 059	5 123	5 187	5 251	5 315	5 379	5 443	5 507	5 571
78		5 031	5 095	5 160	5 224	5 289	5 353	5 418	5 482	5 547	5 611
2 80		5 067	5 132	5 197	5 262	5 327	5 392	5 457	5 522	5 587	5 652
82		5 103	5 168	5 234	5 299	5 365	5 430	5 496	5 561	5 626	5 692
84		5 139	5 205	5 271	5 337	5 403	5 469	5 535	5 600	5 666	5 732
86		5 175	5 242	5 308	5 375	5 441	5 507	5 574	5 640	5 706	5 773
88		5 212	5 278	5 345	5 412	5 479	5 546	5 613	5 679	5 746	5 813
2 90		5 248	5 315	5 382	5 450	5 517	5 584	5 652	5 719	5 786	5 853
92		5 284	5 352	5 420	5 487	5 555	5 623	5 690	5 758	5 826	5 894
94		5 320	5 388	5 457	5 525	5 593	5 661	5 729	5 798	5 866	5 934

Epaisseur : 1m 16 centimètres

Longueur	1 76	1 78	1 80	1 82	1 84	1 86	1 88	1 90	1 92	1 94
	Largeur en Centimètres									
m 1 76	3 593									
78	3 634	3 675								
1 80	3 675	3 717	3 758							
82	3 716	3 758	3 800	3 842						
84	3 757	3 799	3 842	3 885	3 927					
86	3 797	3 841	3 884	3 927	3 970	4 013				
88	3 838	3 882	3 925	3 969	4 013	4 056	4 100			
1 90	3 879	3 923	3 967	4 011	4 055	4 099	4 144	4 188		
92	3 920	3 964	4 009	4 054	4 098	4 143	4 187	4 232	4 276	
94	3 961	4 006	4 051	4 096	4 141	4 186	4 231	4 276	4 321	4 366
96	4 002	4 047	4 092	4 138	4 183	4 229	4 274	4 320	4 365	4 411
98	4 042	4 088	4 134	4 180	4 226	4 272	4 318	4 364	4 410	4 456
2 —	4 083	4 130	4 176	4 222	4 269	4 315	4 362	4 408	4 454	4 501
02	4 124	4 171	4 218	4 265	4 311	4 358	4 405	4 452	4 499	4 546
04	4 165	4 212	4 260	4 307	4 354	4 402	4 449	4 496	4 543	4 591
06	4 206	4 253	4 301	4 349	4 397	4 445	4 492	4 540	4 588	4 636
08	4 247	4 295	4 343	4 391	4 440	4 488	4 536	4 584	4 633	4 681
2 10	4 287	4 336	4 385	4 434	4 482	4 531	4 580	4 628	4 677	4 726
12	4 328	4 377	4 427	4 476	4 525	4 574	4 623	4 672	4 722	4 771
14	4 369	4 419	4 468	4 518	4 568	4 617	4 667	4 717	4 766	4 816
16	4 410	4 460	4 510	4 560	4 610	4 660	4 711	4 761	4 811	4 861
18	4 451	4 501	4 552	4 602	4 653	4 704	4 754	4 805	4 855	4 906
2 20	4 492	4 543	4 594	4 645	4 696	4 747	4 798	4 849	4 900	4 951
22	4 532	4 584	4 635	4 687	4 738	4 790	4 841	4 893	4 944	4 996
24	4 573	4 625	4 677	4 729	4 781	4 833	4 885	4 937	4 989	5 041
26	4 614	4 666	4 719	4 771	4 824	4 876	4 929	4 981	5 033	5 086
28	4 655	4 708	4 761	4 814	4 866	4 919	4 972	5 025	5 078	5 131
2 30	4 696	4 749	4 802	4 856	4 909	4 962	5 016	5 069	5 123	5 176
32	4 737	4 790	4 844	4 898	4 952	5 006	5 059	5 113	5 167	5 221
34	4 777	4 832	4 886	4 940	4 994	5 049	5 103	5 157	5 212	5 266
36	4 818	4 873	4 928	4 982	5 037	5 092	5 147	5 201	5 256	5 311
38	4 859	4 914	4 969	5 025	5 080	5 135	5 190	5 246	5 301	5 356
2 40	4 900	4 956	5 011	5 067	5 123	5 178	5 234	5 290	5 345	5 401
42	4 941	4 997	5 053	5 109	5 165	5 221	5 278	5 334	5 390	5 446
44	4 982	5 038	5 095	5 151	5 208	5 265	5 321	5 378	5 434	5 491
46	5 022	5 079	5 136	5 194	5 251	5 308	5 365	5 422	5 479	5 536
48	5 063	5 121	5 178	5 236	5 293	5 351	5 408	5 466	5 523	5 581
2 50	5 104	5 162	5 220	5 278	5 336	5 394	5 452	5 510	5 568	5 626
52	5 145	5 203	5 262	5 320	5 379	5 437	5 496	5 554	5 613	5 671
54	5 186	5 245	5 304	5 362	5 421	5 480	5 539	5 598	5 657	5 716
56	5 226	5 286	5 345	5 405	5 464	5 523	5 583	5 642	5 702	5 761
58	5 267	5 327	5 387	5 447	5 507	5 567	5 626	5 686	5 746	5 806
2 60	5 308	5 368	5 429	5 489	5 549	5 610	5 670	5 730	5 791	5 851
62	5 349	5 410	5 471	5 531	5 592	5 653	5 714	5 774	5 835	5 896
64	5 390	5 451	5 512	5 574	5 635	5 696	5 757	5 819	5 880	5 941
66	5 431	5 492	5 554	5 616	5 678	5 739	5 801	5 863	5 924	5 986
68	5 471	5 534	5 596	5 658	5 720	5 782	5 845	5 907	5 969	6 031
2 70	5 512	5 575	5 638	5 700	5 763	5 826	5 888	5 951	6 013	6 076
72	5 553	5 616	5 679	5 742	5 806	5 869	5 932	5 995	6 058	6 121
74	5 594	5 658	5 721	5 785	5 848	5 912	5 975	6 039	6 103	6 166
76	5 635	5 699	5 763	5 827	5 891	5 955	6 019	6 083	6 147	6 211
78	5 676	5 740	5 805	5 869	5 934	5 998	6 063	6 127	6 192	6 256
2 80	5 716	5 781	5 846	5 911	5 976	6 041	6 106	6 171	6 236	6 301
82	5 757	5 823	5 888	5 954	6 019	6 084	6 150	6 215	6 281	6 346
84	5 798	5 864	5 930	5 996	6 062	6 128	6 193	6 259	6 325	6 391
86	5 839	5 905	5 972	6 038	6 104	6 171	6 237	6 303	6 370	6 436
88	5 880	5 947	6 013	6 080	6 147	6 214	6 281	6 348	6 414	6 481
2 90	5 921	5 988	6 055	6 122	6 190	6 257	6 324	6 392	6 459	6 526
92	5 961	6 029	6 097	6 165	6 232	6 300	6 368	6 436	6 503	6 571
94	6 002	6 071	6 139	6 207	6 275	6 343	6 412	6 480	6 548	6 616

Longueur	Futailles	Largeur en Centimètres: 1 18	1 20	1 22	1 24	1 26	1 28	1 30	1 32	1 34	1 36
1 18	1 314	1 643									
1 20	1 337	1 671	1 699								
22	1 359	1 699	1 728	1 756							
24	1 381	1 727	1 756	1 785	1 814						
26	1 404	1 754	1 784	1 814	1 844	1 873					
28	1 426	1 782	1 812	1 843	1 873	1 903	1 933				
1 30	1 448	1 810	1 841	1 871	1 902	1 933	1 964	1 994			
32	1 470	1 838	1 869	1 900	1 931	1 963	1 994	2 025	2 056		
34	1 493	1 866	1 897	1 929	1 961	1 992	2 024	2 056	2 087	2 119	
36	1 515	1 894	1 926	1 958	1 990	2 022	2 054	2 086	2 118	2 150	2 183
38	1 537	1 922	1 954	1 987	2 019	2 052	2 084	2 117	2 149	2 182	2 215
1 40	1 559	1 949	1 982	2 015	2 048	2 082	2 115	2 148	2 181	2 214	2 247
42	1 582	1 977	2 011	2 044	2 078	2 111	2 145	2 178	2 212	2 245	2 279
44	1 604	2 005	2 039	2 073	2 107	2 141	2 175	2 209	2 243	2 277	2 311
46	1 626	2 033	2 067	2 102	2 136	2 171	2 205	2 240	2 274	2 309	2 343
48	1 649	2 061	2 096	2 131	2 166	2 200	2 235	2 270	2 305	2 340	2 375
1 50	1 671	2 089	2 124	2 159	2 195	2 230	2 266	2 301	2 336	2 372	2 407
52	1 693	2 116	2 152	2 188	2 224	2 260	2 296	2 332	2 368	2 403	2 439
54	1 715	2 144	2 181	2 217	2 253	2 290	2 326	2 362	2 399	2 435	2 471
56	1 738	2 172	2 209	2 246	2 283	2 319	2 356	2 393	2 430	2 467	2 503
58	1 760	2 200	2 237	2 274	2 312	2 349	2 386	2 424	2 461	2 498	2 536
1 60	1 782	2 228	2 266	2 303	2 341	2 379	2 417	2 454	2 492	2 530	2 568
62	1 805	2 256	2 294	2 332	2 370	2 409	2 447	2 485	2 523	2 562	2 600
64	1 827	2 284	2 322	2 361	2 400	2 438	2 477	2 516	2 554	2 593	2 632
66	1 849	2 311	2 351	2 390	2 429	2 468	2 507	2 546	2 586	2 625	2 664
68	1 871	2 339	2 379	2 418	2 458	2 498	2 537	2 577	2 617	2 656	2 696
1 70	1 894	2 367	2 407	2 447	2 487	2 528	2 568	2 608	2 648	2 688	2 728
72	1 916	2 395	2 436	2 476	2 517	2 557	2 598	2 638	2 679	2 720	2 760
74	1 938	2 423	2 464	2 505	2 546	2 587	2 628	2 669	2 710	2 751	2 792
76	1 960	2 451	2 492	2 534	2 575	2 617	2 658	2 700	2 741	2 783	2 824
78	1 983	2 478	2 520	2 562	2 604	2 647	2 689	2 731	2 773	2 815	2 857
1 80	2 005	2 506	2 549	2 591	2 634	2 676	2 719	2 761	2 804	2 846	2 889
82	2 027	2 534	2 577	2 620	2 663	2 706	2 749	2 792	2 835	2 878	2 921
84	2 050	2 562	2 605	2 649	2 692	2 736	2 779	2 823	2 866	2 909	2 953
86	2 072	2 590	2 634	2 678	2 722	2 765	2 809	2 853	2 897	2 941	2 985
88	2 094	2 618	2 662	2 706	2 751	2 795	2 840	2 884	2 928	2 973	3 017
1 90	2 116	2 646	2 690	2 735	2 780	2 825	2 870	2 915	2 959	3 004	3 049
92	2 139	2 673	2 719	2 764	2 809	2 855	2 900	2 945	2 991	3 036	3 081
94	2 161	2 701	2 747	2 793	2 839	2 884	2 930	2 976	3 022	3 068	3 113
96	2 183	2 729	2 775	2 822	2 868	2 914	2 960	3 007	3 053	3 099	3 145
98	2 206	2 757	2 804	2 850	2 897	2 944	2 991	3 037	3 084	3 131	3 178
2 —	2 228	2 785	2 832	2 879	2 926	2 974	3 021	3 068	3 115	3 162	3 210
02	2 250	2 813	2 860	2 908	2 956	3 003	3 051	3 099	3 146	3 194	3 242
04	2 272	2 840	2 889	2 937	2 985	3 033	3 081	3 129	3 178	3 226	3 274
06	2 295	2 868	2 917	2 966	3 014	3 063	3 111	3 160	3 209	3 257	3 306
08	2 317	2 896	2 945	2 994	3 043	3 093	3 142	3 191	3 240	3 289	3 338
2 10	2 339	2 924	2 974	3 023	3 073	3 122	3 172	3 221	3 271	3 321	3 370
12	2 361	2 952	3 002	3 052	3 102	3 152	3 202	3 252	3 302	3 352	3 402
14	2 384	2 980	3 030	3 081	3 131	3 182	3 232	3 283	3 333	3 384	3 434
16	2 406	3 008	3 059	3 110	3 161	3 211	3 262	3 313	3 364	3 415	3 466
18	2 428	3 035	3 087	3 138	3 190	3 241	3 293	3 344	3 396	3 447	3 498
2 20	2 451	3 063	3 115	3 167	3 219	3 271	3 323	3 375	3 427	3 479	3 531
22	2 473	3 091	3 144	3 196	3 248	3 301	3 353	3 405	3 458	3 510	3 563
24	2 495	3 119	3 172	3 225	3 278	3 330	3 383	3 436	3 489	3 542	3 595
26	2 517	3 147	3 200	3 253	3 307	3 360	3 413	3 467	3 520	3 574	3 627
28	2 540	3 175	3 228	3 282	3 336	3 390	3 444	3 498	3 551	3 605	3 659
2 30	2 562	3 203	3 257	3 311	3 365	3 420	3 474	3 528	3 582	3 637	3 691
32	2 584	3 230	3 285	3 340	3 395	3 449	3 504	3 559	3 614	3 668	3 723
34	2 607	3 258	3 313	3 369	3 424	3 479	3 534	3 590	3 645	3 700	3 755
36	2 629	3 286	3 342	3 397	3 453	3 509	3 564	3 620	3 676	3 732	3 787
38	2 651	3 314	3 370	3 426	3 482	3 539	3 595	3 651	3 707	3 763	3 819
2 40	2 673	3 342	3 398	3 455	3 512	3 568	3 625	3 682	3 738	3 795	3 852
42	2 696	3 370	3 427	3 484	3 541	3 598	3 655	3 712	3 769	3 827	3 884
44	2 718	3 397	3 455	3 513	3 570	3 628	3 685	3 743	3 801	3 858	3 916
46	2 740	3 425	3 483	3 541	3 599	3 658	3 716	3 774	3 832	3 890	3 948
48	2 763	3 453	3 512	3 570	3 629	3 687	3 746	3 804	3 863	3 921	3 980
2 50	2 785	3 481	3 540	3 599	3 658	3 717	3 776	3 835	3 894	3 953	4 012
52	2 807	3 509	3 568	3 628	3 687	3 747	3 806	3 866	3 925	3 985	4 044
54	2 829	3 537	3 597	3 657	3 717	3 776	3 836	3 896	3 956	4 016	4 076
56	2 852	3 565	3 625	3 685	3 746	3 806	3 867	3 927	3 987	4 048	4 108

Longueur	Largeur en Centimètres: 1 38	1 40	1 42	1 44	1 46	1 48	1 50	1 52	1 54	1 56
1 38	2 247									
1 40	2 280	2 313								
42	2 312	2 346	2 379							
44	2 345	2 379	2 413	2 447						
46	2 377	2 412	2 446	2 481	2 515					
48	2 410	2 445	2 480	2 515	2 550	2 585				
1 50	2 443	2 478	2 513	2 549	2 584	2 620	2 655			
52	2 475	2 511	2 547	2 583	2 619	2 655	2 690	2 726		
54	2 508	2 544	2 580	2 617	2 653	2 689	2 726	2 762	2 798	
56	2 540	2 577	2 614	2 651	2 688	2 724	2 761	2 798	2 835	2 872
58	2 573	2 610	2 647	2 685	2 722	2 759	2 797	2 834	2 871	2 908
1 60	2 605	2 643	2 681	2 719	2 756	2 794	2 832	2 870	2 908	2 945
62	2 638	2 676	2 714	2 753	2 791	2 829	2 867	2 906	2 944	2 982
64	2 671	2 709	2 748	2 787	2 825	2 864	2 903	2 942	2 980	3 019
66	2 703	2 742	2 781	2 821	2 860	2 899	2 938	2 977	3 017	3 056
68	2 736	2 775	2 815	2 855	2 894	2 934	2 974	3 013	3 053	3 093
1 70	2 768	2 808	2 849	2 889	2 929	2 969	3 009	3 049	3 089	3 129
72	2 801	2 841	2 882	2 923	2 963	3 004	3 044	3 085	3 126	3 166
74	2 833	2 874	2 916	2 957	2 998	3 039	3 080	3 121	3 162	3 203
76	2 866	2 908	2 949	2 991	3 032	3 074	3 115	3 157	3 198	3 240
78	2 899	2 941	2 983	3 025	3 067	3 109	3 151	3 193	3 235	3 277
1 80	2 931	2 974	3 016	3 059	3 101	3 144	3 186	3 228	3 271	3 313
82	2 964	3 007	3 050	3 093	3 135	3 178	3 221	3 264	3 307	3 350
84	2 996	3 040	3 083	3 127	3 170	3 213	3 257	3 300	3 344	3 387
86	3 029	3 073	3 117	3 161	3 204	3 248	3 292	3 336	3 380	3 424
88	3 061	3 106	3 150	3 194	3 239	3 283	3 328	3 372	3 416	3 461
1 90	3 094	3 139	3 184	3 228	3 273	3 318	3 363	3 408	3 453	3 498
92	3 127	3 172	3 217	3 262	3 308	3 353	3 398	3 444	3 489	3 534
94	3 159	3 205	3 251	3 296	3 342	3 388	3 434	3 480	3 525	3 571
96	3 192	3 238	3 284	3 330	3 377	3 423	3 469	3 515	3 562	3 608
98	3 224	3 271	3 318	3 364	3 411	3 458	3 505	3 551	3 598	3 645
2 —	3 257	3 304	3 351	3 398	3 446	3 493	3 540	3 587	3 634	3 682
02	3 289	3 337	3 385	3 432	3 480	3 528	3 575	3 623	3 671	3 718
04	3 322	3 370	3 418	3 466	3 515	3 563	3 611	3 659	3 707	3 755
06	3 355	3 403	3 452	3 500	3 549	3 598	3 646	3 695	3 743	3 792
08	3 387	3 436	3 485	3 534	3 583	3 633	3 682	3 731	3 780	3 829
2 10	3 420	3 469	3 519	3 568	3 618	3 667	3 717	3 767	3 816	3 866
12	3 452	3 502	3 552	3 602	3 652	3 702	3 752	3 802	3 852	3 902
14	3 485	3 535	3 586	3 636	3 687	3 737	3 788	3 838	3 889	3 939
16	3 517	3 568	3 619	3 670	3 721	3 772	3 823	3 874	3 925	3 976
18	3 550	3 601	3 653	3 704	3 756	3 807	3 859	3 910	3 961	4 013
2 20	3 582	3 634	3 686	3 738	3 790	3 842	3 894	3 946	3 998	4 050
22	3 615	3 667	3 719	3 772	3 825	3 877	3 929	3 982	4 034	4 087
24	3 648	3 700	3 753	3 806	3 859	3 912	3 965	4 018	4 071	4 123
26	3 680	3 734	3 787	3 840	3 894	3 947	4 000	4 054	4 107	4 160
28	3 713	3 767	3 820	3 874	3 928	3 982	4 036	4 089	4 143	4 197
2 30	3 745	3 800	3 854	3 908	3 962	4 017	4 071	4 125	4 180	4 234
32	3 778	3 833	3 887	3 942	3 997	4 052	4 106	4 161	4 216	4 271
34	3 810	3 866	3 921	3 976	4 031	4 087	4 142	4 197	4 252	4 307
36	3 843	3 899	3 954	4 010	4 066	4 122	4 177	4 233	4 289	4 344
38	3 876	3 932	3 988	4 044	4 100	4 156	4 213	4 269	4 325	4 381
2 40	3 908	3 965	4 021	4 078	4 135	4 191	4 248	4 305	4 361	4 418
42	3 941	3 998	4 055	4 112	4 169	4 226	4 283	4 341	4 398	4 455
44	3 973	4 031	4 088	4 146	4 204	4 261	4 319	4 376	4 434	4 492
46	4 006	4 064	4 122	4 180	4 238	4 296	4 354	4 412	4 470	4 528
48	4 038	4 097	4 155	4 214	4 273	4 331	4 390	4 448	4 507	4 565
2 50	4 071	4 130	4 189	4 248	4 307	4 366	4 425	4 484	4 543	4 602
52	4 104	4 163	4 223	4 282	4 341	4 401	4 460	4 520	4 579	4 639
54	4 136	4 196	4 256	4 316	4 376	4 436	4 496	4 556	4 616	4 676
56	4 169	4 229	4 290	4 350	4 410	4 471	4 531	4 592	4 652	4 712

Epaisseur : 1m 18 centimètres

Longueur	Futailles	Largeur en Centimètres 1 58	1 60	1 62	1 64	1 66	1 68	1 70	1 72	1 74	1 76
1 58		2 946									
1 60		2 983	3 021								
62		3 020	3 059	3 097							
64		3 058	3 096	3 135	3 174						
66		3 095	3 134	3 173	3 212	3 252					
68		3 132	3 172	3 211	3 251	3 291	3 330				
1 70		3 169	3 210	3 250	3 290	3 330	3 370	3 410			
72		3 207	3 247	3 288	3 329	3 369	3 410	3 450	3 491		
74		3 244	3 285	3 326	3 367	3 408	3 449	3 490	3 532	3 573	
76		3 281	3 323	3 364	3 406	3 447	3 489	3 531	3 572	3 614	3 655
78		3 319	3 361	3 403	3 445	3 487	3 529	3 571	3 613	3 655	3 697
1 80		3 356	3 398	3 441	3 483	3 526	3 568	3 611	3 653	3 696	3 738
82		3 393	3 436	3 479	3 522	3 565	3 608	3 651	3 694	3 737	3 780
84		3 430	3 474	3 517	3 561	3 604	3 648	3 691	3 734	3 778	3 821
86		3 468	3 512	3 556	3 599	3 643	3 687	3 731	3 775	3 819	3 863
88		3 505	3 549	3 594	3 638	3 683	3 727	3 771	3 816	3 860	3 904
1 90		3 542	3 587	3 632	3 677	3 722	3 767	3 811	3 856	3 901	3 946
92		3 580	3 625	3 670	3 716	3 761	3 806	3 852	3 897	3 942	3 987
94		3 617	3 663	3 709	3 754	3 800	3 846	3 892	3 937	3 983	4 029
96		3 654	3 700	3 747	3 793	3 839	3 886	3 932	3 978	4 024	4 071
98		3 692	3 738	3 785	3 832	3 878	3 925	3 972	4 019	4 065	4 112
2 —		3 729	3 776	3 823	3 870	3 918	3 965	4 012	4 059	4 106	4 154
02		3 766	3 814	3 861	3 909	3 957	4 004	4 052	4 100	4 147	4 195
04		3 803	3 852	3 900	3 948	3 996	4 044	4 092	4 140	4 189	4 237
06		3 841	3 889	3 938	3 987	4 035	4 084	4 132	4 181	4 230	4 278
08		3 878	3 927	3 976	4 025	4 074	4 123	4 172	4 222	4 271	4 320
2 10		3 915	3 965	4 014	4 064	4 113	4 163	4 213	4 262	4 312	4 361
12		3 953	4 003	4 053	4 103	4 153	4 203	4 253	4 303	4 353	4 403
14		3 990	4 040	4 091	4 141	4 192	4 242	4 293	4 343	4 394	4 444
16		4 027	4 078	4 129	4 180	4 231	4 282	4 333	4 384	4 435	4 486
18		4 064	4 116	4 167	4 219	4 270	4 322	4 373	4 424	4 476	4 527
2 20		4 102	4 154	4 206	4 257	4 309	4 361	4 413	4 465	4 517	4 569
22		4 139	4 191	4 244	4 296	4 349	4 401	4 453	4 506	4 558	4 610
24		4 176	4 229	4 282	4 335	4 388	4 441	4 493	4 546	4 599	4 652
26		4 214	4 267	4 320	4 374	4 427	4 480	4 534	4 587	4 640	4 694
28		4 251	4 305	4 358	4 412	4 466	4 520	4 574	4 627	4 681	4 735
2 30		4 288	4 342	4 397	4 451	4 505	4 560	4 614	4 668	4 722	4 777
32		4 325	4 380	4 435	4 490	4 544	4 599	4 654	4 709	4 763	4 818
34		4 363	4 418	4 473	4 528	4 584	4 639	4 694	4 749	4 804	4 860
36		4 400	4 456	4 511	4 567	4 623	4 678	4 734	4 790	4 846	4 901
38		4 437	4 493	4 550	4 606	4 662	4 718	4 774	4 830	4 887	4 943
2 40		4 475	4 531	4 588	4 644	4 701	4 758	4 814	4 871	4 928	4 984
42		4 512	4 569	4 626	4 683	4 740	4 797	4 855	4 912	4 969	5 026
44		4 549	4 607	4 664	4 722	4 779	4 837	4 895	4 952	5 010	5 067
46		4 586	4 644	4 703	4 761	4 819	4 877	4 935	4 993	5 051	5 109
48		4 624	4 682	4 741	4 799	4 858	4 916	4 975	5 033	5 092	5 150
2 50		4 661	4 720	4 779	4 838	4 897	4 956	5 015	5 074	5 133	5 192
52		4 698	4 758	4 817	4 877	4 936	4 996	5 055	5 115	5 174	5 234
54		4 736	4 796	4 855	4 915	4 975	5 035	5 095	5 155	5 215	5 275
56		4 773	4 833	4 894	4 954	5 015	5 075	5 136	5 196	5 256	5 317
58		4 810	4 871	4 932	4 993	5 054	5 115	5 175	5 236	5 297	5 358
2 60		4 847	4 909	4 970	5 032	5 093	5 154	5 216	5 277	5 338	5 400
62		4 885	4 947	5 008	5 070	5 132	5 194	5 256	5 318	5 379	5 441
64		4 922	4 984	5 047	5 109	5 171	5 234	5 296	5 358	5 420	5 483
66		4 959	5 022	5 085	5 148	5 210	5 273	5 336	5 399	5 462	5 524
68		4 997	5 060	5 123	5 186	5 250	5 313	5 376	5 439	5 503	5 566
2 70		5 034	5 098	5 161	5 225	5 289	5 352	5 416	5 480	5 544	5 607
72		5 071	5 135	5 200	5 264	5 328	5 392	5 456	5 521	5 585	5 649
74		5 108	5 173	5 238	5 302	5 367	5 432	5 496	5 561	5 626	5 690
76		5 146	5 211	5 276	5 341	5 406	5 471	5 537	5 602	5 667	5 732
78		5 183	5 249	5 314	5 380	5 445	5 511	5 577	5 642	5 708	5 774
2 80		5 220	5 286	5 352	5 419	5 485	5 551	5 617	5 683	5 749	5 815
82		5 258	5 324	5 391	5 457	5 524	5 590	5 657	5 723	5 790	5 857
84		5 295	5 362	5 429	5 496	5 563	5 630	5 697	5 764	5 831	5 898
86		5 332	5 400	5 467	5 535	5 602	5 670	5 737	5 805	5 872	5 940
88		5 369	5 437	5 505	5 573	5 641	5 709	5 777	5 845	5 913	5 981
2 90		5 407	5 475	5 544	5 612	5 680	5 749	5 817	5 886	5 954	6 023
92		5 444	5 513	5 582	5 651	5 720	5 789	5 858	5 926	5 995	6 064
94		5 481	5 551	5 620	5 689	5 759	5 828	5 898	5 967	6 036	6 106
96		5 519	5 588	5 658	5 728	5 798	5 868	5 938	6 008	6 077	6 147

Epaisseur : 1m 18 centimètres

Longueur	Largeur en Centimètres 1 78	1 80	1 82	1 84	1 86	1 88	1 90	1 92	1 94	1 96
1 78	3 739									
1 80	3 781	3 823								
82	3 823	3 866	3 909							
84	3 865	3 908	3 952	3 995						
86	3 907	3 951	3 995	4 038	4 082					
88	3 949	3 993	4 037	4 082	4 126	4 171				
1 90	3 991	4 036	4 080	4 125	4 170	4 215	4 260			
92	4 033	4 078	4 123	4 169	4 214	4 259	4 305	4 350		
94	4 075	4 121	4 166	4 212	4 258	4 304	4 349	4 395	4 441	
96	4 117	4 163	4 209	4 256	4 302	4 348	4 394	4 441	4 487	4 533
98	4 159	4 206	4 252	4 299	4 346	4 392	4 439	4 486	4 533	4 579
2 —	4 201	4 248	4 295	4 342	4 390	4 437	4 484	4 531	4 578	4 626
02	4 243	4 290	4 338	4 386	4 433	4 481	4 529	4 577	4 624	4 672
04	4 285	4 333	4 381	4 429	4 477	4 526	4 574	4 622	4 670	4 718
06	4 327	4 375	4 424	4 473	4 521	4 570	4 619	4 667	4 716	4 764
08	4 369	4 418	4 467	4 516	4 565	4 614	4 663	4 712	4 762	4 811
2 10	4 411	4 460	4 510	4 560	4 609	4 659	4 708	4 758	4 807	4 857
12	4 453	4 503	4 553	4 603	4 653	4 703	4 753	4 803	4 853	4 903
14	4 495	4 545	4 596	4 646	4 697	4 747	4 798	4 848	4 899	4 949
16	4 537	4 588	4 639	4 690	4 741	4 792	4 843	4 894	4 945	4 996
18	4 579	4 630	4 682	4 733	4 785	4 836	4 888	4 939	4 990	5 042
2 20	4 621	4 673	4 725	4 777	4 829	4 880	4 932	4 984	5 036	5 088
22	4 663	4 715	4 768	4 820	4 872	4 925	4 977	5 030	5 082	5 134
24	4 705	4 758	4 811	4 863	4 916	4 969	5 022	5 075	5 128	5 181
26	4 747	4 800	4 854	4 907	4 960	5 014	5 067	5 120	5 174	5 227
28	4 789	4 843	4 897	4 950	5 004	5 058	5 112	5 166	5 219	5 273
2 30	4 831	4 885	4 939	4 994	5 048	5 102	5 157	5 211	5 265	5 319
32	4 873	4 928	4 982	5 037	5 092	5 147	5 201	5 256	5 311	5 366
34	4 915	4 970	5 025	5 081	5 136	5 191	5 246	5 302	5 357	5 412
36	4 957	5 013	5 068	5 124	5 180	5 235	5 291	5 347	5 403	5 458
38	4 999	5 055	5 111	5 167	5 224	5 280	5 336	5 392	5 448	5 504
2 40	5 041	5 098	5 154	5 211	5 268	5 324	5 381	5 437	5 494	5 551
42	5 083	5 140	5 197	5 254	5 311	5 369	5 426	5 483	5 540	5 597
44	5 125	5 183	5 240	5 298	5 355	5 413	5 470	5 528	5 586	5 643
46	5 167	5 225	5 283	5 341	5 399	5 457	5 515	5 573	5 631	5 689
48	5 209	5 268	5 326	5 385	5 443	5 502	5 560	5 619	5 677	5 736
2 50	5 251	5 310	5 369	5 428	5 487	5 546	5 605	5 664	5 723	5 782
52	5 293	5 352	5 412	5 471	5 531	5 590	5 650	5 709	5 769	5 828
54	5 335	5 395	5 455	5 515	5 575	5 635	5 695	5 755	5 815	5 875
56	5 377	5 437	5 498	5 558	5 619	5 679	5 740	5 800	5 860	5 921
58	5 419	5 480	5 541	5 602	5 663	5 724	5 784	5 845	5 906	5 967
2 60	5 461	5 522	5 584	5 645	5 706	5 768	5 829	5 891	5 952	6 013
62	5 503	5 565	5 627	5 689	5 750	5 812	5 874	5 936	5 998	6 060
64	5 545	5 607	5 670	5 732	5 794	5 857	5 919	5 981	6 043	6 106
66	5 587	5 650	5 713	5 775	5 838	5 901	5 964	6 026	6 089	6 152
68	5 629	5 692	5 756	5 819	5 882	5 945	6 009	6 072	6 135	6 198
2 70	5 671	5 735	5 799	5 862	5 926	5 990	6 053	6 117	6 181	6 245
72	5 713	5 777	5 842	5 906	5 970	6 034	6 098	6 162	6 227	6 291
74	5 755	5 820	5 885	5 949	6 014	6 078	6 143	6 208	6 272	6 337
76	5 797	5 862	5 928	5 993	6 058	6 123	6 188	6 253	6 318	6 38[illegible]
78	5 839	5 905	5 971	6 036	6 102	6 167	6 233	6 298	6 364	6 430
2 80	5 881	5 947	6 013	6 079	6 145	6 212	6 278	6 344	6 410	6 476
82	5 923	5 990	6 056	6 123	6 189	6 256	6 322	6 389	6 456	6 522
84	5 965	6 032	6 099	6 166	6 233	6 300	6 367	6 434	6 501	6 568
86	6 007	6 075	6 142	6 210	6 277	6 345	6 412	6 480	6 547	6 615
88	6 049	6 117	6 185	6 253	6 321	6 389	6 457	6 525	6 593	6 661
2 90	6 091	6 160	6 228	6 296	6 365	6 433	6 502	6 570	6 639	6 707
92	6 133	6 202	6 271	6 340	6 409	6 478	6 547	6 616	6 684	6 753
94	6 175	6 245	6 314	6 383	6 453	6 522	6 591	6 661	6 730	6 800
96	6 217	6 287	6 357	6 427	6 497	6 566	6 636	6 706	6 776	6 846

Epaisseur : 1m 20 centimètres

Longueur	Futailles	Largeur en centimètres: 1 20	1 22	1 24	1 26	1 28	1 30	1 32	1 34	1 36	1 38
m 1 20	1 382	1 728									
22	1 405	1 757	1 786								
24	1 428	1 786	1 815	1 845							
26	1 452	1 814	1 845	1 875	1 905						
28	1 475	1 843	1 874	1 905	1 935	1 966					
1 30	1 498	1 872	1 903	1 934	1 966	1 997	2 028				
32	1 521	1 901	1 932	1 964	1 996	2 028	2 059	2 091			
34	1 544	1 930	1 962	1 994	2 026	2 058	2 090	2 123	2 155		
36	1 567	1 958	1 991	2 024	2 056	2 089	2 122	2 154	2 187	2 220	
38	1 590	1 987	2 020	2 053	2 087	2 120	2 153	2 186	2 219	2 252	2 285
1 40	1 613	2 016	2 050	2 083	2 117	2 150	2 184	2 218	2 251	2 285	2 318
42	1 636	2 045	2 079	2 113	2 147	2 181	2 215	2 249	2 283	2 317	2 352
44	1 659	2 074	2 108	2 143	2 177	2 212	2 246	2 281	2 316	2 350	2 385
46	1 682	2 102	2 137	2 172	2 208	2 243	2 278	2 313	2 348	2 383	2 418
48	1 705	2 131	2 167	2 202	2 238	2 273	2 309	2 344	2 380	2 415	2 451
1 50	1 728	2 160	2 196	2 232	2 268	2 304	2 340	2 376	2 412	2 448	2 484
52	1 751	2 189	2 225	2 262	2 298	2 335	2 371	2 408	2 444	2 481	2 517
54	1 774	2 218	2 255	2 292	2 328	2 365	2 402	2 439	2 476	2 513	2 550
56	1 797	2 246	2 284	2 321	2 359	2 396	2 434	2 471	2 508	2 546	2 583
58	1 820	2 275	2 313	2 351	2 389	2 427	2 465	2 503	2 541	2 579	2 616
1 60	1 843	2 304	2 342	2 381	2 419	2 458	2 496	2 534	2 573	2 611	2 650
62	1 866	2 333	2 372	2 411	2 449	2 488	2 527	2 566	2 605	2 644	2 683
64	1 889	2 362	2 401	2 440	2 480	2 519	2 558	2 598	2 637	2 676	2 716
66	1 912	2 390	2 430	2 470	2 510	2 550	2 590	2 629	2 669	2 709	2 749
68	1 935	2 419	2 460	2 500	2 540	2 580	2 621	2 661	2 701	2 742	2 782
1 70	1 958	2 448	2 489	2 530	2 570	2 611	2 652	2 693	2 734	2 774	2 815
72	1 981	2 477	2 518	2 559	2 601	2 642	2 683	2 724	2 766	2 807	2 848
74	2 004	2 506	2 547	2 589	2 631	2 673	2 714	2 756	2 798	2 840	2 881
76	2 028	2 534	2 577	2 619	2 661	2 703	2 746	2 788	2 830	2 872	2 915
78	2 051	2 563	2 606	2 649	2 691	2 734	2 777	2 820	2 862	2 905	2 948
1 80	2 074	2 592	2 635	2 678	2 722	2 765	2 808	2 851	2 894	2 938	2 981
82	2 097	2 621	2 664	2 708	2 752	2 796	2 839	2 883	2 927	2 970	3 014
84	2 120	2 650	2 694	2 738	2 782	2 826	2 870	2 915	2 959	3 003	3 047
86	2 143	2 678	2 723	2 768	2 812	2 857	2 902	2 946	2 991	3 036	3 080
88	2 166	2 707	2 752	2 797	2 843	2 888	2 933	2 978	3 023	3 068	3 113
1 90	2 189	2 736	2 782	2 827	2 873	2 918	2 964	3 010	3 055	3 101	3 140
92	2 212	2 765	2 811	2 857	2 903	2 949	2 995	3 041	3 087	3 133	3 180
94	2 235	2 794	2 840	2 887	2 933	2 980	3 026	3 073	3 120	3 166	3 213
96	2 258	2 822	2 869	2 916	2 964	3 011	3 058	3 105	3 152	3 199	3 246
98	2 281	2 851	2 899	2 946	2 994	3 041	3 089	3 136	3 184	3 231	3 279
2 —	2 304	2 880	2 928	2 976	3 024	3 072	3 120	3 168	3 216	3 264	3 312
02	2 327	2 909	2 957	3 006	3 054	3 103	3 151	3 200	3 248	3 297	3 345
04	2 350	2 938	2 987	3 036	3 084	3 133	3 182	3 231	3 280	3 329	3 378
06	2 373	2 966	3 016	3 065	3 115	3 164	3 214	3 263	3 312	3 362	3 411
08	2 396	2 995	3 045	3 095	3 145	3 195	3 245	3 295	3 345	3 395	3 444
2 10	2 419	3 024	3 074	3 125	3 175	3 226	3 276	3 326	3 377	3 427	3 478
12	2 442	3 053	3 104	3 155	3 205	3 256	3 307	3 358	3 409	3 460	3 511
14	2 465	3 082	3 133	3 184	3 236	3 287	3 338	3 390	3 441	3 492	3 544
16	2 488	3 110	3 162	3 214	3 266	3 318	3 370	3 421	3 473	3 525	3 577
18	2 511	3 139	3 192	3 244	3 296	3 348	3 401	3 453	3 505	3 558	3 610
2 20	2 534	3 168	3 221	3 274	3 326	3 379	3 432	3 485	3 538	3 590	3 643
22	2 557	3 197	3 250	3 303	3 357	3 410	3 463	3 516	3 570	3 623	3 676
24	2 580	3 226	3 279	3 333	3 387	3 441	3 494	3 548	3 602	3 656	3 709
26	2 604	3 254	3 309	3 363	3 417	3 471	3 526	3 580	3 634	3 688	3 743
28	2 627	3 283	3 338	3 393	3 447	3 502	3 557	3 612	3 666	3 721	3 776
2 30	2 650	3 312	3 367	3 422	3 478	3 533	3 588	3 643	3 698	3 754	3 809
32	2 673	3 341	3 396	3 452	3 508	3 564	3 619	3 675	3 731	3 786	3 842
34	2 696	3 370	3 426	3 482	3 538	3 594	3 650	3 707	3 763	3 819	3 875
36	2 719	3 398	3 455	3 512	3 568	3 625	3 682	3 738	3 795	3 852	3 908
38	2 742	3 427	3 484	3 541	3 599	3 656	3 713	3 770	3 827	3 884	3 941
2 40	2 765	3 456	3 514	3 571	3 629	3 686	3 744	3 802	3 859	3 917	3 974
42	2 788	3 485	3 543	3 601	3 659	3 717	3 775	3 833	3 891	3 949	4 008
44	2 811	3 514	3 572	3 631	3 689	3 748	3 806	3 865	3 924	3 982	4 041
46	2 834	3 542	3 601	3 660	3 720	3 779	3 838	3 897	3 956	4 015	4 074
48	2 857	3 571	3 631	3 690	3 750	3 809	3 869	3 928	3 988	4 047	4 107
2 50	2 880	3 600	3 660	3 720	3 780	3 840	3 900	3 960	4 020	4 080	4 140
52	2 903	3 629	3 689	3 750	3 810	3 871	3 931	3 992	4 052	4 113	4 173
54	2 926	3 658	3 719	3 780	3 840	3 901	3 962	4 023	4 084	4 145	4 206
56	2 949	3 686	3 748	3 809	3 871	3 932	3 994	4 055	4 116	4 178	4 239
58	2 972	3 715	3 777	3 839	3 901	3 963	4 025	4 087	4 149	4 211	4 272

Epaisseur : 1m 20 centimètres

Longueur	Largeur en centimètres: 1 40	1 42	1 44	1 46	1 48	1 50	1 52	1 54	1 56	1 58
m 1 40	2 352									
42	2 386	2 420								
44	2 419	2 454	2 488							
46	2 453	2 488	2 523	2 558						
48	2 486	2 522	2 557	2 593	2 628					
1 50	2 520	2 556	2 592	2 628	2 664	2 700				
52	2 554	2 590	2 627	2 663	2 700	2 736	2 772			
54	2 587	2 624	2 661	2 698	2 735	2 772	2 809	2 846		
56	2 621	2 658	2 696	2 733	2 771	2 808	2 815	2 883	2 920	
58	2 654	2 692	2 730	2 768	2 806	2 844	2 882	2 920	2 958	2 990
1 60	2 688	2 726	2 765	2 803	2 842	2 880	2 918	2 957	2 995	3 034
62	2 722	2 760	2 799	2 838	2 877	2 916	2 955	2 994	3 033	3 072
64	2 755	2 795	2 834	2 873	2 913	2 952	2 991	3 031	3 070	3 109
66	2 789	2 829	2 868	2 908	2 948	2 988	3 028	3 068	3 108	3 147
68	2 822	2 863	2 903	2 943	2 984	3 024	3 064	3 105	3 145	3 185
1 70	2 856	2 897	2 938	2 978	3 019	3 060	3 101	3 142	3 182	3 223
72	2 890	2 931	2 972	3 013	3 055	3 096	3 137	3 179	3 220	3 261
74	2 923	2 965	3 007	3 048	3 090	3 132	3 174	3 216	3 257	3 299
76	2 957	2 999	3 041	3 084	3 126	3 168	3 210	3 252	3 295	3 337
78	2 990	3 033	3 076	3 119	3 161	3 204	3 247	3 289	3 332	3 375
1 80	3 024	3 067	3 110	3 154	3 197	3 240	3 283	3 326	3 370	3 413
82	3 058	3 101	3 145	3 189	3 232	3 276	3 320	3 363	3 407	3 451
84	3 091	3 135	3 180	3 224	3 268	3 312	3 356	3 400	3 444	3 489
86	3 125	3 169	3 214	3 259	3 303	3 348	3 393	3 437	3 482	3 527
88	3 158	3 204	3 249	3 294	3 339	3 384	3 429	3 474	3 519	3 564
1 90	3 192	3 238	3 283	3 329	3 374	3 420	3 466	3 511	3 557	3 602
92	3 226	3 272	3 318	3 364	3 410	3 456	3 502	3 548	3 594	3 640
94	3 259	3 306	3 352	3 399	3 445	3 492	3 539	3 585	3 632	3 678
96	3 293	3 340	3 387	3 434	3 481	3 528	3 575	3 622	3 669	3 716
98	3 326	3 374	3 421	3 469	3 516	3 564	3 612	3 659	3 707	3 754
2 —	3 360	3 408	3 456	3 504	3 552	3 600	3 648	3 696	3 744	3 792
02	3 394	3 442	3 491	3 539	3 588	3 636	3 684	3 733	3 781	3 830
04	3 427	3 476	3 525	3 574	3 623	3 672	3 721	3 770	3 819	3 808
06	3 461	3 510	3 560	3 609	3 659	3 708	3 757	3 807	3 856	3 906
08	3 494	3 544	3 594	3 644	3 694	3 744	3 794	3 844	3 894	3 944
2 10	3 528	3 578	3 629	3 679	3 730	3 780	3 830	3 881	3 931	3 982
12	3 562	3 612	3 663	3 714	3 765	3 816	3 867	3 918	3 969	4 020
14	3 595	3 647	3 698	3 749	3 801	3 852	3 903	3 955	4 006	4 057
16	3 629	3 681	3 732	3 784	3 836	3 888	3 940	3 992	4 044	4 095
18	3 662	3 715	3 767	3 819	3 872	3 924	3 976	4 029	4 081	4 133
2 20	3 696	3 749	3 802	3 854	3 907	3 960	4 013	4 066	4 118	4 171
22	3 730	3 783	3 836	3 889	3 943	3 996	4 049	4 103	4 156	4 209
24	3 763	3 817	3 871	3 924	3 978	4 032	4 086	4 140	4 193	4 247
26	3 797	3 851	3 905	3 960	4 014	4 068	4 122	4 176	4 231	4 285
28	3 830	3 885	3 940	3 995	4 049	4 104	4 159	4 213	4 268	4 323
2 30	3 864	3 919	3 974	4 030	4 085	4 140	4 195	4 250	4 306	4 361
32	3 898	3 953	4 009	4 065	4 120	4 176	4 232	4 287	4 343	4 399
34	3 931	3 987	4 044	4 100	4 156	4 212	4 268	4 324	4 380	4 437
36	3 965	4 021	4 078	4 135	4 181	4 248	4 305	4 361	4 418	4 475
38	3 998	4 056	4 113	4 170	4 227	4 284	4 341	4 398	4 455	4 512
2 40	4 032	4 090	4 147	4 205	4 262	4 320	4 378	4 435	4 493	4 550
42	4 066	4 124	4 182	4 240	4 298	4 356	4 414	4 472	4 530	4 588
44	4 099	4 158	4 216	4 275	4 333	4 392	4 451	4 509	4 568	4 626
46	4 133	4 192	4 251	4 310	4 369	4 428	4 487	4 546	4 605	4 664
48	4 166	4 226	4 285	4 345	4 404	4 464	4 524	4 583	4 643	4 702
2 50	4 200	4 260	4 320	4 380	4 440	4 500	4 560	4 620	4 680	4 740
52	4 234	4 294	4 355	4 415	4 476	4 536	4 596	4 657	4 717	4 778
54	4 267	4 328	4 389	4 450	4 511	4 572	4 633	4 694	4 755	4 816
56	4 301	4 362	4 424	4 485	4 547	4 608	4 669	4 731	4 792	4 854
58	4 334	4 396	4 458	4 520	4 582	4 644	4 706	4 768	4 830	4 892

1,20

Epaisseur : 1m 20 centimètres

Longueur	Futailles	Largeur en Centimètres 1 60	1 62	1 64	1 66	1 68	1 70	1 72	1 74	1 76	1 78
m 1 60		3 072									
62		3 110	3 149								
64		3 149	3 188	3 228							
66		3 187	3 227	3 267	3 307						
68		3 226	3 266	3 306	3 347	3 387					
1 70		3 264	3 305	3 346	3 386	3 427	3 468				
72		3 302	3 344	3 385	3 426	3 468	3 509	3 550			
74		3 341	3 383	3 424	3 466	3 508	3 550	3 591	3 633		
76		3 379	3 421	3 464	3 506	3 548	3 590	3 633	3 675	3 717	
78		3 418	3 460	3 503	3 546	3 588	3 631	3 674	3 717	3 759	3 802
1 80		3 456	3 499	3 542	3 586	3 629	3 672	3 715	3 758	3 802	3 845
82		3 494	3 538	3 582	3 625	3 669	3 713	3 756	3 800	3 844	3 888
84		3 533	3 577	3 621	3 665	3 709	3 754	3 798	3 842	3 886	3 930
86		3 571	3 616	3 660	3 705	3 750	3 794	3 839	3 884	3 928	3 973
88		3 610	3 655	3 700	3 745	3 790	3 835	3 880	3 925	3 971	4 016
1 90		3 648	3 694	3 739	3 785	3 830	3 876	3 922	3 967	4 013	4 058
92		3 686	3 732	3 779	3 825	3 871	3 917	3 963	4 009	4 055	4 101
94		3 725	3 771	3 818	3 864	3 911	3 958	4 004	4 051	4 097	4 144
96		3 763	3 810	3 857	3 904	3 951	3 998	4 045	4 092	4 140	4 187
98		3 802	3 849	3 897	3 944	3 992	4 039	4 087	4 134	4 182	4 229
2 —		3 840	3 888	3 936	3 984	4 032	4 080	4 128	4 176	4 224	4 272
02		3 878	3 927	3 975	4 024	4 072	4 121	4 169	4 218	4 266	4 315
04		3 917	3 966	4 015	4 064	4 113	4 162	4 211	4 260	4 308	4 357
06		3 955	4 005	4 054	4 104	4 153	4 202	4 252	4 301	4 351	4 400
08		3 994	4 044	4 093	4 143	4 193	4 243	4 293	4 343	4 393	4 443
2 10		4 032	4 082	4 133	4 183	4 234	4 284	4 334	4 385	4 435	4 486
12		4 070	4 121	4 172	4 223	4 274	4 325	4 376	4 427	4 477	4 528
14		4 109	4 160	4 212	4 263	4 314	4 366	4 417	4 468	4 520	4 571
16		4 147	4 199	4 251	4 303	4 355	4 406	4 458	4 510	4 562	4 614
18		4 188	4 238	4 290	4 342	4 395	4 447	4 500	4 552	4 604	4 656
2 20		4 224	4 277	4 330	4 382	4 435	4 488	4 541	4 594	4 646	4 699
22		4 262	4 316	4 369	4 422	4 476	4 529	4 582	4 635	4 689	4 742
24		4 301	4 355	4 408	4 462	4 516	4 570	4 623	4 677	4 731	4 785
26		4 339	4 393	4 448	4 502	4 556	4 610	4 665	4 719	4 773	4 827
28		4 378	4 432	4 487	4 542	4 596	4 651	4 706	4 761	4 815	4 870
2 30		4 416	4 471	4 526	4 582	4 637	4 692	4 747	4 802	4 858	4 913
32		4 454	4 510	4 566	4 621	4 677	4 733	4 788	4 844	4 900	4 956
34		4 493	4 549	4 605	4 661	4 717	4 774	4 830	4 886	4 942	4 998
36		4 531	4 588	4 644	4 701	4 758	4 814	4 871	4 928	4 984	5 041
38		4 570	4 627	4 684	4 741	4 798	4 855	4 912	4 969	5 027	5 084
2 40		4 608	4 666	4 723	4 781	4 838	4 896	4 954	5 011	5 069	5 126
42		4 646	4 704	4 763	4 821	4 879	4 937	4 995	5 053	5 111	5 169
44		4 685	4 743	4 802	4 860	4 919	4 978	5 036	5 095	5 153	5 212
46		4 723	4 782	4 841	4 900	4 959	5 018	5 077	5 136	5 196	5 255
48		4 762	4 821	4 881	4 940	5 000	5 059	5 119	5 178	5 238	5 297
2 50		4 800	4 860	4 920	4 980	5 040	5 100	5 160	5 220	5 280	5 340
52		4 838	4 899	4 959	5 020	5 080	5 141	5 201	5 262	5 322	5 383
54		4 877	4 938	4 999	5 060	5 121	5 182	5 243	5 304	5 364	5 425
56		4 915	4 977	5 038	5 100	5 161	5 222	5 284	5 345	5 407	5 468
58		4 954	5 016	5 077	5 139	5 201	5 263	5 325	5 387	5 449	5 511
2 60		4 992	5 054	5 117	5 179	5 212	5 304	5 366	5 429	5 491	5 554
62		5 030	5 093	5 156	5 219	5 282	5 345	5 408	5 471	5 533	5 596
64		5 069	5 132	5 196	5 259	5 322	5 386	5 449	5 512	5 576	5 639
66		5 107	5 171	5 235	5 299	5 363	5 426	5 490	5 554	5 618	5 682
68		5 146	5 210	5 274	5 339	5 403	5 467	5 532	5 596	5 660	5 724
2 70		5 184	5 249	5 314	5 378	5 443	5 508	5 573	5 638	5 702	5 767
72		5 222	5 288	5 353	5 418	5 484	5 549	5 614	5 679	5 745	5 810
74		5 261	5 327	5 392	5 458	5 524	5 590	5 655	5 721	5 787	5 853
76		5 299	5 365	5 432	5 498	5 564	5 630	5 697	5 763	5 829	5 895
78		5 338	5 404	5 471	5 538	5 604	5 671	5 738	5 805	5 871	5 938
2 80		5 376	5 443	5 510	5 578	5 645	5 712	5 779	5 846	5 914	5 981
82		5 414	5 482	5 550	5 617	5 685	5 753	5 820	5 888	5 956	6 024
84		5 453	5 521	5 589	5 657	5 725	5 794	5 862	5 930	5 998	6 066
86		5 491	5 560	5 628	5 697	5 766	5 834	5 903	5 972	6 040	6 109
88		5 530	5 599	5 668	5 737	5 806	5 875	5 944	6 013	6 083	6 152
2 90		5 568	5 638	5 707	5 777	5 846	5 916	5 986	6 055	6 125	6 194
92		5 606	5 676	5 747	5 817	5 887	5 957	6 027	6 097	6 167	6 237
94		5 645	5 715	5 786	5 856	5 927	5 998	6 068	6 139	6 209	6 280
96		5 683	5 754	5 825	5 896	5 967	6 038	6 109	6 180	6 251	6 323
98		5 722	5 793	5 865	5 936	6 008	6 079	6 151	6 222	6 294	6 365

Epaisseur : 1m 20 centimètres

Longueur	Largeur en Centimètres 1 80	1 82	1 84	1 86	1 88	1 90	1 92	1 94	1 96	1 98
m 1 80	3 888									
82	3 931	3 975								
84	3 974	4 019	4 063							
86	4 018	4 062	4 107	4 152						
88	4 061	4 106	4 151	4 196	4 241					
1 90	4 104	4 150	4 195	4 241	4 286	4 332				
92	4 147	4 193	4 239	4 285	4 332	4 378	4 424			
94	4 190	4 237	4 284	4 330	4 377	4 423	4 470	4 516		
96	4 234	4 281	4 328	4 375	4 422	4 469	4 516	4 563	4 610	
98	4 277	4 324	4 372	4 419	4 467	4 514	4 562	4 609	4 657	4 704
2 —	4 320	4 368	4 416	4 464	4 512	4 560	4 608	4 656	4 704	4 752
02	4 363	4 412	4 460	4 509	4 557	4 606	4 654	4 703	4 751	4 800
04	4 406	4 455	4 504	4 553	4 602	4 651	4 700	4 749	4 798	4 847
06	4 450	4 499	4 548	4 598	4 647	4 697	4 746	4 796	4 845	4 895
08	4 493	4 543	4 593	4 643	4 692	4 742	4 792	4 842	4 892	4 942
2 10	4 536	4 586	4 637	4 687	4 738	4 788	4 839	4 889	4 939	4 990
12	4 579	4 630	4 681	4 732	4 783	4 834	4 884	4 935	4 986	5 037
14	4 622	4 674	4 725	4 776	4 828	4 879	4 931	4 982	5 033	5 085
16	4 606	4 717	4 769	4 821	4 873	4 925	4 977	5 028	5 080	5 132
18	4 700	4 761	4 813	4 866	4 918	4 970	5 023	5 075	5 127	5 180
2 20	4 752	4 805	4 858	4 910	4 963	5 016	5 069	5 122	5 174	5 227
22	4 795	4 848	4 902	4 955	5 008	5 062	5 115	5 168	5 221	5 275
24	4 838	4 892	4 946	5 000	5 053	5 107	5 161	5 215	5 268	5 322
26	4 882	4 936	4 990	5 044	5 099	5 153	5 207	5 261	5 316	5 370
28	4 925	4 980	5 034	5 089	5 144	5 198	5 253	5 308	5 363	5 417
2 30	4 968	5 023	5 078	5 134	5 189	5 244	5 299	5 354	5 410	5 465
32	5 011	5 067	5 123	5 178	5 234	5 290	5 345	5 401	5 457	5 512
34	5 054	5 111	5 167	5 223	5 279	5 335	5 391	5 448	5 504	5 560
36	5 098	5 154	5 211	5 268	5 324	5 381	5 437	5 494	5 551	5 607
38	5 141	5 198	5 255	5 312	5 369	5 426	5 484	5 541	5 598	5 655
2 40	5 184	5 242	5 299	5 357	5 414	5 472	5 530	5 587	5 645	5 702
42	5 227	5 285	5 343	5 401	5 460	5 518	5 576	5 634	5 692	5 750
44	5 270	5 329	5 388	5 446	5 505	5 563	5 622	5 680	5 739	5 797
46	5 314	5 373	5 432	5 491	5 550	5 609	5 668	5 727	5 786	5 845
48	5 357	5 416	5 476	5 535	5 595	5 654	5 714	5 773	5 833	5 892
2 50	5 400	5 460	5 520	5 580	5 640	5 700	5 760	5 820	5 880	5 940
52	5 443	5 504	5 564	5 625	5 685	5 746	5 806	5 867	5 927	5 988
54	5 486	5 547	5 608	5 669	5 730	5 791	5 852	5 913	5 974	6 035
56	5 530	5 591	5 652	5 714	5 775	5 837	5 898	5 960	6 021	6 083
58	5 573	5 635	5 697	5 759	5 820	5 882	5 944	6 006	6 068	6 130
2 60	5 616	5 678	5 741	5 803	5 866	5 928	5 990	6 053	6 115	6 178
62	5 659	5 722	5 785	5 848	5 911	5 974	6 036	6 099	6 162	6 225
64	5 702	5 766	5 829	5 892	5 956	6 019	6 083	6 146	6 209	6 273
66	5 746	5 809	5 873	5 937	6 001	6 065	6 129	6 192	6 256	6 320
68	5 789	5 853	5 917	5 982	6 046	6 110	6 175	6 239	6 303	6 368
2 70	5 832	5 897	5 962	6 026	6 091	6 156	6 221	6 286	6 350	6 415
72	5 875	5 940	6 006	6 071	6 136	6 202	6 267	6 332	6 397	6 463
74	5 918	5 984	6 050	6 116	6 181	6 247	6 313	6 379	6 444	6 510
76	5 962	6 028	6 094	6 160	6 227	6 293	6 359	6 425	6 492	6 558
78	6 005	6 072	6 138	6 205	6 272	6 338	6 405	6 472	6 539	6 605
2 80	6 048	6 115	6 182	6 250	6 317	6 384	6 451	6 518	6 586	6 653
82	6 091	6 159	6 227	6 294	6 362	6 430	6 497	6 565	6 633	6 700
84	6 134	6 203	6 271	6 339	6 407	6 475	6 543	6 612	6 680	6 748
86	6 178	6 246	6 315	6 384	6 452	6 521	6 589	6 658	6 727	6 795
88	6 221	6 290	6 359	6 428	6 497	6 566	6 636	6 705	6 774	6 843
2 90	6 264	6 334	6 403	6 473	6 543	6 612	6 682	6 751	6 821	6 890
92	6 307	6 377	6 447	6 517	6 588	6 658	6 728	6 798	6 868	6 938
94	6 350	6 421	6 492	6 562	6 633	6 703	6 774	6 844	6 915	6 985
96	6 394	6 465	6 536	6 607	6 678	6 749	6 820	6 891	6 962	7 033
98	6 437	6 508	6 580	6 651	6 723	6 794	6 866	6 937	7 009	7 080

1,20

Epaisseur : 1m 22 centimètres

Longueur	Futailles	Largeur en centimètres									
		1 22	1 24	1 26	1 28	1 30	1 32	1 34	1 36	1 38	1 40
m 1 22	1 453	1 816									
24	1 476	1 846	1 876								
26	1 501	1 875	1 906	1 937							
28	1 524	1 905	1 936	1 968	1 999						
1 30	1 548	1 935	1 967	1 998	2 030	2 062					
32	1 572	1 965	1 997	2 029	2 061	2 094	2 126				
34	1 596	1 994	2 027	2 060	2 093	2 125	2 158	2 191			
36	1 619	2 024	2 057	2 091	2 124	2 157	2 190	2 223	2 257		
38	1 643	2 054	2 088	2 121	2 155	2 189	2 222	2 256	2 290	2 323	
1 40	1 667	2 084	2 118	2 152	2 186	2 220	2 255	2 289	2 323	2 357	2 391
42	1 691	2 114	2 148	2 183	2 217	2 252	2 287	2 321	2 356	2 391	2 425
44	1 715	2 143	2 178	2 214	2 249	2 284	2 319	2 354	2 389	2 424	2 460
46	1 738	2 173	2 209	2 244	2 280	2 316	2 351	2 387	2 422	2 458	2 494
48	1 762	2 203	2 239	2 275	2 311	2 347	2 383	2 420	2 456	2 492	2 528
1 50	1 786	2 233	2 269	2 306	2 342	2 379	2 416	2 452	2 489	2 525	2 562
52	1 810	2 262	2 299	2 337	2 374	2 411	2 448	2 485	2 522	2 559	2 596
54	1 834	2 292	2 330	2 367	2 405	2 442	2 480	2 518	2 555	2 593	2 630
56	1 858	2 322	2 360	2 398	2 436	2 474	2 512	2 550	2 588	2 626	2 664
58	1 881	2 352	2 390	2 429	2 467	2 506	2 544	2 583	2 622	2 660	2 699
1 60	1 905	2 381	2 420	2 460	2 499	2 538	2 577	2 616	2 655	2 694	2 733
62	1 929	2 411	2 451	2 490	2 530	2 569	2 609	2 648	2 688	2 727	2 767
64	1 953	2 441	2 481	2 521	2 561	2 601	2 641	2 681	2 721	2 761	2 801
66	1 977	2 471	2 511	2 552	2 592	2 633	2 673	2 714	2 754	2 795	2 835
68	2 000	2 501	2 542	2 582	2 623	2 664	2 705	2 746	2 787	2 828	2 869
1 70	2 024	2 530	2 572	2 613	2 655	2 696	2 738	2 779	2 821	2 862	2 904
72	2 048	2 560	2 602	2 644	2 686	2 728	2 770	2 812	2 854	2 896	2 938
74	2 072	2 590	2 632	2 675	2 717	2 760	2 802	2 845	2 887	2 929	2 972
76	2 096	2 620	2 663	2 705	2 748	2 791	2 834	2 877	2 920	2 963	3 006
78	2 120	2 649	2 693	2 736	2 780	2 823	2 867	2 910	2 953	2 997	3 040
1 80	2 143	2 679	2 723	2 767	2 811	2 855	2 899	2 943	2 987	3 030	3 074
82	2 167	2 709	2 753	2 798	2 842	2 887	2 931	2 975	3 020	3 064	3 109
84	2 191	2 739	2 784	2 828	2 873	2 918	2 963	3 008	3 053	3 098	3 143
86	2 215	2 768	2 814	2 859	2 905	2 950	2 995	3 041	3 086	3 131	3 177
88	2 239	2 798	2 844	2 890	2 936	2 982	3 028	3 073	3 119	3 165	3 211
1 90	2 262	2 828	2 874	2 921	2 967	3 013	3 060	3 106	3 152	3 199	3 245
92	2 286	2 858	2 905	2 951	2 998	3 045	3 092	3 139	3 186	3 233	3 279
94	2 310	2 887	2 935	2 982	3 030	3 077	3 124	3 172	3 219	3 266	3 314
96	2 334	2 917	2 965	3 013	3 061	3 109	3 156	3 204	3 252	3 300	3 348
98	2 358	2 947	2 995	3 044	3 092	3 140	3 189	3 237	3 285	3 334	3 382
2 —	2 382	2 977	3 026	3 074	3 123	3 172	3 221	3 270	3 318	3 367	3 416
02	2 405	3 007	3 056	3 105	3 154	3 204	3 253	3 302	3 352	3 401	3 450
04	2 429	3 036	3 086	3 136	3 186	3 235	3 285	3 335	3 385	3 435	3 484
06	2 453	3 066	3 116	3 167	3 217	3 267	3 317	3 368	3 418	3 468	3 518
08	2 477	3 096	3 147	3 197	3 248	3 299	3 350	3 400	3 451	3 502	3 553
2 10	2 501	3 126	3 177	3 228	3 279	3 331	3 382	3 433	3 484	3 536	3 587
12	2 524	3 155	3 207	3 259	3 311	3 362	3 414	3 466	3 518	3 569	3 621
14	2 548	3 185	3 237	3 290	3 342	3 394	3 446	3 498	3 551	3 603	3 655
16	2 572	3 215	3 268	3 320	3 373	3 426	3 478	3 531	3 584	3 637	3 689
18	2 596	3 245	3 298	3 351	3 404	3 457	3 511	3 564	3 617	3 670	3 723
2 20	2 620	3 274	3 328	3 382	3 436	3 489	3 543	3 597	3 650	3 704	3 758
22	2 643	3 304	3 358	3 413	3 467	3 521	3 575	3 629	3 683	3 738	3 792
24	2 667	3 334	3 389	3 443	3 498	3 553	3 607	3 662	3 717	3 771	3 826
26	2 691	3 364	3 419	3 474	3 529	3 584	3 640	3 695	3 750	3 805	3 860
28	2 715	3 394	3 449	3 505	3 560	3 616	3 672	3 727	3 783	3 839	3 894
2 30	2 739	3 423	3 479	3 536	3 592	3 648	3 704	3 760	3 816	3 872	3 928
32	2 762	3 453	3 510	3 566	3 623	3 680	3 736	3 793	3 849	3 906	3 963
34	2 786	3 483	3 540	3 597	3 654	3 711	3 768	3 825	3 883	3 940	3 997
36	2 810	3 513	3 570	3 628	3 685	3 743	3 801	3 858	3 916	3 973	4 031
38	2 834	3 542	3 600	3 659	3 717	3 775	3 833	3 891	3 949	4 007	4 065
2 40	2 858	3 572	3 631	3 689	3 748	3 806	3 865	3 924	3 982	4 041	4 099
42	2 882	3 602	3 661	3 720	3 779	3 838	3 897	3 956	4 015	4 074	4 133
44	2 905	3 632	3 691	3 751	3 810	3 870	3 929	3 989	4 048	4 108	4 168
46	2 929	3 661	3 721	3 782	3 842	3 902	3 962	4 022	4 082	4 142	4 202
48	2 953	3 691	3 752	3 812	3 873	3 933	3 994	4 054	4 115	4 175	4 236
2 50	2 977	3 721	3 782	3 843	3 904	3 965	4 026	4 087	4 148	4 209	4 270
52	3 001	3 751	3 812	3 874	3 935	3 997	4 058	4 120	4 181	4 243	4 304
54	3 024	3 781	3 843	3 904	3 966	4 028	4 090	4 152	4 214	4 276	4 338
56	3 048	3 810	3 873	3 935	3 998	4 060	4 123	4 185	4 248	4 310	4 372
58	3 072	3 840	3 903	3 966	4 029	4 092	4 155	4 218	4 281	4 344	4 407
2 60	3 096	3 870	3 933	3 997	4 060	4 124	4 187	4 250	4 314	4 377	4 441

Epaisseur : 1m 22 centimètres

Longueur	Largeur en centimètres									
	1 42	1 44	1 46	1 48	1 50	1 52	1 54	1 56	1 58	1 60
m 1 42	2 460									
44	2 495	2 530								
46	2 529	2 565	2 601							
48	2 564	2 600	2 636	2 672						
1 50	2 599	2 635	2 672	2 708	2 745					
52	2 633	2 670	2 707	2 745	2 782	2 819				
54	2 668	2 705	2 743	2 781	2 818	2 856	2 893			
56	2 703	2 741	2 779	2 817	2 855	2 893	2 931	2 969		
58	2 737	2 776	2 814	2 853	2 891	2 930	2 969	3 007	3 046	
1 60	2 772	2 811	2 850	2 889	2 928	2 967	3 006	3 045	3 084	3 123
62	2 806	2 846	2 886	2 925	2 965	3 004	3 044	3 083	3 123	3 162
64	2 841	2 881	2 921	2 961	3 001	3 041	3 081	3 121	3 161	3 201
66	2 876	2 916	2 957	2 997	3 038	3 078	3 119	3 159	3 200	3 240
68	2 910	2 951	2 992	3 033	3 074	3 115	3 156	3 197	3 238	3 279
1 70	2 945	2 987	3 028	3 070	3 111	3 152	3 194	3 235	3 277	3 318
72	2 980	3 022	3 064	3 106	3 148	3 190	3 232	3 274	3 315	3 357
74	3 014	3 057	3 099	3 142	3 184	3 227	3 269	3 312	3 354	3 396
76	3 049	3 092	3 135	3 178	3 221	3 264	3 307	3 350	3 393	3 436
78	3 084	3 127	3 171	3 214	3 257	3 301	3 344	3 388	3 431	3 475
1 80	3 118	3 162	3 206	3 250	3 294	3 338	3 382	3 426	3 470	3 514
82	3 153	3 197	3 242	3 286	3 331	3 375	3 419	3 464	3 508	3 553
84	3 188	3 233	3 277	3 322	3 367	3 412	3 457	3 502	3 547	3 592
86	3 222	3 268	3 313	3 358	3 404	3 449	3 495	3 540	3 585	3 631
88	3 257	3 303	3 349	3 395	3 440	3 486	3 532	3 578	3 624	3 670
1 90	3 292	3 338	3 384	3 431	3 477	3 523	3 570	3 616	3 662	3 709
92	3 326	3 373	3 420	3 467	3 514	3 560	3 607	3 654	3 701	3 748
94	3 361	3 408	3 456	3 503	3 550	3 598	3 645	3 692	3 740	3 787
96	3 396	3 443	3 491	3 539	3 587	3 635	3 682	3 730	3 778	3 826
98	3 430	3 478	3 527	3 575	3 623	3 672	3 720	3 768	3 817	3 865
2 —	3 465	3 514	3 562	3 611	3 660	3 709	3 758	3 806	3 855	3 904
02	3 499	3 549	3 598	3 647	3 697	3 746	3 795	3 844	3 894	3 943
04	3 534	3 584	3 634	3 683	3 733	3 783	3 833	3 883	3 932	3 982
06	3 569	3 619	3 669	3 720	3 770	3 820	3 870	3 921	3 971	4 021
08	3 603	3 654	3 705	3 756	3 806	3 857	3 908	3 959	4 009	4 060
2 10	3 638	3 689	3 741	3 792	3 843	3 894	3 945	3 997	4 048	4 099
12	3 673	3 724	3 776	3 828	3 880	3 931	3 983	4 035	4 087	4 138
14	3 707	3 760	3 812	3 864	3 916	3 968	4 021	4 073	4 125	4 177
16	3 742	3 795	3 847	3 900	3 953	4 006	4 058	4 111	4 164	4 216
18	3 777	3 830	3 883	3 936	3 989	4 043	4 096	4 149	4 202	4 255
2 20	3 811	3 865	3 919	3 972	4 026	4 080	4 133	4 187	4 241	4 294
22	3 846	3 900	3 954	4 008	4 063	4 117	4 171	4 225	4 279	4 333
24	3 881	3 935	3 990	4 045	4 099	4 154	4 209	4 263	4 318	4 372
26	3 915	3 970	4 026	4 081	4 136	4 191	4 246	4 301	4 356	4 412
28	3 950	4 006	4 061	4 117	4 172	4 228	4 284	4 339	4 395	4 451
2 30	3 985	4 041	4 097	4 153	4 209	4 265	4 321	4 377	4 433	4 490
32	4 019	4 076	4 132	4 189	4 246	4 302	4 359	4 415	4 472	4 529
34	4 054	4 111	4 168	4 225	4 282	4 339	4 396	4 453	4 511	4 568
36	4 088	4 146	4 204	4 261	4 319	4 376	4 434	4 492	4 549	4 607
38	4 123	4 181	4 239	4 297	4 355	4 413	4 472	4 530	4 588	4 646
2 40	4 158	4 216	4 275	4 333	4 392	4 451	4 509	4 568	4 626	4 685
42	4 192	4 251	4 311	4 370	4 429	4 488	4 547	4 606	4 665	4 724
44	4 227	4 287	4 346	4 406	4 465	4 525	4 584	4 644	4 703	4 763
46	4 262	4 322	4 382	4 442	4 502	4 562	4 622	4 682	4 742	4 802
48	4 296	4 357	4 417	4 478	4 538	4 599	4 659	4 720	4 780	4 841
2 50	4 331	4 392	4 453	4 514	4 575	4 636	4 697	4 758	4 819	4 880
52	4 366	4 427	4 489	4 550	4 612	4 673	4 735	4 796	4 858	4 919
54	4 400	4 462	4 524	4 586	4 648	4 710	4 772	4 834	4 896	4 958
56	4 435	4 497	4 560	4 622	4 685	4 747	4 810	4 872	4 935	4 997
58	4 470	4 533	4 595	4 658	4 721	4 784	4 847	4 910	4 973	5 036
2 60	4 504	4 568	4 631	4 695	4 758	4 821	4 885	4 948	5 012	5 075

Epaisseur : 1m 22 centimètres

Longueur	Futailles	1 62	1 64	1 66	1 68	1 70	1 72	1 74	1 76	1 78	1 80
m		Largeur en centimètres									
1 62		3 202									
64		3 241	3 281								
66		3 281	3 321	3 362							
68		3 320	3 361	3 402	3 443						
1 70		3 360	3 401	3 443	3 484	3 526					
72		3 399	3 441	3 483	3 525	3 567	3 609				
74		3 439	3 481	3 524	3 566	3 609	3 651	3 694			
76		3 478	3 521	3 564	3 607	3 650	3 693	3 736	3 779		
78		3 518	3 561	3 605	3 648	3 692	3 735	3 779	3 822	3 865	
1 80		3 558	3 601	3 645	3 689	3 733	3 777	3 821	3 865	3 909	3 953
82		3 597	3 641	3 686	3 730	3 775	3 819	3 863	3 908	3 952	3 997
84		3 637	3 681	3 726	3 771	3 816	3 861	3 906	3 951	3 996	4 041
86		3 676	3 721	3 767	3 812	3 858	3 903	3 948	3 994	4 039	4 085
88		3 716	3 762	3 807	3 853	3 899	3 945	3 991	4 037	4 083	4 128
1 90		3 755	3 802	3 848	3 894	3 941	3 987	4 033	4 080	4 126	4 172
92		3 795	3 842	3 888	3 935	3 982	4 029	4 076	4 123	4 169	4 216
94		3 834	3 882	3 929	3 976	4 024	4 071	4 118	4 166	4 213	4 260
96		3 874	3 922	3 969	4 017	4 065	4 113	4 161	4 209	4 256	4 304
98		3 913	3 962	4 010	4 058	4 107	4 155	4 203	4 251	4 300	4 348
2 —		3 953	4 002	4 050	4 099	4 148	4 197	4 246	4 294	4 343	4 392
02		3 992	4 042	4 091	4 140	4 189	4 239	4 288	4 337	4 387	4 436
04		4 032	4 082	4 131	4 181	4 231	4 281	4 331	4 380	4 430	4 480
06		4 071	4 122	4 172	4 222	4 272	4 323	4 373	4 423	4 473	4 524
08		4 111	4 162	4 212	4 263	4 314	4 365	4 415	4 466	4 517	4 568
2 10		4 150	4 202	4 253	4 304	4 355	4 407	4 458	4 509	4 560	4 612
12		4 190	4 242	4 293	4 345	4 397	4 449	4 500	4 552	4 604	4 656
14		4 229	4 282	4 334	4 386	4 438	4 491	4 543	4 595	4 647	4 699
16		4 269	4 322	4 374	4 427	4 480	4 533	4 585	4 638	4 691	4 743
18		4 309	4 362	4 415	4 468	4 521	4 575	4 628	4 681	4 734	4 787
2 20		4 348	4 402	4 455	4 509	4 563	4 616	4 670	4 724	4 778	4 831
22		4 388	4 442	4 496	4 550	4 604	4 658	4 713	4 767	4 821	4 875
24		4 427	4 482	4 536	4 591	4 646	4 700	4 755	4 810	4 864	4 919
26		4 467	4 522	4 577	4 632	4 687	4 742	4 798	4 853	4 908	4 963
28		4 506	4 562	4 617	4 673	4 729	4 784	4 840	4 896	4 951	5 007
2 30		4 546	4 602	4 658	4 714	4 770	4 826	4 882	4 939	4 995	5 051
32		4 585	4 642	4 698	4 755	4 812	4 868	4 925	4 982	5 038	5 095
34		4 625	4 682	4 739	4 796	4 853	4 910	4 967	5 024	5 082	5 139
36		4 664	4 722	4 779	4 837	4 895	4 952	5 010	5 067	5 125	5 183
38		4 704	4 762	4 820	4 878	4 936	4 994	5 052	5 110	5 168	5 226
2 40		4 743	4 802	4 860	4 919	4 978	5 036	5 095	5 153	5 212	5 270
42		4 783	4 842	4 901	4 960	5 019	5 078	5 137	5 196	5 255	5 314
44		4 822	4 882	4 941	5 001	5 061	5 120	5 180	5 239	5 299	5 358
46		4 862	4 922	4 982	5 042	5 102	5 162	5 222	5 282	5 342	5 403
48		4 901	4 962	5 022	5 083	5 144	5 204	5 265	5 325	5 386	5 446
2 50		4 941	5 002	5 063	5 124	5 185	5 246	5 307	5 368	5 429	5 490
52		4 981	5 042	5 104	5 165	5 226	5 288	5 349	5 411	5 472	5 534
54		5 020	5 082	5 144	5 206	5 268	5 330	5 392	5 454	5 516	5 578
56		5 060	5 122	5 185	5 247	5 309	5 372	5 434	5 497	5 559	5 622
58		5 099	5 162	5 225	5 288	5 351	5 414	5 477	5 540	5 603	5 666
2 60		5 139	5 202	5 266	5 329	5 392	5 456	5 519	5 583	5 646	5 710
62		5 178	5 242	5 306	5 370	5 434	5 498	5 562	5 626	5 690	5 754
64		5 218	5 282	5 347	5 411	5 475	5 540	5 604	5 669	5 733	5 797
66		5 257	5 322	5 387	5 452	5 517	5 582	5 647	5 712	5 776	5 841
68		5 297	5 362	5 428	5 493	5 558	5 624	5 689	5 754	5 820	5 885
2 70		5 336	5 402	5 468	5 534	5 600	5 666	5 732	5 797	5 863	5 929
72		5 376	5 442	5 509	5 575	5 641	5 708	5 774	5 840	5 907	5 973
74		5 415	5 482	5 549	5 616	5 683	5 750	5 816	5 883	5 950	6 017
76		5 455	5 522	5 590	5 657	5 724	5 792	5 859	5 926	5 994	6 061
78		5 494	5 562	5 630	5 698	5 766	5 834	5 901	5 969	6 037	6 105
2 80		5 534	5 602	5 671	5 739	5 807	5 876	5 944	6 012	6 080	6 149
82		5 573	5 642	5 711	5 780	5 849	5 917	5 986	6 055	6 124	6 193
84		5 613	5 682	5 752	5 821	5 890	5 959	6 029	6 098	6 167	6 237
86		5 653	5 722	5 792	5 862	5 932	6 001	6 071	6 141	6 211	6 281
88		5 692	5 762	5 833	5 903	5 973	6 043	6 114	6 184	6 254	6 324
2 90		5 732	5 802	5 873	5 944	6 015	6 085	6 156	6 227	6 298	6 308
92		5 771	5 842	5 914	5 985	6 056	6 127	6 199	6 270	6 341	6 412
94		5 811	5 882	5 954	6 026	6 098	6 169	6 241	6 313	6 385	6 456
96		5 850	5 922	5 995	6 007	6 139	6 211	6 283	6 356	6 428	6 500
98		5 890	5 962	6 035	6 108	6 181	6 253	6 326	6 399	6 471	6 544
3 00		5 929	6 002	6 076	6 119	6 222	6 295	6 368	6 442	6 515	6 588

Epaisseur : 1m 22 centimètres

Longueur	1 82	1 84	1 86	1 88	1 90	1 92	1 94	1 96	1 98	2 00
	Largeur en centimètres									
1 82	4 041									
84	4 086	4 130								
86	4 130	4 175	4 221							
88	4 174	4 220	4 266	4 312						
1 90	4 219	4 265	4 311	4 358	4 404					
92	4 263	4 310	4 357	4 404	4 451	4 497				
94	4 308	4 355	4 402	4 450	4 497	4 544	4 592			
96	4 352	4 400	4 448	4 495	4 543	4 591	4 639	4 687		
98	4 396	4 445	4 493	4 541	4 590	4 638	4 686	4 735	4 783	
2 —	4 441	4 490	4 538	4 587	4 636	4 685	4 734	4 782	4 831	4 880
02	4 485	4 534	4 584	4 633	4 682	4 732	4 781	4 830	4 880	4 929
04	4 530	4 579	4 629	4 679	4 729	4 778	4 828	4 878	4 928	4 978
06	4 574	4 624	4 675	4 725	4 775	4 825	4 876	4 926	4 976	5 026
08	4 618	4 669	4 720	4 771	4 821	4 872	4 923	4 974	5 024	5 075
2 10	4 663	4 714	4 765	4 817	4 868	4 919	4 970	5 022	5 073	5 124
12	4 707	4 759	4 811	4 862	4 914	4 966	5 018	5 069	5 121	5 173
14	4 752	4 804	4 856	4 908	4 961	5 013	5 065	5 117	5 169	5 222
16	4 796	4 849	4 901	4 954	5 007	5 060	5 112	5 165	5 218	5 270
18	4 840	4 894	4 947	5 000	5 053	5 106	5 160	5 213	5 266	5 319
2 20	4 885	4 939	4 992	5 046	5 100	5 153	5 207	5 261	5 314	5 368
22	4 929	4 983	5 038	5 092	5 146	5 200	5 254	5 308	5 363	5 417
24	4 974	5 028	5 083	5 138	5 192	5 247	5 302	5 356	5 411	5 466
26	5 018	5 073	5 128	5 184	5 239	5 294	5 349	5 404	5 459	5 514
28	5 063	5 118	5 174	5 229	5 285	5 341	5 396	5 452	5 508	5 563
2 30	5 107	5 163	5 219	5 275	5 331	5 388	5 444	5 500	5 556	5 612
32	5 151	5 208	5 265	5 321	5 378	5 434	5 491	5 548	5 604	5 661
34	5 196	5 253	5 310	5 367	5 424	5 481	5 538	5 595	5 653	5 710
36	5 240	5 298	5 355	5 413	5 470	5 528	5 586	5 643	5 701	5 758
38	5 285	5 343	5 401	5 459	5 517	5 575	5 633	5 691	5 749	5 807
2 40	5 329	5 388	5 446	5 505	5 563	5 622	5 680	5 739	5 797	5 856
42	5 373	5 432	5 491	5 551	5 610	5 669	5 728	5 787	5 846	5 905
44	5 418	5 477	5 537	5 596	5 656	5 715	5 775	5 835	5 894	5 954
46	5 462	5 522	5 582	5 642	5 702	5 762	5 822	5 882	5 942	6 003
48	5 507	5 567	5 628	5 688	5 749	5 809	5 870	5 930	5 991	6 051
2 50	5 551	5 612	5 673	5 734	5 795	5 856	5 917	5 978	6 039	6 100
52	5 595	5 657	5 718	5 780	5 841	5 903	5 964	6 026	6 087	6 149
54	5 640	5 702	5 764	5 826	5 888	5 950	6 012	6 074	6 136	6 198
56	5 684	5 747	5 809	5 872	5 934	5 997	6 059	6 121	6 184	6 246
58	5 729	5 792	5 855	5 917	5 980	6 043	6 106	6 169	6 232	6 295
2 60	5 773	5 836	5 900	5 963	6 027	6 090	6 154	6 217	6 281	6 344
62	5 817	5 881	5 945	6 009	6 073	6 137	6 201	6 265	6 329	6 393
64	5 862	5 926	5 991	6 055	6 120	6 184	6 248	6 313	6 377	6 442
66	5 906	5 971	6 036	6 101	6 166	6 231	6 296	6 361	6 425	6 490
68	5 951	6 016	6 081	6 147	6 212	6 278	6 343	6 408	6 474	6 539
2 70	5 995	6 061	6 127	6 193	6 259	6 324	6 390	6 456	6 522	6 588
72	6 039	6 106	6 172	6 239	6 305	6 371	6 438	6 504	6 570	6 637
74	6 084	6 151	6 218	6 284	6 351	6 418	6 485	6 552	6 619	6 686
76	6 128	6 196	6 263	6 330	6 398	6 465	6 532	6 600	6 667	6 734
78	6 173	6 241	6 308	6 376	6 444	6 512	6 580	6 648	6 715	6 783
2 80	6 217	6 285	6 354	6 422	6 490	6 559	6 627	6 695	6 704	6 832
82	6 262	6 330	6 399	6 468	6 537	6 606	6 674	6 743	6 812	6 881
84	6 306	6 375	6 445	6 514	6 583	6 652	6 722	6 791	6 860	6 930
86	6 350	6 420	6 490	6 559	6 629	6 699	6 769	6 839	6 909	6 978
88	6 395	6 465	6 535	6 605	6 676	6 746	6 816	6 887	6 957	7 027
2 90	6 439	6 510	6 581	6 651	6 722	6 793	6 864	6 934	7 005	7 076
92	6 484	6 555	6 626	6 697	6 769	6 840	6 911	6 982	7 054	7 125
94	6 528	6 600	6 671	6 743	6 815	6 887	6 958	7 030	7 102	7 174
96	6 572	6 645	6 717	6 789	6 861	6 934	7 006	7 078	7 150	7 222
98	6 617	6 690	6 762	6 835	6 908	6 980	7 053	7 126	7 198	7 271
3 00	6 661	6 734	6 808	6 881	6 954	7 027	7 100	7 174	7 247	7 320

Epaisseur : 1m 24 centimètres

Longueur	Futailles	1 24	1 26	1 28	1 30	1 32	1 34	1 36	1 38	1 40	1 42
m		Largeur en Centimètres.									
1 24	1 525	1 907									
26	1 550	1 937	1 969								
28	1 575	1 968	2 000	2 032							
1 30	1 599	1 999	2 031	2 063	2 096						
32	1 624	2 030	2 062	2 095	2 128	2 161					
34	1 648	2 060	2 094	2 127	2 160	2 193	2 227				
36	1 673	2 091	2 125	2 159	2 193	2 226	2 260	2 294			
38	1 698	2 122	2 156	2 190	2 225	2 259	2 293	2 327	2 361		
1 40	1 722	2 153	2 187	2 222	2 257	2 292	2 326	2 361	2 396	2 430	
42	1 747	2 183	2 219	2 254	2 289	2 324	2 359	2 395	2 430	2 465	2 500
44	1 771	2 214	2 250	2 286	2 321	2 357	2 393	2 428	2 464	2 500	2 536
46	1 796	2 245	2 281	2 317	2 354	2 390	2 426	2 462	2 498	2 535	2 571
48	1 821	2 276	2 312	2 349	2 386	2 422	2 459	2 496	2 533	2 569	2 606
1 50	1 845	2 306	2 344	2 381	2 418	2 455	2 492	2 530	2 567	2 604	2 641
52	1 870	2 337	2 375	2 413	2 450	2 488	2 526	2 563	2 601	2 639	2 676
54	1 894	2 368	2 406	2 444	2 482	2 521	2 559	2 597	2 635	2 673	2 712
56	1 919	2 399	2 437	2 476	2 515	2 553	2 592	2 631	2 669	2 708	2 747
58	1 944	2 429	2 469	2 508	2 547	2 586	2 625	2 665	2 704	2 743	2 782
1 60	1 968	2 460	2 500	2 540	2 579	2 619	2 659	2 698	2 738	2 778	2 817
62	1 993	2 491	2 531	2 571	2 611	2 652	2 692	2 732	2 772	2 812	2 852
64	2 017	2 522	2 562	2 603	2 644	2 684	2 725	2 766	2 806	2 847	2 888
66	2 042	2 552	2 594	2 635	2 676	2 717	2 758	2 799	2 841	2 882	2 923
68	2 067	2 583	2 625	2 666	2 708	2 750	2 791	2 833	2 875	2 916	2 958
1 70	2 091	2 614	2 656	2 698	2 740	2 783	2 825	2 867	2 909	2 951	2 993
72	2 116	2 645	2 687	2 730	2 773	2 815	2 858	2 901	2 943	2 986	3 029
74	2 140	2 675	2 719	2 762	2 805	2 848	2 891	2 934	2 977	3 021	3 064
76	2 165	2 706	2 750	2 793	2 837	2 881	2 924	2 968	3 012	3 055	3 099
78	2 190	2 737	2 781	2 825	2 869	2 914	2 958	3 002	3 046	3 090	3 134
1 80	2 214	2 768	2 812	2 857	2 902	2 946	2 991	3 036	3 080	3 125	3 169
82	2 239	2 798	2 844	2 889	2 934	2 979	3 024	3 069	3 114	3 160	3 205
84	2 263	2 829	2 875	2 920	2 966	3 012	3 057	3 103	3 149	3 194	3 240
86	2 288	2 860	2 906	2 952	2 998	3 044	3 091	3 137	3 183	3 229	3 275
88	2 313	2 891	2 937	2 984	3 031	3 077	3 124	3 170	3 217	3 264	3 310
1 90	2 337	2 921	2 969	3 016	3 063	3 110	3 157	3 204	3 251	3 298	3 346
92	2 362	2 952	3 000	3 047	3 095	3 143	3 190	3 238	3 286	3 333	3 381
94	2 386	2 983	3 031	3 079	3 127	3 175	3 224	3 272	3 320	3 368	3 416
96	2 411	3 014	3 062	3 111	3 160	3 208	3 257	3 305	3 354	3 403	3 451
98	2 436	3 044	3 094	3 143	3 192	3 241	3 290	3 339	3 388	3 437	3 486
2 —	2 460	3 075	3 125	3 174	3 224	3 274	3 323	3 373	3 422	3 472	3 522
02	2 485	3 106	3 156	3 206	3 256	3 306	3 357	3 407	3 457	3 507	3 557
04	2 509	3 137	3 187	3 238	3 288	3 339	3 390	3 440	3 491	3 541	3 592
06	2 534	3 167	3 219	3 270	3 321	3 372	3 423	3 474	3 525	3 576	3 627
08	2 559	3 198	3 250	3 301	3 353	3 405	3 456	3 508	3 559	3 611	3 662
2 10	2 583	3 229	3 281	3 333	3 385	3 437	3 489	3 541	3 594	3 646	3 698
12	2 608	3 260	3 312	3 365	3 417	3 470	3 523	3 575	3 628	3 680	3 733
14	2 632	3 290	3 344	3 397	3 450	3 503	3 556	3 609	3 662	3 715	3 768
16	2 657	3 321	3 375	3 428	3 482	3 535	3 589	3 643	3 696	3 750	3 803
18	2 682	3 352	3 406	3 460	3 514	3 568	3 622	3 676	3 730	3 784	3 839
2 20	2 706	3 383	3 437	3 492	3 546	3 601	3 656	3 710	3 765	3 819	3 874
22	2 731	3 413	3 469	3 524	3 579	3 634	3 689	3 744	3 799	3 854	3 909
24	2 755	3 444	3 500	3 555	3 611	3 666	3 722	3 778	3 833	3 889	3 944
26	2 780	3 475	3 531	3 587	3 643	3 699	3 755	3 811	3 867	3 923	3 979
28	2 805	3 506	3 562	3 619	3 675	3 732	3 788	3 845	3 902	3 958	4 015
2 30	2 829	3 536	3 594	3 651	3 708	3 765	3 822	3 879	3 936	3 993	4 050
32	2 854	3 567	3 625	3 682	3 740	3 797	3 855	3 912	3 970	4 028	4 085
34	2 878	3 598	3 656	3 714	3 772	3 830	3 888	3 946	4 004	4 062	4 120
36	2 903	3 629	3 687	3 746	3 805	3 863	3 921	3 980	4 038	4 097	4 155
38	2 928	3 659	3 719	3 778	3 837	3 896	3 955	4 014	4 073	4 132	4 191
2 40	2 952	3 690	3 750	3 809	3 869	3 928	3 988	4 047	4 107	4 166	4 226
42	2 977	3 721	3 781	3 841	3 901	3 961	4 021	4 081	4 141	4 201	4 261
44	3 001	3 752	3 812	3 873	3 933	3 994	4 054	4 115	4 175	4 236	4 296
46	3 026	3 782	3 844	3 905	3 966	4 027	4 088	4 149	4 210	4 271	4 332
48	3 051	3 813	3 875	3 936	3 998	4 060	4 121	4 182	4 244	4 305	4 367
2 50	3 075	3 844	3 906	3 968	4 030	4 092	4 154	4 216	4 278	4 340	4 402
52	3 100	3 875	3 937	4 000	4 062	4 125	4 187	4 250	4 312	4 375	4 438
54	3 124	3 906	3 968	4 031	4 094	4 157	4 220	4 283	4 346	4 409	4 473
56	3 149	3 936	4 000	4 063	4 127	4 190	4 254	4 317	4 381	4 444	4 508
58	3 174	3 967	4 031	4 095	4 159	4 223	4 287	4 351	4 415	4 479	4 543
2 60	3 198	3 998	4 062	4 127	4 191	4 256	4 320	4 385	4 449	4 514	4 578
62	3 223	4 029	4 093	4 158	4 223	4 288	4 353	4 418	4 483	4 548	4 613

Epaisseur : 1m 24 centimètres

Longueur	1 44	1 46	1 48	1 50	1 52	1 54	1 56	1 58	1 60	1 62
m	Largeur en Centimètres									
1 44	2 571									
46	2 607	2 643								
48	2 643	2 679	2 716							
1 50	2 678	2 716	2 753	2 790						
52	2 714	2 752	2 790	2 827	2 865					
54	2 750	2 788	2 826	2 864	2 903	2 941				
56	2 786	2 824	2 863	2 902	2 940	2 979	3 018			
58	2 821	2 860	2 900	2 939	2 978	3 017	3 056	3 096		
1 60	2 857	2 897	2 936	2 976	3 016	3 055	3 095	3 135	3 174	
62	2 893	2 933	2 973	3 013	3 053	3 094	3 134	3 174	3 214	3 254
64	2 928	2 969	3 010	3 050	3 091	3 132	3 172	3 213	3 254	3 294
66	2 964	3 005	3 046	3 088	3 129	3 170	3 211	3 252	3 293	3 335
68	3 000	3 041	3 083	3 125	3 166	3 208	3 250	3 291	3 333	3 375
1 70	3 036	3 078	3 120	3 162	3 204	3 246	3 288	3 331	3 373	3 415
72	3 071	3 114	3 157	3 199	3 242	3 285	3 327	3 370	3 412	3 455
74	3 107	3 150	3 193	3 236	3 280	3 323	3 366	3 409	3 452	3 495
76	3 143	3 186	3 230	3 274	3 317	3 361	3 405	3 448	3 492	3 535
78	3 178	3 223	3 267	3 311	3 355	3 399	3 443	3 487	3 532	3 576
1 80	3 214	3 259	3 303	3 348	3 393	3 437	3 482	3 527	3 571	3 616
82	3 250	3 295	3 340	3 385	3 430	3 475	3 521	3 566	3 611	3 656
84	3 286	3 331	3 377	3 422	3 468	3 514	3 559	3 605	3 651	3 696
86	3 321	3 367	3 413	3 460	3 506	3 552	3 598	3 644	3 690	3 736
88	3 357	3 404	3 450	3 497	3 543	3 590	3 637	3 683	3 730	3 777
1 90	3 393	3 440	3 487	3 534	3 581	3 628	3 675	3 722	3 770	3 817
92	3 428	3 476	3 524	3 571	3 619	3 666	3 714	3 762	3 809	3 857
94	3 464	3 512	3 560	3 608	3 657	3 705	3 753	3 801	3 849	3 897
96	3 500	3 548	3 597	3 646	3 694	3 743	3 791	3 840	3 889	3 937
98	3 535	3 585	3 634	3 683	3 732	3 781	3 830	3 879	3 928	3 977
2 —	3 571	3 621	3 670	3 720	3 770	3 819	3 869	3 918	3 968	4 018
02	3 607	3 657	3 707	3 757	3 807	3 857	3 907	3 958	4 008	4 058
04	3 643	3 693	3 744	3 794	3 845	3 896	3 946	3 997	4 047	4 098
06	3 678	3 729	3 780	3 832	3 883	3 934	3 985	4 036	4 087	4 138
08	3 714	3 766	3 817	3 869	3 920	3 972	4 024	4 175	4 127	4 178
2 10	3 750	3 802	3 855	3 906	3 958	4 010	4 062	4 114	4 166	4 218
12	3 785	3 838	3 891	3 943	3 996	4 048	4 101	4 154	4 206	4 259
14	3 821	3 874	3 927	3 980	4 033	4 087	4 140	4 193	4 246	4 299
16	3 857	3 910	3 964	4 018	4 071	4 125	4 178	4 232	4 285	4 339
18	3 893	3 947	4 001	4 055	4 109	4 163	4 217	4 271	4 325	4 379
2 20	3 928	3 983	4 037	4 092	4 147	4 201	4 256	4 310	4 365	4 419
22	3 964	4 019	4 074	4 129	4 184	4 239	4 294	4 349	4 404	4 460
24	4 000	4 055	4 111	4 166	4 222	4 278	4 333	4 389	4 444	4 500
26	4 035	4 092	4 148	4 204	4 260	4 316	4 372	4 428	4 484	4 540
28	4 071	4 128	4 184	4 241	4 297	4 354	4 410	4 467	4 524	4 580
2 30	4 107	4 165	4 221	4 278	4 335	4 392	4 449	4 506	4 563	4 620
32	4 143	4 200	4 258	4 315	4 373	4 430	4 488	4 545	4 603	4 660
34	4 178	4 236	4 294	4 352	4 410	4 468	4 526	4 585	4 643	4 701
36	4 214	4 273	4 331	4 390	4 448	4 507	4 565	4 624	4 682	4 741
38	4 250	4 309	4 368	4 427	4 486	4 545	4 604	4 663	4 722	4 781
2 40	4 285	4 345	4 404	4 464	4 524	4 583	4 643	4 702	4 762	4 821
42	4 321	4 381	4 441	4 501	4 561	4 621	4 681	4 741	4 801	4 861
44	4 357	4 417	4 478	4 538	4 599	4 659	4 720	4 780	4 841	4 901
46	4 393	4 454	4 515	4 576	4 637	4 698	4 759	4 820	4 881	4 942
48	4 428	4 490	4 551	4 613	4 674	4 736	4 797	4 859	4 920	4 982
2 50	4 464	4 526	4 588	4 650	4 712	4 774	4 836	4 898	4 960	5 022
52	4 500	4 562	4 625	4 687	4 750	4 812	4 875	4 937	5 000	5 062
54	4 535	4 598	4 661	4 724	4 787	4 850	4 913	4 976	5 039	5 102
56	4 571	4 635	4 698	4 762	4 825	4 889	4 952	5 016	5 079	5 143
58	4 607	4 671	4 735	4 799	4 863	4 927	4 991	5 055	5 119	5 183
2 60	4 643	4 707	4 772	4 836	4 900	4 965	5 029	5 094	5 158	5 233
62	4 678	4 743	4 808	4 873	4 938	5 003	5 068	5 133	5 198	5 263

1,24

Epaisseur : 1m 24 centimètres

Longueur	Futailles	1 64	1 66	1 68	1 70	1 72	1 74	1 76	1 78	1 80	1 82
		Largeur en Centimètres									
m 1 64		3 335									
66		3 376	3 417								
68		3 416	3 458	3 500							
1 70		3 457	3 499	3 541	3 584						
72		3 498	3 540	3 583	3 626	3 668					
74		3 538	3 582	3 625	3 668	3 711	3 751				
76		3 579	3 623	3 666	3 710	3 754	3 797	3 841			
78		3 620	3 664	3 708	3 752	3 796	3 841	3 885	3 929		
1 80		3 660	3 705	3 750	3 794	3 839	3 884	3 928	3 973	4 018	
82		3 701	3 746	3 791	3 837	3 882	3 927	3 972	4 017	4 062	4 107
84		3 742	3 787	3 833	3 879	3 924	3 970	4 010	4 061	4 107	4 153
86		3 782	3 829	3 875	3 921	3 967	4 013	4 059	4 105	4 152	4 198
88		3 823	3 870	3 916	3 963	4 010	4 056	4 103	4 150	4 196	4 243
1 90		3 864	3 911	3 958	4 005	4 052	4 099	4 147	4 194	4 241	4 288
92		3 905	3 952	4 000	4 047	4 095	4 143	4 190	4 238	4 285	4 333
94		3 945	3 993	4 041	4 090	4 138	4 186	4 234	4 282	4 330	4 378
96		3 986	4 034	4 083	4 132	4 180	4 229	4 278	4 326	4 375	4 423
98		4 027	4 076	4 125	4 174	4 223	4 272	4 321	4 370	4 419	4 468
2 —		4 067	4 117	4 166	4 216	4 266	4 315	4 365	4 414	4 464	4 514
02		4 108	4 158	4 208	4 258	4 308	4 358	4 408	4 459	4 509	4 559
04		4 149	4 199	4 250	4 300	4 351	4 402	4 452	4 503	4 553	4 604
06		4 189	4 240	4 291	4 342	4 394	4 445	4 496	4 547	4 598	4 649
08		4 230	4 281	4 333	4 385	4 436	4 488	4 539	4 591	4 643	4 694
2 10		4 271	4 323	4 375	4 427	4 479	4 531	4 583	4 635	4 687	4 739
12		4 311	4 364	4 416	4 469	4 522	4 574	4 627	4 679	4 732	4 784
14		4 352	4 405	4 458	4 511	4 564	4 617	4 670	4 723	4 776	4 830
16		4 393	4 446	4 500	4 553	4 607	4 660	4 714	4 768	4 821	4 875
18		4 433	4 487	4 541	4 595	4 650	4 704	4 758	4 812	4 866	4 920
2 20		4 474	4 528	4 583	4 638	4 693	4 747	4 801	4 856	4 910	4 965
22		4 515	4 570	4 625	4 680	4 735	4 790	4 845	4 900	4 955	5 010
24		4 555	4 611	4 666	4 722	4 777	4 833	4 889	4 944	5 000	5 055
26		4 596	4 652	4 708	4 764	4 820	4 876	4 932	4 988	5 044	5 100
28		4 637	4 693	4 750	4 806	4 863	4 919	4 976	5 032	5 089	5 146
2 30		4 677	4 734	4 791	4 848	4 905	4 962	5 020	5 077	5 134	5 191
32		4 718	4 775	4 833	4 891	4 948	5 006	5 063	5 121	5 178	5 236
34		4 759	4 817	4 875	4 933	4 991	5 049	5 107	5 165	5 223	5 281
36		4 799	4 858	4 916	4 975	5 033	5 092	5 150	5 209	5 268	5 326
38		4 840	4 899	4 958	5 017	5 076	5 135	5 194	5 253	5 312	5 371
2 40		4 881	4 940	5 000	5 050	5 119	5 178	5 238	5 297	5 357	5 416
42		4 921	4 981	5 041	5 101	5 161	5 221	5 281	5 341	5 401	5 461
44		4 962	5 022	5 083	5 144	5 204	5 265	5 325	5 386	5 446	5 507
46		5 003	5 064	5 125	5 186	5 247	5 308	5 369	5 430	5 491	5 552
48		5 043	5 105	5 166	5 228	5 289	5 351	5 412	5 474	5 535	5 597
2 50		5 084	5 146	5 208	5 270	5 332	5 394	5 456	5 518	5 580	5 642
52		5 125	5 187	5 250	5 312	5 375	5 437	5 500	5 562	5 625	5 687
54		5 165	5 228	5 291	5 354	5 417	5 480	5 543	5 606	5 669	5 732
56		5 206	5 270	5 333	5 396	5 460	5 523	5 587	5 650	5 714	5 777
58		5 247	5 311	5 375	5 439	5 503	5 567	5 631	5 695	5 759	5 823
2 60		5 287	5 352	5 416	5 481	5 545	5 610	5 674	5 739	5 803	5 868
62		5 328	5 393	5 458	5 523	5 588	5 653	5 718	5 783	5 848	5 913
64		5 369	5 434	5 500	5 565	5 631	5 696	5 762	5 827	5 892	5 958
66		5 409	5 475	5 541	5 607	5 673	5 739	5 805	5 871	5 937	6 003
68		5 450	5 516	5 583	5 649	5 716	5 782	5 849	5 915	5 982	6 048
2 70		5 491	5 558	5 625	5 692	5 759	5 826	5 892	5 959	6 026	6 093
72		5 531	5 599	5 666	5 734	5 801	5 869	5 936	6 004	6 071	6 138
74		5 572	5 640	5 708	5 776	5 844	5 912	5 980	6 048	6 116	6 184
76		5 613	5 681	5 750	5 818	5 887	5 955	6 023	6 092	6 160	6 229
78		5 653	5 722	5 791	5 860	5 929	5 998	6 067	6 136	6 205	6 274
2 80		5 694	5 764	5 833	5 902	5 972	6 041	6 111	6 180	6 250	6 319
82		5 735	5 805	5 875	5 945	6 014	6 084	6 154	6 224	6 204	6 364
84		5 775	5 846	5 916	5 987	6 057	6 128	6 198	6 268	6 339	6 409
86		5 816	5 887	5 958	6 029	6 100	6 171	6 242	6 313	6 384	6 454
88		5 857	5 928	6 000	6 071	6 142	6 214	6 285	6 357	6 428	6 500
2 90		5 897	5 969	6 041	6 113	6 185	6 257	6 329	6 401	6 473	6 545
92		5 938	6 011	6 083	6 155	6 228	6 300	6 373	6 445	6 517	6 590
94		5 979	6 052	6 125	6 198	6 270	6 343	6 416	6 489	6 562	6 635
96		6 019	6 093	6 166	6 240	6 313	6 386	6 460	6 533	6 607	6 680
98		6 060	6 134	6 208	6 282	6 356	6 430	6 504	6 577	6 651	6 725
3 00		6 101	6 175	6 250	6 324	6 398	6 473	6 547	6 622	6 696	6 770
02		6 141	6 216	6 291	6 366	6 441	6 516	6 591	6 666	6 741	6 810

Epaisseur : 1m 24 centimètres

Longueur	1 84	1 86	1 88	1 90	1 92	1 94	1 96	1 98	2 00	2 02
	Largeur en Centimètres									
m 1 84	4 198									
86	4 244	4 290								
88	4 289	4 336	4 383							
1 90	4 335	4 382	4 429	4 476						
92	4 381	4 428	4 476	4 524	4 571					
94	4 426	4 474	4 523	4 571	4 619	4 667				
96	4 472	4 521	4 569	4 618	4 666	4 715	4 764			
98	4 518	4 567	4 616	4 665	4 714	4 763	4 812	4 861		
2 —	4 563	4 613	4 662	4 712	4 762	4 811	4 861	4 910	4 960	
02	4 609	4 659	4 709	4 759	4 809	4 859	4 909	4 960	5 010	5 060
04	4 654	4 705	4 756	4 806	4 857	4 907	4 958	5 009	5 059	5 110
06	4 700	4 751	4 802	4 853	4 904	4 956	5 007	5 058	5 109	5 160
08	4 746	4 797	4 849	4 900	4 952	5 004	5 055	5 107	5 158	5 210
2 10	4 791	4 843	4 896	4 948	5 000	5 052	5 104	5 156	5 208	5 260
12	4 837	4 890	4 942	4 995	5 047	5 100	5 152	5 205	5 258	5 310
14	4 883	4 936	4 989	5 042	5 095	5 148	5 201	5 254	5 307	5 360
16	4 928	4 982	5 035	5 089	5 143	5 196	5 250	5 303	5, 357	5 410
18	4 974	5 028	5 082	5 136	5 190	5 244	5 298	5 352	5 406	5 460
2 20	5 020	5 074	5 129	5 183	5 238	5 292	5 347	5 401	5 456	5 511
22	5 065	5 120	5 175	5 230	5 285	5 340	5 395	5 451	5 506	5 561
24	5 111	5 166	5 222	5 277	5 333	5 389	5 444	5 500	5 555	5 611
26	5 156	5 212	5 269	5 325	5 381	5 437	5 493	5 519	5 605	5 661
28	5 202	5 259	5 315	5 372	5 428	5 485	5 541	5 598	5 654	5 711
2 30	5 248	5 305	5 362	5 419	5 476	5 533	5 590	5 647	5 704	5 761
32	5 293	5 351	5 408	5 466	5 523	5 581	5 639	5 696	5 754	5 811
34	5 339	5 397	5 455	5 513	5 571	5 629	5 687	5 745	5 803	5 861
36	5 385	5 443	5 502	5 560	5 619	5 677	5 736	5 794	5 853	5 911
38	5 430	5 489	5 548	5 607	5 666	5 725	5 784	5 843	5 902	5 961
2 40	5 476	5 535	5 595	5 654	5 714	5 773	5 833	5 892	5 952	6 012
42	5 521	5 581	5 642	5 702	5 762	5 822	5 882	5 942	6 002	6 062
44	5 567	5 628	5 688	5 749	5 809	5 870	5 930	5 991	6 051	6 112
46	5 613	5 674	5 735	5 796	5 857	5 918	5 979	6 040	6 101	6 162
48	5 658	5 720	5 781	5 843	5 904	5 966	6 027	6 089	6 150	6 212
2 50	5 704	5 766	5 828	5 890	5 952	6 014	6 076	6 138	6 200	6 262
52	5 750	5 812	5 875	5 937	6 000	6 062	6 125	6 187	6 250	6 312
54	5 795	5 858	5 921	5 984	6 047	6 110	6 173	6 236	6 299	6 362
56	5 841	5 904	5 968	6 031	6 095	6 158	6 222	6 285	6 349	6 412
58	5 887	5 951	6 014	6 078	6 142	6 206	6 270	6 334	6 398	6 462
2 60	5 932	5 997	6 061	6 126	6 190	6 255	6 319	6 384	6 448	6 512
62	5 978	6 043	6 108	6 173	6 238	6 303	6 368	6 433	6 498	6 563
64	6 023	6 089	6 154	6 220	6 285	6 351	6 416	6 482	6 547	6 613
66	6 069	6 135	6 201	6 267	6 333	6 399	6 465	6 531	6 597	6 663
68	6 115	6 181	6 248	6 314	6 381	6 447	6 513	6 580	6 646	6 713
2 70	6 160	5 227	6 294	6 381	6 428	6 495	6 502	6 629	6 696	6 763
72	6 206	5 273	6 341	6 408	6 476	6 543	6 611	6 678	6 746	6 813
74	6 252	5 320	6 387	6 455	6 523	6 591	6 659	6 727	6 795	6 863
76	6 297	6 306	6 434	6 503	6 571	6 639	6 708	6 776	6 845	6 913
78	6 343	6 412	6 481	6 550	6 619	6 688	6 757	6 825	6 894	6 963
2 80	6 388	6 458	6 527	6 597	6 606	6 736	6 805	6 875	6 944	7 013
82	6 434	6 504	6 574	6 644	6 714	6 784	6 854	6 924	6 994	7 084
84	6 480	6 550	6 621	6 691	6 761	6 832	6 902	6 973	7 043	7 114
86	6 525	6 596	6 667	6 738	6 809	6 880	6 951	7 022	7 093	7 164
88	6 571	6 642	6 714	6 785	6 857	6 928	7 000	7 071	7 142	7 214
2 90	6 617	6 689	6 700	6 832	6 904	6 976	7 048	7 120	7 192	7 204
92	6 662	6 735	6 807	6 880	6 952	7 024	7 097	7 169	7 242	7 314
94	6 708	6 781	6 854	6 927	7 000	7 072	7 145	7 218	7 291	7 364
96	6 754	6 827	6 900	6 974	7 047	7 121	7 194	7 267	7 341	7 414
98	6 799	6 873	6 947	7 021	7 095	7 169	7 243	7 310	7 390	7 464
3 00	6 845	6 919	6 994	7 068	7 142	7 217	7 291	7 366	7 440	7 514
02	6 890	6 965	7 040	7 115	7 190	7 265	7 340	7 415	7 490	7 564

Epaisseur : 1m 26 centimètres

Longueur	Futailles	Largeur en centimètres 1 26	1 28	1 30	1 32	1 34	1 36	1 38	1 40	1 42	1 44
1 26	1 600	2 000									
28	1 626	2 032	2 064								
1 30	1 651	2 064	2 097	2 129							
32	1 677	2 096	2 129	2 162	2 195						
34	1 702	4 127	2 161	2 195	2 229	2 262					
36	1 727	2 159	2 193	2 228	2 262	2 296	2 330				
38	1 753	2 191	2 226	2 260	2 295	2 330	2 365	2 400			
1 40	1 778	2 223	2 258	2 293	2 328	2 364	2 399	2 434	2 470		
42	1 804	2 254	2 290	2 326	2 362	2 398	2 433	2 469	2 505	2 541	
44	1 829	2 286	2 322	2 359	2 395	2 431	2 468	2 504	2 540	2 576	2 612
46	1 854	2 318	2 355	2 391	2 428	2 465	2 502	2 539	2 575	2 612	2 649
48	1 880	2 350	2 387	2 424	2 462	2 499	2 536	2 573	2 611	2 648	2 685
1 50	1 905	2 381	2 419	2 457	2 495	2 533	2 570	2 608	2 646	2 684	2 723
52	1 931	2 413	2 451	2 490	2 528	2 566	2 605	2 643	2 681	2 720	2 758
54	1 956	2 445	2 484	2 523	2 561	2 600	2 639	2 678	2 717	2 755	2 794
56	1 981	2 477	2 516	2 555	2 595	2 634	2 673	2 713	2 752	2 791	2 830
58	2 007	2 508	2 548	2 588	2 628	2 668	2 707	2 747	2 787	2 827	2 867
1 60	2 032	2 540	2 580	2 621	2 661	2 701	2 742	2 782	2 822	2 863	2 903
62	2 058	2 572	2 613	2 654	2 694	2 735	2 776	2 817	2 858	2 899	2 939
64	2 083	2 604	2 645	2 686	2 728	2 769	2 810	2 852	2 893	2 934	2 976
66	2 108	2 635	2 677	2 719	2 761	2 803	2 845	2 886	2 928	2 970	3 012
68	2 134	2 667	2 710	2 752	2 794	2 837	2 879	2 921	2 964	3 006	3 048
1 70	2 159	2 699	2 742	2 785	2 827	2 870	2 913	2 956	2 999	3 042	3 084
72	2 185	2 731	2 774	2 817	2 861	2 904	2 947	2 991	3 034	3 077	3 121
74	2 210	2 762	2 806	2 850	2 894	2 938	2 982	3 026	3 069	3 113	3 157
76	2 235	2 794	2 839	2 883	2 927	2 972	3 016	3 060	3 105	3 149	3 193
78	2 261	2 826	2 871	2 916	2 960	3 005	3 050	3 095	3 140	3 185	3 230
1 80	2 286	2 858	2 903	2 948	2 994	3 039	3 084	3 130	3 175	3 221	3 266
82	2 312	2 889	2 935	2 981	3 027	3 073	3 119	3 165	3 210	3 256	3 302
84	2 337	2 921	2 968	3 014	3 060	3 107	3 153	3 199	3 246	3 292	3 338
86	2 362	2 953	3 000	3 047	3 094	3 140	3 187	3 234	3 281	3 328	3 375
88	2 388	2 985	3 032	3 079	3 127	3 174	3 222	3 269	3 316	3 364	3 411
1 90	2 413	3 016	3 064	3 112	3 160	3 208	3 256	3 304	3 352	3 399	3 447
92	2 439	3 048	3 097	3 145	3 193	3 242	3 290	3 338	3 387	3 435	3 484
94	2 464	3 080	3 129	3 178	3 227	3 275	3 324	3 373	3 422	3 471	3 520
96	2 489	3 112	3 161	3 210	3 260	3 309	3 359	3 408	3 457	3 507	3 556
98	2 515	3 143	3 193	3 243	3 293	3 343	3 393	3 443	3 493	3 543	3 593
2 —	2 540	3 175	3 226	3 276	3 326	3 377	3 427	3 478	3 528	3 578	3 629
02	2 566	3 207	3 258	3 309	3 360	3 411	3 461	3 512	3 563	3 614	3 665
04	2 591	3 239	3 290	3 342	3 393	3 444	3 496	3 547	3 599	3 650	3 701
06	2 616	3 270	3 322	3 374	3 426	3 478	3 530	3 582	3 634	3 686	3 738
08	2 642	3 302	3 355	3 407	3 459	3 512	3 564	3 617	3 669	3 722	3 774
2 10	2 667	3 334	3 387	3 440	3 493	3 546	3 599	3 651	3 704	3 757	3 810
12	2 693	3 366	3 419	3 473	3 526	3 579	3 633	3 686	3 740	3 793	3 847
14	2 718	3 397	3 451	3 505	3 559	3 613	3 667	3 721	3 775	3 829	3 883
16	2 743	3 429	3 484	3 538	3 593	3 647	3 701	3 756	3 810	3 865	3 919
18	2 769	3 461	3 516	3 571	3 626	3 681	3 736	3 791	3 846	3 900	3 955
2 20	2 794	3 493	3 548	3 604	3 659	3 714	3 770	3 825	3 881	3 936	3 992
22	2 820	3 524	3 580	3 636	3 692	3 748	3 804	3 860	3 916	3 972	4 028
24	2 845	3 556	3 613	3 669	3 726	3 782	3 838	3 895	3 951	4 008	4 064
26	2 870	3 588	3 645	3 702	3 759	3 816	3 873	3 930	3 987	4 044	4 101
28	2 896	3 620	3 677	3 735	3 792	3 850	3 907	3 964	4 022	4 079	4 137
2 30	2 921	3 651	3 709	3 767	3 825	3 883	3 941	3 999	4 057	4 115	4 173
32	2 947	3 683	3 742	3 800	3 859	3 917	3 976	4 034	4 092	4 151	4 209
34	2 972	3 715	3 774	3 833	3 892	3 951	4 010	4 069	4 128	4 187	4 246
36	2 997	3 747	3 806	3 866	3 925	3 985	4 044	4 104	4 163	4 223	4 282
38	3 023	3 778	3 838	3 898	3 958	4 018	4 078	4 138	4 198	4 258	4 318
2 40	3 048	3 810	3 871	3 931	3 992	4 052	4 113	4 173	4 234	4 294	4 355
42	3 074	3 842	3 903	3 964	4 025	4 086	4 147	4 208	4 269	4 330	4 391
44	3 099	3 874	3 935	3 997	4 058	4 120	4 181	4 243	4 304	4 366	4 427
46	3 124	3 905	3 967	4 029	4 091	4 153	4 215	4 277	4 339	4 401	4 463
48	3 150	3 937	4 000	4 062	4 125	4 187	4 250	4 312	4 375	4 437	4 500
2 50	3 175	3 969	4 032	4 095	4 158	4 221	4 284	4 347	4 410	4 473	4 536
52	3 201	4 001	4 064	4 128	4 191	4 255	4 318	4 382	4 445	4 509	4 572
54	3 226	4 033	4 097	4 161	4 225	4 289	4 353	4 417	4 481	4 545	4 609
56	3 251	4 064	4 129	4 193	4 258	4 322	4 387	4 451	4 516	4 580	4 645
58	3 277	4 096	4 161	4 226	4 291	4 356	4 421	4 486	4 551	4 616	4 681
2 60	3 302	4 128	4 193	4 259	4 324	4 390	4 455	4 521	4 586	4 652	4 717
62	3 328	4 160	4 226	4 292	4 358	4 424	4 490	4 556	4 622	4 688	4 754
64	3 353	4 191	4 258	4 324	4 391	4 457	4 524	4 590	4 657	4 723	4 790

Epaisseur : 1m 26 centimètres

Longueur	Largeur en centimètres 1 46	1 48	1 50	1 52	1 54	1 56	1 58	1 60	1 62	1 64
1 46	2 686									
48	2 723	2 760								
1 50	2 759	2 797	2 835							
52	2 796	2 834	2 873	2 911						
54	2 833	2 872	2 911	2 949	2 988					
56	2 870	2 909	2 948	2 988	3 027	3 066				
58	2 907	2 946	2 986	3 026	3 066	3 106	3 145			
1 60	2 943	2 984	3 024	3 064	3.105	3 145	3 185	3 226		
62	2 980	3 021	3 062	3 103	3 143	3 184	3 225	3 266	3 307	
64	3 017	3 058	3 100	3 141	3 182	3 224	3 265	3 306	3 348	3 389
66	3 054	3 096	3 137	3 179	3 221	3 263	3 305	3 347	3 388	3 430
68	3 091	3 133	3 175	3 218	3 260	3 302	3 345	3 387	3 429	3 472
1 70	3 127	3 170	3 213	3 256	3 299	3 342	3 384	3 427	3 470	3 513
72	3 164	3 207	3 251	3 294	3 337	3 381	3 424	3 468	3 511	3 554
74	3 201	3 245	3 289	3 332	3 376	3 420	3 464	3 508	3 552	3 596
76	3 238	3 282	3 326	3 371	3 415	3 459	3 504	3 548	3 593	3 637
78	3 274	3 319	3 364	3 409	3 454	3 499	3 544	3 588	3 633	3 678
1 80	3 311	3 357	3 402	3 447	3 493	3 538	3 583	3 629	3 674	3 720
82	3 348	3 394	3 440	3 486	3 532	3 577	3 623	3 669	3 715	3 761
84	3 385	3 431	3 478	3 524	3 570	3 617	3 663	3 709	3 756	3 802
86	3 422	3 469	3 515	3 562	3 609	3 656	3 703	3 750	3 797	3 844
88	3 458	3 506	3 553	3 601	3 648	3 695	3 743	3 790	3 837	3 885
1 90	3 495	3 543	3 591	3 639	3 687	3 735	3 783	3 830	3 878	3 926
92	3 532	3 580	3 629	3 677	3 726	3 774	3 822	3 871	3 919	3 967
94	3 569	3 618	3 667	3 715	3 764	3 813	3 862	3 911	3 960	4 009
96	3 606	3 655	3 704	3 754	3 803	3 853	3 902	3 951	4 000	4 050
98	3 642	3 692	3 742	3 792	3 842	3 892	3 942	3 992	4 041	4 091
2 —	3 679	3 730	3 780	3 830	3 881	3 931	3 982	4 032	4 082	4 133
02	3 716	3 767	3 818	3 869	3 920	3 971	4 021	4 072	4 123	4 174
04	3 753	3 804	3 856	3 907	3 958	4 010	4 061	4 113	4 164	4 215
06	3 790	3 841	3 893	3 945	3 997	4 049	4 101	4 153	4 205	4 257
08	3 826	3 879	3 931	3 984	4 036	4 088	4 141	4 193	4 246	4 298
2 10	3 863	3 916	3 969	4 022	4 075	4 128	4 181	4 234	4 287	4 339
12	3 900	3 953	4 007	4 060	4 113	4 167	4 220	4 274	4 327	4 381
14	3 937	3 991	4 045	4 099	4 152	4 206	4 260	4 314	4 368	4 422
16	3 974	4 028	4 082	4 137	4 191	4 246	4 300	4 355	4 409	4 463
18	4 010	4 065	4 120	4 175	4 230	4 285	4 340	4 395	4 450	4 505
2 20	4 047	4 103	4 158	4 213	4 269	4 324	4 380	4 435	4 491	4 546
22	4 084	4 140	4 196	4 252	4 308	4 364	4 420	4 476	4 531	4 587
24	4 121	4 177	4 234	4 290	4 346	4 403	4 459	4 516	4 572	4 629
26	4 157	4 214	4 271	4 328	4 385	4 442	4 499	4 556	4 613	4 670
28	4 194	4 252	4 309	4 367	4 424	4 482	4 539	4 596	4 654	4 711
2 30	4 231	4 289	4 347	4 405	4 463	4 521	4 579	4 637	4 695	4 753
32	4 268	4 326	4 385	4 443	4 502	4 560	4 619	4 677	4 736	4 794
34	4 305	4 364	4 423	4 482	4 541	4 600	4 658	4 717	4 776	4 835
36	4 341	4 401	4 460	4 520	4 579	4 639	4 698	4 758	4 817	4 877
38	4 378	4 438	4 498	4 558	4 618	4 678	4 738	4 798	4 858	4 918
2 40	4 415	4 476	4 536	4 596	4 657	4 717	4 778	4 838	4 899	4 959
42	4 452	4 513	4 574	4 635	4 696	4 757	4 818	4 879	4 940	5 001
44	4 489	4 550	4 612	4 673	4 735	4 796	4 858	4 919	4 981	5 042
46	4 525	4 587	4 649	4 711	4 773	4 835	4 897	4 959	5 021	5 083
48	4 562	4 625	4 687	4 750	4 812	4 875	4 937	5 000	5 062	5 125
2 50	4 599	4 662	4 725	4 788	4 851	4 914	4 977	5 040	5 103	5 166
52	4 636	4 699	4 763	4 826	4 890	4 953	5 017	5 080	5 144	5 207
54	4 673	4 737	4 801	4 865	4 929	4 993	5 057	5 121	5 185	5 249
56	4 709	4 774	4 838	4 903	4 967	5 032	5 096	5 161	5 225	5 290
58	4 746	4 811	4 876	4 941	5 006	5 071	5 136	5 201	5 266	5 331
2 60	4 783	4 848	4 914	4 980	5 045	5 111	5 176	5 242	5 307	5 378
62	4 820	4 886	4 952	5 018	5 084	5 150	5 216	5 282	5 348	5 414
64	4 857	4 923	4 990	5 056	5 123	5 189	5 256	5 322	5 389	5 455

Epaisseur : 1m 26 centimètres

Longueur	Futailles	Largeur en Centimètres									
		1 66	1 68	1 70	1 72	1 74	1 76	1 78	1 80	1 82	1 84
1 66		3 472									
68		3 514	3 556								
1 70		3 556	3 599	3 641							
72		3 598	3 641	3 684	3 728						
74		3 639	3 683	3 727	3 771	3 815					
76		3 681	3 726	3 770	3 814	3 859	3 903				
78		3 723	3 768	3 813	3 858	3 902	3 947	3 992			
1 80		3 765	3 810	3 856	3 901	3 946	3 992	4 037	4 082		
82		3 807	3 853	3 898	3 944	3 990	4 036	4 082	4 128	4 174	
84		3 849	3 895	3 941	3 988	4 034	4 080	4 127	4 173	4 219	4 266
86		3 890	3 937	3 984	4 031	4 078	4 125	4 172	4 218	4 265	4 312
88		3 932	3 980	4 027	4 074	4 122	4 169	4 216	4 264	4 311	4 359
1 90		3 974	4 022	4 070	4 118	4 166	4 213	4 261	4 309	4 357	4 405
92		4 016	4 064	4 113	4 161	4 209	4 258	4 306	4 355	4 403	4 451
94		4 058	4 107	4 155	4 204	4 253	4 302	4 351	4 400	4 449	4 498
96		4 100	4 149	4 198	4 248	4 297	4 346	4 396	4 445	4 495	4 544
98		4 141	4 191	4 241	4 291	4 341	4 391	4 441	4 491	4 541	4 590
2 —		4 183	4 234	4 284	4 334	4 385	4 435	4 486	4 536	4 586	4 637
02		4 225	4 276	4 327	4 378	4 429	4 480	4 530	4 581	4 632	4 683
04		4 267	4 318	4 370	4 421	4 472	4 524	4 575	4 627	4 678	4 730
06		4 309	4 361	4 413	4 464	4 516	4 568	4 620	4 672	4 724	4 776
08		4 351	4 403	4 455	4 508	4 560	4 613	4 665	4 717	4 770	4 822
2 10		4 392	4 445	4 498	4 551	4 604	4 657	4 710	4 763	4 816	4 869
12		4 434	4 488	4 541	4 595	4 648	4 701	4 755	4 808	4 862	4 915
14		4 476	4 530	4 584	4 638	4 692	4 746	4 800	4 854	4 907	4 961
16		4 518	4 572	4 627	4 681	4 736	4 790	4 844	4 899	4 953	5 008
18		4 560	4 615	4 670	4 724	4 779	4 834	4 889	4 944	4 999	5 054
2 20		4 602	4 657	4 712	4 768	4 823	4 879	4 934	4 990	5 045	5 100
22		4 643	4 699	4 755	4 811	4 867	4 923	4 979	5 035	5 091	5 147
24		4 685	4 742	4 798	4 855	4 911	4 967	5 024	5 080	5 137	5 193
26		4 727	4 784	4 841	4 898	4 955	5 012	5 069	5 126	5 183	5 240
28		4 769	4 826	4 884	4 941	4 999	5 056	5 114	5 171	5 228	5 286
2 30		4 811	4 869	4 927	4 985	5 043	5 100	5 158	5 216	5 274	5 332
32		4 853	4 911	4 969	5 028	5 086	5 145	5 203	5 262	5 320	5 379
34		4 894	4 953	5 012	5 071	5 130	5 189	5 248	5 307	5 366	5 425
36		4 936	4 996	5 055	5 115	5 174	5 234	5 293	5 352	5 412	5 471
38		4 978	5 038	5 098	5 158	5 218	5 278	5 338	5 398	5 458	5 518
2 40		5 020	5 080	5 141	5 201	5 262	5 322	5 383	5 443	5 504	5 564
42		5 062	5 123	5 184	5 245	5 306	5 367	5 428	5 489	5 550	5 611
44		5 104	5 165	5 226	5 288	5 349	5 411	5 472	5 534	5 595	5 657
46		5 145	5 207	5 269	5 331	5 393	5 455	5 517	5 579	5 641	5 703
48		5 187	5 250	5 312	5 375	5 437	5 500	5 562	5 625	5 687	5 750
2 50		5 229	5 292	5 355	5 418	5 481	5 544	5 607	5 670	5 733	5 796
52		5 271	5 334	5 398	5 461	5 525	5 588	5 652	5 715	5 779	5 842
54		5 313	5 377	5 441	5 505	5 569	5 633	5 697	5 761	5 825	5 889
56		5 354	5 419	5 484	5 548	5 613	5 677	5 742	5 806	5 871	5 935
58		5 396	5 461	5 526	5 591	5 656	5 721	5 786	5 851	5 916	5 981
2 60		5 438	5 504	5 569	5 635	5 700	5 766	5 831	5 897	5 962	6 028
62		5 480	5 546	5 612	5 678	5 744	5 810	5 876	5 942	6 008	6 074
64		5 522	5 588	5 655	5 721	5 788	5 854	5 921	5 988	6 054	6 121
66		5 564	5 631	5 698	5 765	5 832	5 899	5 966	6 033	6 100	6 167
68		5 605	5 673	5 741	5 808	5 876	5 943	6 011	6 078	6 146	6 213
2 70		5 647	5 715	5 783	5 851	5 919	5 988	6 056	6 124	6 192	6 260
72		5 689	5 758	5 826	5 895	5 963	6 032	6 100	6 169	6 238	6 306
74		5 731	5 800	5 869	5 938	6 007	6 076	6 145	6 214	6 283	6 352
76		5 773	5 842	5 912	5 981	6 051	6 121	6 190	6 260	6 329	6 399
78		5 815	5 885	5 955	6 025	6 095	6 165	6 235	6 305	6 375	6 445
2 80		5 856	5 927	5 998	6 068	6 139	6 209	6 280	6 350	6 421	6 492
82		5 898	5 969	6 040	6 112	6 183	6 254	6 325	6 396	6 467	6 538
84		5 940	6 012	6 083	6 155	6 226	6 298	6 370	6 441	6 513	6 584
86		5 982	6 054	6 126	6 198	6 270	6 342	6 414	6 486	6 559	6 631
88		6 024	6 096	6 169	6 242	6 314	6 387	6 459	6 532	6 604	6 677
2 90		6 066	6 139	6 212	6 285	6 358	6 431	6 504	6 577	6 650	6 723
92		6 107	6 181	6 255	6 328	6 402	6 475	6 549	6 623	6 696	6 770
94		6 149	6 223	6 297	6 372	6 446	6 520	6 594	6 668	6 742	6 816
96		6 191	6 266	6 340	6 415	6 490	6 564	6 639	6 713	6 788	6 862
98		6 233	6 308	6 383	6 458	6 533	6 608	6 683	6 759	6 834	6 909
3 00		6 275	6 350	6 426	6 502	6 577	6 653	6 728	6 804	6 880	6 955
02		6 317	6 393	6 469	6 545	6 621	6 697	6 773	6 849	6 925	7 002
04		6 358	6 435	6 512	6 588	6 665	6 742	6 818	6 895	6 971	7 048

Epaisseur : 1m 26 centimètres

Longueur	Largeur en Centimètres									
	1 86	1 88	1 90	1 92	1 94	1 96	1 98	2 00	2 02	2 04
1 86	4 359									
88	4 406	4 453								
1 90	4 453	4 501	4 549							
92	4 500	4 548	4 596	4 645						
94	4 547	4 595	4 644	4 693	4 742					
96	4 593	4 643	4 692	4 742	4 791	4 840				
98	4 640	4 690	4 740	4 790	4 840	4 890	4 940			
2 —	4 687	4 738	4 788	4 838	4 889	4 939	4 990	5 040		
02	4 734	4 785	4 836	4 887	4 938	4 989	5 039	5 090	5 141	
04	4 781	4 832	4 884	4 935	4 987	5 038	5 089	5 141	5 192	5 244
06	4 828	4 880	4 932	4 984	5 035	5 087	5 139	5 191	5 243	5 295
08	4 875	4 927	4 980	5 032	5 084	5 137	5 189	5 242	5 294	5 346
2 10	4 922	4 974	5 027	5 080	5 133	5 186	4 239	5 292	5 345	5 398
12	4 968	5 022	5 075	5 129	5 182	5 236	5 289	5 342	5 396	5 449
14	5 015	5 069	5 123	5 177	5 231	5 285	5 339	5 393	5 447	5 501
16	5 062	5 117	5 171	5 225	5 280	5 334	5 389	5 443	5 498	5 552
18	5 109	5 164	5 219	5 274	5 329	5 384	5 439	5 494	5 549	5 603
2 20	5 156	5 211	5 267	5 322	5 378	5 433	5 489	5 544	5 599	5 655
22	5 203	5 259	5 316	5 371	5 427	5 483	5 538	5 594	5 650	5 706
24	5 250	5 306	5 363	5 419	5 475	5 532	5 588	5 645	5 701	5 758
26	5 297	5 353	5 410	5 467	5 524	5 581	5 638	5 695	5 752	5 809
28	5 343	5 401	5 458	5 516	5 573	5 631	5 688	5 746	5 803	6 861
2 30	5 390	5 448	5 506	5 564	5 622	5 680	5 738	5 796	5 854	5 912
32	5 437	5 496	5 554	5 613	5 671	5 729	5 788	5 846	5 905	5 963
34	5 484	5 543	5 602	5 661	5 720	5 779	5 838	5 897	5 956	6 015
36	5 531	5 590	5 650	5 709	5 769	5 828	5 888	5 947	6 007	6 066
38	5 578	5 638	5 698	5 758	5 818	5 878	5 938	5 998	6 058	6 118
2 40	5 625	5 685	5 746	5 806	5 867	5 927	5 988	6 048	6 108	6 169
42	5 672	5 732	5 793	5 854	5 915	5 976	6 037	6 098	6 159	6 220
44	5 718	5 780	5 841	5 903	5 964	6 026	6 087	6 149	6 210	6 272
46	5 765	5 827	5 889	5 951	6 013	6 075	6 137	6 199	6 261	6 323
48	5 812	5 875	5 937	6 000	6 062	6 125	6 187	6 250	6 312	6 375
2 50	5 859	5 922	5 985	6 048	6 111	6 174	6 237	6 300	6 363	6 426
52	5 906	5 969	6 033	6 096	6 160	6 223	6 287	6 350	6 414	6 477
54	5 953	6 017	6 081	6 145	6 209	6 273	6 337	6 401	6 465	6 529
56	6 000	6 064	6 128	6 193	6 258	6 322	6 387	6 451	6 516	6 580
58	6 046	6 111	6 176	6 242	6 307	6 372	6 437	6 502	6 567	6 632
2 60	6 093	6 159	6 224	6 290	6 355	6 421	6 486	6 552	6 618	6 683
62	6 140	6 206	6 272	6 338	6 404	6 470	6 536	6 602	6 668	6 734
64	6 187	6 254	6 320	6 387	6 453	6 520	6 586	6 653	6 719	6 786
66	6 234	6 301	6 368	6 435	6 502	6 569	6 636	6 703	6 770	6 837
68	6 281	6 348	6 416	6 483	6 551	6 619	6 686	6 754	6 821	6 889
2 70	6 328	6 396	6 464	6 532	6 600	6 668	6 736	6 804	6 872	6 940
72	6 375	6 443	6 512	6 580	6 649	6 717	6 786	6 854	6 923	6 991
74	6 421	6 491	6 560	6 629	6 698	6 767	6 836	6 905	6 974	7 043
76	6 468	6 538	6 607	6 677	6 747	6 816	6 886	6 955	7 025	7 094
78	6 515	6 585	6 655	6 725	6 795	6 865	6 936	7 006	7 076	7 146
2 80	6 562	6 633	6 703	6 774	6 844	6 915	6 985	7 056	7 127	7 197
82	6 609	6 680	6 751	6 822	6 893	6 964	7 035	7 106	7 177	7 249
84	6 656	6 727	6 799	6 871	6 942	7 014	7 085	7 157	7 228	7 300
86	6 703	6 775	6 847	6 919	6 991	7 063	7 135	7 207	7 279	7 351
88	6 750	6 822	6 895	6 967	7 040	7 112	7 185	7 258	7 330	7 403
2 90	6 796	6 870	6 943	7 016	7 089	7 162	7 235	7 308	7 381	7 454
92	6 843	6 917	6 990	7 064	7 138	7 211	7 285	7 358	7 432	7 506
94	6 890	6 964	7 038	7 112	7 187	7 261	7 335	7 409	7 483	7 557
96	6 937	7 012	7 086	7 161	7 235	7 310	7 385	7 459	7 534	7 608
98	6 984	7 059	7 134	7 209	7 284	7 359	7 435	7 510	7 585	7 660
3 00	7 031	7 106	7 182	7 258	7 333	7 409	7 484	7 560	7 636	7 711
02	7 078	7 154	7 230	7 306	7 382	7 458	7 534	7 610	7 687	7 763
04	7 125	7 201	7 278	7 354	7 431	7 508	7 584	7 661	7 737	7 814

Longueur (m)	Futailles	1 28	1 30	1 32	1 34	1 36	1 38	1 40	1 42	1 44	1 46
		Largeur en Centimètres									
1 28	1 678	2 097									
1 30	1 704	2 130	2 163								
32	1 730	2 163	2 196	2 230							
34	1 756	2 195	2 230	2 264	2 298						
36	1 783	2 228	2 263	2 298	2 333	2 367					
38	1 809	2 261	2 296	2 332	2 367	2 402	2 438				
1 40	1 835	2 294	2 330	2 365	2 401	2 437	2 473	2 509			
42	1 861	2 327	2 363	2 399	2 436	2 472	2 508	2 545	2 581		
44	1 887	2 359	2 396	2 433	2 470	2 507	2 544	2 580	2 617	2 654	
46	1 914	2 392	2 429	2 467	2 504	2 542	2 579	2 616	2 654	2 691	2 728
48	1 940	2 425	2 463	2 501	2 538	2 576	2 614	2 652	2 690	2 728	2 766
1 50	1 966	2 458	2 496	2 534	2 573	2 611	2 650	2 688	2 726	2 765	2 803
52	1 992	2 490	2 529	2 568	2 607	2 646	2 685	2 724	2 763	2 802	2 841
54	2 019	2 523	2 563	2 602	2 641	2 681	2 720	2 760	2 799	2 839	2 878
56	2 045	2 556	2 596	2 636	2 676	2 716	2 756	2 796	2 835	2 875	2 915
58	2 071	2 589	2 629	2 670	2 710	2 750	2 791	2 831	2 872	2 912	2 953
1 60	2 097	2 621	2 662	2 703	2 744	2 785	2 826	2 867	2 908	2 949	2 990
62	2 123	2 654	2 696	2 737	2 779	2 820	2 862	2 903	2 945	2 986	3 027
64	2 150	2 687	2 729	2 771	2 813	2 855	2 897	2 939	2 981	3 023	3 065
66	2 176	2 720	2 762	2 805	2 847	2 890	2 932	2 975	3 017	3 060	3 102
68	2 202	2 753	2 796	2 839	2 882	2 925	2 968	3 011	3 054	3 097	3 139
1 70	2 228	2 785	2 829	2 872	2 916	2 959	3 003	3 046	3 090	3 133	3 177
72	2 254	2 818	2 862	2 906	2 950	2 994	3 038	3 082	3 126	3 170	3 214
74	2 281	2 851	2 895	2 940	2 984	3 029	3 074	3 118	3 163	3 207	3 252
76	2 307	2 884	2 929	2 974	3 019	3 064	3 109	3 154	3 199	3 244	3 289
78	2 333	2 916	2 962	3 007	3 053	3 099	3 144	3 190	3 235	3 281	3 326
1 80	2 359	2 949	2 995	3 041	3 087	3 133	3 180	3 226	3 272	3 318	3 364
82	2 386	2 982	3 028	3 075	3 122	3 168	3 215	3 261	3 308	3 355	3 401
84	2 412	3 015	3 062	3 109	3 156	3 203	3 250	3 297	3 344	3 391	3 438
86	2 438	3 047	3 095	3 143	3 190	3 238	3 286	3 333	3 381	3 428	3 476
88	2 464	3 080	3 128	3 176	3 225	3 273	3 321	3 369	3 417	3 465	3 513
1 90	2 490	3 113	3 162	3 210	3 259	3 308	3 356	3 405	3 453	3 502	3 551
92	2 517	3 146	3 195	3 244	3 293	3 342	3 391	3 441	3 490	3 539	3 588
94	2 543	3 178	3 228	3 278	3 327	3 377	3 427	3 476	3 526	3 576	3 625
96	2 569	3 211	3 261	3 312	3 362	3 412	3 462	3 512	3 562	3 613	3 663
98	2 595	3 244	3 295	3 345	3 396	3 447	3 497	3 548	3 599	3 650	3 700
2 —	2 621	3 277	3 328	3 379	3 430	3 482	3 533	3 584	3 635	3 686	3 738
02	2 648	3 310	3 361	3 413	3 465	3 517	3 568	3 620	3 672	3 723	3 775
04	2 674	3 342	3 395	3 447	3 499	3 551	3 603	3 656	3 708	3 760	3 812
06	2 700	3 375	3 428	3 481	3 533	3 586	3 639	3 692	3 744	3 797	3 850
08	2 726	3 408	3 461	3 514	3 568	3 621	3 674	3 727	3 781	3 834	3 887
2 10	2 753	3 441	3 494	3 548	3 602	3 656	3 709	3 763	3 817	3 871	3 924
12	2 779	3 473	3 528	3 582	3 636	3 690	3 745	3 799	3 853	3 908	3 962
14	2 805	3 506	3 561	3 616	3 671	3 725	3 780	3 835	3 890	3 944	3 999
16	2 831	3 539	3 594	3 649	3 705	3 760	3 815	3 871	3 926	3 981	4 037
18	2 857	3 572	3 628	3 683	3 739	3 795	3 851	3 907	3 962	4 018	4 074
2 20	2 884	3 604	3 661	3 717	3 773	3 830	3 886	3 942	3 999	4 055	4 111
22	2 910	3 637	3 694	3 751	3 808	3 865	3 921	3 978	4 035	4 092	4 149
24	2 936	3 670	3 727	3 785	3 842	3 899	3 957	4 014	4 071	4 129	4 186
26	2 962	3 703	3 761	3 818	3 876	3 934	3 992	4 050	4 108	4 166	4 223
28	2 988	3 736	3 794	3 852	3 911	3 969	4 027	4 086	4 144	4 202	4 261
2 30	3 015	3 708	3 827	3 886	3 945	4'004	4 063	4 122	4 180	4 239	4 298
32	3 041	3 801	3 860	3 920	3 979	4 039	4 098	4 158	4 217	4 276	4 336
34	3 067	3 834	3 894	3 954	4 014	4 073	4 133	4 193	4 253	4 313	4 373
36	3 093	3 867	3 927	3 987	4 048	4 108	4 169	4 229	4 290	4 350	4 410
38	3 120	3 899	3 960	4 021	4 082	4 143	4 204	4 265	4 326	4 387	4 448
2 40	3 146	3 932	3 994	4 055	4 116	4 178	4 239	4 301	4 362	4 424	4 485
42	3 172	3 965	4 027	4 089	4 151	4 213	4 275	4 337	4 399	4 461	4 522
44	3 198	3 998	4 060	4 123	4 185	4 248	4 310	4 373	4 435	4 497	4 560
46	3 224	4 030	4 093	4 156	4 219	4 282	4 345	4 408	4 471	4 534	4 597
48	3 251	4 063	4 127	4 190	4 254	4 317	4 381	4 444	4 508	4 571	4 635
2 50	3 277	4 096	4 160	4 224	4 288	4 352	4 416	4 480	4 544	4 608	4 672
52	3 303	4 129	4 193	4 258	4 322	4 387	4 451	4 516	4 580	4 645	4 709
54	3 329	4 162	4 227	4 292	4 357	4 422	4 487	4 552	4 617	4 682	4 747
56	3 355	4 194	4 260	4 325	4 391	4 456	4 522	4 588	4 653	4 719	4 784
58	3 382	4 227	4 293	4 359	4 425	4 491	4 557	4 623	4 689	4 755	4 822
2 60	3 408	4 260	4 326	4 393	4 460	4 526	4 593	4 659	4 726	4 792	4 859
62	3 434	4 293	4 360	4 427	4 494	4 561	4 628	4 695	4 762	4 829	4 896
64	3 460	4 325	4 393	4 461	4 528	4 596	4 663	4 731	4 798	4 866	4 934
66	3 487	4 358	4 426	4 494	4 562	4 631	4 699	4 767	4 835	4 903	4 971

Longueur (m)	1 48	1 50	1 52	1 54	1 56	1 58	1 60	1 62	1 64	1 66
	Largeur en Centimètres									
1 48	2 804									
1 50	2 842	2 880								
52	2 879	2 918	2 957							
54	2 917	2 957	2 996	3 036						
56	2 955	2 995	3 035	3 075	3 115					
58	2 993	3 034	3 074	3 114	3 155	3 195				
1 60	3 031	3 072	3 113	3 154	3 196	3 236	3 277			
62	3 069	3 110	3 152	3 193	3 235	3 276	3 318	3 359		
64	3 107	3 149	3 191	3 233	3 275	3 317	3 359	3 401	3 443	
66	3 145	3 187	3 230	3 272	3 315	3 357	3 400	3 442	3 485	3 527
68	3 183	3 226	3 269	3 312	3 355	3 398	3 441	3 484	3 527	3 570
1 70	3 220	3 264	3 308	3 351	3 395	3 438	3 482	3 525	3 569	3 612
72	3 258	3 302	3 346	3 390	3 434	3 479	3 523	3 567	3 611	3 655
74	3 296	3 341	3 385	3 430	3 474	3 519	3 564	3 608	3 653	3 697
76	3 334	3 379	3 424	3 469	3 514	3 559	3 604	3 650	3 695	3 740
78	3 372	3 418	3 463	3 509	3 554	3 600	3 645	3 691	3 737	3 782
1 80	3 410	3 456	3 502	3 548	3 594	3 640	3 686	3 732	3 779	3 825
82	3 448	3 494	3 541	3 588	3 634	3 681	3 727	3 774	3 821	3 867
84	3 486	3 533	3 580	3 627	3 674	3 721	3 768	3 815	3 863	3 910
86	3 524	3 571	3 619	3 666	3 714	3 762	3 809	3 857	3 905	3 952
88	3 561	3 610	3 658	3 706	3 754	3 802	3 850	3 898	3 946	3 995
1 90	3 599	3 648	3 697	3 745	3 794	3 843	3 891	3 940	3 988	4 037
92	3 637	3 686	3 736	3 785	3 834	3 883	3 932	3 981	4 030	4 080
94	3 675	3 725	3 774	3 824	3 874	3 923	3 973	4 023	4 072	4 122
96	3 713	3 763	3 813	3 864	3 914	3 964	4 014	4 064	4 114	4 165
98	3 751	3 802	3 852	3 903	3 954	4 004	4 055	4 106	4 156	4 207
2 —	3 789	3 840	3 891	3 942	3 994	4 045	4 096	4 147	4 198	4 260
02	3 827	3 878	3 930	3 982	4 034	4 085	4 137	4 189	4 240	4 292
04	3 865	3 917	3 969	4 021	4 073	4 126	4 178	4 230	4 282	4 335
06	3 902	3 955	4 008	4 061	4 113	4 166	4 219	4 272	4 324	4 377
08	3 940	3 994	4 047	4 100	4 153	4 207	4 260	4 313	4 366	4 420
2 10	3 978	4 032	4 086	4 140	4 193	4 247	4 301	4 355	4 408	4 462
12	4 016	4 070	4 125	4 179	4 233	4 287	4 342	4 396	4 450	4 505
14	4 054	4 109	4 164	4 218	4 273	4 328	4 383	4 438	4 492	4 547
16	4 092	4 147	4 202	4 258	4 313	4 368	4 424	4 479	4 534	4 590
18	4 130	4 186	4 241	4 297	4 353	4 409	4 465	4 520	4 576	4 632
2 20	4 168	4 224	4 280	4 337	4 393	4 449	4 506	4 562	4 618	4 675
22	4 205	4 262	4 319	4 376	4 433	4 490	4 547	4 603	4 660	4 717
24	4 243	4 301	4 358	4 415	4 473	4 530	4 588	4 645	4 702	4 760
26	4 281	4 339	4 397	4 455	4 513	4 571	4 628	4 686	4 744	4 802
28	4 319	4 378	4 436	4 494	4 553	4 611	4 669	4 728	4 786	4 845
2 30	4 357	4 416	4 475	4 534	4 593	4 652	4 710	4 769	4 878	4 887
32	4 395	4 454	4 514	4 573	4 633	4 692	4 751	4 811	4 870	4 930
34	4 433	4 493	4 553	4 613	4 673	4 732	4 792	4 852	4 912	4 972
36	4 471	4 531	4 592	4 652	4 712	4 773	4 833	4 894	4 954	5 015
38	4 509	4 570	4 631	4 691	4 752	4 813	4 874	4 935	4 996	5 057
2 40	4 547	4 608	4 669	4 731	4 792	4 854	4 915	4 977	5 038	5 100
42	4 584	4 646	4 708	4 770	4 832	4 894	4 956	5 018	5 080	5 142
44	4 622	4 685	4 747	4 810	4 872	4 935	4 997	5 059	5 122	5 185
46	4 660	4 723	4 786	4 849	4 912	4 975	5 038	5 101	5 164	5 227
48	4 698	4 762	4 825	4 889	4 952	5 016	5 079	5 142	5 206	5 270
2 50	4 736	4 800	4 864	4 928	4 992	5 056	5 120	5 184	5 248	5 312
52	4 774	4 838	4 903	4 967	5 032	5 096	5 161	5 225	5 290	5 354
54	4 812	4 877	4 942	5 007	5 072	5 137	5 202	5 267	5 332	5 397
56	4 850	4 915	4 981	5 046	5 112	5 177	5 243	5 308	5 374	5 439
58	4 888	4 954	5 020	5 086	5 152	5 218	5 284	5 350	5 416	5 482
2 60	4 925	4 992	5 059	5 125	5 192	5 258	5 326	5 391	5 458	5 524
62	4 963	5 030	5 097	5 165	5 232	5 299	5 366	5 433	5 500	5 567
64	5 001	5 069	5 136	5 204	5 272	5 339	5 407	5 474	5 542	5 609
66	5 039	5 107	5 175	5 243	5 311	5 380	5 448	5 516	5 584	3 652

1,28

Epaisseur : 1m 28 centimètres

Longueur	Futailles	Largeur en Centimètres 1 68	1 70	1 72	1 74	1 76	1 78	1 80	1 82	1 84	1 86
m 1 68		3 613									
1 70		3 656	3 699								
72		3 099	3 743	3 787							
74		3 742	3 786	3 831	3 875						
76		3 785	3 830	3 875	3 920	3 965					
78		3 828	3 873	3 919	3 964	4 010	4 056				
1 80		3 871	3 917	3 963	4 009	4 055	4 101	4 147			
82		3 914	3 960	4 007	4 054	4 100	4 147	4 193	4 240		
84		3 957	4 004	4 051	4 098	4 145	4 192	4 239	4 286	4 334	
86		4 000	4 047	4 095	4 143	4 190	4 238	4 285	4 333	4 381	4 428
88		4 043	4 091	4 139	4 187	4 235	4 283	4 332	4 380	4 428	4 476
1 90		4 086	4 134	4 183	4 232	4 280	4 329	4 378	4 426	4 475	4 524
92		4 129	4 178	4 227	4 276	4 325	4 375	4 424	4 473	4 522	4 571
94		4 172	4 221	4 271	4 321	4 370	4 420	4 470	4 519	4 569	4 619
96		4 215	4 265	4 315	4 365	4 415	4 466	4 516	4 566	4 616	4 666
98		4 258	4 308	4 359	4 410	4 461	4 511	4 562	4 613	4 663	4 714
2 —		4 301	4 352	4 403	4 454	4 506	4 557	4 608	4 659	4 710	4 762
02		4 344	4 396	4 447	4 499	4 551	4 602	4 654	4 706	4 758	4 809
04		4 387	4 439	4 491	4 543	4 596	4 648	4 700	4 752	4 805	4 857
06		4 430	4 483	4 535	4 588	4 641	4 694	4 746	4 799	4 852	4 904
08		4 473	4 526	4 579	4 633	4 686	4 739	4 792	4 845	4 899	4 952
2 10		4 516	4 570	4 623	4 677	4 731	4 785	4 838	4 892	4 946	5 000
12		4 559	4 613	4 667	4 722	4 776	4 830	4 881	4 939	4 993	5 047
14		4 602	4 657	4 711	4 766	4 821	4 876	4 931	4 985	5 040	5 095
16		4 645	4 700	4 755	4 811	4 866	4 921	4 977	5 032	5 087	5 143
18		4 688	4 744	4 799	4 855	4 911	4 967	5 023	5 078	5 134	5 190
2 20		4 731	4 787	4 844	4 900	4 956	5 012	5 069	5 125	5 181	5 238
22		4 774	4 831	4 888	4 944	5 001	5 058	5 115	5 172	5 229	5 285
24		4 817	4 874	4 932	4 989	5 046	5 104	5 161	5 218	5 276	5 333
26		4 860	4 918	4 976	5 033	5 091	5 149	5 207	5 265	5 323	5 381
28		4 903	4 961	5 020	5 078	5 136	5 195	5 253	5 311	5 370	5 428
2 30		4 946	5 005	5 064	5 123	5 181	5 240	5 299	5 358	5 417	5 476
32		4 989	5 048	5 108	5 167	5 226	5 286	5 345	5 405	5 464	5 523
34		5 032	5 092	5 152	5 212	5 272	5 331	5 391	5 451	5 511	5 571
36		5 075	5 135	5 196	5 256	5 317	5 377	5 437	5 498	5 558	5 619
38		5 118	5 179	5 240	5 301	5 362	5 423	5 484	5 544	5 605	5 666
2 40		5 161	5 222	5 284	5 345	5 407	5 468	5 530	5 591	5 652	5 714
42		5 204	5 266	5 328	5 390	5 452	5 514	5 576	5 638	5 700	5 762
44		5 247	5 309	5 372	5 434	5 497	5 559	5 622	5 684	5 747	5 809
46		5 290	5 353	5 416	5 479	5 542	5 605	5 668	5 731	5 794	5 857
48		5 333	5 396	5 460	5 523	5 587	5 650	5 714	5 777	5 841	5 904
2 50		5 376	5 440	5 504	5 568	5 632	5 696	5 760	5 824	5 888	5 952
52		5 419	5 484	5 548	5 613	5 677	5 742	5 806	5 871	5 935	6 000
54		5 462	5 527	5 592	5 657	5 722	5 787	5 852	5 917	5 982	6 047
56		5 505	5 571	5 636	5 702	5 767	5 833	5 898	5 964	6 029	6 095
58		5 548	5 614	5 680	5 746	5 812	5 878	5 944	6 010	6 076	6 142
2 60		5 591	5 658	5 724	5 791	5 857	5 924	5 990	6 057	6 124	6 190
62		5 634	5 701	5 768	5 835	5 902	5 969	6 036	6 104	6 171	6 238
64		5 677	5 745	5 812	5 880	5 947	6 015	6 083	6 150	6 218	6 285
66		5 720	5 788	5 856	5 924	5 992	6 061	6 129	6 197	6 265	6 333
68		5 763	5 832	5 900	5 969	6 038	6 106	6 175	6 243	6 312	6 381
2 70		5 806	5 875	5 944	6 013	6 083	6 152	6 221	6 290	6 359	6 428
72		5 849	5 919	5 988	6 058	6 128	6 197	6 267	6 337	6 406	6 476
74		5 892	5 962	6 032	6 103	6 173	6 243	6 313	6 383	6 453	6 523
76		5 935	6 006	6 076	6 147	6 218	6 288	6 359	6 430	6 500	6 571
78		5 978	6 049	6 120	6 192	6 263	6 334	6 405	6 476	6 547	6 619
2 80		6 021	6 093	6 164	6 236	6 308	6 380	6 451	6 523	6 595	6 666
82		6 064	6 136	6 209	6 281	6 353	6 425	6 497	6 569	6 642	6 714
84		6 107	6 180	6 253	6 325	6 398	6 471	6 543	6 616	6 689	6 761
86		6 150	6 223	6 297	6 370	6 443	6 516	6 589	6 663	6 736	6 809
88		6 193	6 267	6 341	6 414	6 488	6 562	6 636	6 709	6 783	6 857
2 90		6 236	6 310	6 385	6 459	6 533	6 607	6 682	6 756	6 830	6 904
92		6 279	6 354	6 429	6 503	6 578	6 653	6 728	6 802	6 877	6 952
94		6 322	6 397	6 473	6 548	6 623	6 698	6 774	6 849	6 924	7 000
96		6 365	6 441	6 517	6 593	6 668	6 744	6 820	6 896	6 971	7 047
98		6 408	6 484	6 561	6 637	6 713	6 790	6 866	6 942	7 018	7 095
3 00		6 451	6 528	6 605	6 682	6 758	6 835	6 912	6 989	7 066	7 142
02		6 494	6 572	6 649	6 726	6 803	6 881	6 958	7 035	7 113	7 190
04		6 537	6 615	6 693	6 771	6 849	6 926	7 004	7 082	7 160	7 238
06		6 580	6 659	6 737	6 815	6 894	6 972	7 050	7 129	7 207	7 285

Epaisseur : 1m 28 centimètres

Longueur	Largeur en Centimètres 1 88	1 90	1 92	1 94	1 96	1 98	2 00	2 02	2 04	2 06
m 1 88	4 524									
1 90	4 572	4 621								
92	4 620	4 669	4 719							
94	4 668	4 718	4 768	4 817						
96	4 717	4 767	4 817	4 867	4 917					
98	4 765	4 815	4 866	4 917	4 967	5 018				
2 —	4 813	4 864	4 915	4 966	5 018	5 069	5 120			
02	4 861	4 913	4 964	5 016	5 068	5 119	5 171	5 223		
04	4 909	4 961	5 014	5 066	5 118	5 170	5 222	5 275	5 327	
06	4 957	5 010	5 063	5 115	5 168	5 221	5 274	5 326	5 379	5 432
08	5 005	5 059	5 112	5 165	5 218	5 272	5 325	5 378	5 431	5 485
2 10	5 053	5 107	5 161	4 215	5 268	5 322	5 376	5 430	5 484	5 537
12	5 102	5 156	5 210	4 264	5 319	5 373	5 427	5 481	5 536	5 590
14	5 150	5 204	5 259	5 314	5 369	5 424	5 478	5 533	5 588	5 643
16	5 198	5 253	5 308	5 364	5 419	5 474	5 530	5 585	5 640	5 695
18	5 246	5 302	5 358	5 413	5 469	5 525	5 581	5 637	5 692	5 748
2 20	5 294	5 350	5 407	5 463	5 519	5 576	5 632	5 688	5 745	5 801
22	5 342	5 399	5 456	5 513	5 570	5 626	5 683	5 740	5 797	5 854
24	5 390	5 448	5 505	5 562	5 620	5 677	5 734	5 792	5 849	5 916
26	5 438	5 496	5 554	5 612	5 670	5 728	5 786	5 843	5 901	5 959
28	5 487	5 545	5 603	5 662	5 720	5 778	5 837	5 895	5 954	6 012
2 30	5 535	5 594	5 652	5 711	5 770	5 829	5 888	5 947	6 006	6 065
32	5 583	5 642	5 702	5 761	5 820	5 880	5 939	5 999	6 058	6 117
34	5 631	5 691	5 751	5 811	5 871	5 930	5 990	6 050	6 110	6 170
36	5 679	5 740	5 800	5 860	5 921	5 981	6 042	6 102	6 162	6 223
38	5 727	5 788	5 849	5 910	5 971	6 032	6 093	6 154	6 215	6 276
2 40	5 775	5 837	5 898	5 960	6 021	6 083	6 144	6 205	6 267	6 328
42	5 823	5 885	5 947	6 009	6 071	6 133	6 195	6 257	6 319	6 381
44	5 872	5 934	5 997	6 059	6 121	6 184	6 246	6 309	6 371	6 434
46	5 920	5 983	6 046	6 109	6 172	6 235	6 298	6 361	6 424	6 487
48	5 968	6 031	6 095	6 158	6 222	6 285	6 349	6 412	6 476	6 539
2 50	6 016	6 080	6 144	6 208	6 272	6 336	6 400	6 464	6 528	6 592
52	6 064	6 129	6 193	6 258	6 322	6 387	6 451	6 516	6 580	6 645
54	6 112	6 177	6 242	6 307	6 372	6 437	6 502	6 567	6 632	6 697
56	6 160	6 226	6 291	6 357	6 423	6 488	6 554	6 619	6 685	6 750
58	6 209	6 275	6 341	6 407	6 473	6 539	6 605	6 671	6 737	6 803
2 60	6 257	6 323	6 390	6 456	6 523	6 589	6 656	6 723	6 789	6 856
62	6 305	6 372	6 439	6 506	6 573	6 640	6 707	6 774	6 841	6 908
64	6 353	6 420	6 488	6 556	6 623	6 691	6 758	6 826	6 894	6 961
66	6 401	6 469	6 537	6 605	6 673	6 742	6 810	6 878	6 946	7 014
68	6 449	6 518	6 586	6 655	6 724	6 792	6 861	6 929	6 998	7 067
2 70	6 497	6 566	6 636	6 705	6 774	6 843	6 912	6 981	7 050	7 119
72	6 545	6 615	6 685	6 754	6 824	6 894	6 963	7 033	7 102	7 172
74	6 594	6 664	6 734	6 804	6 874	6 944	7 014	7 085	7 155	7 225
76	6 642	6 712	6 783	6 854	6 924	6 995	7 065	7 136	7 207	7 278
78	6 690	6 761	6 832	6 903	6 974	7 046	7 117	7 188	7 259	7 330
2 80	6 738	6 810	6 881	6 953	7 025	7 096	7 168	7 240	7 311	7 383
82	6 786	6 858	6 930	7 003	7 075	7 147	7 219	7 291	7 364	7 436
84	6 834	6 907	6 980	7 052	7 125	7 198	7 270	7 343	7 416	7 489
86	6 882	6 956	7 029	7 102	7 175	7 248	7 322	7 395	7 468	7 541
88	6 930	7 004	7 078	7 152	7 225	7 299	7 373	7 447	7 520	7 594
2 90	6 979	7 053	7 127	7 201	7 276	7 350	7 424	7 498	7 572	7 647
92	7 027	7 101	7 176	7 251	7 326	7 400	7 475	7 550	7 625	7 699
94	7 075	7 150	7 225	7 301	7 376	7 451	7 526	7 602	7 677	7 752
96	7 123	7 199	7 274	7 350	7 426	7 502	7 578	7 653	7 729	7 805
98	7 171	7 247	7 324	7 400	7 476	7 553	7 629	7 705	7 781	7 858
3 00	7 219	7 296	7 373	7 450	7 526	7 603	7 680	7 757	7 834	7 910
02	7 267	7 345	7 422	7 499	7 577	7 654	7 731	7 809	7 886	7 963
04	7 315	7 393	7 471	7 549	7 627	7 705	7 782	7 860	7 938	8 016
06	7 364	7 442	7 520	7 599	7 677	7 755	7 834	7 912	7 990	8 069

1,28

Epaisseur : 1m 30 centimètres

Longueur	Futailles	1 30	1 32	1 34	1 36	1 38	1 40	1 42	1 44	1 46	1 48
		Largeur en centimètres									
1m 30	1 758	2 197									
32	1 785	2 231	2 265								
34	1 812	2 265	2 299	2 334							
36	1 839	2 298	2 334	2 369	2 404						
38	1 866	2 332	2 368	2 404	2 440	2 476					
1 40	1 893	2 366	2 402	2 439	2 475	2 512	2 548				
42	1 920	2 400	2 437	2 474	2 511	2 547	2 584	2 621			
44	1 947	2 434	2 471	2 508	2 546	2 583	2 621	2 658	2 696		
46	1 974	2 467	2 505	2 543	2 581	2 619	2 657	2 695	2 733	2 771	
48	2 001	2 501	2 540	2 578	2 617	2 655	2 694	2 732	2 771	2 809	2 848
1 50	2 028	2 535	2 574	2 613	2 652	2 691	2 730	2 769	2 808	2 847	2 886
52	2 055	2 569	2 608	2 648	2 687	2 727	2 766	2 806	2 845	2 885	2 924
54	2 082	2 603	2 643	2 683	2 723	2 763	2 803	2 843	2 883	2 923	2 963
56	2 109	2 636	2 677	2 718	2 758	2 799	2 839	2 880	2 920	2 961	3 001
58	2 136	2 670	2 711	2 752	2 793	2 835	2 876	2 917	2 958	2 999	3 040
1 60	2 163	2 704	2 746	2 787	2 829	2 870	2 912	2 954	2 995	3 037	3 078
62	2 190	2 738	2 780	2 822	2 864	2 906	2 948	2 991	3 033	3 075	3 117
64	2 217	2 772	2 814	2 857	2 900	2 942	2 985	3 027	3 070	3 113	3 155
66	2 244	2 805	2 849	2 892	2 935	2 978	3 021	3 064	3 108	3 151	3 194
68	2 271	2 839	2 883	2 927	2 970	3 014	3 058	3 101	3 145	3 189	3 232
1 70	2 298	2 873	2 917	2 961	3 006	3 050	3 094	3 138	3 182	3 227	3 271
72	2 325	2 907	2 952	2 996	3 041	3 086	3 130	3 175	3 220	3 265	3 309
74	2 352	2 941	2 986	3 031	3 076	3 122	3 167	3 212	3 257	3 303	3 348
76	2 380	2 974	3 020	3 066	3 112	3 157	3 203	3 249	3 295	3 340	3 386
78	2 407	3 008	3 054	3 101	3 147	3 193	3 240	3 286	3 332	3 378	3 425
1 80	2 434	3 042	3 089	3 136	3 182	3 229	3 276	3 323	3 370	3 416	3 463
82	2 461	3 076	3 123	3 170	3 218	3 265	3 312	3 360	3 407	3 454	3 502
84	2 488	3 110	3 157	3 205	3 253	3 301	3 349	3 397	3 444	3 492	3 540
86	2 515	3 143	3 192	3 240	3 288	3 337	3 385	3 434	3 482	3 530	3 579
88	2 542	3 177	3 226	3 275	3 324	3 373	3 422	3 470	3 519	3 568	3 617
1 90	2 569	3 211	3 260	3 310	3 359	3 409	3 458	3 507	3 557	3 606	3 656
92	2 596	3 245	3 295	3 345	3 395	3 445	3 494	3 544	3 594	3 644	3 694
94	2 623	3 279	3 329	3 379	3 430	3 480	3 531	3 581	3 632	3 682	3 733
96	2 650	3 312	3 363	3 414	3 465	3 516	3 567	3 618	3 669	3 720	3 771
98	2 677	3 346	3 398	3 449	3 501	3 552	3 604	3 655	3 707	3 758	3 810
2 —	2 704	3 380	3 432	3 484	3 536	3 588	3 640	3 692	3 744	3 796	3 848
02	2 731	3 414	3 466	3 519	3 571	3 624	3 676	3 729	3 781	3 834	3 887
04	2 758	3 448	3 501	3 554	3 607	3 660	3 713	3 766	3 819	3 872	3 925
06	2 785	3 481	3 535	3 589	3 642	3 696	3 749	3 803	3 856	3 910	3 964
08	2 812	3 515	3 569	3 623	3 677	3 732	3 786	3 840	3 894	3 948	4 002
2 10	2 839	3 549	3 604	3 658	3 713	3 767	3 822	3 877	3 931	3 986	4 041
12	2 866	3 583	3 638	3 693	3 748	3 803	3 858	3 914	3 969	4 024	4 079
14	2 893	3 617	3 672	3 728	3 784	3 839	3 895	3 950	4 006	4 062	4 117
16	2 920	3 650	3 707	3 763	3 819	3 875	3 931	3 987	4 044	4 100	4 156
18	2 947	3 684	3 741	3 798	3 854	3 911	3 968	4 024	4 081	4 138	4 194
2 20	2 974	3 718	3 775	3 832	3 890	3 947	4 004	4 061	4 118	4 176	4 233
22	3 001	3 752	3 810	3 867	3 925	3 983	4 040	4 098	4 156	4 214	4 271
24	3 028	3 786	3 844	3 902	3 960	4 019	4 077	4 135	4 193	4 252	4 310
26	3 056	3 819	3 878	3 937	3 996	4 054	4 113	4 172	4 231	4 289	4 348
28	3 083	3 853	3 913	3 972	4 031	4 090	4 150	4 209	4 268	4 327	4 386
2 30	3 110	3 887	3 947	4 007	4 066	4 126	4 186	4 246	4 306	4 365	4 425
32	3 137	3 921	3 981	4 041	4 102	4 162	4 222	4 283	4 343	4 403	4 464
34	3 164	3 955	4 015	4 076	4 137	4 198	4 259	4 320	4 380	4 441	4 502
36	3 191	3 988	4 050	4 111	4 172	4 234	4 295	4 357	4 418	4 479	4 541
38	3 218	4 022	4 084	4 146	4 208	4 270	4 332	4 393	4 455	4 517	4 579
2 40	3 245	4 056	4 118	4 181	4 243	4 306	4 368	4 430	4 493	4 555	4 618
42	3 272	4 090	4 153	4 216	4 279	4 341	4 404	4 467	4 530	4 593	4 656
44	3 299	4 124	4 187	4 250	4 314	4 377	4 441	4 504	4 568	4 631	4 695
46	3 326	4 157	4 221	4 285	4 349	4 413	4 477	4 541	4 605	4 669	4 733
48	3 353	4 191	4 256	4 320	4 385	4 449	4 514	4 578	4 643	4 707	4 772
2 50	3 380	4 225	4 290	4 355	4 420	4 485	4 550	4 615	4 680	4 745	4 810
52	3 407	4 259	4 324	4 390	4 455	4 521	4 586	4 652	4 717	4 783	4 848
54	3 434	4 293	4 359	4 425	4 491	4 557	4 623	4 689	4 755	4 821	4 887
56	3 461	4 326	4 393	4 460	4 526	4 593	4 659	4 726	4 792	4 859	4 925
58	3 488	4 360	4 427	4 494	4 561	4 629	4 696	4 763	4 830	4 897	4 964
2 60	3 515	4 394	4 462	4 529	4 597	4 664	4 732	4 800	4 867	4 935	5 002
62	3 542	4 428	4 496	4 564	4 632	4 700	4 768	4 837	4 905	4 973	5 041
64	3 569	4 462	4 530	4 599	4 668	4 736	4 805	4 873	4 942	5 011	5 079
66	3 596	4 495	4 565	4 634	4 703	4 772	4 841	4 910	4 980	5 049	5 118
68	3 623	4 529	4 599	4 669	4 738	4 808	4 878	4 947	5 017	5 087	5 156

Epaisseur : 1m 30 centimètres

Longueur	1 50	1 52	1 54	1 56	1 58	1 60	1 62	1 64	1 66	1 68
	Largeur en centimètres									
1m 50	2 925									
52	2 964	3 004								
54	3 003	3 043	3 083							
56	3 042	3 083	3 123	3 164						
58	3 081	3 122	3 163	3 204	3 245					
1 60	3 120	3 162	3 203	3 245	3 286	3 328				
62	3 159	3 201	3 243	3 285	3 327	3 370	3 412			
64	3 198	3 241	3 283	3 326	3 369	3 411	3 454	3 496		
66	3 237	3 280	3 323	3 366	3 410	3 453	3 496	3 539	3 582	
68	3 276	3 320	3 363	3 407	3 451	3 494	3 538	3 582	3 625	3 669
1 70	3 315	3 359	3 403	3 448	3 492	3 536	3 580	3 624	3 669	3 713
72	3 354	3 399	3 443	3 488	3 533	3 578	3 622	3 667	3 712	3 756
74	3 393	3 438	3 483	3 529	3 574	3 619	3 664	3 710	3 755	3 800
76	3 432	3 478	3 524	3 569	3 615	3 661	3 707	3 752	3 798	3 844
78	3 471	3 517	3 564	3 610	3 656	3 702	3 749	3 795	3 841	3 888
1 80	3 510	3 557	3 604	3 650	3 697	3 744	3 791	3 838	3 884	3 931
82	3 549	3 596	3 644	3 691	3 738	3 786	3 833	3 880	3 928	3 975
84	3 588	3 636	3 684	3 732	3 779	3 827	3 875	3 923	3 971	4 019
86	3 627	3 675	3 724	3 772	3 820	3 869	3 917	3 966	4 014	4 062
88	3 666	3 715	3 764	3 813	3 861	3 910	3 959	4 008	4 057	4 106
1 90	3 705	3 754	3 804	3 853	3 903	3 952	4 001	4 051	4 100	4 150
92	3 744	3 794	3 844	3 894	3 944	3 994	4 044	4 093	4 143	4 193
94	3 783	3 833	3 884	3 934	3 985	4 035	4 086	4 136	4 187	4 237
96	3 822	3 873	3 924	3 975	4 026	4 077	4 128	4 179	4 230	4 281
98	3 861	3 912	3 964	4 015	4 067	4 118	4 170	4 221	4 273	4 324
2 —	3 900	3 952	4 004	4 056	4 108	4 160	4 212	4 264	4 316	4 368
02	3 939	3 991	4 044	4 097	4 149	4 202	4 254	4 307	4 359	4 412
04	3 978	4 031	4 084	4 137	4 190	4 243	4 296	4 349	4 402	4 455
06	4 017	4 070	4 124	4 178	4 231	4 285	4 338	4 392	4 445	4 499
08	4 056	4 110	4 164	4 218	4 272	4 326	4 380	4 435	4 489	4 543
2 10	4 095	4 150	4 204	4 259	4 313	4 368	4 423	4 477	4 532	4 586
12	4 134	4 189	4 244	4 299	4 354	4 410	4 465	4 520	4 575	4 630
14	4 173	4 229	4 284	4 340	4 396	4 451	4 507	4 562	4 618	4 674
16	4 212	4 268	4 324	4 380	4 437	4 493	4 549	4 605	4 661	4 717
18	4 251	4 308	4 364	4 421	4 478	4 534	4 591	4 648	4 704	4 761
2 20	4 290	4 347	4 404	4 462	4 519	4 576	4 633	4 690	4 748	4 805
22	4 329	4 387	4 444	4 502	4 560	4 618	4 675	4 733	4 791	4 848
24	4 368	4 426	4 484	4 543	4 601	4 659	4 717	4 776	4 834	4 892
26	4 407	4 466	4 525	4 583	4 642	4 701	4 759	4 818	4 877	4 936
28	4 446	4 505	4 565	4 624	4 683	4 742	4 802	4 861	4 920	4 980
2 30	4 485	4 545	4 605	4 664	4 724	4 784	4 844	4 904	4 963	5 023
32	4 524	4 584	4 645	4 705	4 765	4 826	4 886	4 946	5 007	5 067
34	4 563	4 624	4 685	4 746	4 806	4 867	4 928	4 989	5 050	5 111
36	4 602	4 663	4 725	4 786	4 847	4 909	4 970	5 032	5 093	5 154
38	4 641	4 703	4 765	4 827	4 889	4 950	5 012	5 074	5 136	5 198
2 40	4 680	4 742	4 805	4 867	4 930	4 992	5 054	5 117	5 179	5 242
42	4 719	4 782	4 845	4 908	4 971	5 034	5 097	5 159	5 222	5 285
44	4 758	4 821	4 885	4 948	5 012	5 075	5 139	5 202	5 266	5 329
46	4 797	4 861	4 925	4 989	5 053	5 117	5 181	5 245	5 309	5 373
48	4 836	4 900	4 965	5 029	5 094	5 158	5 223	5 287	5 352	5 416
2 50	4 875	4 940	5 005	5 070	5 135	5 200	5 265	5 330	5 395	5 460
52	4 914	4 979	5 045	5 111	5 176	5 242	5 307	5 373	5 438	5 504
54	4 953	5 019	5 085	5 151	5 217	5 283	5 349	5 415	5 481	5 547
56	4 992	5 058	5 125	5 192	5 258	5 325	5 391	5 458	5 524	5 591
58	5 031	5 098	5 165	5 232	5 299	5 366	5 433	5 501	5 568	5 635
2 60	5 070	5 138	5 205	5 273	5 340	5 408	5 476	5 543	5 611	5 678
62	5 109	5 177	5 245	5 313	5 381	5 450	5 518	5 586	5 654	5 722
64	5 148	5 217	5 285	5 354	5 423	5 491	5 560	5 628	5 697	5 766
66	5 187	5 256	5 325	5 394	5 464	5 533	5 602	5 671	5 740	5 809
68	5 226	5 296	5 365	5 435	5 505	5 574	5 644	5 714	5 783	5 853

Epaisseur : 1m 30 centimètres

Longueur	Futailles	Largeur en Centimètres 1 70	1 72	1 74	1 76	1 78	1 80	1 82	1 84	1 86	1 88
1 70		3 757									
72		3 801	3 846								
74		3 845	3 891	3 936							
76		3 890	3 935	3 981	4 027						
78		3 934	3 980	4 026	4 073	4 119					
1 80		3 978	4 025	4 072	4 118	4 165	4 212				
82		4 022	4 070	4 117	4 164	4 211	4 259	4 306			
84		4 066	4 114	4 162	4 210	4 258	4 306	4 353	4 401		
86		4 111	4 159	4 207	4 256	4 304	4 352	4 401	4 449	4 497	
88		4 155	4 204	4 253	4 301	4 350	4 399	4 448	4 497	4 546	4 595
1 90		4 199	4 248	4 298	4 347	4 396	4 446	4 495	4 545	4 594	4 644
92		4 243	4 293	4 343	4 393	4 443	4 493	4 543	4 593	4 643	4 692
94		4 287	4 338	4 388	4 439	4 489	4 540	4 590	4 640	4 691	4 741
96		4 332	4 383	4 434	4 484	4 535	4 586	4 637	4 688	4 739	4 790
98		4 376	4 427	4 479	4 530	4 581	4 633	4 685	4 736	4 788	4 839
2 —		4 420	4 472	4 524	4 576	4 628	4 680	4 732	4 784	4 836	4 888
02		4 464	4 517	4 569	4 622	4 674	4 727	4 779	4 832	4 884	4 937
04		4 508	4 561	4 614	4 668	4 721	4 774	4 827	4 880	4 933	4 986
06		4 553	4 606	4 660	4 713	4 767	4 820	4 874	4 928	4 981	5 035
08		4 597	4 651	4 705	4 759	4 813	4 867	4 921	4 975	5 029	5 084
2 10		4 641	4 696	4 750	4 805	4 859	4 914	4 969	5 023	5 078	5 132
12		4 685	4 740	4 795	4 851	4 906	4 961	5 016	5 071	5 126	5 181
14		4 729	4 785	4 841	4 896	4 952	5 008	5 063	5 119	5 175	5 230
16		4 774	4 830	4 886	4 942	4 998	5 054	5 111	5 167	5 223	5 279
18		4 818	4 874	4 931	4 988	5 045	5 101	5 158	5 215	5 271	5 328
2 20		4 862	4 919	4 976	5 034	5 091	5 148	5 205	5 262	5 320	5 377
22		4 906	4 964	5 022	5 079	5 137	5 195	5 253	5 310	5 368	5 426
24		4 950	5 009	5 067	5 125	5 183	5 242	5 300	5 358	5 416	5 475
26		4 995	5 053	5 112	5 171	5 230	5 288	5 347	5 406	5 465	5 523
28		5 039	5 098	5 157	5 217	5 276	5 335	5 394	5 454	5 513	5 572
2 30		5 083	5 143	5 203	5 262	5 322	5 382	5 442	5 502	5 561	5 621
32		5 127	5 188	5 248	5 308	5 368	5 429	5 489	5 549	5 610	5 670
34		5 171	5 232	5 293	5 354	5 415	5 476	5 536	5 597	5 658	5 719
36		5 216	5 277	5 338	5 400	5 461	5 522	5 584	5 645	5 706	5 768
38		5 260	5 322	5 384	5 445	5 507	5 569	5 631	5 693	5 755	5 817
2 40		5 304	5 366	5 429	5 491	5 554	5 616	5 678	5 741	5 803	5 866
42		5 348	5 411	5 474	5 537	5 600	5 663	5 726	5 789	5 852	5 914
44		5 392	5 456	5 519	5 583	5 646	5 710	5 773	5 836	5 900	5 963
46		5 437	5 501	5 565	5 628	5 692	5 756	5 820	5 884	5 948	6 012
48		5 481	5 545	5 610	5 674	5 739	5 803	5 868	5 932	5 997	6 061
2 50		5 525	5 590	5 655	5 720	5 785	5 850	5 915	5 980	6 045	6 110
52		5 569	5 635	5 700	5 766	5 831	5 897	5 962	6 028	6 093	6 159
54		5 613	5 679	5 745	5 812	5 878	5 944	6 010	6 076	6 142	6 208
56		5 658	5 724	5 791	5 857	5 924	5 990	6 057	6 124	6 190	6 257
58		5 702	5 769	5 836	5 903	5 970	6 037	6 104	6 171	6 238	6 306
2 60		5 746	5 814	5 881	5 949	6 016	6 084	6 152	6 219	6 287	6 354
62		5 790	5 858	5 926	5 995	6 063	6 131	6 199	6 267	6 335	6 403
64		5 834	5 903	5 972	6 040	6 109	6 178	6 246	6 315	6 384	6 452
66		5 879	5 948	6 017	6 086	6 155	6 224	6 293	6 363	6 432	6 501
68		5 923	5 992	6 062	6 132	6 202	6 271	6 341	6 411	6 480	6 549
2 70		5 976	6 037	6 107	6 178	6 248	6 318	6 388	6 458	6 529	6 599
72		6 011	6 082	6 153	6 223	6 294	6 365	6 436	6 506	6 577	6 647
74		6 055	6 127	6 198	6 269	6 340	6 412	6 483	6 554	6 625	6 696
76		6 100	6 171	6 243	6 315	6 387	6 458	6 530	6 602	6 674	6 745
78		6 144	6 216	6 288	6 361	6 433	6 505	6 577	6 650	6 722	6 794
2 80		6 188	6 261	6 334	6 406	6 479	6 552	6 625	6 698	6 770	6 843
82		6 232	6 306	6 379	6 452	6 525	6 599	6 672	6 745	6 819	6 892
84		6 276	6 350	6 424	6 498	6 572	6 646	6 719	6 793	6 867	6 941
86		6 321	6 395	6 469	6 544	6 618	6 692	6 767	6 841	6 915	6 990
88		6 365	6 440	6 515	6 589	6 664	6 739	6 814	6 889	6 964	7 039
2 90		6 409	6 484	6 560	6 635	6 710	6 786	6 861	6 937	7 012	7 088
92		6 453	6 529	6 605	6 681	6 757	6 833	6 909	6 985	7 061	7 136
94		6 497	6 574	6 650	6 727	6 803	6 880	6 956	7 032	7 109	7 185
96		6 542	6 619	6 696	6 772	6 849	6 926	7 003	7 080	7 157	7 234
98		6 586	6 663	6 741	6 818	6 895	6 973	7 051	7 128	7 206	7 283
3 00		6 630	6 708	6 786	6 864	6 942	7 020	7 098	7 176	7 254	7 332
02		6 674	6 753	6 831	6 910	6 988	7 067	7 145	7 224	7 302	7 381
04		6 718	6 797	6 876	6 956	7 035	7 114	7 193	7 272	7 351	7 430
06		6 763	6 842	6 922	7 001	7 081	7 160	7 240	7 320	7 399	7 479
08		6 807	6 887	6 967	7 047	7 127	7 207	7 287	7 367	7 447	7 528

Epaisseur : 1m 30 centimètres

Longueur	Largeur en Centimètres 1 90	1 92	1 94	1 96	1 98	2 00	2 02	2 04	2 06	2 08
1 90	4 693									
92	4 742	4 792								
94	4 792	4 842	4 893							
96	4 841	4 892	4 943	4 994						
98	4 891	4 942	4 994	5 045	5 097					
2 —	4 940	4 992	5 044	5 096	5 148	5 200				
02	4 989	5 042	5 094	5 147	5 199	5 252	5 305			
04	5 039	5 092	5 145	5 198	5 251	5 304	5 357	5 410		
06	5 088	5 142	5 195	5 249	5 302	5 356	5 410	5 463	5 517	
08	5 138	5 192	5 246	5 300	5 354	5 408	5 462	5 516	5 570	5 624
2 10	5 187	5 242	5 296	5 351	5 405	5 460	5 515	5 569	5 624	5 678
12	5 236	5 292	5 347	5 402	5 457	5 512	5 567	5 622	5 677	5 732
14	5 286	5 341	5 397	5 453	5 508	5 564	5 620	5 675	5 731	5 787
16	5 335	5 391	5 448	5 504	5 560	5 616	5 672	5 728	5 784	5 841
18	5 385	5 441	5 498	5 555	5 611	5 668	5 725	5 781	5 838	5 895
2 20	5 434	5 491	5 548	5 606	5 663	5 720	5 777	5 834	5 892	5 949
22	5 483	5 541	5 599	5 657	5 714	5 772	5 830	5 887	5 945	6 003
24	5 533	5 591	5 649	5 708	5 766	5 824	5 882	5 940	5 999	6 057
26	5 582	5 641	5 700	5 758	5 817	5 876	5 935	5 994	6 052	6 111
28	5 632	5 691	5 750	5 809	5 869	5 928	5 987	6 047	6 108	6 165
2 30	5 681	5 741	5 801	5 860	5 920	5 980	6 040	6 100	6 159	6 219
32	5 730	5 791	5 851	5 911	5 972	6 032	6 092	6 153	6 213	6 273
34	5 780	5 841	5 901	5 962	6 023	6 084	6 145	6 206	6 267	6 327
36	5 829	5 891	5 952	6 013	6 075	6 136	6 197	6 259	6 320	6 381
38	5 879	5 940	6 002	6 004	6 126	6 188	6 250	6 312	6 374	6 436
2 40	5 928	5 990	6 053	6 115	6 178	6 240	6 302	6 365	6 427	6 490
42	5 977	6 040	6 103	6 166	6 229	6 292	6 355	6 418	6 481	6 544
44	6 027	6 090	6 154	6 217	6 281	6 344	6 407	6 471	6 534	6 598
46	6 076	6 140	6 204	6 268	6 332	6 396	6 460	6 524	6 588	6 652
48	6 126	6 190	6 255	6 319	6 384	6 448	6 512	6 577	6 641	6 706
2 50	6 175	6 240	6 305	6 370	6 435	6 500	6 565	6 630	6 695	6 760
52	6 224	6 290	6 355	6 421	6 486	6 552	6 618	6 683	6 749	6 814
54	6 274	6 340	6 406	6 472	6 538	6 604	6 670	6 736	6 802	6 868
56	6 323	6 390	6 456	6 523	6 589	6 656	6 623	6 789	6 856	6 922
58	6 373	6 440	6 507	6 574	6 641	6 708	6 775	6 842	6 909	6 976
2 60	6 422	6 490	6 557	6 625	6 692	6 760	6 828	6 895	6 963	7 030
62	6 471	6 540	6 608	6 676	6 744	6 812	6 880	6 948	7 016	7 084
64	6 521	6 589	6 658	6 727	6 795	6 864	6 933	7 001	7 070	7 139
66	6 570	6 639	6 709	6 778	6 847	6 916	6 985	7 054	7 123	7 193
68	6 620	6 689	6 759	6 829	6 898	6 968	7 038	7 107	7 177	7 247
2 70	6 669	6 739	6 809	6 880	6 950	7 020	7 090	7 160	7 231	7 301
72	6 718	6 789	6 860	6 931	7 001	7 072	7 143	7 213	7 284	7 355
74	6 768	6 839	6 910	6 982	7 053	7 124	7 195	7 266	7 338	7 409
76	6 817	6 889	6 961	7 032	7 104	7 176	7 248	7 320	7 391	7 463
78	6 867	6 939	7 011	7 083	7 156	7 228	7 300	7 373	7 445	7 517
2 80	6 916	6 989	7 062	7 134	7 207	7 280	7 353	7 426	7 498	7 571
82	6 965	7 039	7 112	7 185	7 259	7 332	7 405	7 479	7 552	7 625
84	7 015	7 089	7 162	7 236	7 310	7 384	7 458	7 532	7 606	7 679
86	7 004	7 139	7 213	7 287	7 362	7 436	7 510	7 585	7 659	7 733
88	7 114	7 188	7 263	7 338	7 413	7 488	7 563	7 638	7 713	7 788
2 90	7 163	7 238	7 314	7 389	7 465	7 540	7 615	7 691	7 766	7 842
92	7 212	7 288	7 364	7 440	7 516	7 592	7 668	7 744	7 820	7 896
94	7 262	7 338	7 415	7 491	7 568	7 644	7 720	7 797	7 873	7 950
96	7 311	7 388	7 465	7 542	7 619	7 696	7 773	7 850	7 927	8 004
98	7 361	7 438	7 516	7 593	7 671	7 748	7 825	7 903	7 980	8 058
3 00	7 410	7 488	7 566	7 644	7 722	7 800	7 878	7 950	8 034	8 112
02	7 459	7 538	7 616	7 695	7 773	7 852	7 931	8 009	8 088	8 166
04	7 509	7 588	7 667	7 746	7 825	7 904	7 983	8 062	8 141	8 220
06	7 558	7 638	7 717	7 797	7 876	7 956	8 036	8 115	8 195	8 274
08	7 608	7 688	7 768	7 848	7 928	8 008	8 088	8 168	8 248	8 328

1,30

TABLES DE RÉDUCTION DES MÈTRES CUBES

en Tonneaux et millièmes de Tonneau, Français et Anglais ou Américains.

MÈTRES cubes	TONNEAUX Fr.	TONNEAUX Ang.	MÈTRES cubes	TONNEAUX Fr.	TONNEAUX Ang.	MÈTRES cubes	TONNEAUX Fr.	TONNEAUX Ang.
0 008	0 006	0 007						
0 009	0 006	0 008						
0 010	0 007	0 009	0 080	0 056	0 071	0 150	0 104	0 132
0 011	0 008	0 010	0 081	0 056	0 072	0 151	0 105	0 133
0 012	0 008	0 011	0 082	0 057	0 072	0 152	0 106	0 134
0 013	0 009	0 011	0 083	0 058	0 073	0 153	0 106	0 135
0 014	0 010	0 012	0 084	0 058	0 074	0 154	0 107	0 136
0 015	0 010	0 013	0 085	0 059	0 075	0 155	0 108	0 137
0 016	0 011	0 014	0 086	0 060	0 076	0 156	0 108	0 138
0 017	0 012	0 015	0 087	0 060	0 077	0 157	0 109	0 139
0 018	0 013	0 016	0 088	0 061	0 078	0 158	0 110	0 139
0 019	0 013	0 017	0 089	0 062	0 079	0 159	0 110	0 140
0 020	0 014	0 018	0 090	0 063	0 079	0 160	0 111	0 141
0 021	0 015	0 019	0 091	0 063	0 080	0 161	0 112	0 142
0 022	0 015	0 019	0 092	0 064	0 081	0 162	0 113	0 143
0 023	0 016	0 020	0 093	0 065	0 082	0 163	0 113	0 144
0 024	0 017	0 021	0 094	0 065	0 083	0 164	0 114	0 145
0 025	0 017	0 022	0 095	0 066	0 084	0 165	0 115	0 146
0 026	0 018	0 023	0 096	0 067	0 085	0 166	0 115	0 147
0 027	0 019	0 024	0 097	0 067	0 086	0 167	0 116	0 147
0 028	0 019	0 025	0 098	0 068	0 087	0 168	0 117	0 148
0 029	0 020	0 026	0 099	0 069	0 088	0 169	0 117	0 149
0 030	0 021	0 026	0 100	0 069	0 088	0 170	0 118	0 150
0 031	0 022	0 027	0 101	0 070	0 089	0 171	0 119	0 151
0 032	0 022	0 028	0 102	0 071	0 090	0 172	0 119	0 152
0 033	0 023	0 029	0 103	0 072	0 091	0 173	0 120	0 153
0 035	0 024	0 030	0 104	0 072	0 092	0 174	0 121	0 154
0 034	0 024	0 031	0 105	0 073	0 093	0 175	0 122	0 155
0 036	0 025	0 032	0 106	0 074	0 094	0 176	0 122	0 155
0 037	0 026	0 033	0 107	0 074	0 094	0 177	0 123	0 156
0 038	0 026	0 033	0 108	0 075	0 095	0 178	0 124	0 157
0 039	0 027	0 034	0 109	0 076	0 096	0 179	0 124	0 158
0 040	0 028	0 035	0 110	0 076	0 097	0 180	0 125	0 159
0 041	0 028	0 036	0 111	0 077	0 098	0 181	0 126	0 160
0 042	0 029	0 037	0 112	0 078	0 099	0 182	0 126	0 161
0 043	0 030	0 038	0 113	0 078	0 100	0 183	0 127	0 162
0 044	0 031	0 039	0 114	0 079	0 101	0 184	0 128	0 102
0 045	0 031	0 040	0 115	0 080	0 102	0 185	0 128	0 163
0 046	0 032	0 041	0 116	0 081	0 102	0 186	0 129	0 164
0 047	0 033	0 041	0 117	0 081	0 103	0 187	0 130	0 165
0 048	0 033	0 042	0 118	0 082	0 104	0 188	0 131	0 166
0 049	0 034	0 043	0 119	0 083	0 105	0 189	0 131	0 167
0 050	0 035	0 044	0 120	0 083	0 106	0 190	0 132	0 168
0 051	0 035	0 045	0 121	0 084	0 107	0 191	0 133	0 169
0 052	0 036	0 046	0 122	0 085	0 108	0 192	0 133	0 169
0 053	0 037	0 047	0 123	0 085	0 109	0 193	0 134	0 170
0 054	0 038	0 048	0 124	0 086	0 109	0 194	0 135	0 171
0 055	0 038	0 049	0 125	0 087	0 110	0 195	0 135	0 172
0 056	0 039	0 049	0 126	0 088	0 111	0 196	0 136	0 173
0 057	0 040	0 050	0 127	0 088	0 112	0 197	0 137	0 174
0 058	0 040	0 051	0 128	0 089	0 113	0 198	0 138	0 175
0 059	0 041	0 052	0 129	0 090	0 114	0 199	0 138	0 176
0 060	0 042	0 053	0 130	0 090	0 115	0 200	0 139	0 177
0 061	0 042	0 054	0 131	0 091	0 116	0 201	0 140	0 177
0 062	0 043	0 055	0 132	0 092	0 117	0 202	0 140	0 178
0 063	0 044	0 056	0 133	0 092	0 117	0 203	0 141	0 179
0 064	0 044	0 057	0 134	0 093	0 118	0 204	0 142	0 180
0 065	0 045	0 057	0 135	0 094	0 119	0 205	0 142	0 181
0 066	0 046	0 058	0 136	0 094	0 120	0 206	0 143	0 182
0 067	0 047	0 059	0 137	0 095	0 121	0 207	0 144	0 183
0 068	0 047	0 060	0 138	0 096	0 122	0 208	0 144	0 184
0 069	0 048	0 061	0 139	0 097	0 123	0 209	0 145	0 185
0 070	0 049	0 062	0 140	0 097	0 124	0 210	0 146	0 185
0 071	0 049	0 063	0 141	0 098	0 124	0 211	0 147	0 186
0 072	0 050	0 064	0 142	0 099	0 125	0 212	0 147	0 187
0 073	0 051	0 064	0 143	0 099	0 126	0 213	0 148	0 188
0 074	0 051	0 065	0 144	0 100	0 127	0 214	0 149	0 189
0 075	0 052	0 066	0 145	0 101	0 128	0 215	0 149	0 190
0 076	0 053	0 067	0 146	0 101	0 129	0 216	0 150	0 191
0 077	0 053	0 068	0 147	0 102	0 130	0 217	0 151	0 192
0 078	0 054	0 069	0 148	0 103	0 131	0 218	0 151	0 192
0 079	0 055	0 070	0 149	0 103	0 132	0 219	0 152	0 193

MÈTRES cubes	TONNEAUX Fr.	TONNEAUX Ang.	MÈTRES cubes	TONNEAUX Fr.	TONNEAUX Ang.	MÈTRES cubes	TONNEAUX Fr.	TONNEAUX Ang.
0 220	0 153	0 194	0 290	0 201	0 256	0 360	0 250	0 318
0 221	0 154	0 195	0 291	0 202	0 257	0 361	0 251	0 319
0 222	0 154	0 196	0 292	0 203	0 258	0 362	0 251	0 320
0 223	0 155	0 197	0 293	0 204	0 259	0 363	0 252	0 320
0 224	0 156	0 198	0 294	0 204	0 260	0 364	0 253	0 321
0 225	0 156	0 199	0 295	0 205	0 260	0 365	0 254	0 322
0 226	0 157	0 200	0 296	0 206	0 261	0 366	0 254	0 323
0 227	0 158	0 200	0 297	0 206	0 262	0 367	0 255	0 324
0 228	0 158	0 201	0 298	0 207	0 263	0 368	0 256	0 325
0 229	0 159	0 202	0 299	0 208	0 264	0 369	0 256	0 326
0 230	0 160	0 203	0 300	0 208	0 265	0 370	0 257	0 327
0 231	0 160	0 204	0 301	0 209	0 266	0 371	0 258	0 328
0 232	0 161	0 205	0 302	0 210	0 267	0 372	0 258	0 328
0 233	0 162	0 206	0 303	0 210	0 268	0 373	0 259	0 329
0 234	0 163	0 207	0 304	0 211	0 268	0 374	0 260	0 330
0 235	0 163	0 207	0 305	0 212	0 269	0 375	0 260	0 331
0 236	0 164	0 208	0 306	0 213	0 270	0 376	0 261	0 332
0 237	0 165	0 209	0 307	0 213	0 271	0 377	0 262	0 333
0 238	0 165	0 210	0 308	0 214	0 272	0 378	0 263	0 334
0 239	0 166	0 211	0 309	0 215	0 273	0 379	0 263	0 335
0 240	0 167	0 212	0 310	0 215	0 274	0 380	0 264	0 336
0 241	0 167	0 213	0 311	0 216	0 275	0 381	0 265	0 336
0 242	0 168	0 214	0 312	0 217	0 275	0 382	0 265	0 337
0 243	0 169	0 215	0 313	0 217	0 276	0 383	0 266	0 338
0 244	0 169	0 215	0 314	0 218	0 277	0 384	0 267	0 339
0 245	0 170	0 216	0 315	0 219	0 278	0 385	0 267	0 340
0 246	0 171	0 217	0 316	0 219	0 279	0 386	0 268	0 341
0 247	0 172	0 218	0 317	0 220	0 280	0 387	0 269	0 342
0 248	0 172	0 219	0 318	0 221	0 281	0 388	0 270	0 343
0 249	0 173	0 220	0 319	0 221	0 282	0 389	0 270	0 343
0 250	0 174	0 221	0 320	0 222	0 283	0 390	0 271	0 344
0 251	0 174	0 222	0 321	0 223	0 283	0 391	0 272	0 345
0 252	0 175	0 222	0 322	0 223	0 284	0 392	0 272	0 346
0 253	0 170	0 223	0 323	0 224	0 285	0 393	0 273	0 347
0 254	0 176	0 224	0 324	0 225	0 180	0 394	0 274	0 348
0 255	0 177	0 225	0 325	0 226	0 287	0 395	0 274	0 349
0 256	0 178	0 226	0 326	0 226	0 288	0 396	0 275	0 350
0 257	0 179	0 227	0 327	0 227	0 289	0 397	0 276	0 351
0 258	0 179	0 228	0 328	0 228	0 289	0 398	0 276	0 351
0 259	0 180	0 229	0 329	0 229	0 290	0 399	0 277	0 352
0 260	0 181	0 230	0 330	0 229	0 291	0 400	0 278	0 353
0 261	0 181	0 230	0 331	0 230	0 292	0 401	0 279	0 354
0 262	0 182	0 231	0 332	0 231	0 293	0 402	0 279	0 355
0 263	0 183	0 232	0 333	0 231	0 294	0 403	0 280	0 356
0 264	0 183	0 233	0 334	0 232	0 295	0 404	0 281	0 357
0 265	0 184	0 234	0 335	0 233	0 296	0 405	0 281	0 358
0 266	0 185	0 235	0 336	0 233	0 297	0 406	0 282	0 358
0 267	0 185	0 236	0 337	0 234	0 298	0 407	0 283	0 359
0 268	0 186	0 237	0 338	0 235	0 298	0 408	0 283	0 360
0 269	0 187	0 238	0 339	0 235	0 299	0 409	0 284	0 361
0 270	0 188	0 238	0 340	0 236	0 300	0 410	0 285	0 362
0 271	0 188	0 239	0 341	0 237	0 301	0 411	0 285	0 363
0 272	0 189	0 240	0 342	0 238	0 302	0 412	0 286	0 364
0 273	0 190	0 241	0 343	0 238	0 303	0 413	0 287	0 365
0 274	0 190	0 242	0 344	0 239	0 304	0 414	0 288	0 366
0 275	0 191	0 243	0 345	0 240	0 305	0 415	0 288	0 366
0 276	0 192	0 244	0 346	0 240	0 305	0 416	0 289	0 367
0 277	0 192	0 245	0 347	0 241	0 306	0 417	0 290	0 368
0 278	0 193	0 245	0 348	0 242	0 307	0 418	0 290	0 369
0 270	0 194	0 246	0 349	0 242	0 308	0 419	0 291	0 370
0 280	0 194	0 247	0 350	0 243	0 309	0 420	0 292	0 371
0 281	0 195	0 248	0 351	0 244	0 310	0 421	0 292	0 372
0 282	0 196	0 249	0 352	0 244	0 311	0 422	0 293	0 373
0 283	0 197	0 250	0 353	0 245	0 312	0 423	0 294	0 373
0 284	0 197	0 251	0 354	0 246	0 313	0 424	0 295	0 374
0 285	0 198	0 252	0 355	0 247	0 313	0 425	0 295	0 375
0 286	0 199	0 253	0 356	0 247	0 314	0 426	0 296	0 376
0 287	0 199	0 253	0 357	0 248	0 315	0 427	0 297	0 377
0 288	0 200	0 254	0 358	0 249	0 316	0 428	0 297	0 378
0 280	0 201	0 255	0 359	0 249	0 317	0 429	0 298	0 379

TABLES DE RÉDUCTION DES MÈTRES CUBES

en Tonneaux et millièmes de Tonneau, Français et Anglais ou Américains.

MÈTRES cubes	TONNEAUX Fr.	TONNEAUX Ang.	MÈTRES cubes	TONNEAUX Fr.	TONNEAUX Ang.	MÈTRES cubes	TONNEAUX Fr.	TONNEAUX Ang.
0 430	0 299	0 380	0 500	0 347	0 441	0 570	0 396	0 503
0 431	0 299	0 381	0 501	0 348	0 442	0 571	0 397	0 504
0 432	0 300	0 381	0 502	0 349	0 443	0 572	0 397	0 505
0 433	0 301	0 382	0 503	0 349	0 444	0 573	0 398	0 506
0 434	0 301	0 383	0 504	0 350	0 445	0 574	0 399	0 507
0 435	0 302	0 384	0 505	0 351	0 446	6 575	0 399	0 508
0 436	0 303	0 385	0 506	0 351	0 447	0 576	0 400	0 509
0 437	0 304	0 386	0 507	0 352	0 448	0 577	0 401	0 509
0 438	0 304	0 387	0 508	0 353	0 448	0 578	0 401	0 510
0 439	0 305	0 388	0 509	0 354	0 449	0 579	0 402	0 511
0 440	0 306	0 388	0 510	0 354	0 450	0 580	0 403	0 512
0 441	0 306	0 389	0 511	0 355	0 451	0 581	0 404	0 513
0 442	0 307	0 390	0 512	0 356	0 452	0 582	0 404	0 514
0 443	0 308	0 391	0 513	0 356	0 453	0 583	0 405	0 515
0 444	0 308	0 392	0 514	0 357	0 454	0 584	0 406	0 516
0 445	0 309	0 393	0 515	0 358	0 455	0 585	0 406	0 516
0 446	0 310	0 394	0 516	0 358	0 456	0 586	0 407	0 517
0 447	0 310	0 395	0 517	0 359	0 456	0 587	0 408	0 518
0 448	0 311	0 396	0 518	0 360	0 457	0 588	0 408	0 519
0 449	0 312	0 396	0 519	0 860	0 458	0 589	0 409	0 520
0 450	0 313	0 397	0 520	0 361	0 459	0 590	0 410	0 521
0 451	0 313	0 398	0 521	0 362	0 460	0 591	0 411	0 522
0 452	0 314	0 399	0 522	0 363	0 461	0 592	0 411	0 523
0 453	0 315	0 400	0 523	0 363	0 462	0 593	0 412	0 524
0 454	0 315	0 401	0 524	0 364	0 463	0 594	0 413	0 524
0 455	0 316	0 402	0 525	0 365	0 464	0 595	0 413	0 525
0 456	0 317	0 403	0 526	0 365	0 464	0 596	0 414	0 526
0 457	0 317	0 403	0 527	0 366	0 465	0 597	0 415	0 527
0 458	0 318	0 404	0 528	0 367	0 466	0 598	0 415	0 528
0 459	0 319	0 405	0 529	0 367	0 467	0 599	0 416	0 529
0 460	0 320	0 406	0 530	0 368	0 468	0 600	0 417	0 530
0 461	0 320	0 407	0 531	0 369	0 469	0 601	0 417	0 531
0 462	0 321	0 408	0 532	0 370	0 470	0 602	0 418	0 532
0 463	0 322	0 409	0 533	0 370	0 471	0 603	0 419	0 532
0 464	0 322	0 410	0 534	0 371	0 471	0 604	0 419	0 533
0 465	0 323	0 411	0 535	0 372	0 472	0 605	0 420	0 534
0 466	0 324	0 411	0 536	0 372	0 473	0 606	0 421	0 535
0 467	0 324	0 412	0 537	0 373	0 474	0 607	0 422	0 536
0 468	0 325	0 413	0 538	0 374	0 475	0 608	0 422	0 537
0 469	0 326	0 414	0 539	0 374	0 476	0 609	0 423	0 538
0 470	0 326	0 415	0 540	0 375	0 477	0 610	0 424	0 539
0 471	0 327	0 416	0 541	0 376	0 478	0 611	0 424	0 539
0 472	0 328	0 417	0 542	0 376	0 479	0 612	0 425	0 540
0 473	0 329	0 417	0 543	0 377	0 479	0 613	0 426	0 541
0 474	0 329	0 418	0 544	0 378	0 480	0 614	0 426	0 542
0 475	0 330	0 419	0 545	0 379	0 481	0 615	0 427	0 543
0 476	0 331	0 420	0 546	0 379	0 482	0 616	0 428	0 544
0 477	0 331	0 421	0 547	0 380	0 483	0 617	0 429	0 545
0 478	0 332	0 422	0 548	0 381	0 484	0 618	0 429	0 546
0 479	0 333	0 423	0 549	0 381	0 485	0 619	0 430	0 547
0 480	0 333	0 424	0 550	0 382	0 486	0 620	0 431	0 547
0 481	0 334	0 425	0 551	0 383	0 486	0 621	0 431	0 548
0 482	0 335	0 426	0 552	0 383	0 487	0 622	0 432	0 549
0 483	0 335	0 426	0 553	0 384	0 488	0 623	0 433	0 550
0 484	0 336	0 427	0 554	0 385	0 489	0 624	0 433	0 551
0 485	0 337	0 428	0 555	0 386	0 490	0 625	0 434	0 552
0 486	0 338	0 429	0 556	0 386	0 491	0 626	0 435	0 553
0 487	0 338	0 430	0 557	0 387	0 492	0 627	0 436	0 554
0 488	0 339	0 431	0 558	0 388	0 493	0 628	0 436	0 554
0 489	0 340	0 432	0 559	0 388	0 494	0 629	0 437	0 555
0 490	0 340	0 433	0 560	0 389	0 494	0 630	0 438	0 556
0 491	0 341	0 434	0 561	0 390	0 495	0 631	0 438	0 557
0 492	0 342	0 434	0 562	0 390	0 496	0 632	0 439	0 558
0 493	0 342	0 435	0 563	0 391	0 497	0 633	0 440	0 559
0 494	0 343	0 436	0 564	0 392	0 498	0 634	0 440	0 560
0 495	0 344	0 437	0 565	0 392	0 499	0 635	0 441	0 561
0 496	0 345	0 438	0 566	0 393	0 500	0 636	0 442	0 562
0 497	0 345	0 439	0 567	0 394	0 501	0 637	0 442	0 562
0 498	0 346	0 440	0 568	0 395	0 501	0 638	0 443	0 563
0 499	0 347	0 441	0 569	0 395	0 502	0 639	0 444	0 564

TABLES DE RÉDUCTION DES MÈTRES CUBES

en Tonneaux et millièmes de Tonneaux, Français et Anglais ou Américains.

MÈTRES cubes	TONNEAUX Fr.	TONNEAUX Ang.	MÈTRES cubes	TONNEAUX Fr.	TONNEAUX Ang.	MÈTRES cubes	TONNEAUX Fr.	TONNEAUX Ang.
0 640	0 445	0 565	0 710	0 493	0 627	0 780	0 542	0 689
0 641	0 445	0 566	0 711	0 494	0 628	0 781	0 542	0 690
0 642	0 446	0 567	0 712	0 495	0 629	0 782	0 543	0 690
0 643	0 447	0 568	0 713	0 495	0 630	0 783	0 544	0 691
0 644	0 447	0 569	0 714	0 496	0 630	0 784	0 545	0 692
0 645	0 448	0 569	0 715	0 497	0 631	0 785	0 545	0 693
0 646	0 449	0 570	0 716	0 497	0 632	0 786	0 546	0 694
0 647	0 449	0 571	0 717	0 498	0 633	0 787	0 547	0 695
0 648	0 450	0 572	0 718	0 499	0 634	0 788	0 547	0 696
0 649	0 451	0 573	0 719	0 499	0 635	0 789	0 548	0 697
0 650	0 451	0 574	0 720	0 500	0 636	0 790	0 549	0 697
0 651	0 452	0 575	0 721	0 501	0 637	0 791	0 549	0 698
0 652	0 453	0 576	0 722	0 502	0 637	0 792	0 550	0 699
0 653	0 454	0 577	0 723	0 502	0 638	0 793	0 551	0 700
0 654	0 454	0 577	0 724	0 503	0 639	0 794	0 552	0 701
0 655	0 455	0 578	0 725	0 504	0 640	0 795	0 552	0 702
0 656	0 456	0 579	0 726	0 504	0 641	0 796	0 553	0 703
0 657	0 456	0 580	0 727	0 505	0 642	0 797	0 554	0 704
0 658	0 457	0 581	0 728	0 506	0 643	0 798	0 554	0 705
0 659	0 458	0 582	0 729	0 506	0 644	0 799	0 555	0 705
0 660	0 458	0 583	0 730	0 507	0 645	0 800	0 556	0 706
0 661	0 459	0 584	0 731	0 508	0 645	0 801	0 556	0 707
0 662	0 460	0 584	0 732	0 508	0 646	0 802	0 557	0 708
0 663	0 461	0 585	0 733	0 509	0 647	0 803	0 558	0 709
0 664	0 461	0 586	0 734	0 510	0 648	0 804	0 558	0 710
0 665	0 462	0 587	0 735	0 511	0 649	0 805	0 559	0 711
0 666	0 463	0 588	0 736	0 511	0 650	0 806	0 560	0 712
0 667	0 463	0 589	0 737	0 512	0 651	0 807	0 561	0 713
0 668	0 464	0 590	0 738	0 513	0 652	0 808	0 561	0 713
0 669	0 465	0 591	0 739	0 513	0 652	0 809	0 562	0 714
0 670	0 465	0 592	0 740	0 514	0 653	0 810	0 563	0 715
0 671	0 466	0 592	0 741	0 515	0 654	0 811	0 563	0 716
0 672	0 467	0 593	0 742	0 515	0 655	0 812	0 564	0 717
0 673	0 467	0 594	0 743	0 516	0 656	0 813	0 565	0 718
0 674	0 468	0 595	0 744	0 517	0 657	0 814	0 565	0 719
0 675	0 469	0 596	0 745	0 517	0 658	0 815	0 566	0 720
0 676	0 470	0 597	0 746	0 518	0 659	0 816	0 567	0 720
0 677	0 470	0 598	0 747	0 519	0 660	0 817	0 567	0 721
0 678	0 471	0 599	0 748	0 520	0 660	0 818	0 568	0 722
0 679	0 472	0 599	0 749	0 520	0 661	0 819	0 569	0 723
0 680	0 472	0 600	0 750	0 521	0 662	0 820	0 570	0 724
0 681	0 473	0 601	0 751	0 522	0 663	0 821	0 570	0 725
0 682	0 474	0 602	0 752	0 522	0 664	0 822	0 571	0 726
0 683	0 474	0 603	0 753	0 523	0 665	0 823	0 572	0 727
0 684	0 475	0 604	0 754	0 524	0 666	0 824	0 572	0 728
0 685	0 476	0 605	0 755	0 524	0 667	0 825	0 573	0 728
0 686	0 476	0 606	0 756	0 525	0 667	0 826	0 574	0 729
0 687	0 477	0 607	0 757	0 526	0 668	0 827	0 574	0 730
0 688	0 478	0 607	0 758	0 527	0 669	0 828	0 575	0 731
0 689	0 479	0 608	0 759	0 527	0 670	0 829	0 576	0 732
0 690	0 479	0 609	0 760	0 528	0 671	0 830	0 577	0 733
0 691	0 480	0 610	0 761	0 529	0 672	0 831	0 577	0 734
0 692	0 481	0 611	0 762	0 529	0 673	0 832	0 578	0 735
0 693	0 481	0 612	0 763	0 530	0 674	0 833	0 579	0 735
0 694	0 482	0 613	0 764	0 531	0 675	0 834	0 579	0 736
0 695	0 483	0 614	0 765	0 531	0 675	0 835	0 580	0 737
0 696	0 483	0 614	0 766	0 532	0 676	0 836	0 581	0 738
0 697	0 484	0 615	0 767	0 533	0 677	0 837	0 581	0 739
0 698	0 485	0 616	0 768	0 533	0 678	0 838	0 582	0 740
0 699	0 486	0 617	0 760	0 534	0 679	0 839	0 583	0 741
0 700	0 486	0 618	0 770	0 535	0 680	0 840	0 583	0 742
0 701	0 487	0 619	0 771	0 536	0 681	0 841	0 584	0 743
0 702	0 488	0 620	0 772	0 536	0 682	0 842	0 585	0 743
0 703	0 488	0 621	0 773	0 537	0 682	0 843	0 586	0 744
0 704	0 489	0 622	0 774	0 538	0 683	0 844	0 586	0 745
0 705	0 490	0 622	0 775	0 538	0 684	0 845	0 587	0 746
0 706	0 490	0 623	0 776	0 539	0 685	0 846	0 588	0 747
0 707	0 491	0 624	0 777	0 540	0 686	0 847	0 588	0 748
0 708	0 492	0 625	0 778	0 540	0 687	0 848	0 589	0 749
0 709	0 492	0 626	0 779	0 541	0 688	0 849	0 590	0 750

TABLES DE RÉDUCTION DES MÈTRES CUBES

en Tonneaux et millièmes de Tonneau, Français et Anglais ou Américains.

MÈTRES cubes	TONNEAUX		MÈTRES cubes	TONNEAUX		MÈTRES cubes	TONNEAUX	
	Fr.	Ang.		Fr.	Ang.		Fr.	Ang.
0 850	0 590	0 750	0 920	0 639	0 812	0 990	0 688	0 874
0 851	0 591	0 751	0 921	0 640	0 813	0 991	0 688	0 875
0 852	0 592	0 752	0 922	0 640	0 814	0 992	0 689	0 876
0 853	0 592	0 753	0 923	0 641	0 815	0 993	0 690	0 877
0 854	0 593	0 754	0 924	0 642	0 816	0 994	0 690	0 878
0 855	0 594	0 755	0 925	0 643	0 817	0 995	0 691	0 878
0 856	0 595	0 756	0 926	0 643	0 818	0 996	0 692	0 879
0 857	0 595	0 757	0 927	0 644	0 818	0 997	0 693	0 880
0 858	0 596	0 758	0 928	0 645	0 819	0 998	0 693	0 881
0 859	0 597	0 758	0 929	0 645	0 820	0 999	0 694	0 882
0 860	0 597	0 759	0 930	0 646	0 821	1 000	0 695	0 883
0 861	0 598	0 760	0 931	0 647	0 822	1 001	0 695	0 884
0 862	0 599	0 761	0 932	0 647	0 823	1 002	0 696	0 885
0 863	0 599	0 762	0 933	0 648	0 824	1 003	0 697	0 886
0 864	0 600	0 763	0 934	0 649	0 825	1 004	0 697	0 886
0 865	0 601	0 764	0 935	0 649	0 826	1 005	0 698	0 887
0 866	0 602	0 765	0 936	0 650	0 826	1 006	0 699	0 888
0 867	0 602	0 765	0 937	0 651	0 827	1 007	0 699	0 889
0 868	0 603	0 766	0 938	0 652	0 828	1 008	0 700	0 890
0 869	0 604	0 767	0 939	0 652	0 829	1 009	0 701	0 891
0 870	0 604	0 768	0 940	0 653	0 830	1 010	0 702	0 892
0 871	0 605	0 769	0 941	0 654	0 831	1 011	0 702	0 893
0 872	0 606	0 770	0 942	0 654	0 832	1 012	0 703	0 893
0 873	0 606	0 771	0 943	0 655	0 833	1 013	0 704	0 894
0 874	0 607	0 772	0 944	0 656	0 833	1 014	0 704	0 895
0 875	0 608	0 773	0 945	0 656	0 834	1 015	0 705	0 896
0 876	0 608	0 773	0 946	0 657	0 835	1 016	0 706	0 897
0 877	0 609	0 774	0 947	0 658	0 836	1 017	0 706	0 898
0 878	0 610	0 775	0 948	0 658	0 837	1 018	0 707	0 899
0 879	0 611	0 776	0 949	0 659	0 838	1 019	0 708	0 900
0 880	0 611	0 777	0 950	0 660	0 839	1 020	0 708	0 901
0 881	0 612	0 778	0 951	0 661	0 840	1 021	0 709	0 901
0 882	0 613	0 779	0 952	0 661	0 841	1 022	0 710	0 902
0 883	0 613	0 780	0 953	0 662	0 841	1 023	0 711	0 903
0 884	0 614	0 780	0 954	0 663	0 842	1 024	0 711	0 904
0 885	0 615	0 781	0 955	0 663	0 843	1 025	0 712	0 905
0 886	0 615	0 782	0 956	0 664	0 844	1 026	0 713	0 906
0 887	0 616	0 783	0 957	0 665	0 845	1 027	0 713	0 907
0 888	0 617	0 784	0 958	0 665	0 846	1 028	0 714	0 908
0 889	0 617	0 785	0 959	0 666	0 847	1 029	0 715	0 909
0 890	0 618	0 786	0 960	0 667	0 848	1 030	0 715	0 909
0 891	0 619	0 787	0 961	0 668	0 848	1 031	0 716	0 910
0 892	0 620	0 788	0 962	0 668	0 849	1 032	0 717	0 911
0 893	0 620	0 788	0 963	0 669	0 850	1 033	0 718	0 912
0 894	0 621	0 789	0 964	0 670	0 851	1 034	0 718	0 913
0 895	0 622	0 790	0 965	0 670	0 852	1 035	0 719	0 914
0 896	0 622	0 791	0 966	0 671	0 853	1 036	0 720	0 915
0 897	0 623	0 792	0 967	0 672	0 854	1 037	0 720	0 916
0 898	0 624	0 793	0 968	0 672	0 855	1 038	0 721	0 916
0 899	0 624	0 794	0 969	0 673	0 856	1 039	0 722	0 917
0 900	0 625	0 795	0 970	0 674	0 856	1 040	0 722	0 918
0 901	0 626	0 795	0 971	0 674	0 857	1 041	0 723	0 919
0 902	0 627	0 796	0 972	0 675	0 858	1 042	0 724	0 920
0 903	0 627	0 797	0 973	0 676	0 859	1 043	0 724	0 921
0 904	0 628	0 798	0 974	0 677	0 860	1 044	0 725	0 922
0 905	0 629	0 799	0 975	0 677	0 861	1 045	0 726	0 923
0 906	0 629	0 800	0 976	0 678	0 862	1 046	0 727	0 924
0 907	0 630	0 801	0 977	0 679	0 863	1 047	0 727	0 924
0 908	0 631	0 802	0 978	0 679	0 863	1 048	0 728	0 925
0 909	0 631	0 803	0 979	0 680	0 864	1 049	0 729	0 926
0 910	0 632	0 803	0 980	0 681	0 865	1 050	0 729	0 927
0 911	0 633	0 804	0 981	0 681	0 866	1 051	0 730	0 928
0 912	0 633	0 805	0 982	0 682	0 867	1 052	0 731	0 929
0 913	0 634	0 806	0 983	0 683	0 868	1 053	0 731	0 930
0 914	0 635	0 807	0 984	0 683	0 869	1 054	0 732	0 931
0 915	0 636	0 808	0 985	0 684	0 870	1 055	0 733	0 931
0 916	0 636	0 809	0 986	0 685	0 871	1 056	0 733	0 932
0 917	0 637	0 810	0 987	0 686	0 871	1 057	0 734	0 933
0 918	0 638	0 811	0 988	0 686	0 872	1 058	0 735	0 934
0 919	0 638	0 811	0 989	0 687	0 873	1 059	0 736	0 935

TABLES DE RÉDUCTION DES MÈTRES CUBES

en Tonneaux et millièmes de Tonneaux, Français et Anglais ou Américains.

MÈTRES cubes	TONNEAUX		MÈTRES cubes	TONNEAUX		MÈTRES cubes	TONNEAUX	
	Fr.	Ang.		Fr.	Ang.		Fr.	Ang.
1 060	0 736	0 936	1 130	0 785	0 998	1 200	0 834	1 059
1 061	0 737	0 937	1 131	0 786	0 999	1 201	0 834	1 060
1 062	0 738	0 938	1 132	0 786	0 999	1 202	0 835	1 061
1 063	0 738	0 939	1 133	0 787	1 000	1 203	0 836	1 062
1 064	0 739	0 939	1 134	0 788	1 001	1 204	0 836	1 063
1 065	0 740	0 940	1 135	0 788	1 002	1 205	0 837	1 064
1 066	0 740	0 941	1 136	0 789	1 003	1 206	0 838	1 065
1 067	0 741	0 942	1 137	0 790	1 004	1 207	0 838	1 066
1 068	0 742	0 943	1 138	0 790	1 005	1 208	0 839	1 067
1 069	0 743	0 944	1 139	0 791	1 006	1 209	0 840	1 067
1 070	0 743	0 945	1 140	0 792	1 007	1 210	0 840	1 068
1 071	0 744	0 946	1 141	0 793	1 007	1 211	0 841	1 069
1 072	0 745	0 946	1 142	0 793	1 008	1 212	0 842	1 070
1 073	0 745	0 947	1 143	0 794	1 009	1 213	0 843	1 071
1 074	0 746	0 948	1 144	0 795	1 010	1 214	0 843	1 072
1 075	0 747	0 949	1 145	0 795	1 011	1 215	0 844	1 073
1 076	0 747	0 950	1 146	0 796	1 012	1 216	0 845	1 074
1 077	0 748	0 951	1 147	0 797	1 013	1 217	0 845	1 074
1 078	0 749	0 952	1 148	0 797	1 014	1 218	0 846	1 075
1 079	0 749	0 953	1 149	0 798	1 014	1 219	0 847	1 076
1 080	0 750	0 954	1 150	0 799	1 015	1 220	0 847	1 077
1 081	0 751	0 954	1 151	0 799	1 016	1 221	0 848	1 078
1 082	0 752	0 955	1 152	0 800	1 017	1 222	0 849	1 079
1 083	0 752	0 956	1 153	0 801	1 018	1 223	0 849	1 080
1 084	0 753	0 957	1 154	0 802	1 019	1 224	0 850	1 081
1 085	0 754	0 958	1 155	0 802	1 020	1 225	0 851	1 082
1 086	0 754	0 959	1 156	0 803	1 021	1 226	0 852	1 082
1 087	0 755	0 960	1 157	0 804	1 022	1 227	0 852	1 083
1 088	0 756	0 961	1 158	0 804	1 022	1 228	0 853	1 084
1 089	0 756	0 961	1 159	0 805	1 023	1 229	0 854	1 085
1 090	0 757	0 962	1 160	0 806	1 024	1 230	0 854	1 086
1 091	0 758	0 963	1 161	0 806	1 025	1 231	0 855	1 087
1 092	0 759	0 964	1 162	0 807	1 026	1 232	0 856	1 088
1 093	0 759	0 965	1 163	0 808	1 027	1 233	0 856	1 089
1 094	0 760	0 966	1 164	0 809	1 028	1 234	0 857	1 089
1 095	0 761	0 967	1 165	0 809	1 029	1 235	0 858	1 090
1 096	0 761	0 968	1 166	0 810	1 029	1 236	0 859	1 091
1 097	0 762	0 969	1 167	0 811	1 030	1 237	0 859	1 092
1 098	0 763	0 969	1 168	0 811	1 031	1 238	0 860	1 093
1 099	0 763	0 970	1 169	0 812	1 032	1 239	0 861	1 094
1 100	0 764	0 971	1 170	0 813	1 033	1 240	0 861	1 095
1 101	0 765	0 972	1 171	0 813	1 034	1 241	0 862	1 096
1 102	0 765	0 973	1 172	0 814	1 035	1 242	0 863	1 097
1 103	0 766	0 974	1 173	0 815	1 036	1 243	0 863	1 097
1 104	0 767	0 975	1 174	0 815	1 037	1 244	0 864	1 098
1 105	0 768	0 976	1 175	0 816	1 037	1 245	0 865	1 099
1 106	0 768	0 977	1 176	0 817	1 038	1 246	0 865	1 100
1 107	0 769	0 977	1 177	0 818	1 039	1 247	0 866	1 101
1 108	0 770	0 978	1 178	0 818	1 040	1 248	0 867	1 102
1 109	0 770	0 979	1 179	0 819	1 041	1 249	0 868	1 103
1 110	0 771	0 980	1 180	0 820	1 042	1 250	0 868	1 104
1 111	0 772	0 981	1 181	0 820	1 043	1 251	0 869	1 105
1 112	0 772	0 982	1 182	0 821	1 044	1 252	0 870	1 105
1 113	0 773	0 983	1 183	0 822	1 044	1 253	0 870	1 106
1 114	0 774	0 984	1 184	0 822	1 045	1 254	0 871	1 107
1 115	0 774	0 984	1 185	0 823	1 046	1 255	0 872	1 108
1 116	0 775	0 985	1 186	0 824	1 047	1 256	0 872	1 109
1 117	0 776	0 986	1 187	0 824	1 048	1 257	0 873	1 110
1 118	0 777	0 987	1 188	0 825	1 049	1 258	0 874	1 111
1 119	0 777	0 988	1 189	0 826	1 050	1 259	0 875	1 112
1 120	0 778	0 989	1 190	0 827	1 051	1 260	0 875	1 112
1 121	0 779	0 990	1 191	0 827	1 052	1 261	0 876	1 113
1 122	0 779	0 991	1 192	0 828	1 052	1 262	0 877	1 114
1 123	0 780	0 991	1 193	0 829	1 053	1 263	0 877	1 115
1 124	0 781	0 992	1 194	0 829	1 054	1 264	0 878	1 116
1 125	0 781	0 993	1 195	0 830	1 055	1 265	0 879	1 117
1 126	0 782	0 994	1 196	0 831	1 056	1 266	0 879	1 118
1 127	0 783	0 995	1 197	0 831	1 057	1 267	0 880	1 119
1 128	0 784	0 996	1 198	0 832	1 058	1 268	0 881	1 120
1 129	0 784	0 997	1 199	0 833	1 059	1 269	0 881	1 120

TABLES DE RÉDUCTION DES MÈTRES CUBES

en Tonneaux et millièmes de Tonneau, Français et Anglais ou Américains.

MÈTRES cubes	TONNEAUX Fr.	TONNEAUX Ang.	MÈTRES cubes	TONNEAUX Fr.	TONNEAUX Ang.	MÈTRES cubes	TONNEAUX Fr.	TONNEAUX Ang.
1 270	0 882	1 121	1 340	0 931	1 183	1 410	0 979	1 245
1 271	0 883	1 122	1 341	0 931	1 184	1 411	0 980	1 246
1 272	0 884	1 123	1 342	0 932	1 185	1 412	0 981	1 247
1 273	0 884	1 124	1 343	0 933	1 186	1 413	0 981	1 248
1 274	0 885	1 125	1 344	0 934	1 187	1 414	0 982	1 248
1 275	0 886	1 126	1 345	0 934	1 188	1 415	0 983	1 249
1 276	0 886	1 127	1 346	0 935	1 188	1 416	0 984	1 250
1 277	0 887	1 127	1 347	0 936	1 189	1 417	0 984	1 251
1 278	0 888	1 128	1 348	0 936	1 190	1 418	0 985	1 252
1 279	0 888	1 129	1 349	0 937	1 191	1 419	0 986	1 253
1 280	0 889	1 130	1 350	0 938	1 192	1 420	0 986	1 254
1 281	0 890	1 131	1 351	0 938	1 193	1 421	0 987	1 255
1 282	0 890	1 132	1 352	0 939	1 194	1 422	0 988	1 255
1 283	0 891	1 133	1 353	0 940	1 195	1 423	0 988	1 256
1 284	0 892	1 134	1 354	0 940	1 195	1 424	0 989	1 257
1 285	0 893	1 135	1 355	0 941	1 196	1 425	0 990	1 258
1 286	0 893	1 135	1 356	0 942	1 197	1 426	0 990	1 259
1 287	0 894	1 136	1 357	0 943	1 198	1 427	0 991	1 260
1 288	0 895	1 137	1 358	0 943	1 199	1 428	0 992	1 261
1 289	0 895	1 138	1 359	0 944	1 200	1 429	0 993	1 262
1 290	0 896	1 139	1 360	0 945	1 201	1 430	0 993	1 263
1 291	0 897	1 140	1 361	0 945	1 202	1 431	0 994	1 263
1 292	0 897	1 141	1 362	0 946	1 203	1 432	0 995	1 264
1 293	0 898	1 142	1 363	0 947	1 203	1 433	0 995	1 265
1 294	0 899	1 142	1 364	0 947	1 204	1 434	0 996	1 266
1 295	0 899	1 143	1 365	0 948	1 205	1 435	0 997	1 267
1 296	0 900	1 144	1 366	0 949	1 206	1 436	0 997	1 268
1 297	0 901	1 145	1 367	0 950	1 207	1 437	0 998	1 269
1 298	0 902	1 146	1 368	0 950	1 208	1 438	0 999	1 270
1 299	0 902	1 147	1 369	0 951	1 209	1 439	1 000	1 271
1 300	0 903	1 148	1 370	0 952	1 210	1 440	1 000	1 271
1 301	0 904	1 149	1 371	0 957	1 210	1 441	1 001	1 272
1 302	0 904	1 149	1 372	0 953	1 211	1 442	1 002	1 273
1 303	0 905	1 150	1 373	0 954	1 212	1 443	1 002	1 274
1 304	0 906	1 151	1 374	0 954	1 213	1 444	1 003	1 275
1 305	0 906	1 152	1 375	0 955	1 214	1 445	1 004	1 276
1 306	0 907	1 153	1 376	0 956	1 215	1 446	1 004	1 277
1 307	0 908	1 154	1 377	0 956	1 216	1 447	1 005	1 278
1 308	0 909	1 155	1 378	0 957	1 217	1 448	1 006	1 278
1 309	0 909	1 156	1 379	0 958	1 218	1 449	1 006	1 279
1 310	0 910	1 157	1 380	0 959	1 218	1 450	1 007	1 280
1 311	0 911	1 157	1 381	0 959	1 219	1 451	1 008	1 281
1 312	0 911	1 158	1 382	0 960	1 220	1 452	1 008	1 282
1 313	0 912	1 159	1 383	0 961	1 221	1 453	1 009	1 283
1 314	0 913	1 160	1 384	0 961	1 222	1 454	1 010	1 284
1 315	0 913	1 161	1 385	0 962	1 223	1 455	1 011	1 285
1 316	0 914	1 162	1 386	0 963	1 224	1 456	1 011	1 286
1 317	0 915	1 163	1 387	0 963	1 225	1 457	1 012	1 286
1 318	0 915	1 164	1 388	0 964	1 225	1 458	1 013	1 287
1 319	0 916	1 165	1 389	0 965	1 226	1 459	1 013	1 288
1 320	0 917	1 165	1 390	0 965	1 227	1 460	1 014	1 289
1 321	0 918	1 166	1 391	0 966	1 228	1 461	1 015	1 290
1 322	0 918	1 167	1 392	0 967	1 229	1 462	1 016	1 291
1 323	0 919	1 168	1 393	0 968	1 230	1 463	1 016	1 292
1 324	0 920	1 169	1 394	0 968	1 231	1 464	1 017	1 293
1 325	0 920	1 170	1 395	0 969	1 232	1 465	1 018	1 293
1 326	0 921	1 171	1 396	0 970	1 233	1 466	1 018	1 294
1 327	0 922	1 172	1 397	0 970	1 233	1 467	1 019	1 295
1 328	0 922	1 172	1 398	0 971	1 234	1 468	1 020	1 296
1 329	0 923	1 173	1 399	0 972	1 235	1 469	1 020	1 297
1 330	0 924	1 174	1 400	0 972	1 236	1 470	1 021	1 298
1 331	0 925	1 175	1 401	0 973	1 237	1 471	1 022	1 299
1 332	0 925	1 176	1 402	0 974	1 238	1 472	1 022	1 300
1 333	0 926	1 177	1 403	0 975	1 239	1 473	1 023	1 301
1 334	0 927	1 178	1 404	0 975	1 240	1 474	1 024	1 301
1 335	0 927	1 179	1 405	0 976	1 240	1 475	1 025	1 302
1 336	0 928	1 180	1 406	0 977	1 241	1 476	1 025	1 303
1 337	0 929	1 180	1 407	0 977	1 242	1 477	1 026	1 30[illegible]
1 338	0 929	1 181	1 408	0 978	1 243	1 478	1 027	1 30[illegible]
1 339	0 930	1 182	1 409	0 979	1 244	1 479	1 027	1 30[illegible]

TABLES DE RÉDUCTION DES MÈTRES CUBES

en Tonneaux et millièmes de Tonneaux, Français et Anglais ou Américains.

MÈTRES cubes	TONNEAUX Fr.	TONNEAUX Ang.	MÈTRES cubes	TONNEAUX Fr.	TONNEAUX Ang.	MÈTRES cubes	TONNEAUX Fr.	TONNEAUX Ang.
1 480	1 028	1 307	1 550	1 077	1 368	1 620	1 125	1 430
1 481	1 029	1 308	1 551	1 077	1 369	1 621	1 126	1 431
1 482	1 029	1 308	1 552	1 078	1 370	1 622	1 127	1 432
1 483	1 030	1 309	1 553	1 079	1 371	1 623	1 127	1 433
1 484	1 031	1 310	1 554	1 079	1 372	1 624	1 128	1 434
1 485	1 031	1 311	1 555	1 080	1 373	1 625	1 129	1 435
1 486	1 032	1 312	1 556	1 081	1 374	1 626	1 129	1 436
1 487	1 033	1 313	1 557	1 081	1 375	1 627	1 130	1 436
1 488	1 034	1 314	1 558	1 082	1 376	1 628	1 131	1 437
1 489	1 034	1 315	1 559	1 083	1 376	1 629	1 132	1 438
1 490	1 035	1 316	1 560	1 084	1 377	1 630	1 132	1 439
1 491	1 036	1 316	1 561	1 084	1 378	1 631	1 133	1 440
1 492	1 036	1 317	1 562	1 085	1 379	1 632	1 134	1 441
1 493	1 037	1 318	1 563	1 086	1 380	1 633	1 134	1 442
1 494	1 038	1 319	1 564	1 086	1 381	1 634	1 135	1 443
1 495	1 039	1 320	1 565	1 087	1 382	1 635	1 136	1 444
1 496	1 039	1 321	1 566	1 088	1 383	1 636	1 136	1 444
1 497	1 040	1 322	1 567	1 088	1 384	1 637	1 137	1 445
1 498	1 041	1 323	1 568	1 089	1 384	1 638	1 138	1 446
1 499	1 041	1 323	1 569	1 090	1 385	1 639	1 138	1 447
1 500	1 042	1 324	1 570	1 091	1 386	1 640	1 139	1 448
1 501	1 043	1 325	1 571	1 091	1 387	1 641	1 140	1 449
1 502	1 043	1 326	1 572	1 092	1 388	1 642	1 141	1 450
1 503	1 044	1 327	1 573	1 093	1 389	1 643	1 141	1 451
1 504	1 045	1 328	1 574	1 093	1 390	1 644	1 142	1 451
1 505	1 045	1 329	1 575	1 094	1 391	1 645	1 143	1 452
1 506	1 046	1 330	1 576	1 095	1 391	1 646	1 143	1 453
1 507	1 047	1 331	1 577	1 095	1 392	1 647	1 144	1 454
1 508	1 047	1 331	1 578	1 096	1 393	1 648	1 145	1 455
1 509	1 048	1 332	1 579	1 097	1 394	1 649	1 145	1 456
1 510	1 049	1 333	1 580	1 097	1 395	1 650	1 146	1 457
1 511	1 050	1 334	1 581	1 098	1 396	1 651	1 147	1 458
1 512	1 050	1 335	1 582	1 099	1 397	1 652	1 147	1 459
1 513	1 051	1 336	1 583	1 100	1 398	1 653	1 148	1 459
1 514	1 052	1 337	1 584	1 100	1 399	1 654	1 149	1 460
1 515	1 052	1 338	1 585	1 101	1 399	1 655	1 150	1 461
1 516	1 053	1 338	1 586	1 102	1 400	1 656	1 150	1 462
1 517	1 054	1 339	1 587	1 102	1 401	1 657	1 151	1 463
1 518	1 054	1 340	1 588	1 103	1 402	1 658	1 152	1 464
1 519	1 055	1 341	1 589	1 104	1 403	1 659	1 152	1 465
1 520	1 056	1 342	1 590	1 104	1 404	1 660	1 153	1 466
1 521	1 056	1 343	1 591	1 105	1 405	1 661	1 154	1 466
1 522	1 057	1 344	1 592	1 106	1 406	1 662	1 154	1 467
1 523	1 058	1 345	1 593	1 106	1 406	1 663	1 155	1 468
1 524	1 059	1 346	1 594	1 107	1 407	1 664	1 156	1 469
1 525	1 059	1 346	1 595	1 108	1 408	1 665	1 157	1 470
1 526	1 060	1 347	1 596	1 109	1 409	1 666	1 157	1 471
1 627	1 061	1 348	1 597	1 109	1 410	1 667	1 158	1 472
1 528	1 061	1 349	1 598	1 110	1 411	1 668	1 159	1 473
1 529	1 062	1 350	1 599	1 111	1 412	1 669	1 159	1 474
1 530	1 063	1 351	1 600	1 111	1 413	1 670	1 160	1 474
1 531	1 063	1 352	1 601	1 112	1 414	1 671	1 161	1 475
1 532	1 064	1 353	1 602	1 113	1 414	1 672	1 161	1 476
1 533	1 065	1 353	1 603	1 113	1 415	1 673	1 162	1 477
1 534	1 066	1 354	1 604	1 114	1 416	1 674	1 163	1 478
1 535	1 066	1 355	1 605	1 115	1 417	1 675	1 163	1 479
1 536	1 067	1 356	1 606	1 116	1 418	1 676	1 164	1 480
1 537	1 068	1 357	1 607	1 116	1 419	1 677	1 165	1 481
1 538	1 068	1 358	1 608	1 117	1 420	1 678	1 166	1 482
1 539	1 069	1 359	1 609	1 118	1 421	1 679	1 166	1 482
1 540	1 070	1 360	1 610	1 118	1 421	1 680	1 167	1 483
1 541	1 070	1 361	1 611	1 119	1 422	1 681	1 168	1 484
1 542	1 071	1 361	1 612	1 120	1 423	1 682	1 168	1 485
1 543	1 072	1 362	1 613	1 120	1 424	1 683	1 169	1 486
1 544	1 072	1 363	1 614	1 121	1 425	1 684	1 170	1 487
1 545	1 073	1 364	1 615	1 122	1 426	1 685	1 170	1 488
1 546	1 074	1 365	1 616	1 122	1 427	1 686	1 171	1 489
1 547	1 075	1 366	1 617	1 123	1 428	1 687	1 172	1 489
1 548	1 075	1 367	1 618	1 124	1 429	1 688	1 172	1 490
1 549	1 076	1 368	1 619	1 125	1 429	1 689	1 173	1 491

MÈTRES cubes	TONNEAUX Fr.	TONNEAUX Ang.	MÈTRES cubes	TONNEAUX Fr.	TONNEAUX Ang.	MÈTRES cubes	TONNEAUX Fr.	TONNEAUX Ang.
1 690	1 174	1 492	1 760	1 222	1 554	1 830	1 271	1 616
1 691	1 175	1 493	1 761	1 223	1 555	1 831	1 272	1 617
1 692	1 175	1 494	1 762	1 224	1 556	1 832	1 273	1 617
1 693	1 176	1 495	1 763	1 225	1 557	1 833	1 273	1 618
1 694	1 177	1 496	1 764	1 225	1 557	1 834	1 274	1 619
1 695	1 177	1 497	1 765	1 226	1 558	1 835	1 275	1 620
1 696	1 178	1 497	1 766	1 227	1 559	1 836	1 275	1 621
1 697	1 179	1 498	1 767	1 227	1 560	1 837	1 276	1 622
1 698	1 179	1 499	1 768	1 228	1 561	1 838	1 277	1 623
1 699	1 180	1 500	1 769	1 229	1 562	1 839	1 277	1 624
1 700	1 181	1 501	1 770	1 229	1 563	1 840	1 278	1 625
1 701	1 182	1 502	1 771	1 230	1 564	1 841	1 279	1 625
1 702	1 182	1 503	1 772	1 231	1 564	1 842	1 279	1 626
1 703	1 183	1 504	1 773	1 232	1 565	1 843	1 280	1 627
1 704	1 184	1 504	1 774	1 232	1 566	1 844	1 281	1 628
1 705	1 184	1 505	1 775	1 233	1 567	1 845	1 282	1 629
1 706	1 185	1 506	1 776	1 234	1 568	1 846	1 282	1 630
1 707	1 186	1 507	1 777	1 234	1 569	1 847	1 283	1 631
1 708	1 186	1 508	1 778	1 235	1 570	1 848	1 284	1 632
1 709	1 187	1 509	1 779	1 236	1 571	1 849	1 284	1 632
1 710	1 188	1 510	1 780	1 236	1 572	1 850	1 285	1 633
1 711	1 188	1 511	1 781	1 237	1 572	1 851	1 286	1 634
1 712	1 189	1 512	1 782	1 238	1 573	1 852	1 286	1 635
1 713	1 190	1 512	1 783	1 238	1 574	1 853	1 287	1 636
1 714	1 191	1 513	1 784	1 239	1 575	1 854	1 288	1 637
1 715	1 191	1 514	1 785	1 240	1 576	1 855	1 288	1 638
1 716	1 192	1 515	1 786	1 241	1 577	1 856	1 289	1 639
1 717	1 193	1 516	1 787	1 241	1 578	1 857	1 290	1 640
1 718	1 193	1 517	1 788	1 242	1 579	1 858	1 291	1 640
1 719	1 194	1 518	1 789	1 243	1 580	1 859	1 291	1 641
1 720	1 195	1 519	1 790	1 243	1 580	1 860	1 292	1 642
1 721	1 195	1 519	1 791	1 244	1 581	1 861	1 293	1 643
1 722	1 196	1 520	1 792	1 245	1 582	1 862	1 293	1 644
1 723	1 197	1 521	1 793	1 245	1 583	1 863	1 294	1 645
1 724	1 197	1 522	1 794	1 246	1 584	1 864	1 295	1 646
1 725	1 198	1 523	1 795	1 247	1 585	1 865	1 295	1 647
1 726	1 199	1 524	1 796	1 248	1 586	1 866	1 296	1 647
1 727	1 200	1 525	1 797	1 248	1 587	1 867	1 297	1 648
1 728	1 200	1 526	1 798	1 249	1 587	1 868	1 298	1 649
1 729	1 201	1 527	1 799	1 250	1 588	1 869	1 298	1 650
1 730	1 202	1 527	1 800	1 250	1 589	1 870	1 299	1 651
1 731	1 202	1 528	1 801	1 251	1 590	1 871	1 300	1 652
1 732	1 203	1 529	1 802	1 252	1 591	1 872	1 300	1 653
1 733	1 204	1 530	1 803	1 252	1 592	1 873	1 301	1 654
1 734	1 204	1 531	1 804	1 253	1 593	1 874	1 302	1 655
1 735	1 205	1 532	1 805	1 254	1 594	1 875	1 302	1 655
1 736	1 206	1 533	1 806	1 254	1 595	1 876	1 303	1 656
1 737	1 207	1 534	1 807	1 255	1 595	1 877	1 304	1 657
1 738	1 207	1 534	1 808	1 256	1 596	1 878	1 304	1 658
1 739	1 208	1 535	1 809	1 257	1 597	1 879	1 305	1 659
1 740	1 209	1 536	1 810	1 257	1 598	1 880	1 306	1 660
1 741	1 209	1 537	1 811	1 258	1 599	1 881	1 307	1 661
1 742	1 210	1 538	1 812	1 259	1 600	1 882	1 307	1 662
1 743	1 211	1 539	1 813	1 259	1 601	1 883	1 308	1 663
1 744	1 211	1 540	1 814	1 260	1 602	1 884	1 309	1 663
1 745	1 212	1 541	1 815	1 261	1 602	1 885	1 309	1 664
1 746	1 213	1 542	1 816	1 261	1 603	1 886	1 310	1 665
1 747	1 213	1 542	1 817	1 262	1 604	1 887	1 311	1 666
1 748	1 214	1 543	1 818	1 263	1 605	1 888	1 312	1 667
1 749	1 215	1 544	1 819	1 263	1 606	1 889	1 312	1 668
1 750	1 216	1 545	1 820	1 264	1 607	1 890	1 313	1 669
1 751	1 216	1 546	1 821	1 265	1 608	1 891	1 314	1 670
1 752	1 217	1 547	1 822	1 266	1 609	1 892	1 314	1 670
1 753	1 218	1 548	1 823	1 266	1 610	1 893	1 315	1 671
1 754	1 218	1 549	1 824	1 267	1 610	1 894	1 316	1 672
1 755	1 219	1 549	1 825	1 268	1 611	1 895	1 316	1 673
1 756	1 220	1 550	1 826	1 268	1 612	1 896	1 317	1 674
1 757	1 220	1 551	1 827	1 269	1 613	1 897	1 318	1 675
1 758	1 221	1 552	1 828	1 270	1 614	1 898	1 318	1 676
1 759	1 222	1 553	1 829	1 270	1 615	1 899	1 319	1 677

MÈTRES cubes	TONNEAUX Fr.	TONNEAUX Ang.	MÈTRES cubes	TONNEAUX Fr.	TONNEAUX Ang.	MÈTRES cubes	TONNEAUX Fr.	TONNEAUX Ang.
1 900	1 320	1 678	1 940	1 348	1 713	1 980	1 375	1 748
1 901	1 320	1 678	1 941	1 348	1 714	1 981	1 376	1 749
1 902	1 321	1 679	1 942	1 349	1 715	1 982	1 377	1 750
1 903	1 322	1 680	1 943	1 350	1 716	1 983	1 377	1 751
1 904	1 323	1 681	1 944	1 350	1 716	1 984	1 378	1 752
1 905	1 323	1 682	1 945	1 351	1 717	1 985	1 379	1 753
1 906	1 324	1 683	1 946	1 352	1 718	1 986	1 379	1 753
1 907	1 325	1 684	1 947	1 352	1 719	1 987	1 380	1 754
1 908	1 325	1 685	1 948	1 353	1 720	1 988	1 381	1 755
1 909	1 326	1 685	1 949	1 354	1 721	1 989	1 382	1 756
1 910	1 327	1 686	1 950	1 354	1 722	1 990	1 382	1 757
1 911	1 327	1 687	1 951	1 355	1 723	1 991	1 383	1 758
1 912	1 328	1 688	1 952	1 356	1 723	1 992	1 384	1 759
1 913	1 329	1 689	1 953	1 357	1 724	1 993	1 384	1 760
1 914	1 329	1 690	1 954	1 357	1 725	1 994	1 385	1 761
1 915	1 330	1 691	1 955	1 358	1 726	1 995	1 386	1 761
1 916	1 331	1 692	1 956	1 359	1 727	1 996	1 386	1 762
1 917	1 332	1 693	1 957	1 359	1 728	1 997	1 387	1 763
1 918	1 332	1 693	1 958	1 360	1 729	1 998	1 388	1 764
1 919	1 333	1 694	1 959	1 361	1 730	1 999	1 389	1 765
1 920	1 334	1 695	1 960	1 361	1 730	2 000	1 389	1 766
1 921	1 334	1 696	1 961	1 362	1 731	3 000	2 084	2 648
1 922	1 335	1 697	1 962	1 363	1 732	4 000	2 779	3 532
1 923	1 336	1 698	1 963	1 363	1 733	5 000	3 473	4 415
1 924	1 336	1 699	1 964	1 364	1 734	6 000	4 168	5 297
1 925	1 337	1 700	1 965	1 365	1 735	7 000	4 863	6 180
1 926	1 338	1 700	1 966	1 366	1 736	8 000	5 557	7 063
1 927	1 338	1 701	1 967	1 366	1 737	9 000	6 252	7 946
1 928	1 339	1 702	1 968	1 367	1 738	10 000	6 947	8 829
1 929	1 340	1 703	1 969	1 368	1 738			
1 930	1 341	1 704	1 970	1 368	1 739			
1 931	1 341	1 705	1 971	1 369	1 740			
1 932	1 342	1 706	1 972	1 370	1 741			
1 933	1 343	1 707	1 973	1 370	1 742			
1 934	1 343	1 708	1 974	1 371	1 743			
1 935	1 344	1 708	1 975	1 372	1 744			
1 936	1 345	1 709	1 976	1 373	1 745			
1 937	1 345	1 710	1 977	1 373	1 745			
1 938	1 346	1 711	1 978	1 374	1 746			
1 939	1 347	1 712	1 979	1 375	1 747			

Nota. — Pour éviter la confusion inséparable d'un grand nombre de chiffres, nous n'avons pas poussé les Tables de réduction plus loin que 2 Mètres Cubes, de millième en millième ou de décimètre cube en décimètre cube. Comme peu de colis excèdent ce volume, on pourra toujours, au moyen d'une simple addition, obtenir la réduction en tonneaux Français ou Anglais.

Soit, par exemple, un colis dont le Cubage est $5^{m},422$ et qu'on veut réduire en tonneau français ; on décompose ce nombre en 4^{m} et 1,422 : pour 4 Mètres on obtient 2,778, et pour 1,422 on trouve 0,988. En additionnant ces deux résultats on a $3^{t},766$ correspondant à 5 Mètres cubes 422 millièmes.

www.ingramcontent.com/pod-product-compliance
Ingram Content Group UK Ltd.
Pitfield, Milton Keynes, MK11 3LW, UK
UKHW022309070726
13614UKWH00002B/633